四川省志

Sichuan Shengzhi

司法行政志

1986—2005

【第十卷】

四川省地方志编纂委员会 编

方志出版社

图书在版编目（CIP）数据

四川省志. 司法行政志：1986－2005 / 四川省地方志编纂委员会编. — 北京 ：方志出版社，2019.4
ISBN 978-7-5144-3741-6

Ⅰ. ①四… Ⅱ. ①四… Ⅲ. ①四川－地方志②司法机关－行政管理－工作概况－四川－1986-2005 Ⅳ. ①K297.1

中国版本图书馆CIP数据核字(2019)第091755号

四川省志·司法行政志（1986—2005）

编　　者：四川省地方志编纂委员会
责任编辑：陈　菁

出 版 者：方志出版社
地址　北京市朝阳区潘家园东里9号（国家方志馆4层）
邮编　100021
网址　http://www.fzph.org
发　　行：方志出版社图书经销中心
电话（010）67110500
经　　销：各地新华书店
印　　刷：深圳中华商务安全印务股份有限公司
设计制作：成都龙腾天下文化传播有限公司

开　　本：889×1194　1/16
彩插印张：3.5
正文印张：30.25
字　　数：833千字
版　　次：2019年4月第1版　2019年4月第1次印刷
印　　数：0001～2000册

ISBN 978-7-5144-3741-6　定价：405.00元

关怀视察 GUANHUAI SHICHA

1988年5月，司法部部长蔡诚（前排左三）、副部长金鉴（前排左四）考察四川省成都少年管教所与干部合影。省司法厅厅长郑文举（前排左一）陪同

1996年12月23日，司法部部长肖扬（前排右九）到四川考察工作。图为肖扬与四川省领导以及省司法厅、省监狱局、省劳教局机关部分干部合影。司法部副部长张福森（前排右八）、四川省人民政府省长宋宝瑞（前排左九）、司法部副部长张秀夫（前排右七）、中共四川省委副书记秦玉琴（前排左八）、中共四川省委政法委书记王景荣（前排右六）随同考察

1995年10月，四川省人民政府省长肖秧（前排右）参观1995年四川名优特新产品博览会四川川北监狱旺苍煤铁厂展区

2000年6月1日，四川省人大常委会主任谢世杰（前排中）、副主任刘永顺（前排右一），省人民政府副省长邹广严（左三）考察四川省攀西监狱西昌分监狱，省司法厅厅长曾宪章（左一）陪同

1999年，中共四川省委副书记、省人民政府代省长张中伟（右二）到彭山县指导普法依法治理工作，对依法管理河道、加大河道法律法规知识宣传作出指示

2003年9月29日，四川省政协主席秦玉琴（前排右二）、副主席王恒丰（右一）到四川省成都未成年犯管教所调研

1991年8月8日，四川省人民政府副省长韩邦彦出席四川省成都少年管教所照排公司开业典礼

1995年11月28日，司法部副部长张秀夫（左二）在四川省司法厅厅长曾宪章（右二）、乐山市人民政府副市长张海波（右一）陪同下考察乐山司法行政工作

2000年7月1日，司法部副部长范方平（左）在四川省川东监狱调研时和服刑人员交谈

2002年1月22日，司法部副部长刘飏（中）在省司法厅厅长曾宪章（左）、乐山市委政法委书记罗建安（右）陪同下到乐山市司法局调研

2003年9月，司法部副部长段正坤（左）考察四川英济律师事务所

1986年1月，中共四川省委常委、省委政法委书记、省公安厅厅长白尚武（中）在省监狱管理局局长张元中（右）、四川省劳改工作学校党委书记叶展英（左）陪同下出席学校元旦阅警式

1994年8月29日，四川省人民政府副省长李蒙（左）考察四川省旺苍劳动改造总队（川北监狱）

1998年12月16—17日，中共四川省委常委、省委政法委书记王景荣（前排右）考察攀西、凉山监狱。图为王景荣在攀西监狱听取工作汇报

2002年，四川省人大常委会副主任张宗源（左五）、省人民政府副省长柯尊平（左四）等领导前往首次国家司法考试四川考区——西南民族大学考场巡视

2003年6月19日，中共四川省委常委、省委政法委书记欧泽高（右一）考察川中监狱

2003年3月6日，全国人大常委会法工委巡视员王丹波（右二）到成都戒毒劳教所检查工作

2003年9月10日，全国人大常委会法工委副主任郎胜（左）考察成都戒毒劳教所

2004年5月5日，司法部劳教局局长、中国劳动教养学会常务副会长王运生（右）到四川省未成年劳教所调研

2005年10月26日，司法部监狱管理局局长杜中兴（前排右二）考察四川省川西监狱

重要活动 ZHONG YAO HUO DONG

1983年11月21日，四川省司法厅厅长费中出席在成都市召开的四川省第一届律师代表大会

1983年10月21日，四川省法学会第一次会议在成都召开，四川省司法厅副厅长、四川省法学会会长赵震寰在会上作报告

1997年3月1日，四川省司法厅厅长曾宪章（右一）、达川地委副书记李开明（左一）在达川地区司法局调研

2004年10月，四川省司法厅厅长方光兴（左二）在巴中市恩阳镇司法所调研

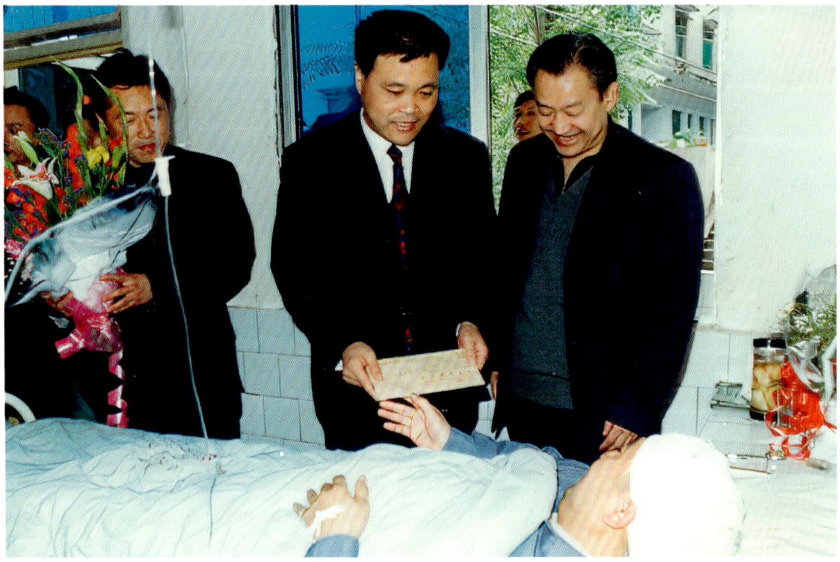

2001年3月5日，四川省司法厅党委副书记、副厅长李如林（中）看望在参加“狂飙-B”行动中被歹徒砍伤的中江县石笋乡司法所所长段勇

2001年9月，四川省司法厅副厅长彭矛（左三）在宜宾市翠屏区司法局检查工作

2002年3月6—10日，四川省司法厅副厅长三郎益西（右一）到攀枝花市司法局调研基层基础工作

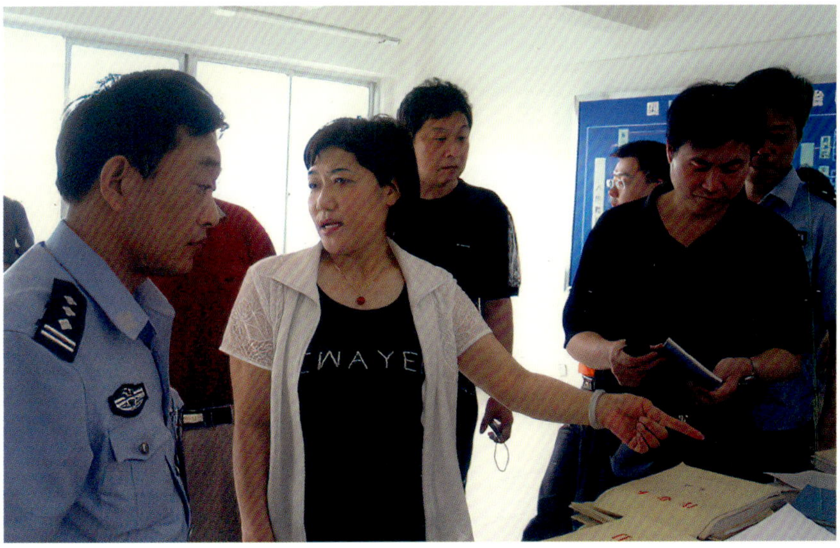

2005年9月，四川省司法厅副厅长扎柯（左二）在达州监狱调研

1999年8月10日，四川省司法厅政治部主任陈道富（右二）在三台县检查基层司法所、“148”法制网络建设情况

2004年10月22日，四川省司法厅纪委书记蔡安恒（左三）检查攀枝花市司法局工作

2004年9月8日，四川司法鉴定人协会成立大会暨第一次会员代表大会在成都召开。会议选举产生了协会第一届领导班子，会长三郎益西（左四）、副会长兼秘书长刘朝宽（左三）、副会长武威（左一）、张伟（左二）、楼正耕（右一）、江理书（右二）、王建云（右三）、崔太平（右四）

1997年，四川省律师协会举办首届“四川律师书画展”，特邀书画大师岑学恭（右一）评画

1997年，香港回归前夕，四川省司法厅、四川省律师协会举办“迎香港回归律师辩论大赛”

2004年9月15日，四川省人民政府、司法部主办，四川省司法厅、四川长虹电器股份有限公司、中国法律援助基金会、中央电视台央视演艺中心协办的“心系农民工·法律援助大型公益晚会——长虹之夜”在四川省体育馆举行

2004年9月15日，司法部、四川省人民政府举办“心系农民工·牵手公平和正义”大型公益义演活动。四川省律师协会及全省律师捐赠法律援助经费276万元。图为由100名律师组成的合唱团表演节目

2005年3月15日，四川省律师协会消费者权益保护专业委员会举办“3·15”法律服务活动

2005年10月，四川省司法厅在成都市区组织开展全国刑事辩护律师义务宣传日活动

“十五”期间，四川省司法厅按省委、省政府扶困帮困要求，开展定点扶贫。图为2005年11月，省司法厅副厅长扎柯（右二）、厅机关党委书记吴贤佑（右一）到省司法厅扶贫帮助点古蔺县桂花乡调研指导工作

法治宣传 FAZHI XUANCHUAN

1986年，法律工作人员在广元市朝天区水磨乡为农民普及法律常识

1990年12月4日，“一五”普法大统考开考。图为凉山州昭觉县司法局教育系统考场

1990年，阿坝州“一五”普法总结表彰暨依法治州动员大会在州文化宫会议室召开

1991年7月，洪雅县举行依法治县理论研讨暨经验交流会

1992年2月20日，广元市司法局在市上西火车站开展普法工作

1994年6月3日，“二五”普法中期，凉山州妇联主席阿余呷呷给各乡镇妇女主任讲解法律知识

1997年6月1日，内江市司法局局长蒋继文在市政协三届十二次常委会上汇报“三五”普法工作

1997年11月，马尔康县“三五”普法期间，普法讲师团成员在日部乡机关干部培训班授课

1998年5月，马尔康县有关领导在“三五”普法个体工商户培训班上作动员讲话

2000年5月7日，共青团四川省委、四川省司法厅在成都新华公园开展维护青少年合法权益法律咨询活动

2001年3月，四川省法学会承办、中国法学会与中英文化交流基金会组织“送法下乡”活动，图为在双流县公兴镇举行赠书仪式

2001年，阿坝州“三五”普法表彰暨“四五”普法启动大会在马尔康县召开

2001年12月，乐山市人大常委会审议市人民政府“四五”普法工作报告，副市长彭宇代表市人民政府向市人大常委会作报告

2003年12月3日，中共内江市委副书记李德元（中）慰问在大州广场开展“12·4”法制宣传活动的工作人员

2004年11月19日，“四五”普法考试开考。图为达州市财政局考场

2004年11月29日，西昌市司法局在西昌市洛古波乡开展法制宣传教育

2004年12月4日，西昌市司法局在西昌市月城广场开展“宪法在我心中”文艺汇演

2001年11月，木里藏族自治县司法局干警利用“三下乡”到茶布朗镇开展法制宣传

2004年5月，木里藏族自治县司法局干警送法进寺庙

2004年10月10日，昭觉县司法局在四开乡进行“四五”普法宣传。图为宣传现场

2002年12月13—16日，成都市司法局分别在青羊实验中学、成都旅游职业中学和公交职业中学开展禁毒法制宣传

2003年6月18日，西昌市司法局在西昌市七小开展禁毒教育

队伍建设 DUIWU JIANSHE

1987年11月，四川省司法厅副厅长欧阳绍铭（中）出席四川省新源育新学校命名大会

1988年11月，四川省司法厅副厅长杜国定（右一）在监狱系统年度先进工作者表彰大会上颁奖

2003年4月29日，四川省司法厅副厅长李新民（左三）在成都监狱调研

2004年7月中旬，中共四川省委政法委副书记刘作明（右二）到川西监狱调研监狱布局调整工作

1989年10月26日，四川省司法厅政治部副主任贺勋（左一）到新胜茶场（永川监狱）考察领导班子，同时了解茶叶生产情况

1996年12月24日，四川省劳教局局长沈纪中（右一）、政委林蒙昌（中）在省新华劳教所调研

2001年，全省监狱系统首次在四川司法警官职业学院举行阅警仪式

领导检阅

队列

方队队列

练兵表演

1997年2月24日，四川省劳教局长沈纪中（左三）、政委林蒙昌（左二）参加全省劳教工作会议

1997年5月8日，四川省劳教系统人民警察队伍建设现场会议召开。图为参会人员合影

1997年10月9日，四川省司法行政系统先进集体、先进个人事迹报告会召开

1997年10月9日，全国“五一”劳动奖章获得者、全国司法行政系统英模、荞窝监狱干警黄绍国在“四川省司法行政系统先进集体、先进个人事迹报告会”上作报告

1999年，彭州市敖平法律服务所荣获司法部全国“部级文明法律服务所”称号

1999年1月，四川省泸州市理光律师事务所荣获“省级文明律师事务所”称号

1999年1月17日，四川省市（地、州）司法局长会议对全省防止民间纠纷激化先进集体进行表彰

1999年1月17日，四川省市（地、州）司法局长会议对省级文明律师事务所进行表彰

2001年5月11日，四川省司法厅为段勇同志荣记一等功庆功大会召开

2001年4月29日，四川省荣获全国满意司法所代表载誉归来。图为代表与省司法厅领导在成都双流机场合影

四川省劳改工作学校1986年元旦阅兵式

1982年10月，四川省劳改工作学校举行干训第一期开学典礼

2004年7月6日，四川司法警官职业学院授牌仪式在德阳市举行

2004年7月6日，四川司法警官职业学院授牌仪式在德阳市举行，四川司法警官职业学院党委书记宗希顺（左）、院长何华（右）接牌

会 议 HUI YI

1996年，四川省人大常委会通过《四川省社会法律咨询服务条例》。图为新闻发布会会场

1999年11月11日，四川省司法行政机关重建20周年纪念大会在省司法厅举行

2000年2月18日，四川省司法厅、四川省委组织部、四川省委统战部、四川省经贸委主办的企业家、律师西部大开发法律服务座谈会在成都举行。省人大常委会副主任牟绪珩等领导参加会议

2000年3月10日，四川省司法厅、四川省法学会、四川省律师协会召开专家、学者、律师西部大开发法律问题研讨会

2000年4月7日，四川省司法厅、四川省工商联共同举办民营企业西部大开发法律事务座谈会

2000年4月12—13日，四川省司法厅、四川省律师协会召开实施西部地区大开发战略法律服务研讨会。司法部副部长段正坤（左六）、四川省委副书记秦玉琴（左五）等领导出席会议

2000年9月6—10日，全省市（地、州）司法局长“深化改革，加强建设，服务农业和六大支柱产业学习研讨会”在省司法厅举行

2000年11月23日，四川省公、检、法、司第一次执法理论研讨会在省高级人民法院举行

2001年1月10日，四川省司法鉴定工作管理委员会成立暨新闻发布会在成都金牛宾馆举行

2001年12月，四川省刑释解教人员安置帮教工作理论研讨会在名山县举行

2002年1月12日，四川省首次国家司法考试工作会议在省司法厅举行

2002年1月16日，司法部、四川省人民政府追授陈德勋一级英模暨追认革命烈士大会在成都举行

2004年9月，中华全国律师协会、加拿大律师协会在成都举办“中加刑事司法改革与辩护项目刑辩技巧培训班”

2005年4月13日，全省公证队伍教育规范树形象活动动员会在成都举行

2005年9月，美国律师协会、中国法学会、四川省律师协会在成都举办“中美公益诉讼与维护妇女权益研讨班”

2005年11月11日，四川省律协WTO专委会“WTO实务与商事仲裁研讨会”在成都举行

交流访问 JIAOLIU FANGWEN

2001年5月，香港律师会蔡克刚（右六）一行在四川考察交流

2001年5月25日，四川省律师协会、香港律师会签订合作协议

2002年11月21—23日，香港特别行政区律政司司长梁爱诗率领由香港特别行政区律政司官员及香港法律界人士组成的代表团对四川省进行友好访问。在川活动期间，梁爱诗（左一）及代表团拜会四川省人大常委会主任谢世杰（右一）

2002年11月21—23日，香港特别行政区律政司司长梁爱诗率领由香港特别行政区律政司官员及香港法律界人士组成的代表团对四川省进行友好访问。在川活动期间，中共四川省委副书记、四川省人民政府省长张中伟在成都锦江宾馆会见梁爱诗一行

2002年11月23日，成都市举办中港司法“优势互补，共闯全球新领域”中港专业研讨会

2005年9月17日，香港惩教事务职员协会访问团到四川省成都戒毒劳教所参观交流

1993年11月18日，四川省海峡两岸法律研究会召开会员代表大会。在主席台就座的有：四川大学教授（全国著名法学家）伍柳村（右一）、四川省人大常委会副主任白尚武（右二）、四川省政协主席廖伯康（右三）、西南政法学院教授张和光（右四）、成都市中级人民法院常务副院长吴中仁（左一）

1998年11月13日，四川省海峡两岸法学研究会召开第三次川、台经贸法律理论和实务研讨会。在主席台就座的有：学会会长（全国著名法学家、四川大学教授）伍柳村（左二）、四川大学法学教授周应德（左三）、台湾著名法学家刘清波（左四）、学会名誉会长（原四川省人民政府副省长）韩邦彦（左五）、四川省司法厅厅长曾宪章（左六）、四川省人民政府台湾事务办公室主任张兴定（左七）、学会常务副会长（成都市中级人民法院常务副院长）吴中仁（左八）

1999年5月17日，中共四川省委副书记秦玉琴（右）与美国联邦法官刘成威（左）会谈

1999年5月17日，美国联邦法官刘成威夫妇（中）在四川省司法厅厅长曾宪章（右一）陪同下到成都少管所参观访问

1988年3月，四川省司法厅厅长郑文举（前排右二）与挪威大臣合影

1989年3月28日，英国皇家检察院总检察长梅休（前排中）在成都少管所参观访问。图为梅休与服刑少年交谈

2001年11月，澳大利亚人权代表团到四川省司法厅访问，四川省司法厅厅长曾宪章（前右一）接待代表团一行

2005年5月，四川省司法厅副厅长三郎益西（前排右二）率领司法鉴定考察团在新西兰考察司法鉴定工作，与新西兰司法部官员（前排中）座谈并合影

1986年4月，美国律师代表团到四川访问并与成都市司法人员交谈

1994年5月，瑞士野尼公司总裁欧伯豪森（左一）参观四川省川东监狱

修志掠影 XIUZHI LUEYING

2012年10月31日，四川省司法厅修志组工作人员到甘孜监狱收集《四川省志·司法行政志（1986—2005）》相关材料，并与监狱领导合影留念

2015年11月12日，四川省司法厅召开《四川省志·司法行政志（1986—2005）》初审会议。厅长陈明国主持会议，巡视员扎柯在会上介绍了编纂工作情况，省地方志办主任马小彬到会讲话，省司法厅初评审核小组全体成员参加会议

四川省地方志编纂委员会成员

《四川省志（1986—2005）》
审核委员会成员

主　　任　王　宁

副 主 任　蔡　竞

委　　员　马小彬　冯宝运　何晓平　胡品生

王孝平　谭继和　陈世松　陈廷湘

《四川省志（1986—2005）》
总编、副总编

总　　编　陈建春

副 总 编　赵　行　邓　瑜　陶利辉　熊　倩
张兆法　高伟明　朱艳林　牛　淼

《四川省志·司法行政志（1986—2005）》
责任总编、责任编辑

责任总编　陶利辉

责任编辑　邓肖亭

《四川省志·司法行政志（1986—2005）》编纂委员会成员

《四川省志·司法行政志（1986—2005）》编纂委员会成员

（2011 年 3 月—2014 年 12 月）

主　　任	李仲彬			
副 主 任	扎　柯			
委　　员	刘朝宽	陈昌斌	姚正奇	史红平
	刘志诚	沈华伦	林蒙昌	何　华
	安家爱	江金河	刘　伟	陈亚宁
	杨　跃	夏焕良	岳忠文	李慎伦

《四川省志·司法行政志（1986—2005）》
编纂委员会成员

（2007 年 7 月—2011 年 3 月）

《四川省志·司法行政志（1986—2005）》
编纂委员会成员

（2006年6月—2007年7月）

主　　任	刘道平			
副 主 任	扎　柯			
委　　员	殷　长	江金河	李新民	张晓勇
	刘朝宽	刘　伟	李光才	吴贤佑
	沈纪中	刘志诚	三郎益西	李宏江
	杨　跃	黎永祥		

《四川省志·司法行政志（1986—2005)》
初评审核小组成员

（2015 年 1 月—2016 年 7 月）

负 责 人　陈明国（省司法厅厅长）

成　　员　扎　柯（省司法厅副厅长）

刘朝宽（省司法厅副厅长）

姚正奇（省司法厅副厅长）

史红平（省司法厅副厅长）

刘志诚（省监狱管理局局长）

沈华伦（省司法厅政治部主任）

林蒙昌（省戒毒管理局局长）

何　华（省司法厅纪委书记）

安家爱（省司法厅机关党委书记）

杨　跃（省司法厅副巡视员）

李慎伦（省司法厅副巡视员）

李贵洪（省司法厅办公室主任）

李灿（省司法厅法制宣传处处长）

刘贵文（省司法厅律师公证工作处处长）

胡晓原（省司法厅国家司法考试处处长）

刘沛奎（省司法厅司法鉴定管理处处长）

王晓峰（省司法厅法制处处长）

王　慎（省司法厅信访处处长）

夏　磊（省司法厅计财装备处处长）

田　亮（省司法厅外来企业投诉处处长）

朋　静（省司法厅政治部副主任）

赵　敏（省司法厅政治部组织干部处处长）

孙雪莲（省司法厅政治部教育培训处副处长）

陈星文（省司法厅基层工作处副处长）

徐文昌（省司法厅政治部人事处处长）

赵　星（省司法厅离退休人员工作处处长）

周　鲲（省司法厅机关党委办公室主任）

袁晓康（省司法厅监察室主任）

石　利（省司法厅警务督察处处长）

杨天永（省司法厅外宣中心副主任）

王晓林（省法律援助中心主任）

蒋玉春（省律师协会秘书长）

曾　平（省公证协会秘书长）

《四川省志·司法行政志（1986—2005）》
总　编　室

主　　编	陈明国
副 主 编	扎　柯
终审修定	夏焕良　李贵洪　夏晓风　杨介辉 蔡安恒
编辑（撰稿）	夏晓风　蔡安恒　杨介辉　刘红念 贺安民　牟奇富　彭朝阳
编　　务	刘红念

《四川省志·司法行政志（1986—2005）》
总　编　室

（2011 年 3 月—2014 年 12 月）

主　　编	李仲彬			
副 主 编	扎　柯			
终审修定	李贵洪	夏晓风	杨介辉	蔡安恒
编辑（撰稿）	夏晓风	蔡安恒	杨介辉	刘红念
	牟奇富	彭朝阳		
编　　务	刘红念			

《四川省志·司法行政志（1986—2005）》
总　编　室
（2007 年 7 月—2011 年 3 月）

主　　编	刘作明			
副 主 编	扎　柯	姚正奇		
编辑（撰稿）	李贵洪	夏晓风	蔡安恒	杨介辉
	刘红念	牟奇富	陈　德	
编　　务	刘红念			

《四川省志·司法行政志（1986—2005）》

总　编　室

（2006 年 6 月—2007 年 7 月）

主　　编	刘道平
副 主 编	扎　柯
编辑（撰稿）	李贵洪　夏晓风　蔡安恒　杨介辉 刘红念　牟奇富　陈　德
编　　务	刘红念

《四川省志（1986—2005）》
凡　　例

一、本书编纂工作以马克思列宁主义、毛泽东思想、邓小平理论、“三个代表”重要思想、科学发展观、习近平新时代中国特色社会主义思想为指导，坚持辩证唯物主义和历史唯物主义的立场、观点和方法，全面客观地记述四川省行政区域内自然、政治、经济、文化和社会的历史与现状。

二、本书系中华人民共和国成立后首部《四川省志》续编，总名《四川省志(1986—2005)》，由总类、大事纪述、专志、人物、市（州）概况、附录共93卷构成。各分卷名称为《四川省志·××志（1986—2005)》或《四川省志·××志》（后者为特色志志名），设中英文目录。

三、本书上限一般起自1986年，下限一般截至2005年。对前志未设之分卷或篇章从事物发端写起；对前志漏载、误载的某些事项进行补载、更正；对前志记载后变化不大的某些事项进行简要复载；升格详载具有地方特色的某些事项。

四、本书记述的地域范围以1986—2005年四川省行政区划为准。

五、本书采用述、记、志、传、图、表、录等体裁，以志为主。

六、本书总类卷设序言、凡例、总述、卷目等，为各卷之首，全书之纲。关于自然环境、建置沿革、经济与社会历史发展状况等基本省情在总述中作简要复载或反映。各专志（分卷）根据社会分工和学科分类的实际，按“以类相从”或“突出地方特色”的原则设立，以篇、章、节横分类别，节、目以下纵述史实，立足反映四川省行政区域某一事物（事业、行业）断限期内历史与现状的全貌。人物志卷采用传、录、表诸种表述形式，坚持“生不立传”原则，在世人物的突出事迹以事系人载入相关分卷。人物传统一收入人物志。本书大事记以编年体为主，辅以纪事本末体。为完整记述一些重要事物，保存有价值史料，有些分卷设置了专记。

七、本书使用规范的现代语体文记述。行文严谨、朴实、简洁、流畅。使用规范汉字，遵守现代汉语语法规范。使用的标点符号、数字、计量单位等均按国家规定的统一标准书写。

八、本书使用公元纪年，各卷正文（除引文外）采用第三人称表述；行文涉及机构、会议、文件、职衔、地名等，均按当时称谓；除涉及人名、地名、纪年和简称等项采用括注外，其余采用页下脚注。

九、本书资料来源于文献、档案、报刊、书摘、口碑及实地调查等，所用资料均经各修志部门考证、核实。各分卷数据一般采用省统计局公布的数据，省统计局缺乏的，采用有关部门正式提供的数据。

十、各分卷图片分为前置图片和随文插图，随文插图和表格均以篇为单位依次排序编号；所用地图均以省测绘局审定的为准。

十一、各分卷需要特别说明的事项，均在各分卷的《编辑说明》中注明。

《四川省志·司法行政志（1986—2005）》
编辑说明

一、《四川省志·司法行政志（1986—2005）》是第一轮《四川省志·公安司法志》“司法行政”的续修。本志以司法行政职能为主线，实事求是地记述1986—2005年四川省司法行政事业发展变化过程，力求思想性、客观性、科学性、资料性、可读性统一。

二、本志上限一般起自1986年，个别事物追溯其发端；下限断至2005年，个别事项适当下延。

三、本志记述的地域范围以断限期内四川省行政区划为准，1997年7月以前内容含今重庆市辖区内容。

四、本志单位名称首次出现时用全称并括注简称，后文再次涉及均用简称。例：“中国共产党四川省委员会”简称“省委”，“四川省人民政府”简称“省政府”，“四川省司法厅”简称“省司法厅”。

五、本志所用资料、图片、数据主要来源于原始档案和司法行政统计。表中缺失的数字以空格表示，无此数字以“—”表示。

六、本志使用的图片均为四川省司法厅提供。

目　　录

第五篇　依法行政与法学教育

第六篇　法制宣传教育

第九篇　司法鉴定

第十篇　国家司法考试

第十一篇　监　狱

第十二篇 劳动教养

Contents

概　　述

回眸历史，筚路蓝缕，艰难困苦，玉汝于成。四川省司法行政工作从1979年全省司法行政机关恢复重建开始，从无到有，从小到大。在中共四川省委、四川省人大常委会、四川省人民政府、政协四川省委员会和司法部的领导和指导下，全省司法行政工作以邓小平法制建设理论为指导，努力践行“三个代表”重要思想，坚持以科学发展观统领全局。扎实开展全民普法，为依法治国、依法治省打下了牢固的基础；大力开展法律服务，为市场经济保驾护航；充分发挥司法行政职能作用，竭力维护社会稳定；强化司法行政队伍建设，锻造了一支党和人民信赖的司法行政队伍。

1986—2005年，四川省司法行政工作的发展经历了恢复重建初步发展和大改革大发展两个阶段。恢复重建初步发展阶段（1992年之前），四川司法行政工作从无到有，逐步规范。1980年5月1日，四川省司法厅（以下简称省司法厅）正式成立。全省各级司法行政机关在恢复重建初始阶段，人力、物力、财力奇缺，办公条件较差，在中共各级党委和政府的重视与支持下，通过全省司法行政系统广大干部职工的努力，克服种种困难，使省、市（地、州）、县（市、区）各级司法行政机构和乡镇司法助理员逐步配齐；律师公证制度逐步恢复；法学教育逐步规范；法制宣传逐步完善；并经历了法院行政机构的成立、撤销和监狱、劳教系统的接收管理等。重建恢复阶段的艰巨工作为以后的改革发展打下了坚实基础。在大改革大发展阶段（1992—2005年），省司法厅党委引领全省司法行政队伍锐意进取，大胆改革，勇于创新，使全省司法行政工作在恢复重建的基础上得到了较快发展。

20世纪90年代，四川省司法行政机关在1997年重庆市直辖前下设23个市（地、州）司法局，224个县（市、区）司法局，48个监狱，11个劳教所。重庆直辖后下设21个市（地、州）司法局，181个县（市、区）司法局，42个监狱，9个劳教所。尤其是全省的监狱和劳教单位，具有点多、线长、面宽、交通不便、条件艰苦、分散的特点。通过不断调整，全省监狱、劳教系统的组织结构日臻完善合理，全体干警继续发扬“献了终生献子孙”的无私奉献精神。省、市、县司法行政机关以及监狱和劳教所领导班子不断加强，队伍不断壮大，业务不断发展和扩大，职能作用得到充分发挥。特别是1992年邓小平南方谈话后，全省司法行政系统各级中共党委和行政领导班子以高度的政治责任感，引领广大干警解放思想、转变观念、抓住机遇，落实省委、省政府的要求和司法部关于司法行政工作改革的部署，坚持解放思想、实事求是的思想路线，结合四川省司法行政工作的实际，提出“服从于省委、省政府的中心工作，适应和服务于市场经济体制的建立和完善，服务和保障社会政治稳定，以改革为动力，促进职能作用的发挥，以大服务促进工作业务大发展”的改革指导思想和“一个服从（服从于全党工作大局），两手抓（抓经济、抓法制），强化三大任务（以改造人为宗旨和以创建现代化文明监狱、劳教所为方向，以队伍建设为着力点，抓住经济工作不放松），把握四个环节（完善机构，拓展业务，提高素质，强化管理），发挥各项职能”的思路，进行了一系列改革。在全国司法行政系统实现多项创新，有力促进了四川司法行政工作的发展。如，率先在全国进行了律师、公证体制改革；在充分调研论证的基础上报司法部批准实行了监狱、劳教单位布局调整；在省委省政府支持下成立了以各级党委政府为服务对象的法律顾问团；1997 年 7 月 1 日香港回归后积极与香港法律界互访互助，推动川港两地合作交流；2000 年国家西部大开发战略启动后迅速召开法律服务研讨会提出应对措施；在全国范围内较早成立了安置帮教、法律援助、外商台商投诉和司法鉴定等职能机构，等等。中共十五大确立依法治国基本方略，省委作出“依法治省”的决定后，省司法厅及时提出“以依法治省统揽司法行政工作”的主导思想，进一步促进了司法行政职能的发挥。20 年来，全省司法行政系统为四川省的改革开放、经济发展和社会稳定作出了积极贡献。

一

律师成为改革开放和经济建设的法律卫士。中共十一届三中全会后，四川律师队伍和业务得到迅速发展。改革深入到哪里，市场经济发展到哪里，律师的法律服务就跟进到哪里。为适应改革开放和经济建设需要，四川律师一直与改革同行，用法律指导企业转换经营机制，帮助企业清产核资，帮助长期亏损的企业进行整顿，以及帮助不断开拓农业和科技服务领域等。中共十四大前，律师工作是“以量取胜”。中共十四大后，律师工作转变为“以质取胜”。在人才、机制和管理方面上档升级。为适应经济形势发展需要，律师执业机构的名称也随之由法律顾问处变更为律师事务所，并改革了经营管理办法和制度，开始试行合伙制。对律师实行资格考试，进行职称评定。1993 年，突破了以行政机构的组织模式套用服务机构的束缚，完善司法行政机关行政管理与律师协会行业管理相结合的律师管理体制，四川省在全国较早进行了“改革国办所、完善合作所、发展合伙所”的律师体制改革，事务所实行不要国家编制和经费，自愿组合、自收自支、自我发展、自我约束的体制。通过允许律师事务所根据市场需要自行选择执业形式和管理办法，逐步形成了由国资、合作、合伙等多种形式并存的格局。省、市、县司法行政部门对律师的管理也由微观转向宏观，下放了人事和财务管理权，变“婆婆”式管理为独立法人自主经营的行业管理，并解决了当时国办所改革中难以解决的国资界定、老律师待遇分配、落聘人员安置三大难题，促进了律师事务所和人员的大发展，初步建立了“五个管理”的工作机制，即中共组织建党工作机制、制约机制、行业机制、监督机制和服务机制，并在实际工作中收到显著成效。1997 年 1 月 1 日，《中华人民共和国律师法》实施，明确了律师的地位和作用。1999 年，律师事务所的称谓一律将原省、市的称谓统一更名为四川××律师事务所，避免了事务所之间的层级差别，有利于相互竞争。中共十五大召开后，省司法厅提出了以提高服务质量为重点，以中心城市律师事务所带动全省律师发展，落实完善机制，提高素质，拓展业务，强化管理的总体思路。同时，还鼓励有条件的律师事务所到省外、境外办所发展，增强了内部活力，调动了广大律师的积极性。到 21 世纪初，随着中国加入世界贸易组织（WTO）、实施西部大开发战略，律师的法律服务逐步向国际化、公司化、专业化方向发展。2002 年 10 月，司法部提出关于开展公司律师公职律师试点意见后，四川省先后在宜宾、泸州、自贡、南充、攀枝花等市开展试点，为建立法治政府、服务政府和责任政府服务，为企业依法经营、依法管理服务。一大批律师应聘成为公司企业法律顾问，为四川的经济建设发挥了重要作用。截至 2005 年，全省律师事务所已发展到 615 家，是 1985 年的 1.5 倍。全省律师在各级党委、政府机关和企事业单位共计 12704 家担任法律顾问，是1985年的2.48倍。16家律师事务所入选为省国资委建立改制方案和法律审查的中介机构，200余名律师被选为省、市、县人大代表和政协委员，积极参政议政。律师从业人员增至6331人。全省律师办理民事经济案件819639件，办理刑事案件307459件，行政诉讼20907件，非诉讼法律事务508095件，涉外及港澳台案件1581件，为维护公民、法人合法权益和促进法律正确实施，发挥了重要作用。

公证工作迈上新台阶。1986—2005年，四川省公证制度经历了初创期、停滞期和恢复发展期。1985年，省司法厅在达县召开第一次公证工作会议，推广达县城乡经济合同公证工作经验，研究全省公证工作如何更好地为四川省经济体制改革和经济建设服务。公证业务服务于经济和社会活动全面启动。1986年、1987年，省司法厅分别召开城市经济合同和深化企业改革的公证工作座谈会，加大为经济服务的力度。同时公证队伍在“自力更生，自我培养”的基础上发展较快，至1989年，全省建立公证处242个，有公证人员1065名，其中一级公证员2名，二级52名，三级317名，四级183名，公证员助理109名。通过组织学习，解决了部分公证管理机关领导干部在观念上受原有计划经济管理体制束缚的问题，破除重计划轻市场、重限制轻放开、重管理轻服务、重吃大锅饭轻拉开档次的“四重四轻”思想；解决了部分市、县司法局把公证处视为司法局内设机构，公证处的法人地位和自主权难以落实的困境。想方设法充分发挥公证人员的积极性。1992年，省司法厅出台《四川省司法厅关于公证工作改革的意见》《四川省公证工作管理办法》《四川省公证质量管理办法（试行）》《四川省公证错误赔偿办法》等举措和规定，提出建立适应市场经济的公证运行机制，推行公证处主任负责制，适度增加公证机构设立公证协办室，随后又在机构、人员改革方面出台16个配套实施细则，有效地推进了公证机构的改革。1993年，乐山市公证处在全省率先进行体制改革，对公证处经费实行差额预算管理，编制实行一处两制，除少数行政人员的固定工资由财政拨款外，其余人员的工资、福利、奖金、补贴、业务经费，全部从公证收入中自行解决。同年，省司法厅又选择成都市公证处向事业单位转变的试点。在经费上实行内部自收自支，用人上实行聘用制，分配上实行效益浮动工资，并建立了公证事业发展基金、就业保险基金、业务培训基金、主任基金等四项基金，同时离退休职工有权从中享受退休费等，充分调动了公证人员的积极性，由“要我干”变成了“我要干”。2000年7月，国务院批准司法部《关于深化公证体制改革方案》。在“三不变”（公证机关是国家证明机关性质不变、公证员行使国家证明权利身份不变、公证文书法律效力不变）的前提下，四川省公证体制在试点后逐步由政府型向事业型中介组织形式转变，实行内部自收自支和用人制度上的主任负责制和工作人员聘用制。至2005年，全省转制公证处已达140家，占全省公证处的70%。转制后，增强了公证工作人员的紧迫感和责任感，调动了广大公证人员的积极性；促进了公证业务由过去单纯办理国内事务公证向港澳台及涉外和国内公证并举的方向转变，由民事为主公证向经济公证转变，由单一公证证明职能向沟通、管理、监督转变，由坐等办案到主动上门办证的转变，办证类型呈现全方位、多元化格局；促进了一些新型的公证项目的出现，如群众性文体比赛、知识竞赛、技能竞赛和抽奖活动等进行现场监督公证。公证职能作用得到充分发挥，四川省各级领导机关开始自觉运用公证来保护其合法权益。公民主动申办如遗赠抚养协议、婚前财产约定协议、赠与协议、换房协议、收养协议、民事赔偿、合伙协议等。另通过管理和监督，保证了公证的真实性、合法性。至2005年，全省有公证处207家，公证人员1106人。20年间，全省公证机构共办理各类公证事项8846376件，其中国内经济公证3468003件，国内民事公证4825105件，涉外及涉港澳台公证553268件；通过对经济合同公证审查，揭露和制止违法行为12457件，为国家、集体和公民个人挽回经济损失10亿多元。

基层法律服务体系进一步完善。四川是全国人口大省，1997年前即突破1亿人，重庆从四川划出设为中央直辖市后，四川仍有8500万人。同时，四川又是农业大省，农业人口占全省人口的80%。随着农业发展，农村需要一个稳定的环境，农民遇到新问题也越来越多，"三农"法律服务摆上司法行政工作重要议事日程。但是，四川省从业律师仅数千人，杯水车薪，且律师的法律服务范围又多局限在大中城市，很难适应农业发展需要。省司法厅在1994年全省市（州）司法局长会上提出：司法行政系统犹如一棵大树，基层"两所"（法律服务所和司法所）建设就是这棵树的根，没有发达的根，树就不会壮大茂盛，不抓基层就会失根本，抓住基层，就抓住了核心，抓住了重点。四川省创建乡镇基层法律服务所（司法所）以来，立足农村，面向农民，就近、及时、热情、主动地为发展乡镇企业、发展"三高"（高产量、高质量、高效益）农业、开发"三荒"（荒山、荒堰、荒塘）、种植养殖业承包、农村土地承包以及维护广大农民的合法权益提供了大量卓有成效的法律服务，较好地满足了农民对法律服务的需求。1998年后，为进一步解决全省人民群众对法律服务的需要，不到一年时间，全省21个市（地、州）已全面开通"148"（"要司法"的谐音）法律服务专线电话，把基层法律服务送到千家万户，及时解答人民群众的法律咨询，化解矛盾纠纷，为群众解愁，拓展了新时期司法行政工作的新领域。尤为突出的是，广大基层法律服务工作者积极地开展对500万外出务工人员提供法律服务。仅1994—1998年，基层法律服务所与外出务工人员签定法律顾问合同达14万份，建立法律服务联系卡40余万张，代理诉讼法律事务近231万件，挽回经济损失39.6亿元。截至1999年，全省基层法律服务机构已发展到1947个，比1991年增加一倍，建所率除阿坝、甘孜、凉山三州外均已达47%，工作人员达9000人，是1991年的3倍。2000年，省司法厅下发《关于加强司法所规范化建设的意见》并设立奖励项目鼓励建所。截至2005年，全省建所4187家，占全省乡镇建制数的86.3%，其中副科级以上司法所1180家，被评为规范司法所55家，"两所"的建设相辅相成，得到很大发展。

人民调解充分发挥维护社会稳定作用。人民调解是开启预防和化解矛盾纠纷的金钥匙，是具有中国特色的法律制度，是诉讼程序之外化解矛盾消除纠纷的有效手段，是新时期维护社会稳定的第一道防线，被国外友人誉为"东方一枝花"。1980年，四川省司法行政工作恢复后即确定由省司法厅法院管理处负责领导组织人民调解委员会和基层政权司法助理员的工作。1982年法院管理处撤销专设人民调解工作处，1986年又改名为基层工作处，工作中不断加强基层建设，整顿健全调解组织，坚持"调防结合，以防为主"的方针。全省调解工作进一步向广度和深度发展。在改革开放过程中，由于社会经济结构发生了很大变化，社会的利益关系随着改革开放的深入不断调整，引发的利益冲突导致群众相互间矛盾大量增加，加之四川又是农业大省，地处内陆，多山，交通不便，民族众多，宗教情况复杂，虽然这些矛盾绝大多数是人民内部矛盾，但如果处理不当极可能激化，影响社会稳定。针对这些问题，省司法厅按照司法部1990年《民间纠纷处理办法》，及时制定了《关于进一步加强新时期人民调解工作办法》《处理民间纠纷实施意见》等文件，并在全省开展了"五好家庭""遵纪守法光荣户""文明单位"创建评选活动，以及开展有针对性的专项治理，充分发挥了人民调解的作用。同时，各级司法行政部门针对部分调解组织名存实亡和一些厂矿在转换机制过程中对调解组织有所削弱的情况，按照"组织、人员、工作制度、报酬"四落实的要求，积极主动与党政领导取得联系，采用先易后难，突出重点，分期分批地充实调整，建全了组织，完善了制度，队伍逐渐精干，人民调解员报酬得到落实。至2005年，全省共有人民调解员614343人。受省部级表彰的先进调解员847人，涌现出全国模范调解员兰明友、省部级表彰标兵人民调解员杨清华和模范调解员李崇陆等典型人物。各级司法行政部门按照《中华人民共和国村民委员会组织法》《中华人民共和国城市居民委员会组织法》《人民调解委员会组织条例》和司法部《人民调解若干规定》等法律法规，以重点带一般，使人民调解工作的各项任务真正落到实处。群众称赞人民调解组织是密切干群关系的“连心桥”，是化解农村人民内部矛盾的“金钥匙”，是保持基层社会安定团结的“稳压器”。2005年与1986年相比较，由民间纠纷引起非正常死亡数下降了60%，98%的单位无因民间纠纷激化引起的凶杀、重伤和群体性械斗等非正常死亡；因民间纠纷转化为刑事案件下降31%，纠纷调解率为97.1%，调解成功率为96.7%。

法律援助工作取得显著成效。法律援助是政府设立的法律援助机构组织法律援助人员和社会志愿人员，为某些经济困难的公民或特殊案件的当事人提供减、免费的法律帮助，以保障其合法权益得以实现的一项司法救济制度。1995年，司法部提出探索建立法律援助制度。为维护政治稳定和完善社会保障制度，1996年5月31日，四川省成立全国第一个法律援助机构——四川省法律援助中心。其职责是担负对全省法律援助工作的管理监督和实施。中心成立后经历了探索、发展、完善三个阶段。至2005年，全省21个市（州）已全部建立起法律援助中心，占应建机构数的100%；181个县（市、区）已建机构174个，占应建机构数的95%；城镇社区已建立2702个法律援助工作站；还有工会、妇联、残联、律师协会等各界的法律援助网络577个，以及高等院校学生参与的法律援助志愿者组织5541个。同时，四川省人大和四川省人民政府还相继出台《四川省法律援助条例》《关于进一步做好法律援助工作的通知》《关于贯彻落实〈法律援助条例〉切实解决困难群众打官司难问题的实施意见》《四川省法律援助经费使用管理办法》《法律援助接待制度》等法规文件。其中《关于贯彻落实法律援助条例确定公民经济困难标准的通知》等文件，被司法部法律援助中心誉为全国的一个范本，其思路在全国是一个创新。2004年，为解决少数政府部门“脸难看”“门难进”的问题，实现无障碍法律援助，四川省还专门建立为民办实事的窗口——法律援助接待大厅，指派律师事务所的律师轮流值班接待解答有关法律问题。全省各级法律援助机构自办或组织律师办理的各类法律援助案件幅度不断上升，从2002年的10422件到2005年增至22497件，增长率为115%，受援人数累计达10万人次。办案数量连续三年位居全国前三甲。受援案件从单纯的刑事案件发展到民商案件，2005年共办理民商和行政案件22497件。受援案件中有请求支付劳工报酬、支付赡养抚养费、农村土地和土地征用补偿、家庭暴力、未成年人和残疾人刑事犯罪等类型。2004年9月15日，由四川省人民政府出面承办的“心系农民工”法律援助大型公益晚会，募集建立了“四川农民工法律援助基金”4000余万元，达到了宣传法律援助事业和建立“四川农民工法律援助基金”的双重目的，受到社会各界广泛关注和支持。2005年四川省人民政府对关爱农民工成绩突出的省法律援助中心给予了表彰。

开展外商台商投诉，维护外来企业合法权益。改革开放后，外商及台商等投诉案件增加，但在1996年前四川省没有开展这项工作。1996年10月3日，四川省人民政府第62次常务会议决定在省司法厅设立外商（台商）投诉中心，处理外商和港、澳、台以及省外来四川投资者的投诉案件，同时指导全省开展工作，以帮助外商通过仲裁、诉讼、复议、申诉等法律程序，维护其合法权益，并及时向省政府反映投诉中的工作情况和发现的重大问题等。四川省人民政府及时制定《四川省外商投诉处理规定》《四川省台商投诉处理规定》《四川省人民政府外来企业投诉中心受理重大、疑难投诉的规定》等规章。至2005年，中心成立10年来，共接到各类投诉615件，受理承办投诉案件441件，接待外商法律咨询4000余人次，承办由省委、省政府领导批示的投诉案件23件，通过投诉中心的协调共帮助外商直接挽回和避免经济损失近2.95亿元，得到中央有关部门及省委、省政府领导的肯定和外商（台商）的赞扬。百事可乐、肯德基、台湾统一食品等外商（台商）企业专程到投诉中心赠送锦旗或发传真赞扬投诉中心寻求真理，主持公道，保驾护航，服务外商（台商）。

二

普法工作成效显著。为适应全省民主与法制建设的需要，四川省从1986年开始至2005年，在全省范围内先后掀起了“一五”“二五”“三五”“四五”全民普法活动，收到可喜成效。“一五”（1986—1990年）普法期间，对全省公民进行了一次形式多样、声势浩大的法律知识普及教育。全省7200万普法对象（包括原属四川管辖的地级重庆市）系统学习了“十法一例”（宪法、刑法、刑事诉讼法、婚姻法、继承法、经济合同法、民法通则、民事诉讼法、兵役法、民族区域自治法和治安管理处罚条例）。通过“一五”普法，使全省公民能够知法守法，增强法制观念，养成依法办事的好习惯，逐步做到正确运用法律，自觉维护法律。“二五”（1991—1995年）普法坚持以宪法为中心，以专业法为重点，推动各项事业依法管理。各级政府部门和行业还结合本身工作学习了相关专业性强的法律，并充分利用广播、电视、电影、戏剧、曲艺、小说、歌曲、报刊、专栏、标语等形式进行法制宣传，较好地解决了广大农民居住分散，又开不起会、办不起班的问题，使全省干部群众受到了法制教育。除此之外，还在大、中、小学及省、市（地、州）、县（市、区）三级中共党校、政法干部学院（校）开设了法制课，培训骨干61万余人。编写了宣传资料，开办法制专题讲座1000多场，对全省20多万中共党员干部进行了重点法律培训。“三五”（1996—2000年）普法是在前两个五年普法的基础上，根据中共中央实施依法治国的方略，中共四川省委、四川省人民政府提出推进依法治省的总要求，强调法制宣传教育与法制实践的学用相结合。重点是县以上领导干部特别是高级干部、司法干警、行政执法人员、企事业单位的经营管理人员以及青少年。通过学法用法，提高各级领导干部的法学理论水平，增强了依法办事、依法管理的自觉性。“四五”（2001—2005年）普法规划确定了“两个提高、两个转变”（努力实现由提高全民法律意识向提高全民法律素质转变，全面提高公民的法律素质；实现由注重依靠行政手段管理向注重运用法律手段管理的转变，全面提高社会法治化的管理水平）的工作目标，为推进改革促进发展、构建和谐四川起到了重要作用。“四五”普法重点仍然是加强各级领导干部、司法干警、行政执法人员、青少年和企业经营管理人员的法制教育，坚持法制宣传教育和法治实践相结合，推进依法治省工作深入发展。四川省先后制定了系列规范性文件，通过实践建立了“党委领导、人大监督、政府实施、政协评议、部门配合，全社会共同参与”的工作运行机制，拓展了普法工作领域，开展了“法治下乡”“法律进社区”“送法进学校”；在农村广泛开展“法律明白人”“村务放心墙”等活动；在城乡开展了“法制广场”活动；在社区开办“法制夜校”；在工地组织“农民工法制讲座”等。2002年，省司法厅组织全省30万公务员参加依法行政考试，检查了公务员依法行政的法律职责和水平。2004 年，以领导干部、公务员、国有企业管理人员、事业单位管理人员为主要对象，进行了 100 万人参加的“四五”普法法律知识综合考试，全面检查干部队伍学法用法的基本情况。通过学法用法实践，提高了广大干部特别是领导干部依法办事能力和水平，促进了政府依法行政和管理水平的提高。全省各市（州）和县（市、区）政府全部聘请了法律顾问。在工作方式上，由过去单纯依靠行政手段向综合运用法律的、经济的和行政手段的转变，使法制宣传教育进入了学法与法治实践密切结合的新阶段。通过普法宣传教育，促进了全社会法治精神的进一步树立和法律意识与法制观念的逐步养成。

法学教育基础夯实。20 世纪 80 年代初，四川省司法行政机关重建后，将法学教育作为开拓司法行政工作新局面的首要任务来抓。1981 年，创办了四川省司法行政系统第一个政法干校（1984 年升为正厅级的四川省政法管理干部学院）。20 多年来，经过广大教师的辛勤努力，培养出一大批优秀法律人才充实到各政法机关、企事业单位、学校等岗位，成为单位的法治工作骨干，有的还担任了省直部门厅局级以上领导干部。随后，涪陵、达州、内江、宜宾、南充等地先后成立政法干校。1983 年全省劳改、劳教工作从省公安厅整建制划归省司法厅领导后，1985 年四川劳改职工中等专业学校更名为四川省司法厅劳改警察学校，1996 年更名为四川省警官学校。2004 年经四川省人民政府批准，在四川省警官学校的基础上建立四川司法警官职业学院（副厅级）。至 2005 年，全省司法行政系统共培养了 197085 名各类法律人才。20 世纪 80 年代，随着形势发展和司法行政工作的需要，省司法厅党组（党委）十分重视法学教育，派人与西南政法学院（1995 年，更名为西南政法大学）、司法部等单位商议联办西南政法学院四川函授站和全国律师函授中心四川辅导站，开设了高等教育自学考试法律专业。之后，又在西南政法大学、四川广播电视大学、成都市职工大学、华西医科大学和四川省政法管理干部学院开办了“专业证书”班，作为评定、聘任专业技术职务和其他任职专业技术人员资格依据之一。1997 年，同四川大学和西南财经大学联办在职干部法学硕士培训班，共有 453 名干部取得法学硕士学位。至 2005 年，大学（大专）以上干部已占全省司法行政系统干部总数的 89%，形成了一个普通高等教育、成人教育、职业教育多种形式，研究生、本科生、专科生、中专生多层次全日制和业余学习多样化教育体系，为四川司法行政工作奠定了坚实基础，保障了各行业依法办事的效率，推动了四川司法行政工作快速发展。

司法考试工作规范有序。1980 年律师制度恢复后，四川省依据《中华人民共和国律师暂行条例》对律师资格采用考核批准授予制。1983 年，全省经省司法厅考核批准，获得律师资格的有 469 人。为弥补四川省律师人员数量不足，20 世纪 80 年代还聘请了一部分离退休司法干部为特邀律师和企事业单位专业人才为兼职律师。1986 年后，四川省每两年实施一次律师资格考试（1993 年后改为每年一次），经省司法厅批准授予律师资格。1996 年，授予律师资格权限变更由司法部批准。2002 年，根据《中华人民共和国法官法》《中华人民共和国检察官法》《中华人民共和国律师法》规定，赋予了司法行政机关组织国家司法考试职能。为确保四川省首次国家司法考试健康有序，省司法厅成立由 4 名厅党委委员组成的领导小组，抽调 8 名干警组成司法考试办公室，并专门召开全省司法局长会议和省法院、省检察院、省司法厅联席会。同年 1 月 9 日，全省政法工作会议上强调，省司法厅要认真履行国家司法考试的职能，必须组织严密，程序严谨，主动配合，要求四川省首次国家司法考试要成为最规范、最权威、最严密、最廉洁的考试。2002 年3 月 30 日，首次国家司法考试在全省 21 个市（州）的 22 个考区同时进行，13721 名考生参加首次国家司法考试，其中975人达到司法部划定的合格分数线，合格率7.1%。同年4月，省司法厅增设司法考试处，负责司法考试的组织领导和考试监督等。与此同时，21个市（州）司法局也确定了专门处（科）负责此项工作。2002—2005年间，通过大张旗鼓的宣传，强化管理，完善制度，营造了良好、公正、公平的国家司法考试环境。考生数量趋于稳定，没有发生重大违法违规事件。2005年全省考生9703名，考试合格1553人，合格率15.99%，比上年提高3.3个百分点，高于全国平均水平1.6个百分点。通过采取以上措施，确保了高素质人才进入司法和律师、公证队伍，四川省司法厅两次被司法部评为国家司法考试先进集体。

司法鉴定工作跃上新台阶。1988年，经四川省人民政府批准，四川省司法行政机关成立了四川省法医学技术鉴定委员会。但是司法鉴定的业务范围和种类很多，法医学鉴定只是其中的一类，而且当时的体制是政法系统内部包括公、检、法、司都有自己的管理机构和鉴定人员，这种多头管理、重叠管理的现象，干扰了司法审判工作，在一定程度上影响到司法公正，社会上颇多微词。为改变这一状况，1998年国务院在机构改革中赋予司法行政机关统一管理和指导向社会服务的司法鉴定职能，2000年2月15日，经四川省人民政府批准，成立了四川省司法鉴定工作管理委员会，委员会办公室设在四川省司法厅司法鉴定管理处并兼管日常工作。同时，市（州）司法行政机关也相继设立司法鉴定工作管理处（科），部分县也成立相应的管理机构，由省司法厅实行统一管理。在短短的五年中，在省政府的领导和司法部的具体指导下，四川省司法鉴定工作不断开拓创新，先后颁布和实施了《四川省司法鉴定管理条例》《司法鉴定收费项目及标准》《四川省司法鉴定人职业道德执业纪律规范》等法规和规范性文件，在全国创造了“七个第一”，即第一个经司法部授权开展司法鉴定职业资格考试、考核；第一个建立司法鉴定人名册、向司法鉴定人颁发“司法鉴定人职业证书”；第一个开展全省检察系统技术鉴定人职业资格考试；第一个规范全省检察系统司法鉴定；第一个出台统一的司法鉴定服务收费标准；第一个与有关部门联合发文共同规范行业司法鉴定；第一个成立地市级司法鉴定人协会。这些工作得到司法部的充分肯定。四川司法鉴定管理工作逐步完善了鉴定程序、鉴定标准和鉴定管理规则，并有计划地检查考核了一些单位，建立了评价机制、激励机制和自律机制。把好科学证据关，有效地制止了不实证明，准确地惩罚了犯罪，化解了各种纠纷矛盾，对克服因执法而引起的社会不稳定因素发挥了重要作用。据统计，2000—2005年，全省面向社会服务的司法鉴定共计28864例，鉴定结论采信率达到97.8%。同时认真处理投诉，依法取缔查处注销3家机构和若干不具备司法鉴定的人员。经过几年努力，司法鉴定工作取得明显成效。

三

监狱工作成绩斐然。四川监狱事业是在大西南解放后逐步发展建立起来的。1951年2月，原由司法机关接管的监所，正式划归公安机关统一管理。1955年，四川省公安厅劳动改造局正式成立，管理体制由行署、专署、县三级管理演变为省、专署两级管理。1983年6月9日，公安部、司法部联合下发《关于贯彻执行中央将劳改、劳教工作移交给司法行政部门管理的若干规定》，四川省劳改、劳教单位整体转入司法行政机关管辖，同时将原由市（地、州）共管的劳改、劳教单位收归四川省劳改局统一管理。1994年12月29日，《中华人民共和国监狱法》颁布后，经中共四川省委、四川省人民政府批准，四川省劳改局于1995年4月更名为四川省监狱管理局。

中华人民共和国成立后，党和国家根据各时期社会政治、经济发展状况，制定了不同的监狱工作方针。1954 年国家制定了“惩罚管制与思想改造相结合，劳动生产与政治教育相结合”方针；1964 年六劳会议提出了“改造与生产相结合，改造第一，生产第二”方针；1995 年确立了“惩罚与改造相结合，以改造人为宗旨”新的监狱工作方针。四川监狱刑罚执行坚定不移贯彻执行党的监狱工作方针，在依法、严格、文明、科学管理的基础上，始终把“以改造人为宗旨”，始终牢记“忠诚、尚法、自强、和谐”的四川监狱精神，不断开拓创新，监狱工作取得瞩目成就。在“严打”斗争中，监狱实现了司法部提出的“收得下、管得住、跑不了、改造好”的目标要求。1989 年，全省监狱系统积极推行罪犯“分管、分押、分教”管理模式，即根据罪犯不同犯罪类型、刑罚种类和其刑期长短、改造表现，对其采取不同形式的管理方式，增强了教育改造的针对性、实效性，实现了新形势下改造工作多样化。同时通过罪犯百分制考核，让罪犯在希望中改造，提高了教育改造效果。1994 年，监狱积极推进监狱工作社会化、法制化、科学化的建设，构筑了五大系统工程（即一把手工程、希望新生工程、社会帮教工程、招标工程、环境教育工程）和创新教育手段，深化狱务公开，将重点放在罪犯减刑、假释、保外就医等执法环节，放在罪犯准假、奖惩（扣分）等工作环节，放在对罪犯违纪违规的公开处理环节，增强了依法治监的透明度，全省监狱逐步向现代化文明监狱目标迈进。

罪犯教育改造工作是监狱工作的重点，四川劳改、劳教单位根据司法部要求，于 1985 年开始在全省监狱系统创办特殊学校，以“三课”教育（政治、文化、技术）进行施教，并针对关押罪犯中文盲较多的实际，以开办小学班为主，既对罪犯恶习进行矫正，又让其在劳动中学到一技之长，为其回归社会做好准备。1986—2005 年，四川先后有 20 万余名罪犯经改造成为守法公民；有 16 万余名服刑人员分别获得脱盲证书和小学、中学及大中专函授电大毕业证书，经考核获得工程师资格 75 名。服刑期满人员回归社会后自食其力，遵纪守法，绝大多数人没有再重新犯罪，不少人还在科技发明和工农业生产中作出贡献。有的担任了民营公司总经理、工程师，还有的被选为人大代表和政协委员。罪犯的改好率达 90.83% 以上。经对部分地区调查，1990 年四川省刑满释放人员的重新犯罪率为 6.51%，符合《中国改造罪犯状况》“白皮书”公布的全国平均重新犯罪率为 6%—8% 的水平。

2000 年后，四川监狱进一步强化民警宗旨意识，树立大教育观，要求民警积极争当教育改造能手，并以危顽犯、邪教类等罪犯作为教育重点，惩教育人，塑造新人，积极开展心理矫治工作；积极组织社会帮教活动；积极搞好罪犯劳动生产，坚持“立足改造，面向生产，着眼就业，服务四化”的原则，不断改善劳动生产环境条件，新建一批标准化厂房，罪犯劳动生产开始逐步实施“由室外向室内、由分散向集中”转移，监管和生产安全更加有了保障。罪犯在服刑期间，监狱维护罪犯的合法权益，保障罪犯生活物资供应，让罪犯吃饱、吃熟、吃够生活费标准，积极做好卫生防病工作，有病得到及时医治，保障了罪犯的身体健康。

四川监狱因为历史遗留原因，绝大多数单位分布在偏远山区。为适应监管改造工作需要，经司法部和四川省人民政府决定，从 2001 年起分批对部分确定的改扩建监狱实施布局调整。其中，兴文监狱、巴中监狱等为迁建；达州监狱、金堂监狱等为就地改扩建。四川监狱实施的布局调整，为加快四川监狱事业发展起到很大的促进作用，新建立的监狱监管条件得到很大改善。

1995—2005 年，四川监狱通过开展创建现代化文明监狱活动，监狱管理水平不断提高，公正文明执法不断彰显，全省有2所监狱被司法部命名为部级现代化文明监狱，19所监狱被四川省司法厅命名为省级现代化文明监狱。

劳动教养有序运行。1981年，国家确定了“教育、感化、挽救”的劳动教养工作方针，对劳动教养人民警察提出了“像父母对待孩子、像医生对待病人、像老师对待学生”的“三像”要求。从此，劳动教养作为教育挽救违法人员的重要措施，随着社会主义法制建设进程而不断完善。进入20世纪90年代以来，劳动教养成为治理社会丑恶现象的重要手段，在“禁毒”“扫黄”“打黑”以及同邪教组织的斗争中，发挥了重要作用。1992年5月，四川省收容了第一批戒毒劳教人员，经过几年实践，探索出“三期九段”戒毒治疗方法，得到司法部劳教局的肯定。1995年初全省劳教场所实际收容劳教人员9000余人。1999年9月，开始收容邪教人员。到2002年初，全省实际收容劳教人员近18000人。1986—2005年，全省共收容劳教人员133579人。在劳教人员中实施分级管理，根据劳教人员的现实表现分为普通、从严和从宽三级管理。2005年，开始实行封闭式、半开放式、开放式三种管理模式。课堂化教学实现了电教化和多媒体教学。劳教人员的习艺劳动完全实现了由室外转到室内，实行了低工资报酬制。规范了劳教人员生活卫生标准，完善了各类疾病的防控机制，切实保障了劳教人员的身体健康和合法权益。

安置帮教卓有成效。安置帮教工作历史较长。1949年后，各地和有关部门在对刑满释放、解教人员进行安置和帮教方面做了大量卓有成效的工作，为化解社会矛盾、预防和减少犯罪作出了贡献。20世纪80年代，盐边县林业局工人陈某刑满释放后未做好安置工作而不满，乘放电影之机，制造爆炸案，造成重大人员伤亡的惨痛事件。根据这些历史教训，2000年，四川省人民政府决定在省司法厅设立安置帮教的专门机构——安置帮教处，具体负责组织、指导、协调、管理全省刑释解教人员的安置帮教工作。至2005年，全省21个市（州）司法局，181个县（市、区）司法局均设置安置帮教工作机构，有专兼职人员510人。截至2005年，四川省刑释解教人员136753人，已安置帮教126084人。为巩固教育转化成果，使他们走上新生之路，体现党和人民政府对“回归”人员的德政工程，四川省安置帮教工作针对“两释”人员多、安置任务重的实际，在省安置帮教领导小组领导下，加强了各级司法行政机关与公安、民政、劳动、工商管理部门的配合，指导乡镇政府、街道司法所、村（居）委员会和企事业单位的安置帮教组织建立起计算机信息管理系统，每月主动到监狱、劳教所了解即将“回归”人员的情况，实行“一人一卡”登记造册，并建立“重点人”信息库制；与监狱、劳教所签订安置帮教协议书，实行提前对号、提前帮教、提前衔接，掌握在押罪犯和在教人员的思想动态、劳动表现等。从2002年起，还组织“探亲帮教团”、律师入监狱劳教所的法律服务团和组织服刑、在教人员回原籍开展监所外现身说法活动；建立“148”法律服务专用电话和亲情帮教可视电话等帮教措施。仅邛崃市司法局通过深入监狱帮教，该市106名服刑人员中就有34人受到减刑奖励，40人立功，32人受表扬。刑释解教人员回归后，全省司法行政安置帮教部门积极扶持和创办了一批过渡性实体。至2005年，全省创建安置帮教基地92个，创办经济实体59个，中共攀枝花市委、攀枝花市人民政府还在开发区划拨10公顷土地开办多种养殖业，解决了“三无”（无家、无亲、无业）刑释解教人员的就业问题。对农村籍服刑的在教人员推行责任田“代管制”，刑释解教人员回归后将责任田及收益一并交给本人，2000—2005年，共有90869人落实了责任田代管。注重安置帮教工作与扶贫工作相结合。对城镇户口的刑满释放人员引导其自谋职业，对外出打工人员加强管理和控制，对年老体弱、无生活来源者“应保尽保”，对不符合“低保”条件而生活上又遇到困难的，以社区、村居委会及社团群众组织为主体，发动捐资捐款，建立刑释解教人员基金，帮助解决困难。2000—2005 年，刑释解教人员的安置率达到94%，帮教率达到95%，减少了“二进宫”，杜绝了“三进宫”。得到社会捐助救济者7910 人，“回归”人员得到了重新做人的机会，不少人成了民营企业家。安置帮教工作为预防和减少犯罪，维护社会稳定，保障改革开放和经济建设，发挥了积极作用。

2004 年，按照全国司法体制改革要求，四川省在成都、德阳、绵阳、泸州 4 个市开展了社区矫正工作试点。这项工作的开展，使监禁矫正和社区矫正相辅相成，使行刑资源得到合理配置，充分利用社会各方面力量，提高了教育改造质量，维护了社会稳定。

四

建设一支党和人民信赖的特别能战斗的司法行政队伍，是四川司法行政工作队伍建设的重要目标。中共四川省委、四川省人民政府认真贯彻执行党的路线、方针、政策，紧紧围绕各个时期的中心工作，不断提高司法行政队伍干部的政治思想、业务素质，努力建设一支锐意进取、勤政廉洁、依法行政，党和人民信赖的特别能战斗的队伍，确保司法行政各项工作的顺利推进。省司法厅党委始终把队伍建设放在首位。自 1979 年司法行政机关恢复重建以来，司法行政的三支队伍（即公务员队伍、监狱劳教警察队伍、法律服务队伍）认真贯彻落实中共十一届三中全会精神，锐意改革，突破了计划经济的束缚，破除“四重四轻”观念。律师、公证体制改革走向不要国家编制和经费、自愿组合、自收自支、自我发展、自我约束之路。监狱劳教实行政企分开，收支分开、监社分开（逐步解决监狱办社会企事业问题，将自管的派出所、法庭、学校移交地方）。司法行政机关实行“小政府、大服务”。为保障司法行政工作顺利进行，加大了队伍培训力度，统一部署、分级负责、分类指导，选派干部进党校、进政法学院学习；举办警衔晋升培训；组织少数民族干部培训及各种短期培训；提倡和鼓励干警在职参加学历教育等，形成了以基本素质教育培训为主体的多层次、多形式的培训教育格局，极大地提高了队伍素质。据统计，至 2005 年，全省司法行政机关大专以上学历占89%，中共党员占 80%，少数民族干警占 0.6%。队伍风清气正，开拓进取，经受了改革开放和重大事件的考验，是党和人民信得过的队伍，为四川的经济建设和民主法制建设作出了重要贡献。同时狠抓各级领导班子建设，全省 41 个监狱、9 个劳教所领导班子通过讲学习、讲政治、讲正气的党性党风教育，20% 的领导班子进入“四好”行列，廉洁自律进一步深化，政风、警风、行风进一步好转，涌现出一大批先进集体和先进个人。据统计，1980—2005 年，司法行政系统获得市地级以上表彰和立功的上万人次，其中获得全国司法行政系统一级英模 1 人，二级英模 4 人，全国劳模、先进工作者 30 人，省级劳模、先进工作者 1839 人；获得国家级的先进集体 13 个单位，省部级 515 个单位，受地市以上表彰的集体有 6500 个。2005 年，全省设立的司法行政部门有 21 个市（州）司法局，181 个县（市、区）司法局，3877 个基层司法所、615 个律师事务所、207 个公证处，1960 个基层法律服务所、63 个司法鉴定机构，监狱、劳教单位 50 个（其中监狱 41 个、劳教所 9 个）。全省干部编制由初建时的 300 人发展到 40920 人，加上全省律师、公证、基层法律服务工作者、司法鉴定人员 18231 人，总计达 59151 人。

20 多年的四川司法行政工作，取得了引人瞩目的成就，但也存在一些问题。如，干警队伍的素质需要进一步提高；基层基础工作还比较薄弱；行业的不正之风、少数干部的违法违纪问题和腐败现象尚需切实加以整治；现代化文明监狱的建设速度还应加快；普法、依法治理和法律服务工作还不能很好适应改革开放形势的新发展。这些问题都有待认真解决。四川省司法行政工作还面临更加艰巨繁重的深化改革、加快发展的任务。按照中共四川省委的要求，四川司法行政工作以推进依法治省为中心，以队伍建设为根本，以忠诚、为民、公正、廉洁为内容，在2005年以后将会得到更大发展！

第一篇　司法行政机构

1959年，四川省司法厅撤销后，四川省高级人民法院虽设有司法行政处执掌全省司法行政工作，但在“反右派”等政治运动中，民主法制建设一再受到冲击，司法行政业务开展的并不多。1966年5月至1976年10月“文化大革命”时期，由于极左思潮的泛滥，特别是林彪、江青反革命集团的疯狂破坏，全省公安、检察、法院机关都处于瘫痪状态，四川省高级人民法院管理的司法行政工作也被彻底取消，直到1978年12月，中共十一届三中全会认真总结历史经验教训，全面纠正了“文化大革命”及其以前一切“左”的错误，平反纠正了全部错划的右派分子及冤假错案，提出了加强社会主义民主，健全社会主义法制方针，四川从省到市（地、州）县各级地方司法行政机构才逐步恢复和建立起来。

第一章　省司法行政机构

1979 年 7 月，第五届全国人大二次会议通过实施新的《中华人民共和国人民法院组织法》，依照这一法律规定，“各级人民法院的司法行政工作，由司法行政机关管理”。9 月 13 日，第五届全国人大常委会第十次会议决定：“为适应社会主义法制建设的需要，加强司法行政工作，设立司法部，任命魏文伯为司法部部长。”10 月 28 日，中共中央、国务院下达《关于迅速建立地方司法行政机关的通知》。同年12 月 8 日，中共四川省委决定，为尽快把省司法厅架子搭起来，先成立筹备小组，由赵震寰担任筹备小组组长，李广德、张应忠为筹备小组成员。1980 年 4 月 23 日，省委决定：“四川省司法厅的筹备工作已大体就绪，省司法厅成立，开始办公。任命赵震寰为副厅长、党组副书记，主持省司法厅工作。之后任命李广德、张应忠（兼厅直属机关党委书记）、陈宗普、蒋标为副厅长、党组成员。1983 年 11 月，任命杨立中和欧阳绍铭为副厅长。办公地址为成都市上翔街 24 号。

1983 年 4 月 30 日，四川省第六届人民代表大会常务委员会第一次会议决定：任命费中为省司法厅厅长，省委决定费中为省司法厅党组书记。之后，省委、省政府先后免去赵震寰、李广德、陈宗普、张应忠、蒋标副厅长及党组成员职务，任命赵震寰，李子英为顾问。任命郑文举、李犁为副厅长，杜国定为政治部主任、党组成员。

1988 年 3 月 16 日，四川省第七届人民代表大会常务委员会决定：任命郑文举为省司法厅厅长，省委任命郑文举为省司法厅党组书记。之后免去费中厅长、党组书记，免去欧阳绍铭、郑文举、杨立中副厅长及党组成员职务。任命杜国定（免去政治部主任）、陈耀祖（兼厅机关党委书记）为副厅长、党组成员，任命季文杰为省司法厅纪律检查组组长、党组成员。

1992 年 3 月，四川省第八届人民代表大会常务委员会决定：任命曾宪章为省司法厅厅长，省委任命曾宪章为省司法厅党组书记，免去郑文举厅长、党组书记，之后又先后免去杜国定、陈耀祖、李犁副厅长及季文杰纪检组组长职务。任命陈登凯、李新民（兼厅直属机关党委书记）、彭矛为副厅长、党组成员。任命刘明忠为省司法厅纪律检查组组长、党组成员，陈道富为厅政治部主任、党组成员，熊道乾为厅直属机关党委书记，沈前贵（四川省劳改局局长）为厅党组成员。1997 年 2 月，任命贺勋为厅直属机关党委书记，蔡安恒为省司法厅纪律检查组组长、党组成员及四川省监察厅派驻省司法厅监察专员。

1997 年 10 月，四川省司法厅党组和四川省司法厅纪检组改为中共四川省司法厅委员会和中共四川省司法厅纪律检查委员会。1998 年 6 月，任命李如林为副厅长，党委副书记。1998 年 11 月，免去陈道富厅政治部主任、党委委员职务，免去贺勋厅直属机关党委书记职务，任命李光才为厅政治部主任、党委委员（1999 年兼厅直机关党委书记）。2001 年，任命三郎益西、张永敏、张晓勇为副厅长、党委委员，2000 年，任命吴贤佑为厅直属机关党委书记、党委委员，李犁（省政法管理干部学院院长）保留厅党委委员。免去李如林副厅长、党委副书记职务。2002 年，任命方其烈为厅党委委员、四川省监狱管理局党委书记，免去沈前贵厅党委委员，免去彭矛副厅长、党委委员职务。

2003 年，四川省第十届人民代表大会第一次常务委员会决定：免去曾宪章厅长职务，省委决定免去曾宪章党委书记职务，任命方光兴为省司法厅厅长，省委任命方光兴为中共四川省司法厅委员会书记。之后，先后任命殷长、扎柯（女）、刘朝宽为副厅长、党委委员。沈纪中为省劳教局局长（副厅级）；李新民任省监狱管理局党委书记，保留厅党委委员；免去张永敏副厅长、党委委员职务，免去蔡安恒纪委书记、监察专员、党委委员职务。

第一节　机构设置与职责

一、机构设置

1980 年，省司法厅重建后，从省级政法、工交、财贸、文卫等部门和“三州”（甘孜、阿坝、凉山）选调 35 名干部到省司法厅工作。同时省委任命了三位副厅长，并设 1 室 5 处。1982 年，又从部队转业干部中选调 20 多名干部充实到省司法厅机关。同年，中央对政法部门的组织建设采取“单独列编”“经费单列户头”，中央领导还指出“公安、检察、法院、司法（行政部门）机关都是政法机关，都是人民民主专政的工具。”

1986 年，省司法厅人员编制增至 167 名，领导职数实配厅长 1 名，副厅长 4 名，正副处长（主任）31 名，检查员 8 名，助理检查员 7 名，正副科长 36 名，科级以下干部 80 名。同年，按中共四川省纪律检查委员会要求设置四川省司法厅纪律检查组，人员编制 4 人（从厅编制调配）。

1996 年，四川省机构改革，省政府确定省司法厅行政编制 252 名（包括劳动教养工作管理局 50 名，省公证处 14 名，省法学会 14 名，离退休工作人员 4 名，工勤人员 17 名）。同年 10 月，成立四川省人民政府外商投诉中心和四川省人民政府台商投诉中心，省编委核定编制 5 名。省司法厅机关人员实配 119 名，其中正副厅长 3 名，正副厅（局）级 2 名，正副处长（主任）36 名，调研员、助理调研员 8 名，正副科级干部 57 名，科级以下干部 13 名。另按有关规定设置纪检、监察机构。省厅所属 13 个事业单位编制 428 名，其中四川省政法管理干部学院 299 名，四川省律师事务所 14 名、四川省金融商务律师事务所 11 名，四川省涉外经济律师事务所 13 名，四川省经贸律师事务所 11 名，海峡律师事务所 10 名，四川省工商律师事务所 10 名，四川省诚信律师事务所 5 名，四川省公证处 14 名，四川省法制报社 36 名，四川省法医学技术鉴定委员会 2 名，四川国际经济与司法交流中心（增挂四川省法律援助中心牌子）3 名。

2000 年，四川省机构改革，四川省人民政府办公厅《关于印发四川省司法厅职能配制内设机构和人员编制规定的通知》核定省司法厅编制为 177 名（含省劳教局机关、省法学会及纪检监察人员编制）。同年 8 月，省编委又同意增加 4 名司法专项编制，省司法厅编制人数为 181 名。事业单位 12 个（原四川法制报社划归四川省委政法委），事业编制人员 421 人。

2002 年 4 月，省编委同意省司法厅设立司法考试处，核定司法专项编制 8 名。

另根据中共中央办公厅、国务院办公厅印发《21 个群众团体机关机构改革意见》的通知精神，省法学会移交省委政法委代管。2005 年 12 月，省编委核定法学会定编 11 名，从省司法厅编制中划转。省政府核定省司法厅机关政法专项编制为142名，机关人员职数实配164名，其中厅长1名，副厅长6名，巡视员、助理巡视员4名，正副处长（主任）47名，调研员、助理调研员29名，科及科以下干部77名。另按有关规定设置纪检监察机构人员。所属事业单位变化较大，四川省政法管理干部学院划归西南石油大学。省法律援助中心单设，核定事业编制10名，四川省公证处更名为成都市律政公证处，核定事业编制50名。7个律师事务所改制成为独立核算、自负盈亏的自收自支行业管理中介单位。

二、职责

1980年，省司法厅重建后，按照《国务院批转司法部关于全国司法行政工作座谈会的报告》对司法行政机关的任务要求，省司法厅作了10条规定，分别为了解并掌握司法干部的思想情况，进行思想政治工作，以保证司法机关认真按照法律办事，完成党和国家交给的任务；管理法院的机构设置、人员编制、物资装备和司法统计；协同法院建立和健全各项审判制度；按照党中央规定管理司法干部；建立各种政法院校，大力培养法律专业人才；组织管理公证、律师工作；组织开展法制宣传工作，组织出版法律书刊；研究整理和编纂法规、协同科学研究单位开展法律科学研究；领导人民调解委员会和基层政权司法助理员的工作；开展司法外事活动，发展国际友好往来，交流法学知识和司法经验。

1982年底，根据中共司法部党组《关于司法部的任务和机构改革的请示报告》将司法行政任务减去10项中的第2和第3项，即将“管理法院的机构设置、人员编制、物资装备和司法统计”“协同法院建立和健全各项审判制度”等职能移交法院管理。

1983年8月16日，在四川政法工作会议上，根据中共中央《关于改革公安工作的若干问题》中把劳改、劳教的管理工作移交给司法部的决定，宣布将全川的劳改、劳教工作从公安机关整建制划归给司法行政机关管理。由省司法厅厅长费中、省公安厅厅长巫学德组成接交领导小组，省司法厅抽调苏良虎、刘明忠、张大奇和省劳改局抽调人员组成接交办公室。经过两个月的工作，由省公安厅将全省48个监狱、11个劳教所整建制移交省司法厅管理。从此，劳改、劳教工作成为省司法厅和部分市、地、州司法局的重要任务之一。

1986年10月，国务院审议并批准司法部的“三定”（定职责、定编制、定机构）方案，明确司法行政机关的总任务是：以中国共产党在社会主义初级阶段的基本路线为指针，坚持以经济建设为中心，坚持四项基本原则，坚持改革开放，通过开展司法行政各项业务，为社会主义经济建设服务，为社会主义与法制建设服务，为国家的长治久安服务，为保护人民的民主权利服务，保障社会主义现代化建设事业的顺利进行。

1986—2005年省司法厅随着任务的变化，其主要职责也发生了相应变化，主要为贯彻执行国家和四川省关于司法行政工作的方针、政策和法律法规，起草司法行政规范性文件，编制全省司法行政工作中长期的共同规划，年度工作计划并监督实施；监督和指导监狱工作，管理劳动教养工作；制定法制宣传教育规划并组织实施，指导各地区和各行业的依法治理工作；监督和指导律师和法律咨询工作，综合管理社会法律服务工作；监督和指导公证机构和公证业务工作；负责仲裁机构的登记；指导人民调解员、司法助理员及乡镇法律服务工作参与社会综合法理；指导中、高等法学教育，法学理论研究和四川省法学会工作，指导全省司法行政系统工作人员的培训工作；管理所属单位和省政法管理干部学院；指导各市（地、州）司法行政工作，管理全省司法行政系统的队伍建设和思想政治工作，领导全省司法行政系统党的建设工作；协助市（地、州）管理司法局领导人员；负责外商（含中国港、澳、台以及到四川投资者）投诉事务，履行法律服务和法律保障职责；指导和管理法律顾问工作；指导和管理法律援助；指导和管理司法鉴定工作；组织指导对刑满释放和解除劳教人员的安置帮教工作；负责法官、检察官、律师、公证员资格的国家司法考试和审核批准；承办省政府交办的其他事务。

省司法厅在省委、省政府领导和司法部的指导下，认真贯彻“解放思想，实事求是”和“发展才是硬道理”的思想，经过二十多年的改革发展，司法行政职能得到不断加强和完善。在实践中，概括为五大职能，即法律保障（监狱、劳教管理、人民调解、社区矫正、刑释解教和安置帮教等）；法律服务（律师、公证、司法鉴定、基层法律服务、“148”法律咨询专线电话工作、法律援助、外来企业投诉、国家司法考试，仲裁登记等）；法制宣传教育；法学教育（包括大专院校工作，成人法学学历教育工作，干部法律知识培训工作等）；政策法律研究（包括对全国人大和省人大下达的法律法规草案及规范性文件征求意见稿提出意见建议工作，省民主法制建设理论调研工作等）。此外，还负责有国际司法交流，司法协助等职能。

第二节　内设机构

按四川省委、省政府的任务要求，省司法厅内设机构不断调整，逐步完善。1980 年，内设机构只有 1 室 5 处，即办公室、人事处、法院管理处、公证律师处、宣传教育处、计划财务处。1981 年，为了加强党团建设，省司法厅先后成立中共四川省司法厅总支委员会和共青团四川省司法厅支部。1982 年，法院管理处和计划财务处撤销，成立调解处。1983 年，原公安系统的劳改劳教单位移交给省司法厅管理，为加强领导，厅人事处变更为政治部，原厅机关临时总支委员会变为中共四川省司法厅直属机关委员会，公证律师处分设为律师管理处和公证管理处，宣传教育处分设为法制宣传处和法学教育处。1984 年，政治部按二级局配备干部（其下属各处按副处配置）。1985 年，又成立了计划财务装备处，增加了研究室和厅纪律检查组。1986 年，增加了审计处，调解工作处更名为基层工作管理处。1987 年，厅直属机关党委成立办公室。1988 年，成立监察处（同厅纪律检查组合署办公）。1990 年，厅直属机关党委办公室增挂就业服务处牌子。1991 年，政治部下属各处按正处配备。1996 年，政治部原离退休人员管理处单设，研究室变更为法制处并加挂仲裁工作处牌子，成立四川省劳动教养工作管理局，定为三级局，属厅内设机构，外商台商投诉处和厅直属机关纪委成立。1997 年，撤销厅纪律检查组，成立中共四川省司法厅纪律检查委员会。2000 年，法学教育处与法规处合并更名为法规教育处，增加安置帮教处，监察处更名为监察室，审计处撤销。2001 年，成立司法鉴定处、外来企业投诉处。至此，省司法厅内设机构总计为 16 个。即政治部（内设组织宣传处和人事警务处）、办公室、离退休人员工作处、基层工作处、律师工作处、公证工作处、法制宣传处、法规教育处、计划财务装备处、监察室（与纪委合署办公）、司法鉴定处、劳教局、外来企业投诉处、司法考试处、机关党委办公室。

1980—2005 年四川省司法行政机关机构设置演变情况图

图 1－1

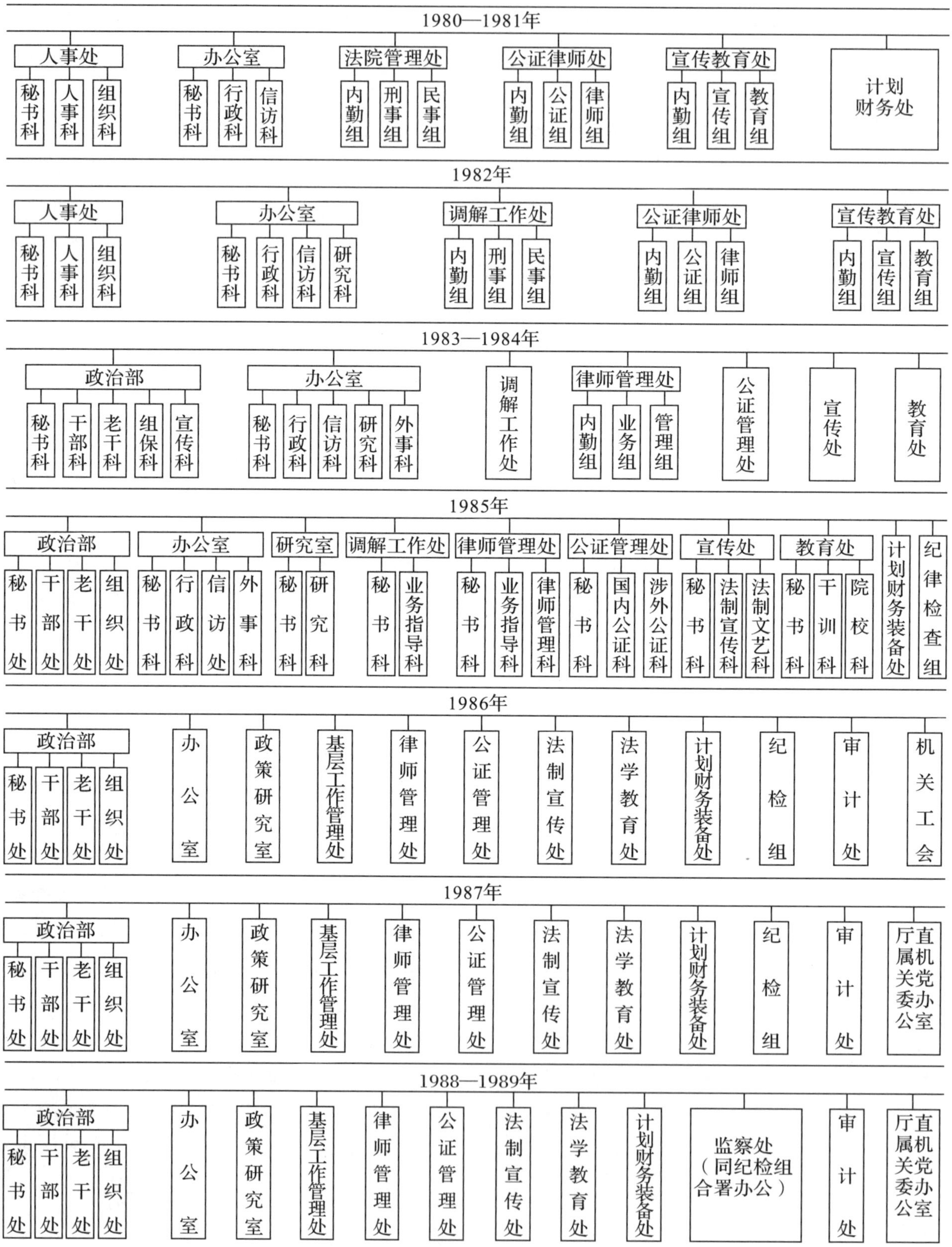

续图 1－1

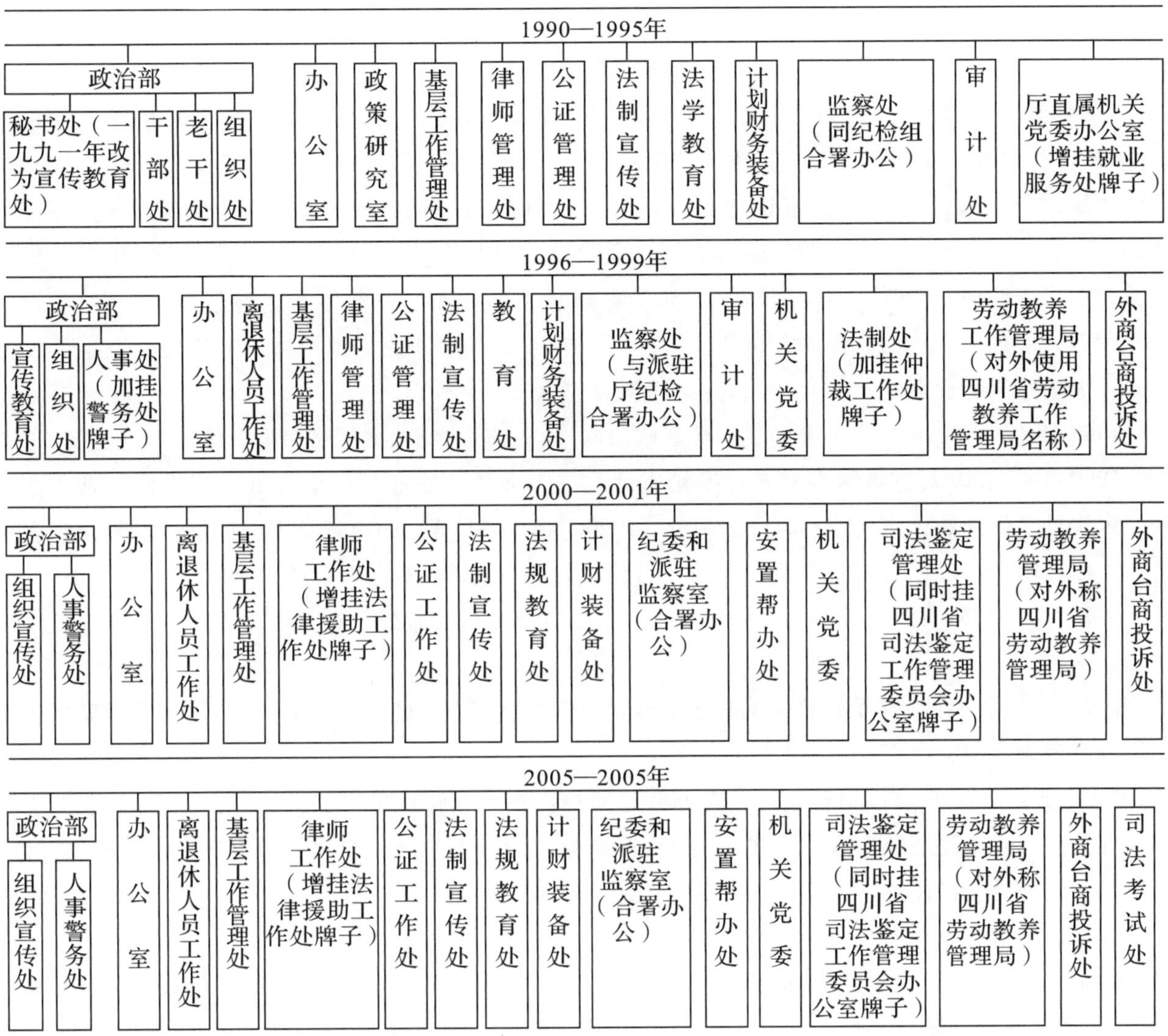

第三节　直管、代管机构

一、直管单位

（一）四川省监狱管理局

1．机构及人员

四川省监狱管理局前身为四川省公安厅劳改处，1984 年 6 月确定为副厅级二级局，改名四川省劳改局（以下简称省劳改局）。办公地址：成都市滨江中路 1 号。

1985 年 3 月 15 日，省司法厅党组批准省劳改局设置部、处、室、组 14 个：政治部、管教处、劳教处、综合处、工业处、农业处、基建处、财务处、供销处、劳资处、卫生处、办公室、研究室、纪律检查组。

1986 年 5 月 9 日，四川省机构编制委员会（以下简称省编委）、省司法厅、省财政厅通知：核定省劳改局人员编制 320 人，并由事业改为行政编制。

1988 年 10 月 18 日，省编委批复：省劳改局设立监察处，与局纪律检查组合署办公。1988 年 11 月29 日，省编委批复：撤销省劳改局研究室，设立行政处、离退休干部管理处。1988 年 12 月，省劳改局财务处审计室升格为审计处。1989 年 2 月 12 日，四川省劳改局成立局直属机关党委。1989 年 3 月 4 日，四川省劳改局决定成立局安全领导小组办公室。1988 年 10 月至 1989 年 3 月机构调整结束后，四川省劳改局机关部、处、室、委 18 个：政治部、办公室、纪检监察处（组）、管教处、劳教处、综合处、工业处、农业处、基建处、财务处、审计处、供销处、劳资处、卫生处、行政处、离退休干部管理处、安全办公室、局直机关党委。

1988 年 12 月 30 日，省编委函复：经省政府同意，省劳改局处室规格由副处级定为正处级。

1990 年 6 月 19 日，省编委批复：撤销省劳改局工业处、农业处、综合处、基建处，成立生产处、煤炭处、计划处、科技处、政策法规处。1990 年 6 月 11 日，四川省总工会批复：省劳改局成立工会工作委员会。1990 年机构调整结束后，省劳改局机关的部、处、室、委为 20 个。

1994 年 9 月 20 日，省编委批复省司法厅：撤销省劳改局劳教处，成立省司法厅劳动教养工作管理局。

1995 年 4 月 5 日，省委下发《关于四川省党政机构改革方案的实施意见》，四川省劳改局更名为四川省监狱管理局（以下简称省监狱管理局）。

1996 年 1 月 20 日，四川省人民政府办公厅通知：省监狱管理局设部、处、室、委 18 个：政治部、办公室、政策法规处、狱政管理处、教育改造处、生活卫生处、煤炭处、生产处、劳动工资处、计划处、财务处、科技处、审计处、警用装备处、国有资产管理处、监察处（纪检组）、离退休人员工作处、局直机关党委。

2000 年 7 月 29 日，省政府办公厅下发《四川省监狱管理局职能配置、内设机构和人员编制规定》，省监狱管理局设部、处、室、委 14 个，核定人员编制 202 人。2000 年 8 月 18 日，省编委通知：省监狱管理局设离退休人员工作处，核定人员编制 10 人。2000 年 11 月 17 日，省编委、省纪委、省监察厅联合行文批复：省监狱管理局设监察处（纪委），人员编制从局机关编制中调剂解决。2002 年 4 月 17 日，省编委批复：省监狱管理局直属工会委员会人员编制 10 人。2000 年 7 月至 2002 年 4 月机构调整结束后，省监狱管理局设部、处、室、委 17 个：政治部、办公室、政策法规处、狱政管理处、教育改造处、生活卫生处、生产处、劳动工资处、监狱规划处、财务处、科技处、审计处、环境安全工作处、离退休人员工作处、监察处（纪委）、局直机关党委、工会（委）；人员定编 222 人。除 222 人行政定编外，局机关后勤服务中心另有事业编制 16 人。

省监狱管理局局机关内设群（社）团组织，均未有人员编制。其中中国共产主义青年团委员会设在局直机关党委，书记由相对年轻干警担任或兼任；四川省监狱学会设在办公室，负责理论研讨和《四川监狱》杂志的编辑等。

2. 职能与职位

（1）职能

1986—2005 年，省监狱管理局依照国家法律、法规及相关政策，负责全省监狱系统的全面管理

（监狱民警队伍建设、狱政、刑罚执行、教育改造、生活卫生、劳动改造、安全生产、监狱布局结构调整、国有资产管理等）。2000 年，省政府办公厅将省监狱管理局的职能概括为 8 条，分别为正确执行刑罚和《监狱法》，贯彻执行改造罪犯的方针、政策，处理监管教育改造工作中发生的重大问题及狱内案件的防范侦破；领导、管理所属的监狱、少管所、学校、医院和市（地、州）的监狱管理机构；编制和实施监狱的布局、规划、调整方案，制定罪犯教育改造规划，编辑改造罪犯的政治、文化、技术教育资料，负责对罪犯的教育改造工作；负责罪犯生活、卫生、防疫工作的监督管理，负责监管设施和警用装备的计划、更新、管理工作；指导监狱系统生产管理、安全管理和环境保护工作，编制实施监狱经济和科技发展的中、长期规划；管理监狱系统国有资产、财务、房改、经费使用，负责监狱系统的审计监督工作；负责监狱系统的党团组织建设、领导班子建设和思想政治工作；负责监狱警察队伍、公务员队伍、工人队伍的管理及有关人事工作；根据法律和国家、省制定的行政法规、决定、命令，在其职权内拟定本部门规章、指示、命令；承办省政府和省司法厅交办的其他事项。

（2）职位

副局级以上领导干部中，党委序列：中共局党委（党组）书记、副书记、机关党委书记、纪委书记；行政序列：局长、政治委员、副局长、政治部主任、总会计师、总农艺师。除党委和行政序列外，副局级以上领导干部中还有局工委主任。享受副厅级待遇非领导职务：助理巡视员。

处级领导干部设处长、副处长、主任、副主任，非领导职务设调研员、助理调研员。

科级干部设科长、副科长、主任科员、副主任科员。

一般干部中有科员、办事员。

3. 市（地、州）监狱管理处、科

1986—2005 年，省监狱管理局市、地、州监狱管理处、科的人员编制等均由省统一管理，工资及其他所需经费纳入省级财政预算；机构设在市（地、州）司法局内，由省、市（地、州）共管，以省为主。

（1）机构设置

1985 年 7 月 27 日前，四川劳改、劳教系统共有市（地、州）劳改处、科 15 个；其中成都、重庆、自贡为市司法局劳改处，万县、达县、涪陵、宜宾、南充、绵阳、内江、乐山、雅安为地区司法局劳改科，凉山、甘孜、阿坝为州司法局劳改科。

1985 年 7 月 27 日，省委办公厅、省政府办公厅联合下发《转发省司法厅党组〈关于进一步改革和完善我省劳改、劳教工作管理体制的请示报告〉的通知》（以下简称《通知》）；《通知》决定："仅有一个单位的市（地、州），原有劳改科予以撤销"。在贯彻落实《通知》精神时，撤销了绵阳、雅安地区和甘孜州、阿坝州司法局劳改科。

1986 年 5 月 9 日，省编委、省司法厅、省财政厅联合行文通知：四川劳改、劳教系统设市、地、州司法局劳改处、科 11 个，人员编制 210 人。

1986 年四川省市、地、州司法局劳改处、科及人员编制情况一览表

表 1－1　　　　单位：人

单　位	编制数	单　位	编制数
四川省成都市司法局劳改处	36	四川省南充地区司法局劳改科	14
四川省重庆市司法局劳改处	31	四川省涪陵地区司法局劳改科	11
四川省自贡市司法局劳改处	10	四川省万县地区司法局劳改科	14
四川省凉山州司法局劳改科	24	四川省内江市司法局劳改科	12
四川省宜宾地区司法局劳改科	18	四川省乐山市司法局劳改科	25
四川省达县地区司法局劳改科	15		

1987 年 4 月 29 日，省司法厅分别下发文件，撤销自贡市、内江市司法局劳改处（科）；1987 年 12 月 3 日和 4 日，四川省司法厅分别下发文件，撤销涪陵地区和成都市司法局劳改科（处）。

1990 年 6 月 6 日，省司法厅下发《关于恢复成都市司法局劳改处的通知》；恢复后的成都市司法局劳改处，人员编制为 30 人。

1997 年 3 月重庆市直辖后，原四川省重庆市司法局监狱管理处、万县地区司法局监狱管理科移交重庆市管辖。

2003 年 3 月 28 日，省监狱管理局政治部根据省编委办公室、省司法厅政治部的文件精神下发《关于撤销四川省监狱管理局南充监狱管理科的通知》，撤销省监狱管理局南充监狱管理科。

（2）名称演变

1983 年 9 月前，市（地、州）劳改处、科名称为市（地、州）公安局（处）劳改处、科；1983 年9 月 1 日，四川劳改、劳教单位由公安机关移交司法行政机关管理，市（地、州）公安局（处）劳改处、科更名为市（地、州）司法局劳改处、科。

1995 年，随着四川省劳改局更名为四川省监狱管理局，市（地、州）司法局劳改处、科也更名为市（地、州）司法局监狱管理处、科。

2001 年 2 月 14 日，省编委下发《关于确定监狱和直属单位机构名称人员编制领导职数和级别待遇的批复》，将市（地、州）司法局劳改处、科确定为省监狱管理局的直属机构，名称分别为四川省监狱管理局成都监狱管理处、凉山监狱管理处、宜宾监狱管理科、乐山监狱管理科、达州监狱管理科、南充监狱管理科。

（3）工作职责

1985 年 7 月 27 日前，市（地、州）司法局劳改处、科负责管理属地劳改、劳教单位的人事工作，并协助省劳改局管理所辖单位的狱政、教育、生产等工作。1985 年 7 月 27 日后，全省劳改、劳教单位由省劳改局统一管理，市（地、州）司法局劳改处、科主要对行政区划内的劳改、劳教单位行使监督、检查、帮助、协调职责。

1986 年 4 月 7 日，省劳改局下发《关于劳改（处）科工作职责范围的通知》，将市（地、州）司法局劳改处、科的工作职责归纳为 6 条：一是受司法厅党组和劳改局分党组的委托，对所辖地区“两劳”单位党委、行政领导班子进行经常性的考核了解。党委、纪委换届改选及党委、行政领导班子成员个别增补、调整时，要帮助单位办理任免报告，按任免程序分别提请地区司法局、当地党委审查后向上级呈报。二是受司法厅、局机关的委托，负责协助所辖“两劳”单位做好干警、职工政治思想工作、干警培训工作，查办厅、局管理干部的违纪案件，其他干警重大违纪案件以及交办的其他工作。三是围绕厅、局各个时期的中心工作，开展专题调查研究。深入基层，检查劳改、劳教工作方针、政策的贯彻执行情况。对所辖单位的年度生产计划、“双承包”、办特殊学校、防逃制逃、安全生产、财经纪律、党风等情况，进行检查、督促和帮助。四是协调所辖单位与当地有关部门之间的横向联系，在释放安置、追捕逃犯、搞好厂群关系、广开生产门路、发展横向经济联系等方面起纽带作用。五是掌握、研究所辖单位工作的主要情况，主动向当地党委政府和领导机关汇报工作，取得帮助和指导，不断改进工作。六是负责加强本部门干警的思想政治工作和业务建设。

2005 年 6 月 3 日，省监狱管理局下发《关于明确各监狱管理处（科）工作职责的通知》，将所属监狱管理处、科的工作职责归纳为 3 条：一是协助局职能部门管理所辖监狱的执法监督、安全监督、审计监督、处置突发事件、党建工作和廉政建设、协调与地方的关系。二是加强调查研究和信息反馈。三是局交办的其他工作。

（二）四川省政法管理干部学院

其前身是 1981 年 5 月 21 日由省政府《关于成立四川省政法干校的批复》正式成立的四川省政法干校，正县（处）级，后升格为地（厅）级。由省司法厅副厅长李广德、蒋标先后兼任校长。教职员工编制 80 人，校址在四川郫县唐昌镇横山子。1984 年 1 月 4 日，经中共四川省委常委会议决定筹建四川省政法管理干部学院。1985 年正式挂牌，3 月 18 日，省委批准为法律专业全日制正规大专院校（正厅级），6 月，省政府批准将原四川省政法干校改为四川省政法管理干部学院。由省司法厅主管，业务由省教育厅领导。学院院级领导由省委组织部任免，处级干部由省司法厅任免，报组织部备案。1987 年 8 月，院址搬迁成都市北郊青龙场。

学院首届领导班子主要负责人：院长由省委政法委书记白尚武兼任，党委书记由省司法厅厅长费中兼任；第二届院长、党委书记陈耀祖，第三届院长、党委书记李犁。

1985 年 3 月，省司法厅批准学院设 13 个处级部门，其中行政部门6 个：党委办公室、院长办公室、人事处、总务处、教务处、基建处；教学、教辅部门 7 个：政治理论教研室、民法民诉法教研室、经济法国际私法教研室、国家与法教研室、刑法刑诉法教研室、文化体育教研室、图书馆。1985 年 9 月，省司法厅党组同意成立学生（员）工作处，共 14 个处级部门。1987 年调整为 11 个部门。同年经川直工会和省司法厅批准成立学院工会及共青团四川省政法管理干部学院委员会。1988 年，省司法厅批准成立中共四川省政法管理干部学院纪律检查委员会（下设办公室）。1991 年 8 月，基建处并入总务处。1991 年 12 月，成立招生办公室，挂靠在教务处。行政部门演变为 9 个：党委办公室、院长办公室、人事处、总务处、教务处、基建处、纪检办公室、工会、共青团；教学、教辅部门演变为 5 个：法律系、经济法系、基础部、轮训部、图书馆，共14 个 处级部门。1993 年招生办公室单独设立，2003 年 2 月，更名为招生就业指导办公室。

截至 2004 年 7 月，有教职工 182 人，其中专职教师 76 人，具有高级职称的 30 人，教授 3 人，副教授 27 人，中级职称 40 人。高中级职称占专职教师的 90% 以上。

学院建院以来，坚持成人教育“一要改革，二要发展”的方针，采取多层次、多形式、多渠道办学，不断拓宽办学领域，使教学规模不断扩大。学院设有法律大专班、法律专业大专层次的全脱产和半脱产的专业证书班、经济法专业大专班、电大普专班（脱产）、电大业余班、劳改劳教管理专业大专班。在办学过程中，坚持“立足政法，面向社会”的方向，以学历教育为基本任务，以岗位培训为重点，培养了各类人才10109人次，其中大专学历生5052人，非学历生5057人，为全省培养了一大批法律专业人才。

为适应改革发展的需要，2002年与西南石油学院联合办学，成立法学院。2004年4月6日，根据省政府办公厅议事纪要〔64〕号文件精神，四川省政法管理干部学院并入西南石油大学，撤销省政干院的建制。

（三）四川司法警官职业学院

其前身为四川省劳改工作学校，于1982年10月在德阳黄许镇成立。1985年迁址德阳市郊区，1989年又迁入德阳市河东开发区凯江路新址。1986年更名为四川省司法厅劳改警察学校，1991年更名为四川省劳改工作警察学校，1996年更名为四川省警官学校（均为正县处级），2004年在四川省警官学校的基础上建立四川司法警官职业学院。2005年定编177人，其中教师123人，占教职工总人数的69%；副教授以上职称21人，中级职称48人，“双师型”教师（除任教师外还担任工程师等类职称）30人，具有研究生学历4人，本科学历105人。中共党组织机构有党委、纪委、政治处、党支部；行政机构有教务处、法学处、刑事司法系、侦察系、科研所、公共课教学部、警训部、图书馆、中专部、学生处、招生办公室、办公室、监察科、总务处、卫生所、财务科、保卫科；社团机构有共青团委、工会、女工会、教师代表会。

主要职责是人才培养，科学研究，在职培训，社会服务等。通过教育教学培养司法警官类高职人才；通过科学研究为社会经济发展提供智力支持，尤其为全省司法行政系统的发展提供智力支持；为全省司法行政系统提供各级各类人员的在职培训；通过人才培养和科学研究服务社会。

1986年，叶展英任四川省劳改学校党委书记，曾庆炎任校长；1991年，曾庆炎任四川省劳改工作警官学校党委书记，邵廷昭任校长；1996年，宗希顺任党委书记、校长；2003年，何华任校长；2004年更名为四川司法警官职业学院。

（四）四川法制报社

1983年，经省政府批准筹建《四川法制报》社。筹建阶段，由省司法厅副厅长杨立中兼任社长，省司法厅宣传处处长周守伦兼任总编辑。

1985年1月1日，《四川法制报》在成都正式创刊。报纸明确定位为省委政法委机关报，由省司法厅主管主办。国内统一刊号为CN—0054。创刊时为周一刊。创刊后，杨立中兼任社长，周守伦不再兼任总编辑。

1986年，报社第二届编委会成立，刘舜泰任总编辑。

1993年，第三届编委会成立。省司法厅宣传处处长傅智朴调任报社任总编辑。

1995年，第四届编委会成立。曾庆余任总编辑。1984—1990年报社数易其址，先后在成都椒子街、东城区党校、成都市西体北路（市建四公司）、东风大桥（现博爱医院）等地租房办公。1990年，报社筹资186.4万元在成都市建设南路购置综合楼，解决了“两无”（无办公场地、无职工宿舍）问题。

1988年1月，省编委同意《四川法制报》社人员列入司法行政系统编制，核定事业编制25名。1990年、1993年经省编委批准增加编制10名，到1993年12月31日报社员工有31人。在21名采编人员中有16人先后获得高、中、初级专业职称。

1989 年成立的四川省法制新闻工作者协会，秘书处设在《四川法制报》社，由省司法厅管理。

报社初期设五部二室一组，即法制要闻部、政法业务部、法制理论部、法制文艺部、广告部、办公室、财务室和通联组。1993 年，五部整合为新闻部和副刊部。1995 年，改为编辑一部、二部、三部、四部，办公室改为总编辑部，财务室改为财务部，广告部改为广告经济信息部。同年 4 月 18 日，省编制委员会同意《四川法制报》社由全额拨款转为自收自支事业单位，实行独立核算自负盈亏。

从创刊到 1992 年，报纸确立的办报宗旨、理念是“言不离法”和“立足政法口，面向全社会”。编采对应的四个版面即要闻版、业务版、理论版、副刊版。固定栏目设置分别有：“小通讯”“大家谈”“侦破通讯”“案例通讯”“玩火自焚”“悔恨篇”“法制尊严”“警钟”“法律知识”“讽刺与幽默”“歌”“史海钩沉”“海外法趣”“小说连载”“杂文”等。

2000 年 3 月，省编办同意调整《四川法制报》社隶属关系，将原由省委政法委主管委托省司法厅主办调整为省委政法委主办主管。

（五）省司法厅直属律师事务所

1985—1996 年，省司法厅先后成立四川省经济律师事务所、四川省第二律师事务所、四川省科技律师事务所、四川省对外经济律师事务所、四川省行政律师事务所、四川省海峡律师事务所、四川省工商律师事务所、四川省诚信律师事务所、四川省协力律师事务所，并核定了编制。1992 年，中共十四届三中全会以后，律师事务所定位为市场经济中的中介组织。省司法厅出台《关于加快律师工作改革步伐的意见》。提出经济发达地区可建立以专业所为主体的律师事务所，实行与国家编制和经费脱钩，自主经营，自负盈亏，自担风险，自我发展。同年，省司法厅制定《厅直属五个国资所改革方案》。五个所即省经济律师事务所、省第二律师事务所、省科技律师事务所、省对外经济律师事务所、省行政律师事务所。其共同职能，由单一的为公民当事人服务向为中共党委、政府、机关、团体、企事业法人服务方向扩展，由传统的诉讼业务向信息产业、电子商务、资产重组、产权交易、金融证券、反倾销等新型业务、现代业务和非诉讼领域拓展，律师法律服务延伸到经济、政治、文化、社会生活及公民生产、生活的各个方面。

（六）四川省法医学技术鉴定委员会

1988 年 10 月，省政府《关于成立四川省法医学技术鉴定委员会的批复》批准成立四川省法医学技术鉴定委员会，受司法厅领导，下设办公室，由省司法厅研究室兼管日常工作。负责完成公安、检察、法院、司法行政等机关交办或委托的法医学鉴定任务。1991 年 10 月，省编委同意给四川省法医鉴定委员会 2 名事业编制，其人头经费由该委员会自行解决。

（七）国际经济与司法交流中心

1989 年 5 月 6 日，省司法厅报省编委批准，成立四川省国际经济与司法交流中心。由省司法厅直接领导。核定编制 5 名。1991 年 4 月，省编委将人员调整为 3 名。1996 年 6 月，省编办同意增挂四川省法律援助中心牌子。2001 年 9 月，省编委同意四川省法律援助中心单设。2005 年，国际经济与司法交流中心撤销。

（八）四川省法律援助中心

1995 年，全国司法厅（局）长会上，司法部部长肖扬提出：“积极探索建立法律援助制度，将我国的法律援助制度尽快建立起来。”同年，在全省市（地、州）司法局长会议上提出了四川省法律援助的初步计划。1996 年 5 月 31 日，经省编委批准，省司法厅组建全国第一个省级法律援助机构——四川省法律援助中心，挂靠在四川省国际经济与司法交流中心，由律师管理处代管的事业单位。2001 年 9 月，省编委同意四川省法律援助中心单设。核定司法专项编制 10 名，其中主任1 名，副主任 2 名，其余人员 7 名。2004 年 11 月，省人事厅同意四川省法律援助中心依照国家公务员制度管理。

四川省法律援助中心在省司法厅领导下，代表司法厅具体负责全省法律援助工作的组织、管理、指导、监督和协调的工作，其主要职责是：贯彻国家的法律法规和方针政策，贯彻司法部制定的法律援助工作方针、政策、法规，结合实际研究起草四川省有关法律援助工作的法规、规章及规范性文件，编制全省法律援助工作的中长期规划，年度工作计划并组织实施；指导监督全省法律援助工作的开展；负责组织宣传法律援助制度及对外交流活动；负责法律援助案件的受理、审查，指派或安排承办法律援助案件，协调跨省、市（地、州）的法律援助案件；指导组织办理有重大影响的法律援助案件；负责法律援助资源的吸收，负责法律援助经费的管理、使用；负责对全省法律援助工作人员的培训；负责指导全省“12348”法律服务专线工作；负责法律援助的表彰和处罚工作；承办省委、省政府交办的其他事项。

（九）四川省司法厅机关服务中心

2004 年 6 月，经省编委批准，四川省司法厅机关服务中心成立。该中心为省司法厅直属事业单位，核定事业编制 19 名。

（十）四川省公证处

1988 年 3 月 10 日，省司法厅提议成立四川省公证处。同年 7 月 11 日，经省编委批准成立四川省公证处，正处（县）级。核定编制 20 名，直属省司法厅领导。1992 年 11 月 7 日，省司法厅报请司法部补办批准手续。11 月 28 日，司法部批复同意成立四川省公证处。2001 年，省编委批准其实行自收自支的事业试点单位，核定地方事业编制 50 名，设主任 1 名，副主任 3 名。主要任务是：根据国家和四川省有关法律法规履行公证、沟通、服务、监督职能，为公民、法人、社会团体办理具有法律行为、法律事实和法律文书的公证证明。其范围为国内经济、民事、涉外民事等公证事实。

二、指导管理单位

（一）四川省法学会

1983 年，经四川省编制委员会批准成立四川省法学会筹备办公室。10 月 21 日，在成都召开省法学会成立大会，会议选举省司法厅副厅长赵震寰为会长，办公室主任钟锡畴为秘书长，聘请省委政法委书记秦传厚和省政府顾问乔志敏为名誉会长。省法学会在省委政法委和省司法厅党组领导下及中国法学会、四川省社科院的指导下开展工作。编制 11 人，内设研究部、编辑部、办公室。1984 年1 月 3 日，《四川法学研究》创刊。3 月 16 日，省法学会聘请四川省政协副主席潘大逵、西南政法学院院长胡光为省法学会顾问。1985 年 2 月，经省司法厅党组同意并报省委政法委备案。省法学会还成立了刑法学、劳改法学和民法经济法学、行政法学、宪法学、诉讼法学、法学逻辑、石油法学研究会等法学学术组织，不单独发展会员，不配备专职干部。1987 年 2 月 27 日，省法学会在成都召开第二次代表大会。会议推举省委政法委书记白尚武为省法学会会长，省司法厅副厅长郑文举、钟锡畴等 5 人为副会长。聘请秦传厚、乔志敏为名誉会长。潘大逵、胡光、赵震寰为顾问。1988 年，省法学会增设法律服务部。1991 年 5 月 10 日，省法学会第三次代表大会在成都召开，选举白尚武为会长，省司法厅厅长郑文举为常务副会长，曾宪章（四川省监察厅副厅长）、钟锡畴等 9 人为副会长；贾勇为秘书长，聘请秦传厚、乔志敏为名誉会长，赵震寰、伍柳村（四川大学法律系教授）为顾问。1992 年 12 月，省法学会荣获中国法学会全国法学系统先进集体。1995 年，省法学会在成都召开第四届代表大会。选举白尚武为会长，专职副会长文熙德等副会长 17 人，秘书长贾勇。1996 年，四川省机构改革，省法学会重新设置内部机构有学术研究部、会员工作部、法律服务部、办公室。2002 年，陈永康任秘书长。

为使法学研究工作深入发展，四川省各政法系统、法学院校法学研究会和四川省海峡两岸法律研究会、四川省法学研究会等相继成立。其后各市（地、州）司法局也成立了会员联络站。2005 年，省法学会隶属省委政法委领导。

省法学会的主要职责是围绕四川法制建设和经济建设的重大课题，开展法学研究、法制宣传、法律服务等工作，主要有为开展法学研究，使学术成果更好地为法制建设和经济建设服务，省法学会与省政府各部门、四川知名政法院校及大型企业共商筹建各学科（专业）研究会，开展法制宣传和法律服务；指导市（地、州）会员联络站（组）及法学会的具体工作事项；创办会刊《四川法学研究》，聘请特约通讯员，开展优秀科研成果评奖和专门法律人才评选活动；举办学术和学科研究活动，开展与国外法学界和港澳台的学术交流。

（二）四川省律师协会

1981 年，省委决定欧阳绍铭任四川省律师协会秘书长，负责省律师协会筹备工作。1983 年 11 月 21—25 日，在成都召开首届四川省律师代表大会，正式成立了四川省律师协会。

省律师协会执行机构编制为 10 人，按照《中华人民共和国律师暂行条例》规定，省律师协会是由全省律师组成的社会团体，是律师行业的自律性组织，省司法厅对律师协会实行指导管理。省律师协会通过民主选举产生协会领导机构及会长、副会长、常务理事、理事并聘请秘书长。第一届省律协（1983 年 11 月至 1986 年 12 月）有理事 30 名，常务理事 5 名。省司法厅副厅长张应忠任会长，四川省高级人民法院院长张子英为名誉会长，省司法厅副厅长欧阳绍铭为副会长，律师管理处处长赵学良为秘书长。省律师协会成立后与省司法厅律师管理处合署办公并创办《四川律师》刊物。第二届律师协会（1986 年 12 月至 1989 年 12 月）有理事 41 人，常务理事 9 人，选举省司法厅厅长费中为会长，聘请张子英、李子英为名誉会长。副厅长郑文举为副会长，律师管理处处长许启先为秘书长。1987 年，省司法厅党组决定将省律师协会从律师管理处分离，设立省律师协会办公室。第三届律师协会（1989 年 12 月至 1993 年 9 月）有理事 43 人，常务理事 14 人，推选省司法厅厅长郑文举为会长，副厅长李犁为副会长，龚炳森任副会长，许启先为秘书长。第四届省律协（1993 年 9 月至 2001 年 7 月）有理事 70 人，常务理事 19 人，省司法厅厅长曾宪章任会长，副厅长李新民及龚炳森、李竹桥、陈启宗、李宏江、孟晓西任副会长，许启先任秘书长。第五届律师协会（2001 年 7 月至 2007 年 1 月）有理事 96 人，常务理事 39 人，曾宪章任会长，李新民、张晓勇、彭永臣、刘守民、谢民、张俊华、何官燕、李世亮、姚建任副会长，张晓勇兼任秘书长。

第五届律师协会相继设立纪律、财务、维权等专门委员会，刑事、民商事等专业委员会。

根据律协章程的规定，律师协会主要职责：支持会员依法执业，维护会员的合法权益；总结交流律师工作经验，组织律师开展对外交流；组织律师业务培训，编辑律师业务学习资料，提高会员业务素质；进行律师职业道德和执业纪律的教育、检查和监督，处理对会员的投诉；调处会员执业活动中发生的纠纷；制定律师行业规范并监督实施；制定会员奖惩办法，对会员给予奖励或处分；举办律师福利事业；法律规定的其他职责。

（三）四川省公证协会

1990 年，省司法厅决定改革原有的公证管理体制，将行政权力型管理转为服务型管理，建立行政管理和协会行业管理相结合的体制，同意成立四川省公证员协会。报请四川省民政厅社团主管部门批准后，于 1990 年 4 月 19—22 日在成都召开全省公证员第一次代表大会，民主选举产生了第一届理事 33 名，常务理事 9 名。省司法厅副厅长李犁当选为会长，苏良虎为副会长，白南明为秘书长。1994 年 5 月 13—14 日，召开全省公证员第二次代表大会。选出理事 38 名，常务理事 14 名。李犁再次当选为会长，许启先、彭矛、罗来国为副会长，许启先兼任秘书长。成立民事和经济公证两个专业委员会。2000 年，第二届公证协会第六次理事会，同意李犁辞去会长职务，推选省司法厅副厅长彭矛为会长。省公证协会主要职责：对会员进行业务培训和职业道德教育；组织会员同省内外同行交流；认真做好涉台公证文书的寄送和检查工作；定期召开会员工作业务研究会；定期组织换届选举；负责《四川公证》会刊的编辑。

（四）四川省司法鉴定协会

1998 年，国务院在机构改革中赋予了司法行政机关一项新的职能，指导和管理面向社会服务的司法鉴定工作。经省司法厅报请省民政厅同意，于 2004 年 9 月 8 日在成都召开司法鉴定人代表大会，成立四川省司法鉴定人协会。选举产生协会理事 97 人，常务理事 35 人。会长由省司法厅副厅长三郎益西担任，宋俊乐任副会长，刘朝宽任秘书长。

司法鉴定实行行政管理和行业管理相结合，合理分工。行政机关负责实施司法鉴定的行政许可、编制和公告司法鉴定名册、对许可的职业行为进行行政监督；司法鉴定协会主要负责对司法鉴定人执业活动的行业自律监督，开展司法鉴定人继续教育，开展司法鉴定科研和学术交流活动。

（五）四川省企业反侵权联合会

1988 年，经省民政厅批准，四川省反侵权联合会挂靠省司法厅，设有反侵权办公室、工作人员行为监督办公室等，2002 年该单位注销。

（六）四川省法制新闻工作者协会

1989 年，四川省法制新闻工作者协会成立，秘书处设在四川法制报社，由省司法厅管理。

第二章　市（地、州）、县（市、区）司法行政机构

1980 年 7 月 21 日，国务院批转《司法部关于迅速建立省属市（地区）、县司法行政机构的请示报告》，要求迅速把各级地方司法行政机关建立起来。四川省人民政府转发了国务院文件并要求在 1980 年底前将全省市（地、州）、县司法行政机关迅速建立起来，该年底即建立起 18 个市（地、州）司法局和 108 个县级司法行政机构。1985 年，全省共建 20 个市（地、州）司法局和 224 个县级司法局。司法行政编制数 5796 人（不包括监狱、劳教系统），其中行政编制为 4648 人，事业编制为 1148 人。1987 年 11 月 3 日，中共中央办公厅转发《中央政法委员会、组织部、劳动人事部增加编制与分配意见》，下达四川省司法行政系统增加编制 2600 人，其中 1987 年 1300 人，1988 年 1300 人。1997 年重庆市经中央批准成立直辖市。2005 年，四川省共有 21 个市（州）司法局和 181 个县（市、区）司法局，共有干警 3788 人，司法助理员 980 人。其中，研究生 62 人，占 1.3%；本科生 2187 人，占 45%；大专以下 2519 人，占 52%。市（州）司法局内设机构分为办公室、政治部、宣传处（科）、律管处（科）、公管处（科）、法律教育处（科）、法制处（科）、司鉴处（科）、基层处（科）、矫正帮教处（科）、司法考试处（科）、监察处（科）、法律援助中心、计财装备处（科）、离退休人员工作处（科）等。县（市、区）正处级 9 个（成都市辖 9 个区司法局），172 个为正科级，内设机构 4—10 个，各局设置名称不尽相同，一般设有办公室、政治处（政工股）、基层工作股、公证律师股、法律事务管理股、社区矫正股、政务服务股、行政监察室（纪检监察股）、司法鉴定管理科、法律援助股（法律援助中心）、法制股、财务股。2005 年，全省市（州）、县下属的司法所 4058 个，律师事务所 615 个，公证处 207 个，基层法律服务所 1438 个，司法鉴定所 124 个。

第一节　市（地、州）司法行政机构与职责

1986 年，四川省已建立市（地、州）司法局 23 个，分别是成都市、重庆市、自贡市、攀枝花市、泸州市、德阳市、绵阳市、广元市、遂宁市、内江市、乐山市、万县市、南充市、涪陵地区、黔江地区、宜宾地区、广安地区、达州地区、巴中地区、雅安地区、阿坝藏族羌族自治州、甘孜藏族自治州、凉山彝族自治州司法局。

1997 年 3 月，重庆市成为直辖市。1997 年 11 月 13 日，省司法厅向省编委上报《关于四川省司法行政系统部分编制转重庆直辖市的请示》。12 月 3 日，经批准划转的单位有重庆市、万县市、涪陵

地区、黔江地区4个市（地）司法局和43个县（市、区）司法局及5个监狱、1个少管所、1个新犯转运站；劳教系统有西山坪、重庆女子劳教所等。同年，四川省眉山地区成立后，建立了眉山地区司法局。至此全省仍保持20个市（地、州）司法局。1998年，资阳地区司法局成立，全省共有21个市（地、州）司法局。市（地、州）司法局成立初期大部分内设3科1室，即宣传教育科，公证律师科，法院管理科（后改为调解科）和办公室，2005年已发展到8—15个科（处）；还有11个市（地、州）司法局设立监狱管理处（科）。各市（地、州）司法行政机构的职责有以下7项：市（地、州）司法局依照法律、法规并结合当地实际情况制定中长期规划，年度工作计划并监督实施；协助省司法厅监督和指导监狱劳教工作，确保当地安全稳定；制定法制宣传教育规划并组织实施，指导县（市、区）和各行业的普法教育和依法治理工作；监督和指导律师、公证、司法鉴定、基层法律服务、安置帮教、法律援助、人民调解、基层司法所（基层法律服务工作所）及司法助理员工作；领导参与司法考试的组织、检查、监督工作；管理指导法学教育，法律函授培训和法学理论研究工作；负责司法行政的队伍建设和思想政治工作，协助县（市、区）管理司法局领导干部，承办当地政府交办的工作。

第二节　县（市、区）司法局机构与职责

1985年，全省共建214个县（市、区）司法局。1997年3月重庆市直辖后，4个市（地）和43个县（市、区）司法局划归直辖的重庆市司法局。2005年全省县级司法局181个。

成都市辖19个县（市、区）司法局，分别是锦江区、青羊区、金牛区、武侯区、成华区、龙泉驿区、青白江区、都江堰市、彭州市、金堂县、双流县、温江区、郫县、新都区、崇州市、大邑县、邛崃市、蒲江县、新津县司法局。

自贡市司法局辖6个县（区）司法局，分别是自流井区、贡井区、大安区、沿滩区、荣县、富顺县司法局。

攀枝花市司法局辖5个县（区）司法局，分别是东区、西区、仁和区、米易县、盐边县司法局。

泸州市司法局辖7个县（区）司法局，分别是江阳区、龙马潭区、泸县、合江县、纳溪区、叙永县、古蔺县司法局。

德阳市司法局辖6个县（市、区）司法局，分别是旌阳区、广汉市、绵竹市、中江县、罗江县、什邡市司法局。

绵阳市司法局辖10个县（市、区）司法局，分别是涪城区、游仙区、江油市、安县、梓潼县、平武县、北川羌族自治县、三台县、盐亭县、绵阳科学城司法局。

广元市司法局辖7个县（区）司法局，分别是利州区、元坝区、朝天区、剑阁县、旺苍县、青川县、苍溪县司法局。

遂宁市司法局辖5个县（区）司法局，分别是安居区、船山区、蓬溪县、射洪县、大英县司法局。

内江市司法局辖5个县（区）司法局，分别是市中区、东兴区、资中县、威远县、隆昌县司

法局。

资阳市司法局辖 4 个县（市、区）司法局，分别是雁江区、简阳市、安岳县、乐至县司法局。

乐山市司法局辖 11 个县（市、区）司法局，分别是市中区、犍为县、金口河区、五通桥区、峨眉山市、马边彝族自治县、夹江县、沙湾区、沐川县、峨边彝族自治县、井研县司法局。

南充市司法局辖 9 个县（市、区）司法局，分别是顺庆区、高坪区、嘉陵区、阆中市、南部县、营山县、蓬安县、仪陇县、西充县司法局。

宜宾市司法局辖 10 个县（区）司法局，分别是翠屏区、宜宾县、南溪县、江安县、高县、兴文县、长宁县、珙县、屏山县、筠连县司法局。

广安市司法局辖 5 个县（市、区）司法局，分别是广安区、邻水县、华蓥市、岳池县、武胜县司法局。

达州市司法局辖 7 个县（市、区）司法局，分别是达县、大竹县、宣汉县、开江县、万源市、渠县、通川区司法局。

巴中市司法局辖 4 个县（区）司法局，分别是通江县、南江县、巴州区、平昌县司法局。

雅安市司法局辖 8 个县（区）司法局，分别是名山县、荥经县、汉源县、石棉县、天全县、芦山县、宝兴县、雨城区司法局。

眉山市司法局辖 6 个县（区）司法局，分别是东坡区、仁寿县、彭山县、洪雅县、丹棱县、青神县司法局。

阿坝藏族羌族自治州司法局辖 13 个县司法局，分别是黑水县、茂县、壤塘县、金川县、小金县、阿坝县、汶川县、松潘县、若尔盖县、红原县、理县、马尔康县、九寨沟县司法局。

甘孜藏族自治州司法局辖 18 个县司法局，分别是康定县、泸定县、丹巴县、九龙县、雅江县、理塘县、巴塘县、乡城县、石渠县、色达县、甘孜县、新龙县、白玉县、德格县、稻城县、得荣县、道孚县、炉霍县司法局。

凉山彝族自治州司法局辖 17 个县（市）司法局，分别是雷波县、冕宁县、宁南县、布拖县、美姑县、昭觉县、越西县、金阳县、西昌市、德昌县、会东县、普格县、喜德县、木里藏族自治县、甘洛县、盐源县、会理县司法局。

各县（市、区）司法行政机构职责主要有以下 3 项：认真贯彻党的路线、方针、政策，积极开展法制宣传工作；领导律师、公证工作并督促检查执行政策、法律情况；领导基层司法助理员的工作，指导基层司法所、法律服务所、安置帮教和人民调解工作。

第三节　基层司法行政机构

20 世纪 80 年代初期，全省开始建立地方各级司法行政机构时，没有在基层设置司法行政机构，自 1981 年 11 月司法部下发关于司法助理员工作暂行规定后，在公社、街道配备司法助理员管理基层的人民调解委员会和法制宣传等工作，2005 年全省共有专职司法助理员 980 人，基本上每个乡镇（街道办事处）都有一名管理基层司法行政的司法助理员。

1990 年，在司法部向各省下发“凡有条件的地方可在乡镇、法律服务所的基础上建立司法所”指示后，全省陆续建立了一批乡镇（街道）司法所，到 2002 年，四川全省建立了 3884 个乡镇（街道）司法所，占全省乡镇（街道）4876 个的 80%。2005 年底已建 4058 个，占全省应建乡镇（街道）的 83%。

第二篇　律　师

1980年5月1日恢复重建司法行政机关时，即恢复了律师法律服务。1986—2005年，四川各级司法行政机关和律师行业认真贯彻中共中央依法治国和改革开放的方针，认真贯彻律师工作法律法规，紧紧围绕中心服务大局，不断推进律师队伍建设和律师事业发展。20年间，律师队伍不断壮大，事务所总数较1985年净增374个，增长1.55倍；律师总数较1985年净增3744个，增长1.45倍。律师服务经济社会发展的能力不断增强，律师担任法律顾问、代理诉讼案件、办理非诉讼法律事务总量分别比1985年增加2.48倍、1.86倍、10.10倍，服务领域覆盖经济、政治、文化、社会生活和公民日常生活的各个层面。律师职能地位作用和社会责任充分彰显，在推进民主法治建设、促进社会公平正义、维护社会和谐稳定中发挥了不可或缺的重要作用。律师行业行风建设持续推进，一大批先进典型得到表彰奖励，律师职业形象和社会公信力进一步提升，受到党委政府的充分肯定和人民群众广泛认同。

第一章 律师制度

律师制度是国家司法制度的重要组成部分。1986—2005 年，四川各级司法行政机关和律师行业以《中华人民共和国律师暂行条例》（以下简称《律师暂行条例》）和《中华人民共和国律师法》（以下简称《律师法》）为依据，不断探索创新，推动律师工作体制机制的改革完善。律师执业机构由法律顾问处统一规范为律师事务所，由单一的国资所发展为合伙、合作、国资三种形式的律师事务所共同发展的格局；执业人员由数量型向质量型转变，逐步取消了特邀律师和持临时执业证书的“法律工作者”，将执业律师明确为专职和兼职两类，继而进行了公职律师、公司律师试点，队伍更加纯洁规范；律师资格亦由律师制度恢复初期的考核授予相继变更为全国统一律师资格考试、国家统一司法考试，统一了职业准入标准，律师队伍融入了法律职业共同体。

第一节 《中华人民共和国律师法》的贯彻实施

1982 年 1 月 1 日，第五届全国人大常委会第十五次会议审议通过的《中华人民共和国律师暂行条例》正式实施。四川各级司法行政机关和律师行业深入贯彻《律师暂行条例》，以《律师暂行条例》和司法部颁布的配套规章为依据，不断推进律师业发展。但由于《律师暂行条例》是在律师制度恢复初期制定的，其条文和相关规定比较原则，难以适应改革开放形势下律师业快速发展的需要。为此，省司法厅结合全省律师工作实际，于 1992 年 5 月提请四川省第七届人民代表大会常务委员会第二十九次会议审议通过并颁布了《四川省律师履行职务的若干规定》，并于当年 9 月 1 日起正式实施。该《规定》共三十四条，对四川律师履行职务的有关问题作了较为全面、具体的规定，具有较强的可行性和可操作性。此后，省司法厅又根据律师管理工作和律师事业发展的实际需要，相继出台了《关于加快司法行政工作改革步伐，充分发挥律师职能作用的意见》《关于加快律师工作改革步伐的意见》《关于国办律师事务所正副主任实行聘任制的暂行办法》等一系列政策性、规范性文件，并先后召开少数民族地区律师工作会议、省直属律师事务所主任会议等，以推动上述

图 2－1　1997 年 5 月，省司法厅、省律师协会举行座谈会，纪念《律师法》颁布 1 周年

文件精神的贯彻落实，特别是提出了以“完善机制、拓展业务、提高素质、强化管理”为主要内容的律师业发展思路。这些法规性、规范性文件的制定和实施，对创造性地贯彻执行《律师暂行条例》，推动四川省律师事业健康发展，充分发挥律师在经济社会发展和民主法制建设中的职能起到了积极的作用。

1996 年 5 月，《中华人民共和国律师法》颁布后，司法部随即出台《律师事务所登记管理办法》及合伙、合作、国资三种形式的律师事务所管理办法等一系列配套规章。对此，省司法厅十分重视，相继以会议、文件、培训等方式，推动《律师法》的贯彻落实。同时，采取机制改革与体制改革并举的措施，结合四川律师工作实际，以《律师法》和部颁规章为依据，出台《关于进一步加强全省律师管理工作的若干意见》，并陆续制定了《四川省律师事务所和执业律师年检注册管理规定》《律师执业证管理办法实施细则》《律师事务所实习人员管理办法》《律师事务所律师助理管理办法》《律师事务所聘用人员合同管理办法》等 30 多个规范性文件，使体制改革后的律师业务拓展和律师管理工作迅速实现了新的规范和优化，并辅之以经常性职业道德、执业纪律教育和专项整顿规范活动，促进了律师队伍思想业务建设，推动了全省律师事业健康有序的发展。与此同时，省司法厅及市、县级司法行政机关、律师行业和广大律师还结合多轮普及法律常识教育，结合一年一度的法制宣传日、《律师法》颁布纪念日及其他公益活动，以法制宣传、法律咨询和担任中小学法制辅导员、担任有关部门特邀监督员等多种形式，大力宣传《律师法》、律师的社会属性和职业属性，宣传律师在经济社会发展和民主法制建设中的职能作用，有效地扩大了律师行业的社会影响，增强了社会公众对《律师法》的认知和对律师职业的认同。

第二节 律师事务所体制改革

1985 年底，四川省共有律师事务所（法律顾问处）241 家，全部由政府批准设立并核拨编制和经费，属占用国家行政编制、实行行政管理的事业单位，故又称国资所或占编所。律师事务所按行政区划设立，市（地、州）和大多数县（市、区）有律师事务所设置，经济发达的城市还设置多家，省司法厅设置直属律师事务所 5 家。

1988 年，司法部颁发《合作制律师事务所试点方案》，部署在全国律师行业开展合作制律师事务所试点工作，明确合作制律师事务所由律师人员采用合作形式组成，其工作人员不占国家编制，经费上实行独立核算，自负盈亏，属独立承担民事责任的法人组织。根据司法部试点方案，四川省在调查研究的基础上随即开展了试点工作。同年 10 月，全省第一家合作制律师事务所——重庆市平正律师事务所挂牌成立，司法部副部长鲁坚前往祝贺。至年底，全省共建立合作制律师事务所 3 家，以后逐年递增。2004 年为全省合作制律师事务所发展的鼎盛时期，共达 99 家，占各种形式的律师事务所总数的 17%。由于合伙制律师事务所这一新的组织形式的兴起，2005 年，全省合作制律师事务所减至 84 家，占律师事务所总数的 13.66%。建立合作制律师事务所，是律师体制改革的一项重要内容，是改变国家包办律师事务所、把律师业逐步推向市场的重要一步。

1992 年，中共十四届三中全会以后，国家掀起了新一轮改革热潮，迈开了向市场经济发展的步伐，律师事务所被定位为市场经济中的中介组织。乘改革势头，省司法厅启动了律师体制的全面改革，把律师体制改革列为司法行政改革的重中之重，出台《关于加快律师工作改革步伐的意见》。《意见》明确：经济发达地区可建立以专业所为主体的律师事务所；办得好的律师事务所可以兼并办得差的律师事务所；适度扩大合作制律师事务所试点；实行统收统支的国资律师事务所要尽快创造条件实行自收自支或差额补助；合作制律师事务所一律实行“两不四自”（即不占国家编制、不用国家经费，自主经营、自负盈亏、自担风险、自我发展）。省司法厅还制定了《厅直属五个国资所改革方案》，率先对5家直属律师事务所进行了改制。同时，省司法厅还根据《司法部关于深化律师工作改革的方案》，提出了“大力发展经过主管机关资格认定，不占国家编制和经费的自律性律师事务所”的精神，积极探索律师组织结构形式，并参照合伙制企业相关法律法规，于1993年12月建立了全省第一家合伙制律师事务所——四川商务律师事务所。至1996年颁布的《律师法》确认合伙制律师事务所的法律地位时止，四川省已发展合伙制律师事务所98家，占律师事务所总数的19.33%。自1992年新一轮改革启动到1996年《律师法》颁布的4年间，四川省律师事务所已发展到390家，以平均每年30家的速度递增，较1985年增长了62.1%。其中合伙、合作律师事务所117家，占律师事务所总数的30%。专业律师事务所已发展到39家。个别有条件的律师事务所还到我国改革开放前沿深圳等地开设了分所。

1993年，根据司法部的统一要求，四川省律师执业机构统一称律师事务所，取消了法律顾问处称谓。

1997年3月，重庆直辖市建立，原重庆市及万县、涪陵、黔江4市地划归重庆直辖市管辖。四川省共向重庆直辖市移交律师事务所119家，其中国资所86家，合作所2家，合伙所31家。

1997年，《律师法》正式实施后，省司法厅进一步深化改革，加大国资律师事务所改制力度。2000年，根据国务院《关于经济鉴证类社会中介机构与政府部门实行脱钩改制的意见》和司法部《律师事务所和社会法律咨询机构脱钩改制实施方案》，省司法厅在充分调查研究和论证的基础上，制定下发了《关于贯彻司法部〈律师事务所和社会法律咨询服务机构脱钩改制实施方案〉的意见》，明确指出：脱钩改制的重点一是资产界定；二是人员安置；三是改制后的律师事务所要建立面向西部大开发，参照现代公司内部管理机制、决定权与管理权相分离、加强监督的律师事务所内部管理机制。同时要求各级司法行政机关和律师事务所解放思想，认清中国加入世界贸易组织WTO和西部大开发带来的历史性机遇，以及国资所已基本完成历史任务即将退出历史舞台的大趋势，鼓励、支持实行差额补助和全额管理的有条件的国资律师事务所脱钩改制。省司法厅组成专门机构，组织实施全省国资律师事务所脱钩改制工作。各地司法行政机关认真贯彻司法部、省司法厅关于脱钩改制的方案和意见，主动同当地人事、编制、国有资产管理部门联系，争取配合支持，注意把人员安置同当地机构改革结合起来，保证了各级脱钩改制工作的顺利开展。截至2001年底，除甘孜、阿坝、凉山3个少数民族自治州和部分经济欠发达地区外，全省共有143家国资律师事务所完成了脱钩改制，转为合伙制律师事务所或合作制律师事务所。国资律师事务所减至107家，而合伙、合作制律师事务所则增至391家，初步形成了以合伙所为龙头，合伙、合作、国资三种形式的律师事务所互为补充、共同发展的格局。

截至2005年底，四川省共有律师事务所615家，其中合伙所428家，合作所84家，国资所103家。事务所总数较1985年净增374家，增长1.55倍。

省司法厅还按照上级要求，开展了律师职称评定工作，有效地调动了广大律师的积极性。

1986—2005 年四川省律师事务所统计详见表 2－1。

1986—2005 年四川省律师事务所统计表

表 2－1　　　　单位：家

年 份	律师事务所（法律顾问处）			合 计	同比增长（%）
	国资所	合作所	合伙所		
1986	241	—	—	241	—
1987	249	—	—	249	3.3
1988	258	—	—	258	3.6
1989	265	—	—	265	2.7
1990	254	—	—	254	-4.2
1991	269	3	—	272	7.1
1992	298	9	—	307	12.9
1993	324	28	1	353	15.0
1994	340	25	38	403	14.2
1995	386	23	76	485	20.3
1996	390	19	98	507	4.5
1997	302	18	84	404	-20.3
1998	302	23	102	427	5.7
1999	303	28	117	448	4.9
2000	283	32	160	475	6.0
2001	107	68	323	498	4.8
2002	102	74	362	538	8.0
2003	108	86	368	562	4.5
2004	106	99	378	582	3.6
2005	103	84	428	615	5.7

第三节　执业律师队伍的发展与规范

1986—2005 年，四川省律师队伍发展大体经历了快速发展、规范发展、稳步发展三个阶段。

1986—1996 年为快速发展阶段。1985 年底，四川省共有执业律师 2587 人，其中专职律师仅 733 人，难以适应改革开放和经济社会发展的需要。为此，省司法厅相继出台一系列措施，促进队伍建设尤其是人员发展。1989 年，省司法厅决定通过考核审查，为具有相应学历和法律服务经历，但尚未取得律师资格证书的人员发放“律师工作者证”（即临时执业证书），以弥补律师资源之不足；要求各级司法行政机关积极与当地组织、人事部门联系，尽力将取得律师资格但尚未从事律师工作的人员调入法律顾问处（律师事务所），不能调入的，可根据需要吸收作兼职的辅助性业务。1990 年，省司法厅决定扩大兼职律师和特邀律师队伍，规定除党政机关以外的公职人员，凡具有律师资格，或长期从事法学教育、法学研究的，可吸收为兼职律师；年龄在 60—65 岁之间，具有律师资格，或长期从事司法工作、司法行政管理工作的离退休人员，可吸收为特邀律师。1991 年，省司法厅又出台政策，允许各地从企事业单位、人民团体中借用已取得律师资格，符合政治、年龄、体格条件的人员到律师事务所从事专职律师工作。1992 年新一轮改革启动后，省司法厅先后出台《关于加快司法行政工作改革步伐，充分发挥律师职能作用的意见》和《关于加快律师工作改革步伐的意见》，提出以争取编制、面向社会聘用、从机关和企事业单位借调、以优惠政策吸纳高端人才、发展专职律师和特邀律师、为专职律师配备助理人员等多种方式扩大律师队伍。省司法厅机关及绵阳、德阳、乐山、达川、南充、内江等市地司法局还精简一批机关人员，充实律师事务所。至此，四川省律师队伍得以快速发展，1993 年达到鼎盛时期，共有执业律师 6258 人，其中专职律师2213 人，兼职律师 2544 人，特邀律师 1501 人。

1997—2001 年为规范发展阶段。1997 年 1 月 1 日，《律师法》正式实施。按《律师法》规定和司法部要求，未取得律师资格的人员不能担任律师，国家机关工作人员不能担任兼职律师，特邀律师的称谓也同时取消。至此，四川省律师队伍开始进入整顿和规范时期，逐次开展了无律师资格人员清理、兼职律师压缩、特邀律师取消等工作。至 2001 年最后一批特邀律师退出，加之 1997 年重庆直辖时 1663 名律师划出，全省律师减至 4652 人，其中专职律师 3889 人，兼职律师 663 人。此时四川律师虽数量上有所减少，但队伍更加精悍，专业性更强，人员素质明显提高，专职律师占律师总数的 83.6%，成为律师队伍主体，是 1985 年的 5.31 倍，1993 年的 1.76 倍。

2002—2005 年为稳步发展阶段。2001 年底，国家统一司法考试制度建立，吸引了一大批专业人才。2002 年，四川省首次国家司法考试报名人数 1.3 万多人，通过考试获得法律职业资格者 975 人，以后呈逐年上升趋势。虽然法律职业资格获得者也可以担任法官、检察官和公证员等职务，但由于上述机关和行业进人受严格的编制限制，故大多数法律职业资格获得者进入了律师队伍，为律师队伍注入了新鲜血液。加之西部大开发及四川经济社会快速发展等历史机遇，吸纳了一批省外律师到四川执业。至 2005 年底，四川省律师人数回升至 6331 人，其中专职律师 6025 人，兼职律师 306 人。比 1985 年净增 3744 人，比 2001 年净增 1679 人。专职律师占律师总数的 95.2%，基本实现了律师职业专职化。

此外，根据司法部《关于开展公职律师试点工作的意见》和《关于开展公司律师试点工作的意见》，四川省自 2003 年起开始了公职律师、公司律师（简称“两公”律师）试点工作。2003 年 6 月 12 日，全省首批 11 名公职律师在宜宾获得执业证书；同年 7 月 24 日，全省首批 6 名公司律师在自贡久大盐业（集团）亮相。此后，多个市（州）开展了“两公”律师试点。至 2005 年，共发展公职律师 76 人，公司律师 8 人，完善了律师制度和律师结构。

1986—2005 年四川省执业律师统计表详见表 2－2。

1986—2005 年四川省执业律师统计表

表 2－2　　　　单位：人

年 份	律师种类			合 计	同比增长（%）
	专职律师	兼职律师	特邀律师		
1986	802	1757	497	3056	—
1987	1109	1954	634	3697	21.0
1988	1384	1808	833	4025	8.9
1989	1604	1889	985	4478	11.2
1990	1686	1743	872	4301	4.0
1991	1451	952	457	2860	-33.5
1992	2620	1912	1106	5638	97.1
1993	2213	2544	1501	6258	11.0
1994	2521	2170	146	6107	-2.4
1995	3136	1190	1513	5839	-4.4
1996	3370	787	607	4764	-18.4
1997	2582	1042	937	4561	-4.3
1998	2809	1013	704	4526	-0.8
1999	3443	889	524	4856	7.3
2000	3629	913	436	4978	2.5
2001	3889	663	—	4652	-6.5
2002	4746	591	—	5337	14.7
2003	5537	246	—	5783	8.4
2004	5582	263	—	5845	1.1
2005	6025	306	—	6331	8.3

第四节　律师资格考试

中国的律师制度自 1979 年恢复重建时起至 1986 年止，一直以考核方式作为取得律师资格的主要途径。自 1986 年起，经国务院批准，司法部在全国建立了律师资格统一考试制度，允许品行端正、具有法学大专以上学历的公民通过考试取得律师资格，统一考试逐渐成为取得律师资格的主要方式。1986—1992 年，律师资格考试每两年举行一次。1993 年起，改为每年举行一次。

四川省自 1986 年起开始统一组织律师资格考试，在全省各市（地、州）和省司法厅直属机关设置考场。至 2000 年，共组织考试 12 次，全省共有 77673 人报名，67589 人应考，6983 人通过考试获得律师资格证书。其间，全省各级司法行政机关及律师管理部门严格遵循司法部《律师资格考试办法》及相关规定，精心组织，周密实施，保证了律师资格考试的公开、公平、公正，为律师行业储备和输送了大量人才，有效地促进了律师队伍建设和律师事业发展。

2001 年，第九届全国人大常委会相继修改了《中华人民共和国法官法》《中华人民共和国检察官法》和《中华人民共和国律师法》，规定“国家对初任法官、检察官和取得律师资格实行统一的司法考试制度”。司法部决定废止《律师资格考试办法》。至此，四川省实行了15年的律师资格考试终止。自2002年起，律师资格纳入国家统一司法考试。

1986—2000年四川省律师资格考试统计表见表2－3。

1986—2000年四川省律师资格考试统计表

表2－3　　单位：人

年份	报名数	参考数	合格数	合格率（%）
1986	837	621	146	23.5
1988	5876	5678	795	14.0
1990	5692	4091	409	10.0
1992	5300	4824	468	9.7
1993	6273	5736	511	8.9
1994	7041	6344	603	9.5
1995	7568	6172	716	11.6
1996	6032	4901	348	7.1
1997	6564	5608	701	12.5
1998	7588	6971	488	7.0
1999	8890	8134	789	9.7
2000	10012	8509	919	10.8
合计	77673	67589	6893	10.2

第二章 律师业务活动

1986年前，由于市场经济尚不发达，四川省律师的主要业务是办理诉讼案件。以1986年为例，当年律师办理各类诉讼案件36319件，而非诉法律事务只有4403件，仅占10.9%，担任法律顾问也只有5127家。随着改革开放的深入、国家法制建设的推进和市场经济秩序的建立，以及西部大开发、中国加入世界贸易组织和四川省“追赶型、跨越式”“三个转变”、大力发展民营经济等一系列战略举措的实施，律师业务迅速拓展。尤其是中共十五大确立“依法治国，建设社会主义法制国家”基本方略，以及中共十六大提出“拓展和规范法律服务”后，四川省律师业务迅速拓展，由为公民、企业服务向为各级党委政府、机关团体、事业法人服务方向扩展，由传统的诉讼业务向信息产业、电子商务、资产重组、产权交易、金融证券、反倾销等新型业务、现代业务和非诉讼领域拓展，律师法律服务渗透到经济、政治、文化、社会生活及公民生产生活等各个方面。以2005年为例，全省律师共担任法律顾问12704家，是1986年的2.48倍；办理各类诉讼案件67462件，是1986年的1.86倍；办理非诉讼法律事务44558件，是1986年的10.1倍；咨询383976件，代书65630件，分别是1986年的2.3倍和1.38倍；涉外案件由少到多，2005年达到150件。

第一节 担任法律顾问

一、担任政府法律顾问

随着改革的深化和政府职能的转变，特别是国务院《全面推进依法行政实施纲要》的施行，各级政府及其领导人日益认识到依法行政，用法律手段管理经济，实现决策民主化、科学化、法制化的重要性，迫切需要专业法律人员为之提供法律服务。四川省因势利导，积极推进政府法律顾问工作。1988年，省司法厅召开政府法律顾问工作座谈会，总结交流律师担任政府法律顾问的经验，明确认识和做法。1990年省司法厅制定《政府法律顾问工作细则》，就律师受聘担任政府法律顾问的工作原则、工作制度、职责范围和权利义务作了明确规定。1998年，省司法厅联合省国税局下发《关于国税机关聘请法律顾问的通知》，促成法律顾问制度在全省国税系统整体推行。省司法厅还充分利用各种会议、文件，推介、推广部分地区政府法律顾问的工作经验，有效地拓展了政府法律顾问领域。1999年，全省有302个县以上政府及其部门聘请了律师担任法律顾问。2001年以后，省司法厅直属部分律师事务所还积极参加省政府招商引资、国有资产清理、中国西部论坛等专项法律顾问服务。至2005年，全省律师担任政府法律顾问已达1329家。律师专业、优质的服务得到各级政府的肯定和好评。眉山市政府规定：无法律顾问意见的重大决策不予研究，无法律顾问参与的重大项目合同不签订。广汉市政府规定：凡以市政府名义发布或转发的规范性文件，统一由市政府法律顾问团审查并提出法律意见。德阳市政府还向全市批转了市司法局《关于加强政府及其部门法律顾问工作的报告》，要求充分发挥律师及法律顾问工作在依法治市中的积极作用。

二、担任企业法律顾问

随着经济建设的快速发展，各类企业对律师法律顾问服务的需求日益增多。省司法厅积极引导，牵线搭桥，为律师担任企业法律顾问、介入经济建设创造了良好的环境。1988 年，省司法厅会同省经委联合下发了《关于建立企业法律顾问制度若干问题的通知》，明确要求大中型企业一般都要设立法律顾问处，小型企业配备专职或兼职法律顾问人员，并会同省政府办公厅、省法制局、省社会科学院及省内部分高等院校建立了全国第一个省级企事业法律顾问研究会。1989 年，省司法厅召开部分大中型企业法律服务座谈会，围绕清理整顿、深化改革，探讨如何加强和改进企业法律顾问工作和法律服务工作问题。1990 年，省司法厅制订了《企业法律顾问工作细则》，就律师受企事业单位委托，担任法律顾问工作的职责、权利义务、服务方式、服务质量等作了明确规定。1992 年新一轮改革兴起后，省司法厅厅长曾宪章在成都地区律师事务所主任会上强调：企业常年法律顾问不仅要为企业代理解决纠纷，更重要的是帮助企业依法决策，参与企业经营管理，预防纠纷，避免经济损失。并指出：四川省大中型企业 20 万余家，通过宣传引导，企业法律顾问增加百分之一，就是 2000 家，天地广阔，大有作为。在各级司法行政机关的积极推动和广大律师的努力下，四川省律师担任企业法律顾问的工作得到快速发展。至 2005 年底发展到 11375 家，是 1986 年的 2.9 倍。

第二节　担任刑事辩护

为刑事案件当事人提供辩护，是律师的一项重要业务。在对律师刑事辩护工作的指导上，省司法厅坚持了继承和创新相结合的指导思想。1990 年，省司法厅制定《刑事辩护工作细则》，就律师辩护的依据、原则及调查、会见、阅卷、出庭等问题作了较为详细、可行的规定。1996 年、1997 年《中华人民共和国刑事诉讼法》《中华人民共和国刑法》相继修订颁布后，省司法厅及各地司法行政机关及时对刑事辩护律师进行了培训，使律师很快适应了庭审制度改革带来的新情况、新形势。针对律师辩护工作中存在的困难和问题，1996 年省司法厅和市（地、州）一级司法行政机关相继成立了律师刑事辩护指导小组，对律师办理刑事案件进行监督指导。2003 年，省司法厅会同省法院、省检察院、省公安厅、省国家安全厅出台《关于律师会见犯罪嫌疑人被告人有关问题的规定（试行）》，为律师依法开展刑事辩护工作创造了较为宽松的环境。针对少数律师“重民（事）轻刑（事）”、怕担风险，办理刑事案件积极性不高的问题，一些市（州）司法局和律师事务所把办理刑案的数量和质量列为目标管理的一项重要内容，使律师刑事辩护工作稳步推进，稳中有升。1986—2005 年，律师行业配合全省持续开展的“严打”斗争和“除六害”“打黑除恶”“打击邪教组织犯罪”等专项活动，在依法维护当事人合法权益的同时，配合司法机关准确地打击了各类严重刑事犯罪，为维护社会稳定发挥了积极作用。

与此同时，律师还通过担任刑事自诉案件原告人、刑事公诉案件受害人的代理人，依法维护委托人的合法权益。这类案件代理虽然为数不多，但在刑事诉讼和司法公正中不可或缺。

第三节 代理民事诉讼和行政诉讼

一、民事诉讼代理

随着社会经济的发展，尤其是乡镇企业、个体经济、民营经济的兴起，以及公民个人合法财产的增多，民事、经济纠纷呈逐渐上升趋势。相应的，律师代理民事、经济案件的数量也逐年增长。其中，1988 年、1990 年、1994 年、1995 年、1996 年等年度增长幅度较大。省司法厅及时制定了《民事诉讼代理工作细则》，促进了律师民事诉讼代理的制度化、规范化。据统计，四川律师1986—2005 年共办理民事（经济）诉讼案件 819639 件，为维护企事业单位和公民的合法权益发挥了重要作用。仅 2005 年，全省律师就代理民事、经济类案件 50238 件，较 1986 年净增 23994 件，是 1986 年的 1. 9 倍。

二、行政诉讼代理

1990 年《中华人民共和国行政诉讼法》颁布后，省司法厅及各级司法行政机关及时进行了培训，组织律师认真学习法律条文及最高人民法院的司法解释，加深对代理“民告官”类诉讼案件重大意义的理解，引导律师拓展这一新的诉讼业务，以维护社会公平尤其是行政相对人的诉讼权利和实体权利。至 2005 年，全省律师共代理行政诉讼案件 20907 起，有效地促进了行政法律法规的正确实施，维护了当事人的合法权益，推动了政府依法行政。

第四节 办理非诉讼法律事务

从 1986 年起，律师非诉讼业务拓展引起了四川省司法厅高度重视。当年 10 月，省司法厅邀请云南、贵州、西藏、广西、河南等省区司法行政部门领导和律师代表召开非诉讼法律事务代理经验交流会，交流各地代理非诉讼法律事务的成果和经验，探索新形势下进一步拓展非诉讼业务的有效途径，这一做法被司法部向全国推广。翌年，全省律师非诉讼业务即增长 37. 5%。1992 年开始的新一轮改革中，省司法厅要求律师积极服务于深化企业改革，积极主动参与企业管理和重大经济合同谈判、提供专项法律服务等非诉讼法律事务，为政府对外交往和企业经营管理提供高质量服务。当年，全省律师非诉讼法律事务由 1991 年的 7387 件上升到 30855 件，净增 23468 件，增幅 317. 7%。1998 年，省司法厅又要求全省律师积极为企业改制、资产重组、产权界定等工作提供法律服务，把非诉讼法律服务扩展到整个经济领域。此后，全省律师非诉讼法律业务持续稳步增长。2005 年，全省律师共办理非诉讼业务 44558 件，比 1986 年净增 40155 件，增长 9. 1 倍，成为四川律师的一项主要业务。

此外，随着民主法制的健全完善和公民法律意识的不断增强，咨询、代书这两类业务也出现较大幅度增长。2005 年律师解答法律咨询 38397 人次，是 1986 年的 2. 3 倍；律师代书 65630 件，是 1986 年的 1. 4 倍。

1986—2005 四川省律师办理法律事务统计表详见表 2 - 4。

1986—2005 年四川省律师办理法律事务统计表

表 2－4

年份	法律顾问（家）		诉讼业务（件）						非诉讼业务（件）		涉外业务（件）		咨询（人次）		代书（件）	
	数量	增长率（%）	刑事	民事	经济	行政	合计	增长率（%）	数量	增长率（%）	数量	增长率（%）	数量	增长率（%）	数量	增长率（%）
1986	5217	—	10075	16138	10106	—	36319	—	4403	—	—	—	166504	—	47473	—
1987	5645	10. 1	11032	17143	11715	—	39890	9. 8	6055	37. 5	—	—	174312	4. 7	49876	5. 1
1988	6041	7. 0	11692	21503	12674	—	45869	15. 0	8123	34. 2	—	—	220550	26. 5	52755	5. 8
1989	7267	20. 3	17398	16261	11618	—	45277	-1. 3	5508	-32. 2	—	—	185095	-16. 1	45565	-13. 6
1990	7735	6. 4	21665	26094	13412	—	61171	35. 1	4199	-23. 8	—	—	157644	-14. 8	46532	2. 1
1991	8389	8. 5	12048	16815	17774	863	47500	-22. 3	7387	75. 9	—	—	159296	1. 0	44263	-4. 9
1992	9395	12. 0	15549	16959	13267	1100	46875	-1. 3	30855	317. 7	—	—	184962	16. 1	47176	6. 7
1993	12022	28. 0	14346	18808	16034	958	50146	7. 0	30833	-0. 1	—	—	148126	-19. 9	40507	-14. 1
1994	14688	22. 2	15153	22998	20406	1047	59604	18. 9	32246	4. 6	—	—	319867	115. 9	45291	11. 8
1995	15422	5. 0	15910	26217	23466	1999	67592	13. 4	39017	21. 0	—	—	133385	-58. 3	42158	-6. 9
1996	15472	0. 3	18590	31981	31835	1391	83797	24. 0	43317	11. 0	—	—	207315	55. 4	47473	12. 6
1997	11645	-24. 7	13660	23689	19516	1429	58295	-30. 4	32264	-25. 5	116	—	308086	48. 6	40445	-14. 8
1998	10500	-9. 8	13579	23682	21432	1397	60090	3. 1	29662	-8. 1	141	21. 6	250043	-18. 8	55258	36. 6
1999	11630	10. 8	12976	26120	17149	1317	57562	-4. 2	27946	-5. 8	176	24. 8	298488	19. 4	60936	10. 3
2000	12367	6. 3	15792	27360	16819	1284	61219	6. 4	24690	-11. 7	149	-15. 3	294639	-1. 3	31070	-49. 0
2001	12495	1. 0	16589	28205	15891	1478	62163	1. 5	27568	11. 7	222	49. 0	310557	5. 4	58176	87. 2
2002	12013	-3. 9	18462	31067	15223	1277	66029	6. 2	39950	44. 9	263	18. 5	359729	15. 8	53953	-7. 2
2003	12215	1. 7	18184	30733	13631	2059	64607	-2. 2	36144	-9. 5	236	-10. 3	345340	-4. 0	65815	22. 0
2004	13395	9. 8	18907	30850	14810	1936	66503	2. 9	39370	8. 9	128	-45. 8	383862	11. 2	69578	5. 7
2005	12704	-5. 2	15852	35310	14928	1372	67462	1. 4	44558	13. 2	150	17. 2	383976	0. 0	65630	-5. 7
合计	216257	—	307459	487933	331706	20907	1147970	—	508095	—	1581	—	4991776	—	1009930	—

第三章　律师公益服务

律师公益事业是律师服务群众、回报社会、展示形象的重要载体。在依法开展执业活动，努力为委托人提供尽职尽责的法律服务的同时，四川广大律师不忘自己的社会责任，勇于担当，积极作为，充分发挥职业优势，利用各种节假日、纪念日并针对不同社会群体的需求，积极开展形式多样的社会公益活动，受到相关部门的肯定和人民群众的赞扬。

第一节　纪念《中华人民共和国律师法》公益活动

1996 年《律师法》颁布后，省司法厅和各级司法行政机关、律师协会经常组织开展纪念活动，其中公益活动就有 220 多场次。如：1999 年 5 月，省司法厅统一部署在全省律师行业开展纪念《律师法》颁布三周年公益服务活动。各地组织律师走上街头设立咨询点，或出动宣传车、或与新闻媒体联手等方式，广泛开展法制宣传、法律咨询活动，仅成都地区就出动律师 300 多人，设立宣传咨询点 63 个，散发宣传资料 3000 余份，接待咨询群众 1.6 万多人次。2005 年 5 月 15 日，《律师法》颁布九周年之际，省司法厅在全省组织开展了“共建和谐社会·律师在您身边”大型公益活动。省、市、县三级司法行政机关、律师行业和法律援助机构统一行动。当日共有 320 家律师事务所、86 个法律援助机构和 2552 名律师、律师管理干部参加。活动中发放法制宣传资料 9.7 万份，提供法律咨询 1.1 万人次，32 万人接受了法制宣传教育。

第二节　青少年维权服务

1999 年 6 月，共青团中央、司法部在成都举行“青少年维权岗”授牌仪式。结合举行仪式，省司法厅组织开展了“维护青少年合法权益义务法律咨询活动”。在此次仪式上，四川鼎立律师事务所被命名为“青少年维权岗”，此后又有多家律师事务所获此命名。各地广泛开展了青少年维权服务活动。如：2000 年，贯彻《中华人民共和国预防未成年人犯罪法》活动中，省司法厅组织律师积极参加共青团四川省委、四川省未成年人权利保护委员会等单位组织的“保护明天”大型演唱会。部分律师事务所联合广播电台开办了“阳光少年”法制专题节目，与学校签订维权服务协议，举办了青少年法制知识竞赛，向学校赠送了法律书籍。2004 年，省司法厅派出由 14 名女律师组成的律师团，赴达州为惨遭“校园色魔”杨某某非法侵害的 14 名女学生提供“一对一”法律援助，维护她们的合法权益。央视等多家媒体对此作了采访报道。2005 年，省司法厅出台《关于律师承办未成年人刑事案件的若干规定》（以下简称《规定》），规范了律师在办理未成年刑事案件中的权利、义务、职业道德和过错责任，体现了对未成年刑事案件当事人诉权的保障和合法权益的特殊保护。《规定》及其解读，被最高人民法院收入《最新刑事法律文件解读》2005 年第 7 期。此外，还有数十家律师事务所主动出资援建希望小学，为中小学提供文化、教学设施，为贫困家庭学生捐资助学，体现了律师行业对下一代的关心关爱。

第三节　残疾人和消费者维权服务

1991 年《中华人民共和国残疾人保障法》和 1993 年《中华人民共和国消费者权益保护法》实施后，全省各地律师行业经常以全国助残日、国际消费者日为载体，通过法制宣传、法律咨询、法律援助等形式，自发开展各种维权服务活动，深受广大残疾人和消费者欢迎。2003 年，四川省律师协会残疾人法律事务专业委员会、消费者权益保护专业委员会相继成立后，主动承担起组织、指导残疾人、消费者维权服务的职能，把各地自发开展的维权服务活动转变为有组织的、全省统一的行动，使服务面不断扩大，服务质量不断提高。以 2005 年为例，当年 3 月 15 日举行的消费维权活动以“共铸诚信·依法维权”为主题，在全省设主会场 1 个，分会场 12 个，仅在成都就设立东南西北中 5 个分会场，出动律师事务所 90 家，参加律师 364 人，接受群众咨询 5600 人次，发放消费维权法制宣传资料 2.8 万多份。同年 5 月 15 日举行的第 15 次全国助残日以“关爱扶助·共建和谐”为主题，在成都市区和 8 个市（州）设立了宣传咨询服务点。仅成都点就现场提供法律咨询 300 多人次，发放法制宣传资料 2600 多份，1000 多名残疾群众和市民接受了宣传教育。主办活动的省律协残疾人法律事务专业委员会还特别邀请成都郑氏康复盲人医院 20 多名盲人医生为残疾群众提供免费按摩服务，邀请文艺团体为残疾群众文艺演出。

图 2－2　2005 年 5 月，四川省律协残疾人法律事务专业委员会第十五次“全国助残日”活动现场

第四节　农民工法律援助

随着农村改革的不断深入，进城务工农民日渐增多，农民工权益受到侵害的问题也日益凸显。为依法保护广大农民工合法权益，促进社会公平正义，从 20 世纪末开始，四川律师行业开始关注农民工权益保护问题，把农民工列为应当大力扶助的社会弱势群体，并运用法律手段为广大农民工提

供实实在在的服务。如：2001 年 8 月，四川省 28 名农民工在河北武安县某矿山务工期间遭暴徒袭击，致 2 人死亡、9 人重伤（被当地警方定为“8·2”血案）。省司法厅、省律师协会当即致函河北省司法厅、省律协要求协助处理，并派出 10 名律师组团前往发案地，为农民工兄弟提供法律帮助，促成了问题依法合理的解决。2002 年 6 月，四川省兴文县民工何某某在浙江温岭一家具厂打工时因工厂失火被烧成重伤，而厂家在医药费支付上态度暧昧。宜宾石海律师事务所两名律师接受当事人家属委托后当即赶往温岭，协调有关部门对火灾现场进行勘查，对伤者作伤情鉴定，并向温岭市市长发出特快专递，呼吁保障农民工合法权益，使问题得到妥善解决，受伤民工获得医疗费及伤残补助费 22 万元。此外，四川省律师承办的为成都某装饰公司 50 名农民工追讨工资案、组团赴山东寿光为川籍农民工提供刑事法律援助案、赴深圳为川籍民工汪某某伤残索赔提供帮助案、赴山西为资阳矿难民工家属索赔提供帮助案等一大批案件，不仅维护了农民工合法权益，同时在全省产生了积极的影响。各地律师还利用元旦、春节农民工返乡过节等时机，积极开展法制宣传、法律咨询和举办法制讲座、对农民工进行法律知识培训等活动，增强了广大农民工的法律素质和维权意识。广大律师还慷慨解囊，积极为农民工和农民工法律援助事业奉献爱心。其中仅 2003 年省司法厅举办的“为实现公平正义·法律援助在四川”和 2004 年司法部、四川省政府举办的“心系农民工大型公益晚会”两项活动，全省律师就捐款 205 万元。

第五节 其他公益法律服务

从 21 世纪初开始，律师行业结合实施多轮全国性、全省性普及法律常识规划，组织广大律师持续开展了法律服务进机关、进乡村、进社区、进学校、进企业、进单位等活动，为机关事业单位和不同社会群体提供面对面服务，为他们排忧解难，推进了全省的普法和依法治理工作，促进了社会的和谐稳定。结合司法行政实际，2002—2004 年，省司法厅连续三年开展针对服刑在教人员、刑释解教人员的安置帮教和法律服务活动，组织律师和相关人员参加“深入监所开展法律服务帮教专项活动”“刑释解教人员和服刑及在教人员的亲属法制宣传法律服务专项活动”“刑释解教人员现身说法专项活动”。广大律师通过法制宣传、法律咨询、法律援助和以案说法等多种形式，为高墙内外的特殊群体提供了大量尽职尽责、务实有效的法律服务。这一系列专项活动在高墙内外乃至全社会产生了积极的影响，被省委常委、省委政法委书记欧泽高称赞为“一项有创意的专项活动”。一批律师事务所和律师因此受到表彰。

第四章　律师教育培训

针对律师制度恢复初期律师学历层次、执业水平参差不齐的现状和社会不断增长的法律服务需求，四川省各级司法行政机关和律师协会十分注重律师队伍思想政治素质建设和业务素质建设，通过积极创造条件，组织律师广泛开展学历教育、思想业务培训和业务探讨，不断提升广大律师的综合素质，提高律师执业能力和法律服务水平，使律师法律服务与经济社会发展相适应，与人民群众的需求相对接。

第一节　律师学历教育

律师制度恢复初期，因急于扩充队伍，入职门槛相对较低，律师文化程度普遍不高，大专以上学历者不足四分之一。1986 年以后，随着国家函授教育、电视教育、职业教育和自学考试等制度的建立，省司法厅因势利导，组织、引导广大律师通过各种形式参加学历教育，提升文化层次。特别是 1986 年律师资格考试制度的实施，有效地调动了广大律师工作人员的学习积极性，律师队伍文化结构迅速改善。至 1996 年《律师法》颁布，专职律师中具有大学专科以上学历者已近 70%，本科以上学历者占 18.6%，还有 38 名博士、硕士学位持有者。随着改革开放的不断深入，尤其是中国加入世界贸易组织和司法考试制度的确立，四川省律师行业学历教育步伐进一步加快。省司法厅积极牵线搭桥，为律师参加高层次学历教育创造条件。自 1997 年起，连续六年委托四川大学、北京大学举办面向全省律师的法律研究生课程班和现代远程教育法学本科班（专升本），并与四川大学、西南财经大学、省委党校联手，选送律师报考法学研究生。2002 年，省司法厅进一步作出部署，要求各级司法行政机关采取有效措施，组织执业律师参加本科以上学历教育，力争三年内除甘孜、阿坝、凉山三个少数民族自治州外，45 岁以下律师全部达到本科以上学历，并将律师学历层次与行业准入及年检注册挂钩。至 2005 年底，四川省律师队伍中已有博士 49 名，占律师总数 0.77%；硕士、双学士 701 名，占总数的 11.07%；本科 4217 人，占总数的 66.61%；专科 1176 人，占总数的 18.58%。本科以上学历 4967 人，占总数的 78.46%。即除少数民族地区和司法考试放宽报名条件地区外，45 岁以下律师基本达到本科以上学历。

第二节　律师业务培训

一、年度培训

自 1997 年《律师法》实施起，省司法厅要求每名律师年度培训时间不少于 40 个学时，内容包括思想政治教育、职业道德执业纪律教育、法律服务业务尤其是新型业务和现代业务培训。而实际上，省、市、县三级司法行政机关和律师事务所组织的培训累计均超过40学时。一些律师还自费参加省外、行业外培训班，自我“充电”，不断丰富和更新知识。通过抓培训，既提高了广大律师的业务技能，又保证了律师业发展的正确方向，使广大律师与党和国家大政方针保持了高度的亲和力。

二、专题培训

新的法律法规颁布，或党委政府出台重大政策、决策，各级司法行政机关和律师事务所都层层组织学习培训，或组织律师参加全国性、片区性专题培训。如《中华人民共和国合同法》《中华人民共和国公司法》《中华人民共和国行政诉讼法》及新修订的《中华人民共和国刑法》《中华人民共和国刑事诉讼法》《中华人民共和国民事诉讼法》等法律法规和司法解释颁布后，各级都开展了大规模培训。2002年中国加入世界贸易组织（WTO）后，针对WTO规则进行的培训一度成为热门课题。除组织骨干律师参加全国性、国际性高端培训外，省司法厅和市（州）司法局主动邀请北京大学、清华大学、中国人民大学、西南政法大学、四川大学著名专家教授讲课，较好地提升了培训层次。

三、资格考试

随着改革开放的深入和市场经济的发展，经济领域、金融领域对专业型、专家型法律人才的需求大量增加。但有些高端业务，普通律师难以胜任，因而催生了专业资格考试。省司法厅因势利导，积极牵线搭桥，会同相关部门相继开展了证券、资产重组、招标投标、产权界定、产权交易等专业培训及资格考试。通过培训和考试，一大批律师获得从事专门法律业务的资格，既提升了专业素质，扩展了知识面，又为经济、金融等领域输送和储备了专业人才。

第三节 律师业务探讨

一、内部调研

省司法厅每年都要确定2—3个题目，供律师研究研讨，并适时召开研讨会或出版论文集，在业内切磋交流。有的调研成果还得到省领导的肯定。如2001年律师行业针对“西部大开发”开展的大学习、大讨论活动，得到司法部领导的肯定；2002年律师行业举办的“入世”（即加入世界贸易组织）研讨会，得到省委、省政府和省委政法委领导的批示肯定；省司法厅原厅长、省律协会长曾宪章组织6名律师政协委员撰写的《对我省民营经济发展几个法律问题的思考》等两篇调研文章，亦得到省委领导好评。

二、全国性、区域性调研活动

自20世纪90年代末开始，省司法厅每年都要组织律师参加“中国律师论坛”“中国青年律师论坛”“西南六省七方律师业务研讨会”“四川省公检法司执法理论研讨会”等调研活动，积极探讨民主法制建设和律师业务工作经验，促进相互交流。省公检法司四部门联合举办的执法理论研讨会至2005年已历经三届，全省律师行业共提交论文300余篇，61篇文章获等级奖或优秀奖，在司法行政系统占据了“半壁江山”。

三、业务调研

四川衡平、四川仁竞、四川理光、四川竹海等律师事务所的调研活动已形成制度，历经数届，效果明显。四川鼎立、四川信言、四川泰和泰等律师事务所还主动与司法机关联合召开研讨会，共同探讨司法实践和律师执业活动中的难点、热点问题，建立良好的互动机制。省司法厅、省律师协会对律师事务所自发开展的业务调研活动给予了积极的支持和鼓励。厅领导和律师行政、行业管理部门负责人经常参加律师事务所调研活动，对论文进行点评或为获奖者颁奖，有效地调动了律师参与业务调研的积极性。省司法厅、省律协还利用工作简报和内部刊物，适时宣传、推荐优秀论文，对推动全省律师行业发展和律师业务拓展起到了积极的指导作用。

第五章 律师执业管理

1980年颁布的《律师暂行条例》和1996年颁布的《律师法》，均明确规定各级司法行政机关是律师工作的管理机关，依照法律对律师、律师事务所和律师协会进行监督指导，同时规定律师协会是社会团体法人，是律师的自律性管理组织。因此，长期以来，四川省的律师管理实行的是司法行政机关的行政管理与律师协会的行业管理相结合的“两结合”管理体制。司法行政机关实行行政管理，主要履行准入、导向、监管职能；律师协会实行行业管理，主要是依据法律和章程，对律师实行行业自律，履行教育培训、道德纪律建设、执业权利维护、对外合作交流、业务总结推广等职能。

第一节 律师年检注册

律师年检注册是法律赋予司法行政机关的重要职能，是司法行政机关对律师事务所和律师实施动态管理的一项重要措施，一般在每年3—5月进行。工作程序是先由县（市、区）、市（地、州）主管司法行政机关初检，最终报省司法厅核准。年检注册的目的，是通过对律师事务所和律师上年度执业情况和业绩情况进行检查、考核，确认其是否符合继续执业的资格，并对不符合或暂不符合执业条件的律师事务所和律师不予年检注册或暂缓年检注册，以保证律师事务所和律师依法执业、规范执业。1994年，省司法厅以《律师暂行条例》和司法部相关规定为依据，研究制定了《关于律师机构和律师人员年检注册管理规定（试行）》，对年检注册内容、方式、程序以及通过或未通过年检注册的后果作了详尽的规定；1997年《律师法》生效后，省司法厅又及时修订了这个规定并正式颁布实施，使律师年检注册工作进一步规范，程序更加明确和细化，更具可操作性。1986—2005年，省、市、县三级司法行政机关每年都认真开展了律师年检注册工作，不断强化了律师管理，规范了律师从业行为，保证了律师执业活动的合法性和有效性。

第二节 律师日常管理

律师日常管理主要是通过制度建设和规范性文件的实施来体现。1986—1991年，省司法厅相继制定了《律师工作管理办法》《兼职、特邀律师管理办法》《律师工作执照和律师特邀工作证管理细则》和《律师事务所主任产生办法》等规范性文件，并明确要求律师事务所统一建立“五项制度”（即统一收案制度、重大疑难案件集体讨论制度、案件请示汇报制度、办案质量回访检查制度、政治业务学习制度），用制度来约束和规范律师管理行为。1992年新一轮改革中，省司法厅提请省七届人大常委会第二十九次会议审议通过了《四川省律师履行职务的若干规定》，以地方法规的形式，对律师履行职务有关问题作了较为全面、具体的规定，具有较强的可行性和可操作性，对于保证律师依法履行职务，加强对律师履行职务的管理，充分发挥律师职能起到了积极的保证和推动作用，被全国人大法工委民法室和司法部律师公证工作指导司收入《中华人民共和国律师法全书》。1997年《律师法》正式实施后，省司法厅及时转发了司法部《律师执业证管理办法》等9个配套规章，并结合四川省实际研究制定了《律师事务所登记管理有关规定》《律师执业证管理办法实施细则》《律师实习人员管理办法》等一系列规范性文件，进一步推进了律师管理的制度化、规范化。2002年起，省司法厅开始在律师行业推行诚信建设。相继发出《关于加快建立律师诚信制度的通知》《关于进一步加强全省律师管理工作的若干意见》；在全行业统一建立了执业公示、执业利益冲突规范、质量跟踪反馈、责任赔偿保险和诚信教育、诚信档案、不良行为通报等制度。同时，根据司法部指示，全面推行律师执业“二十四字要求”（即忠于法律、维护正义、诚实守信、勤勉尽责、公平竞争、廉洁自律），认真落实“六条禁止”规定（即禁止私自收案收费、禁止一切形式的不正当竞争、禁止聘请非律师人员执业、禁止向司法人员行贿、禁止提供虚假证据、禁止出具虚假法律意见书），使律师执业活动和律师管理工作日趋规范，律师社会公信力不断提升。

第三节　律师队伍专项教育整顿

随着律师队伍的不断扩大，律师行业中的一些不良倾向、不良行为不时表现出来，一定程度上影响行业整体形象，影响律师业的健康发展。为此，省司法厅在抓好经常性管理教育的同时，适时开展专项教育整顿，以保证律师业发展的正确方向。大规模的专项整顿主要有以下几次。1991年，全省开展了为期三个月的“律师队伍和律师管理整顿”。通过整顿，律师行业思想政治工作普遍得到了加强，广大律师坚持四项基本原则的自觉性和组织观念、集体观念进一步增强，“两公开一监督”（即收费标准公开、律师执业信息公开，加强执业监督）等制度初步建立，促进了律师机构及队伍的健康发展。1995—1996年，连续两年开展了“全省律师职业道德和执业纪律评查活动”。通过评查，进一步端正了律师执业指导思想，提高了律师职业道德水平，在队伍中较好地形成了遵纪守法、秉公办案、热情服务、扬善惩恶、文明礼貌、助人为乐的道德风尚。1997年，结合《律师法》的贯彻实施，在全省律师行业开展了“三整顿”（即整顿思想、整顿纪律、整顿组织）活动。整顿中，纠正了个别地区私自印制“律师工作者证”的违规行为，5名律师受到吊销律师执业证书或停止执业

图2－3　2004年，全国律师队伍教育整顿，四川省司法厅及时召开查处违法违纪律师工作新闻通报会

处罚，律师思想道德素质得到了提高，行业风气明显好转。2001 年，全省律师行业开展了为期三个月的“律师职业道德和执业纪律专项教育整顿”，通过整顿，有效增强了广大律师的政治意识和道德意识，端正了业务工作指导思想，净化和规范了法律服务市场，促进了律师行业制度建设。2004 年，根据司法部统一部署，在全省开展了为期九个月的“律师队伍集中教育整顿”。这次集中教育整顿是历年来持续时间最长、规模最大的一次，全省 572 家律师事务所、7500 多名律师从业人员参加。整顿围绕中央领导提出的“坚持信念、精通法律、维护正义、恪守诚信”这一律师队伍建设总要求，通过学习教育、依法查处、严格监督、改善环境等各项措施，较好地解决了律师队伍中存在的突出问题。主要成果是：律师依法执业、诚信为民的观念得到了增强；违法违纪的律师事务所和律师受到查处；规章制度进一步健全完善；律师与司法人员的相互关系进一步规范；律师执业环境得到明显改善。次年 1 至 3 月，结合“合伙律师事务所规范建设年活动”，全省又开展了集中教育整顿“回头看”，及时查漏补缺，完善制度，落实整改措施，有效地巩固了集中教育整顿成果。

第四节 律师执业监督

为保证律师事务所和律师依法执业、规范执业，省司法厅逐步加大对律师执业活动的监督力度，并将行政监督、行业监督和社会监督有机结合，自觉将律师执业活动置于各方监督之下。1989 年，针对部分律师事务所存在的有偿吸纳案源的不正当竞争行为，省司法厅作出规定，禁止律师事务所和律师以任何理由、任何形式发放“开发费”“信息费”“业务拓展费”及类似费用；1991—1992 年，省司法厅制定《律师违反执业纪律处理办法》，下发《关于保持律师从业清廉有关问题的通知》，并逐级建立了律师惩戒机构；1998 年，省司法厅会同省法院、省检察院出台了《法官、检察官与律师在诉讼活动中廉洁自律的规定》；1999 年，省司法厅建立律师法律服务特邀监督员制度，从人大、政协和工青妇等群团组织中聘请了 6 名特邀监督员；2002 年起，省司法厅及各市（州）司法局开通了律师法律服务投诉监督电话，及时受理当事人投诉，主动将律师违法违纪典型案例通过新闻媒介曝光，自觉接受社会各界监督；2004 年，结合全省性律师队伍集中教育整顿，省司法厅制定《规范律师在诉讼活动中与法官关系的十条规定》，并扩大业外监督队伍，从人大政协、民主党派、公检法、工青妇、新闻单位中聘请了 22 名特邀监督员。通过持续不断抓执业监督和及时刹风正纪，全省律师行业风气始终保持了较好状态。

第六章　律师表彰奖励

为了培养律师执业为民理念，大力弘扬爱岗敬业、勤勉尽责精神，树立和褒扬行业先进典型，1986—2005 年，省司法厅和律师行业相继开展了“十佳律师”“十大律师”、优秀律师和文明律师事务所、“诚信执业先进律师事务所”等一系列创先争优、评先选优活动，并推选出业绩显著的律师事务所和律师报司法部、中华全国律师协会表彰，有效地调动了广大律师事务所和律师的积极性，展示了四川律师的风采和良好的职业形象，推动了律师队伍建设。

第一节　“十佳律师”“十大律师”评选

1989 年，结合纪念律师制度恢复重建十周年，省司法厅会同四川日报社联合开展评选全省“十佳律师”、优秀律师活动，并于同年 12 月 14 日举行隆重的表彰仪式，获奖律师名单也在《四川日报》同时刊出。评选出的“十佳律师”是：王泽南、刘家明、汪德风、王继尧、王廷康、唐兴辉、邱陵、李正华、马怀珍、雷光华。另有刘大颂等 21 名律师被评为优秀律师。

1996 年，省司法厅、省律师协会会同四川日报社、省新闻工作者协会联合举办全省首届“十大律师”评选活动。选出的“十大律师”是：江峰、刘兴全、黄新、杨胜贤、刘安颖、闫小川、李玉声、闫文清、张彦俊、罗正宇。另有万传智等 14 名律师获“十大律师”提名奖。

“十佳律师”“十大律师”评选活动只此一次，之后未再开展。

第二节　“省级文明律师事务所”创建

随着“两个文明建设”尤其是精神文明建设在律师行业的不断推进，1997 年，省司法厅发出《关于执行〈四川省文明律师事务所评定办法（试行）〉的通知》（以下简称《通知》），部署在全省律师行业开展创建省级文明律师事务所活动。《通知》规定：文明律师事务所，是指符合社会主义精神文明建设和社会主义市场经济建设要求，组织规模大、人才层次高、思想作风好、业务实力强和装备现代化、服务文明化、管理科学化的律师事务所。《通知》还同时公布了《四川省文明律师事务所》标准，明确文明律师事务所评选工作每年进行一次。1997 年首批被评为省级文明律师事务所的事务所共 11 家，分别是：四川英济律师事务所、四川中维律师事务所、四川兴立律师事务所、成都四方达律师事务所、成都中川大众律师事务所、四川中豪律师事务所、四川商信律师事务所、绵阳江油市律师事务所、四川涉外经济律师事务所、四川国贸律师事务所、四川君合律师事务所。至2002年，省级文明律师事务所评选活动连续开展了六年，共产生文明律师事务所60家。2003年后，因归口“双优”（即优秀律师事务所、优秀律师）评选，文明律师事务所评选活动停止。

2004年，省司法厅和省律师协会结合全省律师队伍集中教育整顿，评选、表彰了一批“诚信执业先进律师事务所”和优秀律师。成都四方达律师事务所等70家律师事务所被评为“诚信执业先进律师事务所”，彭永臣等150名律师被评为优秀律师。

第三节 全国优秀律师和优秀律师事务所

1998年，四川英济律师事务所被司法部评为“部级文明律师事务所”，成为全省唯一、全国首批20家部级文明律师事务所之一；2002年，四川律师李文学、阳运逵被司法部、全国残疾人联合会评为“全国残疾人维权工作先进个人”；2005年，在中华全国律师协会首届“双优”（优秀律师事务所、优秀律师）评选活动中，四川康维律师事务所、四川英济律师事务所、四川泰和泰律师事务所、成都四方达律师事务所、四川鼎立律师事务所共5家律师事务所获评“全国优秀律师事务所”，施杰、李世亮、樊斌、阳运逵、魏家琳、彭勇共6名律师获被评“全国优秀律师”。2005年，在《法制日报》和全国多所著名高校共同举办的“当代中国法学名家”评选活动中，四川律师顾培东入选，成为全国207名法学名家之一。

第三篇　公　证

1986—2005 年，四川省公证工作经历了重建、起步和全面发展三个阶段。全省公证工作坚持改革发展思路，队伍建设步伐加快，业务领域进一步拓展，职能作用显著增强。20 年间，全省公证工作主要推进了机制体制改革，实现了公证工作的规范化和科学化。建立公证责任制，订立公证保险和赔偿制度，推进公证法律服务市场进一步扩大，极大地提高了群众对公证的公信力。全省公证工作还根据四川是农业大省的特点，积极开展了农村公证工作。根据四川是西部经济发展高地的特点，以确保西部大开发为重点，切实为大中型企业的重点建设项目提供优质高效的公证服务，为国家的经济建设和社会的稳定做出了积极贡献。

第一章 公证管理

1986—2005年，四川省公证管理呈现出“三个层次”“一结合”的特征。“三个层次”：一是司法行政依法对公证机构和公证人员的管理；二是公证协会依照章程进行行业自律性管理；三是公证机构通过规章制度进行内部自我管理。“一个结合”是指对公证机构和公证员实行司法行政机关行政监管和公证行业的自律管理相结合的管理体制。20多年来，四川省司法行政公证管理工作经历了三个转变：从一般管理向经验总结推广型转变；从经验总结推广型向制度规范型转变；从制度规范型向法制化方向转变。

第一节 公证队伍的发展和建设

一、机构和人员

1982年《中华人民共和国公证暂行条例》（以下简称《公证暂行条例》）发布前后，四川省采取了以训促建的方法在全省重建公证处和调训公证人员，为了适应本省公证业务发展，在全国率先发展公证联络员（1984年8月29日在全国司法行政工作会上，司法部部长邹瑜号召在全国推广），闯出了四川重建公证机构和队伍的新路子，1985年基本完成了全省公证机构和队伍的重建历程，到1986年，全省所有县（市、区）都建立了公证处，共有公证处218个、公证人员638人。随着县改市的行政区划变更，相继又增加了一些县或市辖区公证处。1988年7月11日，经四川省编委批准，四川省公证处成立，1992年司法部为适应改革开放的要求，同意省、市（地、州）可以成立公证处，当年全省各地区、三个民族自治州相继成立了公证处，到当年底全省共有公证处242个，公证人员1000余人，1995年1月3日，省司法厅根据《四川省公证条例》赋予的管理职责，发出《关于公证员领取工作执照，实行年度注册办法（试行）》的通知，在全国较先开始每年定期对公证员和公证处实行年检注册登记制度。1997年重庆市直辖后，重庆市所辖的公证处及其人员，即从当年原四川省公证机构和人员统计数中划出，当年全省共有公证处198个，公证人员789人。随着公证机构改革深化，特别是2000年7月31日国务院批准司法部《深化公证工作改革的方案》的贯彻落实，全省相继成立了4个合作制公证处（为全国合作制公证处较多省之一），以及市县区行政区划调整增设公证处，到2005年，全省共有公证处207个，公证人员1121人。

二、公证员资格考试和公证业务培训、研讨

按照司法部的统一部署，省司法厅在成都先后组织了4次全国公证员资格统一考试工作。

1990 年6 月 16 日，省司法厅在成都组织了四川省第一次公证员资格考试（仅有一次以后公证员资格考试和授予统一上收司法部），全省 160 个公证处共计 220 多人参加了考试，合格率为 91%。1992 年和 1996 年在成都组织了四川省全国第二、第三次公证员资格考试的考前培训，有 363 人参加培训，经过全国考试，全省有 321 名合格，合格率占参考人数 88. 4%。1995 年至 1998 年 10 月中旬先后组织了涉台和上岗前培训，有 440 余人参加。2000 年 2 月 13 日，省司法厅向全省市（地、州）司法局发出通知，部署关于举行第四次全国公证员资格统一考试工作。全省各地有 500 多人报名，其中有 300 多名参加了考试，只有 28 名考试合格。

为适应改革需要，提高人员素质，省司法厅大规模举办要素式公证书培训班。2000 年 11 月至 2001 年2 月，省司法厅在成都连续举办 4 期要素式公证书培训班，全面完成司法部要求对全省公证员和公证管理人员全面进行要素式公证书培训的任务。四期培训班共计培训了近 800 名公证员和公证管理人员。

2001 年 2 月 24—26 日，省司法厅在成都举办全省公证责任保险培训班，邀请司法部律师公证工作指导司处长江晓亮和司法部公证责任保险顾问孙云到川授课。全省各公证处主任（副主任）和各市（州）司法局公证管理处长共计近 200 人参加培训。

2003 年 10 月 17—18 日，省司法厅和省公证协会在成都举办中法公证法律制度讲座，法国公证人公会主席德高尔一行十余名公证专家讲授法国公证制度及公证业务，四川省和重庆市、云南省、贵州省 150 多名公证员参加讲座。

为了提高公证员及公证管理人员的素质，增强公证质量意识，加强对公证工作的管理，切实解决公证工作中存在的一些问题，树立良好的公证信誉，2004 年 8 月 25 日，省司法厅在成都举办“全省公证教育培训会”，全省各市（州）司法局公证管理处长和公证处主任参加培训，共计 250 余人。省司法厅特地邀请了司法部公证律师司副司长施汉生、中国公证员协会秘书长江晓亮、中国政法大学副教授马宏俊到川讲课。培训会还组织观看了西安体彩假票案涉及公证严重问题的中央电视台四期《焦点访谈》，学习了司法部副部长段正坤 5 月 31 日在全国规范现场监督公证工作电视电话会上的讲话和在南京全国公证管理培训班上的讲话，学习了司法部关于西安体彩假票案中涉及公证严重问题的通报。

2004 年 9 月中旬，省司法厅和省公证员协会在成都召开 2004 年度西部省市区公证工作联席会，来自 11 个省市的 70 多名公证员代表就当前公证立法和规范公证秩序及公证改革等重大问题，进行了广泛深入的交流与研讨，会议收到论文 50 多篇。为了开好这次会议，按照厅领导的要求，在会议研讨文章的准备和会务工作的安排等方面都做了精心的准备，四川省向大会提交了 10 多篇论文，有的论文具有相当高的工作指导价值，有多篇被《中国公证》等杂志登载。

2004 年 10 月，按照中国公证员协会的安排，省司法厅和省公证员协会接待了加拿大魁北克省公证代表团到川考察访问，举行了中加公证研讨会，加拿大魁北克省公证代表团还到乐山市公证处等地进行了参观考察。

三、公证职称评定

1988 年 4 月，省司法厅开始部署全省公证员专业职务评聘工作，促进全省公证员队伍向专业化方向发展。1988 年 6 月 11—15 日，四川省公证职称改革工作会议在成都召开，出席会议的有市（地、州）司法局长和公律科（处）长，职改办负责人，部分公证处主任共 89 人。会议由副厅长李犁主持。四川省职改领导小组和职改办等有关部门的负责人参加会议。会后，四川省职改领导小组批转了四川省司法厅《关于贯彻执行〈公证员职务试行条例〉的试行意见》。各级司法行政机关职改领导小组，认真按照中央和省制定文件规定的公证员任职条件和评审程序，从全省公证队伍实际出发，重实绩采取积极慎重稳妥的办法，在较短期内迅速地完成了全省专职公证人员的职称评聘工作，到1988年底基本结束，共评聘出高、中、初级公证人员683名，其中高级公证员66人，中级职务308名，初级职务309名。通过这次公证员专业职务评审，进一步稳定了公证队伍、调动了公证人员积极性，为公证员分类考核管理奠定了基础，为公证员向专业化道路迈进走出了新的一步。以后公证员专业职称评定工作移交省司法厅政治部干部人事处。

四、先进公证处和优秀公证员评选活动

四川省公证机构和公证人员努力提高自身政治、业务素质和职业道德、执业纪律水平，积极为国家经济建设和社会进步提供优质、高效的公证服务，涌现出一大批先进集体和爱岗敬业、从业清廉的优秀个人。据不完全统计，1986—2005年，全省受到省司法厅和司法部以上表彰的先进集体44个，其中1997年成都市公证处、2002年成都市龙泉驿区公证处、2004年四川省公证处和乐山市公证处被司法部命名为全国文明公证处示范窗口；1998—2005年，有35个公证处被省司法厅授予省级文明（诚信）公证处称号；受到省司法厅和司法部表彰或市政府一级表彰的先进个人86人，其中成都市公证处吴兴富曾经获得全国劳动模范、四川省公证处李安科2004年获得全国优秀公证员。此外，获得市劳动模范2人，全国十佳公证员2人，全省政法战线先进干警2人，省级文明公证员10人。有50多人先后被提拔到县（市、区）司法局或其他部门担任领导职务，成都市公证处副主任白明磊、公证员曹海波都被提拔为该市司法局副局长；德阳市公证处主任陈云江曾提拔为该市司法局副局长，连任两届四川省政协委员、德阳市政协常委、民盟德阳市主委。

第二节　分类指导公证业务管理

随着改革不断深化，为全省公证工作的发展提供了广阔的空间，同时对公证管理提出了新的要求，四川省公证工作在完成机构、队伍重建的基础上，加强了公证管理工作，实行分类指导和行业管理，注重公证机关的活力增强和职能作用的发挥，促进了全省公证事业的发展。省司法厅从1984年1月首次在成都召开公证经验交流会，同年9月在喜德县召开全省农村经济合同公证现场经验交流会，1985年的全省经济合同公证会和城乡第一次涉外公证工作会后，1986—1991年通过对全省公证全面调研总结基础上，相继召开城市经济合同、民边（民族地区和边远山区）、企业改制、民事、管理、涉台等公证工作会，对全省公证工作实施分类指导和经验推广，促进了全省公证业务全面发展。

一、城市经济合同公证业务指导

1986年6月11—14日，省司法厅在重庆市九龙坡区召开全省城市经济合同公证座谈会，会议由副厅长郑文举主持并作了总结讲话。出席会议的有各市（地、州）司法局公证律师处（科）长和部分地局领导，以及城市经济合同公证工作开展较好的公证处主任计65人。新华社重庆分社及成渝部

分新闻单位也应邀到会。会上，有11个单位作了发言。一致认为在城市经济合同公证工作中：一要充分认识邓小平“一手抓建设，一手抓法制”的指示，是对中国社会主义历史经验的高度概括和科学总结，要自觉地、主动地开展经济合同公证业务。二要积极为城市经济体制改革和促进企业之间的联合服务及搞好涉外经济公证工作。三要为经济建设提供优质法律服务。以质量求信誉，以信誉促发展是保证公证工作顺利开展的重要条件，也是公证工作的基本要求。四要加强公证队伍建设，发挥公证职能作用。经常进行“四有”教育，提高职业道德水准。要组织公证人员学业务、学政策、学法律，采取疑难案例分析研究和专题理论研讨等办法，不断提高公证人员的法学基础理论和业务工作水平。

二、民族地区、边远山区公证业务指导

1987年5月25—28日，省司法厅在涪陵市召开有70多人参加的全省民族地区、边远山区公证工作座谈会。会议始终遵循中央关于反对资产阶级自由化要深入、经济体制改革要深化和“一手抓建设，一手抓法制”的指示，本着“七五”计划关于东部沿海发展与西部的开发很好结合起来和加速民族地区、边远山区脱贫致富的进程，结合四川省民族地区、边远山区的实际，紧紧围绕公证工作为经济建设服务这个中心，交流了14篇经验材料，研讨了之后的工作，并就在开展公证工作中一些值得探讨的问题，展开了热烈讨论。与会人员普遍反映这次会议开得有内容、有中心、有新意、有效果。

会议进一步解决了公证工作必须积极为民族地区、边远地区经济建设服务的重要性和紧迫性的认识。全省有59个少数民族县，占全省县（区）总数的27.7%；有43个边远山区县，占全省县（区）总数的20.2%，这些地区资源丰富，但由于历史和现实的种种原因，经济发展比较落后。其资源的开发和经济的振兴，对推动四川省四化建设具有重要意义。民族地区政治上安定团结，经济上持续发展，有利于贯彻党的民族政策，进一步巩固平等、团结、互助的社会主义民族关系。符合民族地区、边远山区广大农牧民衷心拥护党的致富政策，盼望早日脱贫致富的要求。与会同志特别强调，鉴于民族地区、边远山区起步迟、底子薄、人才奇缺，技术落后，资金短缺，交通条件差，为了使公证工作更好地促进经济的发展，要注意确立商品经济的观念，搞活经济的观念，密切注视经济发展趋势的观念和为促进横向经济联合积极服务的观念。

这次提交会议的经验材料有14篇，尤其是涪陵地区的经验总结得很好。不少与会人员说，原来认为民族地区、边远山区的公证工作，限于各种客观原因，不可能有较大的突破，听了涪陵的经验，不仅改变了这种观点，而且他们还认真作了对照，深感“认识没有涪陵高，工作没有涪陵实，重视没有涪陵好，方法不如涪陵活，发展不如涪陵平衡”。

会议还明确如何在民边地区把丰富的资源优势变作商品优势，是加速脱贫致富提供公证法律服务的方向。

三、企业改革公证业务指导

1987年10月11—15日，四川省司法厅在灌县召开公证工作为深化企业改革服务座谈会。参加会议的有20个市（地、州）司法局公律科（处）长和部分县（市、区）公证处主任计60余人。四川省人大法制委员会、省政府办公厅、省体改办、省委政研室的领导和代表到会指导，当地党政负责人也应邀参加了会议。

这次座谈会围绕着经济体制改革的新形势，公证工作如何更好地为深化企业改革提供法律服务这个中心，进行了讨论座谈。会议期间，与会人员广泛交流和总结了各地办理各种承包经营责任制合同公证的经验，分析研究了公证队伍思想状况，研究探讨了办理租赁经营合同公证等遇到的一些具体法律问题和办证程序问题。会上，成都、重庆、达县等十二个市、县公证处在大会上作了发言。四川省人大法制委员会副主任曾宪章、省政府办公厅副主任雷喻义、省体改办顾培东等在会上讲话。省司法厅副厅长郑文举在会议开始和结束时讲话。

四、民事公证工作公证业务指导

1988 年 10 月 5—8 日，省司法厅在绵阳市安县召开全省民事公证工作座谈会。各市（地、州）司法局公律科（处）负责人、部分公证处主任参加会议，绵阳市及安县的党政领导和有关部门的领导应邀出席会议。省司法厅副厅长李犁自始至终参加会议，并在会议结束时讲话。会议在总结、交流几年来办理民事公证经验的基础上，围绕办证中遇到的一些问题开展了讨论。如：有关收养公证中无生育能力收养人的年龄问题、“不能生育”的证明能否视同“无生育能力”的问题、收养弃婴的问题；关于夫妻共立遗嘱公证中应注意的问题；关于遗嘱公证中涉及共有财产所有权的调查问题等等。同时，在会上传达了全国公证工作围场县现场会议精神，并根据现场会议精神讨论研究了其后一个时期的公证工作。

五、公证管理规范化指导

1989 年 5 月 15—18 日，省司法厅在南充召开全省公证管理工作会议。会议就如何进一步加强和改进四川省的公证管理改革工作以及公证处的制度化建设等问题进行了讨论和交流。这是自 1980 年公证制度恢复以来全省第一次召开的公证管理工作会议。参加这次会议的有各市（地、州）司法局的分管公证的局长和公律科（处）长，部分公证处主任。省司法厅副厅长李犁主持会议。会议总结交流了公证管理改革工作的经验，肯定了成绩，分析了存在的问题，提出了具体措施和工作的方针。与会人员认真讨论了《四川省公证管理工作会议纪要》和《四川省公证机关岗位责任试行方案》。会上，与会人员还从理论和实践上探讨了如何更好地发挥管理职能，增强公证处活力，调动公证人员积极性和加强公证处的制度建设以及拓展公证业务等问题，介绍了各地的一些做法，这对交流和推广先进经验，加强理论研究和经验总结，起到了积极的推动作用。

六、涉台公证业务指导

1991 年 4 月 18—21 日，省司法厅在万县市召开全省涉台公证工作会。全省各市（地、州）司法局公律科（处）长，部分公证处主任，成都、重庆、万县等市、地司法局的领导以及万县地委、行署和其他有关部门的领导共 70 余人参加了会议。省司法厅副厅长李犁出席会议并讲话。会议主要是总结交流办理涉台公证工作的情况、经验，讨论了办理涉台公证中的有关法律、政策、程序及管理方面的问题。

第三节　公证管理规范化

从 1992 年开始，省司法厅通过调查研究，探讨公证管理上的问题和发展规律，以及公证改革试点经验，按照中央一系列文件和指示，适时制订相关措施，不断深化了公证的规范管理。1992 年 11 月12 日，省司法厅制定下发了《关于公证工作改革的意见》。

省司法厅与省政府法制局、省人大有关部门密切配合，通过深入调查研究和运用公证工作改革试点的成功经验，积极开展四川的公证立法工作。1994 年 12 月 3 日，四川省第八届人民代表大会常务委员会第十二次会议通过《四川省公证条例（试行）》，该《条例（试行）》共45 条，分别对公证性质、职能与任务、工作原则、业务范围、公证程序和效力，管理与监督，以及法律责任等作了明确规定。《条例（试行）》切合四川实际，并具有操作性和适用性。为了增强公证员依法公证的责任感，省司法厅还相继制发了《关于公证出错误的处理办法（试行）》《规范城区公证法律服务十条禁令》，对建立的分支机构一律进行强制性撤销或取缔，以及《办理涉外商品房买卖合同公证试行办法》《四川省公证质量管理办法》等规范性文件，引导和约束公证员依法办证，确保公证的效力，维护法人和公民的合法权益。

四川省的公证管理还坚持对公证人员和公证处依法公证进行日常监督指导活动，采取了如下措施：一是司法行政机关对公证处和公证人员的管理，二是公证员协会依照章程进行行业自律性管理，三是公证处通过规章制度内部自我管理的三个层次，并采取公证处和公证人员实行行政监督管理与行业自律管理相结合，司法行政机关主要负责发展规划、组织机构建设、行业准入、执业管理、违规处罚等工作；公证员协会负责制定行业规范并监督实施、组织教育培训、开展公证宣传以及对外交流等工作。分工负责，使各项管理及时认真落到了实处。20 年中，各级司法行政机关对公证处、公证人员的管理工作逐步走上了规范化、制度化，公证业务不断发展，质量不断提高，2001—2005 年，错误公证为零。

第二章 公证改革

四川全省公证改革起步于1989年5月在南充召开的全省公证管理工作会议，到2000年8月10日，司法部下发了国务院批准的《关于深化公证工作改革的方案》（以下简称《方案》），之后经历了起步、试点、整体推进的渐进过程。无论司法厅局简政放权，还是公证处内部制度如用人和分配等制改革，直至全省整体推进，始终做到四个坚持：一是坚持以人为本，改变观念，制度、机制（引入竞争、激励、约束机制）创新。二是坚持抓好试点，总结经验全省推进。三是坚持改革就是解放和发展生产力观点，调动公证人员和公证管理人员积极性，以增强公证处活力为抓手。四是规范公证法律服务市场，提高公证的质量和社会公信力。

第一节 公证改革试点

图3－1 2001年3月26日，四川省首家合作制公证处眉山市公证处成立

省司法厅通过工作部署和利用协会刊物《四川公证》发表理论联系实际的文章，传达省司法厅的指导思想，以统一思想，求得共识。首先引导全体公证人员破“四重四轻”的思想，即“破重计划、轻市场；破重限制、轻放开；破重管理、轻服务；破重吃大锅饭、轻拉开档次”的影响，纠正部分司法局领导对公证处管理存在过宽或过细，把公证处视为局内设科室对待，公证处的法人地位难以受到尊重和落实，在用人、利益分配上公证处无自主权等现象。如涪陵的公证员在讨论中说：“公证处牌子大，权力乡以下。”由于公证处人员属行政编制，部分公证人员安于现状，存在着不主动开拓业务，乐于吃财政的大锅饭，公证处的竞争机制、激励机制、发展机制难以建立等倾向和弊端。通过上述学习讨论，促进了广大公证人员和司法行政领导的思想解放和观念的更新。其次破等、靠、要思想，即破“等”上级的改革部署和方案，“靠”上级派人来坐阵指导改革，“要”上级的改革政策和措施。其实质是一个怕字，怕改错了被追究责任。省司法厅党委针对一些公证处的顾虑，组织全体公证人员重读邓小平的理论，并号召公证人员特别是公证处的领导要大胆地改，改错了改过来就是。要树有为才有位、发展才是硬道理的理念，从而推进了公证改革。

1993年4月，乐山市公证处在市司法局、市财政局、市编制委员会的支持下，在全省率先改革，在体制上除少数行政编制人员的工资暂由财政拨款外，聘用人员的工资、全处奖金补贴福利、业务经费，全部由公证处收入中自行解决，断了依靠财政拨款、端铁饭碗的路子。乐山市公证处抓住时机，推进公证体制改革，解放思想，大胆引入竞争机制、激励机制，在用人制度上实行聘用制和个人岗位责任制，管理实行主任负责制，健全完善竞争、激励、约束机制的各项规章制度，以制度规范管人和管事；在分配上坚持按劳付酬、多劳多得、奖惩兑现。公证处主任张天友带领全处大胆开拓业务，形成了以金融、房地产、涉外公证为源头的业务开拓格局，经过近三年的改革探索，到1995年全处办证5000余件，为改革前年办证数的6倍多；年收费140余万元，为改革前年收费的14倍；固定资产由转制前的300多元猛增到100多万元。1995年该处主任张天友还当选为乐山市人大常委会内务司法委员会委员，成为全省第一位进入地方人大的公证处主任。1996年7月张天友被省司法厅推荐参加司法部在牡丹江市召开的公证体制改革试行经验会，在会上介绍了他们改革的经验。司法部公证司还在1996年第17期《公证工作简报》刊登了该处的改革情况和经验。乐山市公证处自发大胆进行改革的行动，为全省公证改革开了一个好头。

图3－2　1989年10月5—9日，川西北公证片会在广元市司法局召开

1993年8月，省司法厅选择在成都市公证处进行公证改革试点。该处经成都市司法局党组批准，经费上实行内部自收自支；用人制度上实行聘用制；收益分配上实行效益浮动工资；市司法局在人、财、物上尊重公证处自主权，实行审计监督，不干预公证处的具体管理。自1995年1月起，财政已不再拨给该处职工工资和人头经费。1996年1月，成都市编制委员会在清理事业单位工作中把该处正式列入自收自支的事业单位，并向该处颁发“事业单位法人证书”。同年2月，该处民主选举产生了主任，由主任聘任各科、室负责人，对公证人员和行政人员实行聘用，并分别签订了聘任、聘用合同书。至1996年，该处通过三年全面改革，增强了公证事业的活力，事业得到长足发展。一是公证业务迅猛上升：1992年全处办证11252件，公证收费61.5万余元。改革试点后，1993年底办证16498件，公证收费101.3多万元；1994年办证18027件，公证收费203.3多万元；1995年办证21281件，公证收费972万多元，人均收费20多万元。二是公证人员队伍有了较大发展：1992年全处在编人数24人，其中公证人员20名，1998年在编人员发展到27人，其中公证人员23人（大专以上文化20人，高级公证员4人，中级公证员10人，初级公证员8人，公证人员1人），另聘请特邀公证员4人。三是办公条件明显改善：1994年投资15万元建起了微机网络系统，1995年自筹资金250余万元，购置了500多平方米的办公房，结束了公证处重建15年一直靠租房办公的历史，办公、通信、交通工具实现了现代化。四是职工的收入有较大增长，住房问题得到缓解。1992年全处人均月收入300元左右，个人住房仅10套，1995年人均月收入上升到2000元左右，个人住房又新购置10套。

第二节　公证改革推行举措

2000年8月10日，司法部下发国务院批准的《关于深化公证工作改革的方案》（以下简称《方案》），《方案》是公证工作改革和发展的纲领性文件，是对1982年国务院《公证暂行条例》的重要补充。同年8月31日，省委副书记、副省长杨崇汇批示："请省司法厅认真按《方案》落实，以深化我省公证工作改革，更好地为实施西部大开发战略服务。"2000年9月9日，省司法厅召开全省市（州）司法局局长会议，强调要认真贯彻落实好国务院批准的《关于深化公证工作改革的方案》，明确将公证工作改革作为各级司法局"一把手"工程来抓，做好方案，抓好实施。2000年10月，省司法厅结合实际，下发《关于贯彻实施〈关于深化公证工作改革的方案〉的意见》（以下简称《实施意见》），成立了以厅长曾宪章为组长、副厅长彭矛为副组长的全省公证工作改革领导小组，加强对全省公证工作改革的领导，领导小组下设办公室在公证工作处，负责处理全省公证工作改革的日常事务。《实施意见》对全省公证工作改革作出了全面的部署，对行政体制公证处改为事业体制公证处、进行公证组织新形式合作制公证处试点等提出了明确要求。通过积极稳妥地推进公证工作改革，全省公证工作改革取得了显著成效。

一、公证机构体制改革

公证机构体制改革是公证工作改革的重要内容，按照国务院批准司法部的《关于深化公证工作改革的方案》和司法部《贯彻改革方案实施意见》精神及省司法厅实施意见，四川省公证机构体制改革突出抓了行政体制公证处改为事业体制公证处，其次是积极开展了公证组织新形式合作制公证处的试点工作。

（一）行政体制公证处改为事业体制公证处

《实施意见》明确将省司法厅直属的四川省公证处由行政体制整体改为受司法厅领导的自主开展业务，独立承担责任的事业单位。2000年10月，省司法厅《关于省公证处转为事业单位的意见（试行）》对四川省公证处由行政体制整体改为事业单位相关问题作了明确和部署。四川省公证处的及时、成功转制，为全省行政体制公证处改为事业体制公证处起到积极的示范作用。各地结合机构改革认真贯彻落实司法部的《方案》和《实施意见》及省司法厅实施意见，全省行政体制公证处转为事业体制公证处工作得到较快发展。2004年全省已转制公证处达到86个，占41.5%；2005年转制公证处新增50多个，转制公证处达140多个，转制率达到70%左右。

（二）合作制公证处试点

国务院批准司法部《关于深化公证工作改革的方案》明确要求"积极探索公证组织的新形式并做好试点工作"；《司法部贯彻改革方案若干意见》明确：各地要按中央对中介组织的要求，积极进行公证组织新形式的试点，特别要着重抓好现有公证处整体转制的试点。2000年底以前，各省（不含西藏）至少要抓一个合作制公证处，直辖市和经济发达的省可以多搞一些试点。2000年1月19日，司法部律师公证工作指导司下发《关于开展合作制公证处试点工作的通知》，该通知明确：由各省、自治区、直辖市进行1—2家合作制公证处试点。按照国务院批准的《方案》和司法部的《实施意见》，以及司法部律师公证工作指导司《关于开展合作制公证处试点工作的通知》的要求，省司法厅积极稳妥地开展了合作制公证处试点工作。2000 年 12 月 29 日，省司法厅依法批准设立了四川省首家合作制公证处——眉山市公证处，该处由原来的行政体制转为合作制，成为全省首家、全国十个试点之一合作制公证处。2001 年 3 月 26 日，省司法厅副厅长彭矛、眉山市常务副市长黎兵、眉山市人大常委会副主任胡康元等领导出席了成立大会并讲话。2001 年 3 月至 6 月 28 日，省司法厅又相继批准成立了四川国力、四川中大和成都蜀都三个合作制公证处，全省合作制公证处达到 4 个，在全国处于前列。

二、公证文书改革

国务院批准司法部《关于深化公证工作改革的方案》明确规定，“积极推行要素式公证书，使公证书真正达到《中华人民共和国民事诉讼法》规定的‘作为认定案件事实的依据’的标准”。对现场监督、保全证据、合同（协议）三类公证推行要素式公证书格式，是认真贯彻国务院《方案》，深化公证工作改革的重要内容之一，是提高公证队伍业务水平，增强公证书证明力，充分发挥公证的证明、沟通、服务、监督职能作用，更好地服务于经济建设和社会发展。对此，司法部做了具体部署。司法部要求从 2001 年 1 月 1 日起，全国范围内所有公证处对这三类公证统一推行要素式公证书格式，且必须经省以上司法行政部门培训合格的公证员才能开展要素式公证书格式工作。省司法厅对推行要素式公证书格式的培训工作非常重视，明确提出这是一次强化性的业务培训，是每个执业公证员年度岗位培训的要求，要将这次培训与 2001 年的公证员年度注册挂钩，未经培训的公证员将暂缓或不予注册。省司法厅在 2000 年 11 月举办三期培训班的基础上，又在 2001 年 2 月全省公证员年检注册前举办了一期补训班。四期培训班共计培训了近 800 名公证员和公证管理人员。为了搞好培训，省司法厅作了精心准备，在广泛调查研究的基础上，认真总结各地试点工作中的成功经验与做法，并确定由省公证处副主任谢萍、乐山市公证处副主任王云筠等 6 名参加了司法部的培训、并在要素式公证书试点工作中取得了较好效果的授课，内容涉及现场监督、保全证据和合同（协议）三类公证事项方方面面，十分丰富，由于授课理论联系实际，具有很强的实践性、操作性和学习借鉴性，参训人员普遍反映收获大，培训取得了预期的效果。随后对证据保全、现场监督和合同（协议）“三类公证”在全省全面推行了要素式公证书，进一步确保了办证质量。

三、公证员公证工作方式改革

国务院批准司法部《关于深化公证工作改革的方案》明确规定：积极推行主任领导下的主办公证员负责制，明确责任，提高工作效率和质量。省司法厅在积极开展主办公证员负责制试点工作基础上，在部分公证处推行了主办公证员负责制工作，至 2005 年，全省有 15 个公证处的 92 名公证员经省司法厅批准推行了主办公证员负责制。

四、公证责任保险和赔偿制度

国务院批准司法部《关于深化公证工作改革的方案》明确规定：建立完善公证赔偿制度。司法部关于贯彻《关于深化公证工作改革的方案》的若干意见明确：要建立公证责任保险制度，公证责任保险实行强制性全行业统一保险，以保证每个公证处都有相应的赔偿能力。司法部授权中国公证员协会向保险公司投以公证处为被保险人的公证责任保险，保险费从公证处上交的赔偿基金中列支。建立公证责任赔偿制度，有利于增强全省公证行业抗风险能力和公证的诚信度。为在全省尽快建立起这一革新性的保险、赔偿制度，省司法厅采取了两条有效措施：一是于2001年2月底在成都举办了全省公证责任保险培训班，邀请司法部律师公证司处长江晓亮和司法部公证责任保险顾问孙云到川授课，全省各公证处主任和各市（州）司法局公证管理处长共计200余人参加了培训，每个参训人员明确了公证行业全面建立公证责任保险、赔偿制度的意义、基本内容和要求，为做好全省公证责任保险金的收缴工作打下了坚实的基础；二是结合3月的全省公证机构和公证员年检注册工作收缴公证责任保险金，全面完成任务，受到司法部充分肯定。由于四川省成功建立了公证责任保险、赔偿制度，在之后几年里，先后向中国公证责任保险办公室申请了数十万元赔偿金，及时有效地解决了全省3家公证处因公证质量等致当事人长期上访的经济赔偿或经济补偿难题。

第三节　规范公证法律服务市场

一、市场规范建档

为加强对公证工作的管理，规范公证法律服务市场，提高公证的质量和社会公信力，维护国家公证的社会信誉，促进全省公证事业的健康发展，更好地服务于四川跨越式发展，省司法厅采取以下有力措施：2002年2月指导成都市城区公证处订立城区公证同业规则，并在全省推广效仿，对抑制公证不正当竞争起到了行业自律作用，有效促进了公证质量的提高。2002年10月与省检察院、省公安厅、省审计厅、省纠风办、省物价局和人民银行成都分行等八个部门联合下发了《关于规范公证法律服务市场有关问题的通知》，重点解决公证人员在公证活动中向相关人员支付和收取不正当办证费问题。根据省司法厅等八个部门联合下发的《关于规范公证法律服务市场有关问题的通知》的要求，结合全省公证法律服务市场实际，于2002年10月下发了《清理、整顿、规范我省城区公证处设立公证办证室有关问题的通知》。2003年12月，专门召开教育报告会，邀请四川省检察院检察长陈文清作法纪教育报告，省司法厅厅长方光兴、副厅长张晓勇等领导出席教育报告会，成都、绵阳、德阳、乐山等10多个市司法局分管副局长和公证工作管理处科长，成都城区省、市、区11家公证处的全部执业公证员，共计170余人参加教育报告会。2005年6月下发《关于进一步规范公证办证点的通知》，要求各地要认真贯彻执行省司法厅限期关闭各种形式办证点的规定，限期关闭在房地产交易市场、金融部门等特定场所设立的公证服务窗口，限期关闭在城市和近郊乡镇基层法律服务机构设立的公证协办点，对届期没有认真执行司法部和省司法厅规定的，分别追究主管司法局和公证处的责任。2005年8月12日，专门召开规范城区公证法律服务秩序大会，成都城区11个公证处的全体执业公证员和部分公证员助理共计200余人参加了会议，省司法厅厅长方光兴出席并讲话。2005年8月，制定下发了《四川省司法厅规范城区公证法律服务秩序十条禁令》。通过一系列有力的工作措施并辅以严格的检查，到2005年9月，全省共计关闭各类公证办证点551个，其中成都城区43个，促进了公证办公场所和聘用人员的集中规范管理，促进了统一收费制度的健全和完善，促进了公证质量的有效监控，使公证法律服务的秩序进一步得到优化。

二、公证执业公示制度

2003年2月，省司法厅印发《关于建立公证诚信制度的通知》，要求在全省统一建立公证处执业公示制度、公证诚信制度和特邀公证监督员制度、公证员诚信档案制度、聘请公证法律顾问制度等，加强对公证人员的诚信教育、建立公证人员诚信档案、加大对违规违纪公证处及公证人员的处罚力度。2003 年，省司法厅制定《四川省公证投诉申诉处理办法》，规范完善了公证投诉申诉处理制度。

三、特邀公证监督员制度

省司法厅于 2003 年 8 月下发《四川省司法厅关于聘请特邀公证监督员的决定》，决定聘请四川省人大内司委、四川省人大法工委、四川省政协、四川省高级人民法院纪检监察组、四川省人民检察院民事行政检察处、四川省纪委纠风室、四川省公安厅法制处、四川省物价局收费处、四川省审计厅法制处、中国人民银行成都分行法律事务办公室等部门的 10 位为省司法厅特邀公证监督员，专门为其颁发“特邀公证监督员”证书，聘期三年。特邀公证监督员持省司法厅颁发的“特邀公证监督员证”，有权对四川省区域内的公证机构和公证人员执行公证法律法规规章及公证执业活动实施监督。要求各级司法行政机关、各公证处及公证人员要支持特邀公证监督员的工作，公证处和公证员不得拒绝监督和质询，并可以邀请特邀公证监督员参加一些重大的现场监督公证活动进行监督；对特邀公证监督员反映的有关问题，应当在规定的时间内认真办理并予以答复。

四、公证法律服务便民措施

2004 年 2 月，省司法厅制定下发《四川省公证法律服务便民措施》，主要有十个方面内容：实行执业公示制度、建立便民窗口、坚持首问接待责任制、遵守公证礼仪、建立办证绿色通道、延长服务时间、提高办证效率、做好延伸服务工作、坚持证后回访制度、及时处理当事人的投诉申诉。便民措施的推行，对提升公证处社会形象，转变工作作风，拓展和规范法律服务，更好地为广大公民、法人和其他组织提供公证法律服务，促进经济发展和社会稳定具有重要意义。

图 3－3　1988 年，广元市利州区法律工作人员在宝轮镇上门为群众办理公证事宜

图 3－4　1992 年 3 月 10 日，内江市司法局开展公证法律咨询活动

五、公证法律顾问制度

为了适应公证事业发展的客观需要，依法规范和强化公证监管职能，及时处理疑难、重大公证投诉申诉及复议案件，省司法厅于 2005 年 3 月作出《关于聘请公证法律顾问的决定》，决定聘请彭永臣、施杰、程守太、李世亮、何敏、刘力华、刘守民、石春相 8 位资深律师为全省公证法律顾问，

聘期二年，省司法厅为其颁发了聘书。公证法律顾问主要协助省司法厅公证管理等部门处理有关公证投诉申诉及复议工作；参与重大疑难公证投诉申诉案件的研究；接受司法厅的委托，代理有关公证的诉讼及非诉讼；受省公证员协会的委托，维护全省公证员的合法权益；提供涉及公证的有关法律咨询等，公证法律顾问以灵活的工作方式开展工作。

六、公证队伍教育

司法部决定自 2005 年 4—9 月在全国公证队伍中开展教育规范树形象活动。按照司法部的统一部署，省司法厅及时成立了领导小组，制定了实施方案。这项活动得到中共四川省委、省政府领导的重视和支持，省委常委、省委政法委书记欧泽高，副省长陈文光先后做出了重要批示。省司法厅在成都召开了省、市（州）各司法局领导和公证处负责人 300 多人的动员会。之后，各市（州）司法局召开动员会议，动员到每个公证人员。全省各级司法行政机关普遍采取简报、互联网、电视、广播、报纸、专家研讨会、街头宣传等形式，对树形象活动进行了广泛的宣传。省司法厅还五次召开成都地区十多家省、市新闻单位记者联系会，欢迎他们对四川公证给予监督。省司法厅又编印简报材料 22 期，通过省司法厅互联网站、四川新闻网等进行宣传。在省委、省政府的重视、关心和司法部的指导下，全省各级司法行政机关精心组织实施，认真督导检查，全省 207 个公证处、700 多名公证员和 300 多名公证助理人员以及各级司法行政机关公证管理人员全部参加了教育规范树形象活动。经过为期半年的声势浩大的教育规范活动，经按照司法部制定的《检查验收标准》严格检查验收，全省公证队伍教育规范活动收到预期成效，实现加强了对公证人员的政治思想教育、业务素质教育和职业道德教育，提高了广大公证人员的素质，提高了公证文书质量，提高了公证的公信力，扩大了公证的社会影响，规范了公证服务秩序、规范了公证办证程序、规范了公证处的运行机制、规范了公证管理行为，推动了公证工作的改革和发展，为四川省公证事业的健康发展、为贯彻实施《公证法》奠定了坚实的基础。2005 年，省司法厅在全省组织开展了继承、遗嘱、赠与、金融、保全证据、合同、现场监督等七类公证事项的质量大检查，抽查 4400 多份公证卷宗，合格率在 98% 以上。同年 9 月上旬，全国公证质量检查组对四川省 7 个公证处的七类公证质量抽查 149 卷，没有发现错证问题。

图 3－5　四川省省级文明公证处——成都龙泉驿区公证处

七、公证员助理管理

为规范公证员助理的从业行为，建立规范公证法律服务秩序的长效机制，提高公证文书的质量，提高公证的社会公信力，2005 年 9 月，省司法厅制定下发《四川省公证员助理管理规定（试行）》。省司法厅要求各地司法局和各公证处要结合全国公证队伍教育规范树形象活动中关于严禁公证员助理以公证员名义办理公证事务的要求，针对公证处在公证员助理管理方面存在的问题，按照《四川省公证员助理管理规定（试行）》，认真做好对现有公证员助理的清理整顿工作，切实规范和加强公证员助理的管理。

司法部对四川召开公证工作记者联系会、聘请资深律师为公证法律顾问、制定《四川省公证员助理规定》、规范城区公证法律服务秩序的“十条禁令”给予充分肯定，先后以简报形式进行宣传介绍。2005 年 12 月，在司法部召开的全国公证工作会议上，四川省司法厅被司法部表彰为全国教育规范树形象活动先进集体，宜宾市、广元市司法局，乐山市、绵阳市公证处 4 个集体和 4 名个人受到司法部表彰。

第四节 《中华人民共和国公证法》宣传

2005 年 8 月 28 日，全国人大常委会审议通过颁布了《中华人民共和国公证法》（以下简称《公证法》），于 2006 年 3 月 1 日起实施。《公证法》颁布至 2005 年 12 月，省司法厅采取措施加强《公证法》的学习宣传贯彻。

一、《公证法》培训

按照司法部统一部署，2005 年 10 月，省司法厅及时选派省司法厅公证管理处长、部分市司法局公证管理处长及部分市公证处主任参加司法部《公证法》培训，他们成为开展全省《公证法》培训的骨干力量。

二、《公证法》学习

2005 年 11 月 21 日，省司法厅党委中心学习组举行《公证法》专题学习会。厅党委组成人员和厅级领导、厅机关正副处级干部参加了学习。厅党委书记、厅长方光兴对《公证法》的深入学习与贯彻提出了明确的要求。分管公证工作的副厅长张晓勇讲了意见。省司法厅公证管理处处长岳忠文结合参加全国《公证法》培训情况，做了学习《公证法》的专题发言。

三、《公证法》贯彻

按照司法部的统一部署，2005 年 9 月，省司法厅对全省学习宣传贯彻《公证法》作出安排部署。要求各地要切实加强组织领导，抓好对《公证法》的宣传和对各级公证管理人员和广大公证人员的培训，按司法部和省司法厅的部署，抓好《公证法》的学习和宣传工作，为《公证法》的实施营造良好的舆论环境。各地要与宣传、新闻部门协调、配合，有针对性地进行宣传，使《公证法》与公证制度深入人心。至 2005 年 11 月 20 日，全省完成对各级司法行政机关公证管理人员和每个公证人员的《公证法》培训工作，受训人数达到 1600 余人。

第三章　公证服务

1986—2005年，四川省公证工作主要围绕农业和农村工作、国企改革、国家大中型重点工程、预防纠纷和减少诉讼等方面开展了大量的公证服务，为四川经济发展和维护社会稳定提供了良好的法律服务。据统计，1986—2005年，全省公证机构共办理各类公证8846376件。其中国内经济公证3468003件，国内民事公证4825105件，涉外及涉港澳台公证553268件。通过对经济合同公证审查，揭露和制止违法行为12457件，为当事人避免经济损失1095597万元，保护了公民、法人和其他组织的合法权益。20年中，全省公证机构发挥服务、沟通、证明、监督的职能作用，为农业和农村工作、国企改革、国家重点建设、社会稳定、对外开放、非公有制经济及时提供了公证法律服务。

第一节　服务农业和农村工作

一、农村承包合同和其他涉农公证

1984年9月，省司法厅召开喜德县现场会后，1986年农村家庭承包制合同公证在全省全面开展。1998年11月25日，省司法厅向全省发出了《关于贯彻执行十五届三中全会精神，进一步加强农村公证工作的通知》，当年底就办理第二轮承包合同公证15000多件。由于四川第一轮家庭承包制合同公证全面施行，极大地提高当地干部和承包户履约自觉性，全省农村干部和农民形成自觉履约良好风尚，当地农户认为第二轮承包公证没有必要，全省公证处只办农村遗赠扶养协议、养老协议公证和农户与乡政府及村委会签订的农村提留、减轻农民负担的协议公证。1999年8月26日，省司法厅在金堂县召开全省农村新型公证工作座谈会，会上由金堂、三台、威远、江油、荣县等公证处分别介绍了充分运用公证法律手段介入农村的遗赠扶养协议、养老协议公证和农户与乡政府、村委会签订的农村提留、减轻农民负担的协议等新型公证经验，至2005年，全省共办理此类公证32408件，促进了农业体制改革的顺利完成。

二、计划生育合同公证

1985年，成都市新津县公证处试办计划生育合同公证，受到当地市县计生部门干部和群众欢迎，部分地区先后到新津县学习计划生育合同公证的经验。1990年3月，雅安地区在荥经县率先推行育龄夫妇与乡（镇）政府签订计划生育合同进行公证。随后名山、汉源等县也陆续推行，得到国家计生委、省计生委的充分肯定。四川电视台播放了该类公证纪实的录像。荥经县公证员邓龙林在该年度被中共四川省委、四川省政府授予先进计划生育工作者。1990年11月，省司法厅和省计划生育委员会联合下发《关于计划生育合同办理公证的通知》，在全省范围内推行计划生育合同公证。1991 年，全省共办理计划生育合同公证 906424 件。据不完全统计，20 年中共办理计划生育合同公证 160 万多件。巫山县月池村农民杨明福、张如清夫妇，婚后已有一个女孩，怀上二胎后，他俩拿出公证书反复研究后认为自己虽然可以再生一胎，但由于村里没有安排指标，自己又签订了计划生育合同，不能违反协议，两夫妇便主动到县卫生院采取了补救措施，认真履行了计划生育合同。群众自觉依法执行计划生育政策，同时也有效地克服了一些乡镇村干部强迫命令的作风，密切了干群关系。

三、农村房屋产权和宅基地使用权公证

1986—2005 年，全省共办理了农村房屋产权和宅基地使用权公证 50 多万件，促进了农村家庭、邻里的和睦以及农村精神文明建设。例如邻水县王家乡三步村曾有五户农民为一间房屋的产权问题，从 1954 年起闹了 40 年的纠纷。由于 5 户人的土地证上各有三种不同的填法，纠纷一直未解决。邻水县公证员在受理该项公证中，公证人员通过详细调查、走访、查资料、找政策依据，终于查明了事实，并通过公证确权，依法维护该 5 户农户的合法权益，妥善解决了这一历史纠纷。

第二节　服务国企改革

1994 年，全省公证机构首先以“企业改制难，企业职工安置难上加难”为突破口，主动介入。本着为政府分忧，为企业排难，为职工服务的精神，1994—2005 年中为企业办理职工自谋职业安置补偿协议公证 67300 多件，既维护了社会稳定，又为全面介入企业改制、开展公证系列服务打开了局面。例如 1994 年，成都毛巾床单厂、成都进军皮鞋厂经成都市中级人民法院裁定宣告破产。根据《中华人民共和国破产法》和国务院以及四川省、成都市人民政府的有关规定，破产企业将有部分职工与企业解除劳动关系，自谋职业，由企业发放一次性安置补偿费。一些年轻力壮或有一技之长的职工易于接受，而年老体弱或无技术专长的职工就想不通。成都市曾发生成都毛巾床单厂、成都进军皮鞋厂的部分职工到厂外交通要道聚集，准备到省、市政府请愿，引起交通堵塞。成都市公证处立即指派两名公证员配合两厂领导宣讲国家法律、法规和有关政策，并主动与当地公安派出所、街道办事处协调，联系解决破产企业职工的再就业问题。以上各部门领导表示，凡是涉及破产企业职工再就业，一律凭公证处出具的自谋职业安置补偿协议公证书，办理相关手续。后经公证员的耐心疏导，职工情绪逐渐稳定，纷纷表示愿意与企业解除劳动关系，自谋职业。随后，成都市公证处又为成都毛巾床单厂 804 名职工和成都进军皮鞋厂 420 多名职工办理了公证，化解了矛盾，促进了两厂的改制顺利完成。1995 年，成都市青羊区成都减震器厂（中型集体企业）拟与中国汽车零部件联营公司实施改组。该区公证处及时介入，参与谈判，使劳资双方同意由成都汽车减震器厂以转让 51% 产权，达成改组重建为中国汽车零部件联营公司控投的子公司的协议，并经公证后，使该厂成为了一个起点高、技术强、具有竞争力的有限责任公司。

1994—2005 年，全省为转制企业办理 32.54 万余件公证，其中包括承包、租赁、拍卖、转让、股份改造、资产评估、重组、产权转让、公司章程、职工安置协议等公证。通过公证服务规范了企业改制工作，对促进企业发展起到了积极作用。

第三节　服务国家大中型重点工程建设

一、招标和工程承包合同公证

1989年，成渝高速公路项目是利用世界银行贷款，实行国际招标和监理工程师制度的国家“八五”重点公路建设项目。这条公路全长340.2公里，总投资40亿元，共分为22个合同段，其中国际招标的17个，国内招标的5个，涉及30多个招标合同。西段招标由四川省公证处受理，东段招标由重庆市公证处受理。重庆市公证处在审查合同时发现其在解决争议的仲裁机构规定欠妥：一是与国际惯例不符。在国际招标工程争议处理和管辖权及法律适用上，往往是东道主国法院或仲裁机构管辖，适用东道国法律，一般不接受国际仲裁，只有在不被对方接受的情况下，才能选择国际仲裁；二是此次参加投标的承包人均为中国企业或以中方企业为代表的中外联合体，一旦合同发生争议，应在中国人民法院或仲裁机构按中国法律处理；三是规定所有诉讼仲裁语言应是英语不符合中国有关法律规定。上述三个问题都涉及中国的主权及法律适用，建议建设单位修改上述合同条款。虽然他们同意公证处的看法，但仍答复不便修改，因为此文本是世界银行统一采用的国际招标合同文本。鉴于此情况，为完善合同条款，使其既符合中国的法律规定，又能被合同各方及世界银行接受，重庆市公证处决定以变通的方法解决。召集各个合同的双方共同就需要修改的条款进行协商，以会议纪要的形式将需修改的意见予以确认。最后各方一致同意：争议仲裁机构为中国贸促会的对外经贸仲裁委员会，该会的裁决为终局仲裁；诉讼仲裁语言依照中国法律的规定执行。1987—2005年，全省共成功办理招投标公证2.3万余件，工程承包合同公证4.81万余件，涉及标的额共计达4520多亿元。

二、重点工程建设移民搬迁安置协议公证

1986年开工的二滩水电站是20世纪末四川建设的最大水电工程。盐边县是二滩电站库区的主要淹没区，整个县城需要搬迁，县内绝大多数良田沃土要被淹没，移民故土难离，思想情绪大，加之二滩工程采用国际招标施工，工期进度奖惩严格，任何阶段都拖延不得。如为确保大坝安全，在下闸蓄水前，所有淹没区的公路、桥梁、高大建筑物都要被一律炸为平地。因此，二滩工程的移民任务重、时间紧、涉及面广、难度大。盐边县公证处知难而上，按照中共盐边县委、县政府的部署，公证处积极主动办理了拆迁、预迁、三随（即随父母、随亲戚、随朋友）安置协议、自谋职业协议公证共2825件（每户一件），除了农转非和集体外迁外，对其余农户全部办理公证。由于加强了证后回访检查和监督，履约率达100%，没有一户返迁或群体上访，保证了盐边县的移民能及时搬得出，住得下，社会稳定，确保了二滩水电工程按期下闸蓄水发电。

1986—2005年，攀枝花、成都、广元、青川、绵阳、南充、宜宾、雅安等市、区（县）公证处，为国家和省重点工程建设的移民搬迁这类棘手问题办理补偿安置协议公证9.73万余件，涉及金额近20亿元。

第四节 维护社会稳定

一、预防社会矛盾的发生

1991年，攀枝花市东区工商局拟修建综合市场，由于摊位分配不公，三百多人聚集区工商局和区政府请愿。东区公证处应邀介入，并向有关部门提出建议办理抽签公证。第一次抽序号，第二次抽摊位，得到双方认可。通过两次抽签现场公证，预防了新的社会矛盾发生。

二、协调履约纠纷

四川省精图房地产开发（集团）有限公司（以下简称精图公司），1995年先后与1700多名客户签订了投资租赁合同，并在四川省公证处申办了公证。按合同规定，该公司应于1997年1月起陆续兑现客户投资。但因房地产市场疲软，销售不畅，资金不能回笼，当年2月未能兑现，几百名客户多次到成都市政府、市人大上访。成都多家报刊、电视台进行追踪报道。省公证处及时派员先后21次深入现场，直接协调双方纠纷，提出处理意见：一是敦促精图公司采取措施积极筹措兑现资金；二是引导现场客户要从维护安定团结出发，通过调解或向法院提起诉讼解决合同履行纠纷；三是主动向四川省和成都市政府领导汇报和提出建议。省、市领导高度重视，同意四川省公证处建议，由精图公司将大厦抵押给汇通银行，向银行贷款筹措2000万元兑现资金，汇通银行以活期或定期存单形式兑现给客户，使持续一年的履约纠纷圆满解决。

三、防范金融风险

为了维护金融秩序，加强信贷资金管理，保障金融体制改革顺利进行，全省各公证机构积极办理贷款合同公证、防范金融风险。乐山市公证处自1993年起，五年共为工商银行乐山市分行办理贷款合同公证7192件，涉及金额达82亿多元，借款方均能按期还贷款。个别因特殊困难不能按期归还的，主动向贷款银行提出展期申请并订出还款措施，为银行增设了一道安全屏障。20年中，全省公证机构办理抵押贷款合同公证965647件，强制执行公证8718件。

四、解决历史遗留问题

1985年4月，原江油县商业局蜀西股份公司经县政府同意接收征地建设单位250万元的安置费，负责大康乡松花岭村二组237人的就业安置工作。由于有部分户安置工作不落实，11年中经常有安置对象到中共江油市委、市政府门前静坐，严重干扰了党政机关的正常工作秩序。市政府多次派专人组织处理，终不能妥善解决。1996年4月，江油市公证处主动为市政府领导分忧，由主任李国柱和一名公证人员介入。他们不顾辱骂、挨打，坚持给这部分人作耐心细致的工作。经4个月疏导，宣传国家有关政策、法律，促成相关部门终于与安置人员达成协议：凡是符合就业条件的安置对象由蜀西公司一次性发放9000元自谋职业安置费；不符合就业条件的，由蜀西公司支付6000元购买养老保险，再一次性发给每人3000元生活费。江油市公证处还于9月初免费为他们办理了《自谋职业协议》公证和《生活费发放协议》公证共110件，长达11年的遗留问题终于画上了句号。

五、突发性事件公证业务

1988 年 1 月 18 日，中国民航西南航空公司伊尔 18 型 222 号飞机，由北京飞往重庆。当飞至重庆市巴县金凤乡虎岩村上空时，因飞机发生故障坠毁，98 名中外旅客及 10 名机组人员全部遇难。为了妥善处理善后工作，避免纠纷，西南航空公司向重庆市公证处申请，要求对中外死难旅客的善后事项全部进行公证。重庆市公证处派出 8 名公证人员分涉外、国内两个办证小组，分赴遇难旅客亲属住地办理公证事务，共办理空难善后事项公证 245 件，受到了重庆市政府领导和民航部门的赞扬。民航部门给公证处写信感谢说："正是你们的艰辛工作和忘我努力，才使这次严重空难善后工作在较短的时间得以妥善处理，使遇难旅客的亲属感到宽慰，我们对此感激不尽。"日本驻华大使馆也向重庆市公证处来信说："对于此次中国西南航空公司航班坠机事故蒙难的我国公民的有关善后事宜，承蒙贵地方上特别照顾及大力协助，使本馆得以顺利进行此项工作，在此谨致以诚挚的感谢。"

1999 年 1 月 10 日，达川市通州百货商场"1·10"特大火灾事故发生后，受灾户集中住宿，思想很不稳定。通州百货集团根据中共达川地委和行署领导指示及有关会议精神，决定对通州商场楼上的 113 户受灾户签订一次性安置补偿协议，1999 年 1 月 24 日向达川市公证处申请办理公证。公证处主任陈昌大带领业务精、责任心强的公证员上门服务，对《"1·10"火灾事故受灾户住宅安置协议》及《住宅安置补充协议》条款进行审查。按照国家法律、法规和政策的规定，结合调查了解的实际情况，对协议某些条款进行了修改、补充。该市公证处当月 27 日即为 108 户灾民办理了住宅安置协议和补充协议公证，受灾户自觉及时地搬迁疏散。对应收取通州百货集团公证费 2.2 万余元决定减免，只收取了公证成本费 2000 元。

第五节　涉外和涉港、澳、台公证业务

一、办理引进外资公证业务

四川省公证处 1989 年 12 月为成渝高速公路工程，引进世界银行 3600 万元特别提款权的贷款合同办理公证；1997 年又为成渝高速路公司在香港上市发行 H 股股票办理公证，在境外募集资金 14.8 亿元。又如成都市公证处也积极参与企业招商引资活动。据统计，成都市各公证机构仅 1994 年参与招商引资 50 余次，办理公证 25 件，协助引进外资 1 亿元，到位金额7460 万元。仅都江堰市公证处协助企事业单位引进外资 5700 多万元，到位 3400 万元。

二、对外贸易设立办事机构及相关业务

1986—2005 年，办理营业执照、法定代表人资格、委托书、资信证明等公证 55354 件，顺利地在国外开设办事机构兴办企业。1986 年，中国四川国际经济技术合作公司先后在埃及、科威特、巴布亚新几内亚、瓦努瓦图等 18 个国家和地区设立了办事机构。1986—2005 年，全省办理营业执照、担保书、委托书等公证 77893 件。如东方电力设备联合公司在此期间先后在国外承包了多个工程，工程标的额达 1 亿美元，公证处为其办理营业执照、产品质量检验证明等公证 17873 件，使其商品顺利进入了国际市场。又如 1992 年，成都五冶钢瓶厂生产出口埃及的氯气瓶，成都市公证处为其办理了产品试验合格证公证书。1986—2005 年，办理专利证书、商标注册证书、委托书等公证5623 件

在国外申请专利和商标注册。

三、涉外诉讼公证业务

1989年，四川国际经济技术合作公司与其派往澳大利亚墨尔本“四川饭店”的三名服务人员因待遇纠纷起诉到澳大利亚地方法院，四川国际公司到公证处申办6件公证书。因第二天澳大利亚法院就要开庭，该公正处赓即组织几个公证人员，忙了近十个小时，于当晚九时即办好了所需的全部公证书，四川国际经济技术合作公司当即传真到澳大利亚，为他们按时应诉提供了有力证据。

四、台属亲属和居住证明公证业务

1988年，台湾“国大代表”张丹柏因病在台北去逝。张在台湾的妻子李茵及其子将其在台湾的私房（价值台币1000多万元）登记在自己名下，将台湾“国大”发给的抚恤金全部领取，侵犯了张丹柏在大陆的结发妻子赵某某及其子女的继承权，不仅违背了《中华人民共和国继承法》的有关规定，也与台湾现行遗产继承的法律相悖。成都市公证处经过调查核实后，及时为赵某某及其子办理了亲属关系公证和居住公证，为赵某某及其子委托台湾律师在台北“地方法院”提起侵害遗产继承权的民事诉讼提供了有力的证据，承审法院采信了成都市公证处的公证书，使该纠纷得到圆满了结。

1986—2005年，全省涉外和涉港澳台公证呈逐年上升趋势。在办证件数上，由1986年的1807件，到2005年上升到47141件，增长25倍；在办证事项上，由涉外民事类向涉外经济类公证延伸；在公证文书使用目的上，从公民的域外探亲、定居、入学、继承、结婚、领取养老金、抚恤金、谋职、委托等到全省各级人民政府和企业招商引资、对外贸易、劳务输出、招标、投标、签订合同、索赔诉讼；在公证文书使用地上，已发往域外、境外100多个国家和地区使用，赢得了国际信誉。

第六节　非公有制经济公证业务

中共十五大报告指出：“我国处在社会主义初级阶段，需要在公有制为主体的条件下发展多种所有制经济”；“非公有制经济是我国社会主义市场经济的重要组成部分。对个体、私营等非公有制经济要继续鼓励、引导，使之健康发展。这对满足人们多样化的需要，增加就业，促进国民经济的发展有重要作用”。1999年3月15日，九届全国人大二次会议通过对宪法的修正案，第十六条对宪法原第十一条修正为：“在法律规定范围内的个体经济、私营经济等非公有制经济，是社会主义市场经济的重要组成部分”。“国家保护个体经济、私营经济的合法的权利和利益。国家对个体经济、私营经济实行引导、监督和管理”。这一修改，在国家根本大法中，由“补充”和附属物地位，明确为重要组成部分并加以保护、引导、监督和管理。这一修正就成了非公有制经济发展的重要宪法保障条款。公证制度是国家法制的重要组成部分，为非公有制经济服务是全省公证机构义不容辞的责任，早在1981年公证机构从重建开始就为农村两户一体（即承包户、个体户、经济联合体）提供公证服务。其中有非公有制经济。如凉山州西昌市公证处从1984年开始，为民营企业家、四川省攀西林业有限公司董事长胡孝怡办理承包荒山、荒坡100多个合同共8万多亩。他承包后实行分片承包并订立分包的植树护林合同经过公证，明确了分包植树护林人的权利义务，分包林区四至累限，年度检查、奖罚到位，年年兑现，昔日荒山荒坡已树木成林，每年8万多亩森林增值达100—200万元，被凉山州称为绿色银行家，在长江上游长防林工程建设中起到示范作用，先后被推选为州人大代表、州政协委员。

20 世纪 90 年代初期，国家对年年亏损、扭亏无望的国有或集体企业实行拍卖，允许有经济实力、有经营能力的个体或私营经济参加竞买。1993 年 9 月 28 日，省司法厅、省个体劳动者协会联合发出了《关于加强个体、私营经济法律服务》的通知，公证员和律师积极提供法律服务。如 1997 年三台县公证处为拍卖联胜页岩砖厂和中标合同提供公证服务。三台县联胜页岩砖厂是塔山镇镇属骨干企业之一，由于经济管理不善等原因，长期负债经营。为了认真贯彻落实市、县企业转制会议精神，搞活乡镇企业，塔山镇政府代表产权所有方，决定对该厂实行向社会公开拍卖的方式进行转让，这也是该县首次对乡镇企业改革的新尝试。县公证处在受理了拍卖联胜页岩砖厂的公证申请后，介入了这次拍卖活动的全过程。由于拍卖乡镇企业在三台县尚属首次，政策性强，涉及面广，时间紧迫，任务繁重，县司法局对这项工作作了细致的安排，公证员不畏酷暑数次到塔山镇，参照国家关于拍卖活动的有关规定，在最短的时间内，协助塔山镇党委政府起草了拍卖公告、竞买者须知、拍卖规则和程序、买卖合同等，在做好了清产核资等各方面准备基础上，8 月 4 日，公证员陶红、谢文伟与县蜀华律师事务所主任张维尽一道，现场对拍卖活动的真实性、合法性进行公证监督和法律服务。通过公开、平等的竞买，出价最高的胥洪白、刘畅两个合伙人以 62 万元购得了联胜页岩砖厂的产权。买卖双方当场签订了《三台县联胜页岩砖厂买卖合同》。公证员现场办公，为买卖双方办理买卖合同公证，在当日就出具了公证书，极大地方便了当事人。由于公证员深入细致的工作，保证了联胜页岩砖厂拍卖成功，发挥了公证为乡镇企业产权制度改革保驾护航的职能作用，确保了该县首次拍卖乡镇企业的行为真实、合法、有效，充分体现了公开、公平、公正的竞买原则，使竞买未成者口服心服，竞买成功者愿望成真。中买者胥洪白说：没想到公证处的服务这么到位，原以为要跑好多的路，结果当天就办妥了全部手续，使我们可以放心地尽快投入生产。塔山镇党委、政府对公证员优质、高效的服务给予了高度的评价。1997 年 8 月 8 日，塔山镇党委书记刘平安与个体私营者胥洪白、刘畅等人专程赶到县司法局，分别将写着“优质服务高风范，保驾护航解忧难”和“现场办证、便民利国”的两面锦旗送到局长李林福手中，以感谢县公证处在塔山镇拍卖联胜页岩砖厂过程中提供了优质、高效的公证法律服务。

1994 年，原国有企业攀枝花市造纸厂由于经济效益低，长期拖欠职工工资，职工经常到市政府上访、静坐，给社会带来不安定。后由一民营企业元亨公司兼并。不仅一部分不能继续上岗的职工想不通，而继续留用的职工一夜之间由全民所有制身份变为私有企业的打工仔，也想不通，直接影响兼并工作顺利进行和企业的生产。攀枝花市公证处及时介入，为其出谋划策，一方面开展法制教育，另一方面帮助企业制定了工会组织章程、董事会章程、监事会章程、职工养老保险协议、职工安置协议、下岗人员补偿分流协议、兼并协议、民营企业在兼并中享受政府优惠政策、债仅债务继承清偿协议、银行贷款协议等十个文件，并办理了公证，妥善解决了下岗、上岗职工的思想顾虑。公司根据该厂所处市中区实行产业结构调整，转产搞第三产业，先后修建了建材一条街、洗车场等，盘活了资产，安置了原国有企业职工。

第四篇　司法所、基层法律服务和人民调解

四川省司法行政基层基础工作包括司法所、基层法律服务和人民调解三项主要工作。司法所是县级司法行政机关驻乡镇（街道）的派出机构，是最基层的一级政法单位，是司法行政机关的前沿阵地和各项工作的最终落脚点，1986—2005 年，司法所在为基层党委政府出谋划策、开展法律服务工作、参与重大疑难纠纷化解等方面发挥了极为重要的作用。在基层法律服务方面，1998—2005 年，四川省对全省基层法律服务工作认真加强管理，针对农村法律服务市场出现的问题进行整顿，采取强有力措施纯洁法律服务队伍，加强基层法律服务的组织建设和政治思想建设，为四川农业、农村建设做出了积极贡献。在人民调解方面，1986—2005 年，四川省人民调解工作在中共四川省委、省政府和司法部的领导下，进一步贯彻中共中央的路线、方针和政策以及国家的法律法规，取得了新的成绩。

第一章　司法所

四川省按照司法部工作要求，结合全省实际，大力加强司法所组织队伍建设，明确和规范司法所工作职能，深入开展司法所规范化建设，有力推动全省司法所建设快速发展，全省司法所数量和司法助理员人数实现了显著增长，在化解民间纠纷、解决人民内部矛盾、维护基层社会稳定、构建和谐社会方面发挥了重要作用。

第一节　司法助理员

司法助理员是乡镇人民政府的司法行政工作人员，是中国司法行政机关在基层人民政府的延伸。司法助理员是司法所的前身、基础、主体，同时，司法助理员也是四川省于20世纪80年代发展起来的基层法律服务所的主体力量。

国家于1981年正式建立了司法助理员制度。1981年11月18日，司法部颁布施行了《司法助理员暂行规定》，该暂行规定明确了司法助理员的性质、领导关系、工作职责、应遵守的工作原则和工作要求、工作制度和工作纪律等。司法助理员的工作职责主要有五项：管理人民调解委员会工作；指导检查人民调解工作，参与调解疑难纠纷，接受、处理有关人民调解工作的来信、来访；结合实际需要，进行有关的政策、法律、法规和道德风尚的宣传教育；调查研究本辖区内发生纠纷的原因、特点和规律并提出防止纠纷的办法；了解并向上级报告群众对现行法律、法规和司法工作的意见和要求。

随着改革开放的推进和经济社会的发展，司法助理员的工作范围又随客观形势的需要有所发展：司法部先后在《乡镇法律服务所暂行规定》和《民间纠纷处理办法》等一系列规范性文件中赋予了司法助理员新的工作职责。1982年后，根据政法工作的实际需要和司法助理员担负的工作任务，司法助理员列入政法队伍序列，实行单独列编的管理体制。国务院于1988年批准了司法部《关于司法助理员的“三定方案”》（即定员、定编、定职责）。由于四川省是一个经济欠发达的农业大省，乡镇街道建制数太大，各级财政比较困难，编制缺口大，所以司法助理员尤其是专职司法助理员的配备一直比较滞后，不少都是由乡镇公安、民政、人武、妇联、共青团等人员兼任的兼职司法助理员。即使如此，在各级政府的重视和各级司法行政机关的不懈努力下，全省司法助理员尤其是专职司法助理员的配备还是得到了较大的发展，到1996年底，全省专兼职司法助理员人数达到4219名（含省辖重庆市），形成了一支比较强大的司法助理员队伍，为后一步的司法所建设及基层法律服务所的建设奠定了坚实的基础。至2005年底，四川省司法所工作人员（含司法助理员）增至8385人，比

1996年增加4166人，上升近一倍，进一步促进了全省基层法律服务的发展。

第二节 司法所建设

司法所是县级司法局在乡镇人民政府（街道办事处）的派出机构，是承担乡镇人民政府（街道办事处）管理司法行政工作的职能部门，实行县（市、区）司法局和乡镇人民政府（街道办事处）双重管理，以司法局为主的管理体制。司法所是基层政权组织的重要组成部分，担负着落实司法行政各项业务工作，向广大群众提供法律服务、法律保障和法制宣传教育等重要职能。

一、队伍建设

司法所是随着中国经济社会的发展和民主法制建设的推进，随着乡镇法律服务的诞生和发展，各级司法行政机关深化改革，在乡镇街道司法助理员基础上，逐步建立、完善并发展起来的。

四川省县级司法行政机关成立之初，只有少量乡镇司法助理员，且多为兼职，工作单一，主要是管理指导人民调解工作。中共十一届三中全会以后，随着国家基层法制建设的加强，尤其是普法工作在全国的开展、《中华人民共和国地方各级人民代表大会和地方各级人民政府组织法》的出台，逐步显示出司法助理员的重要作用。因而司法助理员队伍建设逐步得到加强，不仅数量增加，而且配备了大量的专职司法助理员。随着乡镇法律服务的诞生，基层社会治安综合治理的开展，以及基层依法治理的不断推进等繁重任务的增多，原有的一名司法助理员难以胜任，因而，由司法助理员发展到成立司法所。经过各级司法行政机关不断的精心指导管理，司法所得到较快发展，司法所的业务建设和管理都逐步走上规范轨道。1996年6月，司法部下发《关于加强司法所建设的意见》（以下简称《意见》），《意见》提出要利用政府机构改革工作正在省、地（市）、县、乡镇（街道）展开有利的机遇，努力创造条件，积极组建司法所。要积极争取当地党委和政府的重视和支持，力争把司法所建设列入政府的机构改革方案；主动与编委、人事、财政等有关部门疏通、协商，解决司法所的机构编制和财政保障问题，积极、稳妥地加速组建司法所工作的进程。《意见》明确司法所一般由三名以上人员组成，设所长一人；根据需要可设副所长。在不具备条件单独建立司法所的乡镇（街道），可以实行司法所和基层法律服务所一套人马、两块牌子的体制。到1998年，四川省乡镇街道司法所达到1301个，占全省乡镇街道总数的29%，其中经当地编制部门行文确认“立户列编”的司法所有950个，有司法所工作人员2900人；未设司法所的乡镇专职司法助理员有2441人。当时，全省已有广安市、德阳市和泸州市经政府或编制等部门出台了司法所建设文件，宜宾市翠屏区、郫县、成都市成华区、大邑县、成都市青白江区、泸县、合江县、泸州纳溪区、大英县、自贡市自流井区、华蓥市等县（区）不仅经过政府、编制等部门出台文件，还实现了乡乡建齐司法所。

司法部在2004年3月下发的《创建规范化司法所工作的意见》中明确：司法所是司法行政系统的基层单位，是基层政法组织的重要组成部分，担负着落实司法行政各项业务工作，向广大群众提供法律服务、法律保障和法制宣传教育等重要职能。加强司法所建设是贯彻中央关于加强基层政法组织建设的一项重要任务，对于维护社会稳定，实践依法治国基本方略，全面建设小康社会具有重要意义。

省司法厅长期以来坚持以现场会等多种形式，及时总结推广全省一些地方司法所建设的经验和好的做法，积极推动全省司法所建设快速发展。1987 年，省司法厅在内江市召开全省司法所建设经验交流会议，全省各市（州）司法局分管副局长和基层工作管理处（科）长参加会议，学习内江市司法局及内江县司法局抓司法所建设的成功经验，实地参观了内江县的部分司法所。省司法厅副厅长郑文举到会讲话，对推进全省司法所建设工作做了安排部署。1998 年 12 月，省司法厅在泸县召开全省100 万以上人口大县司法所建设现场会。仁寿、简阳、安岳、中江、达县、渠县、宣汉、射洪、泸县等 10 多个 100 万以上人口大县及泸州市所属各区县司法局长参加会议，泸县司法局局长陈想云介绍了实现乡乡建立司法所的成功经验，与会代表实地参观了牛滩等司法所。省司法厅厅长曾宪章和副厅长李如林出席会议并讲话。泸县当时正值从泸州市城区搬到远离市区数十公里外的福集镇修建新县城，一切百废待举、百业待兴，职工工作生活都十分不便。但是，泸县司法局克服困难，坚持有为才有位，有位更有为的理念，艰苦创业，真抓实干，积极争取县委、县政府的领导和有关部门的支持，实现乡乡建立司法所。省司法厅对泸县司法局给予了记功表彰。1999 年 11 月，省司法厅在泸州市召开全省司法所法律服务所建设现场会，各市（地、州）司法局分管副局长、泸州市各区县司法局长参加了会议，会上泸州市司法局局长张晓夫介绍全市实现乡乡建立司法所的经验，与会代表实地参观了泸州市江阳区的几个司法所。省司法厅厅长曾宪章、副厅长李如林和泸州市委常委、政法委书记文耀友、市人大常委会副主任刘方浦出席会议。厅长曾宪章作题为《加强基层政权建设，切实维护社会稳定，大力加快司法所法律服务所建设进程》的讲话，并提出省厅将对实现乡乡建立司法所的司法局给予记功并奖励。省司法厅对泸州市司法局给予了记功表彰。省司法厅的有力措施，极大地推动了全省司法所建设的快速发展，到 2005 年，全省已建立司法所 4187 家，占全省 4852 个乡镇 86.3%，司法助理员 3712 人，司法所工作人员达 8385 人。

二、规范司法所职能

1996 年 6 月司法部下发的《关于加强司法所建设的意见》明确司法所主要承担以下八项职能：协助基层政府开展依法治理工作和行政执法检查、监督工作；指导管理人民调解工作，参与重大疑难民间纠纷调解工作；指导管理基层法律服务工作；代表乡镇人民政府（街道办事处）处理民间纠纷；组织开展普法宣传和法制教育工作；组织开展对刑满释放和解除劳教人员的过渡性安置和帮教工作；参与社会治安综合治理工作；完成上级司法行政机关和乡镇人民政府（街道办事处）交办的其他有关工作。

1998 年 11 月，司法部下发的《关于加强司法所业务规范化建设的意见》再次重申了司法所上述八项工作职责。

司法所是全省基层政法部门的重要组成部分，是司法行政工作的基础，在化解民间纠纷、维护基层社会稳定、构建和谐社会、服务基层经济建设和促进基层法制建设方面发挥着十分重要的作用。一是指导基层调解组织认真开展以春耕纠纷专项治理和防止民间纠纷激化为重点的人民调解工作，充分发挥社会治安综合治理第一道防线的重要作用。在司法所具体指导下，全省调解组织每年调解的民间纠纷数达 80 多万件，其中最多一年是 1990 年达 114 万件，是全省中级和基层人民法院同期一审民事案件收案数的数倍甚至十多倍。2002 年，全省司法所共受理纠纷 8.8 万件，制止群体性械斗 2050 件。二是司法所（司法助理员）代表基层人民政府处理了大量重大疑难民间纠纷。不仅及时地处置了一些重大疑难纠纷，而且也为基层人民法院分流减轻了民事诉讼压力。自 1991 年开展此项工作之后，四川省司法所或司法助理员代表基层人民政府处理民间纠纷每年达数十万件。三是在基层普法和依法治理工作中发挥了主力军作用。在全省普法和依法治理工作中，司法所和司法助理员及基层法律服务所都承担了乡镇法制建设办公室日常工作，承担了大量的繁重的普法宣传教育任务，成为基层普法和依法治理工作的骨干力量。1985—1998 年，全省司法所、司法助理员以及基层法律工作者共计宣讲法制 31 万场次，受教育 2.4 亿人次，为提高基层广大群众的法律意识和法制观念做出了贡献。四是积极开展刑释解教人员安置帮教工作，减少了重新违法犯罪。各乡镇司法所克服困难，主动开展此项工作，普遍对当地刑释解教人员进行摸底调查，并根据当地实际情况，做好安置帮教工作，有条件的还创办了一些企业，用于过渡性安置刑释解教人员。如成都市 1993—1998 年共有 16623 名刑释解教人员回归社会，其中 16412 人得到及时帮教，帮教率达 98.7%；15540 人得到妥善安置，安置率达 93.5%；重新犯罪率仅为 1.75%。五是指导基层法律服务所为农业和农村经济保驾护航。基层法律服务所的工作着眼点和立足点是农村和农业，本着就近、及时、方便的原则，热情、主动地服务基层群众、乡镇企业，发展农业和农村经济，通过依法为村委会、乡镇企业等单位和个人开展法律顾问、诉讼非诉讼代理、代书、咨询、协办公证、见证等法律服务手段，依法开展为基层群众和企事业单位提供优质、高效的法律服务，为发展三高农业、开发“三荒”、山堰塘拍卖，果园和养殖、种植业承包、乡镇企业和服务新农村建设做出了积极贡献；促进依法治乡、治村、治社，依法解决一些基层社会的难点、热点问题，有效地促进了农村的经济发展和社会稳定；有效地弥补了律师、公证力量的不足，满足了农民群众和农村经济组织对法律服务的需求。1998 年，全省基层法律服务所共担任法律顾问 2851 家，是 1985 年 400 家的 7 倍多。2001 年，全省司法所指导管理的法律服务所担任基层法律顾问 26795 家，代理诉讼事务 66678 件，代理非诉讼法律事务 46062 件，调解纠纷 59975 件，协办公证 3315 件，避免、挽回经济损失 123416.4 万元，与外出务工人员签订法律服务合同 6 万份，挽回经济损失 4.3 亿元。不少县实现每个乡镇政府和每个村委会全部聘请了法律顾问。通过诉讼、非诉讼代理法律手段，依法维护基层群众、乡镇企业和有关单位的民事、经济、行政等方面的合法权益，依法为外出务工人员追偿伤、残、亡补偿金等，依法维护他们的合法权益。14 年里，全省基层法律工作者共计办理诉讼代理 37.2 万件，办理非诉讼法律事务 111.3 万件，协助办理公证事项 164 万件，办理见证 28.5 万件，共为当事人挽回和避免经济损失 29 亿多元。同时，还免费为基层群众提供了大量的法律咨询，为一些经济十分困难请求支付赡养费和劳动报酬的当事人，无偿地提供了法律援助。六是积极参与社会治安综合治理。2002 年，全省司法所共参与依法治理乡镇街道 5901 次，参加基层专项治理“严打”工作 11096 人次。

司法所建设和司法所工作得到各级党委和政府的充分肯定。2002 年 1 月，为表彰各级司法行政机关在司法所建设工作中取得的成绩，省司法厅为华蓥市司法局、南溪县司法局各记集体二等功一次，为雷波县司法局、南江县司法局、攀枝花市东区司法局各记集体三等功一次，为达州市司法局副局长李本茂记个人三等功一次。2001 年，四川省获司法部表彰“人民满意的司法助理员”17 名，“人民满意的司法所”8 个。2002 年 11 月 20 日，省司法厅授予眉山市东坡区象耳镇司法所、彭山县观音镇司法所“规范化建设司法所”称号。2003 年 5 月，司法部、中国残疾人联合会授予四川省 58 个司法所、12 个法律服务所第二批全国“残疾人维权示范岗”。

三、司法所规范化建设

建设规范化司法所经历了一个逐步发展、完善和提高的过程。20 世纪 90 年代末以前，司法所建设主要取决于一个县或者一个市的党委政府领导的重视程度，各级司法行政机关对做得好的适时加以总结推广，但是，囿于人员编制和财政经费问题，从根本上讲没有在一个省乃至全国解决司法所建设的“立户列编”问题。所以在一些地方即使建立了司法所，也存在机构不够稳定、人员编制不足、队伍素质有待进一步提高、工作条件差、职能作用没有得到充分发挥问题。

司法部于1996年6月下发《关于加强司法所建设的意见》、1998年11月又下发《司法部关于加强司法所业务规范化建设的意见》，四川省也于2002年开展规范化司法所建设活动，首次评选出“规范化建设司法所”40个。但这些活动均仅仅局限于司法行政系统开展的司法所职能业务规范化建设。

自2004年开始，建设包括“立户列编”等硬性标准的规范化司法所被提上中央和各级政府的重要议事日程。同年3月，司法部下发《关于创建规范化司法所工作的意见》（以下简称《意见》），《意见》明确要根据全国政法工作会议关于加强“两所一庭”（公安派出所、司法所、人民法庭）建设的精神，要采取有效措施，大力加强司法所建设，广泛深入地开展创建规范化司法所工作。《意见》明确了创建规范化司法所的工作目标：用3年左右的时间，使全国绝大部分的司法所组织机构巩固健全，人员力量得到充实加强，队伍素质明显提高，内部管理更加科学规范，办公条件逐步得到改善，充分发挥司法所维护社会稳定、促进基层民主法治建设、保障社会经济发展的职能作用，开创基层司法行政工作的新局面。《意见》进一步明确创建规范化司法所的主要内容：一是组织机构规范化。司法所应当是县、市、区司法局在乡镇、街道的派出机构，负责指导管理和组织实施本辖区的司法行政各项业务工作。条件暂时不具备的，也可作为乡镇人民政府（街道办事处）的内设机构。司法所一般按行政区划单独设置，每个乡镇（街道）设置一个司法所。一时难以实行乡镇（街道）单独建所的，应实行乡镇联片或配备专职司法助理员。各地建立的乡镇（街道）司法行政组织机构统一称为司法所。司法所一般实行县、市、区司法局和乡镇人民政府（街道办事处）双重管理，以司法局为主的管理体制。尚未解决司法所机构编制的地方，要积极争取党委政府的重视支持，尽早解决。已经解决机构编制的地方，司法所要力争达到机构独立、编制单列、管理科学规范的要求。要积极争取地方编制，充实司法所。二是队伍建设规范化。司法所应当由3名以上人员组成，设所长一人，根据需要可设副所长，实行所长负责制。司法所工作人员一般应具备国家公务员条件，热爱司法行政工作，具有相关的法律专业知识和一定的工作经验。新任命的司法所长应当具有大专以上法律专业学历或相当学历。三是业务工作规范化。司法所主要承担如下职能（与之前的提法稍有变化）：指导管理人民调解工作，参与调解疑难、复杂民间纠纷；承担社区矫正日常工作，组织开展对社区服刑人员的管理、教育和帮助；指导管理基层法律服务工作；协调有关部门和单位开展对刑释解教人员的安置帮教工作；组织开展法制宣传教育工作；组织开展基层依法治理工作，为乡镇人民政府（街道办事处）依法行政、依法管理提供法律意见和建议；协助基层政府处理社会矛盾纠纷；参与社会治安综合治理工作；完成上级司法行政机关和乡镇人民政府（街道办事处）交办的维护社会稳定的有关工作。

司法所要把本职工作和基层党委政府中心工作紧密结合起来，积极为党和国家的中心工作、为当地改革、发展和稳定提供有力的法律服务和法律保障。司法所与法律服务所实行“一套人马、两块牌子”体制的，人员应明确分工，严格区分行政职能和服务职能，禁止以司法所名义开展有偿法律服务或以法律服务所名义行使行政职权。司法所要建立健全学习制度、岗位目标责任制度、请示报告制度、群众和社会监督制度、业务公开公示制度以及执法过错责任追究等制度。四是基础设施规范化。加强司法所基础设施建设，应当着眼于基层司法行政工作改革和发展的需要，积极争取各级党委政府及有关部门在政策、财力、物力及建设用地方面的支持，逐步改善司法所的办公用房条件，配置必要的交通、通讯、文印、档案管理等办公设备，为司法所充分发挥职能作用提供必要的物质保障。司法所的办公用房和装备配置水平，一般应达到基本满足司法所履行各项职能的要求。

四川省结合实际认真贯彻落实创建规范化司法所工作。省司法厅于2004年6月印发了《关于创建规范化司法所工作的实施意见》。10月，省司法厅与省编办、省公安厅联合下发了《关于加强基层司法所建设的通知》（以下简称《通知》），《通知》明确要求：各地要积极推进基层司法所规范化建设，使基层司法所机构健全，人员充实，职责明确，设施完善，运作规范，协调发展；明确司法所为县（市、区）司法局的派出机构，实行县（市、区）司法局和乡镇（街道）双重管理，以县（市、区）司法局管理为主的管理体制，其行政关系由县（市、区）司法局统一管理，其机构规格由各地根据实际情况，按照公安派出所等同等机构确定；司法助理员可采取专职和兼职的方式解决；片区司法所一般应配备3至5名司法助理员，其中专职不少于3人；非片区司法所应配备2—3名司法助理员，其中专职不少于2人。《通知》明确了基层司法所的地位、规格、管理体制、人员编制配备等问题，从根本上解决了长期困扰四川省基层司法所建设的“立户列编”等问题。国家发改委、财政部以国债资金为四川省安排基层司法所建设专项资金2200多万元。省司法厅专门召开全省民族地区司法所规范化建设座谈会，对全省基层司法所建设进行深入调研，与省级有关部门共同制定了积极推进司法所建设规划。2005年2月24日至3月9日，省司法厅计财装备处、基层工作处组成省司法厅司法所建设检查组，分别到成都、广元、南充、乐山、雅安、眉山、宜宾、广安、资阳、自贡市等地检查，督促落实2004年国债资金进行司法所建设的基本情况。6月，省司法厅在成都召开全省司法所建设工作会议，对全省建设规范化司法所工作进行总结，进一步部署下一步规范化司法所建设工作，全省各市（州）及县（市、区）司法局长参加会议，副省长陈文光到会并讲话。

四川省规范化司法所建设工作取得好成绩，受到上级嘉奖表彰。2005年9月，渠县司法局临巴司法所被表彰为“全国先进司法所”，四川省名山县等6个司法局荣获全国司法行政基层建设工作先进单位，大邑县司法局王泗司法所等8个司法所获全国模范司法所称号，遂宁市船山区司法局北固司法所获全国先进司法所，青川县司法局凉水司法所所长王青先获全国模范司法所长，大竹县司法局被司法部表彰为全国司法行政系统基层建设先进单位；宣汉司法局东乡司法所被司法部表彰为全国模范司法所，什邡市司法局被评为全国司法行政基层建设工作先进单位，德阳市旌阳区司法局德新司法所、绵竹市司法局孝德司法所被评为全国先进司法所；12月，平昌县江口司法所被司法部授予“全国先进司法所”。2005年创建规范化司法所38个，全省55个司法所被评为规范化司法所。中央、地方投资2700余万元新建32个基层司法所。

第二章　基层法律服务

为满足广大农村地区人民群众基本法律服务的需求，四川省积极推进基层法律服务所组织建设，深入持续开展规范化管理和争先创优活动，不断提升基层法律服务覆盖范围和服务质量水平。

第一节　规范化管理

1997年3月以前四川省是全国人口最多的省，1997年初有1.1亿人口，同年3月，重庆成立直辖市，将重庆市、万县市、涪陵市、黔江地区从四川省划归重庆直辖市管辖后，四川仍有人口8500万人。同时，四川又是一个农业大省，农业人口占全省人口的90%，且地域广、山区多、人口分散。1978年12月，中共十一届三中全会后，实行改革开放，经济形态由计划经济逐步转变为市场经济，乡镇企业、农民个体工商户的蓬勃发展，农业、农村、农民的法律事务日益增多，而全省的律师绝大部分集中在城市，且乡镇又未建律师事务所。农民远离市、县政府所在地，加之农民经济条件有限，也就出现了"请律师难，打官司难，办公证难"的矛盾。

图4－1　1998年4月，法律工作者为群众解答农村土地二轮承包中的法律政策问题

由于乡镇没有律师，而基层法律服务工作者仅占全省农业人口的十万分之二左右，根本不能满足农民群众法律服务的需要。从1984年起，一些地区非律师和非法律服务工作者便乘虚而入，以"公民代理"名义包揽诉讼，扰乱法律服务市场秩序，肆意侵犯农民的合法权益，影响极坏。1992年11月，省司法厅厅长曾宪章指派省司法厅研究室赴宜宾地区的宜宾县、兴文县、屏山县、长宁县、珙县和自贡市调研，形成了《林林总总的公民代理，五花八门的巧取豪夺》的书面调查研报告。报告反映上述地区一些非律师和非法律服务工作者混迹基层法律服务市场，以"公民代理"名义包揽诉讼，招摇撞骗。有的人甚至谎称"三级法院（省、市、县）我都能打通关系，就是省法院院长也听我的，'包打赢'"等。仅据宜宾市的宜宾县、屏山县和自贡市等地的调查统计，这些人经常以"公民代理"形式进行民事诉讼代理就有97人，平均每县就有十多人，其中农民占63.9%，中小学教师、企业人员占16.4%。仅屏山县1988年"公民代理"的案件就有

132 件，超过该年乡镇法律服务所办案总数（107 件）的 23%，1989 年上升到 187 件，超过乡镇法律服务所该年办案总数（45 件）的 3 倍多。农民群众称这些人是整人的“土律师”“律师串串”。宜宾县黄角乡农民李某某，1998 年以“公民代理”名义为一农村妇女代理离婚诉讼，法院判决离婚，由男方给付女方母亲抚养费 8000 元，第一次兑现了 5000 元，李某某一下就收取代理费 4000 元，超过当时（1985 年）律师收费标准的 21 倍。屏山县有个绰号叫“曾癞子”的农民，为该县一村民代理经济纠纷诉讼案，双方约定一次性收费 500 元。收费后代理人“曾癞子”又巧立名目，索要车马费、误餐费、“勾兑费”等，害得此当事人卖掉了一头肥猪，再次付了 500 元还不够，又要再付 200 元，使该当事人又变卖了一些家产。结果未能“包打赢”，没有获得经济补偿，使当事人成了贫困户。长宁县农民曾某某，人称“曾公安”。一次为一村民老妪代理赡养纠纷诉讼案。胜诉后，曾某某从该老妪子女给付的赡养费中要去代理费 80 元，当后来律师告诉她，这类赡养纠纷案国家规定律师代理是应免费的，该老妪流着眼泪说：“这些‘土律师’心太黑，连我的养老费也要吃，一下就吃掉了我几个月的口粮啊!”还有一些“土律师”，为了捞钱，代理了原告又代理被告，两头吃钱。有的案子败诉后，他们又鼓动当事人打二审，仍然败诉，花了两次冤枉钱。其给农民代书收费也高得惊人。1985 年，国家规定律师代书每件 3—5 元。一些“土律师”一般收费要三四十元、四五十元不等。他们代书一篇诉状，有的甚至以 5 分钱一个字计，下笔洋洋两三千字，收费百余元。在一些偏远山区，有的“土律师”“上门服务”，要当事人“接风洗尘”，有车不坐要人抬，要当事人用滑杆抬进屋；有鸡不吃要吃鱼，离开时还要再次酒肉饯行、送土特产等，有如“太上皇”。这些“土律师”多为初中生，甚至小学文化，并不精通法理法律，常颠倒真正的原告和被告的关系，混淆罪与非罪的界限，在法庭上胡搅蛮缠扯横筋，甚至不分正义与邪恶，助纣为虐；官司打输了，就怂恿当事人大闹法庭，甚至抓扯殴打法官；诋毁政法机关，说什么“司法局不行”“法官是昏官”。有些案件本系胜诉官司，打赢了，却造谣说“是我‘勾兑’的结果”，等等。针对上述问题，省司法厅采取了一系列措施，以改善这种状况。

一、确定工作原则

省司法行政系统干部认真学习和领会中共中央总书记江泽民关于“农业、农村、农民问题是关系到我国改革开放和全局”的指示精神，省司法厅厅长曾宪章在四川省市（地、州）司法局长会上强调：“随着农业的发展，农村需要一个依法治农（业）的稳定环境，农民遇到的新问题越来越多，基层法律服务必须摆在司法行政的重要议事日程”“司法行政犹如一棵大树，基层‘两所’（司法所和基层法律服务所）建设是这棵树的根，没有发达的树根，树就不会壮大、茂盛。不抓基层就会失去根本，抓住了基层就抓住了核心，抓住了司法行政的重点”。各市（地、州）、县（市、区）司法局以此为指导思想，着力解决农民“请律师难，打官司难、办公证难”的问题，整顿基层法律服务所，清理“土律师”，

图 4－2　1999 年 3 月 3 日，绵阳市首条 148 法律服务热线在三台县开通

净化基层法律服务市场，切实维护农民的合法权益。

二、加强基层法律服务组织建设

省司法厅党组决定主管副厅长李犁组织起草基层法律服务所暂行规定草案，上报省政府。1989 年7 月 19 日，四川省人民政府签发《四川省区、乡（镇）法律服务所暂行规定》。同时，省司法厅商请四川省高级人民法院积极配合，向各级人民法院行文对“公民代理”进行登记，严格执行由当事人的近亲属或单位派出的代理人，以及取得律师、基层法律服务工作者资格的人员进行“公民代理”；对一些非律师和非基层法律服务工作者，以公民代理谋取经济利益的人拒绝登记参与诉讼，及时净化了乡镇的法律服务市场；还要求在区公所所在地、未设区公所的可以在几个乡（镇）联合设基层法律服务所，较大的镇也可单独设所或站（点）的规定。在各级政府重视下，各县（市、区）司法局积极组织实施，至 2000 年，四川省基层法律服务所发展达到 2060 个，比 1986 年增加 1.6 倍（由原 796 个增加到 1264 个），基层法律服务工作者上升到 8625 人，比 1986 年上升 3.5 倍。广大基层法律服务工作者立足基层，面向农村，就近、及时、热情地为农村乡镇企业、为实现“三高”（高质量、高效率、高效益）、开发“三荒”（荒山、荒塘、荒堰）、种植养殖业承包、农村土地第二轮承包等，依法维护农民的合法权益，提供了大量的有成效的法律服务，促进了农村经济健康发展。

三、制定合理的收费标准

农民经济条件普遍偏低，而律师收费较高，也是农民打官司难的因素之一。1985 年，四川律师收费标准规定，解答法律咨询事项，涉及财产关系的为每件 3—5 元；代写法律文书，民事法律诉状 3—5 元；办理民事、经济案件涉及财产关系的手续费每件 50—100 元，诉讼标的（实得数额）在 10 万元以内按 2%—1% 计收等。1991 年，省司法厅、省财政厅、省物价局联合下发了比律师收费偏低的区乡（镇）法律服务所业务收费办法及标准。

区乡（镇）法律服务所业务收费办法及标准详见表 4－1。

1991 年度区乡（镇）法律服务所业务收费办法及标准一览表

表 4－1

类别	项目	收费标准	备注
解答法律咨询	不涉及财产关系	0.5—3 元	提供文字资料另收工本费
	涉及财产关系	2—5 元	
	涉及商业性财产关系	5—15 元	
代写法律文书	申请书、声明书、委托书或其他类似法律文书	2—6 元	制作法律文书一式三份，需增加份数的另收工本费
	起诉书、上诉书、答辩书、申诉书或其他类似法律文书	8—20 元	
	家产分单、遗嘱、财产赠予、赡养、抚养协议或其他类似法律文书	8—20 元	
	涉及商业性财产关系的合同、协议或其他类似法律文书	8—30 元	

续表 4－1

类　别	项　目	收费标准		备　注
接受当事人的委托，代理参与民事诉讼、非诉讼调解和仲裁	不涉及财产关系	10—100 元		
	涉及财产关系	争议标准	另加收费比例	每件收取办案法律事务手续费 10—100 元
		3000 元以下	免收	
		3001—5000 元部分	3%	
		5001—10000 元部分	2%	
		10001—50000 元部分	1.5%	
		50001—100000 元部分	1.2%	
		100001—1000000 元部分	0.8%	
		1000001 元以上	0.3%	
接受当事人委托参与经济纠纷案件的调解、仲裁或诉讼		争议标准	另加收费比例	每件收取手续费 20—200 元
		3000 元以下	免收	
		3001—5000 元部分	2.8%	
		5001—10000 元部分	2.5%	
		10001—50000 元部分	1.8%	
		50001—100000 元部分	1.2%	
		100001—1000000 元部分	0.8%	
		1000001 元以上	0.3%	
应聘担任法律顾问	承包户、个体工商户、合伙经营户或个人、基层群众性自治组织、社会团体、区乡（镇）机关	年收 200—500 元		签约费每年 50—100 元；代理顾问单位参与诉讼和非诉讼调解、仲裁活动，按“接受当事人的委托，代理参与民事诉讼、非诉讼调解和仲裁”从低收费
	小型企业、事业单位或乡镇企业	年收 500—1500 元		
	中型企业、事业单位	年收 1500—4000 元		
	大型企业	年收 4000—10000 元		
接受当事人委托，代理申办公证（件）	不涉及财产关系	5—10 元		
	涉及财产关系	按“接受当事人的委托，代理参与民事诉讼、非诉讼调解和仲裁”从低收费		
接受当事人委托，代理行政案件	治安行政案件	每件 10—50 元		行政案件中涉及财产（经济）关系的，按民事（经济）案件标准另行收费
	专利行政案件	每件 50—300 元		
	劳动争议案件	每件 10—50 元		
提供其他法律服务	参照前述最相近似项目的标准收费			

上述各项标准，普遍低于律师收费，在一定程度上解决了农民“打官司难”的问题，深受农民群众的欢迎。

1991 年，省司法厅通过调查研究，考虑到通过改革开放，农业经济的发展，特别是乡镇企业、个体工商户的经济发展，收入有所提高，以及因物价上涨，基层法律服务所的资源投入也有所增加的情况下，根据农民打官司力所能及的情况，收费标准有所提高。省司法厅、省财政厅、省物价局又于1991年9月7日联合制定发布了《关于印发四川省区、乡（镇）法律服务所业务收费管理办法及标准的通知》（下称《通知》）。2000年12月25日，省物价局重新印发了《关于基层法律服务业务收费管理办法及标准的通知》，并停止执行1991年制定的《通知》。同时还采取了标准收费、协商收费、风险代理、协商收费加风险代理等四种收费形式。

仁寿县等地还积极帮助困难户向法院申请减免诉讼费，以及全省司法行政系统推行法律援助措施，加之农村建设和经济的发展，农民收入的提高，新收费标准虽然有所增加，但仍能为广大农民群众所接受，使农民进入诉讼这一道坎不再难了。

第二节　基层法律服务质量管理

在建立基层法律服务所初期，农民群众普遍存在基层法律服务工作者能否像律师一样为他们打赢官司，"有钱未帮我弄到手，反而倒贴本（代理费、诉讼费等）"，是否会"'赔了夫人又折兵'"等疑虑。省司法厅要求各基层法律服务所为农民、为乡镇企业办好几个案子向农民示范，展示基层法律服务工作者的作用。宣汉县南坝区法律服务站，聘请了一名退休的基层领导干部和一名退休教师，他们的知识水准较高，对调处民事纠纷有经验，在工作中以调解民事纠纷开路，带动其他业务的开展。1985年，成功调解老人向某某长达18年的房屋纠纷；为县酒厂调解了牵连13家、长达28年、上告80多次，县、区、乡政府均未能解决的房屋纠纷；还代理处理了98件经济纠纷，办理了非诉讼事务150起。法律服务站（点）的声誉很快在全区传开，四项业务也随之全面开展起来，极大地提升了农民对基层法律服务所的信赖。

为提高基层法律服务工作者的素质，保证办案质量，省司法厅根据四川地域广，农村人口众多，基层法律服务所的任务与律师基本相同，办案质量要求高，法律服务需求量大，而乡镇法律人才资源非常缺乏等情况，拟订了基层法律服务工作者资质的新方案。1995年，经四川省人大常委会通过并施行《四川省基层法律服务条例》，改变了1989年发布实施的《四川省区、乡（镇）法律服务暂行规定》的基层法律服务工作者只经区公所或乡人民政府审查同意，县级司法行政部门考核合格，由基层法律服务所聘用的办法。实施的新规定：基层法律服务工作者必须具有法律专业中专以上学历或者有高中以上文化程度，并经市（州）以上政府司法行政部门3个月以上法律知识培训，由省司法厅统一考试，取得合格证者可以申请从事基层法律服务工作。离任两年以上的法官、检察官，曾专门从事法律研究、法学教育两年以上，专门从事立法业务工作两年以上的离退休人员可以申请从事基层法律服务工作。至2003年，四川省基层法律服务工作者6613人中，具有大专以上学历者达4992人，占总数的75.4%。

2004年9月24日，四川省人民代表大会常务委员会又对《四川省基层法律服务条例》（以下简称《条例》）进行了部分修改。该《条例》第十一条规定申请从事基层法律服务工作，应当具备法律专业中专以上学历或者有高中以上文化程度，并经市（州）以上司法行政部门3个月以上法律知识培训，由省司法厅统一考试，取得合格证。受过刑事处罚的、被开除公职未满5年的、无民事行为能力的或者属限制民事行为能力的人员不得从事基层法律服务工作。第十二条规定：符合本《条例》第十一条第（一）、（二）、（三）项条件的下列离退休人员，可申请从事基层法律服务工作：离任两年以上的法官、检察官；曾专门从事法律研究、法学教育两年以上；专门从事立法业务工作两年以上。

第三节　争先创优活动

为适应农村、农业改革开放和基层法律服务需要，1992年11月，省司法厅对达县河市等39个先进法律服务所进行了通报表彰，调动基层法律服务所多办案、办好案的积极性。随后，省司法厅及时总结推广好的经验。1992年7月13日，省司法厅印发《四川省省级优秀法律服务所评选办法》，有计划有步骤地开展法律服务所上等级、上水平、上质量、上效益的升级达标活动，激发广大基层法律服务工作者努力学习钻研业务、改进工作作风、遵纪守法、依法办案、合理收费、全心全意为人民群众服务的热情。截至1997年，全省共评选出279个省级优秀法律服务所（其中1993年24个，1994年44个，1995年72个，1996年63个，1997年76个）。1998年，省司法厅结合司法部开展的创建“部级文明法律服务所”活动和四川省的实际，决定开展创建“省级文明法律服务所”活动，并以此取代“省级优秀所”评选活动。到2001年，共有118个基层法律服务所被授予“省级文明法律服务所”称号（其中1998年40个，1999年52个，2000年26个）。2001年，省司法厅又印发《四川省省级文明法律服务所评选办法》，进一步推动争先创优活动的开展。到2005年，全省共授予92个基层法律服务所为“省级文明法律服务所”称号（其中2001年22个，2002年10个，2003年17个，2004年26个，2005年17个）。在争先创优活动的推动下，广大基层法律服务工作者采取以赶“转转场”、摆摊设点、走村串户巡回办案，及联合律师到省外四川农民工集中的城市办案的办法，使业务得到极大的发展。泸县是有103万人口的农业大县，常年有25万左右的农民外出打工，每年寄回家的劳动收入达6亿—7亿元，是该县财政收入的6倍左右，但由于外出务工人员年龄较轻、文化程度偏低、社会知识和法律知识非常欠缺，且分布又广，常发生人身和财产受到侵害、被无端克扣劳动报酬等现象，甚至遭到非法拘禁和殴打，致伤致残等，且常遇到在当地救助无缘等情况。1997年，泸县司法局组织乡镇法律服务工作者与律师联合赴四川农民工集中的广东省中山地区设立法律服务办公室，选派了2名律师和3名法律服务工作者进驻，按照双方自愿、有偿、协商收费等一致的原则，与农民工签订法律服务合同，就地办案，代理处理债权债务、工伤死亡赔偿等案件，为农民工获得补偿、赔偿以及索回劳动报酬9544万元。不少县也采取上述办法，1991—1992年，全省基层法律服务所与出川的农民工签订法律顾问合同14万余份，建立法律服务联系卡40万余份，代理民事诉讼案件6万余件，并为一些经济困难的农民工免费代理和帮助农民工挽回和避免经济损失4.6亿元，为农民减贫和脱贫致富发挥了重要作用。

1986—2005年，省司法厅对全省乡镇街道法律服务工作认真加强管理，针对出现的问题采取强有力的措施进行整顿，纯结法律服务队伍，消除外界干挠，加强了基层法律服务的组织建设和政治思想建设，为四川的“三农”建设做出了积极贡献。全省基层法律服务所共为基层人民政府、村（居）委会、各类企事业单位和组织以及广大农民群众提供法律服务29153件，代理民事诉讼案件64398件，非诉讼代理50144件，代写法律文书90565件，解答法律咨询684888人次，协办公证16691件，参与调解各种纠纷42060件等，为当事人挽回和避免经济损失10多亿元。广大群众普遍反映：“基层法律服务所是我们的家，法律服务工作者是维护我们合法权益的贴心人！”

第三章　人民调解

四川省大力加强人民调解员教育培训，建立健全纠纷预防解决工作机制，指导乡镇村居委和企事业单位人民调解组织和人民调解员深入开展矛盾纠纷排查化解，将大量的民间纠纷预防和化解在基层、消除在萌芽状态，涌现出一大批人民调解工作先进集体和个人。

第一节　人民调解员培训

图 4－3　1988 年 9 月 12 日，广元市利州区大石镇举办司法调解干部培训

1986 年后，各市（地、州）、县（市、区）经常组织各级人民调解指导委员会（全省共有 110 个）领导和人民调解员培训，以不断提高其政治素质和业务素质。特别是 2003 年7 月司法部印发了《关于加强人民调解员培训工作的意见》，对人民调解员培训工作的目标与任务、方式与分工、内容与方法以及组织领导等作出了明确规定。省司法厅迅速要求各级司法行政机关采取切实措施抓好贯彻落实，加强对人民调解员的业务培训。此后连续二年多，人民调解员的培训率都占四川省人民调解员总数的 75% 以上，主要方法：一是按照司法部分级培训的原则，采取以会代训、集中培训、远程培训、考察交流、例会学习等多种形式，加大对广大人民调解员尤其是调解骨干的培训力度，人民调解员的法律政策水平、业务能力得到有效提升。2003 年 10 月 24 日，省司法厅在双流县对各市（州）司法局分管人民调解工作的副局长、基层科（处）长进行了为期 3 天的人民调解工作培训，至 2005 年，四川省共培训人民调解员 41.2 万人，占调解员总数的 78.5%，比 1986 年高出 18 个百分点。二是加强与人民法院的联系，积极采取邀请法官讲课、在法院成立人民调解工作室、旁听法院审判民事案件等方式提高人民调解员的法律和业务素质。2004 年，全国人民代表大会常务委员会《关于完善人民陪审员制度的决定》出台后，四川省各级司法行政机关迅速按照《最高人民法院、司法部关于人民陪审员选任、培训、考核工作的实施意见》规定，积极推荐优秀人民调解员担任人民陪审员，仅 2005 年全省共有 1085 名人民调解员担任了人民陪审员。

第二节　纠纷预防化解

四川司法行政部门认真贯彻落实中共十六大精神，坚持以邓小平理论、“三个代表”重要思想为指导，坚持“调防结合，以防为主，多种手段，协调作战”的工作方针，指导人民调解组织积极开展对各类矛盾纠纷的预防、排查和调处，为广大农村和城镇、企业经济发展、社会稳定做出了积极贡献。

自 1986 年开始，由各级人民调解组织根据农村面积大、人口多的特点，从“三农”（即农民、农业、农村）工作三个方面，对民间纠纷采取早预见、早发现、早介入、早调处的措施，把农村的大量纠纷消除在萌芽状态中。

一、早预见

1986 年后，省司法厅推广蒲江县西来乡司法助理员杨福生在蒲江县召开的全省人民调解现场会上介绍的“要预防，必须有预见”，认真做好调查研究工作的经验，促进了调解工作以“预防为主”的落实。1994 年 10 月 26 日，四川省人民政府办公厅转发了四川省司法厅《关于加强人民调解工作的意见》，广大人民调解员从“民以食为天”“粮荒则人心不稳”的观念出发，普遍实行了每年 4 至 6 月夏粮播种和秋粮夏收季节开展纠纷排查和调查研究，针对农村经常在此期间易发生争水、争电、争田边地角、争农机具、争晒坝的“五争”矛盾的规律，组织相关农户协商耕地界的化分、水利使用的上下游用时用量、机耕等农具使用的顺序与时间等，相互签订协议书，“先说断，后不乱”，认真督促协议的落实，绝大部分农户都能认真履行协议，确保了农村春耕生产和秋收工作的顺利进行。

二、早发现

及时发现纠纷苗头。在贯彻落实四川省人民政府办公厅转发的四川省司法厅《关于加强人民调解工作的意见的通知》的同时，各地进一步加强和完善了人民调解组织机构的建设，建立建全配备纠纷信息员和信息报告制度，要求发现纠纷苗头及时报，大事小事一齐报，做到一件不漏。

2002 年 4 月 16 日，乐山市夹江县麻柳大明村五社刑满释放人员沈某某拿着木棒到该社其女友周某某（已丧偶）家闹事，扬言如果周某某的小叔子及婆婆再干预周某某与自己交友，就要让他们家破人亡。乡调解委员会的调解员及时向乡调解委员会主任徐前明作了报告。徐前明得知信息后，马上赶到现场。见沈某某拿着木棒，周某某的婆家及亲戚们拿着锄头、扁担，双方横眉怒目，剑拔弩张。徐前明见状，迅速冲到双方中间，正气凛然地高声说道：“住手！都把东西放下！你们要打就先打我，我不怕死。”双方见状纷纷把木棒、锄头等丢在地上。在村、社干部的帮助下，把双方分离开来。随后，徐前明又将双方代表召集起来，向他们宣讲《婚姻法》和《刑法》的有关规定，并给周某某的婆家人及亲戚们反复解释刑满释放人员在政治上、婚姻上与大家是平等的，任何人不能干涉，否则就违反了《婚姻法》的规定，若造成严重后果，是要按《刑法》追究法律责任的。他又对沈某某的错误言行进行了严厉的批评和教育。经过两天的说服教育，双方都认识到了自己的错误，及时防止了一起群殴事件的发生。为巩固调解成果，之后，徐前明又三次与帮教小组成员一起对沈某某进行帮教，并说服大家不要歧视刑满释放人员，并动员村、社帮助沈某某解决在生活和生产上的一些实际困难，使沈某某安心生产和生活。在调解委员会和社区干部的努力下，半年后，沈某某与周某某终于结为夫妻。从此，沈某某安分守己，辛勤劳作，家庭经济也有了较大改观。村里人都说："沈某某彻彻底底地变了个人。"

三、早介入

趁热打铁化解纠纷。人民调解委员会普遍建立了纠纷调解介入不过夜，纠纷调解不出乡镇的制度，促进了人民调解工作的落实。

2000年4月，大竹县四合乡坛水村石某某、李某某两户村民因土地问题发生纠纷，两姓家族100余人多次发生殴斗。为此，李某某多次到中共大竹县委、县政府及四川省、达州市国土部门、信访办上访，要求解决土地问题。大竹县国土局两次作出处罚决定，县、市两级法院也先后对此事进行了审理判决，但都未能得到执行。2004年8月，中共大竹县委将此事交由四合乡人民调解委员会调解。调解人员经过认真的调查、取证，了解了事情的来龙去脉，掌握了纠纷的基本情况和问题症结，随即展开了长达数天的调解工作。在听取了双方当事人的陈述后，调解员首先公布了取证情况，然后进行耐心细致的政策、法律宣传和教育，指出问题久拖不决对双方家庭和亲朋好友的影响以及对社会的危害，终于使双方认识到了各自的错误所在，当场握手言和，达成了赔偿协议，长达多年的纠纷终于得到依法、公平、公正的化解。

2003年3月11日，凉山彝族自治州越西县新民镇新民村村民王某某等100余人到甘洛县火车站准备乘火车赴京，状告该村支书等人利用镇政府征用土地修建农贸市场的机会，侵占集体资产。中共越西县委、县政府得知这一消息后，立即组织公安、武警等部门，赶至甘洛县火车站将这100余人劝回。几百名不明真相的群众又聚集在镇政府内，找镇领导"讨说法"，群情激昂，形势严峻。新民镇、村、社三级调解组织得知这一情况后，立即介入，组织20多名调解员深入到群众中，进行疏导调解。在暂时平息事态后，又挨家挨户做工作，通过五天时间的法律、政策宣传教育以及摆事实，讲道理，终于平息了这起群体性上访，制止了一场可能发生的群体性矛盾激化。

2004年5月，南充市西充县仁和镇一村六社村民与邻村村民共60多人因历史遗留的土地问题发生群体性纠纷，矛盾一触即发。镇调委会领导得到此消息后，立即启动联调机制，一边积极与邻村所在的镇司法所联系，一边迅速赶往事发地点，展开了疏导劝解工作，向当事群众宣传了国家有关土地方面的法律、法规、政策，并指出一旦矛盾激化将会给社会、家庭和个人带来严重危害，要求双方冷静思考，不要冲动行事，并建议双方派出代表在镇调解委员会的主持下进行协商解决。通过调解人员和司法助理员五个小时耐心、细致的宣传教育，当事双方的情绪终于平静下来。随后，镇调委会在司法所的指导下，通过调查取证，弄清了该宗土地的性质、来源和当初的补偿情况。最后，调委会召集双方群众代表，进行了长达三天的调解，最终公平、合理地调处了此事，村社干部、群众对此结果也感到满

图4－4　2004年8月10日，大竹县庙坝镇寨峰村调委会采用庭审式调解室调解纠纷

意。一起长达20多年的土地积存纠纷得到了圆满解决。

四、早调处

根据四川省人民政府办公厅转发四川省司法厅《关于加强人民调解工作的意见》中“关于每年春耕大忙期间开展民间纠纷专项治理”的要求，1995年3月，四川省社会治安综合治理委员会与省司法厅联合下发《关于开展春耕大忙时间民间纠纷专项治理活动的通知》。中共四川省委政法委要求各级中共党委、人民政府领导与司法行政领导机关、乡、镇司法所将此项工作纳入年度正常工作计划；要求各县（区、市）、乡镇都要建立专项活动领导机构，加强领导，统一部署，落实责任。县、乡两级都成立了由中共党委和人民政府领导任组长，省综合治理办公室、司法行政、法院、公安、农委、水利、国土、民政等部门领导为成员的春耕大忙专项治理活动的领导机构，进一步加强了人民调解工作，至2005年，每年调处纠纷都在10万件左右，调解成功率达95%以上，调解协议履行率达92%以上，防止矛盾纠纷激化3000余件，涉及人数3万多人，有效地维护了农村社会秩序稳定，促进了农业生产发展。

四川省通江县诺江镇人民调解委员会组织“人民调解庭”走出办公室，把调解现场搬到农家院户，帮助农民及时化解矛盾纠纷。2003年5月31日，通江县诺江镇阳望山村村民杜某品和杜某华两兄弟因稻田用水引发纠纷，并发生了打架，从此原本和睦的两家人结下了冤仇。尽管经过社村两级机构解决处理，但矛盾依然没能协商解决。诺江镇人民司法调解委员会在接到此案后，组织临时调解庭，迅速组织巡回“人民调解庭”人员到现场调查取证，并带领调解人员深入到当事人家中进行调解处理。在调解庭的调解下，当事人提出的“人身赔偿纠纷”很快得到了圆满解决，两兄弟又和好如初。调解庭走出办公室到农家院户，使有了矛盾纠纷的群众不出家门就能讨说法。不仅使他们的问题能够及时得到处理解决，也避免了他们因矛盾不能及时化解而转化为司法诉讼。

通江县司法局总结诺江镇人民调解委员会设置流动调解庭的这一措施，除在固定的地点从事调解外，还将大量的调解工作搬到农家院户。像杜氏兄弟这样的民事纠纷，在该年流动调解庭就先后在全镇成功调解了近30起，成功率达100%，有些案件还是多年未能解决的疑难纠纷。每起纠纷他们都要认真调查取证，到农家现场调解，完全按照有关的法律法规程序进行调解。还针对矛盾纠纷涉及的有关法律，流动调解庭的工作人员每次都有意组织周围群众旁听，同大家一起学习有关法律知识，达到调解一案，教育一片的效果。

通江县司法局推广了诺江镇人民调解委员会的经验，仅在2003年8月全县像诺江镇这样的流动调解庭已达10多个，逐步完善了组织机构，健全了调解制度，以各地调解委员会为中心，各村以中共支部书记、村委主任为领导，以村人民调解委员会联络员，在辖区范围内建立了人民调解网站和服务机构。他们想百姓之所想，急百姓之所急，只要纠纷双方口头或书面申请，或流动调解庭的人员了解到纠纷存在，他们就主动上门调解，做到哪里有纠纷矛盾，哪里就有流动调解庭，哪里就有热情服务的调解员。

群众称“流动调解到农家，有了矛盾及时化”，为维护农村的社会稳定发挥了积极作用。

第三节 健全工作机制

自1986年起，为预防和减少矛盾纠纷，四川省各级中共党委、人民政府和司法行政机关加强了法制和人民调解宣传工作。一是媒体宣传。通过广播、电视、报纸、板报、标语，以及在夜校、集市、街道、居民住宅区等地方设置法制宣传栏，宣传中华人民共和国《婚姻法》《民事诉讼法》《劳动法》《合同法》《土地承包法》《计划生育法》《工伤保险条例》等法律法规，使这些与农民和城镇居民息息相关的法律法规不断深入人心。仅2005年全省各级县、镇、乡政府、司法所和人民调解组织一起就宣讲法律4.7万场次，受教育人数达2683万人次。二是以案宣传。人民调解员在调解矛盾纠纷的过程中，对一些典型的、有教育意义的纠纷采取集中调解、公开调解的方式，宣传各种政策和法律，达到了“调解一案，教育一片”的目的。三是开展表彰活动。省司法厅每四年一次、市（州）每两年一次、县（区、市）每两年或每年一次的人民调解工作专项表彰活动，都是以当地政府的名义与当地人民法院共同进行，由当地政法委员会、公安机关、工会、团委、妇联等相关部门负责人参加，扩大了人民调解工作的社会影响和力度，彰显了广大司法行政人员和人民调解员的成就感。四是总结典型经验，及时发现、宣传、推广各地开展人民调解工作的先进经验和好的做法。

一、农村调解

在改革开放不断深入、农民经济生活水平持续提高、社会经济转型逐步加快的情况下，矛盾纠纷主体日益多元化，农村的婚姻、家庭、邻里、抚养、赡养等传统矛盾纠纷居高不下；村务管理、环境保护、征地补偿、土地流转、劳动争议、医患纠纷等新型矛盾纠纷时常发生，涉法、涉诉、上访不断出现。针对新时期社会经济结构不断变化的客观形势，四川省各级司法行政机关建立和创新了一套预防和解决矛盾纠纷的工作机制。达州、南充司法行政机关与人民法院建立了互动机制，法院（庭）对普通民事案件实行委托人民调解组织进行调解、邀请调解；成都市青白江区司法局成立了统揽全区人民调解工作的综合性协调机构，对农村建立了矛盾多发期、社会敏感期、重大节日易出现赴省甚至赴京上访的矛盾纠纷排查调处机制；巴中市通江县结合山区道路崎岖、交通不便的特点，建立了巡回调解机制，实行上门调解制度；雅安市建立了组、村、乡、县“四道防线”制度，使一些农村纠纷得到及时化解，有效地避免了一些恶性案件的发生。

图4－5 2000年3月17日，昭觉县律师尔古曲者到俄尔工委调解纠纷

2003年5月，巴中市巴州区草坝镇调委会主任汪梅突然听到居民陈某某家中传出呼喊“救命”的哭叫声后，立即不顾一切地冲了进去。只见陈某某正用皮带发疯似的抽打妻子杨某某，杨某某两

手抱头呼救，不满周岁的女儿在床上大哭。汪梅冲上去夺下陈某某手中的皮带，阻止了陈某某的暴力行为。随后，又将正在痛哭的杨某某带到一旁询问原因，始知陈某某重男轻女、传宗接代思想非常严重，嫌妻子生了一个女儿，断了陈家香火，便心生不满，经常在外打牌、喝酒，回家之后借酒发疯，多次毒打妻子，并扬言打死后另找一个会生儿子的女人做老婆。汪梅了解情况后，对陈、杨二人宣讲计划生育政策，解释孩子性别主要是由男方生理因素决定的科学知识，以及说明生男生女一个样的道理。批评陈重男轻女的封建思想和虐待妇女、使用家庭暴力的错误行为。通过近 3 个多小时的政策宣讲和耐心劝解教育，终于使陈认识到了自己的错误思想和行为，放弃了一心生男的想法，夫妻双方和好如初。

2004 年 8 月，省司法厅召开全省人民调解工作大竹县现场会，介绍和推广大竹县实行“大调解”机制的经验。其主要经验是：认识到位、宣传到位、工作到位；机构落实、制度落实、工作落实；在机构落实上，全县创造性地建立了县、乡（镇）、村、社四级调解网络，由全县十二个相关政府部门组成了县人民调解工作指导委员会，建立了较为完善的网络体系；在中共大竹县委、县政府的支持下，将人民调解工作作为各级党政领导“一把手”工程，纳入全县经济和社会发展目标考核；全面建立了人民调解经费保障机制，仅 2003 年全县共投入 150 多万元用于人民调解工作，其中县政府转移支付 70 万元到乡镇，保证人民调解员每月 30 元的调解补贴，并纳入县财政预算，每月按时足额发放。另外还投入 80 多万元用于调解的基础设施建设和工作经费。会后资阳、广安、南充、眉山等市纷纷组织人员赴大竹参观学习，掀起了学习“大竹经验”的高潮，并取得了良好的效果。邻水县、安岳县借鉴“大竹经验”，迅速解决了人民调解工作经费和人民调解员补贴问题；大邑县、郫县还探索创新人民调解工作经费保障形式，成功试点了人民调解“以奖代补”（个案补贴），调动了人民调解员的工作积极性。

二、乡镇、街道调解

2000 年，司法部在山东省陵县召开现场会，推广陵县在乡镇、街道建立司法调解中心的做法。四川省司法厅认真组织城镇、街道推广这一经验。在开展前期试点的基础上加快了司法调解中心建设力度。截至 2001 年底，全省各乡镇、街道基本上建立了以“党委政府统一领导、司法所为主体、各有关部门共同参与”的司法调解中心。司法调解中心的建立，有效地整合了社会资源，提高了化解民间纠纷的成功率，被农民群众誉为找到了一把“开启锈锁的金钥匙”。

2002 年 9 月，中共中央办公厅、国务院办公厅《关于转发〈最高人民法院、司法部关于进一步加强新时期人民调解工作的意见〉的通知》《最高人民法院关于审理涉及人民调解协议的民事案件的若干规定》《司法部人民调解工作若干规定》三个文件出台后，中共四川省委办公厅、省政府办公厅于 2002 年 11 月 15 日转发了《四川省高级人民法院、四川省司法厅关于进一步加强新时期人民调解工作的意见》。同年 12 月 12 日，由中共四川省委政法委员会牵头，省高级人民法院、省司法厅联合召开全省人民调解工作会议。各市（州）中级人民法院主管民事审判工作的副院长、民一庭庭长，司法局局长、分管人民调解工作副局长、基层科（处）长，以及全省法院系统、司法行政系统人民调解工作先进集体、先进个人代表共 150 余人参加会议。中共四川省委常委、省委政法委书记欧泽高，省高级人民法院院长敬瑞祥，副院长李少平、张建魁、夏成福，省司法厅厅长曾宪章，副厅长李新民、三郎益西、张晓勇出席会议，传达了全国人民调解工作会议精神，总结交流了全省指导和开展人民调解工作的经验做法，表彰了一批人民调解工作先进集体和个人。随后，各市（州）、县

（市、区）也以中共党委办公室、政府办公室的名义进行了转发，相继召开了人民调解工作会议。一些县（市、区）还将人民调解工作纳入了当地党委政府或综治部门的目标管理考核，与社会治安综合治理、计划生育等部门工作同部署、同管理、同考核、同奖惩，建立了“一把手”负总责、分管领导亲自抓、一级抓一级、层层抓落实的工作责任制。2003 年 7 月 18 日，四川省司法厅与省公安厅召开了全省人民调解工作电视电话会议。2004 年 4 月 9 日，四川省司法厅、省高级人民法院、省公安厅联合召开全省人民调解工作电视电话会议，中共四川省委常委、省委政法委书记欧泽高，省高院院长李少平、省司法厅厅长方光兴在会上讲话；省人大内务司法委员会、省政协社会法制委员会、省妇女联合会、共青团四川省委员会、省总工会、省财政厅、省劳动和社会保障厅的有关负责人应邀出席了会议。会上对进一步做好人民调解工作提出了要求。

按照司法部关于《人民调解工作若干规定》中关于“乡镇、街道建立人民调解委员会”的要求，从 2003 年开始，四川省乡镇、街道“司法调解中心”全部更名为乡镇、街道人民调解委员会，使人民调解组织的自治性得到了充分的体现。至 2005 年底，四川省 110 个县（市、区）和所有建制乡镇、街道建立了人民调解工作指导委员会；城市小区、楼院设立了调解小组或纠纷信息员，以乡镇、街道人民调解组织为骨干，其他人民调解组织为补充的“横向到边，纵向到底，左右协调，相互依托，共同参与”的三级人民调解工作网络体系基本形成。

2005 年，成都、绵阳、南充等多数地区成立“乡镇、街道矛盾纠纷联动排查调处中心”，形成了以党政领导挂帅，社会治安综合治理委员会办公室牵头协调，司法所具体实施，公安派出所、人民法庭、信访办、民政办、工商所、国土所、税务所等相关部门密切配合的“大调解”工作机制，有效地整合了社会各界力量，形成了优势互补、取长补短、资源共享，基本上做到了民间纠纷小事不出村社，大事不出乡镇。

三、企业调解

1990 年，省司法厅在乐山市五通桥盐厂召开全省大型企业人民调解工作会议，全省近 100 家大型企业调解办公室负责人参加会议。会上乐山五通桥盐厂等企业介绍了开展企业调解工作的经验。四川省计经委派李继育参加了这次会议。

2005 年，省司法厅在青白江区召开全省企业人民调解工作现场会，宣传推广青白江司法局根据辖区内大型企业多、矛盾纠纷多的实际情况，集中力量、集中时间建立企业人民调解组织的成功经验，推动了全省企业人民调解工作的发展。

2005 年 11 月 16 日，四川省司法厅与省国有资产管理委员会、省中小企业局联合下发《关于进一步加强企业人民调解工作的意见》，要求各级司法行政机关、企业单位深刻认识人民调解在化解企业矛盾纠纷中的重要作用，进一步加强企业人民调解的组织、队伍、制度和规范化建设；明确企业人民调解委员会的主要职责是调解职工与职工、职工与家属、职工与领导之间在日常生活、生产、经营中发生的有关人身财产权益及其他矛盾纠纷；建立了企业人民调解组织的工作、培训、表彰等机制。同年 11 月 24 日，省司法厅在成都市青白江区召开全省企业人民调解工作现场会，推广青白江在大型企业普遍建立人民调解委员会和加强企业人民调解委员会规范化建设的经验，四川省国有资产管理委员会、省中小企业局的领导到会作了讲话，推动了企业人民调解工作。自贡川玻厂、宜宾五粮液酒厂、乐山川投厂、攀成钢、川化等公司的总经理或中共党委书记亲自担任本厂（公司）人民调解委员会主任，并将企业人民调解工作列为党委、行政、工会的议事日程，纳入目标管理。

四、少数民族地区调解工作

移风易俗。甘孜藏族自治州、阿坝藏族羌族自治州，在20世纪50年代之前，处在封建农权制社会中，农牧民在政教联盟的统治下生活，相互之间发生纠纷后多依赖寺庙进行调解。民主改革后，人民调解工作推行较慢，许多藏民有纠纷仍习惯找寺庙。由于寺庙人员对人民政府的政策和法律法规尚不熟悉，仍按老规矩办事，对纠纷的研判不准、决断不合法的情况多有发生。在改革开放和依法治国方针的推动下，甘孜、阿坝普遍开展了依法治寺活动，有的县通过对最高人民法院制定的《关于审理涉及人民调解协议的民事案件的若干规定》（法释〔2002〕29号）第一条："经人民调委会调解达成的、有民事权利与义务内容，并由双方当事人签字或者盖章的调解协议，具有民事合同性质，当事人应当按照约定履行自己的义务，不得擅自变更或者解除调解协议"规定的宣传，并说明在全省汉族地区人民调解协议书多被法院（庭）采信，占人民调解达成协议后反悔起诉总数的84.6%的情况，向藏族同胞展示了人民调解的权威性，得到藏族群众对人民调解职能的信赖，使人民调解工作逐步引导到了人民政府领导下的人民调解组织管辖上来，使藏区的人民调解工作开始出现了新局面。

甘孜藏族自治州是从半奴隶、半封建社会直接过渡到社会主义的少数民族地区，还有一些陈规陋习仍残存在部分藏族群众的思想和生活中，对人民群众之间的和谐、社会的稳定以及生产和经济的发展产生了不良影响。如因民间纠纷引发的血亲复仇，造成相互残杀和伤害的事件恶性循环，长期冤冤不解，越积越深，后果严重。如甘孜州道孚县，1983—2000年，因一起缝纫机被盗案引起纠纷而逐步演变扩大到六大家族派系之间互相斗殴、残杀延续不断达38起，致使至2005年先后有165户为避免复仇而背井离乡。还有因边界、草场争议引起的纠纷；因牧场迁徙后的草场使用、水利和矿产的开发、春秋雨季挖虫草、采松茸等资源的争夺引起的群体性纠纷年年有所发生；以及村民与村民、村民与企业之间，村与村、乡与乡纠纷引起转化为刑事案件、群体性械斗和上访，甚至自杀等事件也时有发生等，仅群体性械斗少则1997年的23起，参与者597人；多则2000年的47起，参与者多达4136人。2005年3月9日和5月2日，德格县八帮乡与普马乡的村民为挖虫草引起纠纷，多人参与械斗，打死2人，伤1人。

为确保人民群众生命财产的安全和社会的稳定，以及民族地区的经济有序发展，中共甘孜藏族自治州委员会和州人民政府，从1992年开始，结合农牧区社教工作，指导各级司法行政机关按照"大稳定、小调整"的原则，对全州人民调解组织进行整顿，调整、充实人民调解组织人员，加强组织建设。至2005年，全州村人民调解委员会由1986年的1729个增加到2299个，达到行政村建有人民调解组织机构100%；人民调解员由5101人增加到8036人，增长57.6%，基层人员调解工作力量得到大大加强。

各级人民调解组织在中共党委和人民政府的统一领导下，发动社会各种力量联合作战，通过法制宣传和教育，引导群众针对存在的陈规陋习进行社会治安综合治理，把工作渗透到群众的生产与生活活动中，使人民调解工作不断深化和发展。2000年、2001年、2003年，甘孜州党委和政府三次下发加强人民调解工作的决定、意见和办法等文件，强调"以人民调解组织为主体，多方参与"的战略部署，组织相关政府机关、企事业单位与各级司法行政机关密切配合，结合法制宣传和全社会治理等广泛开展纠纷排查和专项治理，消除因陈规陋习带来的不安全因素；配合社会调解资源，指导各行各业联系基层生产和经济活动的实际，配合人民调解组织调处纠纷；利用宗教积极的一面，组织寺庙的住持参加普法培训，学习和掌握党的政策和国家的法律知识，在人民调解组织的指导下参与调解工作，满足少数民族当事人的自愿（求寺庙）请求，平息纠纷；充分发挥人民调解组织防止纠纷激化、制定和落实纠纷调解的协议和赔偿的特殊功能；以一些纠纷涉及人员多、跨行政区域和经济标的大的重大纠纷，由当地共同的上级党政领导牵头，“统一领导，多方参与，多种手段，协同作战”的措施进行调处等，收效明显。2000 年，道孚县党政领导带领县司法局领导和专业干部，对该县色卡乡长期存在的四大家族派系斗争问题的成功调解，使 80 余户牧民多年积怨得到彻底消除，从此再未发生纠纷；掌握纠纷发生的时令规律，及时开展矛盾与纠纷的排查与预防工作，特别是对每年 5 月至 8 月大量人员集中上山挖虫草、采松茸的特点，组织当地党委、政府领导和司法行政、公安、工商、国土等部门派出干部介入，坚持“各负其责，工作在前，及时排查和妥善调处纠纷”的措施，使不少纠纷得到提前制止和解决，特别是有效地制止和减少了纠纷激化的发生。据统计，1986—2005 年，甘孜州共调处各类纠纷 113073 件，调解成功率达 96%；防止民间纠纷转化为刑事案件 991 件，涉案者 3037 人；防止群众性械斗 740 件，涉案者 8497 人；防止群体性上访 169 件，涉案者 8272 人；防止民间纠纷引起自杀的涉案人 171 人等，为保护人民群众的生命财产安全、群众的和谐、社会的安定和经济发展做出了重要贡献。凉山州基层调解组织、调解员贯彻落实《人民调解委员会组织条例》，积极参与社会治安综合治理，坚持“调防结合，以防为主”的方针，大力加强人民调解工作，依法积极疏导、调处各种民间纠纷，化解社会矛盾。并把预防纠纷发生和防止矛盾激化作为重点，认真搞好排查和调处工作，把民转型和非正常死亡减少到较低程度。1991—2006 年，全州共调解纠纷 380118 件，成功率达 94.4%。其中防止民间纠纷引起自杀件数 1624 件，1796 人；防止民间纠纷转化为刑事案件 2123 件，3736 人。充分发挥了人民调解组织在社会治安治理中的“第一道防线”的职能作用。

1986—2005 年，四川省人民调解工作为社会稳定筑起了坚实的“第一道防线”，为新农村建设和构建和谐社会做出了积极贡献。如 1986 年全省各类调解组织共受理各类纠纷 109 万件，调解 105 万件，防止可能发生非正常死亡 1.1 万件，涉及 1.5 万人。又如 2005 年全省共排查纠纷达 7.6 万件，参与专项治理活动 4.1 万次，调解纠纷 44.2 万件，调解成功 42.86 万件，调解成功率 97.1%，有 93.4% 的协议得到履行；防止纠纷激化 1.04 万件，涉及人数近 11.3 万人，其中，防止自杀、民转刑、群体性械斗 6800 件，涉及 4.2 万人；防止群体性上访 3600 件，涉及 7.1 万人。

图 4－6　2005 年 8 月 31 日，攀枝花市委、市政府召开“人民调解暨安置帮教工作总结表彰会”

1986—2005 年，四川省涌现出一大批人民调解工作先进集体和个人。据统计，被司法部授予“标兵人民调解委员会”的有攀钢集团成都钢铁有限责任公司人民调解委员会等 4 个人民调解委员会；授予“模范人民调解委员会”的有达县岩尔村人民调解委员会、江油发电厂人民调解委员会等

28 个；授予“人民调解工作先进单位”的有宜宾市司法局等 4 个单位；授予“标兵人民调解员”称号的有成都市新都区新民镇司法助理员兼人民调解员杨清华等 5 人；授予“模范人民调解员”的有宣汉县进步村人民调解委员会主任武正学、洪雅县三宝镇熊园村人民调解委员会主任兰明友、泸县福集镇水竹林村人民调解委员会主任莫世维、岳池县顾县镇第一居委会人民调解委员会调解员黄安江等 43 人。被省司法厅或省司法厅、省高院联合表彰的“优秀人民调解委员会”有 190 个，先进集体 81 个，“优秀人民调解员”500 名，先进个人 188 名。2004 年 4 月 20 日，巴中市巴州区茶坝镇人民调解委员会主任陈政被评为第二届“四川杰出（优秀）青年卫士”；2004 年省司法厅对在人民调解工作中作出突出贡献的大竹县司法局和局长邱彪分别记三等功和二等功。洪雅县三宝镇熊元村调委会主任兰明友在调解一起邻里纠纷时，为保护在场群众的生命财产安全，奋不顾身，勇夺凶犯手中的自制炸弹，被炸成重伤，经抢救脱险，但留下残疾，被县政府授予先进人民调解员；泸县福集镇水竹村调委会主任莫世维在制止一起恶性杀人事件时，不顾个人安危，挺身而出，不幸被歹徒刺中胸部，经抢救无效以身殉职，被省人民政府追授烈士称号。内江市东兴区牌坊村调委会调解员张友仁制止一起恶性杀人事件时，不顾个人安危，挺身而出，不幸被歹徒刺中以身殉职，被省人民政府追授烈士称号。

图 4－7　2000 年 2 月，莫世维先进事迹表彰大会

图 4－8　莫世维的妻子、儿子接受荣誉证书及慰问金

第五篇 依法行政与法学教育

1980年，四川省司法厅恢复重建后，依法行政工作紧贴司法行政工作大局，组织开展调查研究，积极推动全省司法行政系统6部地方性法规的出台，及时制定相关业务工作规范性文件，认真做好行政复议和行政诉讼应诉工作，加强执法监督检查等，为全省司法行政系统依法行政工作打下了坚实基础。特别是2004年国务院发布《全面推进依法行政实施纲要》以来，四川司法行政系统依法行政工作得到全面推进，连续多年被省政府评为行政执法责任制先进集体，为加快推进法治政府建设做出了应有的贡献。

自1986年以来，四川省司法厅作为全省法学教育的主管机关，分别开设法律专业函授本专科、自考本专科、组织全省司法行政系统人员攻读在职法律硕士，管理指导四川司法警官职业学院、四川省政法管理干部学院特色办学。1986—2005年，为四川省政法系统、其他党政机关和企事业单位培养了数万名法律专业人才。

第一章 依法行政

省司法厅自恢复重建后，大力推动调查研究工作开展，大兴调研之风，将调研成果转化为工作实践，推进了司法行政工作的发展。着力开展规范性文件制定工作，并积极为《中华人民共和国劳动教养法》《中华人民共和国律师法》《中华人民共和国公证法》等国家立法建言献策。认真贯彻落实《中华人民共和国行政复议法》《中华人民共和国行政诉讼法》，开展行政复议和行政诉讼工作。1997—2005年，共办理行政复议案件32件，维持原决定32件，撤销原决定6件，责令重新作出决定的1件；办理行政诉讼案件13件，全部胜诉。自1990年起，坚持每年开展行政执法监督工作，对全省司法行政机关的执法情况进行年度检查，通过执法监督检查，进一步提高了执法人员的执法意识，推进了依法行政工作的深入开展。省司法厅先后于2001年、2003年、2004年、2005年4次被省政府评为行政执法责任制先进集体。

第一节 建章立制

一、开展基层调研

自省司法厅恢复重建以来，厅党委一直把调研工作作为开展和推动工作的重要手段常抓不懈，每一项工作的部署、每一件规范性文件的出台、每一个地方法规的颁布，都离不开调查研究工作。1983年，厅政策研究室成立，承担全省司法行政调查研究工作的管理职能，每年拟定调研题目，召开研讨会；创刊《参阅资料》；设立奖励基金，奖励和表彰优秀调研文章，极大地推动了这项工作的开展。

1982年冬，省司法厅副厅长张应忠带领办公室、法院处干部赴人民调解工作成绩突出的蒲江县，对该县人民调解工作组织落实和依法调解的情况进行调研，历时一个多月。考察了百分之九十以上的人民公社，写出了该县人民调解组织落实好、依法调解工作开展好的综合报告。随后，法院处再次深入到三个先进公社调研依法调解的典型经验。于1983年秋，在该县召开全省各市（地、州）司法局和法院科领导干部以及部分先进县的领导干部参加的现场经验交流会，全面推动了依法调解工作。

1983年下半年，省司法厅厅长费中在参加全省社会治安综合治理先进县射洪县现场会后，派出厅办公室、法院处二名干部和绵阳地区司法局法院科对射洪县司法局积极组织司法行政干部参与综合治理的成绩和经验进行总结，由厅法院处写出《积极参加社会综合治理，在综合治理中建设自己》的调研报告，引起该县中共党委和政府领导对司法行政工作的高度重视，要人增编，要钱拨款，使该县依法行政工作进一步加强，省司法厅推广了这一经验。

1985 年 5 月，省司法厅政策研究室和达县地区司法局联合组成调研组，赴达县、宣汉、通江、巴中等地对乡镇法律服务所的创办和发展情况进行专题调研，对全省第一个成立的达县乡镇法律服务所的工作成绩和经验，写出了《司法工作一项重大改革》的专题调研报告。该报告从建立法律服务所的地位与作用，以及人员组成、主要职责、管理体制、遵循原则、培训教育、纪律作风等九个方面进行了总结，为全省普遍成立乡镇法律服务所摸索了经验。该报告还被司法部予以简报，在全国加以推广。

1986 年 12 月，四川省司法行政系统首次调研成果交流会在成都召开，出席会议的有市（地、州）司法局长，研究室或办公室主任及文章作者等共 112 人。会议由副厅长欧阳绍铭主持。会上收到调研文章 142 篇。

1989 年 12 月，省司法厅在成都又召开了强化职能，为治理整顿提供法律服务理论研讨会和司法行政法制工作会议。参加会议的有各市（地、州）司法局办公室主任或研究室主任，以及入选文章作者，厅直各部门、有关处（室）负责人和入选文章的作者参加会议。会议学习了中共十三届五中全会文件，总结了该年的调研工作，讨论了 1990 年的调研任务。入选会议文章 30 篇。

1990 年 10 月，省司法厅政策研究室对《中华人民共和国行政诉讼法》实施后，针对司法行政各项业务管理工作中可能出现的新情况、新问题，特别是在司法行政行为中可能涉及行政诉讼受案范围，以及采取的应诉方案等进行了调研分析和探讨。在此基础上写出了调研报告，以中共四川省司法厅党组的名义上报中共四川省委和司法部。省委办公厅在《调研》上转载，司法部在《司法行政法制工作》第十期登载，并获得 1991 年司法部法制工作优秀论文奖。1992 年 9 月，司法部授予四川省司法厅政策研究室法制综合成果一等奖。

1992 年，在四川省司法行政改革逐步深入的情况下，省司法厅厅长曾宪章率队赴广元、成都、绵阳、德阳、重庆等 5 个市（地）司法局，调查学习和贯彻中共中央关于改革开放的重要指示精神情况。

2000 年 11 月，省司法厅首次举办全省执法理论研讨会。共有 36 篇文章，48 名司法行政干警、法律服务人员分别获一、二、三等奖和优秀奖。在全省几届公、检、法、司执法理论研讨会中，由于省司法行政机关高度重视，各级领导干部带头撰写调研文章，参评的调研文章 1000 余篇，文章数量为全省政法机关中最多。大兴调查研究之风，不断提高全省广大司法行政干警政治水平和业务水平，为贯彻中央改革开放方针做了充分的思想和理论准备，对促进全省司法行政组织建设、各项业务工作建章立制，起到了积极的推动作用，进一步走向规范化、法制化发挥了重要作用。

二、组织出台司法行政规范性文件

1980 年，四川省司法厅恢复重建后，相继成立各市（地、州）和县（市、区）司法局。省司法厅要求各级司法行政机关在加强机关建设中要重视抓好制度建设，从上至下制定本厅、局和业务职能部门的主要职责以及其他规范性文件，并要求各级司法行政领导机关“有件必报、有报必备案，有错必纠”的原则，做到以下四点：各级司法行政机关出台的规章和规范性文件应当遵循法制统一原则，不得与国家的法律、法规、规章、本级人民政府和上级司法行政机关的规范性文件相抵触；制定规章和规范性文件必须按照法定程序进行，业务部门以厅、局名义下发的文件，应先送本单位法制工作部门审查后再呈厅、局分管领导签发。重要文件应由厅、局办公会议集体审查后下发实施；

实行规章、规范性文件上报备案制度；上级司法行政机关应当监督下级司法行政机关制定以及修改或者废止与上位法相抵触的规范性文件。

根据上述要求，1983年，省司法厅起草了各处（室）及科（组）的主要职责初稿，提交办公室研究科和办公室领导初审后呈报厅领导审核，再由主持省司法厅全面工作的副厅长赵震寰组织各处（室）负责人召开办公会议集体审查通过后，印发实施，并上报省委政法委备案。全省各市（地、州）、县（市、区）司法局都相继制定了本机关和部门的主要职责和相关工作制度与达标的要求，使各项业务工作迅速走上了规范化和制度化。在此基础上，2002年11月4日至2006年7月21日，省司法厅又先后制订了《四川省司法鉴定工作管理委员会工作规则》《四川省司法鉴定机构执业广告管理办法（试行）》《四川省司法鉴定人执业证管理办法》《四川省司法鉴定援助暂行办法》等5个规范性文件，使《四川省司法鉴定工作管理规范试行条例》内容的原则规定延伸到全面的具体操作规定，有效地促进了司法鉴定法规的切实落实，工作效率和质量得到了保证。

除此，省司法厅于1990—2005年根据全国人大、司法部和四川省人大、省人民政府颁布的律师、公证、人民调解等法律法规，制定和下发了全省司法行政系统贯彻执行的规范性文件10余件，即《四川省全面推行依法行政五年规划》《律师代理劳动教养案件规定》《四川省司法厅关于健全完善重大决策评估咨询制度、重大决策公示听证制度、决策后评价制度及决策失误责任追究制度的若干意见（试行）》《四川省司法厅关于进一步加强集中受理行政许可、审批工作的通知》等规范性文件，并对20世纪90年代制定的《四川省司法厅关于进一步加强司法行政系统依法行政的实施意见》《四川省司法厅行政执法责任制领导小组及成员、部门职责》《四川省司法行政系统执法监督检查工作规定》《四川省司法厅机关行政执法过错和行政处罚错案责任追究办法》等规范性文件进行了修改和完善。各市（州）司法局还根据省司法厅文件，结合当地实际，进一步强化了制度建设，制定了相关文件，例如绵阳、资阳（县级市）、攀枝花、自贡、泸州等市司法局相继制定了依法行政五年规划，资阳市司法局制定了《全面推行依法行政落实行政执法责任制考核办法》，攀枝花市司法局制定了《关于建立重大决策公示听证制度、决策后评价制度及决策失误责任追究制度的若干意见》等，这些规范性文件都从制度层面上确保了四川省司法行政系统依法行政工作的顺利推进。

在不断推进改革开放的新形势下，从省司法厅到县司法局以及监狱、劳教系统，根据机构的调整、职能的变化，以及一些职能部门的法规、规章的出台和修改，多次进行了集中清理和废改立的工作。特别是四川省监狱、劳教系统历史悠久，从1951年和1957年建立监狱和劳教机构到2005年的几十年中，制定的规范性文件繁多，过去虽然不断做过一定清理，但不尽人意。在省司法厅领导下，2000年12月至2001年5月，省监狱局、省劳教局从上至下广泛发动干警，对过去制定的规范性文件进行集中清理。最后通过各单位的中共党委（党组）和行政领导审核，并报告上一级领导机关批准，对不适用的规范性文件废止了164件，新建规章制度304件，以及对部分规范性文件的条款进行了修改和补充，促进了依法行政质量的提高，也进一步提高了广大干警依法行政的意识和业务水平，使违背国家法律、法规、规章的现象大大减少，还增强了服刑人员和在教人员遵纪守法、积极改造的自觉性，监管和劳教秩序得到进一步改善。

三、立法调研

四川省司法行政部门恢复重建后，把立法工作放在重要位置，坚持走立法先行之路，为省人大和省政府及时立法创造条件。根据四川实际，缺啥补啥，促进各项业务及时走上规范化、法制化。

特别是在中央强调依法治国的指导思想后，针对某些司法行政领域中国家立法滞后，不断出现法律适用的空白无法可依的问题，不等不靠，以宪法、司法部制定的规章为依据，通过学习参考其他兄弟省的先进经验，及时制订了立法计划，上报四川省人民代表大会常务委员会和省人民政府批准后，进行调查研究和草拟初稿上报审批后实施，先后提请审查通过地方性法规5个，省政府规范性文件3个。其中，经省人大通过颁布的法规有：1992年5月27日，四川省第七届人民代表大会常务委员会第二十九次会议通过、9月1日实施的《四川省律师履行职务的若干规定》，1994年12月3日四川省第八届人民代表大会常委员会第十二次会议通过颁布实施的《四川省公证条例》，1995年12月24日四川省第八届人大常委会第十八次会议通过实施的《四川省基层法律服务条例》，1996年10月14日四川省第八届人大常委会第二十三次会议通过的《四川省社会法律咨询服务条例》，2001年9月22日四川省第九届人大常委会第二十五次会议通过的《四川省法律援助条例》，2002年7月20日四川省第九届人大常委会第三十次会议通过的《四川省司法鉴定管理条例》。经四川省人民政府批准发布的规章有：1993年8月28日批准发布《四川省〈人民调解委员会组织条例〉实施细则》；1996年10月21日批准发布《四川省外商投诉处理规定》《四川省台商投诉处理规定》。上述规章和规范性文件与国家法律法规配套，基本上全面覆盖了全省司法行政的各项业务。四川司法行政各项业务的不断完善和规范化，执法和法律服务责任明确，确保了“有法可依、有法必依、执法必严、违法必究”的原则的有效落实，有效地促进了全省司法行政工作的全面、健康发展。

1986—2005年，省司法厅还积极参与上级司法行政机关的法律、法规的起草工作，先后为《中华人民共共和国律师法》《中华人民共和国公证法》《人民调解委员会组织条例》等法律法规草案提出修改、补充意见上百条。1986年8月，省司法厅政策研究室组织监狱、劳教、公证、律师、基层、法学教育等部门的干部进行座谈，广泛征求意见后，向司法部报送了《关于“七五”期间司法行政的立法建议》，请求尽快草拟制定《监狱法》《劳教法》《公证法》《律师法》《人民调解委员会组织条例》《司法助理员条例》等法律法规，并就制定上述法律法规提出了司法行政机关与公、检、法机关的相互配合制约；监狱、劳教实行统一管理体制、扶持“两劳”（劳改和劳教）生产、加强干警队伍建设；明确公证机关是国家证明机关性质、部分公证实行必须原则以及公证效力；律师的法律地位和作用、职称和待遇、律师履行职务受法律保护；司法助理员工作的性质、任务和任用等14个方面的立法建议。

1987年6月，根据司法部《中华人民共和国公证法》起草小组的要求，省司法厅研究室和公证管理处共同组成调查组，赴成都、绵阳、内江等市、地调查，召集了三次会议，最后向司法部报送了《关于公证立法有关问题的调查报告》。同年8月，中共四川省司法厅党组讨论了《中华人民共和国劳动改造法》（草案第一稿），对草案提出了原则性修改意见后，省司法厅政策研究室又派出调查组，到成都市和省级有关部门征求意见，并向司法部就草案的名称、改造机关性质、管理体制和授予司法行政机关对逃犯追捕行使权力不明等重要问题提出了修改意见，基本上都被采纳。

1989年4月，司法部下发征集律师法立法建议的通知后，省司法厅政策研究室一方面将通知转发至各市（地、州）司法局，要求组织有关司法局领导、律师、律师管理工作人员进行座谈，提出对律师法立法建议；另一方面由省司法厅政策研究室、律协、律师管理处分别派出三个工作组到重庆、达县、万县、乐山、都江堰等地召集律师立法座谈会，最后又邀请四川大学、西南民族学院、西南财经大学的法学教授和四川省政法机关研究室干部座谈，征求对律师立法的意见。会后，省司法厅政策研究室整理出律师法的有关指导思想、立法目的、法律结构、律师工作的性质、在法律体系中的地位、律师工作应遵循的原则、管理体制、工作范围、资格取得的条件，以及律师应享有的权利和履行的义务、职业道德和参与诉讼介入的时间等12个方面的意见上报司法部。同年5月，省司法厅召开《中华人民共和国劳动教养法》征求意见座谈会，出席会议的有省公、检、法、司研究室，省劳改局和劳教处负责人。会上提出了3个方面共30条意见，整理后上报司法部。

第二节 行政复议

1989年，《中华人民共和国行政诉讼法》颁布后，为了适应行政诉讼制度的施行，国务院于1990年12月制定颁布了《行政复议条例》，对申请复议范围、复议管辖、复议机构、复议参加人及复议的申请、受理、审理与决定等，都作出了具体明确的规定。行政复议的流程见图5-1。

1990年12月24日，国务院《行政复议条例》颁布后，四川省司法厅即开始尝试在办案的重要程序及手段上坚持：实施听证质证程序，对主要事实争议较大的案件，召开行政复议案件调查听证会，充分听取双方当事人的陈述意见及第三人的意见；对司法鉴定、司法考试、法律援助等方面的一些新型、群体性、案件标的大的案件，实行集体讨论制度，发挥业务部门对本领域熟悉的优势，法制部门与业务部门共同磋商研究，统一意见。同时，省司法厅还于2004年聘请了四川省资深律师为法律顾问，参与到案件的研究讨论中，并出具法律意见书，以确保案件的公正、合法；加强与相关单位的沟通，注重内外协调。省司法厅还主动搭建沟通平台，积极争取司法部、省法制办和省法院的支持、指导，特别对法律规定不明确，案情疑难复杂的案件，省司法厅一时还吃不透、拿不准的，邀请三级法院的专家召开座谈会共同探讨，虚心讨教，听取相关建议；对违法或不当的行政决定，坚持违法必纠、有错必纠的原则，坚决撤销或依法变更，克服上级机关对下级机关照顾面子、袒护的倾向。

随着社会法制建设的加强，公民的法律意识逐步提高，"民告官"现象屡见不鲜。1990年，《行政复议条例》颁布实施后，四川省司法行政复议案件开始出现。1999年，《中华人民共和国行政复议法》颁布实施后，四川省司法行政复议案件逐步上升，且难度更大，由过去每年约有1到2起至2003年后每年都在4起以上，2005年一年就达到了19起之多。其中以公证方面的复议最为突出。1994年，《四川省公证条例》正式颁布实施，条例规定将公证书作为一项具体行政行为。随之，开始出现对公证书不服，要求省司法厅撤销的行政复议申请。2002年，《公证程序规则》颁布实施后，对公证书实行向本级司法行政机关进行申诉。对司法行政决定不服的，可再向上级司法行政机关申请复议。随着我国不断加强法制宣传的力度，以及公民对行政复议制度的认知进一步的加深，当事人在遇到可复议、可诉讼的纠纷时，省司法厅采取了一般不收费的复议救济措施。公证方面的复议申请，在省司法厅和市（州）司法局都呈上升趋势，同时公证方面又开始出现案情复杂、标的金额大、法律关系复杂的案件，司法行政法制部门大部分的精力都投放在办理行政复议案件上。

为做好行政复议工作，2005年底，司法部召开了全国司法行政复议应诉工作会，四川省人民政府也召开了全省法制工作会议。会上均强调要重视行政复议工作，要求建立行政复议专门机构，实行行政复议专人负责制。为此，省司法厅下发了《关于进一步推进依法行政加强司法行政机关法制

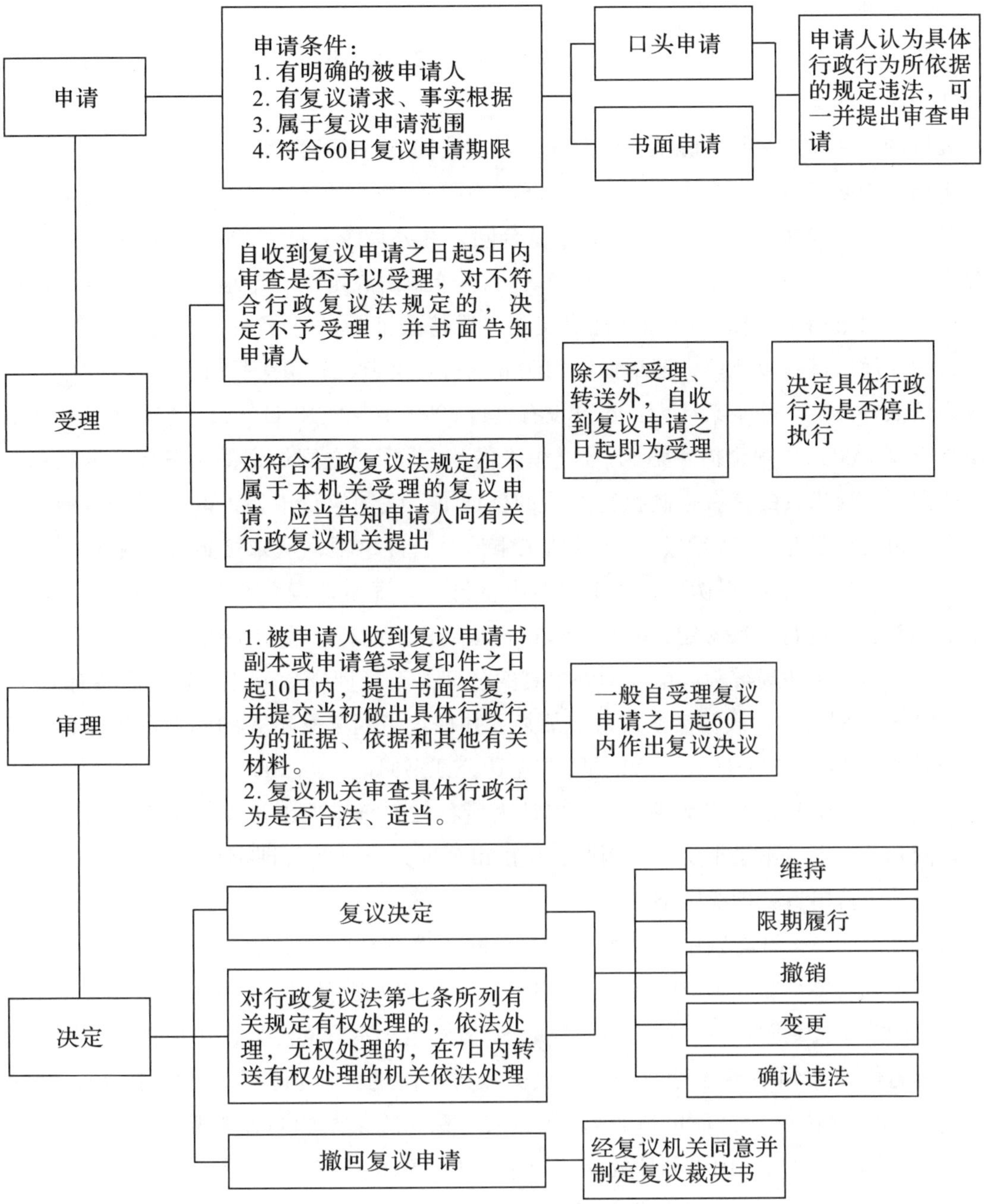

图5－1 行政复议流程

工作的实施意见》，要求认真贯彻落实上述两次会议精神，并对各级司法行政机关的行政复议工作提出了新的要求。一是加强行政复议队伍建设，要求办理行政复议案件的人员必须有2人以上；二是凡是符合法律规定的行政复议申请，各级司法行政机关必须依法受理，杜绝消极规避和推诿拖延的现象，根据情况作出妥善处理；三是各级司法行政机关受理的申诉、行政处罚以及行政复议案件中案情重大、涉及面广、社会反映强烈或者对案件主要事实定性不准、法律适用把握不明、程序适用尚存疑问的案件，应当在立案后立即向上级司法行政机关进行汇报，将案件卷宗及相关证据材料上报上级机关，以便上级机关在第一时间了解掌握案件全部情况，及时进行指导，履行监督职责。如自贡、宜宾、泸州等地司法行政机关，凡遇到吃不准的重大疑难案件，均与省司法厅及时交换意见，得到了指导和帮助。

1997—2005 年，行政复议共收案 34 件，批准立案 32 件，维持原决定 25 件，撤销原决定 6 件，责令重新作出决定的 1 件。

有代表性的案件如刘某某、陈某某不服乐山市司法局行政决定一案。

复议申请人刘某某、陈某某为夫妻关系。2000 年 7 月 18 日，二人与中国农业银行峨眉山市支行签订了（2000）农银个借字第 37 号《个人借款合同》并办理了公证。2002 年 11 月，二人向乐山市公证处提出撤销公证的申请，乐山市公证处作出了不予撤销决定书。申请人不服，遂向乐山市司法局提出申诉。乐山市司法局作出申诉处理决定书，维持公证处的不予撤销决定书。申请人仍不服，遂向四川省司法厅申请行政复议，请求撤销司法局的行政决定，省司法厅依法予以受理。

复议申请人刘某某、陈某某认为：自己没有见过 2000 年 7 月 18 日签订的贷款人为中国农业银行峨眉山市支行（2000）农银个借字第 37 号《个人借款合同》。合同约定的债务履行期届满后，该市人民法院依据公证处出具的具有强制执行效力的公证书，强制执行申请人的财产。申请人又称自己与农行峨眉山市支行不存在借贷关系，并且从未申请过公证事项，从未接到过公证书；2000 年乐市证字第 42 号公证卷宗材料均系伪造，请求对卷内材料《公证申请表》《谈话记录》《送达公证书回证》上的签名和指印进行司法鉴定，并认为该市司法局作出的行政决定是错误的，应予撤销。

被申请人乐山市司法局辩称：市公证处出具的公证书系抵押贷款公证，卷宗内装有 2000 年 7 月 18 日签订的借款合同，清楚载明借款人系刘某某，并加盖了刘某某本人的私章和手印；卷宗内还装有《公证申请表》《乐山市公证处谈话记录》《送达公证书回证》《（2000）乐市证字第 42 号公证书》等材料均有刘某某、陈某某的签字或手印；申请人所称与农行峨眉山市支行不存在借贷关系，从未见过贷款合同和公证书等不是事实等。因此，乐山市公证处出具的公证书程序合法、内容真实合法，故请求复议机关维持申诉处理决定书。

经省司法厅查明：公证卷宗中装有个人借款合同原件及峨眉山市城镇房地产抵押合同复印件各一份。个人借款合同签订时间为 2000 年 7 月 18 日，在借款人栏有刘某某的签名、私章及手印；卷宗中个人借款合同第 4 页载明："第八条其他事项：双方约定，本合同经乐山市公证处公证并赋予强制执行的效力，若借款人到期不履行债务，愿接受人民法院的强制执行"；卷宗中装有 2000 年 7 月 19 日填写的《合同（协议）公证申请表》，代表人一栏有陈某某签名及刘某某签名并均捺有手印。2000 年 7 月 19 日填写的《乐山市公证处谈话记录》上有陈某某签名、刘某某签名及捺有手印；《送达公证书回证》上收件人一栏有陈某某签名及捺有手印。申请人在复议申请书中要求对《合同（协议）公证申请表》《乐山市公证处谈话记录》《送达公证书回证》上的签名及指纹做司法鉴定，并提交了《关于对我字迹、指纹鉴定的申请书》。省司法厅审查后同意申请人做指纹鉴定，后在成都为民司法鉴定所现场采集刘某某、陈某某 2 人的十指指纹样本进行司法鉴定。2003 年 5 月 23 日，成都为民司法鉴定所出具了鉴定书（2003—004），结论为：《合同（协议）公证申请表》《送达公证书回证》上署名为陈某某及捺印指纹与同时送检的陈某某的左手拇指指纹同一。《合同（协议）公证申请表》《乐山市公证处谈话记录》上署名为刘某某捺印指纹与同时送检的刘某某的右手拇指指纹同一。

省司法厅最后认定：2000 年 7 月 18 日，刘某某与农行峨眉山市支行签订的个人借款合同，办理了抵押登记手续，合同第八条明确载明债务人到期不履行债务，愿意接受强制执行的承诺，借款人栏有刘某某的签名、手印及私章，并且，经过司法鉴定机构的鉴定，《合同（协议）公证申请表》《乐山市公证处谈话记录》《送达公证书回证》上的指纹分别为陈某某、刘某某二人的指纹，因此申请人在申请书中所称的申诉理由与事实不符，省司法厅不予支持。省司法厅认为，市司法局作出的申诉处理决定认定事实清楚，适用法律准确，程序合法，决定维持。事后，申请人刘某某、陈某某未再向人民法院提出异议。

又如松藻矿务局不服眉山市司法局行政决定一案。

复议申请人松藻矿务局因不服眉山市公证处维持赋予《集资综合楼共建合同》强制执行效力公证，认为该合同不应当强制执行，向公证处提出异议，请求撤销该公证。眉山市公证处作出维持决定，申请人不服，向眉山市司法局提出申诉。眉山市司法局审查后作出维持公证书和公证处决定的行政决定书。复议申请人不服，于 2003 年 8 月 11 日向省司法厅申请行政复议，省司法厅依法予以受理。

申请人松藻矿务局认为：《集资综合楼共建合同》是眉山市燃料建材有限公司与眉山市第四建筑工程有限公司签订的，因此，雷某某不是该公司的法定代表人，不应成为出具执行证书的申请人；根据当时执行的《公证程序规则（试行）》和最高人民法院、司法部 1985 年 4 月 9 日《关于已公证的债权文书依法强制执行问题的答复》的规定，债权文书必须首先经过公证，并在公证时赋予其强制执行效力，当债务人不履行义务时，债权人再向公证机关申请强制执行证明书，然后再向法院申请强制执行，而《集资综合楼共建合同》事先未经过公证，公证处依法不应当赋予强制执行效力；《集资综合楼共建合同》并非以追偿物品、价款或者有价证券为内容，不能赋予其强制执行效力；《集资综合楼共建合同》没有载明债务人不履行义务时愿意接受强制执行的承诺；《集资综合楼共建合同》明确约定借款的金额为 200 万元，但执行许可证明借款金额却为400 万元。

被申请人眉山市司法局认为：眉山市燃料建材有限公司与雷某某之间存在债权债务关系，《集资综合楼共建合同》是雷某某个人与眉山市燃料建材有限公司签订的；《集资综合楼共建合同》是借款合同与合资建房合同的多项合同，借款合同是其中一部分，可以赋予强制执行效力；《集资综合楼共建合同》事先虽未经过公证，但依照司法部赋予债权文书强制执行效力文书格式的分类，该合同可以强制执行；债务人眉山市燃料建材有限公司董事会决议同意以抵押财产清偿欠款，并且也向公证处出具了声明书，自愿接受强制执行；眉山市燃料建材有限公司出具给雷某某借据两张，金额合计为 400 万元，并在声明书中称欠雷富强 400 万元。

省司法厅审查后，认为案件疑点主要集中在：一是《集资综合楼共建合同》全称为《眉山燃建公司、雷某某集资综合楼共建合同》，该合同乙方落款为四川省眉山市第四建筑工程有限公司，并盖有该公司经济合同专用章，法定代表人一栏有雷某某的签名，但根据眉山市司法局提交的眉山县第四建筑工程有限公司（现更名为眉山市橡森建筑工程有限公司）出具的证明，雷某某并非该单位的法定代表人，也不是该单位正式职工，为何在法定代表人一栏签字，并加盖该单位经济合同专用章？二是《集资综合楼共建合同》第四条约定，甲方（眉山市燃料建材有限公司）向乙方借款 200 万元，但公证处应雷某某的申请，赋予该合同强制执行效力，执行标的为 400 万元。为何强制执行标的与合同约定不符？三是《集资综合楼共建合同》是集资建房合同，其追偿债务不是以物品或有价证券为内容，为何公证处会赋予《集资综合楼共建合同》强制执行效力？基于以上几个疑点，省司法厅认为眉山市司法局并没有进行认真充分的调查，案件疑点没有完全查清，主要事实不明，证据收集不齐全。因此，根据《中华人民共和国行政复议法》第二十八条第一款第三项之规定，责令眉山市司法局在查清事实、证据确凿的基础上，严格按照法律法规的规定，依法在法定期限内重新做出申诉决定。之后，眉山市司法局按照行政复议决定书的要求在法定期限内重新作出行政决定，撤销了此一错误的公证书，各方均无异议。

第三节　行政诉讼

1980—2005 年，省司法厅参与行政诉讼案件 13 起，其中涉及公证方面的有 6 起，涉及律师处罚方面的有 3 起，涉及基层法律服务方面的有 1 起，涉及其他行政行为的 3 起。案件经过二审的有 13 起，达 100%。当事人诉讼争议主要为：不服吊销律师执业证行政处罚决定、不服维持公证书的行政决定、不服省司法厅向省社保中心致函协调有关养老保险的行为以及不服省司法厅不予办理“法律服务工作者执业证”注册登记变相吊销执业证的行为。在每一起行政诉讼中，省司法厅收到法院送达的起诉状副本后，严格按照《中华人民共和国行政诉讼法》规定的时间按时提交答辩状及相关证据。在此期间，省司法厅法制部门及时与业务部门沟通，交换意见，仔细研究当事人的诉讼请求，分析案情，确定答辩思路，准备相关证据材料，认真做好应诉工作。由于行政诉讼引发的行为往往是行政处罚、行政复议等行为，在行政处罚、行政复议中，省司法厅严格按照行政处罚法、行政复议法的规定依法办事，从而凡原告人以省司法厅为被告提起的行政诉讼案件，人民法院审理后，省司法厅均获得了胜诉。

如李某某不服四川省司法厅对其申请“法律服务工作者执业证”年检注册换证不予答复也不予换证的行为，提起行政诉讼案。

原告李某某要求法院确认省司法厅及第三人泸州市江阳区司法局不发证、不答复、变相吊销执业证的行为违法，责令限期发证，赔偿其经济损失，并要求在四川法制报上公开道歉，恢复名誉，还要求为其办理意外伤残、医疗、养老保险待遇和办理退休手续。

李某某称：2002 年 3 月，自己填写了《年检注册登记申请表》，并向执业单位法律服务所交纳了照片、旧证和注册费，执业单位法律服务所向上级呈报了泸州市江阳区司法局。第三人泸州市江阳区司法局接受了原告的申请并出具了“换证费收据”。但在 2002 年度年检结果的《公告》见报后，上面没有原告的名字。原告认为四川省司法厅和第三人江阳区司法局不以《不准予登记决定书》告知理由和诉权，不以法定形式和程序作具体答复，变相吊销了自己的执业证，违反了《基层法律服务工作者管理办法》第十五、第十八、第四十九、第五十六条的规定，非法剥夺了自己的执业权。

省司法厅认为：在 2002 年法律服务工作者年检注册中未登记被告并非变相吊销执业证书。根据司法部《基层法律服务工作者管理办法》第四十九条：“基层法律服务工作者执业证年度注册的材料，由其所在的基层法律服务所按规定的时间上报住所地县级司法行政机关审查，由其出具审查意见后逐级上报注册机关”的规定，法律服务工作者年检注册的初审权在各区、县级司法行政机关，由初审机关审查后逐级上报省司法厅。但由于原告所在的区、市两级司法局未将其材料上报省司法厅，因此，对原告的执业证没有进行年检注册登记并没有违反法律规定。

第三人泸州市江阳区司法局认为：根据司法部《基层法律服务工作者管理办法》第二十一条规

定，因原告系泸州市龙马潭区人，不属于江阳区司法局所属地年检注册的范围，因此江阳区司法局也没有责任再逐级向注册机关报送原告的申请材料。既然原告不具备在江阳区司法局所属地执业的条件，江阳区司法局已于2002年5月书面通知了原告并退还了注册费。但由于原告不按规定向其户籍所在地的司法行政机关申请执业，责任完全应由原告自己负责。

法院经过审理认为：根据《基层法律服务工作者管理办法》第四十九条、第五十条的规定：基层法律服务工作者申请执业证年度注册的材料，由其所在的基层法律服务所按规定的时间上报住所地的县级司法行政机关审查，出具审查意见后逐级上报注册机关，然后由注册机关对申请人上年度的工作情况等进行审核。对于符合继续执业条件的，准予办理执业证年度注册。本案原告李某某向江阳区司法局申请执业证年检注册换证，江阳区司法局审查后认为原告申请不符合规定，故书面告知了原告，并退回了有关费用。但江阳区司法局未将审查意见及有关材料逐级上报注册机关即本案被告省司法厅，被告无法对原告的执业证履行年检注册换证的法定职责，故被告的上述行为并没有违法法律规定。因此，法院判决驳回原告李某某诉讼请求（〔2004〕青羊行初字第49号）。后原告李某某不服，提起上诉，二审法院亦判决驳回上诉（〔2004〕成行终字第146号），维持原判。

又如刘某芳不服四川省司法厅作出维持赠与房屋公证书的行政决定，提起行政诉讼案。

原告刘某芳与第三人刘某康、刘某清为姐妹关系。其父母于1997年办理公证，将其所有的两套房屋分别赠与给第三人刘某康、刘某清。原告刘某芳不服，向四川省司法厅申诉。省司法厅审查后，作出了维持公证书的决定。

原告刘某芳认为父母在办理房屋赠与公证时尚未取得权属证书，根据《中华人民共和国城市房地产管理法》关于未登记领取权属的房地产不得转让的规定，该房屋不得赠与。同时，原告认为公证卷宗中的谈话笔录中刘某兴的签名字迹不是其父刘某兴本人所写，公证书应当被撤销。

四川省司法厅认为：原告刘某芳父母在1995年与拆迁人成都市金牛区政府南河综合整治工程指挥部签订了《拆除（住宅）房屋产权调换协议书》。协议规定原告父母以原有老房屋与拆迁人进行房屋产权调换合法获得公证赠与房屋，原告父母对赠与房屋实际享有所有权，是对原有老房屋所有权的延续。虽然赠与房屋还未办理房屋权属证书，但原告父母基于协议享有合同权利，将房屋赠与给刘某康、刘某清二位第三人并没有违反法律法规规定。公证卷宗中谈话笔录上刘某兴的签名的确是刘某兴本人亲笔所写。故原告要求撤销公证理由不充分，省司法厅便作出了维持公证书的决定。

第三人刘某康、刘某清认为父母以原有房屋与政府签订协议进行房屋产权调换，是对同一权属财产的继承和延续，房屋调换产权证书中权利主体没有改变，仍然为原告父母。并且原告父母是自愿将房屋赠与给二位第三人，办理公证也是其父母自愿申请。

法院审理后认为：原告父母所有的老房屋因拆迁与政府签订产权调换协议，二位第三人合法取得赠与房屋，在没有办理房屋登记领取权属证书之前，原告父母因签订协议而享有合同权利，其以房屋调换协议为权利凭证依据，将房屋赠与给第三人，其实质是将合同权利进行了转让，该转让行为符合国家有关法律规定。原告对公证卷宗谈话笔录刘某兴签名提出异议，经过鉴定，该谈话笔录中的签名字迹确实是刘某兴本人所写。故法院驳回了原告的诉讼请求（〔2003〕青羊行初字第112号）。后原告不服，提起上诉。二审法院审理后也驳回了其上诉，维持原判（〔2004〕成行终字第111号）。

第四节 执法监督检查

为了保障司法行政机关依法行使职权，防止和纠正违法和不当的执法行为的发生，四川省司法厅加强了执法监督检查工作。主要分为执法监管检查（1990—2000 年）和执法监督检查(2001—2005 年)两个阶段。

一、执法监管检查阶段

1990 年，省司法厅对全省司法行政机关的执法情况进行了一次全面检查。各级司法行政机关普遍建立或确定了复议和应诉的机构和人员，进一步建立健全了各项规章制度。1992 年，司法部颁发《司法行政机关执法监督检查工作规定（试行)》后，四川对执法监督检查工作进行了部署、动员，对各地执法的情况进行了抽查。1996 年 11 月，四川省人大执法监察组领导及省司法厅副厅长彭矛又带队赴攀枝花检查《四川省公证条例》贯彻执行情况。1997 年 6 月，省司法厅制定《四川省司法厅行政执法责任制方案（试行)》，对行政执法的目的要求、执法任务、执法职责、保障措施等进行了规定。为了扎实落实责任制方案，一是省司法厅建立健全了行政执法责任制领导小组，由厅长任组长，分管副厅长任副组长，成员由法制处、律师工作处、公证工作处、基层工作处、司法鉴定工作处、省监狱管理局、省劳教局等部门的负责人担任，并在省司法厅法制处设立了领导小组办公室，具体负责行政执法责任制的组织实施及日常工作。二是将行政执法责任制工作作为厅一级目标考核内容，由省司法厅向省政府负责。对内，省司法厅明确规定，凡影响目标考核工作的，由司法厅目标办按职责追究相关部门和人员的责任。三是各市（州）司法局、监狱管理局、劳教局也按要求建立健全了行政执法责任制领导小组，为进一步推进四川省司法行政系统依法行政夯实了基础。全省司法行政系统严格按照省政府关于《四川省行政执法责任制考核办法》贯彻执行。1998 年 8 月，结合省人大组织的工作组对全省监狱系统贯彻执行《监狱法》情况的检查，事先对四川监狱系统贯彻《监狱法》的情况进行了解，并对乐山、绵阳、成都等地《律师法》《四川省公证条例》的贯彻执行情况以及法制工作情况进行了检查。1999 年，省司法厅先后赴自贡、宜宾、泸州、乐山、茂县、绵阳、广汉、成都等地，对《律师法》《四川省基层法律服务条例》《四川省公证条例》的贯彻执行情况以及法律工作情况进行了检查。

二、执法监督检查阶段

2001 年 6 月 20 日，司法部重新印发《司法行政机关执法监督检查工作规定》，新规定对司法行政执法监督检查工作做了明确的界定，对司法行政执法监督检查的原则、范围、方式及执法监督检查的实施和处理等做了明确的规定，为进一步加强司法行政执法监督检查工作和促进依法行政打下了坚实的基础。全省各级司法行政机关法制工作机构切实履行执法监督职责，把执法监督检查作为一项重要工作来抓，督促检查主要突出了“三个层次”的方式：一是厅、局领导带队统一进行的执法监督检查；二是各相关业务处、室进行的部门执法监督检查；三是法制工作部门进行的经常性监督检查。突出了“三个结合”的方法：一是重点检查与普遍检查相结合。针对执法中的突出问题，集中力量、集中时间、集中精力进行重点检查，对执法中存在较普遍的问题进行全面检查；二是自查与抽查相结合。全省各级司法行政机关根据各自的实际进行自查，在形成自查报告的基础上，上级司法行政机关依据自查中反映较突出及社会各界反映较强烈的问题，有针对性地进行抽查；三是定期检查与不定期检查相结合。根据司法行政的工作重点，每年定期检查1—2部法律、法规或规章的执行情况。在督促检查中重点抓了对公证质量的检查，对监狱减刑、假释、保外就医等执法行为的检查，通过抽查卷宗，发现问题，及时予以指出，并要求限期整改。通过执法监督检查，进一步提高了执法人员的法制意识，有力地推进了依法行政工作的深入开展。

在全省司法行政督促检查中，还特别抓了职能部门依据有关法律、法规和规章，明确各处（室）的执法权限和职责，落实执法岗位目标责任，强化司法行政执法监督机制，充分发挥司法行政机关职能作用，促进职能到位，加强执法监督，提高行政执法的质量，增强干部的工作责任感和自觉性，促进职能的转变和工作效能的提高，达到执法权限法定化，执法程序规范化，监督机制完善化，为全省司法行政系统建立健全符合社会主义市场经济体制要求的、科学的、规范的行政执法制度打下坚实的基础。至2005年，全省司法行政系统制发的规范性文件无违反上位法的情况发生，行政复议、应诉、许可、处罚等无错案发生，使全系统依法行政工作上了新台阶。省司法厅先后于2001年、2003年、2004年、2005年4次被省政府评为行政执法责任制先进集体。

第二章　法学教育

20世纪80年代，包括司法行政在内的四川政法系统法律人才短缺，政法干警学历程度普遍不高，难以适应改革开放和社会主义法治建设的需要。基于此，作为全省法学教育主管机关的四川省司法厅，按照省委、省政府和司法部的要求，积极探索加强法学教育的有效形式，拓展培养法律人才渠道。一是办好两所学校，即四川省政法管理干部学院和四川司法警官职业学院（前身为四川省劳改工作学校、四川省警官学校）。通过不断扩大规模、增强师资和学历教育、技能培训并举等措施，着力培养专业法律人才。政法管理干部学院自1985年起至2004年并入西南石油大学止，共培养各类法律人才10109人（其中大专学历生5052人，非学历生5057人）。司法警官职业学院自1982年起至2005年止，为西南地区政法系统和相关部门输送中等专业毕业生13369人，培训各级各类民警20190人。二是以函授、自考等方式开展法律专业学历教育。包括：设立西南政法大学四川函授站，与西南政法大学联合办学，1986—2005年，共培养法律函授本科毕业生3050人、专科毕业生6845人；与省高等教育自学考试委员会协调并依托西南政法大学等高校辅导，开考法律、律师、监所管理等专业，为司法行政系统、政法系统培养了上万名专科、本科法律专业人才。三是实行短期法律知识培训和"专业证书"考试制度。1986—1995年，全省司法行政系统共有6.6万多人参加了各级培训，提升了干警法律素质；1988—1996年，全省司法行政系统共有3500多人通过脱产或半脱产学习培训考取了法律职业"专业证书"，适应了岗位和工作需要。

第一节　学历教育

一、西南政法大学法律函授专科、本科教育

自1981年四川省司法厅与西南政法大学（原西南政法学院，下同）联合在四川举办法律函授专科教育以后，即在省司法厅设立了西南政法大学四川省函授站，由省司法厅分管副厅长任函授站站长，省司法厅法学教育处处长任函授站副站长，函授站具体工作由厅法学教育处承担。至1985年底，分别在全省13个市（地、州）设立函授站。1986年又增加广元地区、1988年增加涪陵地区、1990年增加乐山地区函授分站，至此全川共设分站16个。西南政法大学于1988年在川已开设法律函授专科教育的基础上又开设了法律函授本科教育，招收具有专科学历并通过全国统一成人专升本考试合格的学员入学，其入学考试科目为政治、民法、英语三科。函授专、本科教育均采取由西南政法大学教师到各个函授站开展定期集中面授、辅导与学员平时自学相结合的教学方式进行，同时函授站对各年级进行日常的教学、考试、学籍管理等。法律专科开设的课程有宪法、法学基础理论、

中国法制史、刑法、刑事诉讼法、民法、民事诉讼法、经济法、国际法、婚姻法、行政诉讼法等科目；法律函授本科开设的课程有毛泽东思想概论、中国法制史、商法、知识产权法、税法、证据法、劳动法、行政法、国际经济法、国际私法、公证与律师制度、民事法律讲座、刑事法律讲座及英语等。专、本科学制均为 3 年，学年修满，各科成绩及论文评定合格，由西南政法大学颁发专、本科毕业证书，纳入国民教育序列，国家承认其学历。1986—2005 年，西南政法大学四川省函授站共招收法律函授专科学员 6958 人，毕业 6845 人；招收法律函授本科学员 4304 人，毕业 3050 人。毕业学员大多数成为了单位的业务骨干，有的还走上了领导岗位。

1986—2005 年西南政法大学四川省函授站专、本科招生及毕业人数统计表

表 5－1　　　　单位：人

项目 / 年份	函授专科		函授专升本	
	招生人数	毕业人数	招生人数	毕业人数
1986	649	395	—	—
1987	699	427	—	—
1988	577	617	153	—
1989	549	616	155	—
1990	369	659	139	—
1991	265	556	180	148
1992	466	506	231	148
1993	441	337	412	126
1994	426	248	703	166
1995	565	406	344	239
1996	436	348	303	358
1997	346	345	300	669
1998	278	376	126	253
1999	171	297	171	187
2000	186	224	178	196
2001	158	220	295	117
2002	240	153	307	165
2004	86	58	173	173
2005	51	57	134	105
合　计	6958	6845	4304	3050

二、自学考试助学辅导

省司法厅根据司法部的要求，分别于 1988 年、1995 年、1997 年委托四川省高等教育自学考试指导委员会在四川省范围内开考了法律专业（1995 年为律师专业）、应用法学和监狱劳教所管理专业的自学考试，由省考委按照全国考委制定的专业考试计划、课程考试大纲和开考计划，负责组织全省考试工作；省司法厅负责组织招生、助学辅导和组织管理工作。学员全部课程考试合格者（本科还需通过毕业论文评定)，由四川省自考委颁发国家承认学历的大专、本科毕业证书。

（一）司法部委托省自考委开考的法律、律师专业专科自考助学辅导

1988年，省司法厅根据司法部《关于组建中华全国律师函授中心大专部辅导总站有关问题的通知》精神，成立中华全国律师函授中心大专部四川辅导总站，开展司法部委托省自考委开考的法律专业专科和1995年开考的律师专业专科自考助学辅导工作，由省司法厅分管副厅长任辅导站站长，省司法厅法学教育处处长任副站长，省司法厅法学教育处具体组织开展招生宣传及助学辅导工作，先后在全省17个市（地、州）设立了辅导分站，主要培养高中文化程度的政法系统工作人员及其他有志于学习法律的社会人员，开设了马克思主义哲学、法理学、宪法学、民法原理与实务、经济法原理与实务、商法原理与实务、法律文书与律师实务写作、行政法与行政诉讼法、婚姻法、公证与律师制度以及大学语文等14门课程，以及刑事诉讼原理与实务等课程。其教学方式以自学为主，辅以音像辅导，同时为学员提供各科教材、大纲、书面辅导资料等，组织学员有系统、有组织地开展学习与考试。该专业在1988年开考第一年在川招生规模达到了2553人，1989—1992年每年一直有1600人余人的规模，后随着普通高校的扩大招生、社会上各种办学形式的多元化以及整个社会学历层次的提高，学员规模呈递减趋势，常年就读的学员1993—1994年仅有800余人，1995—1998年有600余人，1999—2005年下降到200余人。1988—1995年，法律专业共毕业361人，1995—2005年律师专业共毕业694人。

（二）应用法学自考本科助学辅导工作

1995—1998年，为加快法学专业高学历层次人才的培养，省司法厅根据四川省高等教育自学考试委员会《关于四川联合大学等十四所院校举办高等教育自学考试应用型专业的通知》，报经四川省高等教育自学考试委员会批准，省司法厅依托西南政法大学设立了西南政法大学自考工作站，同时先后在内江、泸州、自贡、德阳市，以及四川省政法管理干部学院设立了站（点），举办西南政法大学法律专业专升本自考班，开展应用法学自考本科的助学工作。主要培养司法行政系统具有法律专科层次的在职干警，学制两年，采取集中面授和自学相结合的方式，由西南政法大学教师授课，参加由自考委组织的考试，全部科目考核合格者，按国家自学考试有关规定颁发西南政法大学法律专业本科毕业证书。三年中共招生910人，毕业860余人。

（三）自考监所管理专业助学辅导

1997年，为进一步提高四川省监狱狱警的文化素质、专业素质和学历层次，不断推进监狱人民警察队伍革命化、正规化建设，保障监狱、劳教事业继续健康快速发展。省司法厅根据全国高等教育自学考试指导委员会与司法部联合下发的《关于开考监所管理专业和组织监狱劳教系统人民警察参加自考学习的通知》要求，委托四川省高等教育自学考试委员会在全省监狱系统开考了监所管理专业专科层次的考试，中央司法警官学院为其主考院校，成立了四川省监所管理专业自学考试助学辅导总站和四川省监所管理专业助学指导办公室，办公室主任由法学教育处处长兼任。同时在四川省监狱管理局、四川省劳教局分别设立了辅导站，省监狱管理局、省劳教局又在各监狱和劳教所设立辅导分站，配备专门人员开展自学考试的助学工作，有计划、有组织地进行学习与考试。2003年，又相继开考了监所管理专业本科层次的考试。监管所管理专业自考主要是培养监狱、劳教系统司法行政干警，课程设置具有很强的针对性，专科层次开设有：邓小平理论、马克思主义哲学、宪法、刑法、犯罪学、教育改造、狱政管理、法理、刑事诉讼法、劳教管理、警察管理、监狱基础、劳教

基础、企业管理、民商法原理、大学语文等科目；本科层次开设有政治经济学、毛泽东思想概论、中国政法制度、罪犯劳动改造学、心理学、民事诉讼原理、婚姻法、狱政管理、监狱基础、监所法律文书及英语等科目。广大监狱、劳教干警踊跃参加监所管理专业的自学考试。该专业自1998年正式开考，招生达6637人，1999—2005年常年就读专科的学员有2000余人，毕业1900人；2003年，监所管理专业本科开考，常年就读的学员有2900余人，至2005年毕业500余人。

三、“专业证书”制度的实施

1988年，国家教育委员会、人事部下发《关于成人高等教育试行〈专业证书〉制度的若干规定》，该规定阐明了“专业证书”制度是由用人单位根据工作岗位的需要，有针对性地选拔已在专业技术岗位或专业性较强的管理岗位上工作的人员，为使其达到上岗任职所要求的专业知识水平，有目的地进行专业知识教育的一种教育证书制度。“专业证书”只在本行业本专业的工作范围内使用，仅作为评定、聘任专业技术职称、管理职务和其他职务的任职资格依据之一。省司法厅随即分别委托西南政法大学、四川省政法管理干部学院、中央政法管理学院、中央劳改劳教管理干部学院、四川省广播电视大学、成都市职工大学开设了法律专业的“专业证书”班，通过语文、政治、法律常识的入学考试，培养司法行政系统内从事法律服务工作又不具有法律大专学历的、具有高中文化程度、五年岗位工龄、年龄一般35岁以下的工作人员。“专业证书”班开设了中国司法制度、宪法、民法、民事诉讼法、刑法、刑事诉讼法、行政法与行政诉讼法、经济法、行政管理学、司法文书等课程，学制分为脱产一年或半脱产一年半两种形式在校学习，通过结业考试后即可获得该专业的“专业证书”。1988—1996年，共有3519人获得“专业证书”。

四、在职攻读法律硕士专业学位推荐报名工作

1997年，省司法厅根据司法部《关于在司法行政系统开展在职攻读法律硕士专业学位工作有关问题的通知》的要求，在司法行政系统开展了推荐报名工作，培养学校为西南政法大学（1999年改由四川大学负责培养），2005年又增加了西南财经大学。被推荐者主要是司法行政系统的律师、公证员等专业法律人员、司法机关干部，政府行政执法部门、法制工作部门和金融单位从事法律工作的人员也可报考。报名者需符合从事法律工作五年以上并具有良好的职业道德和专业培养前途的条件。被推荐人须参加全国统一的在职攻读法律硕士专业学位入学考试，考试科目为英语、民法学、刑法学、综合课（含宪法、法学基础理论、中国法制史），政治理论及面试由培养学校组织进行。1997—2005年,共有453人被推荐，具体的录取、学制、教学等由培养学校决定。

第二节　干部培训

干部培训自司法行政重建后一直采取中央、省和市（地、州）三级培训方式。1995年以前由省司法厅法学教育处具体组织开展此项工作，主要围绕司法行政的业务知识、法律知识对司法行政系统的监狱及劳教干警、律师、公证员、基层人民调解人员、各级司法行政领导干部及工作人员开展各类性质的培训。1986—1995年，司法行政系统共有42234人参加了各级培训，另监狱、劳教系统共23878人参加了各类培训。

1981—1985 年，四川省先后有达县、自贡、涪陵、宜宾、内江 5 个市（地），经当地行政公署或市政府或四川省人事局批准成立了司法（政法）学校，由当地市（地）司法局负责组织管理教学工作，轮训法院、检察、司法行政的在职干部，还曾招收年轻的在职司法干部按二年制中等专业学校进行正规培训，为培养政法队伍做出了较大贡献。2003 年，上述 5 个学校分别移交给当地教委管理。

1986—1995 年四川各级干部培训统计表

表 5－2　　单位：人

分类 / 年份	司法行政系统机关（含律师公证员）				监狱劳教单位	合　计
	中央级	省级	市州级	小计		
1986—1988	449	3082	10903	14434	9870	24304
1989	20	300	1936	2256	9524	24475
1990	83	966	7470	8519		
1991	111	345	3720	4176		
1992	—	—	—	3239	1169	4408
1993	239	1077	1135	2451	1369	3820
1994	54	835	3000	3889	417	4306
1995	59	1644	1567	3270	1529	4799
总计	1015	8249	29731	42234	23878	66112

第三节　教育机构

一、四川司法警官职业学院

四川司法警官职业学院于 2004 年 4 月在四川省警官学校的基础上成立，是一个以全日制教育为主的政法类高职院校。学校前身为四川省劳改工作学校，于 1982 年 10 月在德阳市黄许镇成立。学校的办学理念是“教学兴校、科研强校、特色办校、争创名校”，办学定位是“立足行业、面向社会、服务地方”，逐步形成高职教育为主，学历教育与干警在职培训并重，教学、科研、培训齐头并进的多专业、多层次、多形式的办学格局。

（一）办学演变

1982 年 10 月，四川省劳改工作学校成立之初，主要是开展监狱劳教系统干警业务知识培训。随着国家教育改革不断深化，学校办学模式、办学要求也不断变化和发展，在对监狱劳教干警实施在职培训教育的同时，不断研究发展路子：一方面，学校独立开办成人中专学历教育和函授教育，另一方面与中央劳改劳教管理干

图 5－2　1982 年黄许旧校貌

部学校（中央司法警官学院）、西南政法大学、四川大学、德阳电大等学校合作举办了专业证书班和电大专科、专科自考班等。1986 年，学校新设立会计、计划统计和护士三个专业，进一步扩展了学校人才培养的范围。1989 年，学校开办普通中专学历教育，面向全省公开招收参加全国普通高考的学生。至此，学校打破了单一的成人学历教育的办学模式，生源进一步扩宽，为成为省级普通中专学校迈出了关键的一步。1991 年，学校更名为四川省劳改工作警官学校后，新设了劳改劳教和劳改经济管理两个专业，办学规模为 700 人，当年秋季招收新生 410 人，从而结束了以职工中专学历教育为主、兼办其他层次教育的历史，正式走上了以普通中专学历教育为主的发展道路。1993 年，为进一步提升监狱劳教系统管理人员的文化素质，经省教委同意，学校从秋季起试办成人中专学历函授教育，新设立劳教管理专业，学制 3 年，在省内较大的劳改单位设立函授辅导站，当年招收学员 495 人。

1998 年，学校被列为司法部重点中专学校；1999 年被四川省人民政府批准为省部级重点中专。这既是对学校近 20 年办学成绩和能力的肯定，又使学校在省内和全国的影响力进一步增强。

图 5－3　1989 年 8 月由于发展的需要，学校从原德阳黄许镇迁入德阳市区凯江路，图为学校迁入时的校大门

1999 年以前，学校毕业的普通中专生统一分配到监狱劳教单位就业。从 2000 年开始，学校毕业生不再分配就业，进入监狱、劳教单位工作需参加统一的公开招警考试。这意味着学校的毕业生不再由国家保障就业，学校急需开拓新的毕业生就业渠道。而随着经济、社会发展，对人才需求的规格和层次越来越高，中专层次培养的学生竞争力不强。因此，提升办学层次是学校生存发展的必由之路。

在司法部、四川省司法厅、德阳市人民政府和省监狱管理局的大力支持下，学校于 2004 年 4 月升格为高等职业院校——四川司法警官职业学院。

（二）办学成果

学校升格为高职学校，给学校带来了新的发展机遇。随着办学层次的提高，扩大招生范围和规模、优化生源结构，为将学校办成四川司法行政系统的学历教学基地、在职干警的培训基地、科研基地创造了条件。学院升格当年，核定的在校生规模上升为 3500 人；在专业设置上，新开设了法律事务、刑事执行、行政执行等 6 个专业，普通大专首次招收新生 1070 人。2005 年 4 月，学校被省教育厅批准为高等职业院校学分制改革的试点院校，专业调整为法律事务（分公证律师事务方向和行政法律事务方向）、心理咨询（罪犯心理矫治方向）、刑事执行、行政执行、安全防范技术、司法信息技术、刑事侦查技术 8 个专业，当年在四川、重庆、西藏招收大专生 1300 人，在校生近 3500 人。

建校 24 年，学校先后为西南地区政法系统和社会各界输送毕业生 13369 人，培训各级各类民警 20190 余人，他们遍布川、渝、藏等政法战线，有部分毕业学生已成为政法系统的领导干部和业务骨干，为国家的法治建设和社会的和谐稳定做出了重要贡献。

二、四川省政法管理干部学院

（一）办学演变

四川省政法管理干部学院是经四川省人民政府批准，国家教委备案的一所独立设置的成人高等学院。四川省政法管理干部学院于1984年筹建。1985年正式成立挂牌并招生，校址在郫县唐昌镇横山子。同年6月，四川省人民政府将原省政法干部学校并入学院。学院属正厅级单位，由省司法厅主管，业务上受省教育厅领导。学院院级领导由省委组织部任免，处级干部由省司法厅任免并报省委组织部备案。

1985年3月，川司党组（85）046号文批准，学院设立13个处级部门，其中，行政部门6个：党委办公室、院长办公室、人事处、总务处、教务处、基建处；教学、教辅部门7个：政治理论教研室、民法民诉法教研室、经济法国际私法教研室、国家与法教研室、刑法刑诉法教研室、文化体育教研室、图书馆。1985年9月，川司党组（85）92号文同意成立学生（员）工作处，共14个处级部门。

1987年，川编发（1987）099号文将原有的13个处级部门调整为11个。1987年6月20日，川直工字（1987）76号文批准建立学院工会；1987年8月21日，川司政（87）91号文批准成立共青团四川省政法管理干部学院委员会；1988年2月5日，川司政（88）015号文批准成立中共四川省政法管理干部学院纪律检查委员会（下设办公室）。1991年8月，基建处并入总务处。1991年12月，招办成立，挂靠教务处。行政部门演变为9个：党委办公室、院长办公室、人事处、总务处、教务处、基建处、纪检办公室、工会、团委；教学、教辅部门演变为5个：法律系、经济法系、基础部、轮训部、图书馆。共14个处级部门。1993年，招办单独设立，由院长直接领导，2003年2月，更名为招生就业指导办公室。

1987年8月，学院校址迁至成都市北郊青龙场。学院占地81.43亩（征地43.43亩，租用地38亩）总建筑面积28752.85平方米，其中：教学综合楼、办公楼、图书馆6745.6平方米，职工宿舍15568平方米，学生宿舍4286.92平方米，学生食堂1580平方米，其他用房572.33平方米。

学院首届领导班子主要负责人：院长由四川省委政法委书记白尚武兼任，党委书记由四川省司法厅厅长费中兼任。第二届院领导班子主要负责人党委书记、院长陈耀祖。第三届院领导主要负责人党委书记、院长李犁。内设12个正处级单位、两个副处级单位。为适应改革发展的需要，2002年与西南石油学院联合办学，成立法学院，根据2004年4月6日四川省人民政府办公厅议事纪要（64）号文件精神，四川省政法管理干部学院并入西南石油大学。

（二）办学成果

1985—2004年，学院培养各类人才10109人次，其中大专学历生5052人，非学历生5057人，为全省培养了一大批法律专业人才。成为四川省政法干部教育战线上的一支重要力量。

学院图书馆拥有以法学、政治书籍为主的藏书13万余册，有国内外各种报刊杂志数十余种。图书馆藏书资料基本上能满足教学和科研需要。

建院以来，学院十分重视师资队伍建设。采取高等学府输送、招聘、选调、在职培训等措施，不断提高教师业务素质。截至2004年7月，有教职工182人，其中专职教师76人，具有高级职称的30人（教授3人，副教授27人），中级职称40人。高中级职称占专职教师总数的90%以上。形成了一支初具规模、基本适应成人法学教育的师资队伍。卫德佳、孙萍被评为1993年度四川省优秀教师。

建院20年来，学院根据国家教委《关于改革和发展成人教育的规定》，坚持成人教育“一要改革，二要发展”的方针，采取多层次、多形式、多渠道办学，不断拓宽办学领域，使教学规模逐渐扩大。学院设有法律大专班、法律专业大专层次的全脱产和半脱产的专业证书班、经济法专业大专班、电大普专班（脱产），电大业余班、劳改劳教管理专业大专班。此外，为了适应民族地区以及贫困地区法律人才的需要，经中共四川省委批准，分别与凉山州、涪陵地区共同举办法律大专学历教学班。学院建立了4种教学层次，即成人大专、电大、专业证书以及各类短训班。成人大专设置了法律、经济法、监狱和劳教管理、涉外经济法、文秘与法律5个专业；电大设置了法律、经济法、监狱法学、秘书4个专业；专业证书培训设置了法律、经济法、政工3个专业。在办学中，坚持了“立足政法、面向社会”的方向，以学历教育为基本任务，以岗位培训为重点，在搞好学历教育的同时，抓好各种非学历教育。学院在9个市（地、州）举办了11期高等专业证书培训班：举办了19期岗位培训；岗位培训包括中级律师班、中级公证员班、经济律师培训班、司法局长检察长培训班、“两劳”系统领导干部培训班、大中型企业司法调解员培训班、妇女干部培训班；此外，还与军地两用人才培训中心联合办学，为国家培养司法和公安方面的人才。

学院强调以教学为中心，努力提高教学质量，强化教学管理，开展教书育人、管理育人和服务育人工作。在学历教育上，课程设置原则上按照司法部教学方案的要求进行，并遵照司法部统编和教学大纲组织教学，保证了29门课、1994学时的落实。为了适应市场经济对人才的需求，在教学中注重理论性，突出实用性，加强针对性。各类培训班则根据形势发展的需要，送培单位的要求制定教学计划，并十分注意科学性和规范性。在教学环节上，突出抓了课堂教学这一中心环节，狠抓备课、试讲、教学评估等环节，努力提高课堂讲授质量。同时，加强辅导答疑、课堂讨论、参观学习、社会调查、毕业论文指导和答辩等工作，使学生既掌握理论知识，又具备分析、解决实际问题的能力。

学院十分重视教学管理，强调严格执行各项管理制度。在组织纪律方面，坚持考勤结果与学籍管理挂钩。凡一门课旷课达1/4以上课时的学生，取消该门课的考试资格。在入学注册方面，规定新生入学3个月后，学校进行复查，凡不符合规定的取消入学资格。凡取得学籍的学生，在校期间，不得报考其他大学。成绩考核是学院学籍管理的一项重要内容，在校期间，考核成绩不合格者，经补考，学期或学年成绩累计有3科不及格者，予以降级。历年中，全院有2人受到降级处分，有8人未能毕业。

学院党委提出“加强教育、严格管理、热情关心、周到服务”的16字学生工作方针，由院党委主要负责人亲自抓学生工作并成立“德育领导小组”，建立班、系（部）、学院三级学生管理工作网络。通过加强党团组织建设，狠抓政治思想工作，使学生思想觉悟普遍有所提高，学生们政治上要求进步，遵守纪律，积极开展各种有益的活动。在加强对学生管理的同时，学院加强对教职工的纪律要求，在执行各项管理制度时，坚持原则，奖惩分明。由于严格教学管理，保证了教学秩序和教学质量。在司法部组织的全国成人高校统考中法学基础理论曾获得集体和个人2项第二名的好成绩。教学质量得到用人单位的肯定。普遍反映学院毕业生专业知识比较扎实，在应用法律中理论联系实际，创造性地开展工作。据了解，大多数毕业生已成为用人单位的骨干，不少毕业生已走上各级领导岗位，为四川省法制建设做出了较大的贡献。

科研工作是提高教学质量搞好职工教育的重要环节，也是直接参与经济建设和改革开放的有效途径。学院在抓教学质量的同时，提倡并鼓励开展教研和科研活动。组织教师为军队转业干部编写审定教材6种，专业证书法律专业指导书11种，供销系统法律顾问培训班教材3种，军地两用人才培训中心辅导教材9种。这些教材和教学资料符合学员实际，针对性强，重点突出，方法得当，受到好评。还派出7人分别参加全国成人法学教材和司法部组织的教材编写工作。据不完全统计，教师著书34种，在全国和省级以上公开或内部发表论文200篇以上，在各种学术会议上发表论文30篇。学院编辑出版的《四川法学》为教师科研以及学术交流提供了良好的园地。

第六篇　法制宣传教育

中国社会主义法制宣传教育工作的目的，就是要帮助公民逐步树立起以宪法为核心的社会主义法律意识，要求公民不但能够自觉地守法遵纪，而且还必须在学习法律知识的基础上，进一步把学法和用法紧密结合起来，学会依法管理各项事业，敢于和善于运用法律武器维护国家、集体和个人的合法权益，与各种违法和犯罪作坚持不懈的斗争，预防和减少违法犯罪，有效地维护社会稳定，促进经济发展和社会进步。通过广泛深入地开展法制宣传教育活动，大张旗鼓地把法律武器交给亿万群众，使人民真正当家作主。1986—2005 年，四川省的法制宣传教育和普法依法治理工作按照中共中央、全国人大、国务院和中共四川省委、省人大、省政府的要求，有组织有计划地进行了四个五年普法教育活动。

第一章 “一五”法制宣传教育

“一五”普法（1986—1990）的宗旨是对全省公民进行一次比较系统的法律知识启蒙教育活动。中共十一届三中全会以来，党和国家高度重视社会主义民主法制建设。而加强民主法制建设进程中，最根本的问题是教育人。实施“一五”普法，就是要在全体公民中坚持不懈地普及法律知识，增强公民意识，懂得公民的基本权利和义务，懂得与自己工作和生活直接相关的法律和纪律，培养遵纪守法的良好习惯。公民都要遵守宪法和法律，共产党员还要遵守党章，在法律面前人人平等，绝不允许有任何超越法律和纪律的特殊人物。

第一节 “一五”普法目标

1985年2月12日，四川省六届人大常委会作出《关于在全省公民中普及法律常识的决议》。6月25日，中共四川省委常委会议决定：把普法工作纳入各级党委的议事日程，省委委托何郝炬（省人大常委会主任）和王敖（省人大常委会副主任）负责抓普法；省委宣传部和省司法厅作为普法工作的主管机关，负责组织抓落实。具体分工，省委宣传部着重抓组织协调，省司法厅负责日常事务工作。并将原省法制宣传教育活动办公室更名为“四川省法制宣传教育办公室”，由省司法厅副厅长杨立中担任办公室主任。7月，省委、省政府印发《四川省普及法律常识规划》。省委、省政府召开全省法制宣传教育工作会议，省委书记杨汝岱向3000多名与会人员作了题为《普及法律基本常识，加强精神文明建设》的动员报告。对此，中央电视台、中央人民广播电台、《人民日报》等重要新闻、媒体作了重点报道，在全国引起热烈的反响。

图6－1 1986年12月，渡口市（现攀枝花市）领导干部首期普法培训班开学典礼

图6－2 1985年11月，广元市法律工作者在广元中学为青少年学生作普法宣传

“一五”普法的宗旨是对全省公民进行一次比较系统的法律知识启蒙教育，普及内容为宪法、刑法、刑事诉讼法、婚姻法、继承法、经济合同法、民事诉讼法、森林法、兵役法、民族区域自治法和治安管理处罚条例等，简称“十法一例”。各地结合实际需要有所增减，或称“九法一例”“十二法一例”等。各级领导干部和广大青少年是普法的重点对象。普法教育采取多种形式进行，常见的方式有宣讲会、报告会、系列讲座、法制演讲会、法制书画展览、法制谜语竞猜、法制对联征集、法制文艺演唱、幻灯放映、法律知识竞赛等群众喜闻乐见的宣传形式，但是最基本的形式是按照“一五”普法规划中提出的要求，采取上法制课的办法，对普法对象开展面对面的宣讲方式。“一五”普法总的目标是，通过五年普法，使全省公民能够知法守法，增强法制观念，养成依法办事的好习惯，逐步做到正确运用法律权威，自觉维护法律权威。

在全省法制宣传教育工作会议之后，各市（地、州）、县（市、区）无一例外，都按照省的模式，持续召开了“一五”普法的动员大会，绝大多数的地方，都是由中共各级党委“一把手”亲自作动员报告。随后，迅速建立健全了各级法制宣传教育领导小组，由党委、人大或政府的主要领导干部担任组长，或由党委指定专人负责，并相应建立了办公室，落实了必要的普法经费。全省迅速形成了学法的气候。在中共四川省委的领导下，省委宣传部、省司法厅、省法宣办率先举办由市（地、州）党委、人大和政府的领导干部、省级机关领导干部参加的普法学习班，给广大干部和群众做出了榜样，大大激发了各级领导干部学法的积极性。1986年底前，全省各级各类干部基本上全部参加了不同形式的普法学习活动。四川从抓领导干部的学法打开普法工作局面的做法，受到中央领导的肯定。各级各类企事业单位的普法工作，发展也很快。各单位分别采取政治理论教育轮训、专业培训、岗前培训中安排普法内容，组织专门的普法学习班等方式，尽可能地组织干部、工人集中脱产学习法律知识，比较顺利地把普法工作开展起来。

图6－3　1988年3月，省司法厅厅长郑文举（右二）在成都街头接待来访群众，解答法律问题

第二节　“一五”普法实施

四川是农业大省，农村工作是大头。要完成全省普法任务，解决农民学法是关键。农村经济不够发达，交通不便，居住分散，农民文化程度比较低，再加上实行联产承包责任制，以户为单位搞生产经营，外出经商务工人员越来越多，各地都反映农村工作难做，普遍存在“开会难”的问题。而普法工作不仅仅是召开几次群众大会的问题，还要进一步组织农民比较系统地学习法律知识，难度更大。为了探索农村普法的路子，省法宣办在各地部署了一批农村普法的试点工作。到1986年底，涌现出一批有明显效果的试点单位，并初步总结出有一定价值的经验，基本方法有四种类型。

第一种类型是编写《农民普法读本》，为农民提供普法学习资料。1986 年 3 月，省法制建设办公室从省司法厅机关抽调 6 名法律专业人员突击写出《农民普法读本》。付印前，还派人去成都市新都县与县司法局干部一起到该县斑竹园乡召开基层干部（村主任、村支书）座谈会，听取他们对《农民普法读本》的修改意见后，向全省农村印发了 20 万册，供农村普法骨干使用，为全省农村开展“一五”普法创造了有利条件。

第二种类型是以乡为单位，集中培训户主的办法。每逢赶场天在乡上集中上大课，每次安排一个法的培训内容。回到村上组织讨论，并由宣讲员作辅导讲解。

第三种类型是以农民居住的院落为基本单位，组织学习小组，以自学为主，宣讲员定期上门辅导讲解，加深理解。

第四种类型是以村为单位，由县法宣办和区乡干部担任教员，用系统上法制课的办法，农忙少安排或不安排，农闲多安排，比较集中地学习“一五”普法规划要求的“十法一例”。

省法宣办组织各市（地、州）法宣办的一道经过反复论证和实地考察，认为：第一种类型就是要充分发挥省法建办法律专业人员的优势，在较短时间内编写完成《农村普法读本》，使农村普法有了统一的学习教材。第二种类型的长处是有声势，影响大；短处是集中上大课纪律不易维持，听讲效果难以保证。第三种类型的长处是方便群众，有利于克服居住地分散造成的不便；短处是没有照顾到农村群众文化低的特点，容易流于形式，形成走过场的局面。比较起来，第四种类型比较适合四川农村的特点，易于管理，不误农时，干部、群众乐于接受，普法效果也比较好，这第四种类型就是四川农村“三集中”普法经验的雏型。

图 6－4　凉山州甘洛县司法局副局长周德清在奔赴下乡开展“一五”普法途中

地处川中的遂宁市射洪县是人口近百万的农业大县。中共射洪县委、县人大和县政府对农村普法很重视。省、市两级法宣办先后派出干部到射洪县，参加了三个乡的农村普法试点工作，与县委工作组一道深入乡村，帮助编写讲稿，制定切合本乡本土实际情况的普法计划，制定各项行之有效的普法学习制度。通过认真细致的基础工作，使试点乡、村的干部增长了才干和能力，为深入开展普法打好了基础。同时，省、市、县各级干部通过亲自解剖“麻雀”，既看到农村普法的难点，又看到搞好农村普法的有利条件，感受到广大农民群众蕴藏着学法积极性，增强了抓好农村普法的信心和决心，为领导决策提供了第一手经验材料。射洪县委的领导分头深入乡、村，把农村普法方案带到基层去征求意见。县委以积极慎重的态度，专门召开了两次常委会和三次常委扩大会，专题研究农村普法。1987 年 1 月，县委作出决定，从本县的实际情况出发，采取“集中领导精力、集中骨干力量、集中学法时间”，利用春耕大忙前的 2—3 个月时间，在全县农村一次性开展农村普法工作，这就是简称为“三集中”的农村普法工作经验。县委要求全县农村干部，要象抓经济工作，完成经济指标那样抓好普法工作，要像 20 世纪 50 年代扫除文盲那样的声势扫除法盲，做到普法、生产两不误，不漏单位不缺人，不走过场不降格。1987 年 2 月 7 日，射洪县正式拉开了

“三集中”农村普法的序幕，这是四川省第一个以县为单位抓农村普法的试点。为在全省范围内推广射洪县的经验做好准备，全面把握试点工作情况，省、市法宣办在充分依靠当地干部的基础上，派出得力干部参加农村“三集中”普法的全过程，并积极出主意、想办法，克服工作中的难题。射洪县的农村“三集中”普法从2月7日开始，到5月上旬基本告一段落。结果表明，全县53万农村普法对象在规定的学时之内，比较系统地学习了“十法一例”等最基本的法律常识，在全县范围内形成浓厚的学法用法的风气，解决了一批长期存在的有法不依的问题，调动了农民抓好生产经营的积极性，促进了当年的春耕生产，干部群众都比较满意。四川省主管普法教育的领导认为，射洪县“三集中”普法教育方法得当，效果突出，标志着全省农村普法已经取得了突破性的进展，应该不失时机地抓住这个典型大力推广。本着坚持实事求是的科学态度，不夸大，不人为拔高，不弄虚作假的指导思想，通过新闻媒介，客观报道射洪县农村“三集中”普法的作法和效果，引起了全省的注目。1987年7月，省法制宣传教育领导小组在遂宁市召开全省农村普法经验交流会，着重宣传、推广射洪县农村普法经验。各市（地、州）分管普法工作的党政领导、党委宣传部门、司法行政部门、法宣办的负责人计100多人参加了会议。这是四川省召开的第一次专题研究农村普法工作的大型会议。

针对各地反映的农村普法工作的难点，省法宣办从射洪丰富的普法工作经验中，提炼出有普遍指导意义的、有普遍推广价值的基本经验供各地借鉴：建立强有力的指挥系统。坚持实行统一领导、统一部署、统一行动、统一宣传口径、统一考核验收。从县到乡、村都有组织机构。各级各部门的领导干部在“三集中”普法期间都把主要精力放到普法工作上；组织好农村普法骨干队伍。全县集中培训了县、乡、村三级干部2000多名，以乡为单位培训基层普法骨干14000多名，这支骨干队伍对落实农村普法任务起到了关键的作用；充分运用各种宣传舆论工具和手段，在全社会造成学法讲法的热烈气氛；坚持以上法制课为主要普法形式。注重结合当地群众熟悉的实例，以案讲法，以事论法；坚持分类指导，突出重点对象，把村、组干部，乡村企业经营人员、青少年、党团员和户主作为重点对象，严格考核；建立健全学法制度，凡普法不合格的，必须补课，直到取得普法合格证书。

各地代表在农村普法工作经验交流会上听取了射洪县的经验交流，看了材料，又亲自赴射洪农村走访，对“三集中”普法经验的认识和理解更深刻。从1987年下半年起，全省范围内的农村普法工作迅速蓬勃开展起来。各地结合实际，因地制宜，在借鉴射洪的经验时，又注意不生搬硬套。不少地方在具体作法上有变通、有发展、有创新，更加完善和丰富了“三集中”普法经验。到1988年下半年，全省的农村普法工作任务基本完成。

射洪县“集中领导精力、集中骨干力量、集中学法时间”开展农村普法的“三集中”的作法，不但为全省农村普法提供了宝贵的经验，而且在全国范围内引起了强烈的反响。短短半年时间内，有几十批外省（区）的同行专程到川学习“三集中”普法经验。中共中央宣传部、司法部的领导专程到川检查指导农村普法工作。司法部副部长金鉴亲临射洪，深入乡村和农户，对四川省农村开展普法教育的经验和效果充分肯定。1988年6月，中宣部、司法部在成都隆重召开了全国农村普法工作经验交流会，会上，突出介绍四川“三集中”农村普法经验，受到与会代表的好评。

1988年11月，中共四川省委、省政府召开普法先进集体、先进个人表彰大会。以省委、省政府的名义表彰316个普法先进集体，194个普法学法先进集体，352名普法工作先进个人，132名普法学习先进个人。

1988 年 12 月，为了工作发展的需要，中共四川省委决定组建“四川省法制建设领导小组”（简称“法建领导小组”），由省人大常委会主任何郝炬任组长，省人大常委会副主任王敖任副组长，省委副书记顾金池，省委常委、副省长谢世杰，省委常委、宣传部部长许川，省人大常委会副主任白尚武，省政府顾问乔志敏，省司法厅厅长郑文举为成员。领导小组办公室设在省司法厅，由省司法厅副厅长杨立中任办公室主任。同时撤销原法制宣传教育领导小组及其办公室。

第三节 “一五”普法成果

全省在“一五”普法后期，开始探索学法用法制度化、经常化，把各项工作纳入依法管理轨道的途径和方法，如何抓好依法治理提上议事日程。省法建领导小组认为，像射洪这样的县，普法工作基础好，领导认识又比较统一，有抓好依法治县的条件，可以作为省的试点，抓出实效来，在全省逐步推广。射洪县委也认为全县干部群众尝到了学法用法的甜头，拥护普法工作，迫切要求用一种方式来巩固普法的成果。因此，以依法治县来深化普法教育已经具备了基础条件。射洪县委因势利导，果断决策，作出了实施依法治县的决定。随后，县人大作出了依法治县的决议，县政府、县检察院、县人民法院相应分别制定了关于依法治县的实施意见。主要注重就把普法中广大干部群众的学法用法积极性转化为实施依法治县的实际行动。1989 年 7 月，省法制建设领导小组召开“四川省依法治县试点工作会”，各市（地、州）法建领导小组及其办公室，部分试点县（市、区）党政领导，省级有关部门负责人计 120 多人出席会议。射洪县委在这次会议上介绍了探索依法治县的基本经验。一是深化认识、统一思想。用邓小平“一手抓建设，一手抓法制”的理论为指导思想，不断深化干部和群众对抓依法治县的认识。二是建立健全各个层次的依法治理组织机构。县、乡、村和各个企事业单位、街道居委会都有工作机构或专人负责。并确定了相应的职责、任务、考评办法。三是层层制定依法治理具体规划和目标责任制，落实了检查、监督、考核机制和具体办法。四是抓好试点，以典型引路的工作方法带动全面。在全县范围培养了依法治局（机关）、依法治厂、依法治店、依法治校、依法治街、依法治乡、依法治村的典型单位，先后召开了 5 次经验交流会，推动各行各业的依法治理。五是选准突破口，有计划、有重点地开展专项治理。针对群众关心的热点问题，分别抓了物价、社会治安、财税、国土、计生等专项治理，效果显著。六是狠抓执法队伍建设。1987 年下半年，全县集中对各类执法部门开展了为期 40 天的执法队伍整顿工作，查处了执法人员中发生的 289 起违纪违法行为，普遍对执法人员进行了一次法律法规和职业道德培训。此后，又再次对 20 多个行政执法部门的干部开展了法律法规知识培训。

在这次会议之后，省法建办通过简报、印发参阅材料以及新闻宣传等方式，及时把全省开展依法治县的情况通报各地。各地依法治县工作发展迅速。到“一五”普法结束时，全省已有 80 多个县提出实施“依法治县”，做到了县委有决定，县人大有决议，县政府和“两院”有规划或实施意见，占县级行政单位的 38%，还有一大批县（市、区）努力为实施依法治县创造条件。

1989 年 10 月，在中央有关部门联合举办的“全国首届农民法律知识大赛”中，德阳市中江县农民黎泽东获特等奖，奖品为手扶式拖拉机一台。

截至1990年，历时五年的“一五”普法宣告结束，四川省在“一五”普法中，有57万多各级党政军机关、企事业单位干部；920多万名职工，4100多万名农民，300多万户城镇居民和个体户，1800万各级各类学校的师生员工，共7000多万人较系统地接受了一次法律知识的启蒙教育，占全省普法对象的90%以上。甘孜、阿坝、凉山3个少数民族自治州克服了地广人稀、交通不便、语言障碍等困难，使农牧民的普法教育面达到了70%以上。通过“一五”普法，广大公民了解了宪法和基本法律的主要内容，懂得了最基础的法制常识，逐步开始运用法律知识维护自己的合法权益，履行宪法和法律规定的义务，初步改变了长期以来群众对法律知识所知甚少的状况。全省各地根据经济纠纷和违法犯罪的问题，紧密联系实际，破陈规陋习，有针对性地开展法制宣传教育，收到了很好的效果，甘孜藏族自治州司法局，在“一五”普法中宣传《中华人民共和国婚姻法》时，针对存在的重婚现象，宣传婚姻法的一夫一妻制规定的意义，解析重婚的弊端，在提高藏族同胞的认识后，与民政部门密切配合，为911对夫妇补办了结婚登记；通过调解，解除了134起一夫多妻、一妻多夫的婚姻关系，使藏区千百年的这一陋习第一次得到了清除，解放了妇女，受到广大藏族群众的拥护。许多机关、企业、事业单位和基层组织在工作、生产、经营中开始注意到依法办事和依法管理的问题。四川省的“一五”普法之所以能够比较顺利进行并取得预期的成果，主要是各级党政领导认识明确，加强领导，始终坚持从实际出发，注重实效，充分动员社会各方面力量，齐抓共管，采取多层次、多渠道、多形式的方法开展普法教育的结果。

第二章 “二五”法制宣传教育

“二五”普法（1991—1995）是“一五”普法的继续和发展。与“一五”普法相比较，“二五”普法有6个新的情况：一是历史背景的变化，人们对“二五”普法的期望值更高；二是基础不同，起点更高，有一部分干部、群众可能出现消极畏难情绪和松劲思想；三是学法内容不同，“以宪法为核心，以专业法为重点”，涉及的法律知识更加广泛；四是普法教育的对象更加突出，对各级领导干部的学法用法提出了更高的要求；五是学法目的明确，就是学用结合，依法治理，联系实际更加紧密；六是领导方式的变化，要求更加充分发挥部门的作用，对组织工作的要求更加严格。为此，根据省七届人大常委会第二十三次会议通过的《关于在全省公民中实施法制宣传教育的第二个五年规划》，按照省法制建设领导小组分三步实施“二五”普法的要求，全省认真扎实地开展了“二五”普法工作，并取得较好成效。

第一节 “二五”普法步骤和目标

1991年5月28日，四川省七届人大常委会第二十三次会议通过《关于在全省公民中实施法制宣传教育的第二个五年规划的决议》；8月2日，省委、省政府印发《关于在全省公民中实施法制宣传教育的第二个五年规划》。4月23日，省委、省政府召开全省“二五”普法工作会议，中共中央政治局委员、省委书记杨汝岱到会讲话，要求各级党委、政府要加强领导，各部门要密切配合，继续把这项工作做好。

中共四川省委为了加强对“二五”普法的领导，对法制建设领导小组进行了调整和充实。由省委副书记聂荣贵任省法制建设领导小组组长。

图6－5 1995年12月1日，昭觉县级领导干部“二五”普法统考

根据省法制建设领导小组的统一安排，四川省的“二五”普法分三步进行：第一步，在1991年，着重抓准备工作，其主要内容是制定规划，搞好宣传发动，培训领导和宣传骨干；第二步，在1992—1994年，按照规划要求和年度计划，组织实施；第三步，在1995年，以

县为单位组织考核检查。

各级党委、人大和政府高度重视“二五”普法，为顺利实施“二五”普法创造了条件。省委常委会多次听取“二五”普法专题汇报、研究工作。1993年，省委根据人事变动的新情况，及时调整领导小组及其办公室，由省人大常委会主任杨析综任组长，由省司法厅厅长曾宪章任省法建办主任。省法建领导小组每年召开一次全省性的工作会议、总结部署工作。省政府多次向人大常委会汇报“二五”普法进展情况，听取意见，接受监督。各级政府把“二五”普法纳入政府工作议程，纳入政府工作的目标管理。成都市连续五年把普法工作列入政府一级目标管理，把依法治理列入为市民办实事的内容，使“二五”普法与经济工作一样同部署、同检查、同考核、同奖惩。绵阳、攀枝花等市各级实行普法工作岗位责任制，政府授权市法建办，对各部门实行考核，考核结果在年终目标奖金中体现。经济欠发达的民族地区，在财政很困难的情况下，为了保证普法工作顺利开展，仍然拨给了必需的普法经费。

第二节 “二五”普法实施

一、坚持重点

“二五”普法突出“以宪法为核心，以专业法为重点”。从1991年起，全省集中开展了宪法的再教育、再学习活动。各级各类干部和执法人员重点学习了中宣部、司法部编写的《中华人民共和国宪法讲话》。80多万干部和司法、执法人员接受了一次宪法的再教育。绝大多数的市（地、州）、县（市、区）的党政领导带头学、带头讲，向群众宣讲宪法知识，起到了很好的示范作用。通过宪法再教育，广大干部群众的宪法观念和法律意识得到明显增强，依法履行义务和维护自身合法权益的自觉性明显提高。

1992年下半年，为纪念1982年宪法颁布十周年，又在全省范围内组织了一系列宣传活动。省委宣传部、省司法厅、四川法制报社等单位组织了有270万公民参加的以宪法为主要内容的法律知识竞赛活动。省内各新闻单位充分发挥大众传播媒介的功能，积极主动地开展法制宣传。省、市一级的报刊、广播、电视，绝大多数都开设了固定的法制专栏或专题节目。

通过广泛的宣传动员，普及专业法形成了一定声势。1991年的税法宣传年，声势大、内容实、影响宽，有力地促进了当年的税收征管工作，为实施依法治税打下了良好的基础。同时也为全省开展专业法的宣传做出了样板。省委、省人大和省政府的领导十分肯定。1992年，中共四川省直工委和司法厅共同召开了省级机关普及专业法动员大会，省委副书记聂荣贵到会作了动员报告，部署了普及专业法的工作任务。省法建办举办了两期普及专业法骨干培训班，100多个单位派员接受培训。1992年下半年，为保障《中华人民共和国企业法》和《全民所有制工业企业转换经营机制条例》（以下简称《条例》）的实施，省司法厅为各级领导干部和普法骨干举办两期培训班，培训市（地、州）普法骨干200多人。1993年，省人大常委会和省政府又专门组织对贯彻《中华人民共和国企业法》和《条例》进行检查，有力地推动了这项工作的深入发展。省地矿局组织矿法宣讲团到各地巡回宣讲，宣讲内容从如何正确执行矿产资源法到如何依法充分利用矿产资源，为振兴当地经济服务；省科委组织科技人员学习《中华人民共和国专利法》和《中华人民共和国技术合同法》，有20万科技人员考试合格；省建委系统以各级党校为依托采取函授教育的形式开展系统内的普及专业法教育，既突出了各级领导干部为重点对象，又加强了专业教育的针对性；各级工商行政管理部门通过多种形式对企业法定代表人开展工商法律法规知识培训，效果也比较好。1995 年，根据省政府的指示，省司法厅、省科委、省工商局、省版权局等单位共同组织对各级领导干部和执法人员开展知识产权法律知识教育，举办普及知识产权法律知识师资培训班，促进了普及知识产权法律法规知识的工作。在“二五”普法期间，各级部门齐心协力，分期分批抓了税收征管、社会治安综合治理、产品质量、食品卫生、环境保护、残疾人保护、维护妇女儿童权益、义务教育、城乡建设、铁路、公路、邮电、林业、物价等方面法律法规的普及宣传。各部门开展的专业法学习活动参学率达 90% 以上。依法管理行业的水平有了新的提高，有力地促进了行业管理的规范化。

二、青少年法制宣传教育工作

教育部门从 1992 年起把全省中、小学生的法律常识教育纳入教学计划，大多数地方从小学三年级起安排了法律常识教学内容。各地在抓青少年法制教育方面，采取了灵活多样的措施，务求实效。彭山县利用每个学期开学时统一安排对学生的专题法制教育形成制度。1993 年上半年，雅安地区司法局会同教育部门以师范学校为阵地，为小学培训法制课教师 100 多名，缓解了小学法制课教师人才奇缺的矛盾。为了巩固和加强各级各类学校师生的法制宣传教育工作，各地陆续开始为学校配备法制副校长，并逐步形成制度坚持下来。

三、学用结合

“二五”普法后期，全省已有 12 个市（地、州）实施依法治市（地、州），有 140 个县（市、区）开展依法治县（市、区）。基层依法治理活动更加活跃。江油市在基层依法治理工作中，对有轻微违法犯罪的人员开展帮教活动，对 3491 名帮教对象落实帮教责任，绝大多数帮教对象有悔改表现，进步明显。成都市成华区青龙乡双水碾村，过去社会治安混乱不堪，打斗、纠纷不断，村干部难于集中精力抓经济发展工作。从 1992 年起，连续三年抓普法和依法治理，双水碾村发生了很大的变化：村民和外来人员的法制观念增强，治安案件减少，纠纷逐渐化解，开始形成遵纪守法、依法办事的好风气，促进了该村的农、副、工收入稳步增长。

四、依法治厂工作

为了推动依法治厂工作，省法制建设领导小组于 1992 年 4 月在攀枝花市召开“全省百家企业依法治厂经验交流会”。会议认真分析了全省约 810 家国有大中型企业中，提出依法治厂的企业占 1/4 的实际情况。已开展依法治厂的企业在实践中大体上分为四个步骤：第一步，在普法的基础上，通过学习宣传刑法、治安管理处罚条例等，配合有关部门整顿社会治安的同时，强化企业的生产、生活秩序的管理，为企业的正常经营活动创造一个安定的环境；第二步，通过学习宣传经济合同法，逐步树立经济法制观念，增强合同管理意识，从而自觉地运用经济合同法这一有力的法律武器，维护本企业的合法权益；第三步，设立企业法制工作机构，配备与工作相适应的专、兼职工作人员，开始致力于建立健全企业的各项规章制度；第四步，抓企业全面实施依法治厂的总体规划，在企业生产、经营活动中全面推行依法管理工作，使企业的所有活动都做到有章可循。从全省范围内，多数企业还停留在第一步或第二步层次上，进入第三步或第四步的企业还很少。因此，在这种情况下，及时召开会议，交流先进单位的典型经验非常必要。省法制建设领导小组及时召开会议总结推广攀枝花钢铁公司依法治厂的基本经验，推广“法制教育打基础，制度建设作保证，党员、干部作表率，综合治理创环境，依法管理增效益”普法经验。会议对全省开展依法治厂，提出了六项基本要求：一是制定依法治厂规划，包括要达到的目标、采取的步骤和措施，要结合企业的实际，建立与依法治厂工作任务相适应的机构。依法治厂既是目标，又是一个动态的进程，实质上是企业的法制建设。要实现这一目标，必须有一套比较完备可行的计划、步骤、措施来加以保障。二是开展“以宪法为核心，以专业法为重点”的普法教育工作，依法育人，使企业干部、职工知法守法，依法办事。三是依照宪法和法律法规制定企业的各项管理制度，使企业生产经营各个环节上都有章可循，使企业逐步做到依法经营管理。四是依法处理好企业与国家之间、企业与企业之间以及企业内部的各种关系。五是依法保障职工的主人翁地位，充分发挥职工的生产积极性和创造性。六是搞好厂区社会治安综合治理，为企业创造一个良好的生产、生活秩序。

全省百家企业依法治厂经验交流会对以后的企业法制工作产生了很大的影响。很多企业在依法管理上狠下功夫，收到了很好的效果。宜宾五粮液酒厂抓依法治厂，连续五年全厂范围内没有发生过一件刑事案件和重大治安案件。

五、农村普法教育

图6－6　1991年，绵阳市各县区乡村活跃着许多法制文艺宣传队，图为三台县新德乡文艺宣传现场

农村人口的法制教育，是四川省整个“二五”普法工作中的一个最重要的方面。1991年，“二五”普法处于启动阶段，正值省委部署在全省农村分期分批开展一次集中的社会主义思想教育的任务时期，省法建领导小组抓住机遇，经省委讨论同意，将农民的“二五”普法教育任务统一纳入农村社教工作的内容，统一部署、统一安排落实。农村“社教”与农村普法有机结合，“社教”增强了普法的力度，普法丰富了“社教”的内容。当年全省农村普法教育面即达到80%以上，并培训了一大批法制宣传骨干，各级编印的近1000万普法资料发送到农民手中。甘孜、阿坝两个自治州的一些地方，针对一度出现的宗教违法干预行政、司法、教育的情况，组织宗教界人士学法，并制定和通过了一系列依法、合理、民主管理寺庙的规章制度，使宗教在法律允许的范围内活动，对稳定藏区起到了很好的作用。由于“二五”普法在农村开展得比较扎实，依法治乡和依法治村、民主管理的试点工作逐步兴起，农村基层的依法治理日渐形成良好的发展势头。

六、行政执法责任制推行探索

全省在学习兄弟省市先进经验的基础上，结合“二五”普法的实际进程，提出推行行政执法责任制的问题。1993年1月，省人大常委会主任、省法建领导小组组长杨析综要求，行政执法部门都要逐步建立行政执法责任制，把有关的法律法规分门别类落实到有关部门，负责组织正确实施。1994年4月，省第八届人大常委会专题听取省政府关于“二五”普法工作进展情况的汇报之后，又作出了《关于进一步加强“二五”普法工作的决议》（以下简称《决议》）。省人大常委会对“二五”普法先后作出两次决议，反映了省人大常委会对“二五”普法的高度重视和支持。《决议》中明确提出要在全省尽快推行行政部门执法责任制。为了贯彻《决议》，省司法厅首先着重选了四个县和一个省级机关作为试点单位。到1994年中期，各市（地、州）共有300多个试点。其中，成都、遂宁、攀枝花、南充等市在试点的基础上全面部署了这项工作。1995年9月26—27日，省人大和省政府召开了推行行政执法责任制经验交流会。会议认为，从目前法律实施的实践来看，“有法不依、执法不严、违法不究”的现象仍然还很严重。在行政执法中还存在习惯的工作方法与依法行政的矛盾；还存在着执法部门之间职责不清、职权交叉、互相扯皮等现象以及执法人员执法水平较低等问题。有一些行政部门的领导还存在“一手软、一手硬”，重政策、轻法制的思想，执法过程中以权代法、以言代法、以情枉法的现象时有发生。很多干部群众对此很不满意，普遍反映“立法紧，执法松，监督空”。会议要求，为了严格执法，保障社会主义法律的实施和法制的统一，必须进一步广泛开展行政执法责任制。行政执法责任制是法制建设工作的重要组成部分，它作为法律实施的一种自我约束和监督机制，其显著特点在于它抓住了执法必严与执法不严这一矛盾，而矛盾的主要方面在于执法这个关键问题。通过层层明确执法主体，落实执法责任，健全相应的考核监督制度，达到严格执法的目的，进而克服执法过程中分工不清，责任不明，互相推诿扯皮等现象，使权力机关对执法的监督落到实处；进一步改善执法环境，转变行政管理手段，推行依法行政，加强廉政，把各行各业的管理纳入法制轨道。

会后，各地认真贯彻会议精神，行政执法责任制在县以上行政执法部门逐步得到落实。很多地方进一步发展到行政执法公示制，全面公开行政执法责任制度，提高行政执法透明度，取信于民；有的地方为规范乡镇执法人员的执法活动，已经探索出行政执法责任制延伸到乡镇的路子。

第三节 “二五”普法成果

全省的“二五”普法紧紧围绕党和国家的中心工作，从省情出发，强调学用结合、依法治理，达到了预期的目的。在“二五”普法期间，全省城镇公民普法教育面累计达到90%以上，农村公民达到80%以上；层层培训普法骨干100多万人次；印发各种普法资料2000多万份；成功地组织100多万名各级领导干部和企事业单位的经营管理人员学习宪法和社会主义法制理论，其中多数县处级以上领导干部经过了普法考试、考核，参加各种专业法律法规学习的人员占普法对象的90%以上。“二五”普法即将告一段落时，省委书记谢世杰在1995年3月27日的《法制日报》上发表题为《领导干部要带头学法用法》的署名文章，文章认为：近几年来，全省开展的普法教育和依法治理工作取得了一些成效，但是还跟不上形势发展的要求。省委要进一步加强对法制建设工作的领导，把全民普法教育和依法治理作为法制建设的基础性工作来抓，常抓不懈。要在各地实践的基础上，在全省范围内实行依法治理。依法治理的基本工作思路是：第一，要求各级党委、政府必须高度重视，统一认识，把普法教育和依法治理纳入党政工作的议事日程，统筹安排部署，使经济建设与民主法制建设相互促进；第二，扎扎实实抓好法制教育，重点突出领导干部的学法用法，增强全民法律意识；第三，以严格执法为目标，建立健全部门执法责任制；第四，抓好各个层次的执法检查，把法律监督和群众监督结合起来；第五，针对突出问题及时开展专项治理，赢得广大干部群众对依法治理工作的参与和支持；第六，从基层抓起，继续抓好依法治村、依法治街、依法治厂、依法治校、依法治店的试点工作，采取典型引路，全面推广的办法，不断扩大效果，逐步创造一个良好的法制社会环境。

图 6－7　1994 年 5 月“二五”普法期间，马尔康县成立普法讲师团

“二五”普法使全省各级领导干部的法律意识明显增强。1995 年，在中央领导集体学法的表率作用鼓舞下，省委中心学习组为省级领导干部组织了两次专题法制讲座。省委书记谢世杰、省人大常委会主任杨析综、省长肖秧、省政协主席聂荣贵等领导认真听取了讲座。两次讲座分别邀请西南政法大学钟明钊、赵学清主讲《社会主义市场经济与法制制度建设》和《国际商贸法律制度与我国的涉外经济法律》两个专题。全省 80 多万干部和司法、执法人员接受了一次宪法的再教育。在省级领导干部听取法制讲座的同时，为了进一步扩大影响，省委宣传部、省直机关工委、省司法厅、省法建办共同举办了两次省级厅局级领导干部和部分法制宣讲骨干的专题法制讲座，1900 多人听取讲座。省级领导干部带头学法的表率作用推动了各地的学法活动。绝大多数的市（地、州）县（市、区）的党政领导带头学、带头讲，向群众宣讲宪法知识，起到了良好的示范作用。通过宪法再教育，广大干部群众的宪法观念和法律意识得到明显增强，依法履行义务和维护自身合法权益的自觉性明显提高。

截至 1995 年底，绝大多数市（地、州）、县（市、区）的党委中心学习组为领导举办专题法律知识讲座 300 多次，一万多名县处级以上领导干部认真学法。很多地方建立起领导干部学法考核制度。领导干部学法用法，依法管理经济和社会事务的风气初步形成。为了帮助领导学法用法，适应形势发展的需要，1995 年 7 月，组建了四川省普法教育讲师团。首批聘请了 30 多位专家教授和行政执法部门的负责人为成员。各市（地、州）、县（市、区）也层层组建了普法讲师团，相对集中了当地素质较高的普法宣讲骨干，有针对性地对领导干部学法开展辅导宣讲。绵阳市委中心学习组举办的法制系列讲座，扩大到党政系统县级领导干部，每次集中到市里统一培训，比较系统地学习一个专题方面的法律知识，持续坚持五年。市委、市人大、市政府的主要领导带头参加，给大家作表率。乐山市委、市人大、市政府、市政协和公、检、法等机关的领导在学法后，以依法治理为题目，每个人都写出如何结合工作实际抓好依法治理工作的理论文章。

1995 年 10 月，全国人大常委执法检查组到川专题检查四川省执行全国人大《关于深入开展法制宣传教育的决议》的情况。检查组听取省、市、县的专题汇报后，又深入乡镇、机关单位、企业、街道实地考察，认为四川省各级党委、人大、政府对全国的“二五”普法规划和《决议》的贯彻执行态度积极，指导思想明确，措施比较得力，工作比较扎实。

第三章　“三五”法制宣传教育

“三五”普法（1996—2000）是为了适应建立和完善社会主义市场经济体制的需要，加快社会主义民主与法制建设的进程，促进四川省国民经济和社会发展“九五”计划和2010年远景目标的实现而开展的，“三五”普法工作的重点是继续进行以宪法、基本法律和社会主义市场经济法律知识为主要内容的普法教育，以增强全体公民的法制观念，提高各级干部，特别是领导干部依法决策、依法办事、依法管理的水平和能力，全面推进各项事业的依法治理，推进依法治省的进程。

第一节　“三五”普法任务和目标

图6－8　1996年11月4日，攀枝花市“三五”普法启动工作汇报会

1996年6月18日，省八届人大常委会第21次会议通过了《关于在全省继续开展法制宣传教育的决议》。7月，省委、省政府印发《关于在公民中开展法制宣传教育的第三个五年（1996—2000）规划》，“三五”普法的主要任务为：一是深入学习邓小平关于社会主义民主与法制建设理论，努力提高各级干部的法学理论水平，自觉运用这一理论指导民主法制建设的实践，严格依法办事，依法管理。二是继续开展宪法知识和与公民生产、生活密切相关的基本法律知识以及与维护社会稳定相关的法律知识教育。增强公民权利义务观念，提高公民依法维护国家、集体、个人权益的能力和运用法律武器同违法犯罪行为作斗争的自觉性。三是抓好社会主义市场经济法律知识的普及，围绕规范市场主体、维护市场秩序，加强和改善宏观调控，建立社会保障、促进对外开放等环节，实现“两个根本转变”（即增强法律意识到增强法律素质的转变，依靠行政手段管理到依靠法律手段管理的转变），有针对性地普及有关法律知识，提高各级领导干部和经营管理者运用法律调节各种经济关系的本领，为保障社会主义市场经济健康运行创造条件。四是坚持学法用法相结合，全面推进各项事业的依法治理。各级司法机关要建立健全错案追究制度，保证司法人员公正司法。各级行政机关要全面推行部门执法责任制，保证依法行政。各地区、各行业、各单位要从依法治国的高度把依法治理

摆到重要位置，加大力度，提高水平。以基层依法治理为基础，以行业依法治理为支柱，以错案追究制和部门执法责任制为重点，以地方依法治理为主体，推进依法治省的进程。

按照省委、省政府“三五”普法规划的部署，“三五”普法分三个阶段实施：1996年为准备阶段。主要任务是制定地方和部门的五年规划，准备教材，抓好骨干培训和试点，做好宣传发动工作。1997—1999年为实施阶段。在此期间，每年制定年度工作计划，确定本年度的普法、依法治理工作任务，并认真组织实施。2000年为检查考核阶段。

1996年7月17—18日，省委、省政府召开全省“三五”普法工作会议。会议总结交流全省“二五”普法工作经验，全面部署四川省的“三五”普法工作任务。会上表彰了“二五”普法先进单位210个，先进个人321名。会议期间，邀请四川大学副教授里赞主讲《关于依法治国、建设社会主义法治国家的理论和实践问题》。省委常委、副省长、省法制建设领导小组副组长张中伟作了题为《认真实施“三五”普法规划，为四川省经济发展和社会进步、创造良好的法制环境》的工作报告；省人大常委会主任、省法制建设领导小组组长杨析综就提高对“三五”普法的认识，认真抓好“三五”普法工作问题作了讲话；张中伟作了题为《提高认识，加强领导，全面开展依法治理，努力开创普法工作新局面》的总结讲话。省委常委、省委宣传部部长席义方，省委常委、省委政法委书记王景荣等出席了会议。省级有关部门，各市（地、州）法建领导小组的组长，党委宣传部、司法局、法建办以及“二五”普法先进单位和先进个人的代表270余人参加会议。

会议要求，“三五”普法必须进入各级党委、政府的目标管理；各级人大要加强执法监督，定期对实施“三五”普法规划的情况开展检查；各级政协要把“三五”普法作为参政议政的重要内容；各部门各单位要把学法用法作为精神文明建设和社会治安综合治理达标活动的指标，年度考核与奖惩挂钩；要建立普法工作责任制，明确任务，责任到人；对领导干部，要把是否具备必需的法律知识和能否依法办事作为考核的一项内容，作为提拔任用干部的一项必备条件。建立健全招干、用工等环节上的法律知识考试考核制度。

图6－9　1999年3月成昆铁路线上，列车广播员正在为旅客播读《司法与经济》有关文章进行法制宣传

会议强调，要健全和加强各级法制建设领导小组，充分发挥其组织协调作用；各级党委宣传部门和司法行政部门作为“三五”普法的主管机关，要充分发挥职能作用；党委宣传部门要着重抓好新闻报道、广播、电视、文化等舆论工具，加大“三五”普法的宣传力度；司法行政部门要着重抓好法建办的日常工作；省级各部门是本部门、本行业、本系统的“三五”普法主管机关，负责制定本部门、本行业、本系统的规划，并组织实施，加大督促检查的力度。

第二节　“三五”普法实施

四川省的“三五”普法，集中体现四个特点：一是起点高。“三五”普法的主题是依法治理，实质上就是从不同的层次上努力实践依法治国方略。各级领导干部站在依法治国的方略高度，抓普法和依法治理工作的落实。二是声势大。各市（地、州）和县层层召开“三五”普法动员大会，制定规划，作出决议，党委、人大和政府的主要领导全部参加会议，并亲自作动员讲话或作工作报告，其规格、规模及重视程度都超过“一五”和“二五”普法。同时多种形式的宣传活动和新闻媒体的宣传，为“三五”普法创造了良好的社会舆论。三是各级领导带头学法用法，形成了“领导抓、抓领导”的普法依法治理工作格局。四是工作实。在普法依法治理工作上，加大了投入，切实解决了工作必需的条件，而且很多领导亲自抓了一批联系点，经常下基层指导工作。“三五”普法与全国的改革开放发展同步，与国家“九五”计划同步，与2010年远景目标同步，因此全省各地均把“三五”普法规划纳入地方经济发展和社会发展的五年规划之中。

图6－10　1996年8月18日，广元市在市政府会议厅召开市委常委会议，专题研究“三五”普法工作

“三五”普法从启动转入实施阶段，省委在1997年2月27日及时作出《关于依法治省的决定》。省委认为，四川省十年普法实践中逐步发展起来的依法治理工作，为全面实施依法治省创造了条件。为加强社会主义民主法制建设，确保宪法、法律和法规正确实施，使各项事业逐步走上法制化轨道，决定在全省范围内有组织、有计划地开展依法治省工作。4月17日，省八届人代会第五次会议通过了《关于依法治省的决议》。省人大常委会副主任、省法制建设领导小组副组长任凌云在人代会上对《决议（草案）》作了五点说明：第一，依法治省的必要性。加强社会主义法制，实行依法治国，是邓小平建设有中国特色社会主义理论的重要组成部分。邓小平生前对此多次强调并作过一系列论述。江泽民总书记明确提出“实行和坚持依法治国”的方针，并进一步阐述了“依法治国”的根本任务和原则。八届全国人大四次会议批准的《国民经济和社会发展“九五”计划和2010年远景目标纲要》又把“依法治国，建设社会主义法制国家”作为治国目标确定下来。党和国家的这一重大决策，标志着国家法制建设进入一个新的历史阶段。依法治国落实到省里，就是依法治省。第二，四川省已经具备实行依法治省的基本条件。十年普法为依法治省奠定了良好的基础。根据省委的决定，省人大常委会认为，应该抓住这一有利时机因势利导，作出依法治省的决议，推动依法治省的进程。第三，决议草案的起草过程。省委、省人大和省政府的领导多次提到开展依法治省的建议。1996年10月26日，省法制建设领导小组听取“三五”普法推动工作情况汇报后，提出工作建议：“根据全省依法治理工作进展情况，建议省委在适当时候作出依法治省的决定，在全省范围内全面开展依法治理工作”。1996年11月中旬，省委把依法治省问题写进1997年工作要点。11月下旬，省人大、省委政法委和省法建办的组成考察组，在省人大常委会领导的带领下，赴山东、安徽两省学习考察依法治省工作。1997年2月，省人大法制委员会和省法学会分别召开依法治省研讨会；1997年2月省委作出了依法治省的决定。为了落实省委的决定，省八届人大常委会主任会议决定，成立起草小组，着手决议草案的起草工作。在起草过程中，认真研究了四川省依法治理工作的实际状况，征求

和听取了有关单位、专家和法律工作者的意见，吸收了法学界的研究成果，借鉴参考了兄弟省市的做法和经验。初稿形成后，常委会主任会议作了认真研究和修改。在省七届政协常委会第十一次会议上又征求了政协常委们的意见。省八届人大常委会第二十六次会议对决议草案进行了审议，再次作了修改，形成了提请审议的决议草案。第四，决议草案的主要内容。决议草案不是全面的规划和实施方案，不可能对具体工作讲得太细。但是作为依法治省的法律性文件依据，必须对依法治省的各方面工作有一个比较全面的规范意见，所以草案写了十一条，包括依法治省的指导思想、目标和任务、加快地方立法、深入开展普法教育、从领导干部抓起、严格行政执法、维护司法公正、抓好基础、加大监督力度、加强执法队伍建设、加强组织领导等十一个方面的意见。第五，其他需要说明的问题。从已经开展依法治省的其他省市来看，都很重视决议，但做法各有差异。有的是人大常委会直接作出决议，有的是由政府作出依法治省的规划提请人大常委会审议，人大常委会审议后作出批准规划的决议。四川考虑，从全省的实际出发，由人民代表大会做出依法治省的决议，更有利于造成强大的社会影响，更能引起社会各方面的关注和重视，使依法治省有一个良好的开端。

在中共四川省委和省人代会做出依法治省的决定、决议之后，省政府为贯彻省委和省人代会两个重要文件精神，于 1997 年 5 月做出《关于全面推行依法行政的决定》。省政府的决定，从五个方面对各级政府法制工作提出了规范性意见：第一，转变观念，提高认识，以依法行政总揽政府工作全局。第二，坚持法制统一规范行政文件制定工作。第三，完善行政执法体制，严格依法履行行政职责。第四，加大行政内部监督力度，保障行政行为的合法性。第五，切实加强领导，推进政府法制建设。

1997 年 6 月，省委、省人大和省政府召开“四川省依法治省电视电话会议”。省人大常委会主任杨析综、省委副书记秦玉琴、副省长欧泽高在会上讲话，动员全省干部群众认真贯彻落实省委关于依法治省的决定、省人代会关于依法治省的决议、省政府关于全面推行依法行政的决定，高举依法治国的旗帜，深入持久地进行普法教育，深入扎实开展依法治省工作。这次会议实际上是全省性的依法治省动员大会。

省法建办为了贯彻电视电话会议精神，组织了一系列宣传依法治省的活动。与省人大内务司法委联合举办了两期依法治省骨干培训班，重点学习省委、省人大和省政府关于依法治省的三个重要文件。7 月，邀请全国人大法制工作委员会副主任乔晓阳到川主持《贯彻依法治国方针需要注意的几个问题》法制讲座。10 月，经省法制建设领导小组同意，由省法建办与四川法制报社共同举办“百万公民依法治省法律知识竞赛”，动员全省 150 万公民参赛，通过这些活动，营造依法治省的氛围。

第三节 “三五”普法成果

一、依法治乡成效

（一）承上启下功能

四川省是一个农业大省，百分之八十的人口在农村。省委、省政府高度重视农村的稳定和发展。中共十一届三中全会以来，随着农村改革的不断深化，极大地调动了农民的生产积极性，全省农村

图6－11　1997年10月10日，昭觉县组织全县各级领导进行《森林法》培训

经济持续全面发展。农村经济体制的巨大变革，要求基层政权和基层组织的管理体制进行重大变革和调整，同时，生产经营方式的根本变化也使农村的利益分配关系发生了改变，广大农民群众因而表现出了强烈的民主参与意识，热切关注有关自身利益的政务管理、基层干部的行为方式。各级经过大量的调查研究后认为，由于四川的农村大部分在丘陵山区，农民居住分散，当时很多村级自治组织还比较薄弱，甚至还有少数“空壳村”。要抓好“依法建制、法制治村、民主管理”经验的全面推广，必须充分发挥乡镇一级的作用。乡镇是政权组织最基层一级，又是依法治县的中间环节，向上延伸到县级各部门，向下直接影响到村级自治组织，开展依法治乡是省委、省政府基于四川的实际，抓好农村民主政治建设的一项重大举措。1991年，“二五”普法一开始，省委决定在全省范围内进行一次农村社会主义思想教育活动，省委书记杨汝岱指示，要把普法教育和依法治理作为农村“社教”活动的一个重要内容。在农村“社教”活动中，从省到县层层组织干部、司法人员下乡讲法，帮助乡、村抓依法管理农村事务，为全省全面推行依法治乡打下了一个好的基础。省法制建设领导小组，及时部署依法治乡的试点工作，在工作过程中，将工作基础比较好的市、县分别抓一至二个乡的试点，并认真总结出基本经验，在全省范围内交流。1993年底，全省有20%的乡镇开展了依法治乡镇工作。省法制建设领导小组在射洪县召开了依法治乡经验交流会，总结、推广依法治乡的典型和先进经验，部署在全省农村全面推行以村民自治为基础、以依法治乡为重点的农村依法治理工作任务。1995年底，全省开展依法治乡的乡镇已达50%。随着依法治国大背景下“三五”普法的进行，全省农村加大了依法治理的力度，形成了“以依法治乡促进全乡工作”的规范化思路。依法治乡工作的广泛深入，向下辐射，使“依法建制、法制治村、民主管理”的章丘经验在四川省大面积得到推广和发展；向上扩展，直接对依法治县、依法治市工作产生了促进作用，特别是对县、市政府行为的法制化进程产生极积推动作用。到1998年，全省4850个乡镇中开展依法治乡镇的已达到4142个，占乡镇总数的85%以上。

（二）乡镇领导干部学法用法

普法教育是开展依法治乡工作的基础。抓依法治乡，首先注重抓好乡镇领导干部自身的学法用法和依法规范自身的行为。主要措施有三条：一是长期坚持乡镇党委中心学习组的学法活动，根据县法建领导小组的统一部署，结合县、乡中心工作安排学法内容；二是建立领导干部个人学法档案制度，对学法内容、时间进行登记，漏学、缺课必须如实记载，年底纳入干部个人改考内容；三是集中到县进行法制培训，由县委、县政府发文调训，县法建领导小组办公室承办。乡镇领导干部学法制度落实，措施得力。通过普法教育，在乡镇领导干部中涌现出一批学法用法的积极分子。苍溪县一个乡长，通过自己努力学习法律知识，意识到在农村开展法制宣传的重大意义，自己动手编写了一套供本乡农民学法使用的小册子，用浅显的文字讲解法律知识。通过狠抓乡镇领导干部学法用法，普遍提高了乡镇领导干部依法行政的自觉性。

（三）建章立制

开展依法治乡的前几年，全省各地主要以开展专项治理为主要形式，用以解决当时农村存在的一些热点问题。不少乡、村结合本地实际分别制定了乡规民约、村规民约以及土地、林业、财务、计生等方面的制度，但存在内容不全面，包括不了生产、生活中最急需解决的问题；处理办法不统一，有的过松，有的过严，有些不尽合理合法等问题。为了依法建章立制，实行规范化管理，省法治建设领导小组要求各地本着民主、实用、合法三条原则，进行“依大法，立小规”、实行乡镇规范化管理的试点探索。随后，1993 年又在全省依法治乡经验交流会上推广了荣县踏紫乡制定的《依法治乡十二个管理规定》、射洪县广兴镇制定的依法治镇实行规范化管理的作法。射洪县全县所有乡镇都分别制定了依法治理的规章制度，包括贯彻执行宪法、民法、婚姻法、继承法、义务教育法、森林法、土地管理法、经济合同法、税法，以及涉及计划生育、减轻农民负担、赡养老人、集贸市场管理、维护电力设施、社会治安等方面的具体规定。这些依法建立的管理制度，通过村、社干部群众反复讨论修改，并经乡人大主席团民主讨论得到通过之后，印发到乡、村、社干部人手一册，农民每户一册。按小册子办事，在依法管理乡、村事务中，显示了依法治乡促进全乡工作发展的重要作用。依法治理乡镇使干部依法行政，放开手脚积极工作，让农民依法履行义务，理解政府工作，干群关系日益密切。依法治乡经验交流会精神，在全省各地得到了认真贯彻，普遍开展了“依大法、立小规、实行乡镇规范化管理”工作。

为保证各乡镇出台的管理规定切实得到执行，使之成为干部工作的尺子，农民行为的镜子，省法建办开展了三方面的工作：一是要求各地要把依法建章立制作为依法治乡的一件大事来抓，列入年度工作目标，切实加强领导和监督；二是制定了全省依法治乡（镇）工作标准（试行），对依法治乡工作实行规范化、标准化管理。从而使依法治乡有了方向，明确了目标，提出了任务，为指导和管理依法治乡工作勾画了工作蓝图；三是抓依法治乡镇规范化管理的完善、运作和落实。

（四）目标管理和行政执法责任制

1．开展创建依法治理模范乡（镇）活动

成都市所有乡镇连续三年签订了《成都市深化依法治乡镇和创建依法治理模范乡镇工作目标责任书》，明确了目标任务、验收标准、考核办法和工作进度，使“创建”工作得以层层落实。并且结合本地实际，制订了深化依法治乡（镇）及创建依法治理模范乡（镇）活动的实施方案，将此项工作纳入了本级政府的一级工作目标，进一步加强领导，强化目标管理，以保证任务顺利完成。

2．开展行政执法责任制延伸到乡镇工作

从 1994 年起，四川省开始逐步探索开展部门执法责任制工作。1997 年，省政府制定了《行政部门执法责任制实施方案》和《省级部门执法责任制考核办法》。全省绝大多数市（地、州）政府根据省政府的要求，制定了本级行政机关推行部门执法责任制的规划和实施意见。大多数县一级政府及其部门的行政执法责任制度已经普遍开展。为了解决执法责任制的“断层”问题，彭山县、射洪县和广元市的一些区县，从 1997 年开始，把执法责任制延伸到乡镇，规范乡镇一级的执法活动，使依法治乡镇工作纳人了法制轨道。彭山县将部门执法责任制以“委托执法、授权执法、协助执法”三种形式向下延伸，经过大量艰苦细致的工作，向乡镇延伸的行政执法部门共 24 个，其中采用委托执法形式的 13 个，协助执法形式的 10 个，授权执法形式的 1 个，基本上理顺了县级行政执法部门与乡镇执法的关系，明确了职责。同时，也使乡镇更好地指导依法治村，做到向下延伸有制度作保证。

3．开展依法治村工作

在依法治乡中，各乡镇重视抓好村社干部的法制培训，督促贯彻落实《村民委员会组织法》，使村民委员会更好地依法履行职责，完成法律赋予村委会的任务，真正成为村民自我管理、自我教育、自我服务的群众性自治组织。在工作中，集中从五个方面强化依法治村：第一，组建依法治村指导小组，由乡镇党委、政府和乡镇人大主席团的主要领导组成，吸收乡镇机关各职能部门的负责人参加，制定全乡镇依法治村工作的目标、任务和工作进展计划。第二，抓好培训，除了乡镇干部自身的学习培训外，着重抓好村、社干部和积极分子的培训，使他们懂得依法治村的意义、目标、任务和方法步骤。通过他们宣传群众，动员群众。第三，乡镇干部在依法治村指导小组的统一安排下，分片包干，下到村、社，与村、社干部一道，通过走村串户、举办法律知识宣讲会等多种形式，发动广大农民参与、关心依法治村工作。第四，在充分发动群众的基础上，依大法立小规，制定依法治村的各项管理规定，并交群众反复讨论修改后，在村民代表大会和村民大会上通过。第五，加强对依法治村工作的监督，巩固工作成果。村、社干部执行依法治村管理规定的情况要定期在群众大会上汇报，接受群众监督。乡镇对依法治村工作列入专项检查、评比，每年搞一次表彰。在村委会和村民小组的建设上，坚持民主直接选举的办法，充分体现村民的意愿。在村委会的工作上，乡政府主要给予指导、支持和帮助，要求做到村政务公开、财务公开。推广农业生产实用技术，不规定硬性指标，不搞强迫命令，主要是宣传引导学习，变“要我干”为“我要干”。乡定期对村委会成员进行培训，帮助他们不断提高政策水平和管理能力。为更好地发挥村民参政议政的作用，乡镇指导各村普遍建立了村民议事制度。针对各村实际，采用每五户至十户选一名代表，组成村民会议代表，每年至少举行两次会议，听取村委会的工作报告，讨论通过村级规范化管理制度和村规民约，制定村级发展规划，分析制约村级经济发展的因素，决定村级经济发展和各项社会事业发展中的重大事项，审查和批准村财务收支，解决群众反映的热点、难点问题，修定和完善各项管理制度及村规民约。很多乡镇确定村务公开的内容一般包括村级财务、农民负担、村社水电费用、计划生育、土地管理、民政事务、公益事业、粮食定购和人员聘用等九个方面，并且提出要求：谁不公开就公开谁，谁搞假公开就查办谁。比如过去长期存在的按人头下达收缴生猪税的办法，农民埋怨这种办法是把猪头税变成了人头税，现在依法得到纠正。村组干部切实负起责任，建立起生猪户口档案，一组一册，一户一页，一猪一格，一月一核，农民称赞说，现在是真正把猪头税落实到猪头上了。

图6－12　1996年12月，“三五”普法期间马尔康县卓克基西索村村民认真听取法律课

依法治村在确保农村稳定方面也发挥了重大的作用。从1995年开始开展“五无村”创建活动。

要求做到“无民间纠纷激化为刑事案件，无民间纠纷引起非正常死亡，无民间纠纷引起群体性械斗，无民间纠纷积存，无民间纠纷未经调解上交”。1997 年，泸州市已建成的“五无村”已占村级总数的 50%，通过健全调解网络，落实纠纷调解责任制，每年组织开展 2—3 次民间纠纷集中排查和专项治理，组织干部和法律工作者深入学校、农村上法制课，编印法制宣传资料，采取多种形式做好刑满释放、解除劳教（两劳）回归人员的安置帮教，把创建活动同农村“细胞工程”建设相接合，建立命名表彰工作机制，进一步丰富了“五无村”活动的内涵。宜宾市珙县巡场镇丰村过去是个后进村，打架斗殴、酗酒闹事、偷摸扒窃、乱占耕地等情况较多，1990—1993 年，全村被判处有期徒刑的人数达到 10 人。丰村从 1995 年开展依法治村以来，生产发展了，人均纯收入大幅度增加，没有出现一起犯罪案件，被县委、县政府授予“小康村”称号。

二、依法治县成效

通过“一五”“二五”普法，广大人民群众在学法的基础上，坚持法制教育和法制实践相结合，创造性地开展了不同层次、不同形式的依法治理活动，总结出依法治理“三大工程”，即基层依法治理、地方依法治理和行业依法治理。在三大工程中，基层依法治理是基础，地方依法治理是主体，行业依法治理是支柱。依法治县，既是“基础”，又是“主体”，更是“支柱”的有效载体。依法治县涵盖了依法治理三大工程，三大工程的最终完成，离不开依法治县的正确实施。因此，加强依法治县是落实依法治理“三大工程”的切入点和接合部。

四川省从“一五”普法后期，一部分普法基础比较好的县（市、区）开始探索依法治县的路子。1987 年，射洪、犍为等县首先提出依法治县；1989 年，召开全省第一次依法治县研讨会时，有 47 个县开展依法治县工作；在“二五”普法期间，开展依法治县的地方达到 109 个。在省委提出实施依法治省以后，截至 1999 年初，全省 181 个县（市、区）中，正式开展依法治县的已达到152 个。省法建办经过认真调查研究后认为，全省迅速开展的依法治县工作，成绩显著，但也存在不少问题，从数量看，尽管有不少的县提出了依法治县，但是一些地方只是停留在党委有决定、人大有决议、政府有规划的起步阶段，实质上的进展不快，真抓实干不够，与省委的要求还有差距。主要存在五个方面的问题：一是认识不到位，认为依法治县是软任务；二是规划和年度实施计划缺少针对性，操作性不强，脱离本地实际；三是监督机制不健全；四是执法力度不够；五是基层依法治理工作薄弱，缺乏群众基础。

省法制建设领导小组认为，依法治县是依法治省的基础工作，是实践依法治国方略的关键环节。针对四川省开展依法治县工作的实际状况，遵照省委、省政府关于抓依法治县的指示，为了提高全省依法治县工作的整体水平，保证依法治县健康发展，省法建办于 1998 年 12 月 23—24 日，在射洪县召开了全省依法治县工作座谈会。会议的主要任务是学习贯彻中共十五大、十五届三中全会和省委七届二次全会精神，更加有效地推进全省依法治县工作。各市（地、州）法建办主任，20 个县（市、区）法建领导小组负责人、司法局局长参加了会议。省委宣传部、省委研究室、省人大内司委、省政协法制群团委、省高级人民法院、省工商行政管理局等单位派员到会。省法建领导小组成员、省法建办主任曾宪章作了题为《切实抓好依法治县工作，积极推进依法治省进程》的讲话，省司法厅副厅长、省法建办副主任李新民对会议进行了总结。射洪县委、县人大、县政府、县法建办、蒲家浩村等单位在座谈会上全面、系统地介绍了开展依法治县的工作经验。会议集中归纳出四条带有普遍指导意义的基本作法和经验，要求在全省推广。

（一）领导机制

依法治县，县委是关键。依法治县既是目标，又是动态的过程。同时，依法治县的过程就是加强和改善党的领导的过程。县委充分发挥领导作用，县人大及其常委会充分发挥主导作用，“一府两院”充分发挥主体作用，人民群众充分发挥主力军作用。齐抓共管，得到全社会的关注和支持，使依法治县工作全面健康持续推进。

（二）运行机制

射洪县在依法治县实践中形成了有效的“十有”“五化”的运行机制。十有：有领导班子，有计划，有机构和人员，有学法辅导员，有学法资料，有学法、守法制度，有监督法律执行制度，有依法决策制度，有干部任职前法律知识考试制度，有试点单位；五化：机构网络化，学法制度化，管理规范化，实施责任化，考核具体化。

（三）目标责任机制

依法治县有五年目标。有了长远目标才有吸引力，凝聚力；依法治县要有年度目标，有了年度目标才能实现长远目标。要把依法治理工作的量与质统一起来，制定依法治县的各项工作标准。要把依法治县工作纳入目标管理。认真落实行政执法责任制、错案责任追究制。射洪县不仅制定了依法治理的六个序列标准，并且每年县政府与各乡镇、各部门、各企事业单位签定普法和依法治理目标责任书，年终严格考核，并把考核结果与干部提职晋级、单位奖金分配挂钩。

（四）保障机制

由于依法治理工作的性质、任务及其工作的长期性、艰巨性决定了实施这项宏大的社会工程，必须建立强有力的保障机制。所以要求实施依法治县，必须党委要作出决定，人大有决议，政府要有实施方案。这样就把依法治县工作的组织保障、工作保障、经费保障从党委、人大、政府的角度予以规范化、制度化。

射洪经验是四川省依法治县取得明显成效的一个缩影和反映。反映出依法治县的基本工作思路，揭示了依法治县的深刻内涵，回答了整体推进依法治县工作需要抓什么，应该怎样抓的问题，具有示范性、指导性、可操作性。这次会议之后，各地认真吸收消化射洪的经验，结合本地实际，普遍强化了措施，加大了工作力度，使全省的依法治县工作保持健康发展的良好势头。

三、青少年法制教育效果

广大青少年是“三五”普法的重点对象之一。为了落实邓小平提出的“法制教育要从娃娃抓起”的指示，省教委、省法建办、省司法厅于1999年4月26—27日，在达川地区召开“全省依法治校经验交流会”。会议集中介绍了达川地委、教委、法建办、宣汉县委和达县一中、大竹职中、宣汉县东升镇一完小等典型单位抓依法治校的工作经验。各市（地、州）、法建领导小组组长、教委主任、司法局长80多人参加了会议。省委宣传部、省委政研室、省人大内司委、省政协科文处、省公安厅、省综治办、省工商行政管理局、省文化厅等部门派员到会。省法建领导小组成员、司法厅厅长曾宪章，省法建领导小组成员、省教委主任王可植在会上作了讲话，省司法厅副厅长、省法建办副主任李新民主持会议并作了会议总结讲话。

四川省的依法治校工作萌芽于“一五”普法期间，各地陆续抓出一批典型单位，取得一些有益的经验，特别是达川地区全地区范围大张旗鼓抓依法治校，摸索出了四个方面的有益经验。

第一，抓认识，创造良好的氛围。明确抓好依法治校是实施“科教兴区”战略的需要，是推进依法治区的关键，是树立教育形象的根本。

图 6－13　1998 年 6 月 16 日，甘孜州法建办在色达县举办青少年法制讲座

第二，抓领导，强化党政责任。一是工作到位。达川地委、行署在提高认识的基础上，把抓依法治校作为“一把手”工程，纳入地委、行署年度综合目标管理进行考核。二是机构健全，人员、经费落实到位。地委常务副书记、行署分管教育的副专员挂帅。仅在 1998 年，全区投入 250 万元作为依法治校经费。三是以点带面，平稳推进，在试点取得经验后逐步推广。四是部门配合，齐抓共管。在党政的统一领导下，各级教育、司法行政、纪检监察、公安、检察、审计、国土、农业、文化、广播、卫生、体育等部门密切配合，形成依法治校工作的强大合力。

第三，抓重点，在“治”上下功夫。一是大力整治学校周边环境。二是以校务公开为突破口，加强民主管理。三是依法治教，解决教育发展中的热点、难点问题。四是加大了教育行政部门的行政执法力度。

第四，抓建制，巩固依法治校成果。把建立健全一套既适合各级各类学校特点，切实可行的制度，作为依法治校的重要目标。开展依法治校过程中，学校制定的条款一般都在 100 条以上。有的学校还把这些制度汇编成《依法治校手册》，从而使依法治校工作常抓不懈，有章可循，巩固了依法治校的成果。

第四章　“四五”法制宣传教育

“四五”普法（2001—2005）以毛泽东思想、邓小平理论和“三个代表”重要思想为指导，紧紧围绕党委和政府的中心工作，紧密结合四川省民主法制建设的发展和需要，大力宣传依法治国、建设社会主义法治国家的基本方略，宣传宪法和国家的基本法律，在维护社会稳定、促进社会主义市场经济发展，推进依法治省的进程中，发挥了重要的作用。

第一节　“四五”普法目标

根据中共中央、全国人大常委会和国务院有关决议和通知要求，2001 年 7 月，中共四川省委、省政府发出了《关于印发〈全省法制宣传教育第四个五年规划（2001 年—2005 年）〉的通知》（以下简称《规划》），四川省人民代表大会常务委员会通过了《关于进一步开展法制宣传教育的决议》，各市（州）人大常委会也相继作出了有关决议，各地党委政府和省级各部门结合本地区、本部门实际，按照《规划》要求也分别制定了“四五”普法规划和实施方案，正式启动了四川省“四五”普法和依法治理工作。

按照“四五”普法《规划》“两个转变，两个提高”的总体目标要求，全面提高全体公民特别是各级领导干部的法律素质，全面提高社会法治化管理水平，努力实现由提高全民法律意识向提高全民法律素质的转变、实现由注重依靠行政手段管理向注重运用法律手段管理的转变，紧紧围绕党委政府中心工作，紧密结合民主法制建设的发展和需要，大力宣传依法治国、建设社会主义法治国家的基本方略，宣传宪法和国家的基本法律，在维护社会稳定、促进社会主义市场经济发展、推进依法治省的过程中，发挥重要的作用。

图 6－14　达州市委中心学习组《宪法修正案》知识讲座

第二节 “四五”普法实施

一、宪法宣传工作

图 6－15　2003 年 7 月 4 日，四川省司法厅组织律师团深入新都社区进行法制宣传

组织全体公民深入学习宪法，是整个“四五”普法期间的重要任务，各地区、各部门、各行业始终把宪法宣传学习作为“四五”普法工作的重要内容，采取了党委中心组讲解学习、宪法专题讲座、党政干部集中培训、知识竞赛等多种形式集中宣传宪法知识。特别是“四五”普法规划将国家现行宪法实施日即 12 月 4 日作为每年一次的全国法制宣传日，为全省宪法宣传提供了重要载体和舞台；连续四个“12·4”法制宣传日，省法制建设领导小组各成员单位和各市（州）纷纷在城镇中心地带举行大型宣传咨询活动，出动宣传车、发放宣传资料、悬挂张贴宣传挂图、解答群众咨询，各媒体单位也配合播放电视讲话、刊载纪念文章、制作播出专题节目，省、市（州）各级领导也亲临大会和活动现场并发表讲话。2004 年宪法修正案颁布后，四川省于 6—9 月成功举办了“四川省百万公民宪法知识大赛”，全省参赛人数 100 多万人，对于弘扬宪法精神，在全社会营造崇尚宪法、遵守宪法、维护宪法的良好氛围。

二、基本法律和专门法律宣传

图 6－16　2002 年 11 月 14 日，成都市司法局组织青年志愿者开展法律服务

“四五”普法期间，四川省法制建设领导小组在部署安排法制宣传工作计划时，始终强调各级法建领导机构围绕省委省政府的中心工作和各地区、各部门区域性、阶段性的工作重心开展工作。根据规范社会主义市场经济秩序的要求，大力开展了公司法、合同法、税法、土地法、环保法和拆迁安置、劳动保障等方面法律法规的宣传学习；适应中国加入 WTO 的新形势，在全省各市（州）组织学习《世贸组织基本法律制度讲话》，并举办各种形式的研讨座谈和专题讲座，积极宣传世贸组织规则、原则及与之相关的涉外经贸法律法规；配合西部大开发战略，大力宣传促进和保障西部大开发和劳务输出开发的法律法规；在抗击非典型肺炎斗争中，各地将“一法一条例”（《中华人民共和国传染病防治法》和《突发公共

卫生事件应急条例》）纳入普法重点内容，并无偿发放《依法防治非典型肺炎基础知识》9 万册、宣传挂图 6 万幅，基本做到了家喻户晓、人人皆知，为战胜“非典”创造了良好的法治氛围；围绕促进农业生产、增加农民收入、维护农民合法权益的大政方针，面向农村和农民的法制宣传加强了与土地流转承包、房屋拆迁、土地征用、税费改革、村务管理等事项有关的法律法规宣传。

三、重点对象学法用法

“四五”普法期间，领导干部学法用法工作取得了新的进展并逐步形成制度化。根据 2002 年 9 月省委组织部、省委宣传部、省司法厅联合下发的《关于加强领导干部学法用法的实施意见》，各地党委（党组）中心组学法制度、经常性学法讲座制度、集中培训制度、学法激励制度、法制理论研讨制度、学法讲师团制度等各级领导干部学法制度逐步建立并完善。自贡市政府常务会坚持十年会前学法制度，在讨论决策会议需解决的问题前，首先学习讲解相关的法律法规，将这项制度长期坚持下来并逐步完善；各级党校和行政学院也将法律课程列入必修内容。在用法制度方面，通过探索建立党委领导干部决策法律咨询制度、政府法律顾问制度、执法责任制、错案追究制、执法公示制和领导干部学法用法年度述职评议制度，促进了党委依法决策，政府依法行政和对各项事务的依法管理。2002 年 7 月，中共四川省委办公厅下发《关于试行拟任县处级党政领导职务政治理论水平任职资格考试制度的通知》，将任职资格考试中法律知识比例确定在 25% 左右。同时，在有条件的市（州），乡（镇）一级领导干部也开始推行法律知识任职资格考试制度。

图 6－17　2003 年 1 月 1 日，松潘县妇联、团委、工会、司法局等单位在县城开展“三八”妇女法制宣传维权周活动

图 6－18　2005 年 8 月，木里藏族自治县司法局干警在李子坪乡开展送法进村活动

国家公职人员学法用法活动逐步深化。2001 年，省委宣传部、省人事厅、省司法厅下发《在全省公务员中开展学法用法活动和进行依法行政培训的通知》，各地各部门将行政诉讼法、行政复议法、国家赔偿法、行政监察法和与本职工作有关的专门法律法规纳入公务员重点学习掌握的内容，并将公务员学习掌握法律知识情况与上岗执法资格结合起来，与公务员任职考核和职务任免结合起来；在方式上，多数机关做到了一般学习与专门学习相结合，工作时间与业余时间相结合。绵竹县利用业余时间开办法律夜校，利用法律夜校这块阵地，对全县公务员进行法律培训，几年来一直坚持不懈。为了增强全省公务员依法行政的法律意识，2002 年 9—12 月，省人事厅、省司法厅组织全省 30 多万名公务员参加了依法行政考试，检查了公务员队伍依法行政的法律素质和水平；2004 年

10—12月，以领导干部、公务员和国有企业管理人员、事业单位管理人员为主要对象，进行了100多万人参加的“四五”普法法律知识综合考试，全面检查了干部队伍学法用法的基本情况。并组织安排全省公务员学习《全面推进依法行政实施纲要》和《公务员法》的培训和宣传工作。

图6－19　2003年5月，射洪县广兴镇小学举办普法讲座

青少年法制宣传教育工作迈出新的步伐。各级法建领导机构会同职能部门，认真贯彻落实司法部、教育部等中央部委办《关于加强青少年学生法制教育工作的若干意见》《关于规范兼职法制副校长职责和选聘管理工作的意见》等文件要求，法制副校长、校外法制辅导员在城镇中小学和农村大部分完小以上学校基本配齐，学校法制课基本保证了计划、教材、课时、师资“四落实”，相当一部分城市建立了青少年法制教育基地，部分地方“学校——家庭——社会”三结合的青少年法制教育模式取得良好效果。

图6－20　2003年5月18日，西昌市司法局在西昌市小庙乡小庙小学开展法制宣传

农村基层的法制宣传教育继续保持了四川省在全国的先进地位。“四五”普法中，省级14个部门在“三下乡”活动中，赠送各类法律读本2万余册，宣传挂图和资料6万多份，解答法律咨询4000余人次。各市（州）、县（市、区）分别成立了讲师团或宣讲队，建立法律阅览室和农村法律夜校，使送法下乡活动逐步制度化。结合四川省劳务输出和外出务工人员不断增多的情况，不断加强对农民工的法制宣传教育。省司法厅组织编写的《外出务工法律知识手册》刊印后向外出务工人员赠送达几十万册，受到了广大农民工的热烈欢迎。各地还采用了很多行之有效的做法，强化农民工的遵纪守法意识和维权意识，例如：县（市、区）乡（镇）各级地方政府在组织农民工外出前集中培训法律知识，散发法律手册和资料；利用春节前农民工返乡回家机会，以乡（镇）或村为单位召集农民工进行法制宣传。

图6－21　2004年7月29日，马尔康普法讲师团在“四五”普法期间，开展送法进军（警）营活动

四、普法宣传与依法治理

各地的“四五”普法规划都提出了依法治理目标，把依法治理工作作为实施依法治国方略的重要实践活动列入议事日程，纳入当地经济社会发展的总体目标。2003 年，按司法部、民政部《关于进一步加强农村基层法制建设的意见》，四川省在广大农村推进以“依法建制、以制治村、民主管理”为主要内容的农村基层民主法制建设，深入开展“民主法治示范村”创建活动，大力宣传并落实《中华人民共和国村民委员会组织法》，促进了农村民主选举、民主决策、民主管理、民主监督和村务公开、财务公开等各项制度的建立和完善。四川省“民主法治示范村”的创建工作得了司法部、民政部的高度评价和肯定，并于 2004 年授予四川省 14 个行政村为国家级“民主法治示范村”称号；同时，各地按基层依法治理的总体要求，考核评定了一大批市（州）级、县（市、区）级“民主法治示范村”“法治示范家庭”“遵纪守法户”，使全省农村呈现出三个文明协调发展的良好局面。

同时，随着城乡一体化进程的推进和政府职能的转变，各地在城市社区也普遍开展了法律进社区和社区依法治理工作，积极探索社区民主法制建设的方法和途径，促进了社区依法治理和自治组织自我管理、自我教育、自我服务功能的更好发挥。

各地围绕保障未成年人权益、预防青少年犯罪为中心任务，普遍开展了“法治示范校”创建活动，除了对法制课进行规范以外，着重加强了学校依法管理、依法治理工作，通过校园周边环境专项整治、完善交通安全标志和检查落实学校宿舍、饮食、门卫等各项安全制度，有效地减少和防止了中小学、幼儿园意外事件和突发事件的发生。

第三节　“四五”普法成果

“四五”普法是 21 世纪实施的第一个五年普法规划，具有鲜明的时代特征。2001—2005 年，根据省人大常委会决议和“四五”普法规划的要求，在省委、省政府的正确领导和省人大的有力监督下，在各地区、各部门、各行业的共同努力下，全省普法依法治理工作取得了明显成效：全社会的宪法意识逐步增强，领导干部学法制度初步建立，行政机关和执法人员执法为民、依法办事的意识和能力有所提高，青少年法制宣传教育进一步落实，农村乡镇和城市社区法制宣传教育有较大发展。

一、公民的宪法和法律意识增强

以每年“12・4”全国法制宣传日为载体，开展以学习宣传宪法为主题的系列活动，集中宣传国家政治、经济基本制度，宣传权利与义务对等、法律面前人人平等原则，普及宪法知识。十届全国人大二次会议通过新的宪法修正案后，全省各地按照中共中央的要求和部署，加大工作力度，采取各种形式，认真组织学习宪法和修正案，研究制定了周密的宪法学习宣传计划，在宪法学习活动中结合党委中心组学习、领导干部法制讲座、法制培训等工作，安排了宪法专题学习，并通过开展宪法知识竞赛、征文、专家座谈会等形式，组织了有声势、有深度的宪法学习宣传活动，努力在全社会营造崇尚宪法、遵守宪法、维护宪法的社会法制环境。2003 年《中华人民共和国行政许可法》颁布之后，各部门、各行业认真开展了以行政许可法为重点的行政法学习，邀请有关专家进行行政许可法的专题讲座，并结合本职工作，在行政审批改革工作中，贯彻落实行政许可法，学用结合，增强实效。相关行政部门举办了行政许可法及依法行政培训班，要求干部职工将学习行政许可法同学习与本职工作密切相关的法律法规结合起来，促进依法行政。

二、服务党委政府中心工作成效凸显

在完成“四五”规划目标任务期间，全省各级法建部门充分认识到：法制工作是国家管理、社会调控的有机组成部分，应当服务于社会和经济发展、服务于社会稳定的根本要求才能为四川省实现追赶型、跨越式发展的目标，为保障和促进四川省经济建设和社会各项事业的发展发挥基础性保障作用，才能得到各级领导机关和广大公民的认同。全省各地紧紧围绕整顿和规范市场经济秩序、西部大开发、“三农问题”、抗击“非典”等中心工作，积极开展法制宣传教育，为经济建设和改革开放营造良好的社会环境。同时，注重贴近群众，努力开展与广大公民权利义务密切相关的法律法规的宣传教育。各地针对土地流转承包、房屋拆迁、土地征用、税费负担、村务管理等关系群众切身利益问题，及时开展法制宣传教育，维护群众的合法权益，有效化解矛盾纠纷，保障了社会稳定和发展。

三、检查考核制度建立健全

“四五”普法期间，四川省始终把领导干部、司法和执法人员的法制宣传教育放在重中之重，各地各部门认真贯彻落实中组部、中宣部和司法部《关于加强领导干部学法用法工作的若干意见》和全国领导干部学法用法工作电视电话会议精神，结合本部门工作实际，制定了本单位加强领导干部学法用法的意见，切实加强领导干部这一重点对象的学法用法工作，逐步建立并完善了领导干部法制讲座制度、党委中心组学法制度、干部学法日制度等。并建立领导干部法律知识考试考核制度，将法律学习考试考核与干部任免相结合，以考促学。许多部门通过组织法律知识竞赛、法治论文比赛等活动，提高领导干部参与的积极性，增强实际效果。围绕“四五”普法目标，省工商局、省国税局、省地税局、省质检局等行政执法部门，对系统内行政执法人员学法用法、依法行政工作高度重视，普遍建立了岗前培训、定期考试、持证上岗等制度，狠抓行政执法人员的学法工作，并通过执法责任制、执法公示制、过错追究制等制度，提高他们依法办事、依法行政的意识，促进了全社会法治化管理水平的提高。在提高国家公职人员特别是领导干部法律素质的同时，也为其他社会成员加强法律学习、强化法律意识和提高法律素质起到了表率作用。

四、重点普法对象的法制宣传教育工作不断深化

各地贯彻落实司法部会同有关部门联合制定的学法用法和法制宣传教育方面的指导意见精神，针对“四五”普法规划确定的领导干部、司法和行政执法人员、青少年和企业经营管理人员等普法重点对象的不同特点，建立了相应的制度，采取形式多样、有针对性的法制宣传教育，促进重点对象学法用法的深入开展。进一步完善学习计划，落实措施，确保本系统、本部门各级领导干部、公务员、企业经营管理人员，掌握社会主义民主法制建设基本理论，掌握宪法和国家基本法律法规知识，掌握本系统、本部门的专业法知识，不断提高依法决策、依法管理、依法行政、依法办事的能力和水平。同时各部门大力加强面向基层干部职工的法制宣传教育，特别是做好行政执法人员的法制宣传教育工作，使他们熟悉掌握与本职工作密切相关的法律法规知识，并能够在实际工作中熟练运用，在严格依法行政、公正执法上下功夫，提高干部遵纪守法的自觉性和依法办事的能力和水平。

五、法制宣传教育和依法治理扎实推进

“四五”普法期间，各部门在依法治理实践中逐步形成了执法责任制、执法公示制、评议考核制和执法过错责任追究制等四项基本制度，这四项基本制度成为各地、各部门依法治理目标管理的重要内容。各地广泛开展“民主法治示范村”创建活动，促进了村民自治、村务公开，保证了农村民主选举、民主决策、民主管理、民主监督制度的落实。在城市社区普遍开展了依法治理工作，依法建设社区、管理社区的水平进一步提高，社区自治组织自我完善、自我教育、自我服务的功能得到较好发挥，促进了基层工作的依法管理，形成了地方、行业、基层依法治理“三大工程”整体推进的良好态势，并向制度化、规范化、法制化方向发展。

第五章　法制宣传刊物

为适应法制宣传的需要，省司法厅在20世纪80年代先后创办了《四川法制报》《四川法制建设》《四川法学研究情况》《四川法学研究参考》《四川律师》《四川公证》《司法与经济》《四川司法》等刊物，扩大了法制宣传阵地。全省法律专业报纸除《四川法制报》外还有重庆司法局主办的《重庆市法制报》，县级司法局江油市司法局办的全省第1份县级《法制宣传报》。1984年，四川劳改劳教单位从四川公安系统移交给省司法厅管辖。四川省劳改局组织人员创办了《新生报》《四川监狱》等刊物，在劳改劳教（场所）中开展形式多样的辅助教育，收到良好效果。

第一节　《四川法制报》

《四川法制报》创刊于1983年，是由省委政法委主管、省司法厅主办的法制专业报纸。先后由周守住、刘舜泰、傅智朴、曾庆余任主编。《四川法制报》的办报宗旨和理念是“言不离法”，立足政法，面向全社会。报纸从周一刊到周四刊，均为四开四版，至1994年总发行量达到3000万份，年最高期发行量近32万份。按编采业务部门的设置，对应的四个版面即要闻版、业务版、理论版、副刊版。固定栏目设置分别有“小通讯”“大家谈”“侦破通讯”“案例通讯”“玩火自焚”“悔恨篇”“法制尊严”“警钟”“法律知识”“公民之友”“工作研究”“调查报告”“观察思考”“报告文学”“讽刺与幽默”“诗歌”“史海钩沉”“海外法趣”“小说连载”“杂文”“法制广角”“法制文摘”“华夏法语”等。

《四川法制报》创刊以后，依照中共四川省委和省政府制定的方针、政策及国家颁布的法律、法规和中心工作开展宣传。1983年创刊后，根据中央《关于严惩严重破坏经济的罪犯的决定》及中央关于“三年为期三个战役，严厉打击严重刑事犯罪活动”的决定，积极开展了两个“严打”的宣传活动。1985年，配合“扫黄”“禁毒”等专项斗争，进行了惩治走私，制造、贩卖淫秽物品和打击毒品犯罪的宣传报道。20世纪90年代后，着重宣传社会主义市场经济的法律、法规和依法治国方略。

《四川法制报》实行编辑委员会集体领导下的总编辑负责制。2000年3月，《四川法制报》调整为省委政法委主管主办。

第二节　《四川法制建设》

1988年12月，根据中央“一五”普法的部署，中共四川省委确定成立四川省法制建设领导小组，省法制建设领导小组办公室设在省司法厅法制宣传处。创办《四川法制建设》刊物。报刊登记为四川省内部期刊，准印证第 01-052 号，地址：成都市上翔街 24 号。该刊聘请何郝炬、王敖、白尚武、谢世杰、徐世群、辛文、任凌云、龚读纶、巫学德、伍柳村、文宝瑛、雷喻义、赵震寰、杨立中等为顾问。同时聘请刘安颖和康钦敏律师为法律顾问。该刊编委会主编曾宪章，副主编陈永康，编委曾宪章、扈远仁、傅志朴、刘朝清、陈永康，扈小菁。编辑部主任扈小菁，副主任谭孝元。

《四川法制建设》为月刊。刊物内容随着形势和任务的变化有所不同。主要有“法建信息”“四川法制宣传和依法治理工作专稿”“法制论坛”“工作研究”“基层的报告”“芳心草”“警钟常鸣”“社会透视”“法律书讯”“简讯”，以及图片新闻等。

自创刊后，按照中央和省委关于“一五”“二五”“三五”“四五”普法的部署和要求，刊物着重宣传中共四川省委依法治省，以法律政策规范和引导市场经济运行的内容。充分发挥市场机制和经济发展的积极作用，把市场运行纳入规范和法制的轨道，保证社会主义市场经济体制健康发展。

第三节　《四川法学研究情况》和《四川法学研究参考》

1983 年 7 月，四川省编制委员会批准成立四川省法学会筹备组办公室，7 月 12 日，中央政法委员会、劳动人事部、财政部给四川省法学会编制 14 人。由省委政法委主管，省司法厅具体管理，在中国法学会和四川省社科院指导下开展工作。经过筹备，10 月 21 日正式成立，同年 11 月召开大会，推选出费中为会长。为便于四川法学研究和会员提供发表论文和调查报告，四川省法学会于 1984 年 1 月 3 日创办了《四川法学研究情况》刊物，同年 3 月 25 日又创办了《四川法学研究参考》。杨立中任主编。刊物围绕四川省法制建设和经济建设研究的课题，为四川省法学工作的改革和发展提供精神动力和智力支持。至 2005 年，刊物共召开国内法学研究座谈会 18 次。该刊在具体工作中牢牢把握理论联系实际的基本原则，即着眼理论探索和司法工作的实际，务虚与务实相结合，在继承好的经验和做法上与时俱进，着眼于新的形势，新的任务，新的实践进行新的探索和创新；坚持百花齐放，注重发挥基层政法干警的智慧和力量；坚持以马克思列宁主义、毛泽东思想、邓小平理论、“三个代表”重要思想及科学发展观为指导思想；坚持以法学工作的指导方针和宗旨不动摇。20 多年中，在法学会广大会员的努力下取得较好的理论成果，对优秀论文汇编，以《四川法学研究》出版，推动了四川法学工作的长足发展。2005 年，四川省法学会改由省委政法委管理，上述两刊也随法学会隶属关系的变化，由省委政法委主管主办。

第四节　《四川律师》

《四川律师》创刊于 1983 年 12 月。是年 11 月，经中共四川省委、省政府同意，四川省律师协会和四川省法学会同时成立。为及时宣传和报道两会成立盛况，《四川律师》创刊工作随即启动。首期刊物以《四川省法学会四川省律师协会成立大会会刊》形式出版，出刊时间为 1983 年 12 月。

《四川律师》由省新闻出版局审核批准出刊，由省司法厅主管，省律师协会主办的内部刊物，刊期为双月刊，发行范围是省内律师行业。办刊宗旨是：团结全省广大律师，维护律师合法权益，开展律师业务研究和经验交流，为律师和律师行业提供更多的信息，推动全省律师业不断改革发展。

《四川律师》遵循办刊宗旨，根据律师队伍建设、律师业务开展以及律师改革发展的需要，先后开辟了“工作指导”“律师管理”“律师论坛”“要案转载”“案例辨析”“企业法制”“法律顾问”“行政诉讼”“涉外业务”“律师论坛”“改革动态”“律师信箱”“文件选登”“经验交流”“律师实务”“职业道德”“律师风采”“争鸣园地”“消息动态”“资料室”等栏目。

刊物创立初期，省律师协会秘书处和省司法厅律师管理处合署办公，即两块牌子一套人马。刊物的编辑工作由律师管理处宣传科负责。

1987 年底，省律师协会秘书处与省司法厅律师管理处分设，《四川律师》的编辑工作由省律师协县办公室承担。

1988 年底，省律师协会为《四川律师》配备了 2 名专职人员，由省律师协会宣教部负责。《四川律师》刊物，主编由省司法厅副厅长、省律师协会副会长李黎担任，副主编由省律师协会秘书长许启先担任。至 1989 年底，《四川律师》专职编创人员增至 3 名。

从 1993 年下半年开始，因人事变动，《四川律师》编辑人员进行调整。主编由省司法厅厅长、省律师协会会长曾宪章担任。

1996 年底，为了适应四川省司法行政工作改革的需要，省司法厅党组决定并经省新闻出版局审核批准，《四川律师》与《四川公证》合刊，1997 年更名为《司法与经济》，由省司法厅主管主办，作为独立刊物的《四川律师》至此停刊。

《四川律师》自 1983 年底创刊至 1996 年底停刊，历时 13 年，共出期刊 62 期、增刊 2 期、专刊 2 期。发行量每期 2000—4000 册不等，共出刊近 15 万册。

《四川律师》除发省内本系统外，为了加强四川律师与外界的交流及合作，扩大四川律师行业的影响，学习兄弟省区律师行业的先进经验，与全国各省（区、市）的司法厅（局）、律师协会以及所发行的律师刊物进行了交流赠阅，同时还与全国知名的法律大专院校图书馆，如北京大学法律系、中国政法大学、西南政法大学、四川大学法律系等进行交流赠阅；为了加强与政法部门、党政机关之间的交流与合作，《四川律师》还与本省公检法部门及这些单位发行刊物的编辑部门，以及省内有关党政机关进行了交流赠阅；根据律师工作重心的要求，还向一些大型厂矿、企事业的法律顾问室赠阅。

第五节 《四川公证》

1985 年 5 月，为加强对全省公证工作的业务指导，促进公证业务交流，经中共四川省司法厅党组同意，《四川公证》创刊。《四川公证》的前身为《四川公证动态》，1986 年 1 月，正式改名为《四川公证》。先后由郑文举、李犁、李宏江任主编。

《四川公证》杂志由省司法厅主管，为四川省公证协会主办的内部刊物，期刊为双月刊，发行范围为全省公证行业内部系统。其办刊宗旨是：宣传公证工作，团结全省广大公证人员，依法维护公证人员的合法权益，开展公证理论研究，为公证人员提供学习、交流公证工作和信息的平台，指导全省公证工作。

《四川公证》根据四川省公证队伍建设、公证业务开展以及公证行业改革发展的需要，先后开辟了“业务指导”“公证管理”“行业指导”“案例选登”“公证员之声”“公证论文”“改革动态”“文件选登”“业务研讨”“公证业务资料”“公证人员执业道德”以及反映四川省公证人员精神风貌的“公证员风采”等栏目。

杂志创刊发行后，深受全省广大公证人员的喜爱，投稿积极踊跃，一共发表各类文章1000余篇，被《中国公证》杂志等报刊采用近40余篇，受到司法部、中国公证协会的好评。杂志还在宣传公证、指导业务、研究公证理论等方面起到了积极作用，为全省公证员提供了学习、研究公证业务的平台。

刊物成立伊始，省公证员协会与省司法厅公管处是两块牌子一套人马，刊物的编辑工作由省公证协会秘书处（省司法厅公证管理处）负责。1989年底，为了加强《四川公证》编辑力量，为《四川公证》配备3名工作人员。《四川公证》的主编由省司法厅副厅长、省公证协会会长李犁担任，后变更为许启先。

《四川公证》从1985年创刊到1996年停刊，共出期刊60期，增刊3期，印刷数量每期约1000—1200册不等，共出刊6.5万册。《四川公证》除发行省内各公证处、市（地、州）县（市、区）司法行政机关外，为了加强与兄弟省、市同行的交流，学习先进经验与好的做法，还与全国省（区、市）公证协会进行交流赠阅。同时，向银行金融机构、大型企业赠送。

1996年，为了适应四川省司法行政工作改革发展的需要，经省司法厅党组决定，将《四川公证》与厅里其他杂志合并，同年，更名为《司法与经济》杂志，由省司法厅主办。

第六节　《四川司法》

《四川司法》前身为《司法与经济》，1995年省司法厅开始筹备创办。

1996年8月，省司法厅向省新闻出版局提交《关于创办〈司法与经济〉杂志的报告》（川司函〔1996〕18号），申请将省律师协会主办的《四川律师》和省公证员协会主办的《四川公证》两个内部刊物合并为一个综合性内部刊物《司法与经济》。1996年10月，经省新闻出版局批准，《四川律师》和《四川公证》合刊，更名为《司法与经济》，双月刊，16开，每期48页，每期印数5000册，发送范围为全省司法行政系统。由省司法厅主管和主办。办刊经费来源为省司法厅行政经费。

《司法与经济》宗旨是：以邓小平建设有中国特色的社会主义理论为指针，坚持以经济建设为中心，以司法行政系统法律服务和法律保障以及社会主义市场经济建设为切入点和落脚点，按照四川省司法厅工作指导思想和改革思路，指导全系统的工作。大力宣传四川省监狱、劳教、律师、公证、基层法律服务系统的先进集体、优秀个人和典型事迹，弘扬正气，鞭笞丑恶；相互交流经验，传递信息，进行深层的理论探索，从而更好地为四川的社会稳定和经济发展提供优质高效的服务。

《司法与经济》设置的栏目有：“本刊特稿”“工作指导”“理论探索”“队伍建设”“监管改造”“经济仲裁”“普法广场”“人物风采”“案例选编”“办案札记”“律师天地”“公证天平”“基层鸟瞰”“热点透视”“调查研究”“大墙内外”“安置帮教”“天府文苑”“信息传真”“企业法制”“司

法通讯”“司法鉴定”“市州热线”等。

省司法厅厅长曾宪章兼任《司法与经济》杂志主编，省司法厅副厅长彭矛兼任副主编。省司法厅办公室《司法与经济》编辑部负责具体的编辑、发行等工作。

1998年2月，省司法厅下发通知在全省司法行政系统组建《司法与经济》通讯站，共发展通讯员331名。6月，《司法与经济》被省新闻出版局核准为刊型内部资料，准印证号第01—046号。9月，省司法厅印发《〈司法与经济〉通讯站暨通讯员管理办法》。

2000年，对杂志版面、内容进行调整，将不同栏目归类到指南篇、实务篇、风采篇、论坛篇、百草篇5个版块。2002年，《司法与经济》每期印数减少到3500册。

2002年6月，按照省新闻出版局关于同一单位原则上只办一种刊型内部资料的规定，报经四川省新闻出版局核准，由省司法厅主办的《司法与经济》、四川省法建办主办的《四川法制建设》、四川省法学会主办的《四川法学研究》三刊合并，更名为《四川司法》杂志，成为省司法厅主办的唯一综合性机关刊物。准印证号第01—46号，月刊，16开，每期48页，每期印数2000册，发送范围为全省司法行政系统。主管机关和主办单位均为省司法厅，办刊经费来源为省司法厅行政经费。

《四川司法》于2002年6月正式出刊。设置的栏目有：“改革探索”“本刊特稿”“经验交流”“调研聚焦”“西部之声”“普法广场”“行业英才”“实务纵横”“法律援助”“案例辨析”“社区法治”“投资顾问”“企业法治”“研究探讨”“队伍建设”“热点透视”“网络在线”“维权路上”“法治沙龙”“立法建议”“他山之石”“争鸣园地”“信息传递”“知识广角”“基层在线”等。其中固定栏目有“改革探索”“本刊特稿”“经验交流”“调研聚焦”“行业英才”“基层在线”“案例辨析”“研究探讨”“队伍建设”“法治沙龙”“信息传递”“知识广角”等。

《四川司法》创刊时，由省司法厅副厅长张永敏兼任主编，由省司法厅办公室《四川司法》编辑部负责编辑和发行等具体工作。

自1997年6月创刊至2005年12月，《四川司法》（含《司法与经济》）共出刊71期，刊登稿件2000余篇，有效地发挥了全省司法行政系统内部工作指导、工作交流、理论研究、对外宣传等作用。其间，《四川司法》（含《司法与经济》）刊登了多篇反映司法行政工作改革发展方向和进程的优秀稿件，有力地推动了四川司法行政在改革方面的理论探讨和实务研究方面的发展，如《四川监狱改革实践和下一步改革思路》《依法治国与法律至上》《国资律师事务所进行股份合作制改革的构想》《推行社区矫正制度的初探》《对吸毒型劳教人员教育特点的分析》《国家赔偿法的修改与完善》等文章，对相关领域的改革和事业的健康发展发挥了指导作用。

第七篇　安置帮教和社区矫正

1998年，省司法厅根据省委办公厅、省政府办公厅转发省综治委《关于进一步加强对刑释解教人员安置帮教工作的意见》要求，开始负责全省刑释解教人员的安置帮教工作。全省安置帮教工作在司法部、省委省政府的领导下，在各司法行政部门的努力下，在相关部门和社会各界的协助下，建立和完善了安置帮教工作机制，采取各种帮教措施，落实安置政策，积极引导、扶助、教育管理刑释解教人员，使其实现再社会化和顺利回归社会。

四川省社区矫正工作，是全国司法体制改革重要组成部分，从2004年底社区矫正工作试点以来，坚持积极稳妥、循序渐进的原则，大胆探索，勇于实践，精心准备，认真调研，制定方案，试点工作稳步推进，为推进平安四川、和谐四川建设做出了贡献。

第一章　安置帮教

对刑释解教人员安置和帮教工作，是在党委、政府的统一领导下，依靠各有关部门和社会力量对刑释解教人员进行的一种非强制性的引导、扶助、教育、管理活动。其主要工作任务是全面掌握服刑和在教人员信息，做好刑满释放和解除劳教人员的衔接管理工作；落实社会救助措施，解决刑满释放和解除劳教人员实际困难；落实就业扶持和社会保险政策；帮助刑满释放和解除劳教人员融入社会；加强过渡性安置基地建设，做好刑满释放和解除劳教人员临时性安置工作；加强教育帮扶，激励引导刑满释放和解除劳教人员遵纪守法。

第一节　相关法规、政策

一、国家相关法规、政策

1991 年 2 月 19 日，中共中央、国务院《关于加强社会治安综合治理的决定》第三条“社会治安综合治理的工作范围”中提出：“基层党政组织和公安派出所要落实对刑满释放、解除劳教人员的安置帮教工作。”“积极妥善地安排刑满释放、解除劳教人员就业。企事业单位在招工时，对刑满释放、解除劳教人员应与城镇待业人员一视同仁，不得歧视。”3 月 2 日，第七届全国人民代表大会常务委员会第十八次会议通过的《关于加强社会治安综合治理的决定》中提出：“妥善安置刑满释放和解除劳教的人员，减少重新违法犯罪。”

1992 年 7 月 20 日，中共中央《关于加强政法工作，更好地为改革开放和经济建设服务的意见》第五条“对刑满释放、解除劳教人员，一是提倡尽可能由原单位接收安置；二是鼓励和帮助其自谋职业；三是暂时无业可就的，由司法行政和劳动部门共同开办以第三产业为主的经济实体，予以就业前的过渡性安置，并积极帮助其就业，防止流落社会重新犯罪。”

1994 年 12 月 29 日，第八届全国人民代表大会常务委员会第十一次会议通过的《中华人民共和国监狱法》第三十七条规定：“对刑满释放人员，当地人民政府帮助其安置生活”。“刑满解教人员丧失劳动能力又无法定赡养人、扶养人和基本生活来源的，由当地人民政府予以救济。”第三十八条规定：“刑释解教人员依法享受与其他公民平等的权利。”

1994 年 2 月 14 日，中央社会治安综合治理委员会、公安部、司法部、劳动部、民政部、国家工商行政管理局联合发文《关于进一步加强对刑满释放、解除劳教人员安置帮教工作的意见》，明确了安置帮教工作的性质、对象、范围和工作目标。安置帮教工作性质：对刑满释放、解除劳教人员的安置、帮教工作是在党委、政府的统一领导下，依靠各有关部门和社会力量对特定对象进行的一种非强制性的引导、扶助、教育、管理活动。安置帮教的对象：是刑满释放或解教两三年之内，没有生活出路和有重新犯罪倾向的人员。对工作范围作了规定，同时还对各级党委、政府及有关部门在刑释解教人员安置帮教工作中肩负的责任提出了具体要求。

1999 年 2 月 3 日，中央综治委、司法部、公安部、民政部联合下发《关于进一步做好服刑在教人员刑满释放、解除劳教时衔接工作的意见》，明确“监狱、劳教所、拘役所、看守所须在服刑在教人员刑释解教前一个月将其认罪服法情况、改造表现、刑释解教时间、技术特长、择业意向以及做好安置帮教工作的建议，填写《刑释解教通知书》寄送服刑劳教人员原户籍所在地县级公安机关和司法行政机关，并要求刑释解教人员在规定时期内，持刑释解教证明到原户籍所在地公安派出所报到。”

2001 年中共中央、国务院《关于进一步加强社会治安综合治理的意见》第二条提出：“进一步加强对刑满释放、解除劳教人员的安置、帮教工作，要加快信息管理系统建设，做好服刑在教人员刑满释放、解除劳教时的衔接工作，做到不漏管、不失控，特别要重点做好有可能重新违法犯罪人员的防范管理工作；要广开刑满释放、解除劳教人员的就业渠道，动员社会各方面力量做好帮教工作，尽可能地减少重新违法犯罪。”

2004 年 2 月 6 日，中央综治委、司法部、公安部、劳动和社会保障部、民政部、财政部、国家税务总局、国家工商行政管理总局联合下发《关于进一步做好刑满释放、解除劳教人员促进就业和社会保障工作的意见》，对刑释解教人员就业和社会保障提出劳动技能培训、自主创业、建立基地、工作经费、落实责任制、最低生活保障、失业保险、养老保险 8 个方面的政策规定。

二、四川省相关法规、政策

1998 年 3 月 17 日，省委办公厅、省政府办公厅转发省综治委《关于进一步加强对刑释解教人员安置帮教工作的意见》，要求：充分认识安置帮教工作的重要性、复杂性和艰巨性，切实加强领导；建立健全安置帮教工作组织机构，逐步实现安置帮教工作的网络化；明确任务，分工负责，多渠道做好安置帮教工作。

2001 年 11 月 21 日，中共四川省委、省政府《关于进一步加强社会治安综合治理的意见》第 4 条中专门提出：“进一步做好刑释解教人员的安置帮教工作。抓好服刑、在教人员刑满释放、解除劳教时的衔接，重点做好有可能重新犯罪人员的防范管理工作。要根据社会主义市场经济体制的要求，拓宽安置就业渠道，积极动员社会各方面力量共同做好安置帮教工作，有效预防和减少重新违法犯罪。”

2003 年 4 月 14 日，省司法厅、省公安厅、省民政厅、省劳动和社会保障厅、省扶贫办联合发文《关于进一步规范刑释解教人员安置帮教有关政策的通知》，对刑释解教人员的衔接、落户安置、最低社会保障、就业培训、落实帮扶 5 个方面的问题提出了具体措施。

第二节　安置帮教工作管理体制

1998 年之前对刑满释放、解除劳动教养人员的安置帮教工作，根据中共中央、国务院 1991 年 2 月作出的《关于加强社会治安综合治理的决定》的相关规定，主要由公安机关基层派出所负责。根据 1998 年 3 月 17 日省委办公厅、省政府办公厅转发省综治委《关于进一步加强对刑释解教人员安置帮教工作的意见》的要求，省司法厅开始主管全省刑释解教人员安置帮教工作，司法厅基层工作处具体负责全省安置帮教工作的指导管理。

刑释解教人员的安置帮教工作，是司法行政机关承担的一项全新的、艰巨而繁重的工作任务。为了抓好此项工作，省司法厅决定在深入调查研究，认真总结经验基础上，召开一次规格高规模大的全省安置帮教工作会议，以此来进一步全面推动全省安置帮教工作。为开好这次会议，省司法厅作了认真而且充分的准备。厅基层工作处处长岳忠文带队先后到乐山市犍为、井研县，成都市双流、大邑县等地司法局、乡镇政府、农村村委会，调查了解安置帮教工作情况，总结安置帮教工作好的做法和典型经验，总结出双流县一刑释人员经帮教转变好后被推选担任村委会主任的典型事例。省司法厅于1999年在成都市金牛宾馆召开了全省刑释解教人员安置帮教工作会议，全省各市（州）司法局长、综治办主任等领导、省司法厅机关各部门处长、省综治办领导等参加了会议。会议总结了全省刑释解教人员安置帮教工作成绩，交流了经验，部署了下一步全省安置帮教工作。省司法厅厅长曾宪章作了主题报告，会议由司法厅副厅长李如林主持。省委常委、政法委书记王景荣作了书面讲话。

全省各级司法行政机关在当地党委政府领导下，结合当地实际，认真贯彻落实全省安置帮教工作会议精神，全面系统地开展了刑释解教人员的安置帮教工作。一是明确了工作依据。省委办公厅、省政府办公厅出台的加强刑释解教人员安置帮教工作的文件，明确了工作要求和各部门分工等，明确了各级司法行政机关主管此项工作。二是安置帮教组织得到逐步建立健全。在不太长的时期里，全省各地在村（居）委会和乡镇街道普遍建立健全了安置帮教组织。三是全省各级司法行政机关对应建立了安置帮教工作指导管理机构。省司法厅基层工作处负责全省安置帮教指导管理工作，在2000年机构改革时，省司法厅专门设立了安置帮教工作处专抓这项工作，各市（州）司法局和县级司法局也赋予其基层工作管理部门负责此项工作的职能，成都市等少数市司法局还专门成立了安置帮教工作指导管理处（科）。这为全省开展好刑释解教人员安置帮教工作提供了组织保证。

全省各级司法行政机关克服困难，积极开展刑释解教人员安置帮教工作，减少了重新违法犯罪，维护了社会稳定。各乡镇司法所克服困难，主动开展此项工作，普遍对几年来刑释解教人员进行了摸底调查，并根据当地实际情况，做好安置帮教工作，有条件的还创办了一些企业，用于过渡性安置刑释解教人员。1993—1999年，成都市有16623名刑释解教人员回归社会，其中16412人得到及时帮教，帮教率达98.7%；15540人得到妥善安置，安置率达93.5%；重新犯罪率仅为1.75%。

第三节　基地建设

2001年8月2日，省司法厅、省劳动和社会保障厅联合发出《关于做好刑释解教人员过渡性安置企业（基地）认定工作的通知》，专门就过渡性安置刑释解教人员基地建设方面有关资格认定、认定程序、审批程序、年审事项、优惠政策等做出明确规定，并规范了基地申报表、基地年检表、基地安置帮教协议多种报表。

2001年11月15日，省刑释解教人员安置帮教工作领导小组、省司法厅、省财政厅、省工商行政管理局、省国税局、省地税局联合下发《关于刑释解教人员安置帮教企业（基地）享受有关优惠政策的通知》（以下简称《通知》），《通知》对安置帮教基地具备的条件，基地安置刑释解教人员占企业生产人员总数比例，建立各项规章制度，基地享受的优惠政策，申报审批程序等做出了详细规定。《通知》又明确规定基地安置刑释解教人员占企业生产人员总数必须达到30%以上；当安置刑释解教人员占企业生产人员总数35%以上，免征企业所得税；当安置刑释解教人员占企业生产人员总数的比例超过10%未达35%的，减半征收企业所得税；对经认定符合条件的刑释解教人员安置帮教企业，当地财政可在财力许可的范围内适当给予支持。

2003年3月3日，省刑释解教人员安置帮教工作领导小组办公室发出《关于加强刑释解教人员过渡性安置基地（企业）建设的意见》，该意见专门就安置帮教基地建设提出：明确工作目标、建立帮教组织、健全工作网络、制定帮教制度、实行工作规范等规范化建设基地意见。同时，特别强调对到基地过渡安置的刑释解教人员坚持政治上一视同仁，劳动中同工同酬，要求基地不仅只满足安置刑释解教人员，还必须做到：以法育人、以情感人、真情感化回头浪子。

2005年6月25日，省综治委刑释解教人员安置帮教工作领导小组发出《关于进一步加强刑释解教人员过渡性安置企业（基地）社会帮教志愿者协会职业技能培训基地建设的通知》（以下简称《通知》），再次对刑释解教人员过渡性安置企业（基地）建设提出了三点要求：一是每个县都建设一个安置基地。二是进一步认真贯彻刑释解教人员过渡性安置基地有关政策文件精神，切实抓好过渡性安置基地建设。三是加强对过渡性安置基地的检查指导。《通知》特别强调对基地内部帮教工作网络、帮教制度、帮教效果落实情况进行检查，要求对做得好的基地给予表彰，对问题较多的基地要采取措施限期整改，对不符合要求的基地坚决取消资格。

2001—2005年，全省各市（州）根据中央、省安帮领导小组关于建立安置帮教基地的文件精神，纷纷结合本地的实际情况制定安置帮教基地建设相关配套文件，认真贯彻落实基地建设工作。2001年3月，攀枝花市在市委、市政府和各级党政及有关部门的支持下，在开发区划拨10公顷土地，由该市和东区联合筹建刑释解教人员安置帮教基地，主要经营花卉种植和良种家禽、畜牧养殖业。2002年5月，宜宾市第一个刑释解教人员安置基地正式挂牌成立，该基地属独立法人资格的私营企业，法定代表人曹建生自愿承担社会责任和义务，为政府分忧解难，为维护社会稳定做出自己的贡献。2002年7月，乐山市首家刑释解教人员安置帮教基地在犍为县罗城塑料厂挂牌成立。2002年8月，泸州市首家刑释解教人员安置帮教基地在合江县成立。2003年3月，自贡市先后成立了7个刑释解教人员安置帮教基地。2003年5月，成都市创办安置刑释解教人员实体14个，建立安置帮教基地5个。2004年10月，资阳市先后成立安置帮教基地4个。2005年4月，宜宾市第二个刑释解教人员安置帮教基地成立。2005年4月，广元市已有3个刑释解教人员安置帮教基地经批准成立。2005年10月，南充市第一家刑释解教人员过渡性安置帮教基地挂牌成立。

2005年6月22日，省综治委刑释解教人员安置帮教领导小组对全省过渡性安置帮教基地（企业）开展了一次全面普查工作，领导小组办公室下发《关于对刑释解教人员过渡性安置帮教基地（企业）进行普查的通知》，普查的重点是过渡性安置帮教基地（企业）的数量、分布、性质、安置人数、经营状况以及帮教情况等。此次普查的结果为：全省经司法行政和劳动部门共同批准共建过渡性安置帮教基地（企业）81个，安置刑释解教人员达40%的有29个，低于40%的有52个；经营状况较好的26个，一般的51个，亏损的4个；享受优惠政策的9个；加工制造业58个、运输业2个、工矿企业8个；建筑业6个，餐饮业2个，其他行业5个。通过普查表明，过渡性安置帮教基地（企业）始终坚持对刑释解教人员实行“一视同仁”，即对刑释解教人员与其他职工一样对待，在政治上不歧视；“两个优先”即在资金紧缺时，刑释解教人员优先发工资，在岗位较少时，刑释解教人员优先上岗；“三个帮助”即从思想上帮助，使其树立正确的人生观；从生活上帮助，为其排忧解难；从技术上帮助，使其掌握一定的生产技能。“四个一样”即政治上一样，工资标准一样，生活水平一样，劳保待遇一样，充分激励了刑释解教人员更好地工作。基地还经常开展丰富多彩、健康有益的各种文化体育活动，丰富他们的业余生活，杜绝他们与社会闲杂人员联系，减少被“病菌”传染机会，增强他们的“免疫”能力，使刑释解教人员的心灵得到净化，行业得到规范，有效地达到了预防和减少重新违法犯罪。

第四节　安置帮教政策

对刑满释放、解除劳教人员进行安置和帮助教育工作，使他们顺利走上新生之路，是维护社会稳定，实现国家长治久安的一项重要工作，这项工作作为维护社会稳定的一项基础工作，被省政府列为社会治安综合治理的工作目标。

一、安置帮教的对象、范围和工作目标

安置帮教工作的主要对象是刑满释放或解除劳教三年之内，没有生活出路和有重新犯罪倾向的人员。工作范围包括：对服刑、劳教人员回归社会前的思想教育和就业技能培训；向刑满释放、解除劳教人员户口所在地的公安机关和接收单位介绍情况，移交有关档案、材料；引导、扶助刑满释放、解除劳教人员就业，或解决生活出路问题；对有重新违法犯罪倾向的刑满释放、解除劳教人员进行帮助教育，落实预防重新违法犯罪的措施；对重新违法犯罪的刑满释放、解除劳教人员依法从重惩处。通过安置、帮教工作，力争大多数刑满释放和解除劳教人员增强改过自新的信念和就业能力。在就业、上学和社会救济方面不受歧视，实现生活有着落，就业有门路，预防和减少重新违法犯罪。

二、刑释解教人员衔接

（一）建档立卡

及时将回归人员的情况登记造册，建立登记卡，实行“一人一台账”，坚持先到司法所报到，后到派出所上户口制度。实现“底数摸清，情况查明，立档管理”的目标。据2005年统计，全省县（市、区）级司法行政部门和公安部门建档率分别达到了99.9%、95.9%。基层司法所和公安派出所建档率分别达到89.2%、91.4%。

（二）定期排查

全省各市（地、州）普遍建立了刑释解教人员每月排查制度，省刑释解教人员安置帮教工作处每年对所辖区域内监狱、劳教所、看守所、司法所、派出所落实衔接工作情况进行全面检查。重点对未申报户口和去向不明未衔接刑释解教人员组织力量进行清查，力求把安置帮教工作做细，真实掌握刑释解教人员的数字，全面了解帮教对象现状，细致入微地做好安置工作，形成了一级抓一级、一级对一级负责的工作格局。

（三）延伸衔接

各市（地、州）安置帮教工作机构积极主动与监狱、劳教单位加强联系，与监狱、劳教单位签订安置帮教衔接协议书，实行提前对号、提前帮教、提前衔接制度。通过了解和掌握本地区籍服刑在教人员的思想动态、劳动表现和刑释解教时间，建立刑释解教前本区籍人员档案，提前做好安置帮教衔接准备，2002 年，省司法厅下发《关于进一步加强服刑在教人员开展技能培训的通知》，全省监狱、劳教系统加强对服刑在教人员开展技能培训工作，为刑释解教人员回归社会后安置就业先打下基础。2002 年起，省司法厅安置帮教工作处每年都开展“律师深入监所开展法律服务”专项活动，让服刑在教人员深刻反省自己违法犯罪行为对社会造成的危害和损失，解答服刑在教人员法律疑虑，协助服刑在教人员家属通过法律程序解决各种困难和纠纷，从而促进了认罪服法，积极改造。至 2005 年衔接率由 2001 年的 40% 上升到 2005 年 95%。

（四）建立省级刑释解教人员基本情况信息库

为了准确掌握刑释解教人员的基本情况，省司法厅刑释解教人员安置帮教工作处自 2000 年起，每年都要对回归社会的刑释解教人员进行认真地排查、清理工作，对刑释解教人员分门别类建立基本情况信息库，实现省、市（州）、县（市、区）和街道安置帮教机构信息资源共享，既全面掌握了工作对象的基本信息，健全档案管理，又大大提高了工作效率，使安置帮教工作更为科学化、规范化。

第五节　刑释解教人员帮教

刑释解教人员的帮教工作，是在刑释解教人员回归社会后的一定时间内，由地方政府组织有关部门、社会各界及刑释解教人员的亲属，对刑释解教人员进行帮助和教育的工作。通过帮助教育使他们在刑释解教回归社会后思想稳定，适应社会，积极参加社会劳动，遵纪守法，不再违法犯罪。对刑释解教人员的帮教工作的步骤，分为刑释解教人员回归社会前的帮教工作准备阶段、回归社会后的正常帮教工作阶段和对少数刑释解教人员实行重点帮控阶段。

一、刑释解教人员帮教工作方法

刑释解教人员帮教工作方法有：家庭走访解除疑惑；在排忧解困中签订帮教协议，明确各自的责任；召开座谈会，实行相互帮教；实施跨地区联合帮教，以保证帮教工作不脱节、不漏管；国家重大节日、生日，给予勉励教育；认真处理来信来访，帮助排忧解难；加大帮控对象的帮教力度，切实做好转化工作。

二、主要帮教措施

充分发动群众积极参与帮教活动。组织热心公益事业的离退休干部职工、在职中共党员干部、学校教师、科技人员、共青团员、农村老党员、老干部、治安积极分子代表参与安置帮教工作，把安置帮教作为社区建设和社会服务的重要内容；开展“一助一”“多助一”结对帮教，让每一个刑释解教人员都有人管，有人帮，有人教，避免失控、脱管。

2001 年 4—9 月，在中共四川省委、省政府统一领导和省综治委的具体实施下，省司法厅对

1998年以来回归社会的刑释解教人员开展了认真的排查清理工作。通过排查清理，初步掌握了四川省刑释解教人员状况，建立了刑释解教人员基本情况信息库，排查前掌握刑释解教人员85969人，排查后新增加14412人，共计101384人。列入重点管理人口73407人，占已掌握刑释解教人员的72.40%，其中已申报的63338人，占刑释总数62.5%；人在本地，且人户一致的57625人，占56.8%；人户分离的13222人，占13%；人去外地下落不明的7482人，占7.4%。这次排查清理，一是全面摸排与重点管控相结合；二是把排查清理工作与“严打”整治斗争相结合。据统计，排查为侦察破案提供线索2577件，提供打击处理对象1931人；破获案件1498件（抓获犯罪嫌疑人1578人），刑释解教人员参与黑恶势力团伙153个（抓获犯罪嫌疑人39人）。

2003年5—10月，省安置帮教工作领导小组、省司法厅、省律师协会首次在全省范围内开展了以刑释解教人员和服刑在教人员亲属为服务重点的“法律服务进社区”专项活动。在为期5个月的专项活动中，全省近3000名律师、法律服务工作者投入此次活动，在社区开展有了1500余场法制宣讲，全省接受教育人数达10万多人，律师解答法律询问5万多次，直接为刑释解教人员、服刑在教人员亲属提供法律援助2000余件，赠送法律宣传资料10多万份。这次专项活动收到良好效果：一是深受广大人民群众欢迎，增强了公民法律意识；二是刑释解教人员反响强烈，重新做人的信心和决心更加坚定。三是服刑在教人员亲属倍感社会主义制度的优越性；四是得到基层党政领导的高度赞扬。

2005年9月，省安置帮教工作领导小组、省司法厅、省教育厅、共青团四川省委联合组织刑释人员报告团到学校开展“对青少年进行法制教育预防犯罪”专项活动。各地还利用中小学、职业技术学校及部分大专院校开学之际，组织“刑释解教人员报告团”深入校园，对在校学生进行现身说法预防罪犯专项教育。这次活动产生了良好的效果：一是针对青少年这一特定群体，认真挑选“现身说法”典型；二是司法行政部门严把法律关，确保律师点评的准确性和权威性；三是深入学校调查摸底，选择专项活动的有利时机；四是精心组织，周密部署，形式多样，声势浩大。这项活动共深入全省21个市（州）1052所中小学、职业技术学校、中等专业学校以及部分大专院校，宣讲1166场次，受教育学生达140多万人，教育覆盖面十分广泛。这次活动结束后各学校还普遍组织学生开展了讨论和作文比赛活动。这次活动的收获：一是校园反响很好，学生法律意识进一步增强；二是各界人士评价很高，增强建设有中国特色社会主义的意识；三是进一步促进了学校法制教育工作的规范化；四是拓展了安置帮教工作领域；五是进一步增强了律师的社会责任感。

通过省司法厅安帮工作处和各级安帮机构的努力，截至2005年，全省共有刑释解教人员136753人，其安置率达93%，大部分刑释解教人员能安份守法，辛勤劳动，刑释人员再犯罪率有所下降。

第六节　刑释解教人员安置

刑释解教人员的安置是指国家根据刑释解教人员的不同情况，依照法律和有关政策，对刑释解教人员给予继续回校上学、劳动就业、落实社会保障待遇或给予社会救济等妥善安置措施的总称。安置措施包括六个方面：

一、责任田“代管制”

各地对10年以内服刑在教人员的责任田实行村委会统一管理的“代管制”，即将责任地交其亲属或其他村民代耕，村委会负责提取一定的收益并保管，刑释解教人员回归后将责任田及收益一并交给本人，服刑在教期间土地被征用的按普通农户标准给与赔偿。这样使农村籍刑释解教人员回归后有事做，生活有保障。2000—2005 年，共有 90869 人落实责任田。

二、安置帮教与扶贫结合

把刑释解教人员纳入扶贫攻坚项目。巴中市巴州区，在扶贫攻坚工作中把刑释解教人员的贫困对象同其他贫困对象同等对待，共同落实帮扶措施，帮扶资金，收到了良好效果。绵阳市涪城区城郊乡在开展“扶贫工程”中，对刑释解教人员一视同仁，统一规划宅基地，免收各种费用，为刑释解教人员解决部分建房资金、材料，为刑释解教人员重新做人创造了条件。

三、政策鼓励安置刑释解教人员

按照四川省制定的优惠政策，省司法厅安置帮教工作处鼓励各市（地、州）积极创办过渡性安置实体，至 2005 年全省创建安置帮教基地 92 个，安置人员 900 余人；创办实体 59 个，安置 139 人。中共攀枝花市委和市政府在开发区划拨了 150 亩土地，作为市上和东区联合兴办的刑释解教人员安置帮教基地，主要经营种养殖业，以解决“三无”（无家可归、无业可就、无亲可投）刑释解教人员的就业问题。眉山市、宜宾市国税局、地税局、工商局、劳动局、司法局联合制定优惠政策，安置刑释解教人员占企业 35% 以上的，免征企业所得税，超过 50% 的，所征收的增值税实行先征后返；从事第三产业的实体接受刑释解教人员也享受优惠政策。

四、个体经营

原有单位的动员原单位尽量给予安置，原来没有单位的鼓励回归人员从事个体经营等途径实现就业，同时积极做好就业指导，引导刑释解教人员转变就业观念。鼓励他们自谋职业，详细告知他们回归社会后的报到程序、失业登记和如何申请“低保”、个体工商户等。自贡、宜宾等地对刑释解教人员从事个体经营的给予重点扶持，实行“两优一减”优惠政策，即优先办证、优先安排摊位，减免相关费用，调动了刑释解教人员从事个体经营的积极性。至 2005 年底，从事个体经营的刑释解教人员达 14321 人。

五、最低生活保障

对一些不符合“低保”条件而生活上又遇到困难的，以社区、村居委及社团群众组织为主体，发动捐资捐款，帮助解决生活困难。2000—2005 年，共办社会救济者 7910 人。

六、开展技能培训

监狱、劳教所注重在监狱内组织服刑人员开展职业技术培训，并与驻地政府联合颁发“绿色证书”，帮助罪犯释放前掌握 1—2 项专业技术，使之有一技之长，谋生之道，回归社会后即能适应社会，做一个自食其力、对社会有用的人。四川省汉王山监狱为激励服刑犯人岗位学技能，不断提高监狱教育改造质量，积极与当地安置帮教工作部门联系，共同建立刑释解教人员就业安置绿色通道，即组织人员到内劳生产合作单位（含安置基地及其他用工单位）的人力资源部门进行洽谈，达成接收安置刑释解教人员的初步意向，形成监狱推荐、合作方接收的绿色通道，有效地把监狱教育改造工作和地方安置帮教工作结合起来，充分发挥了地方安置帮教基地的作用，收到了很好的效果。

第七节　服刑在教人员帮教

采取“三个结合”的方式，即组织帮教与家庭帮教相结合，组织帮教与社会帮教相结合，普遍教育与重点教育相结合。通过亲情感化服刑在教人员，通过社会关心体现党和人民的温暖，通过重点帮教帮助其提高认识。2002 年初，省司法厅安帮处按照厅党委“整合职能求效能”的发展要求，广泛开展安置帮教工作社会化发展思路，促成了社会力量对监管改造的支持。由民营企业成都科思帮电子开发有限公司投资 200 多万元，在监狱、劳教所、以及各地司法所安装可视电话通信设备，并提供技术服务。对全省开展亲情帮教发挥了积极作用，这一活动受到了中共四川省委、省政府的充分肯定，得到服刑在教人员家属高度赞扬。

2002 年 4—8 月，省安置帮教工作领导小组、省司法厅、省律师协会，以及省监狱管理局、省劳动局按照“以创新求发展、以整合求效能”的工作思路，把安置帮教工作向大墙内延伸，组织全省 200 多家律师事务所，近 300 名律师深入全省 40 所监狱、8 个劳教所以及部分公安看守所，对近 10 万余名服刑在教人员进行普法宣传，提供法律援助和法律咨询服务。在这场大型专项活动中，律师宣讲法制 70 余场，全省服刑在教人员受教育面达 90% 以上，律师直接为罪犯、劳教人员解答法律询问 4000 多次，赠送法律书籍 1 万多册。这次大型专项活动收到显著社会效果：一是激发了服刑在教人员重新做人的信心和决心；二是服刑在教人员亲属高度赞扬党和政府教育改造政策的宽大性和人道性；三是有力地支持了监管改造工作；四是进一步增强了律师的社会责任感。

2004 年 5—9 月，省安置帮教工作领导小组，省司法厅、省法建办、省律师协会组织全省范围内的“刑释解教人员先进代表报告团”到监所现身说法。这次专项活动全省组织了 70 余名刑释解教人员先进代表和 200 余名优秀法律工作者深入 40 余所监狱、9 个劳教所、部分公安看守所，以回归社会后的刑释解教人员亲身体会对在押服刑人员、劳教人员开展了现身说法，由律师对刑释解教人员演讲进行法律点评，取得了良好效果。

组织“探视帮教团”深入监所，把思想转变工作做到刑释解教前。这一做法已形成制度，每逢重大节日，各县（市、区）安置帮教领导小组都要组织人大、政府及政协相关部门负责人、服刑在教人员家属代表参加的“探视帮教团”深入监狱、劳教所对本地籍服刑在教人员进行帮助教育，积极有效地促进了服刑在教人员认罪服法、悔过自新的思想转变。邛崃市通过深入监所帮教，106 名服刑人员中有 34 人受到减刑奖励，40 人立功，32 人受表扬。

组织服刑在教人员中改造和学习积极分子回原籍开展监外帮教活动。刑释解教人员现身说法和律师结合刑释解教人员的“现身说法”，从法律角度给予点评，此项活动成效显著。全省有 60 多名刑释解教人员作现身说法报告 70 余场，100 多名律师和基层法律服务工作者宣讲和点评法律知识 100 余场，全省服刑在教人员受教育面达 80%，取得了显著的社会效果。

第二章　社区矫正

“社区矫正”是与监禁矫正相对的行刑方式，是指将符合社区矫正条件的罪犯置于社区内，由专门的国家机关、在相关社会团体和民间组织以及社会志愿者的协助下，在判决、裁定或决定的期限内，矫正其犯罪心理和行为恶习，并促进其顺利回归社会的非监禁刑罚执行活动。根据国家相关法律对于非监禁和行刑制度的有关规定，社区矫正的适用范围主要包括下列五种罪犯：被判处管制的罪犯；被宣告缓刑的罪犯；被暂予监外执行的罪犯；被裁定假释的罪犯；被剥夺政治权利，并在社会上服刑的罪犯。其基本任务是监督管理，教育矫正和困难帮扶。在试点初期社区矫正工作坚持“改革创新、以人为本、社会参与、维护稳定”的原则。

第一节　社区矫正工作试点

根据最高人民法院、最高人民检察院、公安部、司法部《关于开展社区矫正试点工作的通知》精神和司法部“有条件的省市可组织部分地方开展社区矫正试点工作”的要求，2004 年初，省司法厅党委研究确定在全省经济条件较好的成都、绵阳、德阳、泸州市开展社区矫正试点工作。四川省社区矫正试点随即起步。

2004 年 2 月 18 日，省司法厅发出《关于在我省成都、绵阳、德阳开展社区矫正试点工作的意见》（以下简称《意见》），《意见》确定四川省首批开展社区矫正试点的市为：成都市、绵阳市、德阳市。《意见》按照“两院两部”（最高人民法院、最高人民检察院、公安部、司法部）《关于开展社区矫正试点工作的通知》精神，对首批开展社区矫正试点工作的三个市作了具体的布置并提出相关要求。

2004 年 4 月 1 日，省高级人民法院、省人民检察院、省公安厅、省司法厅联合转发最高人民法院、最高人民检察院、公安部、司法部《关于开展社区矫正试点工作的通知》。6 月 15 日，省司法厅转发司法部《司法行政机关社区矫正工作暂行办法》。

2004 年 4 月、7 月，省司法厅组织由副厅长三郎益西、副巡视员杨跃为领队，省监狱管理局、省司法厅安置帮教工作处，以及四川省试点单位成都、绵阳、德阳司法局负责人为成员的社区矫正考察组，分别赴上海、北京，就社区矫正工作进行学习、考察、调研。同年 9 月，专题向省委政法委写出《关于对全国首批社区矫正试点地区上海、北京社区矫正工作的考察报告》，该报告对上海、北京两市社区矫正工作概况、基本做法、队伍建设、公检法司四部门职责分工协作配合、社区矫正制度建设、培训制度、经费落实作了详细汇报，并提出四川省学习借鉴上海、北京的经验和四川省开展社区矫正工作的思考和措施。

2005 年 1 月 20 日，最高人民法院、最高人民检察院、公安部、司法部联合发出《关于扩大社区矫正试点范围的通知》（以下简称《通知》），《通知》明确为进一步推动社区矫正试点工作的深入开展，决定四川、河北、黑龙江等 12 个省（区、市）列为第二批社区矫正试点地区。《通知》又要求第二批试点的 12 个省（区、市）要尽快启动试点工作，在现行法律制度的框架内积极探索，大胆实践；要充分借鉴首批试点省（市）的经验，结合本地区实际，制定试点工作的实施意见或方案，建立健全法院、检察、公安、司法行政等领导机构和工作机制，加强法院、检察、公安、司法行政等各部门的协调配合；要突出抓好建章立制工作，使试点工作有章可循，规范有序地运行；要加强社区矫正队伍建设力度，开展多种形式的业务培训，提高队伍素质；要以教育矫正质量为核心，努力在社区矫正程序的严密性、准确性，矫正方法的实用性、科学性和有效性上下功夫，充分运用社会力量和社会资源，发挥社区矫正的特点和优势，加强对社区服刑人员的教育矫正。正式将四川省作为第二批试点省份，开启了四川省社区矫正工作的新篇章。

第二节　社区矫正工作计划

自 2005 年 2 月开始，四川省在认真总结成都、绵阳、德阳开展社区矫正试点工作的基础上，广泛开展了全省社区矫正试点工作，有针对性地进行调查研究，并着手起草了四川省《关于开展社区矫正试点工作方案》和《关于开展社区矫正试点工作实施意见》。同年 8 月，省司法厅将《实施意见》（以下简称《实施意见》）《工作方案》（以下简称《工作方案》）分别送四川省高级人民法院、省人民检察院、省公安厅征求意见，并多次召开联席会议，对《实施意见》《工作方案》进行修改。10 月向省委办公厅、省政府办公厅写出专题报告，请求以省委办公厅、省政府办公厅名义转发由省高级人民法院、省人民检察院、省公安厅、省司法厅联合签署的《关于开展社区矫正试点工作方案》和《关于开展社区矫正试点工作实施意见》。2006 年 2 月 5 日，省委办公厅、省政府办公厅以川委办〔2006〕5 号文件正式转发了上述《实施意见》和《工作方案》。

一、社区矫正试点工作方案

为推行刑罚执行制度改革，贯彻落实最高人民法院、最高人民检察院、公安部、司法部《关于扩大社区矫正试点范围的通知》精神，确保四川省社区矫正试点工作顺利进行，结合实际，2005 年 8 月，省高级人民法院、省人民检察院、省公安厅、省司法厅联合制定了《关于开展社区矫正试点工作方案》。

（一）指导思想、原则

四川社区矫正试点工作以邓小平理论和“三个代表”重要思想为指导，以提高社区服刑人员矫正质量为核心，在各级党委、政府统一领导下，各有关部门密切配合，依靠社会力量，借鉴和学习其他兄弟省（市）的成功做法，稳步推进全省社区矫正工作。

开展社区矫正试点工作坚持党委、政府统一领导，司法行政机关具体实施，人民法院、人民检察院、公安机关密切配合，社会力量广泛参与的原则；依法矫正的原则；探索创新的原则；专门力量与社会力量相结合的原则；社区矫正与监禁矫正互动的原则。

（二）工作目标要求

根据最高人民法院、最高人民检察院、公安部、司法部于2003年、2005年先后印发的《关于开展社区矫正试点工作的通知》精神，四川省社区矫正试点工作的目标要求是：建立四川省社区矫正试点工作联席会议制度，明确工作机构；建立健全试点市（州）、县（市、区）、乡（镇、街道）党委、政府领导牵头负责的社区矫正试点工作联席会议制度，明确工作机构；各试点市（州）按照省社区矫正试点工作联席会议的统一部署，制订本地区社区矫正试点方案；逐步建立健全社区矫正制度，即矫正对象预测、评估制度，衔接制度，档案管理制度，社会保障制度，例会制度，矫正工作人员培训制度，监督制度，考核奖惩制度等；逐步接受"五种"社区矫正对象。

（三）社区矫正工作适用范围和任务

1. 适用范围

根据中华人民共和国法律规定和最高人民法院、最高人民检察院、公安部、司法部的要求，四川省社区矫正对象主要适用于具有试点市（州）的正式户口，长期固定居住在试点地区的下列五种罪犯：被判处管制的；被宣告缓刑的；被暂予监外执行的，具体包括：有严重疾病需要保外就医的；怀孕或者正在哺乳自己婴儿的妇女；生活不能自理，适用暂予监外执行不致危害社会的；被裁定假释的；被单处剥夺政治权利的或主刑已执行完毕，剥夺政治权利的附加刑在监外执行的。

对于罪行较轻、主观恶性不大的未成年犯、老病残犯、女犯及罪行较轻的初犯、过失犯等，应当作为重点对象，适用非监禁刑，实施社区矫正。

2. 任务

按照中华人民共和国刑法、刑事诉讼法等有关法律、法规和规章的规定，加强对社区服刑人员的管理和监督，确保刑罚的顺利实施；通过多种形式，加强对社区服刑人员的思想教育、法制教育、社会公德教育，矫正其不良心理和行为，使他们悔过自新，弃恶从善，成为守法公民；帮助社区服刑人员解决在就业、生活、法律、心理等方面遇到的困难和问题，以利于他们顺利适应社会生活；探索和创新社区矫正工作的具体内容、方式方法、工作流程和工作制度，为全省推广社区矫正工作奠定基础和提供经验。

（四）社区矫正试点工作的地区及步骤

1. 试点地区

2004年，全省已在成都、德阳、绵阳、泸州4个市先期进行了社区矫正工作的试点。四川省第二批社区矫正试点地区为宜宾、达州、乐山、自贡、攀枝花、凉山6市（州）。

先期进行社区矫正试点工作的4个市，要求加大试点力度，至少应在1个县（市、区）全面推行社区矫正试点工作。

2. 工作步骤

准备阶段　建立社区矫正试点工作联席会议制度；召开联席会议，确定联席会议职责、工作制度；制定社区矫正工作流程，形成工作机制；确定试点社区，摸清辖区内矫正对象底数，选择矫正对象，落实试点社区的接收工作；组建社区矫正工作者队伍。

实施阶段　接收社区服刑人员，开展社区矫正工作。试点市（州）社区矫正工作联席会议要加大对试点社区的管理指导力度，帮助配备和培训工作人员，落实各项保障措施，根据有关法律法规和政策，逐步建立和完善社区矫正工作制度和工作程序；指导社区为矫正对象制定矫正方案，建立矫正对象个人档案和相关资料档案，协调解决试点工作中遇到的困难和难题，确保试点工作的顺利进行。

（五）工作组织机构、工作队伍

建立省社区矫正试点工作联席会议制度。联席会议由省综治委牵头，省高级人民法院、省人民检察院、省公安厅、省司法厅、省财政厅、省民政厅、省劳动和社会保障厅、省编办、省总工会、团省委、省妇联等有关部门（单位）组成，日常工作由省司法厅承担。省社区矫正试点工作联席会议的主要职责是：研究制定全省社区矫正工作规划、相关政策、制度，下发规范性指导文件；沟通协调省级相关部门，解决社区矫正工作的重大问题；督促、检查、指导全省社区矫正工作。各试点市（州）建立相应制度，负责本地区社区矫正试点工作的正常开展。

社区矫正队伍主要由专业矫正人员和社会志愿者组成。专业矫正人员是指司法行政工作人员、公安民警和其他党政干部。社会志愿者由县级司法行政机关颁发聘书，主要包括专家、学者、社会知名人士、离退休干部、社区居委会成员、高等学校教师学生、矫正对象的近亲属及所在单位的人员。

（六）工作保障措施

社区矫正试点工作是一项政策性、法律性很强的工作，各试点地区的党委、政府要从贯彻落实“三个代表”重要思想的高度，充分认识开展社区矫正工作的重要性和必要性，将此项工作纳入维护社会稳定的重要议事日程，从政治上、思想上、组织上切实加强领导，并在人员配置上给予保障，社区矫正试点工作的经费按照财政预算编制管理的有关规定纳入财政预算；认真研究，周密部署，稳妥推进，定期了解试点工作进展情况，及时研究解决试点工作所遇到的困难；加强矫正队伍建设，对矫正工作者进行专业培训，提高其法律法规、政策水平及综合素质，确保社区矫正质量。有关部门要认真履行职责，相互配合，相互支持，在不突破现有法律规定的前提下，大胆探索，及时研究解决试点工作中的问题。社区党组织要充分发挥政治优势，组织协调社区各方力量共同参与社区矫正试点工作。社会团体、民间组织及社会志愿者要自觉接受司法行政机关的组织、指导或委托，积极参与、协助社区搞好矫正试点工作。从思想认识、制度建设等方面人手，营造良好的社区矫正工作氛围，确保社区矫正试点工作的顺利进行。

二、社区矫正试点工作实施意见

为确保四川省社区矫正试点工作顺利开展，根据最高人民法院、最高人民检察院、公安部、司法部《关于开展社区矫正试点工作的通知》和《关于扩大社区矫正试点范围的通知》精神，按照《四川省开展社区矫正试点工作方案》的部署，2005 年 8 月，省高级人民法院、省人民检察院、省公安厅、省司法厅联合制定《关于开展社区矫正试点工作实施意见》。该意见主要对以下具体内容作了明确规定：

（一）工作程序

1. 社区矫正工作的衔接

判决宣告 人民法院对被告人宣告判处缓刑、单处剥夺政治权利、管制或对罪犯宣告假释裁定时，可以通知被告人或罪犯户籍所在地（户籍所在地与经常居住地不一致的以经常居住地为主，下同）的县级司法行政机关和公安机关派员参加。人民法院在判决或裁定的同时，应责令被告人或罪犯接受社区矫正，明确其在接到判决或裁定书后 7 日内到户籍所在地的司法所、公安派出所报到。

文书送达 人民法院判决宣告后应依法将判决或裁定书送交检察机关，同时送罪犯户籍所在地的县级司法行政机关和公安机关。监狱管理机关对被批准暂予监外执行罪犯的法律文书及相关材料，应按规定送交检察机关，同时送交罪犯户籍所在地的县级司法行政机关和公安机关。监狱管理机关对被判处附加剥夺政治权利罪犯，应在其主刑期满释放前2个月将相关法律文书及材料送罪犯户籍所在地的县级司法行政机关和公安机关。看守所对人民法院宣告非监禁执行的罪犯，应在出所前将相关资料送交罪犯户籍所在地的县级司法行政机关和公安机关。县级司法行政机关和公安机关收到人民法院、监狱管理机关、公安看守所移送的法律文书及相关材料后应登记备案，并在3日内分别送罪犯户籍所在地的司法所、公安派出所。确定为社区矫正试点地区的县级公安机关、派出所，对原已在社会上服刑的管制、缓刑、暂予监外执行、假释、剥夺政治权利罪犯的相关资料，应将复印件送县级司法行政机关、司法所。

2. 社区矫正工作的执行

接收 司法所收到矫正对象有关法律文书后，及时与公安派出所取得联系，做好接收准备。罪犯报到时应向罪犯宣读实施社区矫正的相关法律文书，并办理登记手续，采集其个人及家庭信息。对不按规定时间报到的罪犯，司法所应查明原因，对于有脱管倾向或不回原籍报到的应及时通报公安机关，采取有效措施，防止脱管失控和再犯罪发生。

制定方案 司法所接收矫正对象后应指定矫正工作责任人，并结合矫正对象的需求、犯罪原因、心理类型、现实表现，制定个性化的分类管理矫正计划，同时根据矫正效果和需要适时调整。

签定协议 司法所应与有监护能力的矫正对象的近亲属或工作单位、居委会等组织签定监护、帮教协议，以协议的形式发挥社区组织公益职能，激发基层群众的社会责任感，共同帮助矫正对象，维护社会稳定。

帮教 司法所及社区矫正机构要采取多种形式，对矫正对象进行法律法规、道德规范、政策形势、行为规范的教育。针对矫正对象的犯罪原因、心理类型以及相关需求，邀请和聘请心理医生、专家、教授及社会志愿者参与矫正工作，疏导罪犯的心理障碍和矫正不良行为。

公益劳动 司法所及社区矫正机构要按照人民法院的法律文书，要求有劳动能力的矫正对象必须参加社区公益劳动。劳动项目要按照符合公共利益、矫正对象力所能及、可操作性、便于监督检查的原则设置。

3. 社区矫正的终止

期限届满 被判处管制、单处或并处剥夺政治权利的社区矫正对象，矫正期限为判处的实际期限。在期限届满前30日，司法所应指令矫正对象作出书面总结，并和公安派出所出具鉴定结论书后，报县级司法行政机关、公安机关审核批准，由司法所宣告终止社区矫正。被宣告缓刑、裁定假释的矫正对象，矫正期限为缓刑考验期或假释考验期。在期限届满前30日，司法所应指令矫正对象作出书面总结，并和公安派出所出具鉴定结论书后，报县级司法行政机关、公安机关审核批准，由司法所宣告终止社区矫正，并通报原判决人民法院。

收监 被暂予监外执行的矫正对象，在监外执行的情形消失，且刑期未满的，由本人作出书面总结，经司法所和公安派出所出具鉴定结论书后，报县级司法行政机关、公安机关审查，再报原关押单位。原批准机关决定收监的，应终止社区矫正。社区矫正对象因重新违法犯罪被依法惩处的，或严重违规被撤销缓刑及假释收监的，应自羁押之日或收监之日终止社区矫正。

死亡 社区矫正对象死亡的，自死亡之日起终止社区矫正，假释或暂予监外执行的矫正对象死亡的，县级司法行政机关应当及时书面通知原关押单位，并附相关证明材料。

缓刑、假释、管制、剥夺政治权利人员的《缓刑期满证明书》《假释期满证明书》《恢复政治权利证明书》《解除管制通知书》，由县级司法行政机关签发。暂予监外执行的服刑人员期满时，由原服刑的监狱或看守所办理释放手续。

（二）工作制度

社区矫正组织机构要尽快建立健全社区矫正工作制度，严格按照各项制度开展矫正工作。

矫正对象预测、评估制度 司法行政机关与公安机关建立预测、评估制度。对拟适用或已经适用社区矫正的服刑人员，进行人身危险、再犯罪及矫正效果的预测性评估，对于评估结论危险性大的，应不予适用或收回社区矫正的适用。

衔接制度 人民法院、司法行政机关、公安机关及监狱管理机关对社区矫正工作的衔接要形成制度，并进一步总结完善。

档案管理制度 司法所要建立矫正对象档案，一人一档。内容包括判决书（或裁定书、暂予监外执行通知书、社区矫正决定书）；矫正对象情况登记表；矫正方案；思想汇报；奖惩材料；矫正终止材料以及其他应当存档的材料。

社会保障制度 凡符合低保条件的社区矫正对象，经民政部门审核后应纳入城乡最低生活保障范围，按规定享受低保待遇。社区矫正组织机构负责向民政部门提供有关情况。

例会制度 各级社区矫正组织机构应当建立定期例会制度，传达上级社区矫正工作的指示精神，制定实施方案，协调相关部门开展工作，研究解决试点工作中遇到的重大问题。

培训制度 各级社区矫正组织机构要定期对矫正工作人员及社会志愿者进行业务培训，不断提高矫正质量。

监督制度 人民检察院对人民法院、公安机关、司法行政机关在社区矫正工作的各个环节，依法充分履行监督职能。各级社区矫正组织机构要积极接受纪检监察机关的监督和上级社区矫正组织机构的监督检查。

考核奖惩制度 社区矫正组织机构应按照有关规定，建立矫正对象考核制度，定期对社区服刑人员进行考核，并将考核结果作为奖惩依据。对矫正对象的奖励有表扬、物质奖励、减刑。对矫正对象的惩罚有警告、记过、治安处罚、撤消缓刑、撤消假释、收监执行。

（三）工作职责

人民法院严格准确地适用刑事法律，根据被告人或罪犯的犯罪事实、情节和认罪、悔罪态度，依法充分适用非监禁刑和假释等鼓励被告人、罪犯改造自新的刑罚、刑罚执行措施。在判处非监禁刑和裁定假释工作中，可以征求县（市、区）级社区矫正组织的意见，并在判决或裁定的同时以适当的形式责令罪犯接受社区矫正，服从社区矫正组织管理教育，裁判文书可抄送县（市、区）级社区矫正组织。

人民检察院根据刑罚执行监督的程序，对人民法院有关假释、暂予监外执行、缓刑、管制、剥夺政治权利的判决、裁定实行监督，同时，加强对社区矫正刑罚执行的活动监督，确保社区矫正工作依法、公正实施。

公安机关配合司法行政机关对社区服刑人员进行监督管理和考察，依法履行有关法律程序。对违反社区矫正监督、考察规定的社区服刑人员，根据具体情况依法采取必要措施；对重新犯罪的社区服刑人员，及时依法处理。

司法行政机关负责牵头组织公、检、法等有关部门开展社区矫正工作，指导社区基层组织开展社区矫正工作。负责对社区矫正工作者队伍进行培训。组织相关社会团体、民间组织和社会志愿者参与社区矫正工作。制定社区矫正工作制度。

乡（镇、街道）司法所具体承担社区矫正的日常管理工作，并会同公安机关对社区服刑人员进行监督管理和考察。

监狱管理机关要依法准确适用暂予监外执行措施，对符合假释条件的人员及时报请人民法院裁定假释，并责令暂予监外执行和假释罪犯接受社区矫正。监狱管理机关对执行社区矫正的罪犯，应及时将有关法律文书抄送所辖县级人民检察院及相关社区矫正组织，积极协助社区矫正组织工作。

财政部门按照预算管理的有关规定为社区矫正工作提供必要的经费保障。

民政部门将社区矫正工作纳入社区建设和社区管理中，指导基层组织参与社区矫正工作，凡符合低保条件的矫正对象，必须纳入低保范围。

劳动保障部门为有劳动能力和就业愿望的矫正对象提供职业培训和就业机会。

编制、人事部门对社区矫正工作涉及的机构、人员给予大力支持，确保社区矫正工作的有效开展。

工会、共青团、妇联组织充分发挥各自优势，协助社区矫正工作机构对矫正对象进行政治、法制、文化教育和技术指导。广泛动员青年团员、离退休人员及社会各界人士参与社区矫正工作。

第三节　社区矫正试点状况

四川省社区矫正工作从2004年起步，到2005年底，在省委、省政府和省综治委的正确领导下，按照最高人民法院、最高人民检察院、公安部、司法部《关于开展社区矫正试点工作的通知》要求，坚持积极稳妥、循序渐进的原则，大胆探索，勇于实践，试点工作得到了稳步推进。全省试点范围逐步扩大，开展试点的市涉及到了5个（资阳市也开始了探索）、15个县（市、区）；试点乡镇社区达到了85个；共接受矫正对象155人。全省社区矫正试点工作逐步规范发展。

一、组织机构

对于社区矫正试点工作，各级党委政府给予了高度重视，省委常委、省委政法委书记欧泽高批示：“社区矫正工作很重要，试点工作请向省政府请示报告。”省政府副省长陈文光批示：“同意司法厅的意见，望切实抓紧抓好试点，创造出可行经验。”省高级人民法院、省人民检察院、省公安厅、省司法厅联合转发两院两部《关于开展社区矫正试点工作的通知》，并明确在全省成都、绵阳、德阳等市开展社区矫正试点工作。成都市、绵阳市、德阳市、泸州市市委、市政府、市委政法委及公、检、法、司分别联合出台了文件，明确成都市武侯区、双流县、郫县，绵阳市涪城区，德阳市旌阳区，泸州市叙永县、泸县、泸州市江阳区开展社区矫正试点工作。绵阳市、德阳市、泸州市分别成立了以市委、市政府、市委政法委领导为组长的社区矫正领导小组，领导小组成员由公、检、法、司和民政、劳动、人事编制、财政及工、青、妇等部门领导组成。明确为社区矫正试点的区、县和社区也相应成立了领导小组和设立了办事机构。在领导机构成立的前提下，各地建立健全了工作机构，形成了市、县、乡、社区四级矫正工作机构和工作网络。同时，党委政府对社区矫正工作的部署给予了大力支持，各级党委、政府均以两办的名义下发了《社区矫正试点工作实施意见》。党委政府高度重视，是试点地区总结出来的一条重要经验。

二、工作制度

社区矫正工作是一项综合性很强的系统工程，环节多，涉及面广。为确保社区矫正试点工作的规范开展，各地按照省要求，结合本地实际，制定了社区矫正的衔接、档案管理、人员管理、例会、监督、考核奖惩、培训等工作制度，并出台了一系列关于社区矫正的规范性文件。在操作程序上形成了一系列规范的基本流程。成都双流县就社区矫正试点工作制发了30多个规范性文件、制定了20多项制度。各项制度的建立健全，使社区矫正工作一开始就纳入规范的管理之中。

三、队伍建设

按照最高人民法院、最高人民检察院、公安部、司法部和四川省要求，各试点区县依托司法所，建立了以司法所人员和公安派出所干警为主的专业矫正队伍。但由于全省司法所建设薄弱，司法助理员严重不足，各地积极发展志愿者和吸收社会各界人士，壮大了矫正队伍，弥补了专业队伍的不足。绵阳在西南科技大学发展200多名大学生为社区矫正志愿者，成都吸收114名志愿者加入到了矫正队伍，德阳吸收28人，泸州发展100多人。

四、人员培训

社区矫正工作直接涉及到刑罚的执行。各地高度重视工作人员的业务水平，把人员培训工作列入工作重点。成都、德阳、绵阳、泸州通过多种形式对从事社区矫正工作的专兼职人员，以及社区志愿者进行培训。使工作人员掌握开展社区矫正工作的基本技能和方法。

五、协作机制

社区矫正试点工作领导小组各成员单位，对本地区的试点工作大力支持，既职责明确，又密切配合。从五个试点市的情况看，各成员单位之间形成了例会制，并在工作中形成了明确的工作流程。成都市规定：法院将符合社区矫正条件的罪犯材料整理完毕后通知县社区矫正工作领导小组办公室做好衔接工作；公安机关要向司法所提供矫正对象的资料；社区民警亲自带矫正对象到司法所报到；劳动部门要为矫正对象提供就业培训；民政部门对符合条件的矫正对象及时办理低保等。各部门的协调配合，确保了社区矫正试点工作的顺利进行。

第八篇　外来企业投诉与法律援助

改革开放以后，到四川投资的外商、台商和外来企业逐年增多。为了更好地招商引资，促进对外开放，改善四川省投资软环境，为外商、台商、外来企业排忧解难和提供良好的投资环境，省政府于1996年10月决定成立“四川省人民政府外商投诉中心”和“四川省人民政府台商投诉中心”，在省司法厅设立办公室，并作为省政府对外开放的一个窗口。1996—2005年，四川省外商台商投诉中心和四川省外来企业投诉中心始终坚持把维护外来企业及归侨、华侨投资者的合法权益，优化外来投资环境作为工作的宗旨，积极为外来企业营造良好的“亲商、安商、富商”经济发展环境，为提升四川省利用外资的质量和水平做出了应有的贡献。

法律援助，是世界各国普遍实行的体现当代社会文明和进步的一项法律制度，是国家以法律化与制度化的形式，为经济困难或特殊案件的当事人提供免费或减费的法律帮助，以保障其合法权益得以实现的一项制度。中国在1949年中华人民共和国成立前曾推行过“法律扶助”，但是由于当时国民政府的腐败以及执法与立法脱节，使“法律扶助”有其名无其实，故长期存在“衙门八字开，有理无钱莫进来”的现象。中华人民共和国成立后，在中共中央和国务院的领导下，不断完善法律援助制度，并督促实施，广泛开展了法律援助活动。省司法厅于1995年推行法律援助制度，对一些经济困难或特殊案件的当事人提供法律帮助并给予减、免费用。十年的法律援助工作，体现了国家保障人权的指导思想，体现了公民在法律面前一律平等及公民不因经济状况的差异都能公正、平等地得到法律保护。

第一章　外来企业投诉

外来企业投诉中心一边连接政府，一边联系企业，肩负着政府服务企业的职责。在新形势下致力于全新思维，创造性开展工作，努力搭建起政府、市场、企业服务平台，实现政府与政府之间、政府与企业之间、企业与企业之间的互动，更好地履行好职责。在处理外来企业投诉案件中，各级中心热情接待，认真听取意见和诉求，对符合投诉条件的案件及时受理，依法公正认真协调，深入调查，注重实效，坚持回访。主要开展了投诉处理和依法维护外来投资者合法权益的工作。1996—2005 年，外来企业投诉中心共受理各类投诉案件 615 件，承办投诉 410 件。接待外商法律咨询 4000 余人次。为外来企业投资者挽回经济损失近 2.5 亿元，取得了较好的社会效益和经济效果，为积极营造良好的“亲商、安商、富商”经济发展环境，为提高全省利用外资的质量和水平做出了应有的努力和贡献。

第一节　投诉和处理

一、依法开展督促工作

1998 年 2 月 10 日，香港欧亚（历山）有限责任公司在与洪雅县冶金公司合资经营过程中，认为冶金公司出资不实，在生产经营过程中存在排斥港方、不让港商参与经营管理、严重违背双方签订合同及合资章程等问题，要求冶金公司退还投资股本金 250 万元。接欧亚公司投诉后，为了保护洪雅县的投资环境，洪雅县政府于 1995 年 12 月 18 日议事承诺协调退还股本金 250 万元，但 2 年过去一直未兑现。省投诉中心根据港商反映和提供的证明材料，认为港商的要求是合理的，及时向省政府汇报，得到了省政府原秘书长张宗源的支持，并积极与洪雅县县长周仲明联系。经过多次协商，反复工作，洪雅县政府终于筹措资金 250 万，向港商兑现了承诺，维护了四川的投资环境和信誉。

日商独资四川和协食品有限公司于 1999 年 1 月 4 日向省外来企业投诉中心称，该公司与凉山州凉建实业开发有限公司签订合同后，共同为和协食品加工厂建设综合楼，后因是委托承建还是买卖关系发生争议引起纠纷。四川和协食品有限公司认定是委托凉建实业公司承建，而凉建公司坚持认为双方是买卖关系，双方无法达成共识。为此，四川和协食品有限公司负责人滨本乡一向四川省外来企业投诉中心提出投诉。省中心受理此案后立即与成都市外来企业投诉中心协商，决定由省、市两级中心协同崇州市政府共同调查和协调。省外来企业投诉中心积极为四川和协食品有限公司提供法律服务和政策咨询，并采取法律手段维护其合法权益。进入司法诉讼程序后，崇州市人民法院在证据确凿，事实清楚的基础上，依法作出处罚决定，对原告凉建公司提供伪证、妨碍法院诉讼活动的行为给予了处罚。该案的处理结果在社会上影响很大，舆论界反响强烈，《四川日报》《成都商报》《成都晚报》《华西都市报》《四川法制报》、成都电视台15频道、四川电视台黄金10频道等媒体都作了宣传报道。日商浜本乡一专程到中心办公室赠送锦旗，赞誉四川省人民政府外来企业投诉中心“寻求真理，主持公道”，感谢省外来企业投诉中心办公室所做的大量协调工作和法律帮助。

二、纠纷调解

2004年6月，四川省外来企业投诉中心受理的日本天野株式会社与乐山第三制药厂合作纠纷一案，日方提出合作十年后一直无利润，原因是中方法定代表人工作失职，决策失误造成。为此，特向四川省外来企业投诉中心投诉，要求由日方收购中方股份，将合资变为外商独资。省外来企业投诉中心受理此案后坚持实事求是的态度，反复调查研究，先后4次召开合资双方协调会，最终使双方在平等友好的气氛中达成了和解协议，中方将股份转让日方，日方向中方支付1620万元股权转让金，该企业由日方独资经营，维护了双方企业的合法权益。日方天野公司向省外来企业投诉中心赠送锦旗：“忠诚履行职责，竭力维护公正。”并向四川省人民政府致感谢信：“在外商投诉中心调解过程中，使我们看到四川的投资环境和投资政策是好的，四川省外商投诉中心官员的负责精神已经向我们表明了，我们的合法权益是受到保护的，这也使我们进一步地增强了投资信心。我们改变了原来打算撤资离开四川的想法，决定再加大投入，强化管理，把这个企业做大做强。”

1998年5月29日，四川省外来企业投诉中心受理成都肯德基有限公司与四川大华商场房屋租赁合同经济纠纷一案。肯德基公司投诉称：成都肯德基有限公司与四川大华商场签定合同，租赁位于成都市解放路二段285号的大华商场经营场地，开设肯德基快餐厅。在支付了大华商场10万元定金后肯德基发现房屋的电力容量只有100千瓦，而非合同中承诺的250千瓦，多次向大华商场提出交涉未果，后向四川省外来企业投诉中心投诉。省中心经过大量的调查，外商投诉属实，经省中心耐心、细致的法律政策宣传，向大华商场领导做思想工作，终于圆满解决了纠纷。1998年9月1日，成都肯德基有限公司、四川大华商场达成一致意见：互相返还对方房屋及定金、各自承担其他经济损失。之后，成都肯德基有限公司专程给四川省外来企业投诉中心送来感谢信，赞扬省中心“不偏不倚的工作态度，为外商伸张正义”的工作作风。

山西省太原市海昌盛医疗用品有限公司总经理游某，于2001年5月14日向四川省政府投诉反映与巴中地区人民医院筹备组、巴中浸信医院、海南邢氏置业有限公司合作经济纠纷一案，经巴中市中级人民法院一审判决和省高级人民法院裁定后，迟迟未执行。省外来企业投诉中心受理后即与巴中市委、市政府联系，取得了巴中市委书记杨安民、市长熊光林的大力支持，并确定了协调方案。通过各方面的反复协调共同努力，终于使山西海昌盛公司收到了185万元的执行款，使这起纠纷彻底得到了解决。

三、协调落实优惠政策

1996年11月3日，金堂县政府（甲方）、三中园区（乙方）、西藏自治区轻化建材公司（丙方）三家签定了共同开发土地合同书。2001年12月，金中分公司引进三友公司（丁方）作为合作伙伴共同开发剩余土地，金中分公司在三友公司介入后完全退出。2003年6月30日，三友公司与金堂县国土局正式签订土地出让合同。其间，国务院、四川省政府有关土地转让的新规定新政策已经出台并生效。双方协商将该综土地出让作为历史遗留问题处理协议出让，并报请金堂县人民政府审批。此间，时任县长因工作调离金堂县，县政府主要领导未在《土地出让合同》审批文件上签字同意。新任县长到位后，认为如将签字日期提前，明显是弄虚作假，而且，国家对有关农民的拆迁、安置、补偿标准提高，土地也发生了大幅度升值，按原有合同出让，金堂县将损失国有资产上千万元，因此终止了与三友公司的土地出让合同。三友公司不服，向四川省外来企业投诉中心提出投诉。省中心本着历史问题可按老政策解决的原则，多次召集三友公司和金堂县人民政府进行协商和沟通，最终中共金堂县委、县政府、县国土局同意以最大的诚意、最优惠的条件和最灵活的方式解决双方之间的纠纷，提出了客观符合实际的解决方案，解决了矛盾。

第二节　依法维护外来投资者正当合法权益

在处理外来企业投诉中，四川省和市（州）两级外来企业投诉中心始终坚持依法合理、及时公正、重服务、讲实效的工作作风，做到既坚持原则又合情合理合法，积极维护社会和谐，切实维护外来企业投资者的正当、合法权益。以美国百事可乐公司亚太区总裁马曜辉为代表的美方人员，向四川省外来企业投诉中心投诉四川百事可乐饮料有限公司有虚构董事会决议，违反法定审批程序、违反商标许可协议、未经过董事会批准擅自投资造成严重经济损失的行为，严重影响了美国百事可乐集团的利益。省中心受理后，立即向中共四川省委、省人民政府作了专题汇报。省委、省政府领导高度重视，立即指示四川省广播电视厅、省招商引资办公室、省经济贸易委员会、省对外经济贸易委员会协同调查。本着求同存异、共谋发展的思想，省中心反复耐心做双方工作。通过努力，最终使美国百事可乐集团与四川百事可乐饮料公司在互谅互让的基础上达成了谅解备忘协议，妥善解决了美方反映的问题，维护了投资者的合法权益，美国百事可乐集团十分满意。

成都美视国际学校是美国美视集团投资，于 2001 年在成都高新区建成四川省第一所国际学校。眉山市市民伍江涛之女伍某在该校读书期间不慎被烫伤，家长要求学校赔偿，但金额问题与学校意见分歧太大，双方不能达成一致，学生家长情绪激动。2003 年 9 月 11 日，省中心从维护社会稳定大局出发，及时介入，积极联系成都市公安局等单位参与协调。通过省中心办公室干部与公安局干部热情耐心反复地作思想工作，最终使双方达成统一协议，圆满化解了纠纷，防止了矛盾激化。成都美视国际学校董事长杨德明携夫人专程到投诉中心赠送锦旗，赞誉省中心是“外商投资的有力保障”。

1996—2005 年，四川省各级外来企业投诉中心共受理各类投诉案件 441 件，承办投诉案件 410 件。接待外商法律咨询 4000 余人次。通过投诉中心的协调，共帮助外商直接挽回和避免经济损失 2.5 亿元，对稳定社会、与外商建立和谐关系、促进四川改革开放和发展经济起到了积极作用，得到了中央有关部门和中共四川省委、省政府领导的肯定。省委副书记、省长蒋巨峰专门就四川外商投诉工作批示：“这是改善投资和发展环境的一项非常重要的工作，作用和意义不可低估。对中心所做的大量卓有成效的工作要充分肯定，给予表彰。”

第二章　法律援助

法律援助是国家建立的保障经济困难公民和特殊案件当事人获得必要的法律咨询、代理、刑事辩护等无偿法律服务，维护当事人合法权益、维护法律正确实施、维护社会公平正义的一项重要司法制度。法律援助是政府的责任，受到各级党委、政府重视。四川省以1996年5月四川省法律援助中心成立为标志，开始开展法律援助工作。经过十年的发展，到2005年底以国务院《法律援助条例》和《四川省法律援助条例》的贯彻落实为标志，法律援助制度在全省全面建立，有效维护了困难群众合法权益，对社会和谐稳定发挥了应有的作用。

第一节　政策法规和制度建设

一、政策法规

1996年5月，为规范四川省法律援助工作的运作和管理，省司法厅根据司法部有关法律援助工作指示精神，结合四川省实际情况，制定《四川省法律援助工作办法（试行）》，提出法律援助工作“四统一”原则，即“统一受理、统一审查、统一指派、统一监督”的四项原则，明确了律师的义务和责任，明确了法律援助的主要对象，规定了法律援助受案的范围、程序和方式及法律援助基金的管理和使用等。

2001年9月22日，四川省第九届人民代表大会常务委员会第25次会议审议通过并颁布《四川省法律援助条例》。该条例阐释了法律援助工作的宗旨、目标，规定了法律援助的对象、范围、形式和法律责任，为法律援助工作的开展提供了充分的法律依据。

2003年11月3日，四川省人民政府办公厅颁布了全省法律援助工作指导性文件《关于进一步做好法律援助工作的通知》，明确提出“法律援助是政府的责任”，要求各级政府要将法律援助工作列入政府的重要议事日程，动员全社会力量开展法律援助活动，建立健全法律援助体系，逐步建立以县级法律援助中心为主体、社会各界各级机关参与的法律援助网络；积极倡导和支持高等法律院校高年级学生参与法律援助，在教师的指导下为经济困难的公民提供与其工作能力相适应的法律援助；积极探索高等法律院校参与法律援助形式，为法律援助事业培养和储备高水平的后备人才。

2005年4月30日，省司法厅会同省民政、财政、劳动保障、国土、建设、卫生、工商、档案9个厅局联合出台《关于贯彻落实〈法律援助条例〉切实解决困难群众打官司难问题的实施意见》，较好地解决了全省部分地方法律援助经费未列入财政预算、相关制度不配套、相关部门协调配合机制不健全等问题。通过规定减免法律援助办案过程中查阅、复制相关部门档案材料的费用，缓交、减交鉴定费、仲裁费等费用，降低了法律援助成本，提高了办案效率，形成了司法行政同相关政府部门共同推动法律援助的局面。

二、建立制度

（一）建立经费制度

1. 列入财政预算

2005 年 11 月 15 日，省司法厅与省财政厅联合出台《四川省法律援助经费使用管理办法》（以下简称《办法》），规定各级财政部门应根据法律援助事业的发展和困难群体法律援助的需求及本行政区域的经济发展水平、财力状况，将法律援助所需要的经费数额纳入年度财政预算。考虑到贫困县的具体困难，《办法》规定，省对贫困县的法律援助工作可给予适当经费补助。《办法》又规定，法律援助经费应专款专用，并接受财政、审计和司法行政部门的监督检查。法律援助机构每年应当向同级财政部门报送法律援助经费的使用情况。任何单位和个人不得侵占、私分、挪用法律援助经费。侵占、私分、挪用法律援助经费的，由司法行政部门责令追回，并追究单位负责人和主管人员的责任。情节严重、构成犯罪的，依法追究刑事责任。法律援助经费列入财政预算、支付法律援助办案补贴是各级政府承担法律援助责任的一个具体体现，《办法》的出台使各级政府的财政支持有明确的依据，从政策层面解决各级法律援助经费列入预算的问题，保证法律援助经费落到实处。

2. 办案经费落实

各级政府的法律援助经费逐年落实、加大。全省各级财政拨款，2002 年为 98 万元，2003—2005 年共计 1024.16 万元，平均每年经费为 2002 年的 2.48 倍。

2003 年 12 月 12 日，为推动“为实现公平和正义・法律援助在中国”四川大型公益活动向纵深发展，四川省司法厅机关及直属单位在成都举行隆重的法律援助募捐仪式，现场共募集捐款 106.2196 万元。

2004 年 9 月 15 日，由司法部、四川省政府共同主办，四川省司法厅具体承办的“心系农民工・法律援助大型公益晚会”在四川省体育馆隆重上演并取得圆满成功。此次晚会募集建立了“四川农民工法律援助专项基金”400 余万元。此次晚会成功举办，达到了宣传法律援助事业和建立“四川农民工法律援助专项基金”的目的。

通过上述工作，为一些自收自支的律师、乡镇法律服务、公证、司法鉴定等单位顺利开展法律援助提供经费保障，法律援助工作也得到了社会各界的广泛赞誉和支持。

（二）建立工作制度

四川省法律援助中心不断加大法律援助规范力度，1996 年 5 月，建立全省法律援助工作的基本规范，建立符合四川省法律援助工作实际的操作制度，为法律援助制度在全省的施行提供了依据和保障。2001 年 9 月 22 日，省人大常委会第二十五次会议审议通过《四川省法律援助条例》，该条例对法律援助的对象、范围、形式及申请、受理、法律责任作了规定。从案件受理、审查、指派、经费管理、援助事项、办案质量监督、案件归档、考核评比等方面建章立制，规范管理。2004 年，制定《法律援助工作办法》《法律援助接待制度》《案件审批制度》《法律援助经费管理办法》《法律援助便民利民措施》等规章制度，为法律援助工作的规范化提供了基本依据，完善了省中心案件受理、立案审批制度。2005 年，实行案件质量与案件补贴挂钩制度，案件补贴审核实现规范、及时，经费使用透明公开，有效地使经费用到了贫弱群众手中。省司法厅还与省高级人民法院联合发文，就法律援助有关配合问题作出了具体规定，2005 年与省高级法院、省检察院、省公安厅联合出台《民事诉讼法律援助工作规定》和《刑事诉讼法律援助工作规定》，进一步规范了民事、刑事法律援助工作；到 2005 年底，四川省各级法律援助机构都建立了自己的工作制度，包括法律援助接待咨询制度、法律援助信件处理制度、法律援助申请审查制度、法律援助承办责任制度和重大案件集体讨论制度等。

第二节　案件办理

1996—2005 年，全省各级法律援助机构自办或组织律师办理的各类法律援助案件 15 万余件。2002—2005 年，全省共办理各类案件 57140 件，其中民事案件 32855 件，行政案件 6200 件，刑事案件 18085 件，办案数量连续三年位居全国前三甲，受援人数累计达 10 多万人次。在受援案件类型上，从单纯的刑事案件发展到民商事、行政案件，受援案件有请求支付劳动报酬、支付赡养抚养扶养、农村土地承包和土地征用补偿、婚姻家庭、未成年人和残疾人刑事犯罪等。全省法律援助中心按照中央构建社会主义和谐社会的总体要求，根据各个时期的不同特点，把为农民工追讨欠薪和社会保险金、维护失地农民和城市拆迁户、破产企业职工合法权益、保护妇女和儿童权益等方面的案件作为重点，把社会关注案件作为热点，把影响大、因素多、久拖不决的案件作为难点，及时组织力量，促进事件解决，为政府分忧，为百姓解难。省法律援助中心和各地法律援助中心对疑难案件及时受理，认真阅卷审查，调查研究，做到了件件有落实，事事有回音。特别是对案情重大、影响恶劣、涉及人员广、金额较大、久拖不决的案件，组织强有力的人员及时办理，取得了很好的社会效果。

一、达州 14 名女学生被强奸民事赔偿案

2001 年 4 月至 2003 年 5 月，罪犯杨某某先后潜入达州市 3 个县 15 个乡镇的 17 所中小学女学生寝室里，以暴力、持刀威胁等方法，强奸在校女学生 19 人，其中 5 人未遂，不满 14 周岁的幼女 8 人，造成轻伤 2 人、精神障碍致 6 级伤残 1 人、自杀未成 1 人。罪犯杨某某被判死刑，但对 14 名受害女生的民事赔偿却因犯罪分子无偿付能力等原因没有兑现或没完全兑现。

这起重大性侵害案件引起了司法部和中央媒体的高度关注。按省司法厅指示，省法律援助中心立即成立 14 名女律师组成律师团赴达州市，为 14 名当事人及其亲属提供法律援助。新华社、中央电视台《东方时空》栏目等媒体对此次法律援助进行了报道。律师团对 14 名受害女学生实施“一帮一”法律援助。首先依法代理民事赔偿，其次在获得赔偿基础上，提供长期法律援助，签订一份服务期到 18 周岁的无偿法律顾问合同，让 14 名受害女学生都有自己的法律援助律师。对已获赔的女生，律师登门进行法律咨询、政策解释、心理安抚，充分发挥律师亲和力，帮助树立生活勇气；未获得赔偿或赔偿不合理的，援助律师依法分清赔偿责任，从中调解，促成了受援对象与学校达成赔偿协议。

经过援助律师的艰苦工作，3 名未获得赔偿和 2 名赔偿不合理的受援对象与相关学校达成赔偿协议，其中精神障碍致 6 级伤残的费某获赔 9.5 万元，吴某获赔 2.2 万元，杨某获赔 1 万元，罗某增加赔偿 1.01 万元，吴某增加赔偿 1.7 万元。援助中律师们不单纯局限于维权索赔，每位律师还自发地

捐献出200元钱送到受害女中学生手中。3名辍学在家的受援对象也在律师帮助下重返校园。

二、山东寿光“6·10事件”川籍8名农民工刑事案

四川华兴建筑总公司（下称华兴公司）承接了山东电力改造工程，组织800多名广安籍农民工从事高压线路安装施工。2005年6月10日20时，华兴公司民工结束现场作业时，附近一村民因索要劳务费遭到拒绝，纠集十多名村民持械赶到现场恐吓、殴打民工，随即转变为一百多人持械斗殴的恶性冲突。1名川籍民工和1名村民受伤后抢救无效死亡，双方40多人不同程度受伤。7月19日，寿光市检察院正式批捕8名民工和10名当地村民。并以“故意伤害致人死亡”定罪将川籍民工移送潍坊市人民检察院审查起诉。其间，部分民工由于无法承受身体和心灵的伤害返回家乡，1人自杀身亡，其余治好伤病后改投南下打工。

“6·10事件”发生后，省政府副省长陈文光作出“建议进入法律援助程序”的批示。省司法厅迅速成立了8位擅长刑事辩护律师组成的法律援助律师团，三次赴山东为川籍民工实施刑事法律援助。

经过5个月的艰苦工作，2006年1月21日，人民法院对法律援助律师团提出的“是偶犯、主观恶性小、积极赔偿、确有悔罪表现请求从轻处罚”的辩护意见予以采纳，最后判决变更了起诉书指控的罪名，8位川籍农民工全部因为“聚众斗殴罪”被判处有期徒刑缓刑并当庭释放。1月25日，8位川籍民工顺利返回家乡与家人团聚共度春节。至此四川省涉案人数最多、案情重大复杂的跨省刑事法律援助取得圆满成功。

三、泸州346名农民工讨薪案

2002年，罗宗华等346名农民工分4个班组，受雇于泸州市恒通房地产开发有限公司（以下称恒通公司），修建纳溪区河东新城和紫阳大道。恒通公司支付了部分工资后，由于经营不善，负债过多，既无钱支付欠农民工的54万余元工资又不能向购房户按时交房，公司处于停止经营状态。农民工多次催收分文未得，情绪极不稳定。

2004年8月6日，泸州市纳溪区法律援助中心受理了法律援助申请并及时向上级法律援助机构作了汇报。省法律援助中心高度重视，迅速组成省、市、区三级联合的法律援助律师团实施法律援助，同时首次启用刚刚建立的“农民工法律援助专项基金”资助此案的办理。

律师团针对恒通公司资产状况，提出通过诉讼途径解决问题的援助方案。法律援助工作人员克服了拖欠工资时间长短不齐、人员多、工资计算繁杂等困难，先后对346名民工的做工时间、被拖欠的工资数额通过审查派工单、询问班组长等方式逐一核实，并广泛调查掌握了346名民工与公司建立劳务关系的证据。为保证工资能够兑现，律师团排除种种困难，对恒通公司的财产情况进行多方调查，查到了资不抵债的恒通公司的一处房产。律师团迅速向纳溪区人民法院申请了诉讼保全，法院依法查封了该房产，为解决拖欠工钱奠定了有力的基础。此案在纳溪区人民法院进行了4次开庭审理。被告恒通公司当庭对拖欠346名民工54万余元工资给予认可，表示愿调解解决拖欠工资问题。随后该案很快执行完毕。一件人员最多、时间跨度最长、涉及金额较大的农民工法律援助案件获得成功解决。

第九篇　司法鉴定

司法鉴定作为一种法定的证明手段、证明方法、证明制度，对民事、刑事案件中的问题的正确判断、认定和处理具有重要的价值和特殊的功能。四川省司法厅依法履行职责，在司法鉴定管理工作方面创造了七个全国第一：第一个得到司法部授权，开展司法鉴定人资格考试试点；第一个实施二次准入，规范行业司法鉴定工作；第一个建立司法鉴定人和司法鉴定机构名册制度；第一个制订、颁发司法鉴定人执业证书；第一个规范全省检察系统司法鉴定；第一个出台统一的司法鉴定服务收费标准；第一个成立地、市级司法鉴定人协会，为四川省司法鉴定事业的开拓、发展，确保民事、刑事裁判的正确性与合法性发挥了积极作用。

第一章 管理与监督

以地方立法为先导，司法鉴定管理有法可依；以制度建设为保障，司法鉴定管理制度基本形成体系；以行政管理和行业管理相结合，司法鉴定管理构建起模式基础，四川司法鉴定进入法治化制度化规范化发展轨道。

第一节 制度建设和规范管理

一、管理体制方面的制度建设和规范管理

2000年以前，由四川省各政法机关内设的司法鉴定机构各自管理，“自侦自鉴”“自审自鉴”“自管自鉴”，导致鉴定机构的设置条件混乱，管理水平低下，缺乏有效的社会监督。一些鉴定人的基本素质不高，以及鉴定程序混乱、鉴定标准不一或缺失，鉴定收费混乱、鉴定资源浪费等问题。2000年，司法鉴定体制改革启动后，省司法厅就以统一司法鉴定管理为目标，通过制定司法鉴定管理法规，明确县以上司法行政机关是司法鉴定的主管部门，改变了各自为政的局面，实现了司法鉴定的统一管理。

图9－1 2001年4月3日，绵阳市司法鉴定工作管理委员会成立，同年12月26日绵阳市第一个司法鉴定中心成立

（一）地方立法

为积极推动四川省司法鉴定地方立法进程，2001年，全省两会期间，民主党派人士、政协委员、人大代表提议进行司法鉴定地方立法，被省人代会列为一号议案。3月下旬，省人大内务司法委员会正式将《四川省司法鉴定条例》增补入年度立法计划。之后，省司法厅积极协助省人大内务司法委员会开展工作，于4月下旬组建了立法起草小组，6至7月陪同省人大内务司法委员会领导赴省外进行了立法调研，起草了《条例（草案）》。10月30日，召开了部分市（州）司法局分管司法鉴定副局长、科（处）长座谈会，通报《条例（草案）》起草情况，统一思想认识，对配合省人大调研提出了具体要求。还协助省人大内务司法委员会组织召开与政法各部门、卫生行政部门、建设行政部门、质量监督部门、保险行业的立法协调会。经省人大常委会一审、二审，历时一年半，《四川省司法鉴定管理条例》于2002年7月20日省九届人大常委会第30次会议高票通过，9月1日正式实施。8月19日，省司法鉴定工作管理委员会办公室积极配合省人大召开《四川省

司法鉴定管理条例》新闻发布会，结束了四川省司法鉴定工作无法可依的局面。

（二）规范性文件

在推动地方立法的同时，省司法厅还积极制定规范性文件，使法律法规细化和促进落实。2001年，省司法厅先后制定《四川省司法鉴定人职业道德、职业纪律规范（试行）》《四川省司法鉴定机构名称管理办法（试行）》《四川省司法鉴定机构章程示范文本》等规范性文件。2001年5月，省司法厅与省建设厅联合，印发《四川省建设系统开展建筑工程质量与建筑工程造价司法鉴定的办法（试行）》，在全国率先规范了建筑工程质量与建筑工程造价的司法鉴定执业活动。

2003年，省司法厅又制定《四川省司法鉴定人继续教育暂行办法》《四川省司法鉴定机构广告管理办法》《四川省司法鉴定人执业证管理办法》《四川省司法鉴定机构和司法鉴定人年度检验实施细则》《司法鉴定特邀监督员工作细则》；与省建设厅、民政厅、质监局、省检察院成都铁路运输分院等联合印发《关于加强建筑工程造价司法鉴定管理的补充通知》《四川省假肢与矫形器司法鉴定暂行办法》《关于规范产品质量司法鉴定的暂行办法》《关于规范成都铁路检察系统司法鉴定工作的试行办法》等规范性文件，对这些行业的司法鉴定进行了规范管理。

（三）司法鉴定管理体制改革

2005年8月31日至9月1日，全国司法鉴定管理工作会议在成都召开。司法部副部长范方平作了会议主题报告和会议总结讲话，省委常委、政法委书记欧泽高，省人大常委会副主任张宗源，省政协副主席王恒丰等出席会议，副省长陈文光致辞。31个省（自治区、直辖市）司法厅（局）和新疆生产建设兵团司法局主管司法鉴定工作的副厅（局）长和司法鉴定管理（法制）处处长，15个计划单列市司法局主管司法鉴定工作的副局长，司法部机关政治部、监狱局、劳教局、办公厅、法制司、律公司和司法鉴定体制改革办公室的领导干部，以及部司鉴所领导等百余人参加会议。中央政法委、最高人民法院、最高人民检察院、公安部和国家安全部等有关负责人出席会议。《人民日报》《法制日报》、中央电视台、中央人民广播电台、《中国司法》杂志社、《中国司法鉴定》杂志社，以及《四川日报》《四川法制报》、四川人民广播电台、四川电视台卫视频道等新闻媒体和报刊杂志的记者到会采访并报道。这次会议以邓小平理论和“三个代表”重要思想为指导，坚持和落实科学发展观，认真学习贯彻中共中央转发的《中央司法体制改革领导小组关于司法体制和工作机制改革的初步意见》和全国人大常委会《关于司法鉴定管理问题的决定》，进一步提高认识、统一思想，理清思路、明确任务，就当前和今后一个时期的司法鉴定管理工作作出部署，对积极推进全国司法鉴定管理体制改革，推动司法鉴定管理工作健康、顺利发展，起到了重要作用。这次会议是全国人大常委会《关于司法鉴定管理问题的决定》（以下简称《决定》）出台后，司法部召开的第一次全国司法鉴定管理工作会议，也是《决定》即将实施前召开的一次很重要的会议，它标志着全国司法鉴定管理工作迈出了新的历史步伐，对改革和加强司法鉴定管理工作起到积极的推动作用。

二、管理模式方面的制度建设和规范管理

随着对司法鉴定工作自身规律的认识逐步深化和行政许可法的实施，省司法厅认为，单一行政管理模式已经不再适应司法鉴定管理的需要，应当逐步过渡到行政管理与行业管理相结合的新的管理模式。在行政管理方面，2002年7月20日颁布的《四川省司法鉴定管理条例》规定了司法鉴定工作的行政管理职能由县级以上司法行政机关履行。在行业管理方面，2004年9月，成立了四川省司法鉴定人协会成立，颁布了《四川省司法鉴定人协会章程》，该章程确定了对司法鉴定工作的行业自

律管理由司法鉴定人协会承担。司法鉴定人协会在司法行政机关的指导下，为会员执业活动提供服务和支持，协调会员之间的鉴定争议，开展司法鉴定人后续教育培训和学术交流活动，配合司法鉴定管理机关对违规违纪的司法鉴定机构和司法鉴定人进行查处和惩戒等。从此，四川省的司法鉴定管理由单一的行政管理模式向行政管理与行业管理相结合的新模式过渡。

三、管理方式和手段方面的制度建设和规范管理

（一）登记

依照《中华人民共和国行政许可法》《全国人大常委会关于司法鉴定管理问题的决定》《国务院对确需保留的行政审批项目设定行政许可的决定》《四川省司法鉴定管理条例》等规定，审批司法鉴定机构、核准司法鉴定人执业、颁发司法鉴定机构许可证和司法鉴定人执业证，不再在工商登记。

（二）公告

即将批准设立的司法鉴定机构和核准执业的司法鉴定人在省级报纸上向社会公布。

（三）名册发布

自 2001 年起，每年将司法鉴定机构和司法鉴定人编印成册，发送全省省、市、县三级司法机关和法律服务机构，供司法机关和案件当事人委托鉴定时使用。

（四）违纪监督和处罚

司法行政机关通过开展执法检查或接受举报进行调查，对被许可人执业行为实施监督；司法鉴定人协会积极配合省司法厅和司法局对会员违纪违规行为进行调查实施惩戒。

2002—2005 年，共注销了 2 家司法鉴定机构，责令 1 家鉴定机构停业整顿 3 个月，撤销司法鉴定人执业证 1 人，发挥了惩一儆百的作用。

第二节　行业准入管理

一、司法鉴定从业者资质

具备下列条件之一的人员，可以申请登记从事司法鉴定业务：具有与所申请从事的司法鉴定业务相关的高级专业技术职称；具有与所申请从事的司法鉴定业务相关的专业执业资格或者高等院校相关专业本科以上学历，从事相关工作五年以上；具有与所申请从事的司法鉴定业务相关工作十年以上经历，具有较强的专业技能。但因故意犯罪或者职务过失犯罪受过刑事处罚的、受过开除公职处分的、以及被撤销鉴定人登记的人员，不得从事司法鉴定业务。

法人或者其他组织申请从事司法鉴定业务的，应当具备下列条件：有明确的业务范围；有在业务范围内进行司法鉴定所必需的仪器、设备；有在业务范围内进行司法鉴定所必需的依法通过计量认证或者实验室认可的检测实验室；每项司法鉴定业务有三名以上鉴定人。

二、司法鉴定从业者申请要件

（一）申请司法鉴定机构登记材料

包括：司法鉴定机构登记申请表；证明申请者身份的相关文件（如工商营业执照、社团登记证

等）；住所证明；资金证明；相关的行业资格、资质证明；仪器、设备说明及所有权凭证；司法鉴定人申请执业的相关材料；相关的内部管理制度材料；申请设立具有独立法人资格的司法鉴定机构，应提交拟设司法鉴定机构预核名称申请表和章程以及登记管理机关认为应当提交的其他材料。

（二）申请司法鉴定人登记相关资料

包括：司法鉴定人登记申请表；身份证；专业技术职称、行业执业资格或者学历证书；符合特殊行业要求的相关的资格证书；从事相关专业工作的经历证明；专业技术水平评价及业务成果证明材料；2 寸近期免冠彩色照片 1 张；登记管理机关认为应当提交的其他材料。

第三节　监督检查和处罚

2001 年二季度，省司法鉴定工作管理委员会办公室布置市（州）司法局对司法鉴定执业机构和从业人员进行了调查摸底，清理整顿。据成都等 13 个市（州）的调查统计，当时有鉴定机构 302 个，鉴定从业人员 3371 人，涉及法医病理、法医临床、法医精神病、文检、痕检、司法会计、建筑工程等 14 个司法鉴定大项目和涉诉的资产、物品、价格、保险、产品质量、环境污染等 10 个行业鉴定大项。

2003 年 2 月 20 日至 4 月 14 日，按照司法部的工作要求，省司法厅对全省 64 家司法鉴定机构及 1735 名司法鉴定执业人员开展了年度检验注册工作。采取市（州）初审、省司法厅注册的办法，对司法鉴定机构和司法鉴定人的业务开展、遵守《四川省司法鉴定管理条例》（以下简称《条例》）、遵守职业道德执业纪律、参加继续教育等情况进行检查后，对 1 家司法鉴定机构、6 名司法鉴定人因不符合年检要求，给予了暂缓注册的决定。同时，对违法、违纪行为进行查处，取缔了 3 家非法鉴定机构，注销 1 家司法鉴定机构，暂缓注册鉴定人 6 人。

2003 年 8 月下旬至 9 月上旬，由四川省人大常委会副主任张宗源，省人大内务司法委员会主任委员向阳、副主任委员赵肖东带队组成 3 个执法检查组，对成都、宜宾、自贡、眉山、乐山、遂宁 6 市及其 12 个社会服务司法鉴定机构和公安、检察、法院的内设司法鉴定机构进行了重点检查和抽查，了解《条例》实施的效果，发现和纠正在贯彻执行《条例》中存在的问题。省人大执法检查组充分肯定了省司法厅及各市（州）司法局为规范面向社会服务司法鉴定工作所做的大量工作，在执法检查《报告》中认为："《条例》颁布实施一年中，各级司法行政机关认真贯彻执行《条例》，加强对社会司法鉴定规范管理，为维护当事人合法权益，促进司法公正，维护社会稳定发挥了积极作用。"同时，指出了存在的主要问题，建议司法行政机关进一步加大《条例》宣传力度和执法力度，建议国家尽快出台司法鉴定法律，以期全面统一规范司法鉴定管理工作。

2004 年，《中华人民共和国行政许可法》和《国务院对确需保留的行政审批项目设定行政许可的决定》出台后，省司法厅对全省司法鉴定机构和司法鉴定人进行了年检注册，重点检查了司法鉴定机构和司法鉴定人依法开展业务、遵守职业道德执业纪律、参加继续教育及鉴定质量的情况等。在年检注册中，对不符合年检要求的 1 家司法鉴定机构、16 名司法鉴定人给予了暂缓注册的处理。在接待上访时，发现有 2 家司法鉴定机构超范围鉴定，立刻引起了省司法厅司法鉴定管理处的重视，派专人组成调查小组进行调查。通过调查，严肃指出其危害性，司法鉴定机构自动撤回了司法鉴定文书，纠正了错误。

2005年，按照《全国人大常委会关于司法鉴定管理问题的决定》（以下简称《决定》）和《四川省司法鉴定管理条例》的规定，省司法厅在《决定》生效前，集中在3月下旬至5月中旬，对全省司法鉴定机构和核准执业的司法鉴定人遵守相关法律法规和规章、遵守职业道德和纪律的情况进行了一次全面的检查。检查内容有：司法鉴定机构和司法鉴定人一年中的执业情况；司法鉴定人遵守司法鉴定法律、法规、规章及职业道德、执业纪律情况；司法鉴定机构和司法鉴定人受处罚和被投诉的情况；司法鉴定人接受继续教育的情况；司法鉴定机构和司法鉴定人登记事项变动等情况。通过检查，发现司法鉴定机构业务普遍较上年度增长，更加重视内部管理，司法鉴定文书格式、装帧水平有提高，鉴定质量稳定，当事人对司法鉴定的投诉比例下降。但也存在个别鉴定机构成立一年以上，没有开展司法鉴定业务；部分司法鉴定机构的司法鉴定文书不规范，没有按照司法部司法鉴定文书示范文本的要求和结合专业特点来制作文书等情况。省司法厅在发现这些问题时，都给予了司法鉴定机构严厉的批评并责令改正，并依法注销了一家长期未开展司法鉴定业务的司法鉴定机构。省司法厅在执法检查过程中，还注意统筹安排、合理分工、重点突出，发现问题及时处理，使司法鉴定许可的事后监督落到了实处。

第四节　名册管理与收费标准

一、司法鉴定名册管理

为实现与国际惯例接轨，四川省在全国率先推行司法鉴定人名册管理制度。为了给公、检、法部门及公民、法人或其他组织委托鉴定提供指南以及便于社会各界对社会有偿司法鉴定活动的监督，省司法鉴定工作管理委员会于2002年3月5日印发了《四川省司法鉴定人名册》8000份，并于3月28日召开司法鉴定人名册新闻发布会，免费发送到全省各级法院、检察院、公安机关办案机构以及仲裁委员会和与司法鉴定工作有关的部门。自2002年以后，每年均发布当年的编制和名册，以及依法登记的司法鉴定机构和司法鉴定人。

二、司法鉴定收费标准

鉴于过去面向社会服务的司法鉴定长期缺乏统一的司法鉴定收费标准，乱收费和以收费作为手段开展不正当竞争的问题比较突出等情况，2003年上半年，省司法厅司法鉴定管理处积极配合省物价局有关部门，先后到11个市（州）、22个县（市、区）司法局、19个司法鉴定机构进行调研论证后，召开了12次座谈会，最终促成了全国第一个司法鉴定收费标准的出台。6月下旬，省物价局印发《四川省物价局关于司法鉴定收费项目和标准的通知》，该收费标准自7月2日起试行一年。2004年，省物价局又重新核定了《四川省司法鉴定收费项目及标准》。收费标准规定"按照《四川省司法鉴定管理条例》的规定，依法取得司法鉴定资格的机构，在接受社会委托，开展司法鉴定工作时，按本通知规定收取司法鉴定费"。收费通知中还取消了原公安、检察、法院鉴定收费标准，从而避免和减少了当事人和司法鉴定机构之间的收费纠纷，又遏制了司法鉴定收费的恶性竞争和不正当竞争，从此再没有出现乱收费的现象。

2004年省物价局重新核定的《四川省司法鉴定收费项目及标准》详见表9－1。

四川省司法鉴定收费项目及标准一览表

表 9－1　　　　单位：元

收费项目	单位	收费标准	备注
一、法医病理鉴定			收费标准中未包含医疗机构收取的特殊项目的检查费用。
死亡原因鉴定	元/具	1500—2000	
死亡方式鉴定	元/具	1500—2000	
死亡时间推断	元/具	1500—2000	
致伤（死）物认定	元/件	800—1200	
生前伤与死后伤鉴别	元/件	800—1200	
死后个体识别	元/具	2000—2500	
尸体尸表检验	元/具	800—1200	
尸体解剖	元/具	2500—3000	含尸表检验、解剖、缝合、切片、死亡原因、方式、时间
开棺验尸	元/具	3500—5000	含现场勘验、尸体解剖、照（摄）像
病理组织切片检验	元/片	30—60	
二、法医临床鉴定			收费标准中未包含医疗机构收取的特殊项目的检查费用
人身损伤程度鉴定	元/例	400—600	
损伤与疾病关系评定	元/例	800—1000	
交通事故、职工工伤、职业病等致残程度评定	元/件	500	
劳动能力评定	元/例	500	
活体年龄鉴定	元/例	600—800	
性功能鉴定	元/例	600—800	
医疗纠纷鉴定	元/例	2500—5000	
致伤物和致伤方式推断	元/例	800—1200	
医疗费审查和续医费鉴定	元/例	800—1200	
三、法医精神病鉴定			
法定能力鉴定	元/例	600—800	
刑事法律能力	元/例	800—1500	
民事法律能力	元/例	300—800	
精神损伤程度鉴定	元/例	2000—2500	
智能障碍鉴定	元/例	1000—1200	
四、法医物证鉴定			
个体识别	元/例	2000—2200	
亲子鉴定（DNA）	元/例	2000—3000	
性别鉴定	元/样本	800—1200	
种族和种属鉴定	元/样本	2000—2500	
五、法医毒物鉴定			
定性毒物分析	元/样本·项	500—700	
定量毒物分析	元/样本·项	800—1000	

续表 9－1

收费项目	单位	收费标准		备注
六、司法会计鉴定	按送鉴账面金额	金额（万元） 50 以下（含 50 万元） 50—100（含 100 万元） 100—500（含 500 万元） 500—1000（含 1000 万元） 1000—5000（含 5000 万元） 5000—10000（含 10000 万元） 10000 以上	收费额 1800 3600 7200 10000 13000 16000 2.5‰	不足 1800 元按 1800 元计。会计年度超过 3 年的，收费增加 10%—20%。
七、文书司法鉴定	元/检材	1500—2000		
八、痕迹司法鉴定				
枪弹痕迹鉴定	元/检材	2500—3000		
其他痕迹鉴定	元/检材	1000—2000		
九、微量物证鉴定	元/例	500—2000		
十、计算机司法鉴定	元/例	8000—12000		
十一、建筑工程司法鉴定				
建筑工程造价鉴定	送鉴工程造价额	2%—4%	不足 1500 元按 1500 元计	
建筑工程质量鉴定	元/件	1000—3000	鉴定过程发生的质检费另计	
十二、声像资料司法鉴定				
录音制品	元/件	1000—1500		
录象制品	元/件	1500—2500		
磁盘、光盘	元/件	500—700		
图片	元/件	300—500		
十三、知识产权司法鉴定	元/件	1000—2000		
十四、产品质量司法鉴定	元/件	1000—3000	鉴定过程发生的质检费另计	
十五、保险赔偿司法鉴定				
寿　保	按保险金额	3%—5%	不足 1000 元按 1000 元计	
财　保	按保险金额	3%—5%	不足 1000 元按 1000 元计	
十六、司法资产评估				
房地产评估鉴定	按鉴定标的总价	1‰—6‰	不足 1000 元按 1000 元计	
土地评估鉴定	按鉴定标的总价	1‰—5‰	不足 1000 元按 1000 元计	
资产评估鉴定	按鉴定标的账面价值	0.1%—7%	单项最低收费 3000 元 综合最低收费 6000 元	
十七、司法鉴定人员出庭费	元/人·半天	高级职称 150—200 元 中级职称 100—150 元		
十八、异地勘验、鉴定专家补贴	元/人	高级职称 200 元 中级职称 100 元		不足 1 天按 1 天计

说明：计价单位中的“样本”是指按规定提取收集的样本数

第二章　司法鉴定人员的教育培训

统一资格考试，推进司法鉴定人队伍职业化；继续教育、培训交流、学历教育，推进司法鉴定人队伍专业化，培育出一支优秀的司法鉴定人队伍。

第一节　职业教育

为了大力加强司法鉴定管理干部队伍建设，省司法厅每年都要针对司法鉴定管理干部的政治工作、业务工作的需要和存在的差距，采取有效措施，进一步提高干部的政治、业务素质。2001年2月28日至3月2日，省司法鉴定工作管理委员会办公室在成都召开了市（州）司法鉴定管理干部培训会。司法部司法鉴定处处长徐景和博士讲授《两大法系司法鉴定之比较》，省司法厅分管司法鉴定工作的副厅长彭矛介绍了全国司法鉴定体制改革情况，阐明四川省的改革思路，部署当年的工作。

2005年12月，为贯彻落实《全国人大常务委员会关于司法鉴定管理问题的决定》和司法部《司法鉴定机构登记管理办法》《司法鉴定人登记管理办法》，省司法厅对司法鉴定管理人员和各市（州）所在地司法鉴定机构负责人进行了培训，使全省的司法鉴定管理人员人人成为《决定》和两个部颁规章的宣讲员，向全体司法鉴定管理干部和司法鉴定人宣讲，以便更好地指导全省司法鉴定人开展司法鉴定活动，便于司法行政机关更好地加强对司法鉴定工作的管理。

一、司法鉴定人资格考试

2001年9月，经司法部授权，省司法厅、省司法鉴定管理委员会办公室组织了全国首次司法鉴定人资格统一培训考试，省及部分市（州）公安、检察、法院、司法行政、安全部门的鉴定人和已批准设立的面向社会服务的司法鉴定机构内的司法鉴定人500余人参加了培训，1000余人参加资格考试，其中省高级法院12名鉴定人、省检察院19名鉴定人、省公安厅14名鉴定人、四川大学华西法医学院和华西医院的40名鉴定人参加了资格考试。司法鉴定人资格培训考试受到鉴定人员的普遍好评。泸州市中级人民法院的一名资深法医王和斌说："司法鉴定统一规范管理是大势所趋，我是以平和的心态来参加司法鉴定人资格培训考试的。"达州检察院的鉴定人员路建华讲："我从事司法鉴定多年，但鉴定人的资格问题从来没有部门过问，省司法厅这次争取到在四川省培训考试取得司法鉴定人资格试点，为鉴定人做了件大好事。"省高级法院的鉴定人员认为："鉴定人持证上岗，有利于改变司法鉴定领域资质混乱的状况，有利于保障司法鉴定质量，保证司法审判顺利进行。"社会各界对司法鉴定资格考试普遍反应良好，一致认为规范了司法鉴定，有利于保障司法鉴定质量，有利于维护司法公正和社会的稳定。

2003年12月6—7日，四川省2003年司法鉴定人职业资格考试在四川大学举行，共有2304人报名参加考试。为确保这次考试的顺利进行，省司法厅成立司法鉴定人职业资格考试领导小组和考务办公室，组织巡考和监考队伍；作了大量的考前准备工作，从时间、人员、工作分工上都作了详尽的安排；明确总监考人、副总监考人、巡考人，还成立考务办及其下设的保密小组、安全小组、宣传小组、医务小组、后勤小组等机构，明确职责，做到各司其职、各负其责。为严肃考场纪律，保证考试顺利进行，省司法厅又制定《2003年司法鉴定人职业资格考试违纪行为处理办法（试行）》《2003年司法鉴定人职业资格考试监考工作规则》，明确考生考试违纪行为的处理办法和监考人员及考务工作人员的处理权限和工作职责等。在考试领导小组的正确指导下，做到了准备充分、组织严密、工作扎实、纪律严明，特别是对试卷的接送、保管，制定实施程序严谨的保密措施，昼夜三班值守试卷，故未发生任何失密情况，所有试卷都及时安全送到指定地点，各项数据准确无误，圆满地完成了司法部授权在四川进行的2003年司法鉴定人职业资格考试的任务。

二、继续教育培训

为搞好司法鉴定人继续教育，省司法厅于2002年制定《四川省司法鉴定人继续教育暂行规定》，规定继续教育培训采取省司法厅统一规划安排、分层分级实施的原则。省司法厅对省直司法鉴定机构执业鉴定人员、市（州）对本区域内的执业鉴定人员进行继续教育培训工作。通过制度建设，探索出一套科学的、固定的、有效的教育培训机制，形成了司法鉴定人队伍建设的长效机制。2002年，重点抓了《四川省司法鉴定管理条例》的学习贯彻。2003年，继续教育注重了司法鉴定人职业道德、执业纪律和新颁法律法规、新颁司法鉴定适用标准的培训。2004年，培训的内容主要有新《道路交通事故受伤人员伤残评定标准》《中华人民共和国行政许可法》与司法鉴定行政许可问题、法庭庭审程序讲解、司法鉴定人出庭质证应注意的问题等。2005年，培训内容以解读全国人大常委会《关于司法鉴定管理问题的决定》和司法部《司法鉴定机构登记管理办法》《司法鉴定人登记管理办法》两个部颁规章为重点，介绍了中国司法鉴定体制改革的历史背景和发展趋势，传达了在川

图9－2　2002年6月20日，攀枝花市召开首批司法鉴定人培训暨职业证颁发仪式

图9－3　为提高司法鉴定人的法律素养，2002年9月，省司法鉴定工作管理委员会办公室与西南科技大学法学院联合举办司法鉴定人专升本学历教育。图为2002年12月6日，省司法鉴定工作管理委员会办公室主任刘朝宽（左二）在西南科技大学就学历教育有关情况进行调研期间与西南科技大学法学院副院长何礼果（左一）合影

召开的第一次全国司法鉴定管理工作会议精神，分析讲解了司法鉴定信访投诉中遇到的有关问题。全体参训人员还按要求撰写了1500字以上的心得体会。通过针对性的继续教育，使司法鉴定人不断更新了专业知识，提高了办理司法鉴定案件能力。

三、学历教育

为提高司法鉴定人的法律素养，2002年9月，省司法鉴定工作管理委员会办公室与西南科技大学法学院联合举办司法鉴定人专升本的学历教育。2004年7月，有109名司法鉴定人顺利毕业，取得本科学历。

第二节　学术交流

2004年1月9日，川港两地司法鉴定学术交流会在成都举行。省司法厅副厅长、省司法鉴定工作管理委员会委员三郎益西出席会议并致欢迎词；香港明爱成人及高等教育服务中心校长谢文立（爵士），香港教育及康复院院长、英国犯罪学硕士、香港城市大学法学高级管理顾问麦伟强出席会议并作学术报告；北京大学中国持续发展研究中心教授王永昌、中国专家经济咨询中心三部主任邓荔（女）光临会议指导；四川华西法医学司法鉴定中心负责人、四川大学华西基础与法医学院院长、教授、博士生导师侯一平，四川西南司法鉴定中心鉴定人、四川大学华西临床医学院院长助理、副教授张伟，四川恒信司法鉴定所负责人崔太平博士，省司法厅司法鉴定管理处处长、硕士刘朝宽等在会上作了司法鉴定专题发言。《四川日报》《四川电视台》《四川法制报》《成都商报》等新闻媒体到会采访并报道。川港两地司法鉴定专家重点交流了香港司法鉴定制度及司法制度、四川司法鉴定体制改革、四川法医学技术鉴定的现状及进展、四川精神病鉴定的现状及展望、提高司法鉴定质量的途径等。内地与香港专家就司法鉴定进行专门学术交流在全国尚属首次。两地专家和与会代表给予了高度评价，也得到了司法部领导的充分肯定。

2004年5月17—18日，由四川省司法鉴定工作管理委员会办公室、四川西南司法鉴定中心、四川大学华西医院心理卫生中心主办的中英人格障碍国际研讨会在蓉举行。大会邀请了英国伦敦大学玛丽女王医学院人格障碍研究的著名学者、司法精神病学家柯依德（Jeremy Coid）教授、心理学家罗伯茨（Amanda Roberts）博士、心理学家乌里奇（Simone Ullrich）博士到会；国内资深专家刘协和教授、杨珉教授、马渝根教授、卢宁教授、孙学礼教授、张伟副教授等一批司法精神病鉴定的专家学者参加了会议，交流了他们在该领域研究的成果。中英专家学者就两国的人格障碍研究和现状等进行了多方面的交流，通过交流加深了友谊，增强了合作，展示了人格障碍研究领域最新学术成果，拓展了对人格障碍的研究领域。上述活动，对推动四川司法鉴定事业的改革、对四川广大司法鉴定人的知识更新和业务水平的提高起到了积极作用。

第三章 司法鉴定活动

司法鉴定业务类别涵盖广泛，鉴定质量不断提高，基本满足了诉讼活动的需要，维护了当事人合法权益，维护了公平正义，同时为党委政府的中心工作、化解社会矛盾与社会和谐稳定提供了技术支撑。

第一节 司法鉴定类别

一、法医类鉴定

（一）法医病理鉴定

主要涉及以下内容：一是确定死亡原因；二是判定致死方式；三是推断死亡时间；四是认定致伤（死）物；五是鉴别生前伤与死后伤。

（二）法医临床鉴定

主要涉及以下内容：一是损伤程度的鉴定；二是伤残程度与劳动能力鉴定；三是性问题鉴定；四是疾病的诊察，确定现有疾病与损伤的因果关系，疾病是否由损伤引起，或原有疾病因损伤而加重、恶化；五是诈病（伤）及造作病（伤）鉴定。

（三）法医精神病鉴定

运用司法精神病学的理论和方法，对涉及与法律有关的精神状态、法定能力（如刑事责任能力、受审能力、服刑能力、民事行为能力、监护能力、被害人自我防卫能力、作证能力等）、精神损伤程度、智能障碍等问题进行鉴定。精神病鉴定的目的在于确定行为人是否具有刑事责任能力和民事行为能力。

（四）法医物证鉴定

运用免疫学、生物学、生物化学、分子生物学等的理论和方法，利用遗传学标记系统的多态性对生物学检材的种类、种属及个体来源进行鉴定。其主要内容包括：个体识别、亲子鉴定、种族和种属认定等。

（五）法医毒物鉴定

运用法医毒物学的理论和方法，结合现代仪器设备分析技术，对体内外未知毒（药）物、毒品及代谢物进行定性、定量分析，并通过对毒物毒性、中毒机理、代谢功能的分析，结合中毒表现、尸检所见，综合作出毒（药）物中毒的鉴定。

2001—2005 年，四川省共完成法医类鉴定案件 36543 件。

二、物证类鉴定

（一）文书鉴定

是运用文书检验学的原理和技术，对文书的笔迹、印章、印文、文书的制作及工具、文书形成时间等问题进行鉴定。文书鉴定包括笔迹鉴定，伪造、变造文书鉴定，打印、复印、印刷文书鉴定，文书物质材料鉴定，文书制作时间鉴定。

（二）痕迹鉴定

是运用痕迹学的原理和技术，对有关人体、物体形成痕迹的同一性及分离痕迹与原整体相关性等问题进行鉴定。在诉讼活动中，最常见的痕迹鉴定主要有指纹鉴定、足迹鉴定、工具痕迹鉴定和枪弹痕迹鉴定等。

（三）微量鉴定

是运用物理学、化学和仪器分析等方法，通过对有关物质材料的成分及其结构进行定性、定量分析，对检材的种类、检材和嫌疑样本的同类性和同一性进行鉴定。在司法实践中，常见的微量物证鉴定有爆炸残留物、射击残留物、纵火物证、泥土、灰尘、粉尘、玻璃或金属残渣等物证的鉴定，还有纤维、纺织品、塑料、橡胶、油脂、涂料等物证的鉴定。

2001—2005 年，四川省共完成物证类鉴定案件共计 2474 件。

三、声像资料鉴定

包括对录音带、录像带、磁盘、光盘、图片等载体上记录的声音、图像信息的真实性、完整性及其所反映的情况过程进行的鉴定和对记录的声音、图像中的语言、人体、物体作出种类或者同一认定。

2001—2005 年，四川省共完成声像资料鉴定案件 68 件。

四川省司法鉴定行业除了开展上述传统司法鉴定项目之外，还开展了司法会计鉴定、司法资产评估、税务司法鉴定、建筑工程质量司法鉴定、建筑工程造价司法鉴定、产品质量司法鉴定、知识产权司法鉴定、计算机司法鉴定、电子数据鉴定、现代农业司法鉴定、机动车司法鉴定、火灾物证鉴定等新型鉴定业务，共有 21 个司法鉴定执业类别。2001—2005 年，四川省共完成上述类别鉴定案件共 14774 件。

第二节　司法鉴定成果

自 2001 年开始，四川省司法鉴定业务数量从 2001 年的 1282 件，到 2002 年的 7730 件，2003 年的 10851 件，2004 年的 15248 件，2005 年的 18748 件，司法鉴定业务发展呈现出逐年攀升的良好态势，5 年共计完成 53859 件，采信率一直保持在 98% 以上。

一、服务诉讼活动

司法鉴定机构和鉴定人在司法鉴定活动中，保持中立地位和独立的身份，提供客观、科学、真实的鉴定意见，保证诉讼活动顺利进行。2004 年 4 月，某市中级人民法院和诉讼当事人共同委托四川光明司法鉴定所对“房屋产权”“承诺书”纠纷一案的书证进行文书司法鉴定，案件关系到3个单位和十多名当事人。为了弄清事实真相，当事人已到多个鉴定所进行了司法鉴定，诉讼时间长达3年之久。由于案情重大，涉及到当事人多，在此检材和样本条件较差、鉴定难度较大的情况下，四川光明司法鉴定所接受委托后，立即组织鉴定人员认真了解、分析了案情，制定鉴定方案，排除重重干扰。为确保鉴定质量，将鉴定人员分组独立进行鉴定，组织专家集中讨论，鉴定结果相互印证，取得一致意见后作出了鉴定结论。在庭审中，法院采用了该所的鉴定结论，使一桩长达数年的诉讼划上圆满句号。

2003年，简阳市人民检察院在办理中央电视台曝光的简阳市公安干警对无辜人民群众非法拘禁致伤残一案，在其他2名犯罪嫌疑人供述犯罪事实的情况下，主要犯罪嫌疑人仍然拒不供述犯罪事实，不承认使用棍棒类致伤工具打击受害人。简阳市人民检察院委托四川求实司法鉴定所对致伤工具进行鉴定，经鉴定被鉴定人蔡某某胸部的条状皮下出血和右小腿的条状皮肤挫裂创伴胫骨骨折的致伤工具符合无棱边条状且较重的钝性物体所致。检察院向其出示了鉴定书后，主要犯罪嫌疑人终于供述了犯罪事实，并且在开庭审理中亦供认不讳，最终受到法律制裁。

二、服务中心工作

四川恒中司法鉴定所在2003年接受成都市公安局的委托对一起社会影响较大、涉案金额上亿元的经济犯罪案件进行司法会计鉴定。由于该案自举报历时数年，涉及七、八家关联公司，并有几个民事诉讼案件掺杂其中，地方和中央媒体均有报道，案情非常复杂。在成都市政府协调安排下，经成都市审计局和公安局的联合考察，委托四川恒中司法鉴定所对相关会计问题进行司法鉴定。鉴定所接受委托后，组成了由十余名鉴定人参加鉴定小组，进行充分的准备和周密的安排。经过3个多月的艰苦工作，终于在委托方要求时间内完成鉴定工作，其鉴定结论有力地推动和支撑了案件的侦破工作的进行。通过依法审理，使案件最终得到圆满解决。

2003年，四川新立信司法鉴定所接受公安机关委托，在对泰港集团涉嫌3.2亿元金融贷款诈骗案的司法会计鉴定过程中，该司法鉴定所12名鉴定人员工作历时半年的时间，通过详查原始记录、内查外调、比较分析等方法，并深入到甘孜州理塘县、稻城县等少数民族边远山区调查取证，最终形成了长达200多页的鉴定报告，为公安机关全面侦破此案提供了有力的线索和依据。法院依据鉴定报告，依法作出判决，使涉案人员受到了应有的惩罚。该司法鉴定所还对司法鉴定案件进行经验总结和专业知识讨论，以提高司法鉴定人的实际工作能力，形成了《虚假票据审查的十二大方法》《个人套取企业资金的十八种渠道》《企业抵押贷款的“空手法”》等办案经验材料。

三、服务人民群众

广东湛江某饲料公司生产的“问题虾料”致使湛江5位虾养殖户血本无归，造成数百万元的经济损失，养殖户状告饲料公司赔偿损失。此案不仅在广东养殖业引起轩然大波，也惊动了当地党政领导。2005年5月，广东省吴川市人民法院委托四川现代农业司法鉴定中心对湛江某饲料公司生产的草虾饲料进行司法鉴定。鉴定中心接受委托后，委派饲料行业权威专家对饲料样品进行了鉴定。经检测样品各项指标，发现赖氨酸含量不合格，并根据该产品标签标示量，作出了该草虾饲料为不合格产品的鉴定意见，最终案件得到圆满解决。养殖户的损失得到赔偿。

成都市锦江区一名非婚生女陈某，其生父是刑满释放人员，其生母于9年前出走，失去音讯，父母不尽抚养义务，一直由其年迈的爷爷抚养，因户口无法解决成了“黑户”，致使陈某10岁还无法上学。为此，锦江区人大代表专门提案，要求政府督促有关部门尽早妥善解决陈某的户口和入学问题。区政府决定特事特办，首先解决陈某的户口问题，由街道办委托对陈某和生父进行亲子鉴定。四川西南司法鉴定中心接受委托后，又经省司法厅同意对此案实施了司法鉴定援助。经过鉴定，确认了陈某和生父的亲子关系，从而解决了陈某的户口问题，圆了陈某的上学梦。

图9-4 2003年9月1日，《四川省司法鉴定管理条例》实施一周年之际，自贡市人大内司委、自贡市司法局在自贡市城区组织管理干部、律师等发放宣传资料、回答群众问题，开展《条例》的宣传工作

2003年3月，乐山市沙湾区一村民张某饮酒后进入祝某住宅，欲与祝妻通奸，被祝抓获并用拳击打头面部，张某逃跑坠落于2.7米高围墙下的地坝，当即送往医院，经抢救无效当日死亡。乐山市沙湾区公安分局鉴定张某系他人用钝器打伤致死，祝某被起诉到法院。法院受理后，委托四川求实司法鉴定所对“张某是被打击致死还是高坠致死进行死亡原因的法医病理鉴定”。鉴定人经过认真查阅案卷材料，认为张某被拳击致死的证据不足。司法鉴定所多次召开司法鉴定人会议，并邀请脑外科教授参加讨论，请公安机关介绍案情和尸检情况，观看现场录像带等。经过认真研究，司法鉴定人和各方面专家一致认为张某的损伤符合坠落伤特征，应为坠落致特重型颅脑损伤死亡。鉴定结论发出后，检察院作了撤诉处理。后因公安机关不服，又委托四川华西法医学鉴定中心重新鉴定，结论仍是张某高坠死亡。本案被告人祝某被释放。

四、化解社会矛盾

2002年6月14日，资阳市一农民张某因丈量土地一事与乡干部发生抓扯，后由镇领导干部组织进行调解。调解中张某身体不适，送当地医院抢救无效死亡。死者家属认为死者是被乡干部“打死的”，甚至煽动一些不明真相的群众打砸当地公安局的车辆，围攻公安人员致多人受伤。同时，死者亲属还邀约了30余人到当地政府请愿，强烈要求严惩凶手。当地政法机关闻讯后立即展开调查工作，为严肃、认真、准确地查明事件真相，客观、公正地解决争议，决定委托四川华西法医学技术鉴定中心对死者张某遗体进行法医学检验，查明死亡原因。四川华西法医学技术鉴定中心接受委托后，对死者张某遗体进行了法医病理学检验，证实死亡原因为高血压并发脑出血。死者头部及全身多处虽有擦挫伤，但其损伤本身不足以引起死亡。头部的轻微外伤、情绪激动仅是张某死亡之诱因。死因查明后，鉴定人向当事双方作了耐心细致地解释工作，使得一些谣传不攻自破，稳定了当地群众的情绪，保证了当地政府机关的正常工作秩序和维护了人民政府和干部的声誉。

2003年12月30日，乐山市沙湾区发生一起重大交通事故，一辆无车牌大货车与一辆二轮摩托车相撞，造成摩托车驾驶员徐某死亡。对徐某是因车祸当即死亡还是因抢救不及时死亡，徐的家属与交警发生了争执，矛盾进一步升级，处理事故的交警也被打伤。2004 年 1 月 1 日，沙湾区公安分局交通警察大队委托乐山科信司法鉴定中心对徐某的死亡原因进行法医病理鉴定。司法鉴定中心为协助迅速解决纠纷，顾不上当时正值元旦假日，立即指派两名司法鉴定人赶赴现场进行鉴定。通过尸表检验和解剖后，司法鉴定人认为徐某系交通事故时当即死亡，并在现场向死者家属进行了详细的讲解。通过司法鉴定人对死者损伤的形态、特征等的科学分析，死者家属当场表示心服口服。次日，司法鉴定中心将正式的司法鉴定文书制作完毕并送达沙湾区交警大队，死者家属对司法鉴定结论未提出任何异议，使这起交通事故得以圆满解决。

四川省司法鉴定专家委员会在 2002 年临时组建了法医、文检、建筑工程 3 个专家组，依法开展复核性鉴定，承担公、检、法等部门有争议案件的省内复核鉴定工作，有效地解决了长期以来困扰司法界的多头鉴定、重复鉴定带来的案件久拖不决的问题。专家委员会以其中立的立场和人员的高素质，鉴定结论科学、公正，完成二十余例复核性鉴定，法院采证率达 100%，树立了司法鉴定专家委员会的权威形象。

第十篇　国家司法考试

从2002年首次组织实施国家司法考试工作以后，四川省国家司法考试工作在全省各级司法行政机关的共同努力下，切实做到组织严密、程序严谨、标准严格、纪律严明，努力实现国家司法考试最权威、最规范、最严密、最廉洁的目标，受到各级党委政府和社会各界的充分肯定，为构建和谐四川、法治四川输送一批高素质法律职业人才做出了积极贡献。

第一章 法律职业准入制度

第一节 国家司法考试制度实施前的法律职业准入制度

法官、检察官、律师、公证员是当代中国法律职业人员的主体。根据国家特定的法律职业准入须经国家统一的司法考试的规定，四川省于1986年首次推行律师资格全国统一考试制度，通过全国律师资格考试、符合律师资格授予条件的才能取得律师职业资格，从而才能申请成为执业律师。1995年前，中国法官、检察官的选任是由法院、检察院直接提名报同级人大任命。

2001年，九届全国人大常委会第22次会议审议通过的《中华人民共和国法官法》《中华人民共和国检察官法》修正案，以及第25次会议审议通过的《中华人民共和国律师法》修正案，规定法官、检察官、律师须通过国家统一司法考试，从而正式以立法形式确定了全国统一的司法考试制度。之前的律师资格、法官资格、检察官资格考试制度不再实行。2001年，司法部下发了《关于从通过国家司法考试人员中录用公证员的通知》，2005年，全国人大审议通过《中华人民共和国公证法》，其中又规定了担任公证员也须通过国家司法考试。

第二节 国家司法考试及法律职业准入制

国家司法考试每年举行一次。通过国家司法考试符合法律职业资格授予条件的，由司法部统一颁发法律职业资格证书。法律职业资格证书因报名条件、合格分数线及适用范围不同，分A、B、C三类。其中，报名时具有大学本科以上学历，考试成绩达到当年国家统一划定的分数线的为A类；报名时具有法律专科学历，考试成绩达到当年国家统一划定的分数线的为B类；报名时具有法律专科以上学历，考试成绩未达到当年国家统一划定的分数线而享受了加分政策的为C类。从而使初任法官、初任检察官和执业律师、公证员形成了法律从业人员的职业化、同业化和精英化，确保了以法官、检察官、律师、公证员为主体的法律职业人员队伍成为具有共同的法律知识水准、共同的法律素质、共同的法律语言与法律逻辑思维、共同的法律信仰与法律精神的法律职业共同体。

2003年6月，省司法厅根据省编委川编法〔2002〕21号文件的批复，设立司法考试处，配备了5名工作人员（编制为8人）。全省各市（州）司法局也相继挂牌设立了司法考试工作机构。凉山州司法局、达州市司法局单独设立了司法考试科，其余大部分市（州）司法局将司法考试工作明确由律师公证科（处）负责。

根据2003年5月29日省物价局、省财政厅《关于核定司法考试考务收费标准的通知》规定，四川省司法考试考务收费标准为250元/每名考生。主要用于支付司法部考务费和省内考试组织费用。同年，根据《国家计委、财政部关于法律职业资格证书工本费收费标准的通知》规定，法律职业资格证书工本费的收取标准为35元/人，全部上交司法部财政专户。

第二章　国家司法考试组织实施

第一节　规章制度建设

自2001年国家司法考试制度建立，一系列关于司法考试组织实施的规定相继出台，至2005年已形成了较为完善、严密的国家司法考试组织实施的规章制度体系。主要有：2001年最高人民法院、最高人民检察院、司法部联合印发的《国家司法考试实施办法（试行）》、司法部制定的《国家司法考试组织实施工作规则（试行）》《国家司法考试监考工作规则》《国家司法考试违纪行为处理办法》《国家司法考试应试规则》《国家司法考试监察工作暂行规定》，司法部印发的《关于印发国家司法考试放宽报名学历条件地方名单的通知》《关于确定国家司法考试放宽报名学历条件地方的补充通知》，2004年司法部、国家保密局联合印发的《关于进一步加强国家司法考试试卷保密管理工作的通知》，司法部和解放军总政治部联合印发的《关于组织军队现役人员参加2002年国家司法考试有关问题的通知》。

为激励表彰先进，进一步推动工作，省司法厅在2002年还制定了《四川省司法厅国家司法考试工作奖惩办法（试行）》。

第二节　国家司法考试在川组织实施工作

一、考试工作规范化

自2002年首次国家司法考试开始，全省司法考试组织实施工作在省司法厅党委的领导下，认真按照相关规章制度全面规范的开展，切实做到了组织严密、程序严谨、标准严格、纪律严明，确保了考试安全顺利举行。每年省司法厅都成立以厅长任组长、主管副厅长和纪委书记任副组长的全省国家司法考试工作领导小组，领导和指挥全省的国家司法考试工作；考试前召开全省国家司法考试考务工作会议，全面部署，层层落实责任，明确职责；制定切实可行的国家司法考试组织实施方案，保证考试组织活动严密、规范进行；严格遵守保密制度，有效防止试卷失密、泄密，确保试卷安全；加大投入，运用现代科技手段，开发制作考生数据库计算机软件，提高考试报名及组织实施工作的效率和质量。2003年，省司法厅拨出专项经费为全省各市（州）司法考试报名点统一配备了计算机、打印机、摄像头、U盘等全套设备；加强督查，严格考试纪律。司法厅每年都派出以厅领导或处级干部带队的督考组，赴各考区督考；考试前认真召开监考人员培训会，要求监考人员熟知《监考工作规则》，认真履行职责，严厉防范作弊，确保国家司法考试的权威性、严肃性；强化服务意识，尽力为广大考生服好务。积极协调公安、交通、人防、卫生等部门，提供安全、安静、卫生、方便的考场。

二、国家司法考试报名规定及四川省报考情况

（一）报名条件

根据《国家司法考试实施办法（试行）》规定：具有中华人民共和国国籍；拥护《中华人民共和国宪法》，享有选举权和被选举权；具有完全民事行为能力；符合法官法、检察官法和律师法规定的学历、专业条件；品行良好等条件的人员，可以报名参加国家司法考试。

报名学历要求具有高等院校法律专业本科以上学历，或者高等院校其他专业本科以上学历具有法律专业知识；适用上述学历条件确有困难的地方，在一定期限内，可以将报名的学历条件放宽为高等院校法律专业专科学历，户籍必须在司法部规定的放宽学历条件地区。2002—2004 年，确定放宽报名学历条件地区为国务院审批确定的国家扶贫开发重点县和自治州所辖县（市），四川省共有 36 个县（市、区）被列入此范围；2005 年 6 月，为缓解西部地区法律职业人才补充不足的实际困难，司法部经商最高法院、最高检察院决定进一步将国家司法考试放宽报名条件地方范围扩大至西部地区省级扶贫开发重点县（市、区），四川省共有 18 个省级扶贫开发重点县（市、区）列入司法考试放宽报名学历条件地区。

（二）报考情况

2002—2005 年，全省共有 43416 人报考，37794 人参考，参考率平均为 88. 23%，其中：法院 6092 人报考，5442 人参考，参考率为 89. 3%；检察院 3099 人报考，2822 人参考，参考率为 91. 1%；司法行政 1278 人报考，1046 人参考，参考率为 81. 8%；公安 1010 人报考，863 人参考，参考率为 85. 4%，其他行业 31937 人报考，27621 人参考，参考率为 86. 5%。从上述数据表明：司法考试报名人数逐年增加，考生的参考积极性不断提高，司法考试影响力不断扩大。

2002—2005 年四川省国家司法考试报名、参考人数统计表

表 10－1　　单位：人

年　份	报名人数	参考人数	参考率（%）
2002	16837	13721	81. 5
2003	7719	6737	87. 3
2004	8204	7623	92. 9
2005	10656	9713	91. 2
合　计	43416	37794	平均 88. 23

三、考区设置

2002 年，四川省设置国家司法考试考区 22 个，即：省司法厅直属考区和 21 个市（州）分别设置的一个考区。

2003 年，按照司法部“报名人数少于 200 人的地区原则上不再单独设置国家司法考试考区”的要求，四川省共设置 18 个考区，即：省司法厅直属考区、成都考区、自贡考区、攀枝花考区、泸州考区、德阳考区、绵阳考区、广元考区、内江考区、乐山考区、南充考区、眉山考区、宜宾考区、

达州考区、凉山考区、巴中考区、阿坝考区、甘孜考区（注：巴中市、阿坝州、甘孜州虽然报名人数未达到200人，但由于三市（州）地处边远，交通不便，经司法部特别批准，单独设置了考区）。报名人数未达到200人的遂宁、资阳、广安、雅安市，分别就近并入绵阳考区、内江考区、南充考区、眉山考区。

2004年，四川省国家司法考试考区设置与2003年相比，除将雅安与眉山合并的考区分别独立设置外，其余未变，共设置19个考区。

2005年，司法部对国家司法考试考区设置条件进行了修改，要求报名人数少于300人的地区原则上不再单独设置考区。四川省按照司法部的要求，在考区设置上对报名人数少于300人的地区进行合并，全省共设置16个考区，即：省司法厅直属考区，成都考区（阿坝州并入），绵阳考区（遂宁市并入），南充考区（广安市并入），乐山考区（眉山市并入），雅安市考区（甘孜州并入），内江考区（资阳市并入），达州考区，巴中考区，泸州考区，宜宾考区，德阳考区，凉山考区，广元考区，自贡考区，攀枝花考区。

四、法律职业资格证书

2002—2005年，经司法部审核批准，四川省共有4277人取得法律职业资格，获得了“法律职业资格证书”。从全省司法考试制度实施情况看，合格率从2002年7.2%，2003年12.9%，2004年12.45%，到2005年15.7%，全省不仅报名人数逐年增加，合格率也稳步提高，每年的合格率均高于全国平均水平，在西部地区名列前茅。

2002—2005年四川省获取法律职业资格证书人员统计表

表10－2　　单位：人

证书类型＼年份	2002	2003	2004	2005	合　计
A类	476	613	791	1155	3035
B类	457	64	33	38	592
C类	44	144	125	337	650
总人数	977	821	949	1530	4277

2002年，司法部制订《法律职业资格证书管理办法》（以下简称《办法》）《关于2002年法律职业资格证书颁发及管理工作的补充通知》，四川省司法厅制定《法律职业资格证书管理实施办法》。《办法》规定，法律职业资格证书是证书持有人通过国家司法考试，具有申请从事法律职业的资格凭证；司法行政机关对尚未从事法律职业的证书持有人实行年度备案制度，对已经从事法律职业的证书持有人实行变更备案制度，对申请异地（跨省）从事法律职业的，实行法律职业资格档案调转制度。2002—2005年，四川省通过司法考试获得法律职业资格人员的档案资料一直统一由省司法厅管理，共办理125人的法律职业资格档案调转手续。

第十一篇　监　狱

监狱是国家刑罚执行机关，依法关押被判处死刑缓期二年执行、无期徒刑、有期徒刑的罪犯。罪犯在监狱必须严格遵守法律、法规和监规纪律，服从民警管理，接受教育改造，参加生产劳动。

1986—2005 年，四川省监狱管理局（以下简称省监狱局）严格依照党的方针、政策和国家的有关法律法规，始终坚持惩罚和改造相结合、教育和劳动相结合的方针，依法对在押罪犯执行刑罚。1995 年，四川监狱开展创建现代化文明监狱活动，促进监狱的进步与发展。2002 年，四川监狱系统启动实施布局调整，规划新建一批监狱，改善监管设施，逐步提升监狱的形象。同时，实施产业结构调整，引进适合罪犯劳动改造的生产项目。这个时期，四川监狱民警在正确执行刑罚，依法改造罪犯的过程中，坚持文明执法，努力办好“育新特殊学校”，实施罪犯分押、分管、分教、计分考核、狱务公开等制度，不断强化民警管理工作职责，稳定了监管秩序，维护了罪犯合法权益，将一大批罪犯改造成为守法公民，为社会的稳定、和谐做出了贡献。

第一章　监所管理体制及演变

第一节　监所管理体制

1954年9月前，四川劳改、劳教单位由省、市（地、州）、县公安机关实行三级管理，管理机构分别设有劳改处、科、股。1954年9月，政务院颁布《中华人民共和国劳动改造条例》后，县级公安部门不再承担改造罪犯的职能，省、市（地、州）两级管理体制直至2005年。

1985年7月27日前，四川劳改、劳教单位细分为监狱、少管所、劳改总队、支队、大队和劳教所，其中大型监狱、劳改总队和较大支队由省直管，其他由省、市（地、州）共管。在省、市（地、州）共管单位中，省管主要内容：罪犯和劳教人员的管教及调配、干警编制、物资装备、财务工资、生产供销等。

1985年7月27日，中共四川省委办公厅、四川省人民政府办公厅联合下发《转发省司法厅党组〈关于进一步改革和完善我省劳改、劳教工作管理体制的请示报告〉的通知》，将省、市（地、州）共管劳改、劳教单位收归四川省劳改局（以下简称省劳改局）统一管理，彻底改变了人、财、物不统一，责、权、利不挂钩，人事管理和业务工作分割领导的管理体制。认真贯彻落实中央1983年《关于贯彻执行中央将劳改、劳教工作移交给司法行政部门管理决定的意见》，保证了监狱更好地统一执行刑罚，保证了警种统一指挥。

1997年前，监狱在狱部设狱政、教育、生产、财务、生活卫生等管理科室，下设押犯大队、中队。按司法部统一部署，1997年1月8日，省监狱局下发通知：监狱内设押犯大队、中队更名为监区、分监区。

第二节　监所演变

四川省辖区内的劳改、劳教单位由省劳改局统一管理；1994年9月20日，按四川省编制委员会批复：四川所有劳教单位交由新组建的四川省司法厅劳动教养工作管理局（以下简称省司法厅劳教局）管理。1997年重庆市直辖后，省监狱局移交重庆市辖区内的监狱、少管所等，只保留局附属的重庆干警接待站。截至2005年年末，四川仅有1个市属监狱，即四川省南充市监狱。

一、移交单位

1994年，省司法厅劳教局组建后，省劳改局将四川省新华劳教所、沙坪劳教所、大堰劳教所、西山坪劳教所、楠木寺劳教所移交省司法厅劳教局管理。同时移交市办小型劳教单位：重庆市女子劳教所、自贡市劳教所、攀枝花劳教所。

1997 年重庆直辖后，四川省监狱管理局将四川省新胜监狱、重庆监狱、涪陵监狱、金华监狱、三峡监狱、三合监狱、凤城监狱，以及重庆少年犯管教所，重庆新犯转运站移交重庆市司法局。

二、新建单位

1989 年 1 月 27 日，四川省编制委员会批复：同意建立四川省劳改局重庆干警接待站、乐山干警接待站。

三、劳教转劳改单位

1988 年 2 月 10 日，四川省编委函复：四川省金华劳教所更名为“四川省金华劳动改造管教支队”。

四、劳改转劳教单位

1988 年 9 月 2 日，四川省编制委员会批复：撤销四川省楠木寺劳动改造支队，成立四川省楠木寺女子劳教所。

五、撤销、重新恢复单位

（一）省管

1986 年 8 月 1 日，四川省司法厅党组批复：同意撤销四川省西洛农场。将四川省菩堤山园艺场并入四川新生劳动工厂、四川省五通农场并入四川省自贡机床厂，四川省菩堤山园艺场和四川省五通农场建制撤销。

1990 年 10 月 22 日，四川省编制委员会批复：同意撤销四川省布拖监狱。

1995 年 7 月 11 日，四川省编制委员会下发《关于同意将省二监狱菩堤山大队、自贡监狱五通大队划归省劳改局直属管理的批复》，四川省菩堤山园艺场、五通农场恢复独立核算建制。1997 年重庆市直辖后，菩堤山园艺场移交重庆市司法局。2003 年 2 月 9 日，司法部下发批复，撤销四川省五通监狱（原五通农场）。

1997 年 10 月 23 日，四川省司法厅下发《关于同意达川监狱与川东监狱合并的批复》，四川省达川监狱建制撤销。2001 年 2 月 14 日，四川省编制委员会批复：四川省达川监狱恢复独立核算建制，名称为四川省达州监狱。

（二）地管

依据四川省委办公厅川委办〔1985〕50 号文关于谁批建谁撤销原则，1983 年 8 月“严打”后组建的四川省涪陵地区东胜劳动改造管教大队，于 1987 年 12 月由涪陵地区撤销。

（三）局附属单位

2000 年 12 月 1 日，四川省编制委员会批复，撤销四川省监狱管理局门诊部。

六、更名

（一）省管单位

1985 年底，四川省劳改工作学校同时挂有四川省劳改工作学校和四川省劳改工作职工中等专业学校两块校牌。1986 年 2 月 24 日，四川省高等教育局函复：四川省劳改工作学校、四川省劳改工作职工中等专业学校不再实行一校两牌，更名为四川省司法厅劳改警察学校。1991 年 6 月 10 日，四川省教育委员会批复：四川省司法厅劳改警察学校更名为四川省劳改工作警官学校。1996 年 2 月 16 日，四川省教育委员会批复：四川省劳改工作警官学校更名为四川省警官学校。2004 年 4 月 29 日，四川省人民政府函复：四川省警官学校为四川司法警官职业学院。

1994 年 4 月 1 日，四川省新都桥监狱更名为四川省甘孜监狱。

1995 年 4 月，经四川省委批准，四川省劳改局更名为“四川省监狱管理局”，1996 年 3 月正式挂牌，启用四川省监狱管理局印章。

1996 年 2 月 29 日，四川省编制委员会通知：同意将省劳改单位名称统一更改为监狱，将原省劳改局直属单位统一更名为省监狱管理局直属单位。

1996 年 2 月 29 日，四川省编制委员会通知：四川省劳改局医院对外更名为四川省监狱管理局中心医院、对内名称为四川省金堂监狱。

1998 年 4 月 6 日，四川省编制委员会通知：四川省简阳少年犯管教所更名为四川省女子监狱；原四川省女子监狱更名为四川省南溪监狱。

2001 年 2 月 14 日，四川省编制委员会批复：四川省成都少年管教所更名为四川省成都未成年犯管教所。3 月 29 日，省监狱局下发《关于坪河监狱更改对内对外名称的批复》：由四川省坪河监狱更名为四川省巴中监狱。

2005 年 2 月 2 日，四川省编制委员会批复：四川新康监狱对内名称更名为绵阳监狱。

（二）市管单位

1995 年 5 月 16 日，中共南充市委机构编制委员会通知：四川省南充地区劳动改造管教支队更名为四川省南充市监狱。

（三）局附属单位

1988 年 4 月 23 日，省劳改局通知：四川省劳改局招待所更名为四川省劳改局成都干警接待站。

1998 年 4 月 6 日，四川省编委通知：四川省监狱管理局建筑工程设计所对内名称更名为四川省监狱管理局建筑工程设计院，对外名称由成都滨江建筑工程设计所更名为成都滨江建筑工程设计院。

2001 年 9 月 24 日，四川省编制委员会批复：四川滨江实业公司对内名更名为四川省监狱管理局罪犯出监就业培训指导站。

第三节　监狱布局调整

一、布局调整探索

1995 年 9 月 26 日，省劳改局向省计委上报《我省监狱经济“九五”及 2010 年经济发展设想的报告》，提出了逐步实现监狱向大中城市和交通沿线转移的战略目标。刚开始为试探性，以小规模部分建制单位实施（大队级），较早实施这项工作的单位有四川省南溪劳改支队、四川会东劳改总队、四川雷马屏劳改总队。

二、布局调整实施

2001 年 10 月 30 日，四川省省长张中伟主持召开四川省人民政府第 67 次常务会议，会上决定成立四川省监狱布局调整领导小组，由分管副省长邹广严担任组长，省政府办公厅、省计委、省经贸委、省财政厅、省建设厅、省国土资源厅、省司法厅、省政府机关事务管理局、省监狱管理局等单位为成员。同时要求相关部门尽快研究制定四川监狱布局调整总体方案，报省委、省政府审议后上报国家审批。12 月 12 日，省委召开省委常委 149 次会议，决定四川监狱布局调整工作尽快着手实施。2001 年 12 月 1 日，国务院《关于研究解决监狱困难问题的会议纪要》（国阅〔2001〕73 号）下发后，全国监狱的布局调整工作正式拉开序幕。

四川监狱布局调整领导小组成立后，多次召开专题会议，研究解决监狱布局调整中的问题。一是确定“十五”期间四川监狱布局调整重点项目 11 个（不含“九五”末期先行实施的四川省锦江监狱迁建工程）；二是明确在政策上给予优惠，包括税费减免、征地补偿、道路交通环境保护、民警入户，以及老干部下山等方面；三是明确了“十五”期间每年安排监狱布局调整省配套资金。为确保监狱布局调整工程建设顺利实施，副省长王怀臣等省领导还到施工现场视察，指导布局调整工作。

（一）方案制定

2000 年 9 月，省监狱局结合编制“十五”规划，形成监狱布局调整初步方案。2001 年 6 月，省监狱局向省政府上报了《全省监狱布局调整 2001 年至 2010 年规划意见》，并转报司法部。2002 年 2 月，省政府向国务院上报了《关于四川省监狱布局调整有关问题的请示》。

2002 年，四川被司法部列为全国监狱布局调整重点省份之一，2002—2004 年期间每年给予中央专项补助资金。

2003 年 11 月 21 日，司法部、国家发改委、财政部联合下发《关于四川省监狱布局调整总体方案的批复》，批复中确定了四川监狱总的关押规模、监狱数量和具体调整内容。在调整内容中，将原有四川监狱分为保留、改扩建、迁建、撤销四种类型；列入迁建和撤销的监狱，绝大多数地处交通不便、基础条件较差的山区。

（二）方案实施

2000—2005 年，四川监狱布局调整共开工建设 9 个项目，其中四川省锦江监狱、川西监狱、新康监狱、巴中监狱、华蓥监狱、崇州监狱为整体迁建，阿坝监狱、甘孜监狱、雅安监狱为就地改扩建。开展前期工作 3 个项目，其中兴文监狱为迁建，达州、金堂监狱为就地改扩建。

监狱布局调整资金，主要由中央专项补助资金、省配套资金、监狱自筹资金构成；在三项资金中，以中央和省配套资金为主。

2004 年 3 月 1 日，省监狱局下发《关于成立金堂监狱、大路监狱合并改扩建工程领导小组的通知》；至 2005 年底，四川省金堂监狱工程完成，全部人员转移到新监狱。截至 2005 年底，四川省锦江监狱、绵阳监狱、川西监狱、巴中监狱全面完成整体迁建工作；甘孜监狱完成改扩建工程；嘉陵监狱、雅安监狱、崇州监狱迁建开工建设。

四川监狱在布局调整过程中，监狱逐步从偏远山区向大中城市和交通沿线转移；从狱外生产向狱内劳务加工转移，优化了劳动改造手段，消除了不安全因素。为进一步作好四川监狱布局调整工作，管理和用好资金，确保监狱建设工程质量，2005 年 6 月 22 日，省监狱局下发了《四川省监狱管理局关于促进全省监狱布局调整工作的暂行办法》，对实施布局调整单位的管理更加规范。

第二章　狱政管理

第一节　刑罚执行

一、收监

（一）收押

收押罪犯是刑罚执行的一项重要工作。四川监狱按照罪犯性别、年龄、犯罪类型、刑期长短、地域划分等情况，实行定点收押罪犯，具体关押地由四川省公安厅和四川省监狱管理局统筹确定，并以会签文件形式印发公安、监狱系统执行。

（二）收监主要程序

四川监狱根据国家法定收监要求，依法收押罪犯。1994 年 12 月 29 日，《中华人民共和国监狱法》颁布施行后，严格按照法律规定收押罪犯。其主要程序：一是检查法律文书。审查“三书一表”（起诉书、判决书、执行通知书、结案登记表），要求法律文书必须齐全无误。二是验证罪犯身份。罪犯收监时由入监管理民警核实罪犯身份，并填写“罪犯入监登记表”、照标准免冠照片，建立罪犯档案。三是身体健康检查。主要检查新收押罪犯的身体状况，在检查中发现罪犯患有严重疾病需要保外就医、女性罪犯正在怀孕或者正在哺乳自己婴儿的，可依法暂不收监，由交付执行的人民法院决定暂予监外执行。四是人身、物品检查。主要检查罪犯是否携带违禁品，以防逃跑、自杀、行凶、破坏等事故发生；在检查中发现违禁品，一律没收。对非生活必需品及财物进行登记造册，并由罪犯本人签字确认。女性罪犯的检查，由女性人民警察执行。五是实行告知制度。罪犯登记收监后五日之内，由负责收监整训的入监监区（分监区）函告其家属，并告之可探视的日期等。

1990 年 2 月 12 日，四川省司法厅和公安厅下发 1990 年全省判处徒刑的罪犯定点交付执行规定：

一是全省判处徒刑的女犯，分别交付省第四监狱、永川劳改总队、苗溪劳改总队、新都桥监狱执行。其中：省四监狱收押全省（不含甘孜州）判处的无期、死缓、有期徒刑十年（含）以上和泸州、自贡、乐山、内江、宜宾、阿坝等市（地、州）判处的有期徒刑（余刑）一年以上的汉族女犯。永川劳改总队收押重庆、万县、涪陵、黔江、达县和南充等市（地、州）判处有期徒刑十年（不含）以下的女犯。苗溪劳改总队收押成都、攀枝花、德阳、绵阳、广元、遂宁、雅安、凉山等市（地、州）判处有期徒刑十年（不含）以下的女犯。新都桥监狱收押甘孜州判处的无期、死缓、有期徒刑（余刑）一年以上的女犯，以及其他市（地、州）判处的藏族、彝族女犯。二是对年满十四岁、不满十八岁的少年犯和收容教养人员，分别交付成都、重庆和简阳少年管教所。成都少年管教所收押成都、攀枝花、广元、乐山、雅安等市、地和凉山、甘孜、阿坝州的男少年犯、教养人员，以及自贡、泸州、内江、绵阳、遂宁、德阳、宜宾等市（地）判处的无期、死缓男少年犯及教养人员。重庆少年管教所收押重庆、涪陵、黔江、万县、达县和南充等市（地）的少年犯及教养人员，以及全省的汉族女少年犯及教养人员。简阳少年管教所收押自贡、泸州、内江、绵阳、遂宁、德阳、宜宾市、地判处有期徒刑的男少年犯。三是原国家乡长以上干部、工程师、主治医师、县以上统战对象、华侨、军犯、政法干警等有期徒刑男犯（此类罪犯中的无期、死缓犯、少数民族犯、女犯，按所在地定点交付执行），仍送金堂清江劳改大队执行。四是全省判处徒刑的反革命犯，一律按无期、死缓犯定点收押的监狱交付执行。

2004 年 1 月 8 日，省监狱局为强化依法收押罪犯工作，杜绝违反规定收押罪犯，制定了《关于严格依法收押罪犯的规定》。8 月 2 日，省监狱局根据监狱布局调整的实际情况，再一次对收押范围作出调整，并对《关于严格依法收押罪犯的规定》作了新的补充，除保留原有的规定外，对厅级以上干部、男犯、女犯、少数民族犯、危害国家安全犯，以及外籍犯的收押点作了新的规定。

二、对申诉、控告的处理

对罪犯的申诉、控告，四川监狱严格遵循“依法处理、及时转递”的原则。监狱法颁布施行后，对罪犯提出的申诉，及时转交人民法院、人民检察院依法处理。四川监狱在各个监区均设立有申诉、控告箱，接受罪犯的申诉和控告材料。申诉箱由监狱指定专人开箱处理，控告箱由驻监检察院或监狱纪检部门开箱处理。

三、暂予监外执行

对于被判处有期徒刑或者拘役的罪犯，由于符合法定情形，决定暂不收监或者收监以后又决定改为暂时监外服刑，由公安机关执行并由基层组织或者罪犯的所在单位协助进行监督的刑罚执行制度。

被判处无期徒刑、有期徒刑或拘役的罪犯，因患有严重疾病，经有关机关批准取保在监外医治。保外就医是暂予监外执行的一种。

（一）审批

1982 年以后，四川监狱罪犯保外就医主要依照中华人民共和国公安部《监狱劳改队管教工作细则》规定执行；1990 年 12 月至 2005 年，主要依照司法部、最高人民检察院、公安部《关于印发〈罪犯保外就医执行办法的通知〉》规定执行。该文第六条规定：“保外就医的病情签定由监狱、劳改队、少管所医院进行，未设医院的，可送劳改局中心医院或者就近的县级以上医院检查签定”。为搞好罪犯保外就医工作，四川省监狱管理局和四川省卫生厅于 1996 年 11 月 7 日向四川省人民政府上报了《关于指定出具罪犯保外就医病情证明文件医院的请示》，经四川省人民政府办公厅 1996 年 11 月16 日批复同意，将医疗条件好的市（地、州）地方医院和监狱系统医院对罪犯进行病情鉴定；对病情鉴定结论有异议时，应由四川省卫生厅会同四川省监狱管理局商议后指定医院复审。

（二）暂予监外执行的条件

有以下情形的罪犯可以暂予监外执行：身患严重疾病、短期内有死亡危险；身患严重慢性疾病，长期医治无效，且执行有期徒刑三分之一以上；身体残疾，生活难以自理；年老多病，已失去危害社会可能，但是罪刑严重，民愤很大，适用保外就医可能有社会危险性的；为逃避惩罚，服刑期间自伤自残的；以及被判死刑缓期二年执行、无期徒刑尚未减为有期徒刑的不得暂予监外执行。

（三）报批程序

暂予监外执行报批程序为：一是符合暂予监外执行的罪犯，可由本人或其亲属向狱方提出书面申请。二是监区或分监区根据罪犯病残情况及书面申请及时进行集体研究，认为符合暂予监外执行条件的，提出书面意见并附罪犯书面申请上报监狱审查。三是监狱职能部门根据监区或分监区提交的暂予监外执行意见，结合罪犯病残情况、案情、改造表现以及家庭情况进行全面分析核查；认为具备暂予监外执行条件的，报经主管副监狱长批准，由监狱民警将罪犯带押到省人民政府指定的医院进行病残鉴定。四是经审查鉴定符合条件的，监狱民警在当地公安机关配合下确定其符合条件的具保人，并填写“罪犯暂予监外执行审批表”；同时备齐罪犯暂予监外执行取保书、罪犯病残鉴定证明材料、罪犯或罪犯亲属申请、监区或分监区呈报意见，以及罪犯的判决书、执行通知书、减刑裁定书复印件等呈报“监狱暂予监外执行审查小组”审核。五是监狱暂予监外执行审查小组集体研究并审核同意后，由监狱长或授权的主管副监狱长在“罪犯暂予监外执行审批表”上签字，然后连同其他相关材料一并上报省监狱局审批。六是由省监狱局相关业务部门对保外就医材料提出审查意见，然后提交省监狱局“罪犯暂予监外执行审批小组”审批。

四、减刑、假释

自1986起，四川监狱始终坚持公开、公平、公正的原则，主动接受检察机关检查，依法开展罪犯减刑、假释工作。

1986年，四川监狱在依法开展减刑、假释工作中，始终坚持公开、公平、公正原则，主动邀请人民法院到监狱召开减刑、假释听证会，增强执法工作透明度。1997年，按最高人民法院印发《关于办理减刑、假释案件具体应用法律若干问题的规定》执行。1999年7月12日，省监狱局根据相关法律法规，结合监狱工作实际制定《提请罪犯减刑、假释的暂行规定》，进一步提高了监狱执法水平，规范了执法工作程序。

2005年，四川省女子监狱、广元监狱被司法部评为“全国监狱系统减刑、假释、保外就医专项治理先进单位”。

（一）减刑条件

被判处无期徒刑、有期徒刑罪犯，在服刑期间确有悔改或立功表现的，可以减刑；有重大立功表现的，应当减刑。

“确有悔改表现”是指同时具备以下四个方面的情形：认罪悔罪；认真遵守监规纪律，接受教育改造；积极参加政治、文化、技术学习；积极参加劳动，完成生产任务。

“立功表现”是指具有下列情形之一的：检举、揭发监狱内外犯罪活动，或者提供重要的破案线索，经查证属实的；阻止他人犯罪活动的；在生产、科研中进行技术革新，成绩突出的；在抢险救灾或者排除重大事故中表现积极的；有其他有利于国家和社会的突出事迹的。

“重大立功表现”是指具有下列情形之一的：阻止他人重大犯罪活动的；检举监狱内外重大犯罪活动，经查证属实的；有发明创造或者重大技术革新的；在日常生产、生活中舍己救人的；在抗御自然灾害或者排除重大事故中，有突出表现的；对国家和社会有其他重大贡献的。

被判处有期徒刑罪犯，减刑后实际执行刑期不得少于原判刑期的二分之一；被判处无期徒刑罪犯，减刑后实际执行刑期不得少于十年；被判处死刑缓刑二年执行罪犯，死刑缓期执行期间期满后，减为无期徒刑、有期徒刑的，实际执行刑期不得少于十二年。

（二）假释条件

被判处有期徒刑并执行原判刑期二分之一以上，被判处无期徒刑实际执行十年以上，服刑期间遵守监规、接受教育改造、确有悔改表现，假释后不致再危害社会的，可以假释。但是对累犯以及因杀人、爆炸、抢劫、强奸、绑架等暴力性犯罪被判处十年以上有期徒刑、无期徒刑的犯罪分子，不得假释。

（三）减刑、假释报批程序

按法定条件及考核结果，分监区集体评议，监区长办公会审核，职能部门审查，“监狱提请减刑假释评审委员会”评审，狱内公示，监狱长办公会决定。有期徒刑的减刑、假释，报送监狱所在地的中级人民法院裁定；死刑缓期二年执行、无期徒刑的减刑，报四川省监狱管理局审核后送四川省高级人民法院裁定。

五、刑满释放

（一）出监教育

凡服刑届满，在刑满前三个月调至出监队进行出监教育。

（二）提前公示

凡即将刑满罪犯，提前一个月张榜公布其刑满释放日期，并同时核实其原判刑期、服刑期间刑期变动等情况。

（三）出监文书制作及移送

监狱对出监人员在服刑期间的改造表现作出全面、客观、真实的鉴定，填写“出监鉴定表”，连同判决书复印件，一并移交刑满释放人员安置落户所在地公安机关、司法行政机关。

（四）释放

发给释放证明书、回家路费，发还其在服刑期间被依法保管的所有合法物品和现金，并收回囚服。对有严重疾病、生活不能自理的人员，提前通知亲属接人；家中无亲属的，则送交至户籍所在地的政府有关部门妥善安置。

六、狱务公开

狱务公开是促进监狱公正、文明执法的有效载体，是在国家提出“依法治国”方略的背景下产生的。1994 年前，由于缺乏依据和出于保密考虑，狱务公开内容相对较少。

（一）发展阶段

1994 年，监狱法颁布施行后，狱务公开作为一种新生执法活动，首先在理论探索方面开展了大量工作，逐步形成共识；同时监狱结合具体情况，程度不同地开展了狱务公开工作。各监狱的具体作法虽不统一，但为后来的工作开展积累了经验。

2001 年 10 月，省监狱局转发《司法部关于印发〈关于在监狱系统执行狱务公开的实施意见〉的通知》，并下发《关于成立四川省监狱管理局狱务公开领导小组的通知》，在安排布置工作的同时，加大对狱务公开工作的指导、督促、检查、考核力度。2002 年 2 月，省监狱局印发《狱务公开宣传册》，进行广泛宣传。四川监狱按照统一安排，规范化开展系列工作。针对狱务公开工作中出现的新情况、新问题，2005 年 9 月 21 日，省监狱局下发《关于进一步深入推进狱务公开工作的意见》，有力地推动了狱务公开工作的开展。

（二）公开内容

狱务公开内容包括监狱性质、任务、宗旨，罪犯基本权利和义务，罪犯收监规定，罪犯考核、分级处遇条件和程序，罪犯通信、会见规定，罪犯行政奖励的条件和审批程序，罪犯行政处罚条件和审批程序，罪犯减刑、假释的条件和程序，罪犯暂予监外执行的条件和程序，罪犯离监探亲的条件和程序，对罪犯申诉、检举、控告的处理，罪犯的生活卫生管理，对罪犯的教育改造，监狱人民警察的工作纪律和有关法律规定等。

图 11－1　省女子监狱对服刑人员设置的狱务公开宣传栏

（三）公开方式

四川监狱一是印制和发放了大量的狱务公开宣传资料，进行广泛宣传；二是按统一要求，设置了狱务公开宣传栏；三是将狱务公开内容悬挂张贴在各监区、分监区以及会见室等公共场所；四是对罪犯的亲属发《公开信》；五是定期向有关部门汇报推行狱务公开的情况，使狱务工作始终在社会的监督之下。

四川省川北监狱根据改造工作需要制定《罪犯改造百分考核细则》等一系列制度，坚持将办理对罪犯“百分”考核分级处遇、行政、刑事奖励和暂予监外执行等情况向罪犯张榜公布制度，鼓励罪犯监督。同时，向社会聘请的监督员也参与对监狱执法的活动，促进狱务公开的正常开展。

第二节　监内管理

一、警戒与监控

（一）警戒

武装警戒　四川监狱的外围武装警戒由四川省武警总队负责实施，同时协助押解，以及执勤现场的警戒等任务，维护监狱安全。

警戒设施　监狱警戒设施主要有监管区、大门、围墙、岗楼、电网、照明、通讯、监控、报警装置、监狱大门值班室、隔离带等。

武器配备、管理及使用　四川监狱严格按《中华人民共和国枪支管理办法》《司法行政系统公务用枪配备管理办法》等相关规定及要求，配备、管理枪支和弹药；对所配备武器的使用，要求严格控制在以下范围：罪犯聚众骚乱、暴动，罪犯脱逃或者拒捕，罪犯持有凶器或者其他危险物正在行凶或者破坏、危及他人生命、财产安全，劫夺罪犯和抢夺武器等。

警戒具使用　四川监狱装备的警具主要有警棍、警绳、警笛，戒具主要有手铐、脚镣。按国家相关规定，警戒具的使用情形：追捕逃犯遇到抗拒，处理罪犯行凶、聚众斗殴、结伙哄闹、暴动骚乱等事件警告无效，罪犯暴力袭击需要自卫和制服等；以及罪犯有其他危险行为需要采取防范措施等。

内看守　监狱警戒线以内的看守任务由监狱民警担任，其职责负责监管场所内部的警戒和罪犯的管理工作。任务包括：值班、巡逻、查监、查铺、管制灯火，督促犯人就寝、起床，严防罪犯进行非法活动等；负责监管区大门出入人员的检查验证和登记工作，管理禁闭室等。

警民联防　1986—2005 年，四川监狱密切与驻地政府和地方治安保卫部门联合，签订联防协议，定期召开警民联防活动。

（二）监控

为维护监狱的安全，四川监狱选用定型产品装备监狱，提高监管防范能力。20 世纪 80—90 年代，四川监狱设有监控系统的单位不多，采取分期分片的办法逐步解决监控所需的装备。所购监控设备，安装在禁闭室、严管队、接见室、监管区、监狱大门等重要部位使用。

1994 年，四川监狱开始采用电网等报警系统，随着时间推移逐步普及多路和闭路监控系统。1999 年，四川省德阳监狱、华蓥监狱等单位安装使用电子监控设备，并在罪犯监管区及生产车间的民警值班室安装了远程报警系统。2003 年，四川监狱开始使用安检门，检查罪犯是否携带违禁品进入监管区域，到 2005 年多数监狱都安装了安检门。截至 2005 年底，监狱禁闭室等重要部位都安装了应急远程报警系统。

二、分押分管

1989 年，省劳改局作出规定，将押犯分为五大类：盗窃罪；性犯罪；采取暴力手段的侵犯人身权利犯罪；财产型犯罪；过失犯罪和渎职罪。对这些罪犯实行从宽、一般、从严的三级管理制度。

1991 年 9 月 24 日，司法部劳改局在河北省第一劳改总队召开全国分押、分管、分教工作经验交流会，并于 1991 年 10 月下发《对罪犯实施分押、分管、分教的试行意见（修改稿）》。1992 年 4 月 24 日，省劳改局在成都召开会议，全面传达贯彻司法部分押、分管、分教工作经验交流会精神。1992 年 5 月 31 日，省劳改局下发《关于对罪犯实施分押、分管、分教的规划》，全面启动四川劳改、劳教单位的“三分”工作。

“三分”工作原则是“横向分类、纵向分级、分级处遇、分类管理”；实施程序：“规划定点、新收分流、先进后出、由杂而纯、逐步定型”。

（一）分押

按司法部要求，四川监狱在原有按性别、年龄、刑种、刑期实施分押的基础上，进一步按犯罪性质进行分类关押，为分管、分教创造了条件。具体是：按性犯罪、财产型犯罪、暴力型犯罪等予以分类，分别编为监区或分监区，其他没有细分的编入近似类型。一名罪犯有两种以上罪名，则按主罪归类。按犯罪性质分类编队后，再按恶习程度作第二次分类，即把同一犯罪类型的初偶犯和惯犯分开。

四川监狱以分押为突破点实施“三分”工作后，切实有效地预防和减少了狱内又犯罪的发生。

（二）分管

四川监狱对关押的罪犯实施了分级管理和分级处遇。1992 年 6 月，省劳改局召开“三分”工作会议，各监狱在分级管理、分级处遇方面进行了大胆探索，四川省女子监狱在“分管”横向分类的条件下，又进行了纵向分级，其基本分管模式为三等五级。三等为：从宽管理、一般管理、从严管理；五级为：从宽管理中分Ⅰ级、Ⅱ级；一般管理为Ⅲ级；从严管理中分为Ⅳ级、Ⅴ级；规定在同一类型的押犯中执行。另有一些单位分管模式虽然也为三等五级，但在具体分法上有所区别，如四川省华蓥监狱分管模式三等为：从宽管理、一般管理、从严管理；五级为：监狱从宽管理级、监区从宽管理级、一般管理级、监狱从严管理级、监区从严管理级。

分级管理 根据罪犯的改造表现和服刑时间，结合考虑罪犯的犯罪性质和恶习程度划分等级，实行不同的管理制度，充分发挥管理的约束、惩戒、矫治、养成作用。等级划分为从宽管理级、一般管理级和从严管理级；并采用不同颜色予以区分：从宽管理级佩带红色标志，一般管理级佩带白色标志，从严管理级佩带黄色标志。

分级处遇 分级处遇即从看押警戒、活动范围、生活待遇、文体活动、接见等方面给予不同的待遇，发挥管理的激励、引导作用，调动罪犯的改造积极性。从宽管理级：外出劳动可不实行武装看押，在监内的活动范围和生活待遇可适当放宽，文体活动时间可适当增加，接见次数可适当增多和延长时间，可以申请离监探视父母、子女、配偶等。从严管理级：严格限制其监内活动范围，实行武装看押，严禁单独活动等。

三、会见、离监探亲

（一）会见

根据1982年公安部制定的《监狱、劳改队管教工作细则（试行）》等规范性文件要求，四川监狱建立了较为完善的罪犯会见制度。集中的大队和分散的中队设立会见室，每月会见时间1—2次，每次原则上不超过1小时；中队由指导员或管教干事负责会见工作，大队由管教股负责；会见前狱方必须作好身份验证和登记，会见时派人在场监听；会见一般只限于罪犯亲属，每次不超过3人；罪犯亲属所带的少量日常用品，经监狱检查后交罪犯使用，所送现金由监狱代存银行。

监狱法颁布施行后，四川监狱对会见制度进行了修改完善。罪犯亲属到监狱与罪犯会见，必须持有效身份证件和罪犯亲属关系证明，在监狱狱政管理部门申办会见证，凭证会见；会见时间，按罪犯处遇等级规定；除少数民族外，会见时一律使用汉语；会见中不准给其他罪犯传书代信等。

2001年3月20日，省监狱局下发《罪犯会见管理工作暂行规定》，对会见条件、会见时间、会见形式、会见地点作了更明确的规定，值班民警重点检查会见时有无违禁品流入，进一步规范了罪犯会见工作。

（二）离监探亲

罪犯离监探亲分为奖励性和特许离监探亲两种，不论是奖励性还是特许离监探亲，其对象均为有期徒刑罪犯。监狱法颁布施行后，四川监狱于1995年开始允许罪犯离监探亲。2001年3月20日，省监狱局下发《罪犯离监探亲管理暂行规定》，进一步对罪犯离监探亲工作进行了统一规范。

特许离监探亲条件：罪犯直系亲属（监护人）病危、死亡，或者家中发生重大变故，确需本人回去处理的。罪犯离监探亲时，监狱必须派民警带押。

对奖励性离监探亲，四川监狱制定了统一的条件、要求和审批程序。

主要条件为：有期徒刑（含死刑缓期二年执行、无期徒刑减为有期徒刑）执行二分之一以上；宽管级处遇；服刑期间一贯表现好，离开监狱后不致再危害社会；探亲对象的常住地在监狱所在的省（自治区、直辖市）行政区域内；离监探亲对象限于罪犯的配偶、子女、父母。

相关要求为：符合条件的罪犯每年只准离监探亲一次；以监狱为单位，每年离监探亲罪犯的比例不得超过押犯总数的3%。

审批程序为监区根据条件，对提出离监探亲申请的罪犯情况进行审查，填写“罪犯离监探亲审批表”，经监狱主管部门审核，报监狱长批准。

四、通信、邮汇

按照相关法律法规，四川监狱依法保证罪犯的正常通信及邮汇。对通信及邮汇所作的规定如下：

（一）通信

罪犯写给监狱上级机关和司法机关的信件，不受检查。罪犯发出的其他信件，必须经监狱依法检查验看；发现有泄露监狱机关机密的予以扣留。罪犯与居住在国外及港、澳、台的直系亲属通信，须经省监狱管理局批准；非直系亲属，一律不准通信。

除奖励性亲情电话外，四川监狱不允许罪犯使用电话与外界联系。移动电话普及后，四川监狱严禁手机入监。

（二）邮汇

寄给罪犯或罪犯寄出的包裹，监狱依法进行检查和登记；检查中发现违禁品，一律没收。其中罪犯寄出包裹，统一由监狱民警代为寄发。

寄给罪犯汇款，按现金管理程序办理。

五、财物、档案管理

（一）财物管理

罪犯服刑期间不准使用现金，由监狱代为保管，实行定期购物制度，罪犯有正当用途可申请支取，释放时全部发还。

罪犯私人物品，从收监之日起依法进行登记、造册；一般物品，以分监区为单位确定专人保管；贵重物品和非生活必需品，通知其家属领回，无家的由监狱狱政管理部门代为保管。罪犯保管的物品，一律开列三联单，即罪犯本人、监区、狱政管理部门各持一份；罪犯有正当用途时，准予领取。

（二）档案管理

罪犯档案有正档、副档。正档包括判决书、执行通知书、结案登记表、起诉书副本和罪犯卡片等，由监狱狱政管理部门负责建立和保管。副档为罪犯入监后形成的相关材料，内容从填写“罪犯入监登记表”开始；副档由监狱入监队负责建立，分监区设档案专柜进行管理。罪犯改造期间形成的材料，必须全部归入副档。

罪犯卡片包括罪犯姓名、性别、年龄、罪名、刑期等内容，由四川省监狱管理局统一印制。罪犯卡片为一式多份，除监狱自用外还必须上报省监狱局。罪犯档案不予外借，需要查阅也必须履行相应的审批及登记手续。

六、考核、奖惩

（一）考核

1986—2005 年，四川监狱对罪犯的考核主要为百分考核。根据公安部制定的《监狱、劳改队管教工作细则（试行）》相关规定及《犯人守则》内容，四川监狱于 1984 年建立了《犯人日守则》，将 100 分划分到各条款之中，形成了对罪犯的“百分考核”方案。百分考核内容有思想改造、劳动改造、生活卫生三大部分，每个大项下面又细分若干小项；其中思想改造细分为认罪服法、积极参加“三课”学习、遵守监规纪律等。

1988 年，四川监狱根据当时的实际情况，对 1984 年的百分考核方案进行了完善。按 1990 年司法部下发的《关于计分考核奖罚罪犯的规定》、1994 年国家颁布的监狱法等法律及相关规范性文件要求，以及结合各阶段的具体情况，四川监狱又多次对百分考核方案进行局部修改，形成了不同时期的考核方案。

按百分考核方案规定，在 100 分基础上，根据罪犯表现实行加、扣分制度，加、扣分情况与行政奖惩挂钩。2002 年百分考核方案规定：加、扣分每月审批一次；每犯每次加、扣 4 分以下，经监区评议组集体研究后由监区领导审批；4 分以上必须经监狱百分考核办公室审核，然后由监狱领导批准。

不同时期的考核方案中，其考核方式也略有不同。1988 年方案为日记载、日评比、周审签、月总结、年终总结；1991 年方案为日记载、周评议、月公布、半年评比；2002 年方案为日记载、周评议、月总结等。

（二）奖惩

罪犯奖励分为行政和刑事奖励。行政奖励包括表扬、记功、授予监狱级或省级劳改积极分子称号、给予物质奖励等，刑事奖励主要为减刑、假释。

行政奖励、刑事奖励均与计分考核紧密相关，计分考核是获得行政奖励的主要依据，行政奖励种类和次数是作为提请刑事奖励的基本条件。

对罪犯的惩罚，主要为行政处罚，即警告、记过、禁闭等。改造中又犯罪的，由人民法院依法给予加刑等惩处。

七、死亡处理

罪犯在服刑期间死亡的，1994 年 12 月以前按公安部制定的《监狱、劳改队管教工作细则（试行）》规定执行；《中华人民共和国监狱法》颁布后按此法规执行。

罪犯死亡分为正常死亡和非正常死亡两种。当发生罪犯死亡后，监狱立即通知罪犯家属和人民检察院、人民法院。罪犯因病死亡的，由监狱作出医疗鉴定，人民检察院对监狱的医疗鉴定有疑义的，可重新对死亡原因作出鉴定。罪犯家属有疑义的，可向人民检察院提出。罪犯非正常死亡的，人民检察院立即组织检验，对死亡原因作出鉴定。

罪犯死亡后，尸体按照《殡葬管理条例》就近就地原则火化处理，骨灰交由罪犯家属领回。罪犯遗物，由家属领回或由监狱代为寄回。

2005 年 9 月 28 日，省监狱局认真贯彻中央政法委员会《关于加强监所管理防止在押人员非正常死亡的通知意见》精神，要求监狱对罪犯依法严格管理，严厉打击各类违规抗改和又犯罪活动，坚决杜绝打骂、虐待、体罚罪犯。对非正常死亡的，必须及时通知罪犯驻监检察机关，对死亡原因作出鉴定，切实维护好监管改造秩序。

八、规范化管理及现代化文明监狱

（一）规范化管理

1990 年 11 月 6 日，司法部分别以司法部令 11 号、12 号颁布了《监管改造环境规范》和《罪犯改造行为规范》。四川监狱按照监管改造环境规范要求，首先查出各自的问题所在，并按轻重缓急和先易后难的原则予以整改；二是对司法部令颁布后新建的项目实行高起点，必须符合规范要求；三是加大监狱布局结构调整力度，新建规范化监狱取代原有老监狱。

四川监狱在贯彻执行罪犯改造行为规范中采取的措施为：层层召开民警会议，让所有民警明白目的、意义及具体实施方法；在罪犯中进行广泛动员，让其明白为什么这样做；组织罪犯观看改造行为规范录像和上课，让其知道怎样做；将《罪犯改造行为规范》采用墙报、板报等形式公布，并印成小册子发给罪犯；要求罪犯必须全文熟记熟背罪犯改造行为规范和基本规范“十不准”；加强检查，督促各项工作全面落实。

（二）现代化文明监狱

1994 年 1 月全国司法厅局长会议提出创建现代化文明监狱。省监狱局认真贯彻会议精神，于 12 月制定《全省监狱系统创建现代化文明监狱实施意见》《四川监狱创建现代化文明监狱考核验收细则》。

1995 年 2 月 8 日，国务院下发《关于进一步加强监狱管理和劳动教养工作的通知》，要求全国监狱分期分批创建现代化文明监狱。1995 年 9 月 14 日，司法部下发《关于创建现代化文明监狱的标准和实施意见》，统一规范了全国创建现代化文明监狱工作，使监狱在开展活动中有了明确的评比验收标准。

1995 年 12 月 18 日，四川省司法厅命名四川省第二监狱为“省级现代化文明监狱”，四川省第二监狱为第一个获得现代化文明监狱称号的单位。

1995 年 12 月 31 日，为加强创建工作的领导，省监狱局成立了创建现代化文明监狱领导小组和考核评审委员会；领导小组组长和考核评审委员会主任均由局长兼任，副组长、副主任由分管副局长担任，办公室设在教育改造处。四川监狱相继成立了创建现代化文明监狱领导小组，同时将目标层层分解，一级抓一级，迅速掀起了创建现代化文明监狱高潮。

截至 2005 年底，四川省监狱系统开展现代化文明监狱建设活动，达省级现代化文明监狱的标准单位 20 个，分别为：四川省第二监狱、成都监狱、新源监狱、崇州监狱、金堂监狱、德阳监狱、广元监狱、川北监狱、川中监狱、嘉陵监狱、省女子监狱、自贡监狱、汉王山监狱、川南监狱、雅安监狱、峨眉监狱、五马坪监狱、攀西监狱、阿坝监狱、巴中监狱。

截至 2005 年底，四川省监狱系统开展现代化文明监狱建设活动，达部级现代化文明监狱标准的单位 2 个，分别为：四川省成都少年管教所（1996 年 12 月被四川省司法厅命名为“省级现代化文明监狱”，1999 年 10 月被司法部命名为“部级现代化文明监狱”）；四川省川东监狱（1997 年 9 月被四川省司法厅命名为“省级现代化文明监狱”，2005 年12 月被司法部命名为“部级现代化文明监狱”）。

在创建现代化文明监狱活动中，省监狱局根据司法部对创建工作的要求（三年为一考核周期，届满复查不合格，一是限期整改，二是摘牌），为防止创建工作滑坡，从 2000 年开始，省监狱管理局对已获得现代化文明监狱的单位进行了全面复查，既巩固了创建成果，又提高了创建质量。

省监狱局通过在全省监狱系统创建现代化文明先进单位活动，使监狱在软件和硬件设施上都得到了提高，形成了一支政治坚定、爱岗敬业、执法严明、业务熟练的民警队伍，无论在狱政管理、狱内侦查，还是罪犯的教育改造方面都得到了长足的发展，创建现代化文明监狱有力推动了四川监狱的建设，是四川监狱史上一个重要的里程碑。

第三章 教育改造

教育改造是监狱认真贯彻“惩罚与改造相结合，以改造人为宗旨”的监狱工作方针，对在押罪犯强制实施以转变其思想、矫正行为恶习，传授文化科学和培养劳动技能的系统影响活动。对犯罪之人，党和政府从来没有抛弃和放弃他们。四川建立监狱以来，教育改造工作在“挽救人、改造人、造就人”方面做了大量耐心细致的工作，再教育就是让罪犯在监狱服刑期间接受改造的同时，也学到做人的真悟。

第一节 特殊学校

1981 年 12 月 11 日，中共中央办公厅、国务院办公厅联合转发的《第八次全国劳改工作会议纪要》指出：“要加强对罪犯的教育改造工作，把劳改场所办成改造罪犯的学校。”从贯彻落实第八次全国劳改工作会议精神开始，四川监狱系统就开始酝酿和筹办特殊学校。

一、学校概况

（一）校名

早期劳改单位所办的特殊学校校名不统一，如华蓥劳改支队叫“文化技术学校”；苗溪劳改支队叫“政治、文化、技术学校”。按司法部 1987 年 4 月昆明会议要求，四川劳改单位组建的特殊学校统一命名或更名为“育新学校”，育新学校前面冠以单位所在地名称，如 1987 年 8 月 17 日，“华蓥劳改支队文化技术学校”更名为“华蓥劳改支队育新学校”。

（二）人员

“育新学校 ”校长一般由办学单位分管教育改造的监狱领导担任。1986 年 11 月 22 日，四川省坪河育新学校成立后，校长由劳改单位分管教育改造工作的何光宗副政委担任，同时聘请中共南江县委（单位所在地）副书记刘多发为名誉校长。

特殊学校所需教员一般在民警和罪犯中选拔，其中政治教员一律由干警担任。四川省坪河育新学校成立之初，共有经培训合格的教员 28 名，其中民警教员 17 名，罪犯教员 11 名。

（三）教材

特殊学校的扫盲识字课本，选用全国统编的“农民识字课本”或劳改单位自编的“识字课本”；小学、初中教材，选用全国统编的“工农业余课本”或“职工业余课本”。司法部监狱管理局统一编写初中教材后，四川监狱从 1999 年开始变更初中教材。

（四）设施

四川劳改单位根据不同情况，采取多种办法解决特殊学校所需教室和教学器材。四川省成都监狱等关押罪犯较为集中的单位，采取统一建教学楼的方法来解决教室问题；点多面广的单位，特别是从事农业生产的高度分散单位，多数采用改造、维修原有房屋作为教室，经济条件较好单位也新建部分教室作为补充。办学所用的课桌、课椅、黑板等教学必需用品，多数单位以自制为主；经济条件较好和对外窗口单位，也外购了部分课桌、课椅等教学设施。

（五）办班

政治思想教育以各分监区为单位编班，教育面 100%；文化教育实行分类编班，主要有扫盲班、小学班、初中班；职业技术教育主要结合各单位的劳改、劳教生产项目进行，主要办有通风瓦斯、机电维修、机械加工、汽车修理、水泥生产、采煤、采矿、建筑、制砖、缝纫、种植、养殖等班级。

（六）考试、发证

1. 考试

文化教育：扫盲班考试完全由特殊学校组织；小学、初中班的平时考试由特殊学校组织，毕业考试由特殊学校和单位所在的县（市、区）教育局共同组织。

职业技术教育：考试分为理论考试和实际操作考核，由特殊学校和单位所在县（市、区）劳动部门共同组织。

2. 发证

文化教育：达到脱盲标准发给脱盲证书，小学、初中各科成绩及格者发给小学、初中毕业证书，单科成绩及格者发给单科结业证书。脱盲证书由特殊学校发给，小学、初中毕业证书、单科结业证书由特殊学校和单位所在地县（市、区）教育局共同颁发。

职业技术教育：合格者由当地劳动部门或培训单位发给技术等级证书或技术培训证明书。

（七）规章制度

为规范管理和促进办学，特殊学校组建后相继建立了“班主任职责”“学员守则”“教室管理制度”“备课制度”“考试制度”等一系列与教学管理相适应的规章制度，并在实践中不断补充、修改和完善。

二、办学历程

四川监狱系统以各独立核算单位为一办学部门，较大或分散单位在监区成立分校。四川监狱创办特殊学校工作大体分为三大阶段，逐步达到规范办学。1982—1984 年为探索办学阶段；1985—1990年为快速推进阶段；1991—2005 年为巩固运行阶段。

（一）探索办学

1982 年 2 月 18 日，公安部下发《对罪犯教育改造工作的三年规划》。规划中要求：“组织罪犯学政治、学文化、学技术，须始终如一地坚持下去，真正当做学校来办”。四川监狱根据公安部的原则要求和借鉴外省劳改单位的办学经验，迅速开始了探索性办学。1982 年 11 月，公安部命名山东省潍坊劳改支队为山东省潍坊育新学校，推动了四川监狱开办特殊学校的工作。四川省劳改局在《关于八四年工作情况及八五年工作要点的报告》中写道：“1984 年全省有 49 个单位建立了办学体制，任命和聘请了 770 余名文化、技术教员，开设各级文化、技术班 724 个，有 3.73 万余名罪犯和劳教人员正式入学”。此阶段，在政策导向的推动下，四川各劳改单位虽然行动较快，但由于缺乏具体的办学规范，各单位的做法不太统一。

（二）快速推进

1985年3月15日，司法部在《一九八五年劳改工作安排意见》中要求：“力争今后三到五年左右把劳改场所基本上办成改造人、造就人的特殊学校”。按司法部统一安排，四川劳改单位的办学工作得到快速推进。1985年5月31日，省司法厅、省教育厅联合下发《关于加强对犯人和劳教人员文化教育几个问题的通知》，通知中对教学机构设置、教材选用、教员配备、课程安排、考试发证、所需费用等问题都作了具体安排。1986年2月19日，省司法厅、省劳动人事厅联合下发《关于加强对犯人和劳教人员技术教育几个问题的通知》，通知中对教材选用、师资配备、理论和实际操作考核等都作了统一规定。

20世纪80年代，四川监狱系统大多数单位分散在边远山区，条件艰苦，设施简陋，教员缺乏，经费紧张。川西监狱1987年成立“育新学校”时，因单位比较分散，下设了5个分校和政治、文化、技术教研室。雷马屏监狱有5个大队、30个中队，点多线长，且大、中队与总队之间最远距离70公里；所办的“育新学校”设立有6个教育委员会，分场设5个支校，中队设30个分校，到1987年10月用了7年的时间才正式挂牌成立，克服了种种困难，这就是四川监狱创办特殊学校与外省相比的特殊性、艰难性所在，成为四川监狱史上浓墨重彩的一笔。1985年12月，四川省芙蓉劳改管教总队、蓬安监狱、四川省第二监狱、成都少年管教所经验收合格，被省劳改局授予为“育新学校”，发给“办学合格证”。1986年，四川劳改单位进一步加大办学力度，到1986年底已有14个单位办成了特殊学校，占省属劳改单位的29.79%。据省劳改局统计，到1990年底，四川劳改单位先后办成42所特殊学校，其中工业单位31所、农业单位11所。

（三）巩固运行

四川劳改单位创办特殊学校工作启动后，认真按照司法部规定的五条办学标准稳步推进教育改造工作，不断提高办学质量和巩固办学成果。1989年12月25日，司法部下发《关于劳改场所特殊学校开展上等级活动的实施意见（试行）》，四川监狱按照全国统一要求，在巩固原有办学成果的基础上积极创造条件上新台阶。全国性创建现代化文明监狱工作开始后，省监狱局及时下发相关文件，要求监狱正确处理好“办学”与“创建”的关系，实施同步推进。2001年2月12日，省监狱局授予雅安、华蓥、川东、德阳、川南监狱五个单位办的育新学校为“2000年省级优秀特殊学校”。到2005年底，四川监狱教学设施进一步完善，各监狱建立有罪犯教育中心，共有特殊学校教室1.17万平方米，四川监狱所办的特殊学校教育改造工作有序开展。

第二节 “三课”教育

“三课”教育即思想政治、文化、职业技术教育，既是教育改造的主体内容，也是特殊学校的教学内容。

一、思想政治教育

（一）形势、政策教育

形势、政策教育主要以国内外当时发生的重大事件及国家的重大政策为内容，其特点是内容随时间变化而不断更新。1987 年，以“坚持四项基本原则”为主题，结合全国人大常委会发布的《关于加强法制维护安定团结的决定》，把反对资产阶级自由化作为形势、政策教育的主要内容。1991 年，东欧形势动荡和世界上第一个社会主义国家苏联解体，四川监狱及时以热爱社会主义为主题对罪犯进行教育。1997 年，组织罪犯收看大型文献记录片《邓小平》和《邓小平追悼大会实况》，缅怀邓小平的丰功伟绩；同时在罪犯中开展学习中共十五大会议精神和进行“香港回归祖国”等专题教育活动。2002 年，中共十六大确立了“三个代表”重要思想，四川监狱及时组织罪犯进行系统学习。2004 年，监狱开展法制化、科学化、社会化建设，提升了监狱的规范化管理水平。

（二）法制教育

法制教育主要以国家颁布的法律法规为内容，通过法制教育使罪犯从不懂法到懂法或基本懂法；明白自己为什么犯罪、怎样犯的罪，达到认罪服法，争取早日新生的目的。在法制教育中，部分监狱还在罪犯自愿的前提下进行现身说法，生动事例让法制教育更具感染力。

1986 年，四川监狱在罪犯中进行“九法”“三决定”“二条例”教育。九法：《宪法》《刑法》《刑事诉讼法》《民法通则》《民事诉讼法》《婚姻法》《兵役法》《合同法》《继承法》；三决定：《全国人大常委会关于处理逃跑或者重新犯罪的劳改和劳教人员的决定》《关于严厉打击严重危害社会治安犯罪分子的决定》《关于严惩严重破坏经济的犯罪分子的决定》；二条例：《治安管理处罚条例》《劳动改造条例》。

1995 年，四川监狱重点对罪犯进行《监狱法》教育，教材采用司法部统一编写的《监狱法教育读本》等。1999 年，四川省广元监狱在罪犯中开展了以“学法、讲法、守法”为主题的演讲比赛，收到了很好的效果。

（三）道德、人生观教育

1986 年，罪犯的道德、人生观教材主要采用司法部监狱管理局编写的“人生观教材”。1996 年，在罪犯中开展了声势浩大的“五讲、四美、三热爱”活动，对矫正罪犯的不良道德行为与习惯，加快其思想改造发挥了重要作用。为落实中共中央 2001 年 9 月 20 日颁布的《公民道德建设实施纲要》，司法部监狱管理局于 2002 年 9 月下发了罪犯思想教育教材之七“道德教育”，四川监狱以此为重点教材，充分运用监狱小报、墙报等对罪犯进行道德、人生观教育宣传教育。2004 年，省监狱局使用统一编写的《罪犯道德教育通俗读本》。2005 年，以司法部监狱管理局编写的《国情教育》和《道德教育》教材为主。

二、文化教育

20 世纪 80 年代，四川就建立了办学体制，主要开设了扫盲班到初中班的文化教育，还设有少量高中班；对文化程度较高罪犯，组织参加自学考试、函授等高等教育学习。四川省广元监狱对关押的文盲人员全部组织进行文化学习，成绩斐然，于 1998 年 9 月荣获中华人民共和国教育部颁发的“中华扫盲奖”。1990 年，四川省邛崃监狱一名罪犯获得了函授大专学历。2005 年，服刑人员参加文化学习人数达 35963 人、小学人数 13005 人、初中人数 5686 人、高中人数 39 人、高等教育人数 628 人。

图 11－2　1985 年 12 月 19 日，四川省第三监狱成立的“文化技术学校”为服刑人员上文化课

图 11－3　1987 年 10 月，成都监狱组建“四川省成都大湾育新学校”

三、职业技术教育

罪犯职业技术教育的指导思想是“立足改造、面向生产、着眼就业、服务社会”，一般是结合罪犯参加劳动改造生产情况，干什么学什么，即农场学农、工厂学工。四川监狱采取课堂教学、现场讲解、岗前培训、边干边学、以师带徒等方式对罪犯进行了全方位、多工种的职业技术教育和培训。

四川省雅安监狱为汽车配件生产单位，1986 年开设有车工、钳工、铣工、锻工等 14 个技术班，教科书以国家统编的二年制技工学校教材为主。1986—2005 年，参加职业技术教育罪犯人数 8312 人次，入学率达 92%；四川省阿坝监狱主要以农业和加工业为主，1986 年办有职业技术教育班 3 个，81 人参加学习；1995 年参加职业技术教育人数 1835 人次，入学率为 95%。

为活跃丰富罪犯“三课”教育活动，四川省广元劳改总队使用自制的抢答器，于 1984 年就在罪犯中开展了“百科知识智力抢答”比赛，为最早开展这项活动的单位之一，收到了较好的效果。

图 11－4　2002 年 4 月，川南监狱对服刑人员进行电脑培训

图 11－5　2004 年 6 月 18 日，凉山监狱对少数民族罪犯开展“双语”教育

1988—2003 年四川省成都监狱罪犯“三课”教育情况一览表

表 11－1　　单位：个、人

年　份	民警教师（专、兼职）	罪犯教员	共设班级	文化教育学习人数	技术教育学习人数
1988	22	15	10	265	208

续表 11－1

年　份	民警教师（专、兼职）	罪犯教员	共设班级	文化教育学习人数	技术教育学习人数
1989	24	18	14	262	198
1990	24	19	16	315	201
1991	25	20	18	320	265
1992	25	21	19	388	310
1993	25	20	19	273	210
1994	24	20	22	388	264
1995	25	22	24	402	284
1996	26	20	24	318	249
1997	30	29	25	330	256
1998	32	30	28	598	512
1999	32	30	30	625	584
2000	34	32	29	640	615
2001	35	32	30	638	520
2002	36	30	32	675	575
2003	36	30	32	744	682

第三节　入监、出监教育

一、入监教育

入监教育是监狱改造罪犯的起始环节，是教育改造罪犯的第一课。1986—2005 年，四川监狱按照相关要求认真开展了入监教育工作。2003 年 6 月 13 日，司法部第 79 号令即《监狱教育改造工作规定》下发后，其入监教育时间及内容更加统一和规范。

（一）入监教育时间

入监教育时间为 2 个月；对期满考核不合格者，则延长入监教育时间 1 个月，这项规定对不认真接受入监教育新犯起到了震慑作用。

（二）入监教育内容

为缩小新入监罪犯分到监区后与老犯的差距，四川监狱尽可能利用入监教育时间为罪犯多设一些相关课程。由于入监教育时间较短和需要学习的内容较多，与老犯监区的系统教育改造内容相比，入监教育所学内容因时间关系而受到一定的限制，有的课程甚至只能安排学习一些常识和基本内容。

20 世纪 80 年代以来，四川监狱对入监新犯教育的主要内容分为九大类：一是法制教育。主要学习刑法、刑事诉讼法、监狱法；二是监规纪律教育。主要学习服刑人员行为规范、服刑人员 20 条严禁行为；三是形势、政策教育。主要学习时事政治、政策；四是认罪服法教育。主要内容有身份意识、服刑意识、遵规守纪意识；五是行为养成教育。主要内容为服刑人员报告词的掌握、运用，内务卫生；六是服刑指导教育。主要学习服刑人员手册；七是心理健康教育。主要学习心理健康一般常识；八是安全教育。主要学习安全基本常识；九是队列训练。主要为停止间队列动作、行进间队列动作、队列纪律等，通过做好此项工作，促使罪犯能安心服刑，认真接受改造。

（三）入监教育学唱歌曲

从入监教育开始，四川监狱就组织罪犯学唱有利于改造的歌曲，不同时期所选歌曲也略有不同；这些歌曲虽不是专门组织写作的，但都与教育改造内容相关，能起到促进、激励罪犯改造的作用。四川监狱组织新入监罪犯学唱的歌曲，大体可分为三大类：促进罪犯改造类歌曲。主要有“入监队之歌”“认罪服法歌”“行为规范之歌”“逃跑无出路”等；励志类歌曲。这类歌曲中有的虽属流行歌曲，但能激励罪犯改造，主要有“爱的奉献”“从头再来”等；传统类革命歌曲。主要有“社会主义好”“没有共产党就没有新中国”等。

二、出监教育

出监教育是监狱对即将刑满罪犯进行的专门教育，是教育改造的最后环节；凡是即将刑满的服刑人员，四川监狱均严格进行出监教育工作，出监教育时间一般为 3 个月。

出监教育主要内容：一是进行形势、政策教育。着重介绍社会当前的形势和国家有关政策，让罪犯思想适应新时代的要求；二是针对性补课。对自己犯罪行为认识不够的补认罪服法课，道德上还有问题的补道德教育课，没学到技术的补职业技术教育课；三是进行遵纪守法教育。告诫罪犯正确对待就业、生活、婚姻、家庭和受害者等问题，回到社会后做遵纪守法公民等。

第四节　个别、分类教育

一、个别教育

1986—1991 年为经验积累阶段。1982 年，公安部下发《监狱、劳改队管教工作细则（试行）》后，四川监狱系统在总结原有经验的同时，根据相关原则规定及要求，探索式地开展新时期的个别教育工作。在此阶段中，虽然取得了一定成绩和积累了一定经验，但由于缺乏具体量化规范，各单位的作法不太统一，不便进行全省性统一考核。

1992—2005 年为规范运行阶段。1992 年 4 月 7 日，司法部在《关于在劳改单位继续开展“教育改造安全年”活动的通知》中规定：“直接管理罪犯的民警对分管的罪犯除做到‘四知道’（罪犯基本情况、主要犯罪事实、主要社会关系、改造表现）外，每季度对所管罪犯的三分之二进行至少一次的个别谈话教育，对其中顽固犯、危险犯的谈话教育，每人每月不少于 2 次。大队和监狱（支队）领导与分工负责的顽固犯、危险犯的谈话教育，每月分别不少于 3 人次和 1 人次”。司法部具体量化通知的下发，标志着监狱对罪犯的个别教育工作进入规范运行阶段。

省劳改局按照司法部的量化要求，统一规范了全省监狱的具体做法，并逐级抓好检查、督促和考核等相关工作，不断推动个别教育工作的深入开展。对工作中一些具体好的做法及时加以总结，指导基层单位工作的开展。2001 年 3 月 20 日，省监狱局印发《四川省川南监狱监区民警对罪犯个别谈话教育“十必谈”制度》下发全省监狱系统。“十必谈”制度为：对新入监、转监、调监区的罪犯，必须在入监、转监、调监区后七日内进行个别谈话教育；对因又犯罪、漏罪而被加刑惩处的罪犯，必须即时进行个别谈话教育；对因违规违纪受到行政处罚、严管、否决受奖或降低处遇的罪犯，必须在作出处理决定后二日内进行个别谈话教育；对遇到配偶离婚、直系亲属死亡或者家庭发生重大变故等情况的罪犯，必须即时进行个别谈话教育；对情绪异常、思想波动、行为表现发生较大变化的罪犯，必须即时进行个别谈话教育；对新上岗劳动罪犯或变动工种（含外劳）的罪犯，必须在上岗后十日内或工种变动前进行个别谈话教育；对与他犯发生了矛盾冲突的罪犯必须即时进行个别谈话教育；包教民警对危顽犯，必须每月进行二次以上个别谈话教育，对所有在押罪犯，每季度必须对其进行一次以上个别谈话教育；对严管、住院一个月以上罪犯，原监区民警和现管理民警必须每月对其进行一次以上个别谈话教育；对离监探亲、刑满释放、假释、保外就医等即将离监的罪犯，必须在离监前进行个别谈话教育。

为进一步贯彻落实司法部《监狱教育改造工作规定》，提高个别教育的真实性、针对性、实效性，维护监狱的安全稳定，2004 年 4 月 15 日，省监狱局又下发《关于实行民警个别教育月公示制的通知》，把对罪犯的个别教育作为一种工作常态。

在具体执行过程中，四川省甘孜监狱的做法是：要求监狱领导每人每月对危顽罪犯的个别谈话教育不少于 3 人次，科、大队级领导每人每月的个别谈话教育不少于 5 人次；直接管理罪犯的民警，在 3 个月内必须对所分管罪犯做到“四知道”，在进行个别谈话教育的同时必须认真作好记录；坚持每月由中队领导对全队民警的个别教育记录进行一次检查，抽考一次“四知道”；监狱每季度组织一次检查，并不定期地召开经验交流会，年终组织考核并评选“个别教育能手”“四知道”标兵等。

二、分类教育

1992 年 5 月 31 日，省劳改局下发《关于对罪犯实施分押、分管、分教的规划》，在分押、分管基础上，四川监狱全面开展了分类教育工作。

（一）类型及教材

四川监狱在实施分类教育中，将所押罪犯分为五个大类，即性犯罪、财产型、暴力型、职务型、危顽犯。

四川监狱主要采用司法部劳改局统一编写的性犯罪、盗窃犯罪、经济犯罪、暴力犯罪等矫治教材。

（二）因人施教

性犯罪 针对性犯罪罪犯多为文化低、智力低、接受教育能力低的实际，首先加强其文化教育；同时进行法制和道德伦理教育，使他们认识到法律的严肃性和领悟人生的道理。在教育改造过程中，严格控制与性有关的信息来源，搞好监区文化建设等。

财产型 针对财产型犯罪主要以盗窃为主，盗窃罪中又以团伙作案多、流窜犯多、累惯犯多、农村罪犯多、青年罪犯多和多数罪犯社会价值观偏离等特点，尽力做到因人施教、对症下药。主要措施：进行以人生观、道德观为核心的思想政治教育，让罪犯树立起正确的美和丑、善和恶、荣和辱的是非观，同时树立劳动光荣的观念和自食其力的信心。

暴力型 针对暴力型罪犯性格野蛮粗暴、情绪不稳定、易于滋事、不计后果等心理特征采取了以下方法：加强法律知识、高尚情操教育，使他们分清真善美和假恶丑；进行道德教育，使他们懂得尊重别人；善于发现罪犯的情感因素变化，并及时加以引导培养；通过严格管理，逐步改变其放荡不羁的生活方式；将个别教育贯彻始终，并通过个别教育随时发现罪犯的思想变化，及时采取相应措施。

职务型 针对职务型罪犯多为文化水平高、社会关系复杂和以经济犯罪为主的实际，在教育上重点进行法制、政策和前途教育，让罪犯充分认识犯罪根源、危害，树立重新做人的信心。

危顽犯 危顽犯是监狱教育改造工作的重点和难点，四川监狱为提高对罪犯的教育转化效果，除采取由民警包管、包教、包转化方法外，还特别重视对“危顽犯”的教育转化工作，在总结多年分教工作经验的基础上，省监狱局于2003年2月24日制定《关于印发教育转化危顽犯工作办法(试行)》，以强有力措施确保危顽犯转化率的提高。四川监狱在对罪犯的教育改造工作中有很多成功的案例，以下所举的案例就是比较典型的一例。

四川省汉王山监狱罪犯吴某某，男，1966年出生，汉族，小学文化，四川兴文县人，因犯拐卖人口罪、破坏电力设备罪、持有假币罪，被兴文县法院判处有期徒刑14年零5个月。吴犯曾于1988年在看守所羁押期间，为逃避打击，以十分“顽强”的毅力装病、绝食、装疯卖傻，骗取了保外就医。保外就医期间因非法持有假币而被收监。入狱后该犯又故伎重演，继续装病、装疯、绝食，成天躺在床上傻笑，上厕都要人护理，以显示其病重不能自理，并且不与任何民警对话，无论如何转化均无济于事、甚至在法庭上装疯卖傻，藐视法庭，致使审判工作不能正常进行。吴犯的平时表现，尤其是在法庭上的行为引起监狱高度重视，决定迅速成立管教专项小组，管教部门及相关监区多方配合，制定针对措施：充分发挥耳目、信息员的作用，全面收集该犯的真实信息。在大量的证据材料面前，吴犯不得不承认其“装病”的事实；制定教育转化攻坚方案，落实专人教育、管理、转化，通过政策、法律、形势方面的教育引导，让吴犯认识到对抗改造是绝路，积极改造、立功减刑才是其唯一出路的道理；通过对其家庭情况、犯罪经历的全面分析，监狱制定了帮助教育转化吴犯思想的方案，监狱与家庭双方协作，以亲情为纽带，以政策法规教育为重心，以形势教育立功减刑为催化剂的教育转化方案的全面落实，吴犯终于放下装病，逃避改造的幻想，写下“悔过书”真诚悔过，努力劳动积极表现，多次获得表扬、立功、改造积极分子等行政奖励，先后获得4次减刑共计四年多的刑事奖励，于2009年7月11日刑满释放。

第五节 心理矫治

心理矫治是监狱运用心理学、罪犯心理学的基本原理与方法，对在押罪犯有心理障碍和疾病进行疏导和治疗的过程。心理矫治工作包括：心理健康教育、心理测验、心理咨询及心理疾病治疗等。对罪犯的心理矫治工作，监狱遵循有利于罪犯心理健康、服务监管改造的原则，遵循科学、实用、有效和积极稳妥、循序渐进的原则。

四川监狱于1994年根据罪犯改造工作需要，聘请四川大学的教授举办心理咨询培训师班，先期培训心理矫治专业人员一批，再逐步在全省监狱系统开展心理矫治工作，早期开展这项工作的单位有四川省新康监狱、蓬安监狱、华蓥监狱、川北监狱。随后在全省各押犯单位中逐步全面铺开。

一、机构

由监狱在狱部教育科或教育中心成立罪犯心理矫治工作室，主任由教育科科长或教育中心主任兼任，聘任1—3名经省级以上培训合格的民警为心理矫治专职人员。以监狱为单位建立心理咨询及心理疾病治疗门诊，积极开展心理诊治工作。

监区（分监区）成立罪犯心理矫治指导站，由分管监管改造的监区（分监区）领导担任站长，并由管教民警兼任指导站心理矫治联络员。

在罪犯中成立心理矫治互助组，由监区（分监区）心理矫治指导站直接管理。互助组按押犯比例的3%选配互助员，协助监狱民警做好相关工作，包括及时了解、收集罪犯心理反映和异常变化情况等。

二、工作程序

（一）申请

罪犯直接写信向监狱心理矫治工作室提出申请，或口头、书面向监区（分监区）心理矫治指导站提出申请。

（二）推介

监区（分监区）心理矫治指导站根据罪犯心理健康调查、心理测验结果和罪犯口头或书面申请，对有必要者进行推介。

（三）信息汇集

狱部心理矫治工作室将所需门诊咨询及心理疾病治疗的申请及推介资料进行汇集整理，并按轻重缓急或先后顺序予以安排。

（四）矫治

根据工作安排，心理矫治人员对罪犯进行心理咨询及心理疾病治疗。

三、开展心理矫治工作

（一）心理健康教育

四川监狱在开展心理健康教育工作中，主要以司法部监狱管理局编写的《心理健康教育》为教材。其主要内容包括心理健康基本知识教育、认知模式教育、积极情感教育、意志力和生活方式优化教育、人格健全教育、自我意识教育、人际和谐教育、特殊服刑人员心理健康问题教育等。

图11－6　2002年11月10日，川南监狱举办罪犯心理矫治知识讲座

在工作中的具体做法为：上好心理健康教育课，并在罪犯中开展知识竞赛活动；充分利用宣传载体进行广泛宣传教育；大力倡导罪犯自学心理健康知识；教唱心理保健歌曲及推广心理保健操；建立罪犯心理健康教育档案等。

2003 年 6 月 13 日，司法部下发的《监狱教育改造工作规定》要求："监狱应当开展对罪犯的心理矫治工作"。四川按照要求，在全省监狱系统对有心理障碍，需要进行心理矫治的罪犯开展了这项工作。

2004 年 10 月 29 日，省监狱局下发《罪犯心理矫治工作管理办法（暂行）》，对全省监狱的心理矫治工作实行统一规范管理。

图 11－7　2005 年 10 月 11 日，广元监狱组织罪犯做心理保健操

2005 年，省监狱局在全省监狱系统开展《从头再来》等心理保健操的普及活动。各监狱还在普及保健操的基础上，开展了多项有利罪犯心理健康的活动。四川省华蓥监狱在罪犯中开展的心理健康教育活动有以下几项：给罪犯上心理健康教育课；开展"我看心理健康教育"为主题的大讨论；开展心理健康教育专题讲座；在罪犯中开展心理健康互助活动；在侧重团体教育、团体辅导的同时开展个别心理辅导工作；多层次地开展心理健康知识竞赛活动；在监狱小报"新岸"上开展"我与心理健康"的征文活动；在罪犯中教唱心理保健歌曲和推广心理保健操等。

（二）心理测验、矫治

心理测验　采用评定量表、测试软件等进行心理测验，主要有 SCL-90 心理评定量表、SAS 精神卫生自我评定量表、SDS 精神卫生自我评定量表、MMPI 明尼苏达多相人格调查表、EPQ 艾森克人格问卷、情绪训练—攻击偏好评估、COPA 中国罪犯心理评估系统、CT-2004 测试软件等。

心理矫治　主要方法有门诊咨询、集体咨询、书信咨询、媒体咨询等。主要内容：认罪服法、刑罚执行、环境适应、人际关系、婚姻家庭、回归社会问题等。在心理健康调查、心理测验基础上，四川监狱积极开展心理矫治工作。四川省蓬安监狱 1996 年对 408 名罪犯进行心理健康问卷调查，事后对 35 名罪犯分别以个别交谈或书信交流的方式进行了心理矫治。

至 2005 年底，四川共有 21 所监狱建立了心理矫治工作室，面积达 1166 平方米；拥有心理矫治工作人员 529 人，其中监狱民警 485 人、聘请社会专业人员 44 人，为罪犯开展心理咨询及心理疾病治疗创造了条件。通过心理矫治，有效调节和缓解了罪犯的暴躁、悲观、失望、焦虑、嫉妒、猜疑、逆反、不满、报复、对抗等不良心理情绪，对维护监管改造场所稳定，提高教育改造质量发挥了积极作用。

第六节　辅助教育

自四川建立监狱以来，为促进罪犯的思想改造，监狱就重视搞好罪犯的文化体育活动的开展。采取逐步完善的方式四川监狱投入一定资金，修建了一些文体活动设施项目，如运动场、蓝球场、图书馆等，并开展了丰富多彩的文体活动，其内容新颖、形式多样，主要项目有：建立图书室让罪犯参与读书活动；组织文体活动比赛，增进团结互助和健身强体；组织文艺演出，丰富罪犯改造生活。让罪犯在改造中重获新生。

一、读书、兴趣活动

（一）读书活动

根据罪犯关押点多面广、高度分散特点，四川监狱因地制宜地建立了罪犯阅览室，开展形式多样、健康有益的读书活动。阅览室从监管工作需要出发，多采取以各监区为主设点，阅览室主要有书刊、杂志、报纸等，不间断地对罪犯开放。如四川省川中监狱于1982年建立了“育人书屋”，至2005年有藏书12038册；除长期坚持开展小型多样的基层读书活动外，从1986开始，先后开展了“走向新生”“祖国在我心中”等全狱性大型读书活动。攀西监狱为罪犯读书活动选择的书籍针对性强，如《赌博都是欺骗的邪术》《善恶到头终有报》等，对转化罪犯思想起到了很好的作用。

图11－8　1999年，绵阳监狱在监区建立图书室和文化活动室

至2005年底，四川省监狱系统已储存有图书129460册，其中法律类16404册、文史类54729册、哲学类17798册、德育类16444册、技术类17497册、心理学类6588册；共有杂志31490册，其中：法律类7255册、文史类7496册、哲学类5366册、德育类5195册、技术类4343册、心理学类1835册；共有报纸6843份/年。

（二）兴趣小组

四川监狱普遍组建了书法、绘画、写作、球类、棋类、器乐、工艺美术、手工制作、烹饪、英语、质量管理等兴趣小组，罪犯可根据特长、爱好自愿参加，并在其中尽展才华和学习提高。组建兴趣小组没有固定模式，有的以监狱为单位，有的以监区为单位等。

1986—2005年，四川省蓬安监狱不仅组建了书法、绘画、工艺美术、器乐、演讲等兴趣小组，而且还举办了三届服刑人员书法、绘画、工艺美术作品展。2000年，四川省华蓥监狱投资10万元，将罪犯中的音乐爱好者集中起来，组建了“电子声乐队”“犯人演出队”，当年巡演16场，节目119个。

二、文化体育活动

（一）文体活动

为活跃罪犯文化生活，四川监狱普遍利用业余时间，特别是元旦、春节、“五一”、国庆等节假日期间，都要组织罪犯开展篮球、乒乓球、羽毛球、拔河、象棋等日常文体活动。由监狱组织的文体活动，监狱对其优秀者给予奖励。

（二）文艺演出

罪犯的文艺演出，以自编自演节目为主。为配合教育改造和丰富罪犯的节假日生活，四川监狱系统经常组织罪犯开展多层次和形式多样的文艺演出。

图 11－9　2003 年 12 月 28 日，省监狱局在成都未成年犯管教养所举办“全省监狱系统服刑人员文艺汇报演出”

以监狱为单位组建的罪犯文艺团体，主要活跃在狱内各监区、分监区。至 2005 年底，四川共有 15 个监狱组建了文艺演出队。四川省华蓥监狱服刑人员演出队 2000 年组建，四川省女子监狱新绿艺术团 2001 年组建，四川阿坝监狱新岸艺术团 2002 年组建，四川省广元监狱春雨艺术团 2003 年组建，四川省川北监狱心驿文艺队 2004 年组建。

2001—2005 年，围绕法制宣传自编自创 96 个节目，参与狱内和社会法制宣传演出 200 多场，观众 10 多万人。2003 年 11 月，四川监狱系统在成都未成年犯管教所举办了“全省监狱第一届服刑人员文艺汇演”，19 个监狱共 300 人参加。演出内容涵盖了音乐、舞蹈、戏剧、曲艺类节目，其中四川省女子监狱“新绿引我奔新生”“妈妈，我错了”获歌唱类一等奖，四川省新康监狱“探亲路上”获小品类一等奖。四川阿坝监狱是关押藏、羌少数民族犯的单位，至组建新岸艺术团以来，其表演的《打青稞》《康巴汉子》等少数民族歌舞节目也很受大家的欢迎，四川监狱组织的文艺演出，其精湛表演也受到社会各界的好评。

图 11－10　2004 年 5 月 20 日，新康监狱服刑人员用吉他进行表演

图 11－11　2003 年 9 月 27 日，自贡监狱举办第九届文艺汇演

三、外出参观、社会帮教

（一）外出参观

为配合狱内教育改造工作，四川监狱系统不定期地组织劳改积极分子和部分表现较好罪犯外出

图 11－12　2005 年 1 月 3 日，成都市新都区委工作人员到德阳监狱开展社会帮教

参观。参观地点，一般按就地就近原则选点，主要有爱国主义教育基地、市政建设、社会知名企业、国家重点建设项目等。

2000 年，四川省五马坪监狱组织 30 名劳改积极分子到乐山市参观市政建设。2002 年，四川省至诚监狱组织230 名罪犯到巴中市红四方面军总指挥部进行爱国主义教育。2002 年，四川省五马坪监狱组织劳改积极分子到乐山市参观郭沫若故居和国家重点建设工程铜街子电站。2005 年，四川省川南监狱组织劳改积极分子参观国家大型企业五粮液酒厂。

（二）社会帮教

1986 年以来，四川监狱的社会帮教工作做到了形式多样化，内容不断充实和更新。主要形式：邀请关押罪犯比较集中的原籍政府、监狱所在地政府、社会团体、社会知名人士、罪犯家属等到监狱对罪犯进行规劝帮教，签订《帮教协议书》等；有的监狱还邀请刑满释放人员回狱作事业有成的经验介绍，激励在押罪犯积极改造。

1992 年 8 月 26 日，成都市人民政府在四川省成都少管所召开 200 人参加的“帮教协议书”签订会议，常务副市长骆隆森出席大会；成都市 19 个县（市、区）的县（市、区）长当场与市内 5 个劳改单位签订 95 份帮教协议书。

图 11－13　2000 年 11 月 23 日，川东监狱通过组织罪犯亲属帮教活动，激励罪犯改造

图 11－14　2003 年 5 月 28 日，四川省亲情帮教可视电话成都市青羊区探视点开通仪式

四、报纸杂志

四川监狱系统创办的报刊有省监狱局办的报刊和各监狱所办的报刊，服务对象主要为罪犯，素材也主要来源于监狱。

（一）省局办报刊杂志

四川劳改刊物最早是川北人民行政公署公安厅创办的《劳改读物》，当时川北人民行政公署负责人胡耀邦为《劳改读物》题写了刊名。1960 年，因物资供应困难停刊；1964 年，四川省公安厅劳动改造局将办的《劳改读物》复刊，并更名为《新生报》；1966 年，因“文化大革命”而再次停刊；

1984 年，复刊后更名为《四川新生报》，每月两期，1994 年 9 月，改为旬刊；1998 年，更名为《新生通讯》。

（二）监狱办报纸杂志

1978—2005 年，四川共有 28 个监狱创办了内部报刊。

1978—2005 年四川监狱报刊名称及创刊时间

表 11－2

单　位	报刊名称	创刊时间	单　位	报刊名称	创刊时间
四川省华蓥监狱	《新岸》	1978 年 4 月	四川省南宝山监狱	《南宝山育新报》	1997 年 10 月
四川省川东监狱	《培新小报》	1980 年 8 月	四川省自贡监狱	《新岸》	2000 年 4 月
四川省川中监狱	《铸魂》	1982 年 3 月	四川省荞窝监狱	《荞窝育新报》	2001 年 9 月
四川省崇州监狱	《新生之光》	1984 年 2 月	四川省凉山监狱	《新路》	2002 年 5 月
四川省南充市监狱	《新生报》	1984 年 4 月	四川省女子监狱	《新绿苑》	2002 年 8 月
四川省五马坪监狱	《育新报》	1984 年 7 月	四川省新康监狱	《育新通讯》	2003 年 1 月
四川省至诚监狱	《至诚通讯》	1984 年 7 月	四川省大路监狱	《新大路》	2003 年 2 月
四川省川南监狱	《新生苑》	1984 年 9 月	四川省汉王山监狱	《汉王风》	2003 年 6 月
四川省蓬安监狱	《新路》	1985 年 8 月	四川省盐源监狱	《服刑指南》	2003 年 8 月
四川省新源监狱	《希望》	1986 年 4 月	四川省阿坝监狱	《新岸》	2003 年 8 月
四川省成都少年管教所	《育新报》	1990 年 1 月	四川省雷马屏监狱	《新曙报》	2004 年 5 月
四川省攀西监狱	《育新小报》	1991 年 11 月	四川省巴中监狱	《巴山新韵》	2004 年 6 月
四川省成都监狱	《成都育新报》	1995 年 1 月	四川省眉山监狱	《建新苑》	2004 年 8 月
四川省金堂监狱	《育新报》	1996 年 2 月	四川省雅安监狱	《扬帆》	2005 年 1 月

五、改造积极分子及全省代表大会

（一）改造积极分子

1982 年，公安部下发的《监狱、劳改队管教工作细则》规定：每年评选一次劳动改造积极分子，四川监狱系统全面开展了劳动改造积极分子的评选工作。2003 年，司法部下发的《教育改造规定》，名称改为改造积极分子。改造积极分子评选分为监狱级、省级两种，省级改造积极分子，由监狱从连续两年被评为监狱改造积极分子的罪犯中提出人选，报省监狱局审定。

据省监狱局统计，1993—2005 年，省监狱局共审批省级改造积极分子 6959 名。

（二）全省代表大会

1951—2005 年，四川劳改劳教系统共召开了三次全省性的改造积极分子代表大会。

1956 年 12 月 15—21 日，四川省公安厅在成都市新南门司法干训班召开了全省第一次改造积极分子代表大会，表彰的改造积极分子共 498 人。大会对 129 名改造积极分子代表给予了不同的奖励，其中提前释放 33 人、假释 10 人、减刑 86 人。副省长邓锡侯、省政协副主席刘文辉到会并讲话。

1985 年 6 月 25—29 日，省劳改局在四川省成都监狱召开了全省第二次改造积极分子代表大会，表彰的改造积极分子共 366 人。大会通过了给全省服刑人员的《倡仪书》，省劳改局对参加大会的全体正式代表给予记功奖励；四川省高级人民法院依法宣布对 98 名改造积极分子代表给予假释、减刑奖励，其中假释 17 人、减刑 81 人。省委常委、省委政法委书记白尚武，省人大常委会副主任秦传厚，省政协副主席潘大逵到会并讲话。

2001 年 5 月 22—23 日，省监狱局在四川省成都未成年犯管教所召开全省第三次改造积极分子代表大会，表彰的改造积极分子共 612 人。大会通过了给全省服刑人员的《倡仪书》，省监狱局对参加会议的全体改造积极分子给予记功奖励一次。会议邀请有代表性的服刑人员家属和社会帮教团体共 3 名代表参加大会，其中家属代表 2 人。司法部监狱管理局电贺大会圆满成功，全国 27 个省（市、区）及新疆生产建设兵团的监狱管理局发来贺电、贺信。

第七节 教育改造成果

在监狱民警对罪犯的教育、感化、挽救下，一大批立志新生，接受改造的罪犯在服刑期间思想得到了转化。许多罪犯被评选为“改造积极分子”“生产能手”“优秀文化教员”“优秀学员”“优秀通讯员”等，受到各种行政奖励和表彰，以及减刑、假释等刑事奖励，给予了服刑人员悔过自新的机会，大大激发了服刑人员改造的积极性、主动性，维护了监管改造正常秩序。

思想教育。由省监狱局编辑出版的读本《弟子规》《亲情教育读本》等一大批教科书，促进了罪犯的改造信心，看到了积极改造的光明前途，把刑期当作学期，学到了许多法律常识，更懂得了遵守法律的的重要性和必要性，恶习得到了矫正，据四川监狱对 1982 年至 1984 年期间释放回成都、重庆、自贡、广元、南充等 26 个市、县安置在城市、城镇、农村的刑满释放人员的抽样调查，表现好的占调查人数的 83. 64%，表现较差有轻微违法行为的占 10. 64%，重新犯罪的占 5. 72%。四川省自贡监狱于 1985 年 8 月对“严打”前放回自贡市自流井、大安两个区的 104 人进行了延伸调查，其中表现好的和一般的占 91. 3%、有轻微违法行为的占 2. 8%、重新犯罪的占 1. 2%。

文化教育。监狱对文盲、小学或具有大专文化的罪犯，通过开展丰富多彩的文化教育，促使罪犯心灵深处受到感化，良知得到启迪，部分罪犯摘掉了文盲帽子，有的拿到了小学毕业证书，有的通过自学考试，取得了大专或本科学历。同时，通过开展罪犯文化活动，也丰富了罪犯改造生活，精神面貌发生了新的变化，违规违纪大大下降，改造正气上升。

技术教育。监狱让罪犯在接受思想改造和文化教育的同时，也通过技术教育让罪犯在服刑期间学到一技之长，为回归社会就业奠定了基础。四川监狱还鼓励罪犯创新，不少罪犯获得了发明专利，四川省自贡监狱于 1987 年对近 3 年刑满释放的 42 人进行了追踪调查，其结果显示总体较好，特别是思想改造好，学到一技之长和技术较精的罪犯回到社会后还被委以重任；42 人中有 17 人担任了经理、厂级等不同领导职务，其中陈某辉任川南气象局劳动服务公司总经理。

附：教育改造典型事例

四川省川东监狱服刑人员周某某，于1985年刑满释放回归社会后，一步一个脚印地重新书写自己的人生，不仅从一个罪犯变成了遵纪、守法、护法的合格公民，而且还成为自食其力、服务社会的新人。1991年后，周某某被中共江油市委、市政府、市工商行政管理局、市个体劳动者协会评选为“先进个体工商户”“工商廉政监督员”，1995年被推选为江油市个体劳动者协会副会长，1998年当选为江油市第九届政协委员。

四川省自贡监狱服刑人员杨某某，1996年因犯抢劫罪入狱，刚到监狱时表现为抑郁、烦躁。通过监狱的政策、形势、前途及法律、道德等教育，以及监狱民警耐心细致的谈心和思想开导，杨某某在认罪的基础上积极接受改造，把刑期当学期，利用监狱提供的良好条件学文化、学技术，不仅参加小学文化班学习，而且还参加车工班的职业技术教育。在习艺性劳动中，杨某某主要从事C620车床操作，由于明白学技术是为今后刑满回归社会就业打下基础，因此肯动脑筋、刻苦钻研技术，不久就担任了车床小组长，先后带了陈某、李某等十余个“徒弟”；同时还积极参加监狱的QC攻关小组活动，利用所学和掌握的知识大胆革新，被评为监狱级“革新能手”。由于杨某某表现较好，先后4次获得刑事奖励，累计减刑4年零8个月。

四川省新源监狱服刑人员熊某某，因犯故意杀人罪入狱，1989年投入新源监狱服刑改造后，表现为萎靡不振、对法院的判决不服。通过监狱对其进行法律等系列教育，思想认识逐渐提高和转变，不仅认罪服法，而且积极跟师学艺和利用大量休息时间钻研业务知识。根据熊某某入狱前有一定医疗特长，被监狱安排参加监狱举办的卫生员培训学习等。对监狱的教育改造，熊某某常说一句话：“是监狱民警为我指明了人生方向，是监狱重塑了我的人生”。根据熊某某的改造表现，监狱报请成都市中级人民法院共裁定减刑4年6个月。1993年熊某某刑满回到大邑县，通过考试获得个体行医执照，继续在社会上从事医疗工作；由于医疗技术和医德、医风较好，2000年被大邑县卫生局特聘为所属双河医院副院长，2003年升任院长。

四川省南溪监狱服刑人员青某某，因犯贪污和行贿罪被判处死刑、缓期二年执行，剥夺政治权利终身。1982年7月5日，青某某投入监狱改造，入监初期曾因家庭等问题闹过自杀、绝食等行为。当监狱民警了解到青某某在判刑时留下了两个年幼女儿，通过监狱与当地联系，解决了两个年幼女儿的生活等问题；同时邀请当地领导进行配合教育。经教育转化后的青某某在各方面的表现均有质的变化，自觉遵守监规，积极参加“三课”学习，协助监狱民警维护改造、生产和生活三大秩序，努力完成劳动生产任务。1983年11月18日，经四川省高级人民法院裁定减为无期徒刑，剥夺政治权利终身；1985年11月28日，经四川省高级人民法院裁定减为有期徒刑15年，剥夺政治权利5年；1991年4月15日，经宜宾地区中级人民法院裁定减刑1年；1993年6月17日，经宜宾地区中级人民法院裁定，对罪犯青某某予以假释。

四川省川南监狱于1972—1996年期间，对本单位的刑满载释放人员改造质量进行了延伸调查工作。教育改造质量详见表11－3。

川南监狱刑满释放人员改造质量调查统计表

表 11－3　　　　单位：人

年 份	范 围	考察数	表 现			又犯罪			外 流
			较好	一般	较差	劳改	劳教	处决	
1972	宜宾市、江安县等	47	11	32	4	0	0	0	0
1980	重庆、泸州	133	38	71	17	4	3	0	0
1982	成都、重庆、涪陵、江津	263	98	120	34	0	11	0	0
1986	成都、重庆、涪陵、泸州	564	97	332	105	0	30	0	0
1987	成都、重庆、泸县、巴县	411	277	59	54	0	21	0	0
1988	成都、重庆、江津、合川	244	91	106	26	0	19	2	0
1989	成都、重庆、德阳、泸州	646	178	325	102	20	21	0	0
1990	1986 年度刑释人员	340	117	129	74	0	15	0	5
1991	成都、重庆、中江、三台	389	145	135	65	7	29	0	8
1994	重庆、德阳、什邡、泸州	472	218	209	69	10	30	0	0
1996	宜宾、泸州、自贡、内江、重庆等地	531	213	209	69	10	30	0	0

第四章　生活卫生

罪犯生活卫生管理，包括衣、食、住、医等多个方面，由国家保障。1986—2005 年，四川监狱严格执行国家规定的罪犯生活费标准，包括伙食费、被服费、医药费、零花钱，杂支费等，不断改善罪犯的伙食、医疗和住宿条件，维护了罪犯的合法权益。

第一节　生　　活

一、伙食

（一）伙食费标准

1982 年 2 月 18 日，公安部下发的《犯人生活卫生管理办法》规定："犯人粮、油、副食品定量，按当地同类国营企业同工种的标准供给"。四川监狱罪犯的伙食费标准，由省财政厅根据国家政策规定和要求，结合四川财力以及社会居民生活水平状况确定；随着市场物价的波动，罪犯的伙食费标准也相应作出调整。

1986—2005 年，四川监狱在严格执行罪犯伙食费标准，保证按时足额到位的同时，大力抓好"自种、自养、自加工"工作（统称"三自"工作），并以"三自"收入改善罪犯生活，因此罪犯的实际伙食费均高于省财政下达的标准。

（二）实物量标准

为了保障在押罪犯的正常生活，1995 年 7 月 5 日，财政部、司法部联合下发了《关于印发在押罪犯伙食、被服实物量标准的通知》；在两部联合下发的通知中，除对粮食、蔬菜等制定了月标准数量外，还对调味品和燃料、炊事用具、杂支运输费用作出了明确规定。

在押罪犯伙食实物量标准一览表

（财政部、司法部 1995 年 7 月 5 日制定）

表 11－4　　　　单位：公斤/人

品　种	月　标　准	品　种	月　标　准
粮 食	17.0—25.0	蛋、鱼、豆制品	1.0—2.0
蔬 菜	15.0—25.0	调味品	适量
食 油	0.5—1.0	燃料、炊事用具及杂支运输费	根据需要
肉 食	1.5—2.5		

（三）保障措施

严格执行食堂管理规定 为保证罪犯吃够伙食标准和定量，省监狱局规定了干工食堂必须与罪犯食堂严格分开，监狱严格执行了干工食堂和干工个人不准到罪犯食堂搭伙和到罪犯食堂分购食物的相关规定。

提高执法意识 将是否认真贯彻执行罪犯伙食标准上升到是否严格执法的高度来认识，即使监狱经济出现暂时困难，也要保障罪犯伙食费按时足额到位，不得挪用。1996 年，四川省宜宾监狱一度出现经济周转困难，仍首先保证了罪犯伙食费的按时足额到位。

建立约束和激励机制 1．约束机制。在单位生活卫生科开设罪犯生活专用账户，将核定的罪犯伙食费提前拨付到专用账户，由生活卫生科统筹安排使用，防止挪用、挤占和克扣；监狱的生活卫生、财务、审计、纪检监察等部门各尽其责，随时开展监督检查；成立罪犯伙食管理委员会，在民警管理下实行生活民主、经济公开。1986 年 12 月，省劳改局对所属主要劳改单位的罪犯伙食情况进行了检查，其受检的 569 个罪犯食堂都成立了罪犯伙食管理委员会。2．激励机制。开展了全方位的评优创先和表彰等活动：在罪犯食堂之间开展“四好”食堂评比；在监狱民警中开展“优秀事务长”“生活卫生管理能手”评比；在罪犯中开展“五好炊事员”评比等。省监狱局根据不同时期特点和推动工作需要，不定期地对评优创先办法进行修改和完善。

建立“物供站” 1992 年 12 月 2 日，司法部下发的《关于进一步加强犯人生活管理的通知》要求：“各单位要努力办好犯人的供应站”。四川劳改单位从 1993 年开始组建罪犯生活物资供应站，方法为先试点再逐步推广。

1993 年 11 月，四川省旺苍劳动改造管教总队在三大队建立了“犯人生活物资供应站”，进行试点工作；在总结经验的基础上，于 1994 年 5 月制定了“犯人生活物资供应站”的相关管理制度，同时正式组建了“旺苍劳动改造管教总队犯人生活物资供应站”，统一管理全狱犯人的生活物资供应，并根据所属单位较为分散的实际，在一、二、三、五大队建立了犯人生活物资供应分站。

罪犯生活物资供应站组建后，一是批量进货保证了粮油等食品质量，成本下降；二是通过严格管理，堵塞了物资的跑、冒、滴、漏；三是有效保证了罪犯生活物品供给的平衡性、灵活性和营养的合理搭配。

加强技能培训 四川监狱根据罪犯炊事人员调整及提高厨艺水平，认真开展了炊事员培训工作；培训多为不定期进行，方法和形式也为多种多样。通过培训，罪犯炊事员的技能和罪犯的伙食质量都得到了明显提高。

为了提高罪犯的伙食质量，1988 年，四川省川东监狱举办了历时二个月的烹饪技术培训班；培训期间，还邀请大竹县一级厨师冯宗祥到培训班授课。在对炊事人员进行培训的同时，还全面开展了争创“四好食堂”和“五好炊事员”的活动。

优化就餐方式 针对罪犯传统就餐方式存在的弊端，四川监狱不断总结和优化就餐方式，实行了餐厅座位定置管理和食品分餐等制度。

统筹安排 各监狱在安排罪犯伙食时，一是充分考虑蔬菜的淡旺季衔接和节假日的供应安排，做到荤素菜、粗细粮合理搭配；二是做到年有目标、季有计划、月有安排、周有食谱，并根据实际情况适时做好调整；三是罪犯生活费开支实行“先粮油后蔬菜”“先主食后副食”的原则。以上管理办法，确保了罪犯的基本生活。

（四）节日、病犯伙食

节日伙食 凡是元旦、春节、五一节、国庆法定节日，四川监狱用“三自”收入调剂改善罪犯伙食，同时认真做好细化工作，确保食品安全。四川省汉王山监狱每犯平均补贴生活费：元旦7.1元、春节8.3元、五一节5.6元、国庆节6.8元。1997—2005年，四川省华蓥监狱在元旦、春节、五一节、国庆节对罪犯的生活补贴共104.18万元，平均补贴60元/人·年。

病犯伙食 公安部1982年下发的《犯人生活卫生管理办法》规定：“对病犯在生活上应予照顾”。四川监狱按照相关要求，对病犯实行营养伙食；未住院病犯实行“病号饭”制度，住院病犯按规定提高伙食标准。

四川省川北监狱从1997年2月1日起，在原有基础上再次提高住院病犯的伙食补助标准，其中工伤住院每天补助0.7元，疾病住院每天补助0.4元，国家法定节日每天另行补助5元。

二、“三自”工作

“三自”工作是监狱组织罪犯自种、自养、自加工的统称。其“自种”是劳改单位利用土地优势大量自种蔬菜；“自养”是自养牲畜，以养猪为主；“自加工”是以自加工豆腐、面条、豆瓣为主。“三自”工作的收入用于改善罪犯伙食和增添罪犯食堂生活设施。四川在建立劳改单位的初期，“三自”工作就倍受重视，并充分发挥了劳改单位有丰富的劳动力和有大量土地的优势，不但建立了抓好“三自”工作的长效机制，而且还根据特定时间段下达了量化指标。

1992年，四川省华蓥监狱下发《关于进一步加强罪犯食堂农副业生产管理的通知》，再次对“三自”工作进行了强调：要求各罪犯食堂要按押犯比例养猪，一般应达到7—10人一头；每年每犯吃自产猪肉要达到7.5公斤，即吃肉总量的30%；规定自种、自养只能作为罪犯食堂收入，用于改善和补贴罪犯生活；对罪犯饲养员和种菜人员实行定人员、定任务、定奖惩，促进“三自”工作落实。由于监狱建没和发展需要，原有部分菜地在1995年时被基建工程占用；为不影响“三自”工作，开始租用附近农民的土地种菜。

1995年7月5日，省监狱局下发《方其烈副局长在全省罪犯生活卫生工作座谈会上的讲话》，讲话指出，“为使‘三自’工作落到实处，工、农业单位的肉类自供率必须达到30%以上，农业单位的蔬菜自供率达到80%以上。各单位要把指标分解到人头，落实到中队，实行目标管理，年终时视完成情况进行相应的奖惩，‘三自’工作所需劳动力，各单位要按押犯总数的5%—7%的比例划出，并不计假定工资”。在四川省财政对罪犯生活费逐步实行了全额保障，以及2000年四川省监狱系统实施布局调整后，部分监狱搬迁到靠近大中城市附近地区，由于监狱所处区域不同，导致原有的种植、养殖和自加工场地优势已不存在，监狱“三自”工作的规模才逐步缩小，至2005年，只有少数有条件的监狱还从事“三自”工作，但在生产规模上已相对较小。

三、罪犯食堂与标准化管理达标

为确保罪犯“吃饱、吃熟、吃热、吃卫生”，四川监狱将罪犯食堂工作列入重要议事日程，尤其是强化了制度的建立和落实，主要有罪犯食堂卫生管理、炊事员培训、生活物资保管、伙食财务管理、伙食账目公示、留样尝试、刀具（刃具）使用管理、罪犯炊事员选拔使用管理、安全责任事故追究、炊事员用餐管理、罪犯生活饮用水管理等制度。

为进一步推动罪犯食堂管理工作，2004年3月18日，省监狱局下发《关于在监狱系统开展罪犯食堂标准化管理达标活动的通知》。

图 11－15 绵阳监狱服刑人员餐厅

为进一步推动罪犯食堂管理工作，2004 年 3 月 18 日，省监狱局下发《关于在监狱系统开展罪犯食堂标准化管理达标活动的通知》，设定达标满分 100 分、90 分以上为优秀、89—80 分为良好、79—70 分为合格、69 分以下为不合格，要求各监狱在 2004 年 8 月底前完成达标工作。

2004 年 9 月，省监狱局组织 6 个小组，分片区进行检查验收。检查验收内容：领导重视程度、食堂管理制度、食堂设施建设、食品采购储存、个人及饮食卫生、食堂服务质量 6 个方面。检查验收的罪犯食堂，绝大多数达优良。

四川省绵阳监狱在罪犯食堂标准化管理达标活动中，对食堂进行了改造，新置餐桌、灶具等；同时建立健全了罪犯食堂财务管理、卫生管理、膳食菜谱公示、留样尝试等多个规章制度。检查验收中罪犯食堂获优秀等级。

四、炊事员从业规定

公安部 1982 年下发的《犯人生活卫生管理办法》要求："对炊事犯要定期进行健康检查，发现患传染病的犯人，要立即隔离或调换"。四川监狱在贯彻执行中，制定了罪犯炊事员的从业规定，并长期坚持：从事炊事劳动罪犯，必须按国家的卫生防疫规定，每年进行一次健康检查，取得健康证；体检不合格人员，立即调出食堂，不得从甲单位调到乙单位继续使用；入监健康检查不能取代食品从业体检；新调入食堂的罪犯必须先体检后上岗，杜绝先上岗后体检。

四川监狱在贯彻执行炊事员从业规定中，每年由生活卫生科统一组织从事炊事工作的罪犯进行健康体检，不合格者及时调离食堂，并将相关资料存档备查。

第二节 医 疗

罪犯在服刑期间发生疾病，监狱应及时给予治疗，这既是法律、法规的规定，也是体现党的劳改方针和政策。四川监狱严格执行罪犯医药费标准，做到专款专用，确保了罪犯有病得到及时的治疗，维护了罪犯的健康。

一、医疗机构设置

公安部 1982 年下发的《犯人生活卫生管理办法》规定："监狱、劳改队、少管所设医院或卫生所，分散的农业大队设卫生所，中队设不脱产的犯人卫生员。" 1994 年，《中华人民共和国监狱法》颁布，规定："监狱应当设立医疗机构和生活、卫生设施，建立罪犯生活、卫生制度。”四川监狱结合实际情况，设置和完善了医疗机构，保证和满足了监狱民警、职工、家属及罪犯的医疗需要。

（一）医院、卫生所

1986—2005年，省监狱局设中心医院，大型劳改单位设医院，其他单位设卫生所。大型劳改、劳教单位所属分散大队设分医院或二级卫生（医务）所，分散中队设医务（疗）室。

1981年后，四川省华蓥监狱各大队均设医务所，单独分散中队设医务室；医务室配备卫生员1—2人，保证罪犯有病能及时得到医治。20世纪80年代初期，四川省川北监狱在五大队（石洞沟煤矿）设置分医院，一、二、三、四大队设卫生所，直属中队设医疗室。

1986—2005年，四川监狱医院（卫生所）的数量，随着监狱单位的变化而不断变化。1994年随劳教单位划出，移交四川省西山坪园艺场、沙坪茶场、大堰园艺场、新华园艺场、楠木寺女子劳教所5个医院（卫生所），1997年，重庆直辖后移交四川省重庆、新胜、涪陵、金华、三峡、三合、凤城监狱和重庆少年管教所8个医院（卫生所），四川省布拖监狱、五通监狱和西洛农场3个医院（卫生所）随单位撤销，四川省大路监狱医院2004年和四川省监狱管理局中心医院合并。截至2005年底，四川监狱系统医疗机构有：四川省监狱管理局中心医院、监狱医院、监狱级卫生所、门诊部。

（二）医院（卫生所）内设机构

四川监狱系统设置的医院规模（卫生所）虽有大小，但其内设的主要科室基本一致，有急诊科、外科、内科、中医科、五官科、检验科、放射科、药剂科、治疗室、手术室、防疫办等，保障了罪犯的基本医疗。

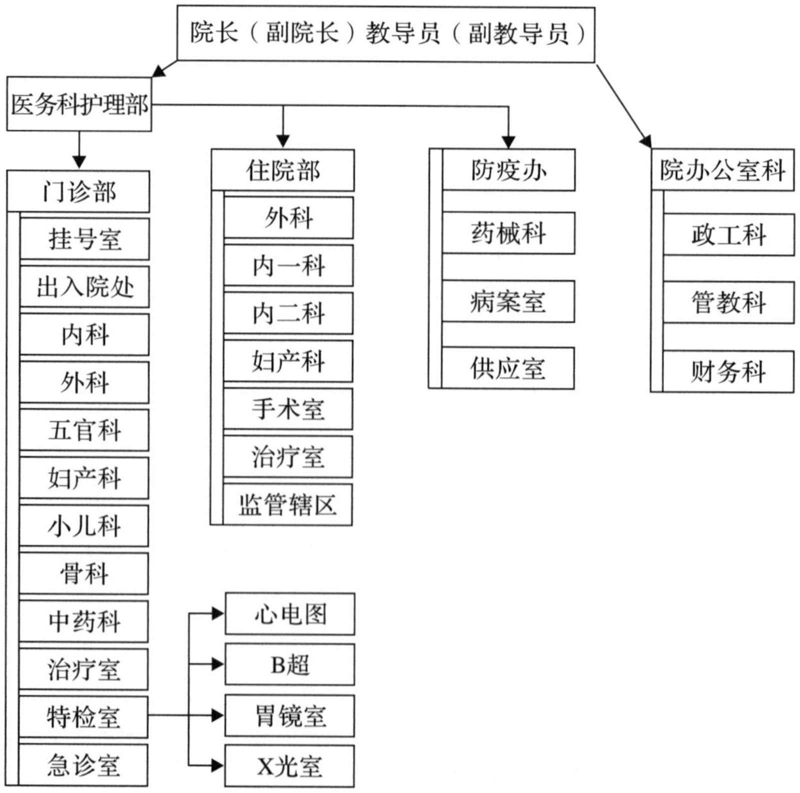

图11－16　四川省川北监狱医院组织机构图

监狱医院（卫生所），有的单位将门诊、住院部分为民警、职工、家属医疗区和服刑人员医疗区。四川省川东监狱医院于2000年达到国家一级甲等标准，医院设置有一门诊部、二门诊部和住院部；一门诊部主要对全狱职工、家属和面向社会服务，二门诊部主要对全狱服刑人员防病、治病。

二、管理体制、服务对象及职责

（一）管理体制

四川监狱系统的医疗卫生工作，实行分级管理体制。省监狱局在生活卫生处设医政科、防疫科，负责全省监狱的医疗卫生及防疫管理；各监狱在狱部设生活卫生科，负责本单位的医疗卫生及防疫管理等。

公安部1982年下发的《监狱、劳改队管教工作细则（试行）》明确："监狱、劳改队的犯人医院，在业务上接受当地卫生部门的领导"。《中华人民共和国监狱法》颁布后，从法律上明确了监狱医疗机构的设立。四川监狱从加强医院建设需要，在人、财、物等方面加大投入，完善了医疗体系，医院在实行分级管理的同时实行系统内和系统外的双重领导。

在四川监狱医院中，四川省川北监狱医院不仅在业务上接受当地卫生部门的领导，而且还编入了当地地方医院的序列，实行一个医院两块牌子。1993年10月，广元市人民政府下发广府函〔1993〕106号文，将四川省川北监狱医院的对外名称确定为"广元市第五人民医院"。

（二）服务对象、主要职责

服务对象 四川监狱系统医院（卫生所）均为非营利性医疗机构，主要服务于本系统的民警、职工、家属及罪犯，有条件的也面向社会服务。四川省监狱管理局中心医院主要接收各监狱重危和疑难病症罪犯的转院治疗。

主要职责 监狱医院负责监区卫生所及医务室的业务管理、监狱人群的疾病预防与治疗、罪犯的收监体检、医护人员的继续教育等。对本院解决不了的重危病人，及时向医疗条件较好的地方医院或四川省监狱管理局中心医院转院。具有罪犯保外就医病情鉴定资格的医院，负责出具"罪犯病情诊断鉴定书"。

三、医院规模、人员、设备及管理

公安部1982年下发的《犯人生活卫生管理办法》明确："医院的规模，根据实际需要确定。医疗技术人员配备和医疗器械设备，可根据卫生部对相应规模医院的规定，逐步充实、配齐"。监狱加强了医院（卫生所）的建设。

（一）医院规模

监狱医院（卫生所）规模大小，视其就诊及住院人数的多少确定；就医人员发生变化，医院的病床设置规模等也随着波动变化。据省监狱管理局统计，1986—2005年，虽然部分监狱医院（卫生所）的规模有所调整，但总体变化不大；1986年四川监狱系统医院拥有病床2593张、1996年2774张、2005年2300张。

（二）医护人员

四川监狱系统的医护人员，主要来自全国各相关大专院校的毕业生。据省监狱局统计，2001年，四川监狱系统从事医疗卫生工作的民警共2324人，其中卫生技术人员1920人，占总人数的 82.62%；卫生技术人员中正高级职称 3 人、副高级职称 67 人、中级职称 468 人、初级职称 1134 人。

（三）医疗设备

由于四川监狱医院（卫生所）的规模大小不同，拥有的医疗设备及数量也各不相同。以治疗常见性疾病的医疗器械、设备为主；大型及相对较为先进的医疗设备，以医院规模较大，押犯较多的监狱医院才拥有。四川省监狱管理局中心医院的医疗设备，在四川监狱系统医院中较为领先和具有代表性。

2005 年省监狱管理局中心医院主要医疗设备一览表

表 11－5　　　　单位：台

设备名称	数　量	设备名称	数　量
五项电解质分析仪	1	纤维胃镜（带工作站）	1
酶标仪	1	微波多功能治疗机	2
半自动生化仪	1	彩色多普勒	1
多功能监护仪	1	B 超	1
除颤监护仪	2	膀胱镜	1
插件式监护仪	1	双床三管 X 线机	1
便携式监护仪	1	自动血球记数仪	1
颈颅脑血管病诊断/监护仪	1	熊牌呼吸机	1
心电图机（带工作站）	1	红外乳腺诊断仪	1
彩色脑电图地形机	1	凝血测定仪	1

（四）内部管理

四川监狱医院（卫生所）除医护人员为民警身份和对病犯实行监控管理外，其他管理和地方医院基本一致：在不断规范和完善相关规章制度的基础上，加强督促检查，落实医院工作制度和医疗技术操作规程，促进医疗质量提高，严防医疗事故发生；加强医疗设备、手术器械管理与维护，手术刀剪由民警直接管理；按照国家对药品管理的相关要求，加强药品采购、保管、使用环节的管理；严防假冒、伪劣药品流入监狱，确保用药安全。按照国家对麻醉、精神等特殊药品的管理规定，严格实行专人专柜和加锁管理等制度；按照国家制定的医疗废物管理规定，对医疗废物实行专人管理和处理；在确保警用器材安全的同时，加强对院内病犯的监控管理。

四、分级管理达标

根据卫生部对全国医院实行分级管理，以及创建部、省级现代化文明监狱必须具有国家一级以上医院的相关要求，四川监狱系统医院逐步开展了医院分级管理和达标工作。为全面推动分级管理达标工作的开展，1997 年 10 月 11 日，省监狱局制定了《关于四川省监狱系统医院分级管理达标三年规划意见》。

被列入医院分级管理达标三年规划的单位采取的措施：多方筹集资金，增添必须的医疗设备；积极引进人才，充实医护人员队伍；借鉴已达标医院经验，促进医院医护质量、管理水平上台阶；充分调动医护人员的积极性，认真学习标准，明确任务，形成人人参与的良好氛围；主动与当地卫生行政主管部门联系，邀请专家现场指导，加快医院达标的进度。

1997 年四川监狱医院分级管理达标三年规划及实际达标情况一览表

表 11－6

医院名称	拟定		实际	
	达标等级	达标时间	达标等级	达标时间
四川省川北监狱医院	二级乙等	2000 年	二级乙等	2000 年
四川省川南监狱医院	二级乙等	2000 年	二级乙等	1999 年
四川省广元监狱医院	二级乙等	2000 年	二级乙等	2000 年
四川省绵阳监狱医院	二级乙等	1998 年	二级乙等	2000 年
四川省川西监狱医院	二级乙等	1999 年	二级乙等	1999 年
四川省荞窝监狱医院	二级乙等	2000 年	二级乙等	2002 年
四川省盐源监狱医院	一级甲等	1998 年	二级乙等	2000 年
四川省川中监狱医院	一级甲等	1998 年	一级甲等	1999 年
四川省成都监狱医院	一级甲等	1998 年	—	—
四川省德阳监狱医院	一级甲等	1999 年	—	—
四川省崇州监狱医院	一级甲等	1998 年	一级甲等	2000 年
四川省阿坝监狱医院	一级甲等	1999 年	一级甲等	1999 年
四川省川东监狱医院	一级甲等	2000 年	一级甲等	2000 年
四川省雅安监狱医院	一级甲等	1999 年	—	—
四川省眉山监狱医院	一级乙等	2000 年	一级甲等	2000 年
四川省至诚监狱医院	一级乙等	1999 年	一级甲等	2000 年
四川省女子监狱医院	一级乙等	1998 年	一级甲等	1997 年
四川省达州监狱医院	一级乙等	2000 年	—	—

在规划的具体实施过程中，由于涉及到资金、人员等诸多问题，加上部分单位情况有变，造成规划和实际存在差距。规划的 18 个监狱医院中，提前达标 2 个、按时达标 6 个、延后达标 6 个、未达标 4 个，比规划达标等级提高的 4 个。

五、四川省监狱管理局中心医院

省监狱局中心医院的前身曾是系统内的“清江农场”，1969 年，移交给省公安机关军管会新建为“五·七干校”，1972 年，经省委批准成立“四川省劳改职工医院”（又称 201 医院），1996 年，更名为“四川省金堂监狱、四川省监狱管理局中心医院”。医院建立后，原关押监区仍然保留。省监狱管理局中心医院位于成都市金堂县，占地22.6万平方米，建筑面积6.8万平方米，绿化面积达70%。

1999年1月，省监狱管理局中心医院被省卫生厅评定为“二级甲等医院”，核定编制床位250张，医护人员185人，医护人员占医院工作人员总数的70%；2003年5月，通过了成都市卫生局组织的国家二级甲等医院的达标复审。

2001年，医院抽调100名医护人员，在成都市双流县航空港开发区新建分院，分院对外名称为“四川省司法警官总医院”，实行二级法人管理体制。

2005年，全院拥有住院病床150张，设有临床、医技及艾滋病初筛检测等16个科室、4个病区，其中包括罪犯住院治疗的监管病区；全院共有医护人员190人，其中高级职称24人，中级职称75人。

六、罪犯医疗

20世纪90年代末期以前，因国家经济比较困难，四川劳改单位医院在缺医少药的情况下，为缓解矛盾，采取自力更生，采集野生药材加工，自制生产过药丸、药散、合剂、糖浆等中成药，自行加工中草药的单位有四川省苗溪劳改总队、雷马屏劳改总队、崇州劳改支队等，在当时的历史时期，既节约了资金，又起到了防治疾病的良好效果。

2005年，为做好罪犯的医疗工作，有病得到及时的诊治，省监狱局制定《罪犯医疗管理办法》《新收监罪犯体检暂行规定》等规章制度，对新入监罪犯完善了健康档案。罪犯在服刑期间患病实行三级医疗，患有疑难重症的罪犯，多数送司法警官总医院医治，受监狱医院条件限制或急诊，需要转院诊治的，经审批同意可以就近选择合适的地方医院。

第三节　日常生活卫生与传染病防治

一、日常生活卫生

公安部1982年下发的《犯人生活卫生管理办法》要求：“建立犯人生活卫生制度，定期安排犯人洗澡、理发和洗晒衣被；消灭虱子、臭虫；定期大扫除，监舍要经常保持整洁。要植树种花，绿化环境。”四川监狱系统按照相关规定及要求，认真抓好了罪犯的日常生活卫生工作，积极预防和减少疾病发生。

（一）软件和硬件设施建设

软件　不断加强罪犯日常生活卫生的宣传教育，注重罪犯良好生活习惯的养成和长效机制的建立；同时根据不断变化的新情况，建立和完善了《四川省监狱系统罪犯生活卫生管理办法》《罪犯生活物资供应站管理办法》等日常生活卫生管理制度，并采取强有力措施予以贯彻落实。

硬件设施　重点是搞好生活卫生基础设施建设，监狱不断加大罪犯监舍、生活用水、洗澡等硬件设施的投入。对资金需求量大，一时难以解决的问题，制定出了总体规划分步实施方案，千方百计筹措资金，逐项落实到位。特别是四川由于原生态自然环境遭到破坏，造成许多劳改单位供水系统受到严重污染，省劳改局从1991年开始在全省监狱系统分阶段对缺水的单位实施了生活饮用水工程项目，到2005年底，共投入2700多万元。采取修建储水池，净化水质、消毒、安装提升泵、接当地自来水公司管网等方式，彻底解决了全省监狱系统所有人员的生活饮用水供应。

在全面加强软硬件设施建设后，监狱生活卫生工作取得了明显成绩：罪犯的日常生活卫生管理规章和制度更加健全和完善，长效机制逐步建立；通过强化检查评比，使监管场所随时保持了清洁卫生；通过开展定期药物喷洒消毒，消灭病原微生物；通过加强饮食卫生和餐具管理，有效预防和减少了肠道传染病的发生；确保了罪犯有清洁卫生的饮用水，特别是有足够的开水供应；确保了罪犯能定时和按时洗澡、理发，特别是采煤、粉尘作业单位的洗澡问题解决得更好；确保了罪犯有洗晒衣被的场所，经济条件较好的监区、分监区，还购买了洗衣机供罪犯使用；通过勤洗衣被和罪犯个人卫生的改观，彻底消灭了虱子、臭虫等。

（二）日常生活管理

罪犯的日常生活卫生，是监狱每天都涉及的例行工作。四川监狱系统根据不同时期的工作要求做到了长抓不懈。1995年，四川监狱系统开展创建现代化文明监狱工作后，罪犯生活卫生工作制定了《罪犯食堂管理办法》《罪犯购物超市（小卖部）管理办法》《罪犯生活卫生管理办法》等一系列规章制度，监狱职能部门经常开展督促检查，省监狱局也不定期派出工作组深入所属监狱检查指导，对基层单位好的经验和具体做法，采取召开现场会等形式予以推广，促进了罪犯生活卫生工作规范化管理。为不断开创罪犯生活卫生工作新局面，省监狱局还在全省监狱系统开展对生活卫生工作检查评比。1997年10月，四川省川东监狱在生活卫生检查评比中获得99分，被授予全省监狱系统“省级卫生单位”称号。

图11－17　2002年7月10日，川东监狱监舍

四川监狱通过对罪犯生活卫生工作的强化管理，以及硬件设施的投入，使监管区的环境卫生、监舍卫生、罪犯个人卫生得到明显变化。虽然全省监狱的具体做法不完全一致，但都能根据单位财力和物力进行了全方位的综合治理：环境卫生做到了“三化四无”，即清洁卫生经常化、防疫消毒制度化、住地周围保绿化，无垃圾杂物、无污泥污水、无口痰、无蚊蝇；室内卫生做到了“四无四条线”，即无痰迹、无纸屑烟头、无灰尘、无异味，被褥叠放一条线、毛巾晾挂一条线、食具用具搁放一条线、鞋子摆放一条线；个人卫生做到了“四有三无”，即有毛巾、有牙刷牙膏、有口盅、有食具，无长头发、无长指甲、无虱子臭虫。

（三）美化环境

全省各监狱美化环境工作虽然发展不平衡，但多数单位较好，特别是在创建现代化文明监狱工作中，美化环境工作得到了有力推动。环境美化后不仅改变了监狱形象，而且有益于罪犯身心健康。四川省川东监狱、省女子监狱、崇州监狱等美化环境较好单位，还得到了当地社会部门的表彰。

从1986年开始，四川省川东监狱采取总体规划、分步实施的办法，逐步对狱区进行了绿化、美化和亮化。环境改善后，达到了春有花、夏有荫、秋有果、冬有青，使整个狱区呈现出一片绿树成荫、草坪泛绿、花香鸟语、生机盎然的景象。1986年，开始对办公区、家属区等进行绿化，并对2400平方米教学楼广场进行平整，然后建成平台、鱼池、假山和大量栽种花卉树木。1988年，在罪犯监舍区平整7200平方米的活动场所，修建大小花台72个、鱼池23个、绘制壁画127幅、培植花草818盆、木花果3252株。1990年，对罪犯生产区进行绿化，新辟绿化面积2400平方米，种植各类树木和花卉3000余株；同时改原有垃圾场为花圃，新修花台35个。由于四川省川东监狱的绿化成效显著，1991年，被监狱所在地大竹县绿化委员会评为“园林式”先进单位。1992年，全狱共新建大小花台146个、鱼池25个、绿化带26条，并在6号民警宿舍与狱部办公楼之间建起园林式小花园1个。1999年，全狱共种植观赏性草坪4500平方米，栽种小叶榕等200株，新添盆花200多盆，购买1万多株毛叶丁香绿化道路两旁和监舍区。2001年，投入资金16万元，对原有一些花草树木进行了更新换代，新增大盆栽雪松110盆、小盆栽月季等300多盆，新栽三叶针和黄桷树120株。

二、传染病防治

1986—2005年，四川监狱将性病、艾滋病、结核病、肝炎、霍乱等列为传染病防控重点；在具体工作中坚持“预防为主、防治结合”的方针，严防传染病在狱内暴发流行。

（一）预防、控制

1. 防疫体系与工作职责

四川监狱系统的防疫体系历来较为健全，并根据工作需要不断完善。各级防疫机构的职责明确，并尽可能做到细化。

2003年7月1日，省监狱局下发的《四川省监狱系统〈传染病防治法〉实施细则》规定：“四川省监狱管理局生卫处设防疫科，监狱医院设防疫股（办公室），监区配专（兼）职防疫人员，监狱系统防疫机构要主动与当地疾病控制中心衔接工作，掌握当地疫情动态，接受当地卫生疾病控制中心的业务指导。监狱防疫机构及防疫专（兼）职人员的主要任务：一是负责制定本单位卫生防疫方案供领导审定；二是负责本单位传染病疫情报告和管理的具体工作；三是负责传染病预防和控制措施的实施；四是组织完成上级卫生行政部门交给的传染病防治与监测任务。”

2. 预防与控制

1986—2005年，四川监狱系统切实抓好预防、控制传染病的卫生知识宣传普及工作。2001年，省监狱局根据省政府制定的《四川省预防和控制艾滋病1997—2010年规划》，结合四川监狱工作实际，制定《四川省监狱系统预防与控制艾滋病〈2001—2005〉实施计划》，扎实开展了疾病防控工作，有效减少或控制狱内传染病的发生。此期间，监狱无传染病暴发流行。

宣传教育 按照1989年2月21日国家颁布的《中华人民共和国传染病防治法》及相关要求，四川监狱系统首先抓好了预防、控制传染病的宣传、教育工作。各监狱在广泛利用黑板报、监狱办报、广播等广为宣传的基础上，定期或不定期开展传染病预防知识的普及。特别是2003年中国发生“非典”疫情后，省监狱局再次明确规定，在开展传染病防控宣传中，在押犯受教育面要达到100%。

强化防范 在传染病防控工作逐步实现制度化、规范化、常态化管理的同时，省监狱局及各监狱针对不同时期可能出现的阶段性疫情及时进行通报，并要求各基层单位落实好相关防控措施，力争不发病或少发病。1995 年 7 月 5 日，省监狱局根据卫生防疫部门预测，当年为发生肠道传染病的高峰年，及时通报了疫情信息，认真落实防疫制度，切实加强饮食卫生，严把病从口入关，杜绝了肠道传染病的发生。

2003 年，“非典”疫情发生后，省监狱局按照国家及省里的防范要求，结合监狱实际下发《四川省监狱系统“非典”疫情处置预案》《四川省监狱系统〈传染病防治法〉实施细则》《关于贯彻〈突发公共卫生事件应急条例〉实施意见》等。根据省监狱局的工作部署，各监狱认真落实相关防范措施，确保了监狱的平安。

处突预案 为及时处置监狱系统发生的疫情，省监狱局 2005 年制定相应的处突预案。包括：《四川省监狱系统突发公共卫生事件应急预案》《四川省监狱系统重大食品安全事故应急预案》《四川省监狱系统职业中毒社会性事件应急预案》《四川省监狱系统突发公共卫生医疗救援应急预案》等。并在省监狱局设有“四川省监狱系统突发公共卫生事件应急处置指挥部”；监狱也制定和设置了相应的处突预案和机构。一旦发生重大疫情，立即启动应急机制，迅速控制疫情。

1993 年 1—3 月，四川省华蓥监狱一大队伤寒病流行，45 名罪犯被感染。疫情发生后，监狱开展了大规模的突击卫生运动，对环境卫生进行清理和消毒；同时对可疑病人进行了严密的隔离治疗，让一大队全体人员及监狱医院中与病人有密切接触者共 1126 人连续三天服用了预防药，在 1200 人中进行了全程伤寒三联菌苗预防接种。1993 年 4 月底，所有病人全部治愈出院，无一例死亡。

疫情报告制度 1986—2005 年，四川监狱系统建立了规范的疫情报告制度，并做到了按时上报；各监狱的疫情报表或报告，在报省监狱局的同时还上报当地卫生防疫部门。2003 年 7 月 1 日，省监狱局下发的《四川省监狱系统〈传染病防治法〉实施细则》将疫情报告落实到了人头，具体是：“执行职务的卫生防疫、医疗保健人员为疫情报告责任人。经医院（所）负责人审定后的疫情报告（表），在规定时间内向上级和当地卫生防疫机构报告，并做好疫情登记备查工作”。

（二）检查与治疗

1. 检查

在罪犯中开展传染病检查，目的为早发现、早隔离、早治疗，预防传染病扩散。1986—2005 年，四川监狱对在押犯开展了不定期的传染病检查，检查面的大小根据实际需要和具体情况决定，其中大规模、全省性的检查主要为性病和艾滋病。对新入监罪犯，实行严格体检制度。从检查情况看，罪犯中的性病、艾滋病病毒感染主要是入监前所致。

性病 1986 年，国务院下发《关于坚决取缔卖淫活动和制止性病蔓延的通知》，1987—1990 年，在四川劳改、劳教单位中全面开展了性病检查。1995 年以来，在全省监狱罪犯中有针对性地开展了性病检查。

艾滋病 四川监狱系统于 1998 年开始对在押罪犯进行艾滋病病毒抗体检测工作，并分别在 1998 年对 22 个监狱、2000 年对 12 个监狱、2002 年对 3 个监狱在押罪犯开展了艾滋病病毒抗体检测。从 2005 年以后，按司法部、卫生部规定，对全省监狱所有在押罪犯进行了艾滋病病毒抗体普查。

2．治疗

无论是在集中检查还是在分散时段内发现的传染病患者，首先对病犯及时采取强制性隔离措施，然后进行相应治疗。对隔离治疗的传染病患者，要确定康复无传染后才可回原单位。

监狱关押罪犯居住相对比较集中，对于不同类型的传染病患者，四川监狱采取了多种措施进行预防。结核病、肝炎等常见传染病，一般为就地就近的原则实行隔离治疗；对治愈难度较大的艾滋病等传染病，则采取集中或相对集中的方式进行治疗，有效地防止了传染病的传播。

第五章 劳动改造

劳动改造是监狱改造罪犯的三大手段之一，它既不同于中华人民共和国成立前旧时代的苦役、劳役，也不同于一般社会公民的劳动，不仅具有法定性、强制性、矫治性特征，而且还要遵循以改造人为宗旨的原则。

第一节 组织劳动

一、劳动依据

1954 年，国家颁布的《中华人民共和国劳动改造条例》第四条规定："劳动改造机关对于一切反革命犯和其他刑事犯，所实施的改造，应当贯彻惩罚管制与思想改造相结合、劳动生产与政治教育相结合的方针"。

1994 年，国家颁布的《中华人民共和国监狱法》第六十九条规定："有劳动能力的罪犯必须参加劳动"；同时在第五十八条中规定："有劳动能力拒不参加劳动或者消极怠工，经教育不改的，以及在生产劳动中故意违反操作规程或者有意损坏生产工具的均可给予警告、记过、禁闭的处罚"。

二、劳动原则

从罪犯新入监开始，监狱在进行法律、政策、监规纪律等教育的同时，还注重对罪犯参加劳动法定性、强制性和纪律性教育。通过组织罪犯从事生产劳动，让罪犯逐步养成劳动习惯，学会生产技能，培养遵纪守法观念，矫正其好逸恶劳、腐化寄生、损人利己等恶习。再是罪犯学会生产技能后，为刑满释放就业创造了良好的条件。

四川监狱在运用劳动改造手段时，严格遵循以下原则：服从罪犯改造宗旨原则，与思想政治教育、文化技术教育密切结合原则，结合罪犯年龄、性别、身体强弱等原有技能实际情况等原则，评定劳动能力等级，科学下达劳动定额，同时抓好劳动保护和安全生产原则等。

第二节 劳动管理

一、组织方式

监狱根据设施设备、劳动项目、技术要求，以及罪犯技术培训和身体状况，合理安排劳动岗位。

采取主要措施：一是对具有劳动能力罪犯，无论其犯罪性质如何，入监前的身份、地位如何，都必须无条件地接受劳动改造；二是到什么地点劳动，到什么岗位劳动，都必须由监狱根据改造需要和所能提供岗位决定，即劳动地点、劳动岗位都具有指定性；三是参照社会企业工种制定工时定额；四是认真开展以安全操作知识、岗位技能，培养罪犯质量意识、效率意识、协作意识等为主体的岗前应知应会教育和岗位培训，鼓励生产过程中的互帮互学和以老带新；五是切实加强生产现场管理，防止罪犯擅自超越警戒范围，防止无关人员进入生产区域和和罪犯有不正当接触，防止违禁物品带入生产现场；六是对消极怠工罪犯以耐心教育转化为主，对故意损坏生产工具、产品、设备、设施的依法给予处罚；七是罪犯采取集中劳动作业，每天出工与收工必须清点人数，统一带出和带回。

1990 年 9 月 6 日，司法部印发《关于计分考核奖罚罪犯的规定》，四川监狱对罪犯实行管教、劳动认真考核，避免偷奸耍滑逃避劳动的情况出现。2003 年，监狱体制改革后，实行生产现场定置管理，在劳动安全生产上进一步规范了生产管理，加强劳动现场监控。规定：不允许罪犯从事高危行业作业；不允许罪犯不经培训上岗；不允许罪犯从事关键要害岗位作业；不允许带班民警不经培训上岗。做到了罪犯劳动“定岗、定员、定时、定域、定位，”安全生产设施完善，既调动了罪犯劳动积极性，又促进了监狱企业持续稳定发展。

二、劳动时间

四川监狱将预防罪犯超时超体力劳动作为经常性工作来抓，1995 年 6 月 14 日，司法部下发《关于罪犯劳动工时的规定》后，监狱认真执行此规定。1999 年 3 月 17 日，省监狱局下发《关于印发〈监管执法工作三严格、四必须、五禁止、六不准〉的通知》，进一步明确规定罪犯劳动时间每天 8 小时。罪犯参加劳动每周有学习时间，休息一天。元旦、春节、五一劳动节、国庆节期间，依法安排罪犯休息，严禁使用罪犯超时超体力劳动，维护了罪犯的合法权益。

第十二篇　劳动教养

1986—2005 年，全省劳动教养工作按照相关政策法规有序运行。认真贯彻“教育、感化、挽救”的劳动教养工作方针，全面提高劳动教养民警的政策法规意识，严格依法办事。全省劳教系统在劳动教养人员中实行分类管理、分类教育，争取地方政府和社会团体的支持，加大社会帮教力度。结合四川实际，举办劳动教养学校，创办劳动教养工作特色，探索封闭、半开放、开放三种管理模式，逐步走上“严格管理、依法管理、文明管理和科学管理”的轨道。积极规范生活卫生工作标准，完善了各类疾病的防控机制，切实保障了劳教人员的身体健康和合法权益。20 年间，全省劳教系统共收容、挽救劳教人员 13 万余人，为四川社会稳定做出了积极贡献。

第一章　管理体制

第一节　制度沿革

一、劳教制度变革

中华人民共和国的劳动教养制度正式创立于1957年8月，经第一次全国人民代表大会常务委员会第78次会议批准，国务院公布了《关于劳动教养问题的决定》，规定“劳动教养是对被劳动教养的人实行强制性教育改造的一种措施，也是对他们安置就业的一种办法”。当时制定的方针是“劳动生产和政治教育相结合”。

1982年1月21日，国务院批转公安部制定的《劳动教养试行办法》中规定：“劳动教养是对被劳动教养的人实行强制性教育改造的行政措施，是处理人民内部矛盾的一种方法”。劳动教养的方针是“对被劳动教养的人，实行教育、挽救、改造的方针，教育感化第一，生产劳动第二”。

20世纪80年代以前，劳动教养工作相关法律、法规制度不健全，劳动教养场所对劳教人员的所政管理没有统一、明确的模式，基本照搬对犯人的管理。1982年，公安部《劳动教养试行办法》颁布以后，所政管理工作有了明确的法律依据和总体原则。各劳教所管理工作也由传统的看守型、经验型向法制型、教育型转变，管理工作日趋规范。

1988年12月，司法部作出重大决策，决定劳动教养与劳动改造工作在管理体制上彻底分开。1992年，《劳动教养管理工作执法细则》要求，劳动教养工作要坚持“依法管理、严格管理、文明管理、科学管理”的原则。同年8月10日，《劳动教养管理工作若干制度》又颁布了包括安全管理、现场管理、分级管理、民主管理、中队管理、财务管理、档案管理等若干管理制度。1994年，围绕创建现代化文明劳教所的要求，全省劳教系统开始开展建设现代化文明劳教所示范大、中队活动，大力加强软、硬件建设。

2000年以后，全省劳教系统逐步建立健全了劳教人员奖惩听证制度和公示制度、劳教人员班（组）长民主选用制度。2002年，进一步对劳教人员的日常管理工作进行细化。从收容、班组长选用、民管会组成，到奖惩处罚、会见同居、信息员制度等全部管理工作都做出了更为明确的规定。自此，劳动教养所政管理工作实现了依法、严格、文明、科学管理。

二、机构变迁

1956年，四川省公安厅劳改局设立劳教处。1957年11月11日，经省人民委员会第94次行政会议决定，成立四川省劳动教养工作委员会。劳动教养工作委员会办公室设在省公安厅劳改局，负责日常事务，协调指导全省的劳动教养工作。1962年，省公安厅劳改局劳教处撤销，职能并入管教处。

1980—1985 年，全国劳动教养工作经历了管理体制的调整和改革。1983 年 5 月，中共中央、国务院决定将劳改、劳教的管理工作由公安部门移交司法行政部门。全国的劳教工作于 1985 年进入恢复发展时期。当年，四川省劳改局作出机构调整，增设劳教处。1995 年，撤销省劳改局劳教处，成立四川省劳动教养工作管理局。其后，省劳教局负责管理全省劳动教养工作。

第二节　所政管理

所政管理是劳动教养工作的一项重要工作。它是以场所内的劳教人员为对象，依据相关法律、法规，司法部部令规章的规定和要求，有组织、有计划、有步骤开展的行政管理活动。

一、所政管理机构

1985 年，全省 37 个市（地、州）属劳改、劳教单位收归省劳改局集中统一管理。设立劳教处，管理劳教所。1995 年，撤销劳教处成立省劳教局时，设立管理科（对外称管理处），负责全局所政管理的工作计划、制定管理制度、考核奖惩办法等工作，指导全省各基层劳教所的所政管理业务工作。各基层劳教所成立之初设立了所政管理机构（管理科）。

二、所政管理设施

全省劳教工作创立初期，所政管理设施较差，干部、劳教人员均住简易茅草棚和干打垒（一种简易的筑墙方法，在两块固定的木板中间填入黏土）房屋，各场所没有围墙、没有公路，缺乏现代化的交通、通讯工具。20 世纪 70 年代，小青瓦房取代茅草屋，各所建起了正规的劳教人员饭堂和干部食堂。70 年代后期，各所相继配置了专用于所政管理的小型汽车和摩托车。1995 年，全系统开始大规模地进行所政设施建设，截至 2005 年底，全系统完成了新一轮的布局调整，各劳教场所也完成了所政设施的新建、改建工程，所政管理区均建有围墙、监控室等设施，配备有警用车辆、对讲机、信息管理系统等工具设备。所政设施、设备和工具的完整配套，成为所政管理工作的基础，基本满足了工作的需要。

三、警戒护卫工作

警戒护卫工作是为了维护劳教所的场所秩序和安全而进行的警戒、护卫活动。全省劳教场所的警戒护卫工作分为武装警戒和警戒护卫两个时期。

1990 年以前，多数劳教场所的警戒护卫由中国人民解放军担任，后改为武警部队负责。1990 年 4 月，根据司法部“关于劳教场所建立警戒保卫队，承担劳教场所的安全保卫工作的决定”，所有驻所承担武装警戒任务的部队全部撤离。场所警戒由武装警戒改为警戒护卫，警戒护卫工作由所内民警担任。1993 年 7 月 30 日，司法部令第 26 号《关于加强劳动教养场所警戒工作的暂行办法》发布后，全省各劳教所相继成立了护卫队，配备了专职护卫民警，配置了一定数量的武器、警械、交通车辆等装备。警戒护卫队一般由管理科管辖，后成立了警戒科（大队），制定了警戒护卫组织的管理制度。

四、收容

（一）收容规模

1988 年，全省劳教场所的规划、布局调整告一段落后，共有 8 个劳教单位，设计收容规模 8000—10000 人。其中省属劳教所 5 个，分别为沙坪劳教所、新华园艺场（劳教所）、大堰园艺场（劳教所）、西山坪园艺场（劳教所）和省楠木寺女子劳教所；市属劳教所 3 个，分别为重庆市女子劳教所、自贡市劳教所和攀枝花市劳教所。

1995 年，省劳教局成立时，劳教场所结构和收容规模均未变化。直到 1997 年重庆设立直辖市，西山坪劳教所和重庆市女子劳教所划归重庆市。2000 年，完成四川省成都戒毒所新建和泸州市劳教所新建并投入收容，2003 年，新建成四川省成都少年教养所并投入收容。至此，全省共 9 个劳教所，其中省属所 6 个，分别为沙坪劳教所、新华劳教所、大堰劳教所、省女子劳教所、成都戒毒劳教所和成都少年劳教所；市属所 3 个，分别为自贡市劳教所、攀枝花市劳教所和泸州市劳教所。设计收容总量为 1.3 万人，至 2005 年底实际收容量已超过 1.8 万人。

四川省最早的劳教场所是沙坪劳教所，该所 1955 年 11 月建场时即作为收容劳教人员专场。1957 年 11 月，该所正式收容劳教人员。收容范围和对象根据国务院《关于劳动教养问题的决定》确定的“四种人”：不务正业，有流氓行为或者有不追究刑事责任的盗窃、诈骗等行为，违反治安管理、屡教不改的；罪行轻微，不追究刑事责任的反革命分子、反社会主义的反动分子，受到机关、团体、企业、学校等单位的开除处分，无生活出路的；机关、团体、企业、学校等单位内，有劳动力，但长期拒绝劳动或者破坏纪律、妨害公共秩序，受到开除处分，无生活出路的；不服从工作的分配和就业转业的安置，或者不接受从事劳动生产的劝导，不断地无理取闹、妨害公务、屡教不改的。

1985 年，全省收容劳教人员的范围和对象除依照《国务院关于劳动教养问题的决定》所确定的四种人外，另据《国务院关于劳动教养的补充规定》和《劳动教养试行办法》的规定，收容范围增加了“大中城市”和“铁路沿线”“大型厂矿”。又依据公安部、司法部《关于劳动教养和注销劳动教养人员城市户口问题的通知》规定，收容范围增加了“交通要道的城镇”。以后年代中陆续有新的政策规定出台和几次开展的“严打”斗争运动，收容范围和对象也不断调整、扩大、增加。1995 年初，全省劳教场所实际收容劳教人员 9000 余人。1999 年 9 月，按照司法部劳教局要求，增加了收容邪教人员的内容。到 2002 年，全省实际收容劳教人员近 1.8 万人，人员成分更加复杂，已出现“涉毒”“涉黑”“邪教”等特殊类型的劳教人员。2004 年 4 月，公安部制定的《公安机关办理劳动教养案件规定》对劳动教养收容对象进行了归纳、修改和补充，共包括 10 类人员，可处罚行为在 45 种以上。

1986—2005 年，全省共收容、挽救劳教人员 133579 名，比前 30 年，即 1955—1985 年总共收容、挽救的 119153 人，净增长 14426 人，增长率为 12%。

（二）收容管理

全省劳教工作从创立发展之初，不断建立健全场所的安全保卫制度。其中包括重大节假日的安全保卫工作；每周、每月召开安全会议、组织安全检查；建立劳教人员思想动态分析制度等。各基层大、中队对劳教人员改造情况进行旬报、月报，各所每季度汇总分析研究劳教人员思想动态，制定安全防范措施。

1992 年，全省各所建立处置突发事件的预案；1993 年，全省建立“三防”（防逃跑、防非正常死亡、防所内重大案件）工作月会制度；1995年，省劳教局党委将“三防”工作作为全省劳教工作的重点，并建立人防、物防、技防的“三防”安全体系；1996年起，在全省开展“百日安全活动”。劳教局制定了以强化队伍建设为关键、以行政管理为主，经济奖罚为辅的“三防”工作目标管理考核办法。20世纪90年代后期，“三防”工作进一步深化为“四防”（防逃跑、防非正常死亡、防重大所内案件、防重大生产安全事故），省劳教局制定了“四防”工作目标管理考核办法和“四防”工作目标责任书。2000年，全省劳教人员逃跑率为0.1%，所内案件发案率连续几年为零。2001年，全省有6个劳教所实现了“四无”。省劳教局连续两年（2000—2001）被评为“四防”先进局。全省劳教人员脱逃率从1985年的27%，降低为2005年的0.02%。全省共有7个劳教所实现“四无”（无逃跑、无非正常死亡、无重大所内案件、无重大生产安全事故）。

五、分类分级管理

劳教人员管理工作沿用原场所内的“三类人员”（即犯人、劳教人员、就业人员）中按性别、年龄、案情的不同情况，进行分类管理，并在此基础上实行分级管理。

（一）劳教人员的分类管理

劳教人员分类管理的主要做法是对新入所劳教人员、未成年劳教人员、女劳教人员、少数民族劳教人员等进行分类管理，其中女劳教人员和未成年劳教人员单独建所。各所成立了入所教育大（中）队，负责对新入所劳教人员的集中管理教育。新入所劳教人员集中管理教育的时间一般为1—2个月。

1992年5月，四川省收容了第一批戒毒劳教人员。为适应劳教强制戒毒工作需要，省劳教局统一规划、集中投资，陆续兴建5个劳教戒毒专所（队），并于2000年成立四川省劳教局戒毒医疗中心。在全国首创协议戒毒，5个省属劳教所获得了社会认可的“戒毒许可证”。各劳教所在劳教人员中广泛开展协议戒毒（由未脱毒瘾的劳教人员与劳教所签订协议，缴纳相关费用，在劳教所内戒断毒瘾。费用按当地物价部门批准的标准收取）。2000年，遵照司法部劳教局《劳动教养戒毒工作管理办法（试行）》的精神，从管理、治疗、教育、预防控制艾滋病等几方面加强了对吸毒劳教人员的挽救工作。至2005年底，全省累计教育、挽救吸毒劳教人员共42483人。

1999年9月，按照司法部劳教局的要求，全省劳教系统开始收容被决定劳动教养的邪教人员，承担收容任务的相关劳教所成立了专门的大（中队）。专管干警通过采取“四包”（包管、包教、包转化、包安全）、“四陪”（陪吃、陪住、陪学习、陪劳动）和“防三自”（防止自伤、自残、自杀）等多种管理措施和教育方法，教育转化了大批邪教类劳教人员。

（二）劳教人员的分级管理

1992年，开始在全省劳教人员中实施分级管理。根据劳教人员的现实表现分为普通管理、从严管理和从宽管理三级，各等级依据划分的标准分别编队（组），佩戴不同的标志，区别对待。不同管理级别的劳教人员依照规定可以享受不同的处遇（处遇指劳教人员的处置待遇）。

2005年底，开始在全省各所实行封闭式、半开放式、开放式管理模式工作。

三种管理模式是指对劳教人员依据考核的结果，结合其违法行为性质、恶习程度、劳教期限、社会帮教条件等具体情况，实行封闭、半开放、开放的管理模式。对不同管理模式的劳教人员采取不同的矫治方式，给予相应的处遇。

封闭式管理是对劳教人员所内活动范围、处遇予以严格限制的管理。管理对象为新收容的劳教人员、未经脱毒期的戒毒劳教人员、“三假”劳教人员、有重大犯罪嫌疑的劳教人员及其他不宜实行半开放式管理的劳教人员。新收容劳教人员封闭式管理时间不少于三个月，其中入所教育一个月，封闭式管理二个月，体现出“严”（管理上要严），“紧”（节奏上要紧），“满”（活动上要满）的特点，突出行为约束和行为养成，强化规范训练。

半开放式管理是对劳教人员所内活动范围、处遇予以较为宽松的管理。管理对象为经过封闭式管理，日常表现较好，思想稳定的劳教人员。半开放式管理劳教人员主要从事技能培训和习艺教育。以加强对劳教人员的管理、指导、疏导其心理及各种矛盾为主，掌握思想动态，开展好丰富多彩的业余文化活动，营造良好的氛围。

开放式管理是对劳教人员实施所内所外相结合的管理。管理对象为经过六个月以上半开放式管理，确有悔改表现，不致再危害社会，剩余劳教期限不足原决定期限三分之一，具备帮教条件的劳教学员。在管理工作上自我控制、自我约束，在教育上鼓励激励，在习艺上帮助劳教人员学会自主、自立。

六、劳教人员民主管理

根据《劳动教养试行办法》中“应当让劳教人员过一定民主生活”的规定，推行劳教人员民主管理办法。具体做法是在劳动教养场所大、中队建立劳教人员民主管理委员会，主任由民警担任，其余人员由劳教人员推举的表现好的劳教人员组成。设立纪律监督、学习宣传、生产安全、生活卫生、文娱体育等民主管理小组，在民警具体掌握下，让劳教人员参与一定的日常管理活动，过一定的民主生活。

七、考核奖惩

劳教工作各个时期考核奖惩的方式有所不同。劳教工作创立发展初期，主要参照对犯人的考核办法进行考核、奖惩。1982 年，《劳动教养试行办法》颁布后，对劳教人员的考核奖惩有了法定依据。其中：奖励分为表扬，记功、物质奖、减期或提前解除劳动教养等种类；惩罚分为警告、记过、延长劳动教养期限等种类。1983 年，全省开始试行百分考核，对劳教人员每天的改造表现以计分形式进行记载、考核，实行“日记载、周检查、月小结，半年评比、年终鉴定”。依据劳教人员的得分情况，给予缩短或延长劳动教养期限的奖励或惩罚。1993 年 3 月，省劳教委、司法厅制定了《关于审批延长劳动教养期限暂行规定》，进一步规范了延长教期审批工作。至 2005 年，全系统已建立了一套统一、完整、公正、公开的奖惩制度。

第三节　生活卫生管理

生活卫生管理涉及劳动教养人员在劳动教养期间的衣、食、住、行以及疾病的预防与治疗等各个方面。各劳教所在建所时设立了生活卫生科，专门负责对劳教人员的生活卫生管理、指导、考核工作。

一、设施建设

（一）生活设施建设

各劳教所建所初期，生活设施简陋。20 世纪 60 年代，劳教人员住房是利用山上的树木和茅草搭成简易草屋，睡的捆绑式木制两层通铺，无专有食堂。70 年代，对草屋进行改造，修建砖木结构的小青瓦平房，制作单人木制上下床。1982 年开始，将小青瓦平房改建为两楼一底的劳教住房，各劳教中队先后安装了烧水锅炉和自来水管。1983 年以后，劳教所各中队均建立了劳教人员专用食堂，配备了桌凳，与干警食堂分开。1985 年以后，全省各所完全淘汰通铺，新购置了双层铁床，一人一铺。各所相继统一了服装、被子等物品，建起了澡堂，生活设施得到大幅度改善。至 2005 年底，全省劳教人员住房面积为 56622 平方米，生活服务用房面积达 19029 平方米。

（二）医疗设施建设

各劳教所自建所起即建有医务室或卫生院、医院，配备有医护人员和基本的医疗器械、设备，以保障劳教人员在所期间的一般疾病治疗和基本卫生防疫需要。建所（场）初期，医疗设备简陋。

1995 年开始，加大了对各所医疗卫生工作的投入，更新、添置了医疗器械，招录了一部分医学院毕业生，还从地方医院引进一些人才。2000 年，各所逐步对原有设施进行更新。积极参与地方的定级创建达标工作，省女子劳教所和沙坪劳教所医院先后于 1998 年和 2004 年通过地方卫生管理部门颁证，达到一等甲级医院水平。2003 年，非典型肺炎疫情期间，全省劳教系统积极预先防范，严格落实防控措施，1 万余名在所劳教人员无一人感染非典型肺炎。各所积极参与地方爱国卫生运动，多年保持当地市、县命名的爱国卫生先进单位称号。

医院经过多年的建设与发展，医疗设施逐步完善。全省劳教所医院总体建筑面积达 11587 平方米，其中住院病床 252 张，医疗设施基本能满足日常医疗需要。

二、生活管理

（一）作息安排

20 世纪 80 年代以前劳教人员作息安排每天劳动 8 小时。1981 年，第八次全国劳改工作会议后，劳教人员的作息时间有了原则规定，开始实行“六三”制。规定劳教人员每天劳动一般不得超过 6 小时，保证有 3 个小时以上的时间接受思想教育和文化教育。劳教人员每天睡眠时间不少于 8 小时，还安排一定的文化活动时间。节假日按国家规定休息。所有劳教人员按年龄、性别等情况的不同，每月发放不同标准的零用钱。

（二）生活物资管理

1985 年，四川省劳改局下发《关于加强生活卫生管理工作的通知》，对犯人和劳教人员的伙食费标准予以调整。其中农业单位为每人每月 14—17 元，工业单位为每人每月 15—18 元。此后，劳教人员的生活费逐步提高。1995 年底，劳教人员的生活费为每人每月 70 元。在农忙时节、春节时给予一定的伙食补助。对少数民族劳教人员、患病劳教人员的生活给予适当照顾。

1985 年，劳教系统全面整顿时建立健全了伙食管理制度。1986 年起，各所把伙食办得好坏、伙食账目是否公布纳入中队改造、生产责任制百分考核的内容。1991 年后，严格执行《劳教人员生活卫生管理办法》的规定，保证劳教人员吃够标准、吃熟、吃得卫生。

1996 年，省劳教局制定《劳教人员生活物资管理制度》，对劳教人员生活物资管理在管理责任、进出库手续、盘存核对、外出采购、自产物资价格核定、报销手续等作了详细规定。

2000 年，劳教人员生活卫生设施得到全面改善，劳教中队安装了生活锅炉，修缮了劳教厨房及食堂。加强了劳教人员伙食账目和生活物资的管理，将中队的大、中、小食堂物资严格分开。严格执行司法部劳教局颁发的食物标准，提高和改善劳教人员生活。

三、医疗卫生管理

医疗卫生管理一直贯彻“预防为主”的方针，注重坚持开展爱国卫生运动，利用劳教人员休息日，搞好室内外清洁卫生。

1981年，各所大力开展爱国卫生运动，切实搞好个人和环境卫生，各中队逐步建立了卫生制度。1983年，各所在文明礼貌月中认真开展打扫环境卫生活动，比较彻底治理了脏、乱、差，为劳教人员创造了良好的改造环境。1987年，集中在室外空隙地带，种植花草树木，绿化美化环境，场所面貌有很大改观，花园式的学校在场所内出现。同时建立严格的劳教人员生活卫生制度，卫生工作纳入评分考核。

1995年后，各劳教所加大了对医疗卫生的投入，添置了医疗设备，引进了许多医疗技术人才，积极参加所在地的地方定级创建达标工作。至2005年，有两个劳教所的医院达到一级甲等医院水平。

第二章　教育矫治

第一节　入所、出所教育

一、入所教育

1984年，司法部《关于对新收劳教人员入所教育的安排意见》规定入所教育时间为两个月，内容为所规队纪教育、法制教育等，并开展队列训练。1990年5月，又下发了《关于认真做好新收劳教人员入所（队）教育的安排意见》。教育内容一是消除思想疑虑、端正改造态度；二是学习掌握劳动教养机关的性质、任务及其方针、政策；三是严格遵守所规队纪；四是认罪认错、接受改造；五是坦白检举，交清余罪；六是加速改造、争取光明前途。1993年，各所先后成立了入所教育中队。

2000年，根据《劳动教养试行办法》和《劳动教养教育工作规定》，入所教育内容定为：劳动教养法规、劳动教养工作的性质、任务、方针和政策教育；认罪认错教育；劳动和安全生产教育；劳教人员守则；生活规则教育和文明礼貌行为规范训练；反腐倡廉基础教育和坦检教育；队列、体能训练。入所教育使用司法部劳教局统编教材和各劳教所根据场所实际编写的补充教材。入所教育时间不得少于1个月。

2002年，主要内容是进行六大教育、六大训练，即法律法规教育、形势前途教育、认错服法教育、所规队纪教育、劳动安全教育、生活卫生教育；语言训练、行为训练、队列训练、内务训练、生卫训练、文明训练。入所教育使用司法部劳教局统编教材，时间为1个月。

2003年，省劳教局制定了《入所教育工作制度》。入所教育的时间为1个月，其中戒毒劳教人员入所教育时间不少于2个月。

新入所劳教人员必须进行入所教育，经考试、考核合格后才能转入建制中队，对不合格人员，要强化集训，并给予相应罚分处罚，因特殊情况不能参加入所教育的劳教人员，须由劳教所教育主管部门审查后，报主管领导审批。

在入所教育期间，劳教所应当根据“两公开、一监督”的要求，告知劳教人员在劳动教养期间依法享有的权利，应当履行的义务。通过入所教育使新入所人员了解、知道生产劳动安全知识、“百分考核”等所内常规管教规定；端正改造态度，树立积极改造的思想。入所教育结合当时社会实际，专门安排课时讲授吸毒的危害，艾滋病、性病等传染疾病的表现形式及预防知识教育。

入所教育使用司法部劳教局统编教材，结合劳教人员的思想实际进行讲授，入所教育须制定规范的入所教育大纲或教学计划，劳教所根据本所实际，将一个月的入所教育课时、内容、方式以天为单位，对教学内容进行分解、细化，并按大纲（计划）执行，授课不少于40课时。

入所教育结束后，分班组评议，管教民警对劳教人员在入所教育期间的表现做出鉴定。入所教育形成的包括劳教人员写的书面总结、自传、个人改造计划、鉴定等应装入劳教人员档案，入所教育结束后一并转给接收单位。

二、出所教育

1983 年以后，加强了对劳教人员的出所教育，要求各中队在劳教人员解教前 1 个月集中编组进行出所教育。为适应当时“严打”斗争的需要，对部分满教放回社会后，有危害社会可能的劳教人员实行留所 1—6 个月的考察，在考察期限内注重出所遵守法纪的教育。

1990—2002 年，出所教育的主要内容是进行思想、前途、遵纪守法、形势政策等。2003 年后，出所教育综合了法制、形势政策、就业教育、职业技术教育等多方面内容，使用司法部劳教局统编教材。

第二节 常规教育

常规教育主要有三个方面，即共同教育、分类教育和个别教育。共同教育主要指三课教育。

一、三课教育

1985 年，四川省劳改局下发《关于我省劳教场所办校的设想和意见的通知》。要求要按照劳教工作的性质，办出自己的特色，要从劳教人员的实际出发，把劳教场所办成改造违法犯罪青少年，造就新人的特殊学校。首先在四川大堰劳教所试点。开始推行“三课教育（思想政治教育、职业技术教育、文化知识教育）”体系，思想政治教育中着重加强对劳教人员的形势教育和前途教育，兼顾法律常识、社会主义精神文明建设、人生观和道德观教育；文化教育教材以《工农业余初等学校课本》（语文、算术）为主，班级设扫盲班、高小班和初中自学班；技术教育重点是做什么学什么，遵从“边学边做”的原则，侧重短期技术教育，以办培训班的方式，能者为师，互教互学。如从事农业生产的，以学农业技术为主；从事工业生产的，分别开设建筑、机修、采掘、水泥、家用家电、五金维修等培训课程。

1986 年，全省各劳教所普遍开展创办特殊学校工作，其教育内容的范围得以拓展，主要包括思想政治教育、职业技术教育和文化知识教育，简称“三课”教育。其中政治基础教育包括法律常识教育、思想道德修养教育、人生观教育、爱国主义基础知识教育和形势政策教育。“三课”教育是劳动教养学校教育的主要内容。其目的是让劳教人员回归社会后，利用在劳动教养期间掌握的技术，成为自食其力、对社会有用的人。

1987 年，各劳教所的所属中队教室，教研室、课桌凳等教育设施、教学用具配备齐全。1988 年，全省的文化教育课程中，增设扫盲班及初中班，课本增加了《工农业余中等学校初中课本》。1989 年为加强劳教人员文化建设，各所安装了卫星电视接收设备，丰富了中队民警和劳教人员的业余文化生活。

1987 年办成特殊学校时，教师队伍设置情况为政治教师由民警担任，文化教师由劳教人员担任，劳教所对担任文化教师的劳教人员从教学经验和知识两方面进行培训。1991 年，各所提倡由民警担任文化教师。此后，逐年从以各大中专院校接收毕业生，以充实教师队伍。

2000 年，坚持“立足改造思想，着眼解教就业、服务所内生产”的原则，贯彻理论联系实际，因人施教、着力改造的原则，加强劳教人员职业技术教育培训。培训结束后，经主管局或职业技术教育培训院校认可，由所部劳教人员职业技术教育培训指导办公室组织实施考核。考试合格者，劳教人员解除劳动教养时，由具备颁证资格的职业技术教育培训院校发给劳动部门统一印制的《职业技术培训合格证》，经职业技术等级鉴定合格者，发给相应的《技术等级证》。

2002 年，四川省司法厅、劳动和社会保障厅下发《关于进一步加强服刑在教人员职业技术培训的通知》，各劳教所相继开展了对劳教人员的电脑知识及操作培训工作。

二、分类教育

分类教育，主要指按照劳教人员不同罪错类型，或者按照在改造中表现情况差异，采取不同教育的方式。实际工作中，往往采用的是“抓两头带中间”的教育形式，对每一类人根据不同案情性质，进行有侧重的教育。1990 以前的做法是：对原系高级知识分子、社会知名人士、科长以上干部、职务较高的人员，由主管教育工作的所长召集座谈会或开会进行教育，集训人员的教育由教育股掌握；对反革命分子着重进行国内外大好形势、时事前途教育，破除其幻想变天的反动思想；对盗窃、流氓、诈骗分子着重进行社会主义道德品质教育，破除其好逸恶劳的思想；对人民内部犯法分子，着重进行社会主义的法制教育、社会主义经济建设的整体教育，使其认识错误、接受改造。1990 年后注重抓好对五种人的分类教育，分别是：班组长、值班员；“二进宫”以上人员；零星单独人员；重危人员、难改造人员；年龄在十七岁以下人员。

1992 年，分类教育系统开展，对财产型、滋扰型、性罪错型等类型人员分别采用司法部劳教局 1991 年编写的《财产型矫治课本》《滋扰型矫治课本》《性罪错型矫治课本》为主要教材开展教育，授课时间全年不得少于 50 课时。

2002 年，分类教育的实施逐步明确化，按劳教人员所犯案情性质分类编班，采取课堂教育为主、个别教育与开展多种教育活动相结合的方式进行，使用部局统编教材，全年总课时达到 50 课时。

2003 年，省劳教局出台《教育工作实施细则》，明确规定根据劳教人员的不同违法犯错性质、改造表现，将劳教人员分为若干类型，并选择不同的教育内容、方法进行针对性教育。

三、个别教育

个别教育是针对个体劳教人员的不同情况和特点，对其单独进行思想转化工作的教育形式。它是教育工作的重要形式之一，常用的方法有谈话法、帮教法、感化法、包教法等。

1985 年前后，民警队伍中大练“四知道”，开展了大量的个别谈话教育。各劳教所要求每个民警坚持每月不少于 10 人次的个别谈话，对分管的劳教人员三个月内做到“四知道”，并将个别谈话教育纳入民警月考核中。

1994 年 3 月，省劳改局要求各劳教所加强对难改造人员的个别教育，每月对每名难改造人员的个别谈话教育不得少于 4 次，并建立转化档案，作好记载。

2002 年后，对个别教育做了更深入细致的规定，要求所领导个别教育每月不得少于 2 人次，分管管教所领导不少于 5 人次；大队领导和管教民警个别教育谈话教育每月不得少于 7 人次；中队领导和管教民警个别谈话教育每月不得少于 15 人次；管教业务科室领导和管教民警个别谈话教育每月不得少于 3 人次。

第三节　社会帮教

1980年以后，各劳教所积极主动向地方党委政府汇报工作，争取社会帮教工作的支持。通过“请进来”“走出去”的方式，与党政机关、企事业单位、公安派出所、街道办事处以及劳教人员亲属普遍签订了“帮教协议”，开展形式多样、内容丰富的帮教活动。地方各级领导经常到劳教场所了解情况、指导工作、提供支持、慰问民警、看望和教育劳教人员，并帮助解决问题，党政工团和社会团体纷纷到劳教所慰问帮教，劳教人员接受教育挽救的积极性普遍增强，涌现了许多改恶从善的典型。

同时，积极探索教育改造工作“三个延伸”（向后延伸、向前延伸、向外延伸），推行试工、试农、试学的开放式处遇制度，即在符合现行劳动教养法规的前提下，按照规定的条件和审批程序，把少数表现好的劳教人员放回工厂做工、农村务农、学校上学，调动和运用社会力量对他们进行监督帮教，劳动教养场所跟踪考察。“三试”期间，劳教人员身份不变，表现好的可提前解教，违反规定的收所继续执行劳动教养，重新违法犯罪的依法惩处。

图12－1　2005年6月26日，原国足运动员马明宇（左一）参加四川省成都戒毒劳教所帮教活动

图12－2　2002年10月11日，成都市武侯区司法局法律工作者为成都戒毒劳教所劳教人员提供法律咨询服务

第三章　生产劳动及基础设施建设

第一节　习艺劳动

习艺劳动遵循“教育、感化、挽救”的劳教工作方针，转变生产经营思想，调整产业结构。在保障管教工作为主业的原则下，探索从“劳动锻炼”转变为“职业培训”的模式，力求让劳教人员在劳动教养期间学会一门职业技术，为其解除劳动教养后就业谋生打下基础，使之成为自食其力的劳动者，从而降低劳教人员重新违法犯罪对社会造成危害的可能性。

四川省的劳动教养单位大都由劳改单位变更而来，属于国营企业，在生产经营及产业结构、财务管理上较长时间采用计划经济模式。20 世纪 90 年代以前，大部分劳动教养单位设在经济欠发达的“老、少、边、穷”山区，劳教生产从建立之初就具有浓厚的地域特色，并继承劳改体制的管理模式。产业结构涵盖了众多门类，既有农、林、牧、副、渔，也有资源开采、机械、建材、建筑，还有劳务、加工、商贸等。在高峰时期全省省属劳教单位有农林生产土地面积 1.4 万余亩，其中粮食生产地 5000 余亩、果园 700 余亩、养鱼面积近 400 亩、茶树 7750 余亩、饲养生猪 3000 多头/年；有年生产能力 1.4 亿块的机制页岩砖厂 2 个，机械加工厂 3 个，年产能力 7 万吨水泥厂 1 座，年产能力上万吨的煤矿 1 座，总装机容量 900 千瓦、年发电能力超 1 千万千瓦时的水利发电厂 1 座。

改革开放后，国家对劳动教养的工作方针，从“劳动生产和政治教育相结合”转变为“教育、感化、挽救”。1984 年，劳教系统改变了“以粮为纲，以农为主”的经营思想，在以果茶为主、养殖为辅、多种经营并举新的生产经营思想指导下，逐步淘汰了传统农业。1986 年，省属劳教所从农场改建成为园艺场。

20 世纪 80 年代，劳教场所开始利用中央建贷、省财政周转金以及自筹资金，在劳教场所新建或扩建了沙坪建华水泥厂、沙坪制茶厂、新华建筑总公司、新华页岩砖厂、绵阳兰盾机器厂、大堰页岩砖厂、大堰饲料添加剂厂、西山坪铁氧体厂等。

1995 年，四川省劳教局成立后，在“以管教工作为主业”的政策指导下，随着财政保障体制的逐步完善，劳教生产的目的从经营转变为劳教人员今后就业、培训生产技能的习艺性劳动。为适应生产经营目的的变化，从 1984 年开始到 2003 年经过多次产业调整，淘汰了传统农业、采矿、所外劳务等产业，逐步形成了以建材、建筑、来料加工为主的产业结构。同时各劳教所针对劳教人员的特点和需求，与所在地的政府就业管理部门联合，逐步开办了汽车驾驶、电工、计算机、营销、家电维修、美容美发、厨师、建筑技工、缝纫、农业种植养殖、园艺园林等职业技术培训班。

第二节　经费保障及基础设施建设

1983 年，四川省劳教经费从劳改经济体制中脱离出来，开始在四川省财政单独建立户头。四川省财政逐步将劳教民警经费、劳教人员经费纳入国家预算，对劳教单位实行收支两条线、统收统支的财务管理和会计核算办法。

1998 年以后，中央和四川省下达劳教系统的基础建设投资逐年递增，用以改善劳教基础设施条件和优化场所布局。截至 2005 年底，国家财政预算内专项投资和中央其他专项投资达 14290 万元，落实地方配套资金和各劳教所自筹资金 6250 万元，建成四川省劳教局指挥中心、四川省成都戒毒劳教所、四川省新华劳教戒毒所、四川省成都少年教养所、四川省成都戒毒劳教所戒毒隔离中心、四川省女子劳教所改扩建、四川省新华劳教所戒毒大队扩建等劳教基础设施项目，共新建（改建）劳教单位基础设施和民警职工办公生活设施面积约 14 万余平方米。

第四章 劳动教养执行制度改革

中共十一届三中全会以后，劳动教养工作方针逐步进行了调整并推出举办劳动教养学校、创建现代化文明劳教所、创办劳教工作特色等改革举措。

第一节 劳动教养工作方针

1979 年 8 月 17 日，中共中央转发了中宣部等八个部门《关于提请全党重视解决青少年违法犯罪问题的报告》，该报告提出对劳动教养场所要加强领导，从干部队伍、管教方法上保障提高改造效果。中央的通知还明确要求对违法犯罪的青少年应着眼于“教育、挽救和改造”的方针。

1980 年 9 月，中共中央、国务院批转了公安部《关于做好劳动教养工作的报告》。该报告指出：“对劳动教养人员，必须实行教育、挽救、改造的方针”。1982 年 1 月，国务院批转的公安部《劳动改造试行办法》中，重申了上述方针，并提出要“教育感化第一，生产劳动第二”。

1981 年 6 月，中央政法委召开了五大城市治安座谈会，中共中央批转了五大城市治安座谈会纪要和彭真在会议上的讲话。彭真在讲话中指出：“我们对待他们中的绝大多数人，要像父母对待害传染病的孩子，医生对待病人那样，满腔热情、耐心细致的护理、教育、感化、改造他们。”“纪要”提出对劳教人员实行“教育、挽救和改造”的方针，并规定了“教育感化第一，生产劳动第二”的原则。

1982 年 1 月 13 日，中共中央发出的《关于加强政法工作的指示》指出：“劳教工作必须坚决实行教育、感化、挽救的方针，着眼于挽救。对失足的青少年，要像父母对待患了病的孩子，医生对待病人，老师对待犯了错误的学生那样”……把他们改造成为“遵纪守法，尊重公德，热爱祖国，热爱劳动，具有一定文化知识和生产技能的建设社会主义的有用之才。”

至此，针对劳动教养执行工作的“教育、感化、挽救”六字方针和对这个方针进行阐释的“三像”指示正式成型。

第二节 创办劳动教养学校

为配合落实 1981 年 8 月中央政法委召开的改进改造工作座谈会提出的创办“劳动教养学校”的设想，以及《劳动教养试行办法》第二章第七条中关于“办得好的劳动教养场所，经过省（自治区、直辖市）劳动教养管理委员会的批准，可以改名为劳动教养学校”的规定，四川开始了试办劳动教养学校的探索，并逐步建立起了办学机制。如成立校务委员会，设立教务处和政治、文化、技术研究室，配备专兼职教师队伍和必要的教学设施，制定出相应的办学实施细则，开展班级教学等。

1984 年 12 月，司法部在山东省第一劳教所召开了全国劳动教养工作经验交流会。这次会议着重研究了把劳动教养场所逐步办成教育人、挽救人、造就人的特殊学校等问题，系统总结了办学以来的经验成果，并提出了今后办学的目标和条件。1985 年 4 月 15 日，司法部劳教局印发了《关于举办劳动教养学校的试行方案》，从劳动教养的性质、任务和办学原则，试办劳动教养学校的条件和审批手续，劳动教养学校的管理机构，师资队伍，学员，课程、教材和班级划分，教学时间，教学制度，教学设施和经费，加强领导等十个方面对办学作了全面系统的规定。1985 年 6 月 11 日，司法部、教育部、劳动人事部又联合下发《关于加强对劳改、劳教人员文化、技术教育的通知》，从师资、教材、颁证、就业等方面为劳动教养场所办学提供了社会保障。

按照司法部的总体要求，省劳改局劳教处制定了办校规划。各劳教所筹建办校机构，设置校务委员会、教务处和“三课”教育教研室，配备师资队伍，添置教学设施，制订教学制度。在入所教育、常规教育、出所教育三个阶段中，结合共同教育、分类教育、个别教育、辅助教育与社会帮教等多种教育方式，重点着眼于解教就业，对劳教人员进行各类职业技术培训。劳动教养教育工作日趋课堂化、制度化、系统化和正规化。

截至 2005 年底，共建成省级优秀劳动教养学校 3 个，并推荐大堰劳教所为优秀劳动教养学校。

第三节　创办现代化文明劳教所

1994 年，司法部在全国司法厅局长会议上正式提出创建现代化文明劳教所的战略目标，省司法厅、省劳改局对工作进行了研究部署，提出了“硬件因地制宜，软件必须过硬”的创建要求，先后制定出台了全省“创建现代化文明劳教所实施细则及考核标准”以及“示范中队”“文明中队”“省级现代化文明所”的考核验收标准。省司法厅和省劳改局成立了创建现代化文明劳教所考核评审委员会和办公室，领导全省的创建工作。在具体实施过程中，采取了分步实施的步骤，以“示范中队”为基础，以“文明中队”为起点，采取逐步向省级、部级现代化文明劳教所标准进行整体推进。

1995 年 2 月，《国务院关于进一步加强监狱管理和劳动教养工作的通知》指出，“要按照加快建设，分期分批实施的原则，创建现代文明监狱和劳动教养所。”将创办现代化文明劳教所提升到国家层面。

各劳教所成立领导机构，拟定创建规划，召开动员大会，分步实施创建工作。

在队伍建设方面，以“三大工程”（加强队伍政治思想工作的警魂工程，提高队伍基本素质的栋梁工程和加强领导班子建设的火车头工程）为依据，开展素质教育、专业化教育培训和“四好”班子建设工作，目的在于提高班子的领导能力、队伍的基本素质和专业化水平。2001 年，全系统民警素质教育统考获全国第一名，省劳教局荣立集体二等功，并涌现出以司法部二级英模刘树安为代表的一大批先进人物群体。

在财政投入方面，四川省采取自筹资金和争取财政投资并行的方式，加大投入实施布局调整和改善基础设施条件。自重庆市直辖西山坪劳教所和重庆市女子劳教所划出四川后，全省相继在成都航空港地域建成了四川成都戒毒劳教所、四川成都少年教养人员管理所、四川成都矫治劳教所；沙坪劳教所由峨边县转移到眉山市；省劳教局指挥中心、省艾滋病性病防治中心、省女所邪教人员教转基地、沙坪彝族劳教戒毒大队、大堰所增容扩建、成都戒毒所康复中心、新华劳教所康复中心、省女所康复中心、省少教所康复中心等重点项目相继建成。

第四节　创办劳教工作特色

1981 年 8 月，中央政法委召开的全国改进改造工作座谈会明确提出创办劳教工作特色的要求："不要把劳教工作办成'二劳改'，要按照劳教的性质，办出自己的特色。"1982 年，国务院转发公安部《劳动教养试行办法》，在很多方面作出了区别于劳改，体现劳教特色的规定，如工资制、民主管理、休假准假、保留公职等。

一、全省劳教系统劳教工作特色探索

1989 年 7 月，司法部在大连市召开的全国劳动教养管理教育工作会议上初步提出创办劳教工作特色的总体构想。1990 年 10 月，司法部在山东省召开全国探索劳教工作特色经验交流会，会议总结大连会议后全国各地劳动教养机关探索劳教工作特色的新举措，明确提出创办劳教工作特色的总体构想和具体措施。

四川的劳教系统创办劳教工作特色，一方面主要围绕区别于劳改展开。探索诸如管教生产双承包制、劳动学习"六三制"（6 小时劳动，3 小时教育）、劳教人员百分考核制、劳教人员民主管理制度、"试工、试农、试学"、综合治理、联合帮教等改革举措，核心是劳教人员的管理模式；另一方面，围绕劳动教养的教育改造属性，举办劳动教养学校，采取一系列措施提高教育挽救质量，并通过各种活动展现劳动教养场所的校园式时代风貌。

四川省劳改局制定《四川省创办劳教工作特色十年规划》，明确了组织机构、指导思想、创办原则和工作思路，精心选择创办重点和突破口，在全省各劳教所全面铺开创建工作。各劳教场所贯彻执行党的劳教工作方针政策，遵照劳动教养法律法规规章的规定，以劳动教养强制性、行政性、教育改造性三大本质属性为基础，对劳动教养的执行制度进行了一系列改革探索。主要包括：一、在场所建设上，所容所貌和功能实现军营式、校园式和花园式；二、在教育上，以举办劳动教养学校为载体，实现教育工作课堂化、制度化、系统化和正规化，融入心理矫治的现代教育理念和电教化、多媒体教学等现代教育方式，拓展以解教就业为目的的职业技能培训等；三、在管理上，遵循依法、严格、科学、文明的原则，实行分类分级管理，落实等级处遇，推行民主管理、班组长民主选举制，开展了"三试"（试工、试农、试学），实行准、放假制度，探索劳动教养戒毒模式，2000 年后根据现代矫治理念探索出封闭式、半开放式和开放式三种管理模式；四、在生产劳动上，突出劳动的矫治功能和习艺功能，开展职业技术培训和就业培训，实行计件工资制和低工资制；五、在执法监督和维权上，为劳教人员提供了法律咨询法律援助，实行"两公开一监督制度"，对涉及劳教人员的减期、延期、所外就医、所外执行等重大执法活动和奖惩事项，推行了劳教所所务公开制度；六、在队伍建设上，民警队伍由经验型向教师型转变，加强队伍的革命化、专业化、正规化建设，开展了

大规模培训民警队伍的工作，目的在于提高队伍的整体素质。

2002 年，司法部党组再次提出创办劳教工作特色，逐步改革和完善劳动教养制度。2003 年 11 月，司法部召开全国劳教办特色工作座谈会，进一步提出使劳动教养执行方式与劳动教养性质协调一致，使劳教工作的手段和目的协调一致，从而全面提高教育挽救质量，预防和减少违法犯罪的要求。

2004 年 12 月，司法部党组提出关于进一步深化劳教办特色，推进管理工作改革的意见。这个意见的指导思想包括三方面的内容：一是劳教管理工作改革应当以“三个代表”重要思想和党的十六届四中全会精神为指导，树立科学发展观，坚持以人为本，贯彻“教育、感化、挽救”的方针，体现劳教工作属性，以保持场所安全稳定为前提，努力提高教育挽救质量。二是通过半开放式管理模式、课堂化教育、习艺劳动、生活卫生工作四个重点，进一步规范三种管理模式，提升教育工作水平，发挥劳动的矫治功能，保障劳教人员的身体健康，为改革完善劳动教养执行方式提供实践基础。三是坚持理论与实践相结合、继承与创新相结合的原则，将劳教管理工作改革作为下一阶段劳教工作的重点，进一步扩大试点范围，推广成功经验。

劳动教养管理工作改革的主要内容包括：一是以半开放式管理为重点，根据劳教人员罪错性质、现实表现、执行期限和社会帮教条件，逐步规范封闭式、半开放式和开放式三种管理模式，充分发挥管理教育矫治功能；二是以课堂化教育为主导，完善教育内容和方法，提升教育工作的科学化水平；三是加大习艺性劳动比重，培养劳教人员的一技之长，为其解教就业谋生奠定基础；四是规范劳教人员生活卫生标准，加强对各类疾病的预防与控制，完善劳动教养戒毒工作模式，切实保障劳教人员的身体健康。

截至 2005 年底，四川省各劳教场所普遍健全完善了三种管理模式的运行机制；课堂化教学规范化、制度化，全省实现了电教化、多媒体教学；劳教人员习艺劳动完全实现了由室外向室内转变，较普遍地实行了低工资报酬制。各劳教场所选择的微机、园艺、理发、电器维修等具有习艺性的劳动项目，帮助劳教人员矫正恶习的同时，也为劳教人员解教后谋生就业作准备。规范了劳教人员生活卫生标准，健全了生活卫生管理制度，完善了各类疾病的防控机制，保证劳教人员有病得到及时治疗，有效控制了流行性传染疾病的传播，切实保障了劳教人员的身体健康和合法权益。

二、各劳教所劳教工作特色探索

在创办劳教特色工作中，各劳教所结合劳教工作面临的新情况、新问题和新要求，结合收容对象的特点和自身工作实际，在教育挽救的广泛领域探索了一系列新理念和新举措。

（一）省沙坪劳教所

省沙坪劳教所地处凉山彝族地区，主要收容彝族劳教人员，在长期的教育挽救实践中，广大民警执行党的民族政策，尊重民族的宗教和风俗习惯，坚持民族平等和民族团结原则，实行专管专教，适当照顾，维护少数民族劳教人员合法权益，取得了较好的教育矫治效果。

（二）省新华劳教所

省新华劳教所在邪教劳教人员教转和“艾滋病”劳教人员专管工作中，积极探索个别教育的新方法，在劳教人员中普遍实行了“周记”制度，即劳教人员将民警的教育和自己的感受每日记入统一制发的周记本，以此激发劳教人员参与教育过程的主动性和积极性，也便于教学双方考察劳教人员接受教育挽救的全过程。这一措施受到劳教人员的普遍欢迎，劳教人员视“周记”为自己重要的精神财富，作为自己反省提高的一个重要途径，收到了较好的效果。

（三）省女子劳教所

省女子劳教所针对女性劳教人员多患性病的特点，专门组建了性病治疗中心，全员定期进行体检，开展对淋病、梅毒、尖锐湿疣等性病的治疗，治愈率达到85%以上。20世纪末期以来，省女所承担了教转女性邪教劳教人员的任务，针对女性邪教劳教人员特点，民警们研究出“五心”（真心、爱心、耐心、诚心、恒心）教育法，严格要求、真心关爱、耐心教育、细心照料、诚心挽救。该所先后教育挽救了1300多名邪教劳教人员，转化率达90%以上，最高时达到97.8%。同时，该所还为地方培训教转干部1000多人，组织转化典型300人次。2001年，该所被中央组织部、中央宣传部、中央政法委、公安部、民政部、人事部、国务院防范和处理邪教问题办公室国家七部委评为全国同邪教作斗争先进集体，2002年司法部为该所荣记一等功。

（四）省成都戒毒劳教所

成立于21世纪初期的四川省成都戒毒劳教所，依托成都大专院校和科研单位的师资和科技资源，在戒毒实践中探索出了在全国有一定影响的“三期”（生理脱毒期、心理康复期、社会调适期）、“九段”（急性脱毒阶段、生理戒治阶段、身体康复阶段、意志训练阶段、心理矫治阶段、心理康复阶段、所内调适阶段、所外适应阶段、社会考察阶段）戒毒模式，每个期、段相辅相成，密切联系，涵盖了整个劳教戒毒工作的全过程。同时还设立后续照顾的“回归家园”计划，建立戒毒咨询热线电话，设立“美好人生”网站，开办戒毒治疗咨询门诊，开放志愿（协议）戒毒医院，并组织专门人员进行跟踪、监测、援助。

第十三篇　司法行政队伍建设

1986—2005 年，四川省司法行政系统十分重视干部队伍的建设，不断加强政治理论学习和业务培训，深化干部人事制度改革，不断开展同各种不良倾向的斗争，纠正行业不正之风，努力建设一支政治坚定、业务精通、作风优良、执法公正的集司法行政公务员、法律服务人员、监狱劳教警察为一体的高素质司法行政队伍。

第一章　干部人事管理

第一节　机构沿革

一、省司法厅机关机构沿革

1980年4月，省司法厅的筹备工作已大体就绪，中共四川省委决定省司法厅宣布成立并开始办公。5月1日，省司法厅以川司发〔1980〕第1号文发出通知宣布“四川省司法厅1980年5月1日正式建立”，内设机构有：宣传教育处、公证律师处、法院处、计划财务处、人事处、办公室。1983年，省司法行政机关进行机构改革，省司法厅撤销计划财务处、法院处、人事处，分设法制宣传处、法学教育处、公证管理处、律师管理处、人民调解处（有关法院管理工作移交省法院，后该处又改为基层工作处），研究室、政治部和纪检组、办公室不变。1984年1月30日，四川法制报社成立，由省司法厅代管。1985年1月，经四川省编委会同意，省司法厅行政财务处改为计划财务装备处。1985年1月10日，省委同意省司法厅政治部按二级局规格设置机构和配备干部，原厅政治部下设的五个科改为4个处：秘书处、组织处、干部处、老干处。1985年1月30日，四川省经济律师事务所成立，由省司法厅直接领导。

1985年2月，经省司法厅党组同意，并报经省委政法委员会备案，四川省法学会成立了刑法学、劳改法学和民法、经济法学研究会。该三个研究会为法学学术组织，不单独发展会员，不配备专职干部，由干事组成干事会，推选总干事、副总干事。

1985年8月5日，四川省第二律师事务所成立（1989年2月6日更名为四川省律师事务所），由省司法厅直接领导。1986年9月20日，省司法厅决定设立审计处。同年10月17日，经四川省工会批准成立了首届四川省司法厅机关工会委员会。1988年3月1日，由司法厅提议，报省编制委员会批准，同意成立四川省科技律师事务所和四川省对外经济律师事务所，是年10月7日，省司法厅以司发函字〔1988〕第253号文，同意建立四川省科技律师事务所和四川省对外经济律师事务所，由四川省司法厅单独组建，并直接领导和管理。

1988年4月19日，由省司法厅提议报省编委会批准，成立四川省公证处，由省司法厅直接领导。该年9月22日，省司法厅监察处成立；9月30日，省行政律师事务所成立，由省司法厅直接领导，不配专门编制。10月31日，四川省法医学技术鉴定委员会成立，受省司法厅领导。1988年12月4日，撤销原省法制宣传教育领导小组及其办公室，成立四川省法制建设领导小组及其办公室。1989年5月6日，成立四川省国际经济与司法交流中心，主要任务是从法律方面促进四川对外经济贸易和技术合作的发展，由省司法厅直接领导。

1991年6月7日，省司法厅党组决定成立关心下一代工作委员会。1992年11月23日，四川省编委，批准成立四川省海峡律师事务所，由省司法厅直接领导。1995 年 4 月 18 日，省编委同意四川法制报社由差额拨款转为自收自支事业单位，实行独立核算，自负盈亏。1996 年 3 月 5 日，四川省政府办公厅下发《关于印发四川省司法厅和四川省监狱管理局职能配置、内设机构和人员编制方案的通知》。省司法厅内设机构有办公室、劳动教养工作管理局、教育处、法制宣传处、律师工作处、公证工作处、基层工作处、法制处、行财处、审计处、政治部（内设宣传处、组织处、人事处）、机关党委、监察处、离退休人员工作处。行政编制 252 人，其中厅长 1 名，副厅长 4 名，政治部主任 1 名，机关党委书记、纪检组长按省编委规定配备。为拓展法律服务工作，成立了省司法厅仲裁处、四川省法律援助中心和四川省外商台商投诉中心办公室。1997 年 4 月 3 日，经省委政法委函告省新闻出版局对《四川法制报》社的管理体制进行调整，由原省委政法委主管，省司法厅代管，变更恢复为省委政法委主管主办。1997 年 8 月 25 日，省委组织部撤销省纪委驻省司法厅纪检组，建立“中共四川省司法厅纪律检查委员会”。

1997 年 3 月，重庆直辖后，省司法厅积极配合调整四川司法行政系统编制。11 月 13 日，省司法厅向省编委上报了关于四川省司法行政系统编制划转重庆直辖市的请示，12 月 3 日获批准，划出的司法行政单位有重庆、万县、涪陵、黔江 4 个市（地）司法局；监狱系统有重庆监狱、新胜监狱等 7 个监狱和重庆少管所、重庆新犯转运站；劳教系统有西山坪劳教所和重庆女子劳教所。

1997 年 8 月，根据中组部原则同意“撤销各省（区、市）司法厅（局）党组，建立司法厅（局）党委”的意见，省司法厅党组报省委同意，将司法厅党组改建为中共四川省司法厅委员会，并明确了厅党委的职权、领导关系（领导省监狱局党委、省劳教局党委、省政法管理干部学院党委、厅所在地直属单位党委）、厅党委产生办法。1998 年 1 月 4 日，省司法厅印发了《四川省法学会职能配置、内设机构和人员编制方案》的通知，根据通知精神法学会设 4 个部室：办公室、会员管理部、法律服务部、学术工作部，编制 14 名，其中专职副会长 1 名（副厅级）。

2000 年 4 月，省司法厅机关进行机构改革，至 10 月底顺利完成。机构改革后的省司法厅机关设有 10 个职能处室和政治部（含组织宣传处、人事警务处）及机关党委（含党办）、厅纪委、四川省监察厅驻厅监察室、四川省外商台商投诉中心办公室、离退休人员工作处。厅机关行政编制为181 名（含省劳教局机关、省法学会），其中厅长 1 名，副厅长 3 名，政治部主任 1 名；厅机关党委书记和厅纪委书记按省委规定配备，处级领导职数 50 名。

二、省监狱管理局机构沿革

1984 年 6 月 16 日，省委川委〔84〕4 号文件确定省劳改局为二级局，局长副厅级，副局长正处级，比省厅低半格，名称为“四川省劳改局”，其在工作范围内独立行使职权，单独行文，也可与省级有关厅局联合发文，有关问题可直接上报省政府和省委政法委员会，可参加省级有关部门召开的全省性会议。1985 年 1 月 31 日，经省司法厅党组同意，四川省劳改局机构改革调整如下：局机关（含四川滨江企业公司）设置 14 个部（处、室、组）；《新生报》社由管教处长或副处长兼总编、副总编；局机关党委分党组成员兼书记，配备处级干部任专职副书记，机关党委办公室设在政治部。

1985 年 7 月，省委办公厅转发省司法厅《关于进一步改革和完善我省劳改劳教工作管理体制的请示报告》，明确：实行对全省劳改、劳教单位人、财、物由省劳改局集中统一领导的体制；增强企业活力，简政放权，建立劳改劳教单位党委，由所在市（地、州）委统一领导；按省局二级局的级别，由有关部门在发文、参会、办事等给予相应待遇和照顾。9月，全省劳改劳教工作会召开，会议就各市（地、州）司法局劳改处（科）的管理作出了改革：明确这些处（科）是劳改局领导下负责原所属劳改、劳教工作的管理机构，也是司法局的一个工作部门；对处（科）干部的管理，正副处长、科长由劳改局与司法局商定，暂报原审批机关任命；处（科）内一般干警的进出，在系统内的由处（科）审查，司法局审批，非系统内的，经司法局审查报劳改局审批；处（科）的编制、经费、资产，单独立户，由劳改局集中统一管理。

1993年7月，省司法厅党组报请省委同意将四川省劳改局分党组改建为四川省劳改局党组，进一步加强了对基层劳改劳教单位党委的领导。同年8月，省司法厅党组下文各市（地、州）司法局，作出各地要帮助协调劳改劳教工作的决定。

1994年8月，根据《司法部关于统一规定监狱管理机关和监狱名称的通知》精神，全省原“××劳动改造管教总（支）队”统一规范为“××监狱”，省劳改局规范为省监狱管理局。

1996年，监狱、劳教所停止使用以前因保密、生产、经营等需要而设置的厂（场）名和代号，一律改定为监（所）名，过去没有冠辖地名的加冠了所在地名。同年，四川省政府办公厅下发了《关于印发四川省司法厅和四川省监狱管理局职能配置、内设机构和人员编制方案的通知》。省监狱管理局内设机构为办公室、政治部、政策法规处、狱政管理处、教育改造处、生活卫生处、煤炭处、生产处、劳动工资处、计划处、财务处、科技处、审计处、警用装备处、国有资产管理处、机关党委、监察处、离退休人员工作处，行政编制303人。

1997年12月，根据省委组织部复函，省司法厅为加强监狱管理，撤销省监狱管理局党组，建立中共四川省监狱管理局委员会。

2000年7月29日，四川省监狱管理局根据《四川省人民政府办公厅关于印发四川省监狱管理局职能配置、内设机构和人员编制规定的通知》，按要求完成局机关的机构改革工作。11月，省委机构编制委员会、省委纪律检查委员会、省监察厅批复：为适应党风廉政建设和反腐败斗争任务的需要和认真履行纪检监察职能，同意设置省监狱管理局党委纪委和局监察处（实行两块牌子，一套班子，合署办公），纪检监察机构的编制从省局机关编制内调剂，并设监狱局纪委书记1人，副书记2人（1人兼任监察处长），监察处副处长1人。

三、省劳教局机构沿革

1994年10月，根据省机构编制委员会批准，撤销四川省劳改局劳教处，成立四川省司法厅劳动教养工作管理局，同时组建劳动教养工作管理局党组。经省司法厅党组研究决定，劳教局为正县级单位，核定编制50名，领导职数4名，其中局长1名，政委1名，副局长2名。局机关设政治处（副县级）、办公室、管理教育室、生产财务室、纪检监察审计室，并确立了劳教局的主要职能。

1998年4月，厅党委报省委组织部同意撤销省劳动教养工作管理局党组，建立中共四川省司法厅劳动教养工作管理局委员会。

2001年7月9日，省司法厅印发了《四川省司法厅劳动教养管理局职能配置内设机构和人员编制规定》，省厅劳教局设政治处（副县级）、办公室、研究室、管理科、教育科、生活卫生科、生产计划科、财务科、监察审计室，其中科室对外称相应处。省司法厅劳教局机关行政编制为36名，其中领导职数正处2名，副处3名。

四、法律服务机构沿革

1988 年 9 月 21 日，四川第一个合作制律师事务所重庆市平正律师事务所成立后，省司法厅派出 20 多名处（科）级干部组成的调查组赴成都、重庆、绵阳等市（地）进行调研，推广平正律师事务所勇于改革的经验。

1993 年，律师事务所由国资所改为自收自支事业单位，原主任、副主任和律师，凡属由省司法厅派任的干部，到干部退休年龄时，按干部政策办理退休，享受省司法厅机关同职级干部待遇；对于自愿继续从事律师工作的干部和后进入律师行业的人员，按纯事业单位人员政策处理。

1994 年，根据司法部《关于深化律师工作的改革方案》要求，四川省律师体制改革全面展开，国资律师事务所逐步转为合作所。在公证改革方面，1992 年，省司法厅下发《关于当前公证改革的意见》，1993 年，乐山市公证处在全省第一个由国办改成事业单位，受到司法部首肯，在全国宣传推广，随后公证改革在全省全面推开。

司法所隶属县（市、区）司法局，司法所工作人员编制为司法行政编制，属于中央政法专项编制序列，其工资、人事关系在县（市、区）级司法局，司法所所长为副科级别，司法所的司法行政人员正规编制为每所 3 人以上。

乡、镇、街道办事处在开展法律服务之初没有设立专门的司法所，有的乡、镇、街道设有司法科、司法办，但其编制为地方公务员编制，不属于司法局在编人员。1980 年，开始设立法律服务所，其人员由县司法局在编干部（即司法行政编制人员）派驻，称为司法助理员，有的法律服务所没有司法助理员，就由司法局聘用人员担任；1997 年，司法所开始挂牌，但司法所国家编委没有列编，故司法所没有司法所所长，只有法律服务所主任，法律服务所、司法所主要从事法律服务、法制宣传工作；2003 年，司法所开始列编，司法所所长职务列编，根据中央精神，司法所所长、派出所所长、法庭庭长为副科级待遇，2004 年部分司法所和法律服务所开始分家，司法所开始从事调解委员会指导管理工作、协助政府调处重大疑难纠纷工作、协助政府开展普法依法治理工作、对刑满释放人员开展安置帮教工作、管理监外执行人员社区矫正工作等行政管理方面工作。

第二节　领导班子建设

省司法厅积极深化干部人事制度改革，规范对各级领导干部的任用和管理。狠抓“一把手”工程，注重思想政治建设，选准配强各级领导干部，加大领导干部的交流力度，同时做好年轻干部和后备干部的选拔培养和管理，增强了各级领导班子的凝聚力和战斗力。

1985 年 10 月 16 日，省司法厅根据省委组织部《关于健全后备干部制度的实施办法》，对选拔后备干部的比例、年龄、学历以及选拔、培养和使用作了具体规定。从 1987 年 4 月开始，省政法管理干部学院、省劳改系统、省劳教系统党委（组）按1∶2的比例确定后备干部并建立了后备干部档案，坚持每年都对培养管理情况进行考察、分析，实行动态管理，同时坚持调整领导班子均从后备干部中选拔的制度。到 1995 年，四川省司法行政系统已建立起后备干部库，其中，正县级后备干部 62 名，副县级后备干部 345 名，新提拔的县处级干部中后备干部占 60% 左右。

1990—1999 年，根据省委组织部的部署要求，从省直机关抽调处以下干部到基层定点帮县。省司法厅先后抽调了30多人到射洪、古蔺、合江等县定点帮县。此举为锻炼培养和使用后备领导干部创造了条件，又提高了干部在基层工作实践中处理各种复杂问题的能力，强化了机关与基层的联系。1999年夏，古蔺县发生山体滑坡自然灾害，省司法厅积极组织捐款8万元。这一系列工作受到了基层领导和当地群众的赞扬。

1993年2月28日，全省组织工作会议提出，在全省县级以上领导班子中开展以“学习、团结、勤政、廉洁”为内容的创“四好”活动。为此，省司法厅先后下发了《关于全省司法行政系统县以上领导班子开展“创四好”活动的通知》《关于贯彻中共四川省委“关于进一步加强县以上领导班子思想政治建设的意见”的意见》《四川省司法行政系统建立健全县（处）级领导班子思想作风建设的五项制度（试行）的通知》，并要求各地各单位将作风建设的执行情况每年年终报厅党组。这些制度要求，对全省司法行政系统的领导班子建设起到了积极的推动和规范作用，也成了领导干部学习班、后备干部培训班的必学内容，成了各级领导干部的自觉行动。五项制度是：县（处）级领导班子思想作风建设定期分析制度；上级党组织派出党员领导干部参加下级单位党员领导干部民主生活会制度；领导干部谈心谈话制度；领导干部个人重大事情报告制度；领导干部回复上级党组织摘转群众反映本人重大问题制度。

这些制度规定共涉及领导干部廉政、勤政、工作、生活等方方面面的要求27项。1994年3月，省司法厅印发《关于建立厅管干部党风廉政档案的试行意见》，就促进领导干部转变作风，加强班子队伍建设作出规定。是年9月，省司法厅印发《关于在省属劳改劳教单位逐步实行党委领导下的监狱长（所长）负责的领导体制的意见》，正式拉开全省监狱、劳教单位领导体制改革大幕。全省各省属监狱、劳教单位逐步推开监狱、劳教行政首长负责制。其主要举措是：党政职能分工，党委处于政治核心地位，监狱长在党委领导下对监狱工作行使指挥权，对党委负责；党委的组成人员，同单位党政领导组成，原则上监狱长任党委书记，副监狱长、纪委书记、政治处主任应进党委任委员；监狱领导职数按级别定为5—9人，不设政委、副政委序列（当时《监狱法》中没有明确设政委的相应规定，但在1996年10月，司法部印发《监狱劳教工作人民警察政治工作条例》（以下简称《条例》）中，对监狱劳教单位设政治委员、副政治委员作了明确规定，政治委员在同级党的委员会领导下，负责政治工作。副政治委员协助政治委员工作。按照这个《条例》，在全省监狱劳教系统普遍得到了执行）；政治处是党委和行政的政治工作机构；建立健全新的领导体制的工作制度；其他在工作中探索，重大问题报厅党组备案。

此举对适应社会主义市场经济体制要求，加强和完善党对监狱、劳教工作的领导，加速文明监（所）创建发挥了积极作用。1994年底，司法部召开政治工作会，四川省司法行政系统抓选好配强“一把手”、加强领导班子核心建设的经验，在大会上作了交流发言。1995年11月21日，司法部常务副部长张秀夫到川考察监狱、劳教工作，肯定了四川省司法厅抓班子建设工作的做法。1995年，省司法厅制定了《四川省司法厅党组议事规则（试行）》。

1995年6月，省司法厅党组下发《关于抓紧做好选拔优秀年轻干部工作的通知》，对各级领导班子的年龄结构作了明确规定，其中劳改劳教单位正职中40岁左右的干部应达到1/5，其领导班子中35岁左右的干部至少要有1名；建议地方党委，市（地、州）司法局领导班子，至少配1名40岁左右的干部，县（市、区）司法局领导班子至少配1名30岁左右的干部；厅及两局机关的内设处、科中层机构，要配上1名30多岁、40岁左右的领导干部。改进和加强后备干部人选，主要在40

岁左右和35岁以下的干部中选拔后备干部，并按11∶21的比例落实后备干部名单。每年安排一定数量的年轻优秀干部到基层单位挂职锻炼。担任县处级领导职务的，要有两年以上基层工作经历。在贯彻执行中，省司法厅坚持“四化”方针和德才兼备原则，配套建立健全了年轻干部上挂下派任职交流制度，推荐了一批优秀年轻干部到省内外改革发展势头好的监狱、劳教所交流挂职，学习锻炼。截至1995年底，四川司法行政系统副处以上领导干部年龄结构为：35岁以下24人，占3.52%；36—45岁178人，占26.14%；46—55岁347人，占50.95%；56岁以上132人，占19.39%。到2005年全省司法行政系统副处以上领导干部年龄结构为：35岁以下19人，占3.11%；36—45岁272人，占44.59%；46—55岁290人，占47.54%；56岁以上29人，占4.76%。

为了探索领导干部选拔任用机制，拓宽选任用人渠道，省司法厅还进行了“公选”领导干部的尝试。1995年，在省委组织部部署下，公选了1名副厅长。省监狱系统公开选拔了五马坪监狱监狱长。

1996年初，省司法厅召开政治工作会议，交流领导班子创“四好”的经验。南充市、凉山州司法局被市（州）委评为“四好”领导班子，省司法厅党组表彰了监狱、劳教所一批“四好”领导班子，成都市司法局连续三年获市委、市政府目标管理先进单位，省司法厅1995年、1996年均超额完成目标任务，受到省政府通报表扬。

在考察调整领导班子工作中，坚持把选好、选准、配强“一把手”放在首要位置，把选拔对象的文化知识、理论基础、工作经历、履职业绩、精神状态、利益关系、生活爱好、个人情操、社交圈子、家庭环境等弄清把准，把真正能出大思路、干出大事业的品质优秀的干部选拔为“一把手”。

民主评议领导干部。评议领导干部在贯彻执行党的路线、方针、政策和改革、开放，开创新局面中的工作实绩和思想作风。听取群众意见，坚持领导与群众相结合，评议考察干部个人与评议考察领导班子相结合。在群众评议的基础上，由党委和上级部门进行考察，综合分析，对干部作出正确、全面的评价。充分肯定干部的主流和工作成绩，明确指出其不足和今后努力的方向，鼓励积极向上争先。认真听取干部群众的意见，也要听取被评议干部的意见，群众评议的意见和党组织的意见，都要同本人见面。县级以上党员领导干部民主评议按照述职、评议、反馈、整改四个环节进行。

第三节 干部职务任免、交流

1995年，省委下发《党政领导干部选拔任用工作暂行条例》，规定了党政领导干部选拔的基本原则、基本条件、工作程序和纪律，强化先考察后任用、走群众路线、党委（党组）集体讨论决定任用干部的三个关键环节。1999年，省司法厅还制定施行《四川省司法行政系统单位主要负责人离任经济审计办法》及领导干部谈话制度，加强了对领导干部的监督。2002年，中央颁布了《党政领导干部选拔任用工作条例》（以下简称《条例》），为进一步细化《条例》的执行和实施，2004年8月，省司法厅党委印发了《中共四川省司法厅委员会关于贯彻执行〈四川省选拔任用党政领导干部考察工作试行办法〉的实施细则》，在选拔任用领导干部过程中省司法厅认真贯彻《条例》及其他配套制度，确保选拔任用干部的质量，加强对选拔任用干部工作的监督，做到“五个坚持”：坚持党的干部政策；坚持先考核后任用；坚持走群众路线；坚持集体讨论；坚持选拔任用干部的程序，同时注重完善领导班子结构，重视优化组合，增强整体效能。

1995—2005 年，省司法厅共选拔任用副处以上干部 1500 余人，没有出现因用人失察失误造成严重后果的情况，他们带头做学习、团结、勤政、廉洁的表率，领导班子的凝聚力、战斗力、创造力不断增强。

1995 年 3 月，省司法厅党组就司法行政机关、两劳单位县处级领导干部交流工作制订下发了《中共四川省司法厅党组关于做好领导干部交流工作的试行意见》。干部交流的范围和重点是：在两劳单位任现职满两届的，在厅、局机关担任现职较长且未在两个处岗位工作过的，需要回避的等，先期重点是管人、管钱、管物、管项目的县处级领导；干部交流的方法和要求：平级调动，上下级机关、兄弟单位之间相互交流，每年交流不超总数的 20%。全省司法行政系统开始实行干部交流制度。该制度进一步深化了干部人事制度改革，为激发干部开拓进取精神，提高干部素质克服消极腐败现象打下了基础。

2003 年 4 月 24 日，省司法厅政治部下发《关于厅机关处级干部轮岗交流、调整补充的实施意见》，要求厅机关主要管人、财、物的处长、副处长，任现职满 5 年以上必须轮岗或交流。该实施意见还对轮岗或交流的基本原则、领导职务改任非领导职务、提拔担任处级领导职务应当具备的基本条件和资格、晋升处级非领导职务的资格条件、交流任职、干部调整补充工作的纪律作了规定，领导干部交流制度得到进一步的完善。

第四节　干部监督

1985 年 11 月，省人民检察院党组在凉山州雷马屏劳改总队、重庆永川新胜劳改总队、雅安芦山苗溪劳改总队设立驻狱检察院，并将工作逐步推开，在四川一般劳改、劳教场所开始组织派驻检察组，以加强对“两劳”单位的监督检察和对民警执法管理的督促。

1993 年 8 月，省司法厅制定《四川省司法厅关于廉洁自律的若干规定》，并要求各地司法局、省政法管理干部学院、省劳改局参照规定，制定具体的廉政建设措施，切实加强司法行政系统的廉政建设和队伍建设。

1994 年，省司法厅在厅机关县（处）级以上领导干部中开展了廉洁自律自查自纠工作，查处了一些严重违法违纪的案件，干部职工增强了信心和参与意识，认真落实党风廉政建设责任制，初步形成了反腐败氛围。

1995 年 3 月，省司法厅就贯彻《关于坚决防止和纠正选拔任用干部工作中的不正之风的通知》向省委组织部报告：在干部选拔任用中坚持干部政策、坚持考核任命、坚持群众路线、坚持按程序办理、坚持集体讨论决定；1992—1994 年共选拔县处级干部 352 人次，科级 96 人次，这些干部“能以身作则，严于律已，带头实干，表现了领导才干，为司法行政改革发展作出了贡献”。同年，省司法厅建立了县处级以上领导干部收入申报制度，以加强对领导干部的监督。

1997 年 1 月，省司法厅印发《四川省司法行政系统党风廉政建设责任制实施意见》，对司法行政系统的党风廉政建设进行百分考核。按照“谁主管，谁负责”的原则抓好落实。以推动廉政工作规范化、制度化，强化对党风廉政建设的考核。组织全系统干警特别是领导干部认真学习和领会

《中国共产党党内监督条例（试行）》和《中国共产党纪律处分条例》，树立正确的权力观、地位观、利益观。

2003年，根据省委办公厅、省政府办公厅《关于进一步加强落实党风廉政建设责任制的通知》，由省司法厅纪委、监察室组织3个工作组分赴23个市（州）司法局、监狱劳教单位，对2003年党风廉政建设责任制落实情况进行抽查。在廉政工作中，一是各地中共党委均非常重视，党风廉政责任制落到实处，各单位层层签订党风廉政建设目标责任书；二是领导干部的廉洁自律意识进一步增强，通过民主生活会、党组织生活等加强对领导干部的监督；三是加强制度建设，强化监督制约机制，对群众关心的干部任用、财务管理、工程建设、罪犯管理等群众关心的热点问题，加强了规范化管理，工作的透明度和公开度得到增强；四是进一步加大纠正部门和行业不正之风的力度，制定《干警体罚虐待罪犯责任追究办法》《对罪犯违规行为的处理规范》等规章制度，加强了对法律职业人员的教育管理；五是广泛开展党风廉政建设宣传教育活动，印发《四川省监狱系统执法执纪警示录》等，提高了干警的思想水平和拒腐防变能力。

1995年，全系统处理违法违纪人员226人，其中刑事处罚13人，行政处分186人，党纪处分27人，到2005年，全系统处理违法违纪人数下降到146人，下降35.8%，其中刑事处罚8人，行政处分129人，党纪处分9人。

第二章　干部教育培训

第一节　干部教育

通过坚持政治学习制度、开办理论学习骨干培训班、专题学习研讨班等方式，对干警进行政治理论教育，把思想统一到建设有中国特色社会主义理论上，提高贯彻执行党的基本理论、基本路线、基本方针、基本政策的自觉性、坚定性。

一、理论学习

（一）邓小平理论学习

1980—1995 年，省司法厅组织全省司法行政系统学习中共十二大、十三大、十四大精神以及邓小平视察南方重要谈话。建设有中国特色社会主义理论是这一时期政治理论学习宣传的主要内容。在学习中，坚持领导干部带头学，各级中共党委（党组）书记亲自抓，组织广大干警职工联系各自的思想和工作实际，开展学习讨论。省司法厅党组书记厅长曾宪章作了全系统关于建立社会主义市场经济的专题辅导报告。全省司法行政系统组织广大干警职工充分认识邓小平理论的历史地位和指导意义，不断增强学习的自觉性。特别是通过坚持不懈地用邓小平理论武装全系统，强调转变观念、解放思想、锐意改革，突破了以计划经济和市场经济划分社会主义与资本主义观念的束缚，解决了长期姓“资”姓“社”的思想困扰。厅党组及时提出破除计划经济时期的“四重四轻”的思想观念，即重计划经济，轻市场经济；重管理、轻服务；重制约，轻放开；重吃大锅饭，轻拉开档次。围绕司法行政工作如何为建立社会主义市场经济提供全方位、多渠道更有效的法律服务问题，提出了两个方面的贯彻意见：一是全厅职工要认真学好社会主义市场经济理论，凡是符合这个理论的，就要大胆去干、去试；二是要围绕社会主义市场经济的建立，明确司法行政工作的改革任务。要求进一步深化公证、律师体制改革，扩大法律服务领域，积极介入一些新的经济领域。抓好机关改革，实行“小政府，大服务”，转变职能，精干人员，提高办事效率。

（二）“三讲”“三个代表”重要思想学习

1995 年 11 月 18 日，中共中央总书记江泽民在北京考察工作时发表了在对干部进行教育中要强调讲学习、讲政治、讲正气的重要讲话。

1996 年，中共十四届六中全会作出决定，对县处级以上领导干部进行一次以讲学习、讲政治、讲正气为主要内容的党性党风教育。四川省司法行政系统按照中共四川省委、司法部的要求，在省司法厅党委精心部署下，积极认真组织广大司法行政干警，特别是县处级以上领导干部，采取党委（组）中心组学习、个人自学、集中辅导、小组讨论等形式，深入学习江泽民总书记重要讲话，深刻领会其精神实质，强调抓好“三讲”教育是当前党的建设的重中之重。这次为期3年的教育活动，发扬了延安整风精神，采取自上而下和分期分批进行，以及党内的批评和自我批评相结合的方式，使全系统党员尤其是领导干部受到了一次深刻的党性党风教育。

2000年2月25日，江泽民在广东省考察工作时，从全面总结党的历史经验和如何适应新形势新任务的要求出发，首次对“三个代表”重要思想进行了全面的阐述。

2001年，江泽民在庆祝中国共产党成立八十周年大会上发表重要讲话，再次全面系统地论述了“三个代表”重要思想。中共十六大把“三个代表”重要思想正式明确为长期坚持的指导思想和行动指南。省司法厅及时下发了认真学习中共十六大精神，认真学习“三个代表”重要思想的通知。各级司法行政部门在省司法厅党委的统一部署下，高度重视，制定出了详细的学习计划，要求在学习宣传过程中组织广大干警职工深刻理解“三个代表”重要思想的科学内涵和精神实质，增强贯彻实践“三个代表”重要思想的自觉性和坚定性，坚持理论联系实际，牢固树立“立党为公、执政为民”的指导思想，一是联系自己的思想和工作实际，按照“三个代表”重要思想的要求找准存在的不足，切实转变工作作风；二是坚持联系司法行政发展的实际，解放思想，实事求是，积极探索和研究司法行政工作改革发展的各种重大问题，努力维护国家政治稳定和社会稳定，为改革开放和经济建设服务；三是联系领导班子和队伍建设的实际，把党的作风建设提高到党的生死存亡的一件大事来抓。同时按照“三个代表”重要思想的要求，密切联系司法行政的实际，全面加强司法行政系统党的建设，特别是基层党组织的建设。

（三）科学发展观理论学习

2004年以后，省司法厅组织司法行政系统主要学习了中共十六届三中、四中、五中全会精神和中共中央总书记胡锦涛系列重要讲话，把十六届三中全会提出的“树立和落实科学发展观”的重要理论逐步成为这一阶段政治理论学习宣传的主线。在省司法厅党委的统一部署下，坚持党委中心组的学习制度，开展了处级以上领导干部树立落实科学发展观，提高构建社会主义和谐社会能力的专题培训，深刻理解科学发展观的内涵，把抓全面协调可持续发展和坚持以人为本，维护好人民群众利益的成效作为衡量领导干部工作实绩的重要标准。在贯彻“科学发展观”过程中全省司法行政系统开展了“法律服务和法律援助为构建和谐四川服务”主题实践活动。主题实践活动把“坚持科学发展观，构建和谐四川”的要求贯穿于主题实践全过程，同时把化解矛盾纠纷维护社会稳定作为首要任务，坚持利民惠民，坚持服务经济建设保障经济发展，使全省司法行政系统构建和谐社会的能力得到进一步提升。

二、法律和法纪教育

1986—2005年，四川司法行政系统在法律和法纪教育中坚持凡与司法业务相关的法律、法规等均作为重点学习内容，纳入业务学习范围。将《国家公务员暂行条例》《中华人民共和国人民警察法》《中华人民共和国监狱法》《中华人民共和国行政复议条例》《中华人民共和国国家赔偿法》《中华人民共和国律师法》《公证暂行条例》《四川省公证条列》等印制成册，基本达到相关人员人手一册。特别是中共十五大决定实行依法治国、建设社会主义法治国家后，一大批法律、法规修改和颁发，成为新的学习内容。

三、职业道德教育

1986—2005年，先后开展了“学英模、学先进”活动，用孔繁森、徐虎、徐洪刚、梁强、马生贵等的先进事迹教育干警。1994年12月起，在全系统开展了“树立司法行政良好形象”大讨论。1996年以贯彻中央政法委“三条禁令”、司法部“八个禁止”以及省司法厅党组提出的“八条禁令”为主要内容的行为规范教育，收到较好效果。1997年9月，省司法厅党委决定组织全系统先进集体、先进个人事迹报告团，在17个市（地、州）和省级机关做巡回报告24场，听众达万人以上，用本系统、身边人、身边事教育大家，使广大干警学有目标，查有镜子，做有样子，受到广大干警热烈欢迎，引起强烈反响。

第二节　干部培训

一、培训规划

1986—2005年，省司法厅着力提高干部队伍的政治素质和业务素质，强化基层干警队伍培训，抓好领导干部知识结构调整，努力建设一支政治可靠、业务过硬、掌握现代科学文化知识的高素质干部队伍。

1986年10月24日，省司法厅印发了《全省司法干警培训规划》，制定了1986—1990年全省司法干警培训的任务、轮训渠道和主要措施，提出用5年时间，采取多种形式、多渠道把需要轮训的干部基本上轮训一遍。1986—1990年，全省司法行政系统完成岗位业务培训51167人次。1991年，省司法厅印发《四川省司法行政系统教育培训工作“八五”规划》，提出的培训任务包括政治理论培训、法制建设理论和专业法学习、岗位培训、学历教育和继续教育。岗位培训的目标是“九类”干部到1995年完成轮训一遍。学历教育的目标是到1995年末，大专以上文化程度要在原有27%的基础上提高13个百分点，达到干部总数的40%以上，其中地（市）司法局长从53%提高到70%；县（区）司法局长从39%提高到55%；律师从65%提高到80%；公证员从42%提高到60%；劳改劳教干警从22%提高到35%；司法助理员从13%提高到25%。1991—1995年，完成政治理论培训18166人次，初任培训1550人；岗位培训4.01万人次；学历教育方面有2567人获毕业文凭，其中大专以上2190人，中专377人。

1996年6月，省司法厅印发《四川省司法行政系统教育培训工作“九五”规划》（以下简称《规划》），其主要任务包括切实加强干警队伍的政治理论教育、学历教育、岗位培训、各类短期培训、继续教育、院校教育、社会法律教育。《规划》还分别对各类教育提出了要求，其中在学历教育方面的目标是：大专以上学历民警总数由36.2%提高到50%；司法助理员大专以上学历提高到50%；专职律师、公证员法律本科学历达50%；科级警察中60%达大专以上学历；省监狱局、劳教局、监狱、劳教所两级领导中大专以上学历达80%。岗位培训方面，坚持“先培训后上岗”，到2000年前完成司法行政系统55岁以下公务员80%以上接受过适应性专业培训。1996年至2000年完成政治理论培训14346人次，初任培训4972人次，任职培训1915人次，岗位培训52748人次，继续教育37674人次。2000年，省司法厅制订下发《四川省司法行政系统2000—2005年教育培训规划》，提出用5时间在全系统全面实施政治素质和业务素质教育，搞好任职培训、强化岗位培训、开展学历教育以及抓好专业技术干部的终身化继续教育。2000—2001 年完成系统干警轮训一遍的任务；2000—2002 年全面开展学历教育，全系统 45 岁以下干警必须全部达到大专以上文化水平；取得中级职称以上专业技术任职资格达到 18%。2001 年至 2005 年完成政治理论培训 113406 人次，初任培训 4216 人次，任职培训 5548 人次，岗位培训 75303 人次，继续教育 35276 人次，举办各类培训班 6821 期。

二、领导干部培训

1986—2005 年，全省司法行政系统培训主要分中央一级培训和省、地级培训。

（一）中央一级培训

1986 年 7 月，省司法厅选派厅机关（含直属律师事务所）5 人参加了中国政法大学举办的《民法通则》专题教育培训。1993 年 1 月、7 月，省司法厅先后选派全省各市（地、州）司法局长分两次共 12 人参加司法部组织的司法局局长岗位培训班。1994 年，司法部委托中央政法管理干部学院举办了第四期全国司法局长岗位培训班。四川省共 12 名市（地、州）的司法局长参加了培训。同年，省委组织部制定了地、厅级在职领导干部到中央党校、省委党校学习进修计划，先后有 6 人参加进修学习，其中：

1995 年上半年，省司法厅厅长曾宪章到中央党校进修二班学习，5 名副厅级领导按计划参加了中共四川省委党校的培训。1998 年 8 月，省司法厅派出 1 人参加了中央统战部在北戴河举办的统战工作理论培训。1999 年，按照司法部《关于举办第十三期全国地（市）司法百安培训班的通知》《关于举办全国司法行政系统第十四期地（市）司法局局长培训班的通知》，选派 4 名市（地、州）司法局长到中国政法大学培训。

2002 年，省司法厅认真完成司法部调训任务，抽调 17 名市（地、州）司法局长、2 名副局长参加了司法部举办的为期 20 天的西部地区地、市司法局长培训班；抽调 32 名监狱长、8 名劳教所长参加了司法部举办的研修班，选派 4 名厅级干部参加司法部厅、局级干部理论研讨班；选派 4 名厅级干部参加省委组织部举办的全省厅、局级领导干部 WTO 知识与基本规则研究班。通过学习转变了观念，开阔了视野，提高了理论水平和宏观决策能力。

2003 年 3—11 月，省司法厅先后选送 45 名副监狱长级以上领导干部到中央党校、省委党校和司法部培训班参加脱产学习，在 5 月和 9 月干部又分两次选送了 10 人参加司法部组织的地（市）司法局局长、政治处主任等领导干部培训班。

（二）省、地级培训

1985 年 10 月，经中共四川省委批准，市（地、州）党政机关领导干部和省级机关部（委、厅、局）级干部为主的领导干部法律知识培训班，分别在中共四川省委党校和省级机关党校同时开学，培训班由省司法厅、省法制宣传教育办公室与省委党校和省级机关党校主办。培训班先后办了 9 期，共计培训市（地、州）党委书记、副书记，正副市（州）长，行署专员，人大常委会正副主任 511 人；省部（厅、局）长一级负责干部 450 人；处科以上宣传骨干 201 人。

1988 年 3 月，四川省政法管理干部学院举办首期民族班，为少数民族地区培训司法局长 42 人，同年 6 月结业。自 1990 年 5 月 28 日始到年底，中共四川省司法厅机关委员会在厅直事业单位正副处级干部和厅机关正副处级司法检查员中持续举办了四期哲学班，32 人参训，进一步加强了厅机关领导干部的理论修养。

1991年3—6月，省司法厅选派两名正处级领导干部参加省级机关党校马列主义理论学习班，学期三个月。6月，省司法厅举办了全省司法行政系统第一期县（区）司法局长研讨班，首批研讨班共65人参加。

1992年，省司法厅在温江县举行为期10天的“二五”普法骨干培训班，市（地、州）司法局政治处，两劳单位政治处负责人共100人参加了培训。培训内容是学习《宪法》及有关法律法规。

1993年，举办了有55名副处级以上的领导干部参加的“学习《邓小平文选》第三卷”学习班和有250余名各级领导、理论骨干参加的三期“学习社会主义市场经济理论”研讨班。9月8—17日，全省156个县（市、区）的司法局长和15个市（地、州）司法局政治处主任171人在温江参加了培训。这次培训是四川省司法行政机关恢复重建以来规模最大的一次县级司法局长业务培训，培训内容包括队伍建设、律师管理、公证业务、法制宣传、社会主义市场经济理论等。

1994年，省司法厅举办了3期92名监狱支队领导干部参加的《邓小平文选》第三卷学习班。1996年9月，省司法厅举办了全省第三期县级司法局长培训班，培训计120人，以提高政治业务素质和领导管理水平为目的，主要学习江泽民“七一”讲话和《中华人民共和国行政复议法》等新法律法规，交流工作经验。

2003年3—12月，省司法厅选送4名处级干部参加中共四川省委党校省级机关分校组织的第40、41期处级干部培训班。2004年，11名司法行政厅、局级干部和157名县（处）级干部参加省级机关社会化选学；5名厅、局级干部参加省委组织部的专题调训和研修班。

三、业务培训

从1986年起，全省司法行政系统有组织有步骤地进行了以政治理论、法律政策、专业知识、岗位技能为主要内容的本岗位专门业务培训和更新知识培训，以进一步适应四川省司法行政事业发展的需要，20年中比较重要的业务培训如下：

1987年9月，经省司法厅研究决定组织司法行政干警依托函授进行在职轮训，以解决工学矛盾，充分利用函授教育遍布18个市（地、州）的优势，加快培训步伐，保证培训计划的按时完成。

1988年1月，省司法厅为少数民族地区司法行政干部举办了培训班，首批调训达60人。同年8月，由省司法厅报经省教育委员会批准，由四川省政法管理干部学院举办法律大专全脱产的“专业证书”班，学制一年，经考试合格第一期录取学员有108名。1989年1月，为加强全省司法行政系统政工干部队伍建设，提高政工干部的政治业务素质，省司法厅组织开展了全省各市（地、州）司法局和劳改、劳教单位政工干部第一批次培训。10月，又组织开展了第二批次培训。1月，省司法厅委托华西医科大学举办法医学大专“专业证书”教学班，教学班为全脱产学习，为期一年，首期在政法系统内招生42人。5月，经省教委函复同意、省司法厅批准，省政法干部管理学院在有成都市举办法律大专“专业证书”校外班，学习采取半脱产形式，为期一年半。7月，省司法厅委托西南政法学院举办法律专业成人高教“专业证书”教学班。教学班学制一年半。1989年秋，面向川东、川北地区司法系统招生100人。此后，省内各地区政法干校如涪陵、内江也相继举办了法律中专“专业证书”班，培训法律专业中等人才。

自1991年春季开始，省司法厅委托省自考委在全省范围内开考法律专业本科阶段自学考试，以进一步适应改革开放和两个文明建设对高层次法律人才的需求。1991年9月19—25日，四川省法制建设领导小组在成都金牛宾馆举办市（地、州）领导干部“二五”普法学习研讨班，各市（地、州）司法局负责“二五”普法的领导干部和法制宣传骨干60多人参加了学习研讨。1995年10月，根据工作需要，经省司法厅研究决定，成立四川省司法厅技术工人技术等级岗位考核办公室。考核办设在厅政治部干部处。1996年4月，省司法厅选派了重庆、泸州、万县、内江司法局等四个地（市）的律师、公证员计15人参加司法部举办的第十六期高级律师、高级公证员培训。同年10月，又在各地选派了15人参加司法部举办的第十七期培训。根据司法部和全国考委的通知精神，1997年6月，为解决年度政工统计微机处理规范统一问题，省司法厅组织了一期微机统计培训班，主要培训各市（地、州）负责政治工作统计人员，培训微机基础知识、微机基本操作技能、政工统计表报的运用。1997年11月，省司法厅和省高等教育自学考试委员会联合下文，省考委接受省司法厅的委托，决定自1998年4月起在全省开考高等教育自学考试监所管理专业（专科），4900余名干警报考。12月，省司法厅在四川省交通厅干部学校举办司法行政法制工作业务培训班，各市（地、州）司法局、省监狱局、省劳教局派员参加了培训。1998年10月19—25日，省司法厅组织了一期公证员岗位培训，主要培训公证实务，以提高新增公证员的业务素质，使其能适应岗位要求，履行公证职责。1999年6月11日，由省司法厅律师工作处举办的全国证券律师资格考试培训班开班典礼在成都举行。

四川省司法行政系统公务员基本素质教育培训工作，从2000年12月开始到2002年底历时3年完成了全系统所有人员的培训，全体人员参加了政治经济理论和法律基础知识考试、警体技能训练、岗位能力考核三个阶段的学习，合格率达100%。2000年共17867名干警参加了监狱警察基本素质全国统考，参考人员占干警总数的87%，1353名监狱系统缓考、补考人员于2001年参加了考试，全部合格。2001年11月17—18日，司法部统一组织了司法行政系统（除监狱系统外）基本素质教育考试，共8667人参加考试，693名缓考补考人员于2002年参加了考试，也全部合格。2001年，为提高干部学历层次，培养高素质法律人才，司法厅与北京大学联合举办了有80人参加的民商法专业研修班。2004年3月，省司法厅举办了全省工会职工“四五”普法宣传骨干培训班和依法行政宣传骨干、师资培训班。2005年11月、12月，省司法厅分别组织了两期司法鉴定人培训工作，共培训了来自60个省直属司法鉴定机构的1100余名司法鉴定人员；同时，省司法厅还组织召开了全省司法鉴定管理干部培训会，从整体上进一步提高了全省司法鉴定人的综合素质。

四、晋衔培训

1994年12月，省司法厅印发《四川省司法厅关于做好司法行政系统人民警察警司晋升警督培训工作的实施方案》，制订了晋衔培训工作的措施，规范了晋衔培训工作。培训工作由厅政治部组干处负责采取了集中培训点（德阳警校）和分片相对集中半脱产培训的办法，将全省两劳单位分成五片八点，相应成立教学组分片包干授课。考试由省司法厅政治部统一组织。全省共设置警衔晋升培训工作八个教学点，分别是荣山劳改总队、会东劳改总队、新康劳改总队、芙蓉劳改总队、省二监狱、成都监狱、德阳警校。全省监狱分片到各教学点培训。

1995年，省司法厅先后印发《关于我省司法行政系统警衔晋升培训老师工作管理规定》《四川省司法行政系统警衔晋升培训教学管理的有关规定》《关于做好司法行政系统人民警察臂章、警号管理工作的通知》等几个重要文件，就加强和深化警衔晋升工作进行不断探索改进，对评授、晋升警衔的若干具体问题进行研究解决。

1995—2005年，凡晋必训，即司晋司、司晋督、督晋督、督晋监都必须培训。

2004 年 9 月，省司法厅表彰了警衔晋升培训十年中的川南培训点等 2 个先进培训点，表彰了宁政洋等 10 名先进个人。1995—2004 年，全省司法行政系统警衔晋升培训工作培训点从 7 个发展至 9 个，按照省司法厅政治部的部署，从司晋督培训到“凡晋必训”，不断完善硬件设施和软件建设，严格管理，积极施教，为司法行政队伍建设做出了积极贡献。

警衔培训的开展，使全省司法行政人民警察的正规化、专业化、程序化发展得到有力保障。1996 年至 1997 年 12 月，晋升培训民警 4268 名。

1999—2005 年四川省司法学院授予和晋升、降低、取消警衔统计表

表 13－1　　单位：人

警衔类别 / 年份	警监				警督					警司					警员			
	小计	授予	选升	取消	小计	授予	晋升	降低	取消	小计	授予	晋升	降低	取消	小计	授予	选升	取消
1999	46	—	46	—	2405	22	2381	2	—	3963	1289	2665	—	9	634	627	4	3
2000	88	—	88	—	1625	7	1617	1	—	2635	312	2318	5	—	383	378	5	—
2001	8	—	8	—	1319	10	1309	—	—	2817	460	2357	—	—	209	204	5	—
2002	44	1	43	—	2535	44	2491	—	—	3302	150	3151	—	1	61	6	55	—
2003	48	2	46	—	3010	23	2984	1	2	2290	337	1953	—	—	151	88	63	—
2004	30	4	26	—	2679	17	2658	2	2	2206	331	1872	2	1	44	10	34	—
2005	35	—	34	1	2167	25	2141	1	—	2187	516	1664	3	4	92	86	4	2
合计	299	7	291	1	15740	148	15581	7	4	19400	3395	15980	10	15	1574	1399	170	5

第三章　从严治警

第一节　专项活动

四川省司法行政部门针对监狱劳教所执法执纪以及法律服务当中暴露出来的突出问题，多年中开展了一系列的专项整顿活动，着重解决队伍中存在的有章不循、有法不依、执法不严和执法腐败等问题，使司法行政队伍的整体素质和执法水平得到明显上升。省司法厅分别于1994年四季度、1997年7月下旬至11月底、1998年2—10月、2000年12月至2001年5月、2003年6—10月开展了集中教育整顿活动。1999年开始，省司法厅在全省司法行政干警队伍中开展为期三年的“形象工程”活动，2002年1—7月又在全省系统开展了纪律作风教育整顿，2004年3—6月开展了公正文明执法专项教育整顿活动，2005年5月开始开展了“规范执法行为，促进执法公正”专项整改活动。其中，1998年开展的司法行政队伍集中教育、整顿专项活动和2000年12月至2001年5月开展的执法执纪专项教育整顿活动比较典型。

1994年8月开展的“树立司法行政干警队伍良好形象大讨论”，旨在教育引导全省司法行政干警立足本职，服务社会，服务群众，维护司法行政单位良好形象，提高司法行政干警的政治意识、忠诚意识、服务意识，提升业务水平，树立廉洁形象。讨论采取“四个结合”的方式：一是与领导班子、队伍建设相结合（反腐败与纠风）；二是与司法行政的各项改革和建设现代化文明监狱相结合；三是与弘扬正气，解剖好、坏典型结合；四是与单位和个人的工作结合。围绕“为什么要树立良好形象，树立什么样的良好形象，怎样树立良好形象”等问题展开。

1997年5月，全省劳教系统人民警察队伍建设现场会在绵阳四川省新华劳教所召开。司法部、省委政法委、省司法厅、省劳改劳教两局、绵阳市委市府等各级领导出席会议。除劳教系统外，省监狱局、各监狱和各市（地、州）司法局政工部门负责人也参加了会议。新华劳教所党委书记、所长徐刚作了队建工作经验介绍，厅政治部主任陈道富代表厅党组就监狱、劳教队建工作作讲话。新华劳教所在这次会上汇报的抓队建的主要经验：一抓认识，思想认识到位；二抓重点，建好班子带队伍；三抓建设，抓从严治理和正规化建设。省司法厅在现场会后下发了《关于进一步加强全省监狱劳教干警队伍建设的决定》，司法部对现场会以简报通报全国司法行政系统。

1998年的司法行政队伍集中教育整顿专项活动是为了贯彻落实江泽民总书记1997年关于政法部门反腐败斗争的批示精神和中纪委二次全会精神，按照中央政法委的部署而组织的。专项活动分监狱劳教系统、法律服务人员和各级司法行政机关人员三个方面，以执法单位、办证单位和人、财、物管理单位为重点，着重整顿执法犯法、以权谋私、失职渎职、乱收费等方面的突出问题。特别是针对广大干警在自查自纠中揭摆出的利用监狱保外就医、减刑、假释等收受服刑人员及家属的财物以及请吃请玩等和律师、公证、基层法律服务人员私自收案（证）、办假案（证）等12个方面的问题开展教育整顿。集中教育整顿期间，全省司法行政系统共修定和完善各项规章制度1465种，新建规章制度1143种。省司法厅组织7个检查督导组，分片对市（地、州）司法行政机关、监狱、劳教所、律师事务所、公证处、法律服务所进行检查督促，发现问题，总结经验，把集中教育整顿工作引向深入。省人大常委会副主任张宗源、刘永顺分别带队，组织两个工作组到13个监狱检查教育整顿和执法情况，反映良好。通过深入开展集中教育整顿工作，使广大干警普遍受到一次系统而深刻的思想、作风和纪律教育，全心全意为人民服务的宗旨意识明显增强。同时，严肃查处了一批违法违纪案件，在执法大检查期间共查出有问题的案件92件，依法纠正87件，涉及违法违纪干警243人，政纪处分63人，刑事处分8人。1998年5月，全国司法行政系统政治工作会议召开，省司法厅政治部主任陈道富受厅长委托，在大会上发言，介绍了四川省司法行政系统队伍教育整顿的做法，受到司法部的肯定。

2000年12月至2001年5月，省司法厅组织开展了一次执法执纪专项教育整顿活动。此次活动的目标是：通过开展专项教育整顿，做到“三个绝对不能”（即：绝不能发生影响本地区乃至全国的罪犯越狱、暴狱、伤亡和劳教人员集体逃跑、骚乱、伤亡等重特大狱所案件；绝对不能发生爆炸、火灾等重特大生产安全事故；绝对不能发生民警打骂、体罚、虐待罪犯、劳教人员致死事件）。“四个绝对不允许”（即：绝对不允许使用罪犯、劳教人员到社会上从事经营活动；绝对不允许利用罪犯、劳教人员家属及其社会关系进行生产经营活动；绝对不允许从事印刷非法出版物，加工假冒伪劣产品等违法生产经营活动；绝对不允许把减刑、减期、监外执行、会见、同居、准假探亲、亲情电话等措施当作创收的手段）。重点整顿四个方面的突出问题，一是外劳点中存在问题；二是执法执纪中存在的问题，如减刑、假释、保外就医等；三是监狱劳教工作指导思想中存在的问题；四是领导班子和领导干部中存在问题。省司法厅政治部编印了1万余册学习资料，举办了主要领导干部集中学习培训班，开展了一系列教育活动，各监狱和劳教所举办执法执纪培训班363期，召开干警座谈会328次，老干警座谈会83次，罪犯、劳教人员座谈会735次，个别谈话1156次，设立举报箱1248个，举报电话96部，发放问卷3400份，收集意见和建议9222条。针对存在的问题，坚持边查边改和边整边改，全系统共撤销外役劳动点34个，取缔不适用的规章制度164个，新建制度304个，完善制度761个。通过开展各种专项整顿活动，司法行政队伍中存在的有章不循、有法不依、执法不严和执法腐败等问题得到有效解决。至2005年，四川省司法行政队伍没有发生因违法行政而引起的国家行政赔偿，也没有乱罚款、乱摊派等问题。

第二节　队伍建设规划纲要

1996年1月3日，省司法厅制订《四川省司法行政系统干警队伍建设“九五”规划》，明确了干警队伍建设的指导思想和基本原则、干警队伍建设的目标和任务，并制定了主要措施：一是用正确的理论武装干警队伍，确保政治上合格；二是着眼建设，加强培训，全面提高干警队伍素质；三是积极引进人才，保证司法行政事业发展的需要；四是积极推进干部人事制度改革，进一步增强干警队伍活力。1月30日，省司法厅印发《四川省司法行政系统领导班子建设“九五”规划》，规划的目标与任务是领导班子政治坚定，能力素质优秀，思想作风过硬，整体结构合理，后备力量充足。主要措施包括：一是突出重点，加强思想作风建设；二是强化培训，改善专业知识结构；三是加大培养教育力度，全面提高年轻干部的素质；四是加强考察，适时调整，保证各级领导班子充满生机与活力；五是进一步做好对司法行政机关领导干部的考核和管理；六是加强领导，明确责任，保证规划顺利实施。

1998 年，省司法厅制订印发《四川省司法行政系统 1998 至 2003 年领导班子建设规划纲要》，该纲要提出把各级领导班子建设成具有优秀能力、思想政治素质过硬，整体结构合理的目标，并制定了加强领导班子思想政治建设，培养选拔优秀年轻干部，推进领导干部能上能下为重点的制度改革等措施。

2003 年 3 月，中共四川省司法厅委员会下发了贯彻落实《司法部 2003—2005 年监狱劳教人民警察队伍建设规划纲要》的意见，从思想政治建设、中共党组织建设、领导班子建设、科学文化水平和业务素质、拒腐防变能力、公正文明执法水平等几个方面提出了未来三年内监狱劳教人民警察队伍建设的目标任务和具体措施。“纲要”为建设一支革命化、正规化、专业化的高素质监狱劳教警察队伍，以适应新时期履行监狱劳教工作职能，推进监狱劳教事业发展的需要提供了纲领性的指导文件。

第四章 立功创模

第一节 制定规范化管理文件

1985年7月，司法部下发《中华人民共和国司法部关于司法行政系统工作人员奖惩暂行办法(试行)》，1997年，司法部下发《司法部关于司法行政系统表彰奖励工作的实施意见》，1998年5月28日，司法部又下发《司法部关于〈司法行政系统表彰奖励工作实施意见〉的补充意见》，省司法厅均及时进行了转发。司法部的3个文件对司法行政系统表彰奖励工作作了规范，规定了奖励等级、各种表彰奖励的具体评选条件、申报审批程序以及归口负责部门，明确了奖励的批准权限以及奖励经费问题以及奖励对象的待遇和各种奖励的数量比例。此外，1991年8月19日，省司法厅转发了中共四川省委组织部、省人事厅《关于进一步做好省级机关及直属事业单位升级奖励工作的通知》，该通知指出升级奖励是对国家行政机关有功人员的一种带有政治荣誉性的物质奖励，并明确了升级奖励指标的使用办法、评选范围、评选条件、评选办法和审批程序以及获奖人员增资的执行时间。2003年11月，省司法厅下发《关于加强和规范单项表彰奖励工作的通知》，该通知要求凡以省司法厅名义开展的表彰奖励工作，均由省司法厅政治部组织宣传处统一归口管理，对申报制度、分工负责以及规范化管理等问题作了规定，并制定了“四川省司法厅表彰奖励申报表”。这些规范性文件的出台使表彰奖励工作有章可循，对推动全系统的立功创模活动，调动司法行政系统工作人员的积极性和创造性方面发挥了积极的促进作用。

第二节 群众性创建活动

从1992年起，省司法厅与省人事厅协商决定，每4年举行一次联合表彰大会，广泛开展评选活动，掀起声势，形成制度。1994年，全省司法行政系统表彰先进集体50个，先进工作者150名。

1995年9月14日，司法部下发《关于印发创建现代化文明监狱的标准和实施意见的通知》，1996年又下发《关于印发创建现代化文明劳教所试行办法的通知》，对创建现代化文明监狱和劳教所工作作出部署和要求，省司法厅随即组织开展监狱劳教系统创建现代化文明监所的活动，1996年共建成省级现代化文明监狱4个，现代化文明监区23个。1999年，司法部党组对创建工作提出“坚持、总结、完善、提高”的要求，1999年10月12日，四川省未成年犯管教所被授予“部级现代化文明监狱”称号，2000年8月18日，举行了授牌仪式，这是四川省首家被评为部级现代化文明监狱的单位。

1995年，根据司法部的部署，全省司法行政系统开展了争创“十佳律师”“十佳公证员”“十佳基层法律服务工作者”的活动。同年11月29日，司法部下发《司法部关于表彰第一届全国十佳律师、十佳公证员、十佳基层法律工作者的决定》，四川省成都市公证处公证员吴兴富获得全国十佳公证员称号，同时开展了向全国三个“十佳”的学习活动。1999年8月4日，省司法厅转发《司法部关于开展向第二届全国十佳律师十佳公证员十佳基层法律工作者学习活动的通知》，要求结合全省司法行政系统开展的“管理质量年”和“形象工程”活动，认真组织全体干警学习，以切实提高执法形象和素质形象，进一步加强干警队伍建设，充分发挥司法行政职能。

1994—1996年，全系统1名监狱长获“全国劳动模范”，2名监狱长获“四川省劳动模范”，1名市司法局长被省委、省政府授予“四川省政法系统先进干警”，1名监狱长和1名司法局长获全国司法行政系统“英雄模范”，7名县市司法局长获“全国优秀司法局长”，9名监狱长和劳教所长获“全国优秀监狱长（所长）”，1名市司法局长被评为“四川十大女杰”。

1997年，根据司法部的部署，四川省司法行政系统认真开展了争创“十岗千优”的活动，4月4日，司法部召开表彰“十岗千优”电视电话会议，南充市司法局副县级司法检查员陈自强、蓬安县公证处主任杨康壮分别获“全国优秀法制宣传工作者”和“全国优秀公证员”荣誉称号。12月，苍溪县陵江镇司法所所长陶家福被司法部授予“全国优秀司法所所长”称号。1997年，按司法部要求，省司法厅在全省范围内还认真开展了创建文明律师事务所、文明公证处、文明司法所（基层法律服务所）活动，下半年进行了评选、表彰和宣传，1997年共创建省级文明律师事务所5家，1997年底，为歌颂、缅怀邓小平的丰功伟绩，根据省委宣传部、省直工委、省直工会等部门的部署，省司法厅直属机关党委组织厅机关、监狱局、劳教局机关80名干警参加了省直机关大型歌咏比赛。省司法厅《春天的故事》获得一等奖。1999年3月30日，江油县法律服务所被评为司法部部级文明法律服务所。

1999年4月20日，共青团中央、司法部联合在全国司法行政系统下发开展创建优秀“青少年维权岗”活动的通知，四川省司法行政系统创建活动随即展开。优秀“青少年维权岗”是指与青少年有关的基层部门中为维护青少年合法权益作出突出贡献的单位，通过开展这项活动培育一大批如司法行政系统的司法所、法律援助中心、少管所等维权实体。5月24日，共青团中央、司法部联合下发《关于命名全国司法行政系统首批优秀“青少年维权岗”的决定》，成都少年管教所被命名。6月10日，全国司法行政系统首批优秀“青少年维权岗”命名仪式在成都举行。2000年1月28日，四川鼎立律师事务所获得命名。2月11日，省司法厅获得开展创建优秀“青少年维权岗”活动组织奖。

2000年7月1日，司法部下发《司法部关于开展争创“人民满意的司法行政单位”争当“人民满意的司法行政干警、律师、公证员、基层法律服务工作者”活动的通知》，该通知明确了争创范围、评比程序以及评选标准、评比工作每两年开展一次，表彰分为全省司法行政系统和全国司法行政系统两类。四川省随即开展了这项活动。2001年4月16日，李易军等16人被司法部评为人民满意的司法助理员，四川省新都县新都镇司法所等8个单位被司法部评为人民满意的司法所，这是四川省司法行政系统首次获此表彰。

争创“人民满意的政法单位”“争做人民满意的公务员”，创建优秀“青少年维权岗”“残疾人维权示范岗”，创建“文明所（处）”、三个“十佳”评比、“十岗千优”评比、“文明窗口”达标建设等活动作为四川省司法行政系统群众性创建活动的主要形式一直坚持开展至2005年，充分调动了广大干警“立功创模、争先创优”的积极性，充分发挥了先进典型的带头作用和模范作用，促进了全省司法行政系统精神文明建设的深入发展。

第三节 表彰奖励

1987—2005年，全省司法行政广大干部职工立足本职岗位工作，适应社会发展形势，直面工作中的各类问题挑战，敢于攻坚破难，在律师、公证、基层法律服务和人民调解、依法行政与法制宣传教育、安置和社会帮教、外资企业投诉与法律援助、司法鉴定、司法考试、监所管理及自身建设等各个方面做出了积极贡献。省司法厅及时发现、表彰和树立了一批先进集体和先进个人，充分发挥了先进典型在推动队伍建设中的示范、辐射和引导作用。

1987—2005年四川省司法行政系统获得省司法厅及省部级以上表彰统计表

表13－2

年　份	个人表彰和记功（人次）	集体表彰和记功（个次）	年　份	个人表彰和记功（人次）	集体表彰和记功（个次）
1987	989	202	1997	182	81
1988	214	22	1998	195	56
1989	1499	284	1999	226	89
1990	222	84	2000	1105	193
1991	341	100	2001	167	113
1992	123	156	2002	412	293
1993	390	287	2003	299	241
1994	280	244	2004	81	69
1995	243	104	2005	431	437
1996	321	282			

1991年9月至1992年8月，省劳改局对从事两劳政治和管教工作的干部进行政工专业职务评聘工作，在7768名干部中，评出高级政工师175人，政工师1179人，助理政工师和政工员4392人，调动了政工管教干部的工作积极性。

1994年1月，根据司法部〔1994〕第十八号令，省司法厅组织开展首次为司法行政系统离退休干警颁发司法行政荣誉章工作，表彰他们在创建和发展四川司法行政工作中做出的重要贡献。首次授予539人一级金星荣誉章，授予1621人二级金星荣誉章，授予4804人银星荣誉章。

第四节 先进典型宣传

四川司法行政系统在充分履行职能，服务经济社会发展的历史进程中，广大司法行政工作者立足本职工作岗位，认真贯彻执行党的路线、方针、政策，爱岗敬业、勤勉务实、忠诚奉献，为四川的稳定、改革、发展做出了卓越贡献，在他们中间涌现了一大批先进集体、先进个人。省司法厅配合全国、全省司法行政工作需要，积极组织开展了系列评选推荐工作，深化典型宣传，强化榜样牵引。1986—2005 年，省司法厅先后推荐或组织评选开展了“全国青少年维权岗”“争创人民满意的政法干警（单位）”“三个十佳”（十佳律师、十佳公证员、十佳基层法律工作者）、“四川政法战线先进干警”“同邪教组织斗争先进集体（个人）”“抗非典保稳定促工作先进集体（个人）”“全国（四川）杰出（优秀）青年卫士”等重大评选活动。有的还坚持连续多年开展，如“全国（四川）杰出（优秀）青年卫士”评选就连续开展了五届。

司法行政系统先进典型的评选，充分激发了全省司法行政工作者的职业荣誉感、工作成就感、历史使命感，进一步形成了司法行政工作创先争优、比学赶帮、奋发进取的工作环境和氛围。

一、宣传先进集体

成都市金牛区司法局党风廉政建设工作有成效。该局于 1994 年 7 月被省司法厅评为全省司法行政系统反腐倡廉、拒礼拒贿先进集体。该局开展党风廉政建设经验为：一是领导重视，组织落实。局党组将党风廉政建设工作列入重要议事日程，组建起了局党组书记、局长为组长的廉政工作领导小组，指派一名副局长主抓日常工作。二是廉政工作制度化，制定了党风廉政建设一系列工作制度，如《关于廉洁自律的若干规定》、“廉政两公开一监督”等，实现了以教育育人，以制度管人。三是教育入手，防患未然。局里注重对党员、干部在党风党纪教育方面的经常化、制度化，强化“四职教育”，实现教育面 100%，为干部增强拒腐防变免疫力提供了重要条件。四是拒礼拒贿，模范带头。1992 年以来，局领导先后拒收各种礼品 74 件，拒绝吃请 251 人次，拒收现金 3800 余元。该局连续三年被金牛区委、区政府评为“抓党风廉政建设、促进经济发展先进集体”“先进党支部”“廉政建设先进集体”等多项荣誉。

二、宣传先进个人

1986—2005 年，四川司法行政广泛宣传先进，弘扬正飞，激励广大干警献身司法行政事业，重点宣传了陈德勋、陈月、莫世维的先进事迹。

陈德勋，生前系阿坝监狱狱政科副科长。2001 年 2 月 28 日，陈德勋参加追捕逃犯郭锐、张金荣的行动。陈德勋获悉逃犯确切行踪后率领 20 余名干警前往搜捕。21 时 20 分左右，在汶川县青坡村公路段，他首先发现两逃犯后，率先向罪犯扑去，与罪犯展开了激烈搏斗，身负重伤。他将生死置之度外，死死抓住一名逃犯不放，在其他干警配合下成功抓获两名逃犯，但陈德勋终因伤势过重抢救无效，壮烈牺牲。2001 年 4 月 3 日，省司法厅党委决定：为陈德勋追记个人一等功一次。2001 年 12 月，四川省人民政府批复：追认因追捕越狱潜逃罪犯而负伤牺牲的阿坝监狱陈德勋为革命烈士，2002 年又被司法部追授为全国司法行政系统一级英雄模范称号。

陈月，四川省女子监狱六监区干警。2002 年 12 月 6 日，陈月与其弟俩人搭乘公交车在成都市金牛区五块石车站下车，突然听到有人喊：“有人抢钱包，快抓歹徒啊！”陈月姐弟不顾个人安危同劫匪展开了生死搏斗，姐弟俩被歹徒用匕首刺成重伤，歹徒趁乱逃走。姐弟俩靠着坚强的毅力拦下一辆三轮车赶到附近的成铁中心医院，经及时抢救才脱离危险。陈月姐弟见义勇为，英勇负伤的事迹引起社会各界的强烈反响，多家新闻单位到医院采访报道。为表彰她的英雄壮举，省监狱管理局对陈月进行了特别嘉奖，省司法厅给她记了个人一等功，共青团中央、中央综治委等十三个部、委联合授予她第四届中国杰出青年卫士，司法部授予她全国司法行政系统二级英雄模范称号，她还先后荣获全国“严打”斗争先进个人、全国先进女职工、四川省“五四青年奖章”、四川省“三八红旗手”等称号。2004 年 2 月 27 日，省司法厅召开陈月荣获第四届中国杰出青年卫士暨全国司法行政系统二级英雄模范称号表彰大会。省委常委、省委政法委书记欧泽高称赞：“陈月的见义勇为行为展示了司法行政干警的时代风采，她不愧是全省政法干警学习的榜样，也是全省人民学习的楷模。”

莫世维，中共党员，生前系泸县福集镇水竹林村村委会主任、调解主任。2000 年 2 月 17 日，莫世维在制止一起行凶杀人事件中，为保护在场群众生命安全，面对歹徒，挺身而出，用身体挡住凶手的尖刀，壮烈牺牲。莫世维 1994 年开始从事人民调解工作。他热爱调解工作，热心为群众息讼解纷，排忧解难，仅 1998 年到 2000 年初，就耐心细致地调解矛盾纠纷 30 多起，多次将激化的矛盾消解，深得群众爱戴拥护。1998 年 5 月，村民陈永文、李继贵因用水发生纠纷，莫世维来到现场，从集体蓄水田要大家公用，抽水插秧是必然，乡里乡亲相互体谅，农时紧张莫生闲气等角度成功化解矛盾。1999 年 11 月，面对县政府惠民招商引资项目得不到村民的理解配合的现实，莫世维不顾患病和繁忙工作，坚持每天晚上挨家挨户做工作，并在三个村组织召开群众大会，结合产量、资金、价格、投入、产出等终于把群众工作做通，顺利实现招商引资。莫世维牺牲后，省司法厅追授其为“优秀人民调解员”，泸州市司法局追授其为“先进人民调解员”，司法部追授其为“模范人民调解员”并号召全国司法行政系统向他学习。

第五章　党建工作

第一节　党组织建设

1986—2005 年，司法行政部门认真加强党组织的建设，充分发挥各级党委的核心领导作用和基层党支部的战斗堡垒作用以及共产党员的先锋模范作用，为司法行政干警队伍革命化建设提供坚强的政治保证。

一、司法行政系统党组（党委）组建沿革

1983 年 8 月，根据四川省政法工作会精神，四川劳改、劳教单位从公安剥离移交司法行政机关，省内的劳改、劳教单位党委会选举产生由省司法厅党组接管审批。1993 年 7 月，省司法厅党组请示省委：将省劳改局分党组改建成立四川省劳改局党组，以加强劳改系统党的建设，更有效地加强干警队伍建设。1994 年 10 月，省司法厅党组向省委请示：成立中共四川省司法厅劳动教养工作管理局党组，隶属省司法厅党组领导，其成员、书记、副书记由省司法厅党组审批。1995 年 12 月 11 日，经请示中共四川省委组织部同意将省劳改局党组更名为省监狱管理局党组，同时建立省监狱管理局纪律检查组。省司法厅党组下发《关于建立中共四川省监狱管理局党组、纪检组的通知》。1997 年 2 月，省监狱管理局党组向省司法厅党组上报了关于成立中共四川省监狱管理局委员会的请示，请示中分析了全省监狱系统自 1985 年管理权收归省局集中管理后，党组织关系一直由地方管理的一些不完善的问题：一是从专政机关加强党的绝对领导的角度看，削弱了主管局对监狱的领导；二是管理体制不顺使党务工作难以步调一致；三是班子建设与党（纪）委换届工作存在扯皮现象。请示还认为成立系统党委，形成进入一个口，进一步理顺党的组织关系十分必要。1997 年 3 月，省司法厅着手厅党组改党委的调查研究和准备工作，向省委组织部上报了《关于撤销省司法厅党组，成立中共四川省司法厅委员会的请示》。8 月 25 日，省委组织部下文《关于省司法厅党组改党委有关问题的通知》，根据省委组织部通知，“中共四川省司法厅党组”改为“中共四川省司法厅委员会”，明确了省司法厅党委的职责任务、党委成员的任免、建立厅纪委等有关问题，同时也明确了省监狱管理局、省劳教局建立党委的问题。1997 年 12 月，省司法厅党委下文同意撤销省监狱管理局党组，建立中共四川省监狱管理局委员会。1998 年 4 月 6 日，省司法厅党委下文批准省劳教局党组的请示，同意撤销省劳动教养工作管理局党组建立中共四川省司法厅劳动教养工作管理局委员会。

司法行政机关从 1988 年开始，进一步明确为双重管理，按照组织和职级对应，纵向上业务指导，横向上组织领导。根据《宪法》规定，国务院“领导和管理民政、公安、司法行政和监察等工作”，将司法行政工作载入《宪法》，从根本上确立了司法行政机关在国家行政管理中的法律地位。

1998 年，国务院批准了司法部“三定”方案，具体规定了司法部的职责。根据中央的决定，司法行政机关领导干部的管理，实行双重领导、以地方党委为主的管理体制。司法部协助省（自治区、直辖市）党委管理司法行政机关干部的范围是：司法厅（局）党组（党委）正、副书记，司法厅（局）正、副厅（局）长，监狱管理局局长、政委、党委书记。地方各级司法行政机关按照“下管一级”的原则，协助地方党委管理司法行政干部。任免司法行政部门的党组（党委）书记和行政正职，地方党委必须事先征得上一级司法行政部门党组（党委）的同意；任免调动党组（党委）副书记和行政副职，地方党委必须事先征求上一级司法行政部门党组（党委）的意见，然后再做出决定或报上级党委审批，并按有关规定程序办理。据此，省司法厅加强了对各市（地、州）司法局主要领导干部的考核了解，并及时向地方市（地、州）党委提出调整、配备的相关建议，要求地方司法局正、副局长任免后向省司法厅备案。

二、监狱劳教单位党的关系归口管理沿革

1985 年 11 月 2 日，省委组织部、省人事厅、省司法厅联合下发《关于我省原地属劳改、劳教单位收归劳改局统一集中管理后有关干部工作几个问题的通知》，该通知中明确市（地、州）属 37 个劳改、劳教单位人事关系收归劳改局统一集中管理后，党的关系不变，仍由地方党委管理。这些单位党委、纪委的换届选举，其候选人名单在征求当地党委意见后，报省劳改局分党组和省司法厅党组审查同意。选举结果报省司法厅党组审批。鉴于全省 54 个省属劳改劳教单位中，党的关系分别在市（地、州）委的有 28 个，在市（地、州）有关局的有 11 个，在省劳改局的有 3 个；其中一些地区提出党的关系在地方的两劳单位党委会的选举产生，应将候选人名单审批程序改由地方决定的情况，1988 年 9 月，经省委组织部同意，司法厅党组仍对两劳单位党委会的选举产生行使审批权，从而进一步加强对全省两劳单位的领导和管理。1996 年 3 月 4 日，省司法厅党组转发了中共四川省委《关于干部“双管”单位党组（党委）成员审批任免问题的通知》，明确省属监狱、劳教所党委班子换届审批问题，其党委候选人名单的审查和选举结果的审批，应由各监狱、劳教单位党委分别经省监狱管理局党组和省司法厅劳动教养工作管理局党组审查后，报省司法厅党组审批。其中，党委换届改选工作及党委候选人名单的审查，应先征求党的关系所在地党委的意见后，再报省司法厅党组审批。

1997 年 8 月 25 日，省委组织部下文《关于省司法厅党组改建党委有关问题的通知》，规定市（州）司法局建立党委和监狱、劳教单位党的组织关系统一归口市（州）司法局党委管理。四川省市（州）司法局认真贯彻落实这一文件精神，经当地党委批准建立了司法局党委，并管理辖区内监狱、劳教单位党的组织关系。归口管理工作总的开展比较顺利，但也存在发展不平衡的问题，仍有部分市（州）工作进展迟缓。2004 年 3 月 1 日，省司法厅党委下发《关于省属监狱劳教单位党的关系统一归口市州司法局党委管理有关问题的通知》，要求辖区内有省属监狱劳教单位的市（州）司法局尚未建立党委的应尽快报经当地党委批准建立党委，负责归口管理省属监狱、劳教单位的党建工作。明确了市（州）司法局党委管理省属监狱、劳教单位党建工作的主要任务，要求市（州）司法局党委与省属监狱、劳教单位党委要处理好相互间的关系，指明市（州）司法局党委只负责统一归口管理省属监狱、劳教单位党建工作，不涉及监狱、劳教单位其他工作和领导体制的变更，省属监狱、劳教单位的党委仍为党的基层委员会。

三、党建主要工作

组织建设方面，凡新成立的机构，如劳教局、少教所等，厅党委（党组）都按照管理权限，批准成立党委（组），审批党委（组）组成人员；凡按任期换届的单位，督促抓紧换届工作，批准换届和新组成人员，1993—1998 年，共批准 47 个单位换届；对个别调整领导班子的正、副职领导干部，除人事任免，对党委（组）成员作及时明确和调整。

思想建设方面，凡中共中央、中共四川省委召开的代表大会、全委会、常务会等作出的决定、决议和下发的文件等，厅党委（组）都及时组织学习传达，提出贯彻落实意见。做到上级有部署，省司法厅就有贯彻，基层就有行动。

制度建设方面，对党内会议制度、生活制度、党课制度、个人重大事情报告制度等，均要求下属组织一一建立和完善，省司法厅不定期进行检查督促。

作风建设方面，抓实事求是思想路线的贯彻，将领导机关领导干部深入基层、深入实际和思想作风、工作作风纳入考核范围，列入民主生活会自查内容。并按照省委、省政府的要求，确定定点帮县、定点扶贫、定点联系单位，定期下派、轮换机关干部深入基层，锻炼、提高了干部。

1993 年 3 月，为了加强厅直属机关党组织建设，厅直属机关首届党代会选举产生了厅直属机关党委会，经省直机关党工委批示和省委组织部正式任命了机关党委书记。1995 年 7 月 4 日，为了全面贯彻落实中共十四届四中全会《决定》，切实加强党支部建设和对党员的教育、管理、监督，按照省直工委的要求，省司法厅直属机关党委制定了《四川省司法厅直属机关党支部建设三年达标规划》和《四川省司法厅直属机关党支部建设实行目标管理的规划》，开展了以“五好”（支部班子建设好、工作任务完成好、党员队伍素质好、党风廉政建设好、支部制度建设好）为内容的三年达标活动，党支部达标活动自 1995 年开始至 1996 年结束，厅直机关党委所属 91 个支部中，达标党支部达到 95%。省司法厅直属机关党支部建设目标管理内容包括政治思想、党内生活、作风要求和工作任务四个方面，实行百分考核，每半年自查一次，年终在党员总结自评基础上进行逐项打分。

2000 年，省司法厅转发中共四川省委政法委、省委组织部《加强政法部门基层党组织建设的意见》，要求基层各单位重视党支部建设。全省司法行政系统对符合党章规定具备了条件的积极建立党支部。同年，全省单独建立党支部的律师事务所 32 个，公证处 11 个，分监区 209 个，采取两个以上单位联合建立一个支部的律师事务所 5 个，公证处 1 个，较好地保证了党支部建在所（处）、分监区。

自 2003 年 3 月起至 2005 年，按照中共四川省委政法委《关于在全省政法队伍中实施“党员先锋工程”的意见》的统一部署和要求，省司法厅党委在全系统开展了为期两年的“党员先锋工程”教育活动：成立由省司法厅党委书记、厅长方光兴任组长的“党员先锋工程”领导小组，通过搞好一次调研，抓好一次教育，组织一次评议，开展一次整顿，推出一批示范岗，树立一批典型，安排一场报告会，举办一次演讲赛，发展一批新党员，创新一套机制，扎扎实实地开展活动；大力加强基层党支部建设，整顿 18 个党支部，新建 166 个党支部，命名示范党支部 116 个，大力加强党员的教育管理，新发展党员 542 人。

自 2005 年 2 月开始，省司法厅在全省司法行政系统分期分批开展了“保持共产党员先进性教育活动”。活动以学习实践“三个代表”重要思想为主线，把握共产党员先进性的主题，明确提出党的执政能力这个着力点，坚持党要管党和从严治党的方针，通过组织学习、分析评议、整改建设和巩固提高四个阶段的工作，以增强党员意识，提高党员素质，加强党员队伍先进性建设，着力解决全系统党员和党组织中存在的问题。

四、党组织建设专项活动

从 1984 年 2 月 26 日至 1985 年 2 月 27 日，省司法厅党组开展了历时一年的整党工作，开展了自上而下的对照检查，整顿思想作风，围绕司法行政工作促进经济建设进行集中整改活动，完成了统一思想、整顿作风、加强纪律、纯洁组织四个方面的任务。根据中共中央组织部、省委组织部、省委整党办的要求，省司法厅在全省司法行政系统开展了清理“三种人”专项活动。省司法厅成立了核查“三种人”小组，由厅党组成员欧阳绍铭任组长。核查工作至 1985 年 7 月结束，省司法厅机关和省政法干校没有“三种人”和“犯严重错误”的人，省劳改局机关清理出“三种人”1 人。

1990 年 5 月 21 日，根据中共中央、中共四川省委的安排部署，省劳改局机关党组开展党员重新登记工作，参加党员重新登记工作的党员 294 名，其中准予登记 282 名，暂缓登记 4 名，预备党员 8 名。5 月 31 日至 7 月 18 日，省司法厅直属机关党委认真进行党员重新登记工作，参加重新登记的党员 651 名，准予登记 620 名，暂缓登记 6 名，预备党员 12 名，因事需补课的党员 19 名。这次登记工作重点抓好做合格党员的教育、个人总结和民主评议、整改等环节，提高了党员的政治素质。

第二节　律师队伍党的建设

省司法厅高度重视律师队伍党建工作，坚持在律师队伍中建立健全党组织，严格党员的教育管理，保证了党的路线、方针、政策和各项任务在律师行业中得以贯彻和落实。

图 13－1　2002 年，四川省司法厅直属律师事务所党总支召开党员大会

1995 年，省司法厅按照司法部的要求和部署，对四川省律师队伍党员及党组织情况进行了认真的调查统计，初步摸清和掌握了四川省律师队伍党建的现状、存在的问题及其原因。在此基础上起草下发《关于加强律师队伍的党组织建设的意见》，对律师队伍党的组织建设提出了明确具体的要求。1995 年 3 月 13 日，省司法厅直属机关党委印发《四川省司法厅直管律师事务所党支部工作暂行规定》，以切实加强和改进新时期厅直管律师事务所党支部的思想、组织、作风、制度建设，提高基层党组织的战斗力。该暂行规定要求凡律师事务所有专职律师正式党员 3 人以上的都应建立党支部，5 人以上的设立党支部委员会，同时还规定了律师事务所党支部的基本任务和工作制度。1996 年，省司法厅成立了直管律师事务所党总支。1995 年 3 月 30 日，针对随着律师体制改革不断深化，律师党员流动性增大，部分律师党员不按规定及时转移组织关系，不按时缴纳党费，不参加党的组织生活的现状，省司法厅机关党委下发《关于加强厅直管律师事务所党员组织关系管理的有关问题的通

知》，分别对外单位调入省司法厅直管律师事务所的党员和外出学习、办案的党员办理组织关系转移的问题作出规定，强化了组织关系管理，严肃了党纪。

2001 年 7 月 19 日，省司法厅政治部下发《关于进一步加强律师事务所党建工作的通知》，针对四川省律师事务所党建工作存在的一些问题提出要求：必须在律师事务所建立健全党组织，10 月底以前凡有 3 名以上党员的必须建立党支部，不足 3 人的联合建立，加强律师队伍中发展新党员工作，同时切实加强对律师事务所党建工作的领导。四川全省律师事务所认真贯彻通知精神，大力加强律师事务所党建工作，2004 年 11 月 25 日，省司法厅上报了 2004 年全省律师队伍党建工作情况，四川省共有律师事务所 572 家，执业律师 5783 人。律师行业建有党委 1 个，党总支 2 个，党支部 161 个（其中独立支部 117 个，联合支部 44 个），有党员律师 1181 人。党支部占律师事务所总数的 28.15%，党员占律师总数的 20.42%，是律师队伍建设的一支重要的骨干力量。

第十四篇　交流访问、后勤、信访、信息化工作

1986—2005 年，随着国家改革开放的不断深入和司法行政职能的拓展，四川省司法行政交流访问、后勤保障、信访工作、信息化建设得到逐年加强。

在交流访问方面，1980 年四川省司法厅重建后，外国友人到川访问逐年增多，到 2005 年底已接待 130 多个国家和地区（含中国港、澳、台）司法代表团和法律界人士。同时，四川省司法行政系统和法律界人员组织访问团，参观访问了 68 个国家和地区，使四川法律界不仅了解了别人，也宣传了自己。

在后勤保障方面，1980—2005 年，通过各级司法行政机关的共同努力，经费稳步增长，装备逐年增多，基础设施建设逐步改善。

在信访工作方面，按照中共四川省委、省政府对信访工作的要求，1986—2005 年，信访工作纳入了目标管理和达标考核。四川省司法行政部门集中开展了处理冤假错案和涉法涉诉信访案件工作，维护了社会公平正义、促进了社会和谐稳定。

在信息化建设方面，由于司法行政经费投入不足，信息化建设一度十分滞后。1998 年，四川省司法厅党委高度重视，成立了四川省司法厅信息中心，调整充实了技术力量，增加了资金投入，对全省司法行政系统也加大了经费运营和信息化的管理，并强化了职工培训。至 2005 年，四川省司法行政信息化建设走上了现代化、法制化、科学化的轨道。

第一章　司法行政交流活动

四川历史上的司法交流访问活动不多，1980 年省司法厅成立至 1985 年，省司法厅接待境外司法界、法律界人士仅 20 余次。随着国家的改革开放方针、政策的贯彻实施，国外、境外司法界、法律界人士对地处中国内地的民主与法制建设和四川风光甚感兴趣，纷纷到四川与司法界和法律界进行学术交流以及参观访问。1986—2005 年间，接待组团和个别来访人员 100 多次。

第一节　主要任务

1980 年，省司法厅重建后，遇有境外交流活动由厅办公室具体负责。1984 年，在厅办公室设置外事科。1989 年，四川国际经济与司法交流中心成立。该时期是司法行政外事活动鼎盛时期，主要参与接待国外、境外司法代表团和法律工作者来访，其中多数属于官方和法律界群众团体。通过接待工作了解国外、境外的司法和法律服务工作制度，并介绍四川民主法制建设情况。

1986 年 12 月，司法部在福州市召开部分省（市）司法外事工作座谈会，提出外事工作要适应现代化建设的总体要求，各省（市）司法厅（局）有条件的可直接对外进行交流。会议确定各省（市）司法厅（局）外事工作任务：进一步开展司法和法律领域的多边活动；加强中外官方的司法交流；开创双边、多边法律研讨会；加强法律院校的对外交流。要求在司法外事中不仅要请进来还要走出去，使司法外事宣传向经常化、制度化方面转变，扩大同西方国家和社会主义国家的外事交流，努力发挥司法外事活动的职能作用。

第二节　交流活动

1986—2005 年，按照司法部的要求，全省司法系统先后接待 100 多个国家和地区司法与法律界人士，介绍四川法制建设的情况，请他们旁听法院的审判，参观监狱和少管所，并同部分律师和公证人员座谈讨论司法与法律服务等相关情况。1990 年 6 月、9 月，以美国芝加哥伊利诺斯大学副校长理查德·澳德率领的美国法学教育团先后两次访问成都，就中美司法界交流问题进行了座谈和交流，取得了满意的效果。1991 年 5 月 17 日，澳大利亚高级检察官周宗江到四川访问，与四川法学界知名人士座谈了青少年犯罪及反贪污等有关问题。

1992 年 11 月 12 日、1995 年 5 月 6 日、1998 年 11 月 12 日，四川海峡两岸法律研究会在成都举办了3次“川台经贸法律理论与实务讨论会”，与会人员有中国台湾方面“司法院审议员”“国策顾问”、中国台湾高等法院花莲分院院长及基层法院法官，台湾两岸经贸交流权益促进会会长李永然组团前往参会。四川方面有原四川省政协主席廖伯康、副主席刘元瑄、辛文，省委副书记冯元蔚等领导。《四川日报》在头版报道会议的盛况。会后，李永然从中国台湾向四川省海峡两岸研究会来信称：“川台法律界首次接触，意义非凡，鉴于中国必将统一的认识，你我都愿意为促进此一目标的达成而努力。”境外友人，特别是中国台湾人士对四川改革开放的法制与经济建设成就纷纷赞赏，说：“大陆再改革开放下去，在不久的将来我们祖国定会跻身于世界强国之林。”四川改革开放、经济发展，吸引了境外许多企业、公司到川投资发展。当然，也带来不少涉外企业的法律纠纷。1989年5月6日，四川省国际经济与司法交流中心成立，主要任务是从法律方面促进四川对外经济贸易和技术合作的发展。1996年，四川省政府决定成立外商、台商投诉中心，由四川省司法厅受理该项业务。中心成立十多年来，共接到各类投诉615件，受理承办案件410件，接待外商法律咨询4000余人次，通过投诉中心的协调，共帮助外商直接挽回经济损失2.5亿元。

在请进来的同时，省司法厅、省监狱管理局、省劳教局、省政法干部管理学院、省法学会、省律师协会、省公证员协会等分别组团计68次赴美国、日本、泰国、新加坡、马来西亚、澳大利亚、新西兰、法国、英国、德国、俄罗斯、斯里兰卡、瑞典、加拿大等国家和中国港、澳、台地区，对所在国家和地区法院、监狱、律师事务所和社区等进行学习、考察、交流以及协调处理经济活动中的涉外法律纠纷。例如，1999年，四川中维律师事务所律师顾培东随四川省赴乌干达工作小组前往乌干达处理中川国际公司在该国的欧文电站的善后工作。同年10月17日，四川省律师协会会长曾宪章率团以四川省会东铅锌矿二期扩建工程指挥部法律顾问身份赴澳大利亚、美国对引进过滤机、搅拌机的生产和使用情况进行考察。2001年10月，省律师协会副会长李新民率团到香港学习考察中国香港律师工作等。

通过请进来走出去的司法和法律服务界的交流活动，已由过去单一的省司法厅组团活动向多方位（各单位自行组织）组团活动发展，向国际朋友宣传了中国民主与法制建设，同国际司法与法律服务界建立了广泛的友好关系，并借鉴国外的法制建设经验，对促进四川省民主与法制建设起到积极作用。

第二章　后勤保障

四川省司法行政机关于1980年恢复重建后，底子薄、条件差。在各级中共党委、人民政府领导和财政部门的重视和支持下，通过各级司法行政机关计财装备工作人员的努力，装备逐年增多、经费稳步增长、基础设施建设逐步改善，不断优化办公环境，调动了广大司法行政干警的积极性，为推动全省司法行政业务的发展提供了强而有力的后勤保障。

第一节　经费保障

一、人员经费

司法行政机关重建初期没有制定全省统一经费标准。在保障人员工资前提下，业务经费保障只能根据各地财政收入状况逐步适当解决，重要办公、业务经费实行专题报告专款专用。从1980年起全省司法行政人员的工资按四川省各级政府工作人员的工资标准及时兑现，干警生活得到基本保障。

二、公用经费

（一）日常运行公用经费

1980年，部分司法行政机关日常公用经费每人按250元包干一年，由于经费困难要求少打长途电话、少出差、少发文等，以减少开支。1987年，省司法厅机关及省司法厅直属律师事务所、四川省公证处等7个厅直属单位的行政经费为81.9万元。1990年，省司法厅机关及7个厅直属单位的行政经费调整为153万元，较1987年增长53.5%。

（二）办案（业务）经费

1980年12月，省司法厅、省财政厅联合下发《关于司法业务费开支范围暂行规定的联合通知》，适时规范了司法业务费和开支的范围。通知规定：人民调解费，即人民调解委员会办公文具纸张、簿册等费用由所在单位开支，所在单位开支有困难的可酌情予以补助。业务设备购置及维修费（业务设备为司法行政业务用的交通工具如汽车、摩托车、自行车、马匹等和司法鉴定所需的器械设备如法医仪器、医疗、化验器械等）；宣教费（法制宣传教育和业务用的报刊、资料、书籍、汇编、图片等的印刷、翻译、购置费、举办展览会、报告会、幻灯及设置布告栏等费用）；专业会议费和短期培训费、召开司法助理员和人民调解委员等会议所需的开支，其开支标准按当地财政部门规定的标准执行。

1980年底，省司法厅和省财政厅联合转发《关于司法业务费开支范围的规定》的通知，明确司法行政业务经费仍是分级管理，由各级财政包干经费支付，根据财政收入情况拨款，但仍处于无保障状态，普遍存在司法经费不足和不落实的问题。如涪陵地区，全区10个县除涪陵县有业务经费5000元、丰都县3000元、南川县4000元外，其余7个县均无业务经费。1981年，省司法厅向省政府申请机关使用司法业务经费80000元，用于开展干部训练、法制宣传教育、业务设备购置、专业会议设置等。1985年，省政府批准全省司法行政业务经费为469万元。

1991年底，全省司法行政业务费增长为636万元，196个市、县司法局的财政经费全部实行计划单列。1993年，全省司法行政机关业务经费为691万元。1994年，全省司法行政机关业务费为740万元，全年人均913元，较1993年的691万元增加49万元，增长7.09%。

（三）业务装备经费

由于改革开放的深化，政府行政经费的开支随着综合国力的提升而得到不断提高。1991年，各级政府拨款用于司法行政基建和装备补助经费1641.6万元，其中中央补助164万元，四川省政府补助653万元，市（地、州）政府拨款141.5万元，县级拨款683.1万元。

1997年，由于行政区划调整，请求财政部解决新增广安和巴中地区修建局办公楼欠账280万元，解决机关装备、通讯、办公设施经费400万元，以上总计680万元。1998年，申请省财政厅对司法厅机关宿舍进行改造经费30万元。1999年，全省司法行政机关装备经费支出202万元（其中省级30万元，市（地、州）60万元，县（市、区）112万元）。2000年，申请解决3个少数民族自治州司法局及48个县级司法局办公用房经费和办公设备、普法宣传车、148专用电话业务费、普法经费，共计29457万元，在5年内给予了落实。

2005年，四川省财政部门为司法所争取装备经费400万元，较2004年150万元增长167%。

2003—2005年，省司法厅为阿坝、甘孜、凉山3个少数民族自治州司法行政机关争取资金2113万元，为所辖各县级司法局安排80万—100万元，从而基本上改变了三州和县级司法局办公房破旧的面貌。2005年，还为4个藏区县级司法局共补助装备款50万元，为其缓解用车难问题。

第二节　物资装备

一、公务车辆装备

公务车辆管理工作主要负责车辆编制、申报、定制、接车、分配，以及警车指标编制、审核、上牌及车购税的减免、报废退役、清理整顿等工作。实行政府采购后，根据省政府有关规定，车辆定制调整为统一在政府采购中心招标采购。

全省司法行政机关恢复重建后，省司法厅和各级司法行政机关积极向政府争取，改善用车难的问题。1980年底，全省司法行政机关县以上单位仅有车辆8辆，其中吉普车3辆、轿车3辆、摩托车2辆。

1980 年四川省司法行政系统车辆统计表

表 14－1　　单位：辆

单位名称	小　计	吉普车	轿　车	摩　托
四川省司法厅	2	1	1	—
四川省律师协会	2	1	1	—
市（地、州）司法局	2	—	1	1
县级司法局	2	1	—	1
合　　计	8	3	3	2

1981 年，全省分配给南充、温江、内江、乐山、宜宾、涪陵、达县、渡口、甘孜等市（地、州）司法局工作车各 1 辆、共 9 辆吉普车。

1985 年，全省司法行政系统有各种车辆 109 辆。1985 年，83 辆进口汽车分配情况：成都市 26 辆、德阳市 3 辆、泸州市 3 辆、自贡市 1 辆、绵阳地区 23 辆、涪陵地区 10 辆、宜宾地区 5 辆、乐山地区 3 辆、雅安地区 3 辆、内江地区 1 辆、省劳改局 5 辆。

1987 年，全省司法行政系统共有小轿车 129 辆，法制宣传车 73 辆、摩托车 15 辆，共 217 辆。截至 1990 年底，全省除了 2 个县区级司法局外，均配有业务车或法制宣传车，有 2 部车以上的县 35 个，有 5 个公证处和 17 个律师事务所配有业务车，全省司法行政系统各种汽车共 296 辆。截至 1994 年底，全省司法行政系统共有公务车辆 490 辆。1995 年底，全省司法行政系统共有公务车辆 578 辆。

全省各级司法行政机关积极争取警车指标，抓好警车管理，大力开展警车清理整顿工作。2003 年，采购警车 96 辆，争取到 120 个警车指标。2004 年，采购小轿车 29 辆，摩托车 251 台；争取到 140 个警车指标，比 2003 年增加 20 个。办理了 98 辆警车和囚车的审核、上牌及车购税的减免工作；办理了 52 辆警、囚车的报废退役手续。同年，在全省的警车清理整顿工作中对群众举报的违规使用的两台警车及时进行了查处。2005 年争取警车指标 140 个，组织落实各种车辆 128 台，为 60 辆新增车辆办理了免征囚车购置费，为 46 辆警、囚车办理了报废退役手续。根据公安部、司法部的警车管理规定，结合四川省司法行政系统的警车管理使用特点，省司法厅下发《关于进一步加强司法警车管理的通知》，对违规警车进行了清理整顿，加大了对全省警车的管理力度。由于对车辆管理成绩突出，省司法厅计财装备处被省政府评为 2005 年度车辆管理先进单位。

1980—1995 年部分年份四川省司法行政系统车辆数量统计表

表 14－2　　单位：辆

年　份	车辆数量（辆）	比上年增长（%）
1980	96	—
1985	109	13. 54
1990	296	171. 56
1995	578	95. 27

二、制式服装装备

1988年，完成全省852名公证员和2109名律师首次着装工作，发放公、律服装9个品种共6944套（件）。

1991年，全省审查、批准8100余名司法行政干部（其中司法助理员5958人）着制式服装。

2004年，省司法厅按照国务院、司法部和省政府清理整顿统一着装工作的部署，对四川省司法行政系统27107人的统一着装进行清理整顿。其中：有3644人着装属于未经国务院批准的着装范围，经清理整顿纠正，收回服装383套、标志3373套。

三、其他装备

全省各级司法行政系统其他装备从无到有，从单一到多种。截至1991年，省司法厅和地市级司法局普遍配备了微机、复印机或中英文打印机等较现代化办公设备，绝大多数县司法局安装了电话，部分县司法局购置了照相机、扩音器、录像机等办公和法制宣传设备。1995年，全省司法行政系统有电话289部、各型打印机247台、复印机28台、照相机150部、电视机60台、录放相机33台、普法扩音机219件。2004年，省司法厅通过省政府采购中心公开招标采购，采购134台台式电脑、19台笔记本电脑、34台复印机及100余件传真机、打印机、扫描仪、照相机等办公用品，并于2005年初全部发放到基层司法局。

第三节　基础设施建设

一、办公用房和业务用房

司法行政机构恢复重建初期，省、地、县共建立208个司法行政机构，另成立了法律顾问处185个，公证处81个，除省司法厅机关有少数有限的办公用房外，其余地、县级司法局和法律顾问处、公证处的办公用房除个别单位有几间外，其余绝大多数办公用房未落实，靠租赁旅馆、招待所或借用其他机关用房办公。

1981年，省机关事务管理局根据省政府意见，将成都上翔街招待所的房屋地产全部安排给省司法厅使用，作为办公用房。另外，为充分使用现有住房及有限空地，解决干部、职工住房困难问题，省司法厅把防空洞改做油库，修建一楼一底的车库192平方米，一楼停车、二楼住人。1986年，省司法厅机关办公楼开始修建，占地2.85亩，总建筑面积5170平方米。办公楼实际使用面积3619平方米，按机构改革后人员编制办公房标准为1434平方米。附属设施使用面积：车库180平方米，门卫室6平方米，配电房6平方米，食堂130平方米。办公楼含会议室面积586平方米，档案室、仓库保管室、文印室336平方米，厕所、楼梯、走道、门厅152平方米。

1987年，据对193个地、县司法局的不完全统计，167个司法局有办公用房，总面积34637平方米，其中新建成或统建安排的67个单位计21565平方米，政府调整安排的旧房100个单位计13072平方米。45个地、县司法局租赁办公用房281间，面积4599平方米。同时危房较多，据全省212个市、县司法局的统计（不含重庆市），属危房办公的达29202平方米，占总面积的84.3%。

1987年后，由于国家经济的不断发展和各级政府重视及财政、计委大力支持，司法行政业务用房和职工住房逐年改善，首先对 34 个单位、18200 多平方米的危房进行了翻修改造，建设了一批质量较高、数量可观的办公用房。截至 1990 年底，解决了 15 个地级司法局、55 个县级司法局的业务用房，全省业务用房除成渝两市外，已达 42000 平方米。

至 1992 年底，全省 19 个市（地、州）司法局和 179 个县级司法局（因成都、重庆两市单列，不在统计之内），新建、改造业务用房 55620 平方米。基本解决了 127 个市（地、州）和县级司法局业务用房。至 1995 年 5 月，业务用房已投资 3401 万元，其中中央财政补助 417 万元，省财政补助 992 万元，新建、改造业务用房和职工住房 63620 平方米，基本解决了 152 个市（地、州）和县级司法局的业务用房，占全省总数的 69%。

至 1996 年底，四川省解决了占全省 75% 的司法行政机关业务用房，全省有 25% 的司法局未解决或基本未解决办公用房。

2004 年，省司法厅积极向中共四川省委、省政府及省机关事务管理局反映办公用房困难问题，争取改善厅机关办公条件，为三个少数民族自治州县级司法局建设办公用房争取到经费 765 万元。

二、司法所办公用房建设

司法行政机关恢复重建以后，基层司法所用房困难，大多是租赁办公用房。2004 年，根据国务院、司法部关于加强司法所建设的文件精神，省司法厅向省发改委报送了四川省基层司法所建设规划，并同时报送国家发改委、司法部。省司法厅还多次向国家发改委、司法部反映四川省基层司法所存在的具体困难，得到两部委的理解与支持，表示将分期分批在 3 年内解决好四川省司法所建设经费。2004 年，国家发改委安排四川省基层司法所建设资金 2213.5 万元，解决了 320 个基层司法所用房建设问题。

为从制度上规范司法所项目建设，省司法厅先后下发《关于加强全省司法所建设工作的意见》《四川省基层司法所建设项目管理办法》《关于对 2004 年度司法所建设项目完成情况进行抽查的通知》《关于 2004 年度全省司法所建设抽查情况的通报》等文件。2005 年 3 月，省司法厅对列入规划的 3592 个司法所按照基层要求重新编排顺序，上报到国家发改委、司法部。

第三章　信访工作

四川省司法厅坚持实事求是、关注民生、服务群众的指导思想，坚持属地管理、分级负责，谁主管谁负责，依法依规处理与疏导教育相结合的原则，认真做好信访工作。1982 年 4 月，经厅党委研究决定在厅办公室设立信访科，履行信访工作职责。1990 年起，四川省司法厅信访工作被中共四川省委信访办公室纳入年度目标管理和达标考评。2004 年 8 月，省司法厅成为四川省处理信访突出问题及群体性事件联席会议成员单位。四川省司法行政系统信访工作，按照信访工作职责和信访工作有关要求，认真处理群众来信来访，做好政策解释、思想疏导和信访事项的办理、转办、交办、督办工作。1986—2005 年，四川省司法行政系统共办理来信 15207 件，接待来访 2336 人次，办理各类信访案件 110 件，其中，上级交办案件 81 件，转办案件 29 件，基本做到了事事有回音，件件有着落。

第一节　信访工作制度

为了加强四川省司法行政系统信访工作，保护信访人的合法权利，进一步推进信访工作的制度化、规范化、法制化，省司法厅不断建立和完善信访工作制度。1986—2003 年，分别建立《来信来访登记制度》《四川省司法厅信访工作办法》《信访工作领导责任制》等。2004 年，国务院颁布新《信访条例》后，根据《四川省贯彻国务院〈信访条例〉的实施细则》和中共中央、四川省有关文件精神，又相继制定《四川省司法行政系统信访听证暂行办法》和《四川省司法厅信访工作责任倒查制度》。2005 年，与中共四川省委、四川省人民政府信访办公室联合制定《四川省律师参与信访法律咨询工作暂行办法》等，并下发全省各级司法行政机关，要求认真贯彻执行。

第二节　信访工作开展

一、落实政策

中共十一届三中全会以后，一大批冤假错案得到平反。在这些案件中反映比较突出的主要是刑事、民事、人事劳资等申诉类信访问题。各级司法行政机关对信访人反映的问题经过调查核实，还原历史，认真落实政策。如：1986 年，何应湘向省司法厅申诉，要求补发“文化大革命”期间被永川劳动改造管教总队（即新胜茶场）扣发的工资。中共四川省委副书记冯元蔚批示省司法厅认真调查处理，省司法厅厅长费中及时责成省劳改局处理。省劳改局立即向永川劳动改造管教总队发去督办函。总队政委姚世良、副总队长张德才立即召开会议，组织干警查档和走访，又与永川县委统战部、县政协、县法院等负责人进行座谈。经查明：何应湘系中华人民共和国成立前曾任国民革命军参谋总长、一级上将何应钦之亲妹。何应湘在中华人民共和国成立前曾任国大代表、“戡乱建国”委员、镇长等职。1951 年 12 月 15 日，因隐瞒反动身份、拒不自首一案，经西南军区军法处判刑 2 年，送重庆市华一纸厂劳动改造。1953 年 12 月 14 日刑满释放留场就业，每月工资 41 元。1963 年 12 月回永川劳动改造管教总队后，评定为农业一级，每月工资 23 元，其工资评定符合当时政策规定，不存在扣发工资问题。鉴于其 1980 年 11 月 1 日经中国人民解放军成都军区军事法院复查撤销原判决，1986 年又曾任四川省政协委员、重庆市政协委员，每月工资上升到 75 元。后经省司法厅汇报请示，中共四川省委办公厅向中共四川省委统战部提出建议，经省委统战部同意，函告重庆市委统战部，决定由省委统战部从落实统战政策经费中拨付二千元补给何应湘，并提高工资至每月 100 元，何应湘比较满意。至此，一起多年上访案件得到妥善解决。

1997 年 6 月 4 日，原成都监狱就业人员龚钦向省司法厅写信要求“给予办退休”，后又以“起义人员”身份四处上访，要求“落实政策”，办理退休拿生活费等。省司法厅将此案件转交省监狱管理局调查处理。经调查，龚钦原系国民革命军军人，1949 年 11 月 28 日在渠江三汇随部队起义。1958 年因造谣破坏罪被判刑 8 年，1966 年刑满留场就业，1984 年离开成都监狱，监狱按自动离职处理。省监狱管理局和成都监狱向有关部门建议：“由当地民政部门给予社会救济，由其养子龚某照顾起居。”中共四川省委统战部及民政厅根据有关统战政策同意上述意见，并指示当地政府作了落实，一件长达多年的信访案件办理终结。

二、促进息诉息访

司法行政系统职能较广，涉及的人员结构较为复杂，一部分反映生活困难的信访问题引起各级司法行政机关的重视，各级机关深切关心群众切身利益，帮助解决其困难，促进信访人信访事项的化解和息诉息访。如：永川劳动改造管教总队刑满留场就业人员王永开不愿在劳改队，要求回乡，经批准于 1985 年 2 月被清放回家。但因其家中无人，不能上户。1986 年 3 月至 7 月，王永开先后 5 次到省司法厅上访。王永开身体十分虚弱，每次到省司法厅，信访干部都热情接待，做耐心细致的思想工作，给他解决食宿费、返程路费，并积极协调省政府有关部门为他解决问题，使他深为感动，便说出自己原有寻短见的想法，将自己携带准备自杀的一小瓶水银交给司法厅信访办干部。1986 年 7 月下旬，他还主动送来 1 斤茶叶向省司法厅信访办表示谢意，并说我绝不给司法厅再添麻烦，也不会死在司法厅。信访干部婉言谢绝其礼物，进一步做好安抚劝返疏导工作。但王永开回到达县后，因问题还未得到解决，便服毒寻短见，经及时抢救脱险。后经省政府直接督促，省司法厅多次与当地政府协商后，由永川劳动改造管教总队收回养起来。一件来回奔跑上访多次的疑难信访案件得到成功解决。

三、保障工资待遇

20 世纪 90 年代中期，随着社会主义市场经济的建立，经济转型，监狱一时不适应新形势的发展，生产经营亏损较严重，加之省财政困难等原因，时有拖欠干警、职工工资的现象。省司法厅和省监狱管理局积极协调有关部门，争取财政支持，同时要求各监狱大力发展经济，筹措资金，逐步解决拖欠干警、职工的工资问题。如：1997 年，德阳监狱部分退休干警致信国务院总理李鹏，反映监狱拖欠他们退休生活费等问题。李鹏和劳动部部长李伯勇都作了“调查处理”的批示。中共四川省委副书记、副省长张中伟责成四川省司法厅、省人事厅、省财政厅调查处理。在省司法厅督办下，省监狱管理局于 1997 年 4 月 25 日召开党组会议，专题研究德阳监狱拖欠退休干警生活费 115 万元问题。德阳监狱拖欠退休干警生活费的主要原因是 1995 年国务院规定给离退休人员增加生活费，但因四川省财政困难，下拨给德阳监狱的包干经费较少，导致 1996 年 9 月以前的增加部分暂未兑现。经省司法厅与省劳动厅、省财政厅共同协商后，确定除提高退休干警年包干经费外，对德阳监狱所欠退休干警 115 万元的生活费核实后及时向监狱拨款，终使这起重要信访案件得到妥善处理。

四、开展思想疏导

进入 21 世纪后，各项改革深入推进，社会矛盾比较突出，四川司法行政系统重复信访、信访老户、涉法涉诉和非正常上访等问题比较突出。针对这些问题，全省司法行政系统各级信访部门，依照法律、政策耐心细致做好信访人的思想工作，讲法明理，使绝大多数类似信访得到息诉息访，较好地维护了社会稳定。如：2004 年 9 月，崇州市市民杨某多次到省劳教局上访，反映其子在成都戒毒劳教所期间被殴打，长期接触有害物质造成疾病并贻误治疗，要求经济补偿，并扬言要炸楼、拦车等。省司法厅厅长方光兴立即指示要求省劳教局要从维护社会稳定的大局出发，依据法律和政策实事求是处理。省劳教局及时组成调查小组，并请双流县检察院监所检察室参与调查。经查明，杨某之子于 2001 年 5 月因盗窃被成都市劳教委员会决定劳教一年六个月，送沙坪劳教所执行，2002 年 8 月期满出所。2002 年 10 月又因盗窃被成都市劳教委员会决定劳教 2 年，因其吸毒被送成都戒毒劳教所执行，于 2004 年 8 月 1 日解除劳教。其在劳教期间，没有人对他进行殴打，他本人也没有反映被殴打的情况；由于其身体素质较差，成都戒毒劳教所只安排他值班，没有从事绕铜线劳动生产；经省人民医院专家诊断，确诊其患“肝豆状核变性”病，是一种隐性遗传性疾病，由人体遗传基因控制，非后天原因造成。杨某之子在成都戒毒劳教所劳教期间，仅在所内就诊治疗就达 39 次，因此不存在接触有害物质造成疾病并贻误治疗的过失。成都戒毒劳教所党委书记、副所长与杨某进行面对面的交谈，以事实和法律依据对他提出的问题一一作了解答，之后杨某未再上访。

第四章 信息化工作

20世纪90年代，随着市场经济发展，科技的进步，电话、书面文件和开会已逐步改变为电子信息和网络信息的传递。但由于司法行政单位信息化投入不足，技术力量匮乏，致使基础设施远远落后于四川经济发展。1998年，中共四川省司法厅党委决定成立四川省司法厅信息中心，挂靠厅办公室。“中心”成立后，调整充实技术力量，增加了经费的投入，加强基础设施建设，全厅机关职工人人配备了台式计算机、打字机、U盘，个别处室还配备了复印机、扫描仪等设备。制定了信息中心《技术工作手册》，积极推进业务应用。同时，加强了厅机关计算机管理和监督工作，强化培训，提高职工掌握现代化技能的素质。1998—2005年，四川省司法行政信息化建设成绩显著，推动了司法行政业务的大发展，整合了现有资源，为国家节约了大量财力、物力、人力等资源，提升了司法行政系统法律服务水平和刑罚执行技术保障能力，有力促进司法行政工作的发展。

第一节 司法厅机关信息化建设

1998—2005年，司法厅信息化建设的主要成果：建成厅机关局域网和信息中心机房；厅机关局域网接入党政网，实现与省委、省政府的信息交换；依托党政网实现与市（州）司法局的信息交换；通过专用加密技术，实现与司法部的信息交换；建设完成司法厅党政网网站和互联网网站两个信息发布平台，实现政务信息上网发布；信息化投入逐年增加，设施设备逐步完善，信息化建设基础初步建立；系统开展厅机关及市（州）司法局信息化应用培训；初步建立信息化管理制度。

第二节 司法厅直属机关信息化建设

一、监狱系统信息化建设

1982—2005年，除了建立上情下达的信息网络外，重点建设“数字监狱”。为提升监狱执法和管理的信息化水平，改善监狱应对突发事件的反应能力，在上级财务的支持下，监狱系统自筹资金，启动监狱系统信息化建设的基础性重大项目——安防监控系统。截至2005年，42个监狱中有28个建立了局域网，大部分已接入电子政务内网。

二、劳教系统信息化建设

1998—2005 年，四川省劳教局通过利用电信 2M 光纤将省局至 7 个省管劳教所的网络全部联通。省属劳教所除女子劳教所外全部建立了局域网，部分劳教所接入了电子政务内网。同时，大力推进业务应用，开发完成了《四川省劳教局信息管理系统》和《四川新华劳教所信息管理系统》，个别单位还开发了 OA 办公系统。

三、四川司法警官职业学院信息化建设

1998—2005 年已建成千兆校园局域网，入网计算机 400 余台，计算机多媒体教室 19 间；建立了校园视频监控系统。同时，还积极推广多媒体教学、办公自动化、网络图书馆，流媒体下载（点播）等应用，逐步实现教学信息化、办公和部分考试无纸化、管理智能化，有力地推动了学院教学、科研、管理水平的不断提高，为学院发展奠定了比较坚实的基础。

第三节　市（州）司法行政系统信息化建设

1998 年，省司法厅结合信息网站改版，将全省司法行政系统信息交换整合到电子政务内网和电子政务外网两个统一的网站平台，逐步实现了省、市两级及扩权强县试点县之间信息发布、公文收发、电子邮件的无障碍运行，并为全省各县级司法局乃至基层司法所进入平台预留了冗余空间。省司法厅互联网站也按照省政府信息公开条例的要求和工作实际需要，增加了新功能，丰富了新内容。全省 21 个市（州）司法局大部分接入了电子政务内网，其中 6 个市（州）司法局建立了内部局域网，13 个市（州）司法局在互联网或电子政务内网上建立网站 25 个，6 个市（州）司法局自主开发业务应用系统 10 个。所有县级司法局都配备了计算机，全部接入了电子政务内网，一些县级司法局还建立了信息网站。

第十五篇　学术团体与行业组织

1986—2005年，为繁荣法学研究，规范法律服务，加强司法行政系统各行业的管理，相继成立了四川省法学会、四川省律师协会、四川省公证协会、四川省司法鉴定协会，四川省海峡两岸法律研究会，四川省监狱学会等。这些组织的成立和工作的开展，对加强行业管理、广泛开展业务交流、维护会员合法权益、增强海峡两岸法律界的沟通和了解、推动和促进全省司法行政系统的改革和发展发挥了积极作用。

第一章 四川省法学会

1983—2005年，四川省法学会在中共四川省委政法委和省司法厅党委的领导、中国法学会和四川省社会科学联合会的指导下开展学会工作。经过20余年的积极努力，学会组织建设不断完善，法学研究日趋繁荣，法制宣传和法律服务工作上了新的台阶。

第一节 法学研究

一、省法学会组织的学术研究

1988年7月，省法学会主持召开“云、贵、川三省刑法、经济法学术研讨会”，收到和交流论文43篇。与会代表就经济、政治体制改革等形势下的刑事法、经济法在司法实践中出现的和亟待解决的问题开展了热烈讨论。1992年10月，省法学会第二次主持召开“云、贵、川三省诉讼法学学术研究会”，会上收到和交流论文20篇。与会代表就刑事、民事和行政三大诉讼法的有关问题进行了研讨。11月，省法学会又主持召开“西南、中南9省法学研究协作会”。会议以社会治安综合治理相关的法律问题为主题，对新形势下加强社会治安综合治理的意义、社会治安综合治理的宏观法律政策、对违法青少年教育挽救工作的法律问题等进行了认真研讨。

从1994年5月至2000年，为了贯彻邓小平民主法制思想，省法学会先后承办和主持召开“中国法学会民法经济法研究会年会暨学术研究会”“西南、中南9省区法学研究协作会”“中国法学会刑法学研究会年会暨学术研究会”“资产重组法律问题研究会”“实施依法治国方略，推进依法治省进程理论研讨会”“宪法学学术研究会”“西部大开发法律问题研讨会”“WTO与中国研讨会”以及“司法公正的程序设计”“公司制度与法人犯罪的关联分析”“金融公会法律制度研究”“中国法官任用制度改革研究”“建设法制四川·和谐社会”等为主题的研究和座谈会。

自1988年7月至2005年12月，共计开展法学研究会议达17次，参会人员520人次，收到和交流论文173篇。

二、组织领导学科研究会开展学术研讨活动

四川省法学会法律逻辑研究会1988—2001年召开了4次大型的学术研究会；省法学会刑法研究会1990—2000年召开大型学术研讨会8次；省法学会民法经济法学研究会、国际经济法学研究会1989—2001年召开大型学术研讨会10次；省法学会诉讼法学研究会1991—1999年召开大型学术研讨会2次；省法学会宪法学研究会1994—2000年召开学术研究会6次。各市（地、州）会员联络站

（组）和市级学会也分别开展了学术研讨活动。20 年中，省法学会、学科研究会共计召开学术研讨会 30 次，参会人员达 1630 人次，收到和交流学会论文 910 篇，专著多部。

第二节　学术交流

自 1986 年开始，四川省法学会先后接待了美国艾森豪威尔基金会法学教授访华团一行 32 人，斯里兰卡司法部长、瑞典法官访华团，双方进行了学术交流，并参加了四川省科协组织的与美国律师葑和生等人座谈会，就两国有关法律问题进行了交流，还会晤了四川省政府经济顾问、美国律师柯恩等，就加强交流交换了意见；会晤美国美中教育学会董事长海斯和该会驻华代表高书华，就法律人才培养问题进行了交流。1994 年，省法学会副会长钟锡畴、秘书长贾勇参加了与瑞典人权代表的座谈会，就四川省监狱、劳教所的人权状况回答了对方的提问，并听取了瑞典监狱的情况介绍。

1995 年 8 月，省法学会专职副会长文熙德率团一行 18 人出席了第 14 届亚太法协大会，主动与外国代表团进行了学术交流。之后，省法学会组织四川法学界和律师界代表团访问美国；法学教授和司法局长访问了英国；省法学会副会长文熙德参加中国法学会组织的赴日本代表团，考察日本面向 21 世纪的司法改革；省法学会承担了中国法学会与中英文化交流中心组织的“送法下乡”四川片区活动。还接持了泰国中央知识产权与国际贸易法院代表团、法国知识产权代表团，该团回国后，写信感谢四川法学会的热情接待和周到安排。参加法国及欧洲工业产权制度最新发展报告会；接待了日本日中法律协会访华团，组织他们参观了成都金牛区人民法院、锦江监狱等，双方进行了学术交流。

第三节　法制宣传和法律服务

为普及法律常识，省法学会袁家伟相继参与编写《四川农民法律常识读本》《四川工人法律常识读本》《青年法律常识丛书》，分别于 1986 年和 1987 年出版发行。全国知名法学专家、四川大学法学教授伍柳村主编《刑法案例研究丛书》，为法制宣传提供了翔实、生动的资料。

省法学会还与省司法厅、省法制建设领导小组办公室联合召开“纪念新宪法颁布十周年”座谈会，省法学会秘书长贾勇主编、省司法厅相关部门参与编辑出版了《台湾地区民事、经济法规选编》。省法学会又与中共四川省委政法委、省司法厅、省政府法制建设领导小组办公室联合举办了“学习邓小平民主与法制理论建设”报告会，参与主办“邓小平论民主与法制建设”报告会，由黎国智教授作了“我国民主法制建设的指针”的专题报告。省法学会还举办了由徐静村教授主讲的刑事诉讼法学专题讲座会，组织了杨泉明教授主讲的《增强宪法意识，树立宪法权威，推进依法治国》的专题报告会，以及宣传香港基本法报告会等。

经省司法厅批准，省法学会还先后成立四川省第二律师事务所、四川法联律师事务所，面向社会开展法律服务，先后为 200 多家政府部门和企事业单位担任法律顾问，仅副会长、一级律师钟锡畴就先后为中国银行四川分行、四川省石油管理局、四川化工总厂等 12 个单位担任了常年法律顾问。法律服务部负责人张涛编写的小册子《阳光拆迁》被成都市房管局采用，受到拆迁户的欢迎。

1986—2005 年，省法学会被中国法学会评为“先进集体”；在全省优秀学会评审中，获奖成果达 143 项，优秀奖 81 项；在“全国十大杰出青年法学家”会议评选活动中，顾培东、左卫民分别被评为第一届、第四届“全国十大杰出青年法学家”，伍柳村被评为“全国老年法学家”，四川省法学会还被省社科联多次评为“先进集体”；1999 年又被评为“十佳学会”；2002 年中国法学会还授予省法学会“送法下乡先进单位”奖牌。

2005 年，四川省法学会改由中共四川省委政法委员会管理。

第二章　四川省律师协会

第一节　律师行业管理

一、思想和作风整顿

自1980年律师制度恢复后，在司法部和中共四川省委、省政府及各级司法行政机关领导下，四川广大律师坚持依法办案，严守职业道德执业纪律，积极开展各类法律服务，维护当事人的合法权益，得到社会各界和当事人的普遍好评和肯定。1985—1986年，省律协组织律师开展自觉地履行职业责任、职业道德、职业纪律和职业技能的“四职”教育活动，要求各法律顾问处（律师事务所）切实把开展律师职业道德的工作提上议事日程，做到经常化、制度化。经过教育活动，一些不良现象得到纠正，行业风气不断好转。对个别律师违法乱纪的行为进行了认真查处，维护了律师行业的声誉，纯洁了律师队伍。

1990—1991年，根据司法部的统一部署，全行业开展了清理整顿：一是对律师进行了重新注册，由四川省司法厅决定缓注册17名，取消注册资格23名。二是制定了四川省《刑事辩护工作细则》等业务制度。1991年，在全省律师行业开展了“质量效益年”活动。1991年9月，省司法厅制定下发《四川省司法厅关于律师违反职业纪律处理办法》，就违反职业纪律的10余种行为及其处罚种类、处理程序等作了较全面的规定。1992年9月，省司法厅颁布《对律师人员、非律师人员没收非法所得和罚款的实施办法（试行)》，使律师管理工作进一步制度化、规范化。

1996年，为了贯彻落实司法部《关于严格执行〈律师法〉，进一步加强律师队伍建设的决定》，从该年9月起，在全省律师中开展了“整顿思想、整顿纪律、整顿组织”的“三整顿”活动，对律师事务所中存在的吸纳无业人员以律师名义办案、违法设立分支机构或搞内部承包、以支付高额报酬进行不正当竞争等问题；对律师在执业中违反规定请客送礼、跨所办案、不注重办案质量、违反规定收取活动费等行为等提出了整顿措施，并进行了检查验收，省律协加大对违规违纪律师的查处力度。据不完全统计，1996—2000年，省律师协会惩戒办公室共受理投诉律师案件186件，直接处理的114件，转办并督办的72件。

从2001年起，省律协按照上级的部署，在中共四川省司法厅委员会的领导下，在全省律师队伍中相继开展了贯彻中央《公民道德建设实施纲要》、律师职业道德执业纪律教育评查、律师队伍集中教育整顿、合伙律师事务所规范建设、律师队伍行风评议和行风调查测评等专项活动。结合四川律师实际，与省司法厅律师管理处共同制订了四川省加强执业管理的“十七条意见”、《加快建立律师诚信制度的意见》《律师职业道德执业纪律规范》《律师办案流程》《律师法律服务投诉指南》《律师法律服务便民利民措施》等规范性文件，从而进一步规范了律师执业活动。同时，还采取了由四川省律师协会会长、副会长、常务理事发表电视讲话、发表署名文章、接受媒体采访等方式和由有关会议代表及部分省级文明律师事务所向全省律师发出倡议书，以及组织律师集体宣誓、签署承诺书等多种方式，向社会公开承诺依法执业、诚信服务，进一步纠正了全省律师行业中的不正之风。

二、会员管理

1983 年 11 月，四川省律师协会成立时通过了《四川省律师协会章程》，该章程第四条规定“取得律师资格的律师和被批准的实习律师，本人提出申请，经审核批准为本会会员，并发给会员证。”当年，省律师协会有会员 470 人，其组成结构为：专职律师、兼职律师和特邀律师。1997 年，依照《中华人民共和国律师法》规定，凡是取得律师执业证书的律师，为律师协会的个人会员。到 2005 年，全省有会员 6331 人。

1987 年，经中共四川省司法厅党组决定，省律协秘书处与省司法厅律师管理处分别设立（之前两处合署办公），其秘书处下设三部一室（即会员部、培训部、《四川律师》编辑部、办公室），配备了相应干部，律师行业自律管理迈入了新的阶段。1993—2001 年，省司法厅、省律协不断探索律师工作的特点和规律，对律师的管理实现了两个转变；一是实现了在计划经济条件下形成的管理方法、方式向适应市场经济规律的管理方法、方式的转变，确立了管理就是服务的观念；二是实现了司法行政单一管理体制转变为司法行政机关行政管理与律师协会行业管理相结合的“两结合”管理体制的转变，逐步向行业管理过渡。四川省律师协会还注重了建章立制和长效机制建设。

1992 年，四川省司法厅和省律师协会根据当时四川的律师情况和亟待解决的一些问题，派省律协副会长龚炳森随四川省人大考察组赴福建、广东、海南等地考察律师工作。同年 5 月 27 日，经省人大常务委员会通过颁布《四川省律师履行职务的若干规定》，进一步加强了律师执业权利维护和律师执业活动的规范管理。

2000—2005 年，先后制定了常务理事会、会长办公会、维权委员会、纪律委员会、专业委员会规则等十多个规范性文件，内容涵盖律师行业管理的主要方面，律师事务所内部的管理也日趋规范化。同时加强对市（州）律师协会工作的指导，帮助基层解决工作中的困难和问题。

三、业务培训

1983—1989 年，省律协除鼓励支持律师参加各类学历学习提升学历层次、选派律师参加政法院校的短期培训等外，还举办大量讲座对律师进行培训。1993—2001 年，省律协举办各类培训班达 36 次之多。为了提高律师的学历水平，制订了律师学历培训五年规划。从 1997 年起，先后与四川大学、四川创业学院、北京大学法学院等高校联手，举办了法学本科远程教育班、律师法律研究生课程班和民商法研究生课程班；此外还组织律师积极报考中央党校、西南政法大学、西南财经大学、四川大学法律专业研究生，400 多名律师先后入学深造，至 2001 年全省专职律师中本科以上学历达到 50% 以上，其中省直律师事务所专职律师中双学士、研究生达到 30% 以上。至 2005 年底，律师中本科以上学历已达到 86.46%，其中博士和硕士（双学士）分别占 0.77% 和 11.07%。除三州和部分放宽司法考试报名条件的地区外，全省 45 岁以下律师已基本达到本科以上学历。

2001 年，中国加入 WTO 后，省律协又采取办短训班、轮训班和有关专题讲座以及派员参加司法部、全国律协培训班等多种形式，组织律师对新颁布的法律法规和相关行业专业知识的学习。先后组织律师参加了新刑法、刑事诉讼法、民事诉讼法、民法通则、行政诉讼法、婚姻法、合同法、票据法、仲裁法和金融、证券、房地产、知识产权、资产重组及资本运作、建筑工程招标投标、WTO及国际贸易相关法律等专业知识的培训，并把律师参训作为年检注册的考核内容之一，基本达到每年轮训执业律师一次，使广大律师的业务水平得到进一步提高。

第二节 律师参政议政

1980年1月1日起实施的《中华人民共和国律师暂行条例》规定，律师可以“接受国家机关、企事业单位、社会团体、人民公社的聘请，担任法律顾问”。1997年1月1日起生效的《中华人民共和国律师法》，也明确将“接受自然人、法人或者其他组织的委托，担任法律顾问”，作为律师的一项主要业务。以此为依据，四川律师积极拓展法律顾问尤其是政府法律顾问领域，介入政治生活，服务党委政府。截至2005年底，全省律师担任各级中共党委、人民政府机关及其领导人的法律顾问1200多家，约三分之一的省级党政职能部门聘请律师担任了法律顾问，有500多名律师担任了各级党政领导人法律顾问；近百名律师担任了各级中共党委和政府机关行风监督员、廉政监督员或专家咨询组成员，在政府依法行政、科学决策中发挥了重要作用。各级司法行政机关、律师协会注重和引导律师认真学习了解顾问单位的业务、行政的基本知识、动作的规范和原则等，提高咨询的针对性、准确性、科学性、合法性，不误导、不失误、不说外行话，切实做到咨询切合实际，符合国家的政策与法律规定，从而充分发挥了律师的参谋作用与咨询的效力，受到顾问单位的信赖。一些政府机关明确规定，无法律顾问意见的重大决策不研究，无法律顾问参与的重大项目合同不签订。通过担任各级人大代表政协委员建言献策，参与法律监督、民主监督和立法视察等活动，是律师参政议政的主要形式。1986年以来，随着律师政治地位和社会影响力的提升，四川律师当选或经推荐担任省市县三级人大代表政协委员数逐届增多。至2005年，全省律师行业担任省市县三级人民代表大会代表、政协委员141名（其中省级代表委员10名，市级代表委员55名，县级代表委员76名）；省、市政协专门委员会特邀委员8名。他们认真履职尽责，积极建言献策，参与立法、法律监督、民主监督、调查研究和政府法律顾问、涉法信访等工作，为四川经济社会发展和民主法治建设做出积极贡献。2005年10月，省司法厅、省律师协会召开全省律师人大代表政协委员参政议政工作座谈会，总结交流了律师人大代表政协委员参政议政的经验。省人大常委会副主任张宗源、省政协副主席王恒丰应邀出席并对会议成果给予充分肯定。会后，省司法厅、省律协将20多名律师人大代表政协委员的交流发言集结成书，取名《政坛展风采》，下发各地指导律师行业参政议政工作。次年7月，中华全国律师协会律师参政议政工作座谈会在成都召开，省司法厅、省律师协会在会上作了题为《充分发挥律师参政议政职能，积极推进社会主义政治文明建设》的交流发言。

第三节 律师执业权利保障

保障律师依法执业，维护律师的合法权益。随着律师事业的发展，律师参与诉讼、非诉讼活动不断增多，其社会接触面日益广泛，律师履行职务中的合法权益受到侵犯的事件时有发生。四川省律师协会成立后及时建立、健全了对律师的维权工作制度，对律师在依法执业中的执业权利、人身权利受到严重伤害的案件进行了认真核实，并妥善处理。1986年3月，南充县法律顾问处律师邓某某在河北省某市履行职务时，被该市人民法院工作人员殴打，并被拘禁。对此，省司法厅和省律协派员赴当地进行了严正交涉。最终，侵权的违法者被党内严重警告，调离司法机关。2002年8月17日，南充律师向某某在履行职务过程中被对方当事人殴打致伤。事件发生后，省律师协会派员慰问并参与调查，形成了《关于南充市律师向某某在履行职责过程中被对方当事人伤害维权意见报告》。8月20日，南充市中级人民法院决定对加害者李某某给予司法拘留七日处分。9月27日，双方达成协议：由李某某向向某某公开赔礼道歉，并承担受伤住院期间、后续治疗、精神损害赔偿等费用。

1992年5月27日，四川省人大常务委员会颁布《四川省律师履行职务的若干规定》，共34条，以地方法规的形式对律师履行职务的有关问题作了较为全面、具体的规定。省律协把维权工作与教育全体律师自觉防范执业风险结合起来；把维权工作与律师职业道德执业纪律的教育、监督、检查结合起来。一是致力于制度维权，组织律师学习修改后的《中华人民共和国刑事诉讼法》《中华人民共和国律师法》《关于律师会见在押犯罪嫌疑人被告人有关问题的规定》等法律法规和相关规定，增强律师自我保护的法律意识。二是适时整顿和规范法律服务市场，至2005年全省共撤销违规设立的法律服务分支机构40余家；查处非法执业机构和非法执业人员案件8起，其中由省司法厅决定取缔非法执业机构3家，查处非法执业人员7人，2名假律师受到刑事追究。三是积极开展个案维权，对一般性干涉律师执业活动的，由组织出面交涉，促成问题解决；对严重侵害律师人身权利、执业权利的，则通过法律程序解决，依法追究加害者的行政、法律责任等。2002—2005年，省、市律师协会办理维权个案10多起，4名侵害律师执业合法权利的当事人受到刑事追究或治安处罚。2004年，四川省律师协会被中华全国律师协会评为维权工作先进单位。

第四节　业务合作与交流

一、国外合作与交流

1984—1986年，先后接待日本、美国、加拿大等15批国外律师及法律团体。1987年，派出人员参加了伦敦国际律师协会年会暨理论讨论会、欧洲经济共同体的经济法律研讨会。1988—2002年，又先后接待了美国、法国、澳大利亚、泰国等到四川访问、考察的律师、法官，并同他们进行了友好交流。

一些律师事务所还与国外律师事务所建立了长期合作关系。2002年共推荐了4名律师出国进行专业培训。2005年，省律协与美国律师协会草签合作交流协议书，与英国文化协会文化教育处就中青年律师的深造培训进行了初步接洽。

二、省内外合作与交流

1986年，在成都建立了云南、贵州、四川、西藏、广西、重庆五省一市的律师工作交流会议制度，加强同西南兄弟省市律师的联系和协作。1987—1989年，举办了“企业间横向经济联合中有关法律问题”“律师如何为建立社会主义商品经济新秩序服务”“律师如何围绕治理整顿这个中心深化改革，改善管理，提高职业道德水准，提高法律服务质量”等问题的研讨会。1990—1992 年，随着社会主义市场经济体制的建立和发展，省律协分别在雅安、西昌、攀枝花、南充、广元等地召开了律师业务研讨会，探讨在改革开放的新形势下的法律问题。2003 年 9 月，西南六省七方（重庆、广西、贵州、云南、西藏、四川、成都）律师协作暨业务研讨会在成都召开。本次会议的主题为律师业务拓展与 WTO。2005 年，省律协组团参加在北京举办的“世界法律大会”及在天津举办的“2005 第五届中国律师论坛”。

同时，省律师协会还采取走出去请进来的方式进行合作与交流。1987—1989 年，组织律师近百人次，参加昆明、贵州、北海召开的交流座谈会和到北京、天津、河北、辽宁等省市参观学习。1990 年，组织省内一批律师赴山东、河北学习担任政府法律顾问的经验，赴东南沿海学习涉外法律服务的经验等活动。2000—2005 年，省律协接待了上海、江苏、广西、福建、广东、北京、山西、海南、陕西、云南、甘肃、浙江等省（市）律师考察团及业务同行，就律师业务开拓、规范管理、制度建设、行业管理等问题进行了交流。同时，又派出律师赴北京、上海、广西、重庆等地学习、交流。

2001 年，省律协与香港律师会签署合作协议，构筑起了相互友好交往的桥梁。香港律政司司长梁爱诗、香港律师会会长蔡克刚等官员和律师行业协会领导人相继率团到访。省律师协会也多次派出律师出访香港或出席香港律师界的活动，双方多次召开业务研讨会，互派律师到对方所属律师事务所驻所培训，开展业务交流。2003 年，香港律师在四川举办了“川港两地律师房地产实务及律师事务所营运座谈会”。部分市（州）律师事务所也组团出国和赴港考察。

第三章　四川省公证协会

1990 年，四川省司法厅决定成立四川省公证协会，报经四川省民政厅社团主管部门批准后，于 1990 年 4 月 19—22 日在成都召开全省公证员第一次代表大会，宣布成立四川省公证协会，选举李犁为会长，苏良虎为副会长，白南明为秘书长，张舸、李栓牢为副秘书长。1994 年 5 月 13—14 日，召开全省公证员第二次代表大会。李犁再次当选为会长，许启先、彭矛、罗来国为副会长，许启先兼任秘书长，张舸、张嘉奎为副秘书长。

全省各市（地、州）还建立了公证协会分会，在省公证协会的指导和当地司法局的管理下开展工作。

第一节　教育培训

1990—2005 年，省公证协会采取多种形式对会员开展思想政治、职业道德、高等学历、短期各类专业教育培训工作。

一、思想政治教育

组织全体会员定期学习中共党的路线、方针和有关国家法律法规及政策，不断增强会员的执业水平和政治敏锐性与鉴别力。1990—2005 年，在经济公证办理中制止不法经济活动 12457 起，涉及金额 1095597 元；向有关司法部门提出建议 14549 件，其中被采纳 12457 件。

二、职业道德教育

省公证协会每年通过年终工作总结和经济性管理活动，协助省司法厅加强对会员的职业道德教育，弘扬从业清廉精神。1998 年 5 月，在职业道德教育的同时，还针对公证处之间存在的不正当竞争、乱设办证点、办证室等问题，开展全省公证系统集中整顿，召开了成都市城区 8 个公证处主任联席会，以省公证协会名义形成了《纪要》，省司法厅将《纪要》以简报下发到全省各公证处。尔后，召开成都市城区公证处主任联席会对《成都城区公证行业同业规则》进行了讨论修改。2002 年 2 月，省公证协会又组织成都城区 11 个省、市、县（区）公证处负责人对原《同业规则》进行了重新修订后，于同年 3 月 1 日印发至 11 个城区公证处试行。2005 年 5 月，在全省开展公证队伍教育规范树形象活动中又将《同业规则》以省司法厅名义印发全省施行，全省共关闭违规设立的各类公证办证点 551 个，其中，成都城区 43 个，净化了公证法律服务市场。

三、学历教育

对通过正规学历教育取得大专以上学历的会员，由公证处给予报销学费等奖励政策，使会员大专以上学历比例逐年提高，至2005年达到会员总数的91.6%。

四、部、省、市三级培训网络建设

四川省公证协会和省司法厅公证工作处采取了如下措施：一是每年选派会员参加司法部和中国公证协会的各类专业培训，从建会至2005年培训200余人次；二是每年定期开展各项短期培训。采取全国公证员资格考前培训、上岗前培训、新法规培训、要素式公证书培训、公证责任保险和WTO知识培训、规范现场监督公证培训、公证教育培训等，全省公证处主任的培训共约3000人次；三是各市（地、州）分会或省公证协会联络组，每年采取以会代训的办法组织本辖区会员学政策、学法律、学业务，运用疑难案例分析研究和专题理论研讨相结合等办法，不断提高公证人员的法学基础理论和执业水平。

第二节　国内外公证同行交流

一、组织国内同行交流

1991—2005年，一是先后14次组团共200多人次到广东、福建、海南、河北、天津、北京、上海、江苏、贵州、云南、广西、黑龙江、吉林、辽宁、山东15个省（市、自治区）学习考察；二是先后接待了黑龙江、吉林、河北、江苏、贵州、广西、重庆、西藏、天津、陕西、山西、宁夏、广东、浙江、甘肃、青海、宁夏等17个兄弟省（市、自治区）公证协会240多人次，互通情况，交流经验；三是部分会员单位先后接待了来自省外多批公证同行。通过相互交流各自开拓业务和公证改革的做法，促进了全省公证人员观念的转变和公证处的内部改革；四是开展省内各市（地、州）之间会员的相互交流学习。

开展海峡两岸公证同行互访，进行座谈交流。1997年5月，省公证协会首次在成都接待了台湾公证学会常务监事吴启宾为团长的台湾公证学会访问团一行14人。1997年11月23—30日，首次派出副会长李宏江参加中国公证协会赴台参访团。参访团与台湾公证学会理事长、台湾“最高法院”院长葛文才、台湾海基会副董事长兼秘书长焦仁和进行了多次座谈。还与台北、台中、高雄、花莲等“地方法院”公证处的同行进行座谈交流。

在与台方同仁交流的同时，做好涉台公证文书的寄送和核查工作。四川省公证协会建立后的13年中，省公证协会认真执行“汪辜会谈”（海峡两岸关系协会会长汪道涵与台湾海峡交流基金会董事长辜振甫之间的会谈）的《两岸公证书使用查证协议》和司法部的有关实施办法，加强对涉台公证工作的指导，举办涉台公证业务培训班，检查涉台公证质量，严肃查处涉台公证质量问题突出的公证处和公证员。以高度的政治责任感和认真负责的工作态度，办理好涉台公证书的寄送、使用和查证工作。1997—2005年，为涉台公证当事人向台湾海基会寄送公证文书副本18697件，为台湾海基会核验涉台公证书副本4000余件，检查涉台公证书60件，使涉台公证大陆当事人顺利地领到了应当继承的台湾亲人的遗产。

二、开展国际间公证同行交流

1991 年 9 月，在司法部和四川省司法厅统一安排下，四川省公证协会首次接待了以中野国幸为团长的日本公证人访华团。通过与日本同业人员座谈，加深了中日双方对现行公证制度的了解。2003 年 10 月 17—18 日，四川省公证协会协助省司法厅在成都举办中法公证法律制度讲座，法国公证人公会主席德高尔一行 15 名公证专家讲授了法国公证制度及公证业务，四川、重庆、云南、贵州四省（市）150 多名公证员参加听讲。2004 年 10 月，按照中国公证协会的安排，四川省公证协会接待了加拿大魁北克省公证代表团，举行了中加公证研讨会。

第三节　建立公证赔偿制度

1990—2005 年，四川省公证协会由协会领导深入全省 10 多个市（地、州）部分公证处，认真听取会员对公证改革的意见，了解他们的苦与乐，积极支持他们大胆改革，依法办证；对廉洁自律遵守职业道德、卓有成效的会员积极推荐，由各级司法行政机关和政府予以表彰，或在《四川公证》上报道他们的先进事迹；对涉及到会员正当利益的问题主动与司法局或相关部门协调解决；对个别会员收受当事人礼金，违反职业道德的行为及时给予批评教育，从政治上关心和爱护；对生病的会员专程到医院或到其家里看望，送去省公证协会的慰问品等。通过以上工作，调动了广大会员的工作积极性。

认真维护会员在履行职务中的合法权益。1994 年 10 月，全国十家较有影响力的报刊，对三台县公证处陶某在办理开奖公证过程中被杀伤的情况进行了报道，有的媒体报道严重失实，致使公证员陶某身心受到严重伤害，公证的信誉也蒙上了阴影。省公证协会派专人到三台深入调查，写出了澄清事实真相的文章，寄送有关报刊，严正要求刊登，以正视听。各报刊发表声明，纠正了其错误的报道，消除了影响，使陶某深受感动。

积极支持法律援助工作。2004 年 3 月，司法部和中国残联授予四川省公证处“残疾人维权示范岗”的荣誉称号。2004 年 9 月，司法部和四川省人民政府在四川举办“心系农民工・大型法律援助义演活动”，全省公证系统共计捐款 50 万元。做好公证赔偿基金的收缴管理和理赔，自 2001 年开始，全省建立起公证责任保险制度，增强了公证处的赔付和抗风险能力。至 2005 年，四川省公证协会严格做好公证赔偿专项基金收缴管理和理赔，全省 10 个公证处先后获得公证保险理赔，理赔金额达 64 万元。

第四节　公证研讨和行业指导

四川省公证协会先后组织全省公证人员参加 1990 年司法部在深圳召开的全国公证制度研讨会，在哈尔滨召开的全国房地产公证研讨会，在成都召开的全国抵押贷款公证研讨会，1991 年国际拉丁公证联盟在北京召开的国际公证制度理论与实务研讨会，2004 年在成都召开的西部省（市、自治区）公证工作联席会，共收到研讨文章 100 多篇，其中有 20 余篇分别在会上作了发言交流。1991 年

9月，四川省公证协会和省司法厅公证管理处联合在松潘召开了全省公证管理工作研讨会，全省21个市（地、州）公证联络组和部分会员共50多人参加会议，会上交流了15篇文章，对增强公证处活力，推动全省公证管理工作向制度化、规范化、科学化方向的发展起到了积极作用。

四川省公证协会在全国较早召开全省公证工作为社会主义市场经济服务研讨会。1993年6月25日，省司法厅和四川省公证协会在都江堰市召开公证工作为建立和完善社会主义市场经济体制服务研讨会，会上共交流了23篇研讨文章，对深化改革和拓展公证业务、增强对公证事业前途的信心起了积极作用；对深化公证服务于国家中心工作中的作用的认识，增强为社会主义市场经济体制服务的自觉性；对拓展服务思路，深化对服务对象范围和方式的认识；对明确为建立和完善社会主义市场经济体制提供公证服务，起到了良好作用，促进公证处自身改革步伐。1995年7月25日，四川省公证协会在峨眉山市召开第二届理事会第二次会议暨公证研讨会，会上有20名理事以自身的实践进行大会交流，对贯彻《四川省公证条例》、公证处转制、主任负责制、如何创造公证行业平等竞争环境等热点、难点问题提出了很好的建议。至2005年，四川省公证协会共召开公证理论与实践研讨会11次，收到论文225篇，除内部相互交流外，有的论文还被《中国公证》等刊物选用，对不断提高全省公证员的公证理论水平起到了指导作用。

第四章　四川省司法鉴定协会

第一节　协会成立

2004 年 2 月，四川省司法厅司法鉴定管理处在听取四川部分市（州）司法局和司法鉴定机构负责人意见的基础上，派员赴北京向司法部请示组建四川省司法鉴定协会事宜，得到司法部副部长张军和司长杜春的首肯，并得到部司法鉴定管理处的具体指导。3 月 2 日，四川经纬司法鉴定所等十家司法鉴定机构自愿发起筹建四川省司法鉴定人协会，向省司法厅和登记机关省民政厅递交了成立四川省司法鉴定人协会申请书。3 月 3 日，省司法厅以川司法函〔2004〕30 号函批复同意成立四川省司法鉴定人协会筹备组。4 月 6 日，省民政厅川民民〔2004〕113 号文批复同意成立四川省司法鉴定人协会筹备组。

2004 年 9 月 8 日，四川省司法鉴定人协会成立大会暨第一次会员代表大会在蓉隆重召开。出席会议的代表 206 人，应邀出席会议的还有省人大常委会副主任张宗源，司法部法规教育司领导沈白路，中共四川省委政法委副书记刘作明，省政协法制群团委主任胡祈成，省司法厅厅长方光兴，省检察院副检察长郭彦，省国家安全厅副厅长马方元，省民政厅民间组织管理局局长李建平，省司法厅副厅长殷长、三郎益西，助理巡视员杨跃以及省卫生厅、省公安厅等厅、局的领导。湖南、河南、广西、重庆等省（市）司法厅（局）派员到会祝贺。司法部、中国房地产估价师协会等全国 68 家行政、事业企业单位发出贺信、贺电。大会通过了《四川省司法鉴定人协会章程》，选举产生了第一届四川司法鉴定人协会理事会理事 97 人，常务理事 35 人，协会会长 1 人、副会长 9 人、秘书长 1 人。三郎益西任会长，秘书长刘朝宽。四川省司法鉴定协会是全国继黑龙江司法鉴定人协会成立的第二个行业协会，拥有团体会员 103 个，个人会员 2743 人。

2005 年 10 月 14—15 日，四川省司法鉴定协会第一届常务理事会第二次会议在甘孜州召开。会议由协会会长三郎益西主持，协会 25 名常务理事参加了会议，市（州）司法鉴定管理干部列席会议。司法部司法鉴定体制改革办公室专职负责人霍宪丹、省人大内务司法委员会副主任委员赵肖东、省司法厅助理巡视员杨跃出席会议，省人大内司委副主任赵肖东讲话，司法部司法鉴定管理局局长霍宪丹作司法鉴定业务方面的专题报告，大会还听取协会秘书长关于协会工作的年度总结。会上讨论通过协会会员权益维护委员会、纪律惩戒委员会、财务监督委员会工作规则，民主表决产生了各个专门委员会的领导班子和组成人员。

第二节 协会活动

司法鉴定实行行政管理和行业管理相结合，合理分工，司法鉴定协会主要负责对司法鉴定人执业活动的行业自律监督，开展司法鉴定人岗前培训和继续教育，开展司法鉴定科研和学术交流活动。学会成立后，及时研究制定了协会工作规范，积极配合行政管理部门开展全省司法鉴定体制的改革，以推动全省司法鉴定工作的不断发展。

2004 年 11 月 27—29 日，省司法鉴定人协会首次承担省直司法鉴定机构鉴定人的继续教育培训任务。当年度司法鉴定人继续教育培训分专业进行，将法医类和刑事技术类司法鉴定人（法医病理、临床、物证、毒物、精神病鉴定，文书、痕迹、微量物证、声像资料、计算机司法鉴定）与经济技术类司法鉴定人（司法会计、资产评估、建筑工程、知识产权、产品质量、保险赔偿司法鉴定）分两块举行。针对法医类、刑事技术类和经济技术类司法鉴定人的不同特点，培训内容上作了适当调整和安排。法医类和刑事技术类司法鉴定人的继续教育培训，聘请了参与《道路交通事故受伤人员伤残评定》起草的专家、著名法医精神病学专家和法学专家讲授《道路交通事故受伤人员伤残评定》(GB 18667-2002)、交通事故精神损害赔偿、国外法医学最新进展、司法鉴定人出庭质证注意事项等。经济技术类司法鉴定人继续教育培训聘请了资深法官和司法鉴定及法学专家讲授庭审程序、司法鉴定人出庭质证注意事项、行政许可法贯彻实施与司法鉴定管理走向等内容。省直司法鉴定 1000 余名司法鉴定人参加培训。

2005 年上半年，省司法鉴定人协会进行第一次会员注册。会员注册分单位会员注册和个人会员注册，分别填写会员注册登记表，交纳会费、审查合格后予以注册，发给会员证书。共注册 120 个单位会员，3092 名个人会员。

2005 年 11 月 12—13 日，12 月 10—11 日，省司法鉴定人协会分两期在成都举办了省直司法鉴定人继续教育培训会。培训邀请到了司法部指定的诉讼法专家邹明理教授等专家学者授课。培训内容以解读《全国人大常委会关于司法鉴定管理问题的决定》和司法部《司法鉴定机构登记管理办法》《司法鉴定人登记管理办法》两个部颁规章为重点，介绍了中国司法鉴定体制改革的历史背景和发展趋势，传达了在川召开的第一次全国司法鉴定管理工作会议精神，分析讲解了司法鉴定信访投诉中遇到的有关问题。来自 60 个省直属司法鉴定机构的 1100 余名司法鉴定人参加了省直司法鉴定人继续教育培训会。参训人员还按要求撰写了 1500 字以上的学习心得体会，绝大部分司法鉴定人认为这次培训会授课的质量高，讲授内容针对性强，对于司法鉴定人开展司法鉴定活动有很好的指导作用。

第五章　四川省海峡两岸法律研究会

第一节　研究会发展沿革

1990年5月，由四川大学法学院教授周应德、西南政法学院教授张和光、四川省一级律师龚炳森、四川大学教授伍柳村、四川省政协副主席（中国国民党革命委员会四川省委员会主任委员）刘元瑄发起，于同年5月8日经四川省社会科学联合会批准成立了四川省海峡两岸法律研究会，由伍柳村任会长，一级律师龚炳森任常务副会长，西南政法学院教授张和光任副会长兼秘书长，聘任刘元瑄为名誉会长；1992年后，由成都市中级人民法院原常务副院长吴中仁任常务副会长，赵炳寿、张和光、龚炳森、凌楚瑞、李铁锥、石加应、代光跃任副会长，张和光兼任秘书长，杨介辉、王璋任副秘书长；2001年，由四川大学法学院教授周应德任会长；2003年由四川大学法学院院长唐磊任会长，副院长里赞为副会长兼秘书长，代光跃任副会长，吴中仁、赵炳寿、张和光、龚炳森、凌楚瑞、李铁锥、石加应任顾问。1990—2003年，先后有四川省原副省长韩邦彦，四川省政协原主席廖伯康，中共四川省委原副书记、省政协主席冯元蔚及四川省政协原副主席刘元瑄任学会名誉会长。

研究会成立后，吸纳四川省和成都、重庆、雅安、绵阳、德阳、攀枝花、内江、广元等市（地）的法学教授、学者、律师以及省、地、市政法机关的离退休干部和企业家等近360余人参加学会，79人担任理事。经理事会选举出13人组成常务理事会，推举会长、副会长。研究会成立时，由省社科联批准为二级学会。1995年9月19日，经四川省民政厅批准四川省海峡两岸法律师研究会“具备全省社团法人资格”的一级学会，按照省社科联要求，成立中共党支部，支委会由吴中仁、赵炳寿、龚炳森、杨介辉、唐志新担任，吴中仁任支部书记。研究会归口由四川省司法厅主管，2003年改由四川省人民政府台湾事务办公室管理。

研究会的宗旨是，积极响应中共中央和国务院关于实现和平统一祖国的号召，在中共四川省委、省政府的领导下，宣传和贯彻中央的统一战线方针政策，发动研究会成员积极开发在台湾的亲戚、老同学、老同事、老乡和师生等社会资源，与台胞广泛联系和沟通，建立友谊和增强共识，为祖国的统一添砖加瓦，为四川的改革开放、招商引资牵线搭桥和提供法律服务，促进四川经济的发展。

研究会实行民主管理，自筹资金，理事、常务理事和顾问不计报酬；内设秘书、宣传、联络、财务等小组；坚持常年办公，每月定期召开一次常务理事会，有重要事情和任务可临时召开；每年年终召开一次全体理事大会，总结工作，布置第二年的工作计划和实施意见；每三年进行一次换届选举等。要求做到日常工作不间断：来电有人接，来文有人阅；接待要热情，办事讲认真等制度。

第二节　主要活动

从1990年开始，研究会在第一届会长伍柳村和第二届会长周应德的领导，以及第一届理事会常务副会长龚炳森、第二届秘书长张和光紧密配合下，带领常务理事会一班人发展会员、设置机构、制定规章、开展工作，为研究会工作打开了局面。1994年，吴中仁任常务副会长后，龚炳森、赵炳寿副会长与秘书长张和光、副秘书长杨介辉等同心协力，解放思想，组织策划，加强组织领导，又发展了一批新委员，并扩大理事会，理事由原20多人增加到79人，常务理事由原来9人增加到13人；将热衷于祖国统一、精通法律且资质高的教授、学者、专家与台湾高层有亲戚、同乡、同学关系的人士，吸收到省研究会，并担任一定的领导职务；积极开展海峡两岸学术交流，适时开展研究活动，形成了研究会工作有人做，经费有人出；联络台方有人接，活动开展有人帮的新局面，工作活跃，成绩显著。

一、开展海峡两岸学术交流

1990年11月12日，研究会在会长伍柳村的领导下，由常务副会长龚炳森、秘书长张和光具体策划和主持，在成都举办了首次学术研讨会。参加会议的有研究会全体理事和市（地）团体会员代表，并邀请了北京、上海、湖北、陕西等省（市）的法学专家、教授和律师等共140人参会。会上围绕海峡两岸的法律问题，从各个侧面论述开展海峡两岸法律交流的重要意义，提高同仁对做好对台工作的认识和积极性，为研究会工作的起步开了个好头。

1991年10月，在纪念辛亥革命80周年之际，研究会与四川省政协法制群团委员会联合举办了对两岸法律问题的探讨。出席会议的有学会理事和市（地）会员代表达120余人，收到论文32篇，在会上作了发言和交流。会上一致认为：要加强对台工作必须加快和完善台胞投资大陆的法律保护体系。

基于上述认识，研究会发动全体常务理事与台湾方面的民间团体多次联络和协商，于1992年11月12日在成都召开“第一次川、台经贸法律理论与实务研讨会”。会议除邀请台湾的法学专家、学者外，还特别邀请了台湾“两岸经贸交流权益促进会”会长李永然律师与会。两岸同胞第一次在成都会面，气氛热烈，就“台胞在川投资的法律保护问题”“两岸法律工作者如何配合为商贸服务”等主题进行了坦诚交流，双方初次建立了关系和友谊，增强了共识。会后，李永然从中国台湾来信说：“川、台法律界首次接触，意义非凡。基于中国必将统一的认识，你我都愿为促进此一目标的达到而努力！”

在国家主席江泽民接见台湾海峡交流基金会董事会会长辜振甫后，两岸关系趋于祥和之际，学会在伍柳村会长、周应德会长领导下，由常务副会长吴中仁、秘书长张和光组织全体常务理事具体策划安排，相继于1995年5月6日和1998年11月12日在成都召开了第二次、第三次“川、台经贸法律理论与实务研讨会”。台湾方面先后有台湾资深的法学家刘清波、黄静嘉、李永然、刘鸿濡、蓝定禄、肖育娟（女）、李定富、周安隶等，以及在台湾地位尊严、声誉遐尔的原“司法院”审议要员庄柏林、“国策顾问”许文彬、“台湾国际青年商会大陆委员会”主任李玉文，以及台湾“高等法院花莲分院”院长谢志嘉和台北“地方法院”院长陈义雄率领台北地方法院法官10人，首次到大陆参会，加上省（市）和四川同仁共计有300余人参会，共收到论文44篇。会上，双方就“世纪之交中国不同领域的法律冲突和协调”“海峡两岸民商权益相互保障的法律问题”“知识经济的法律问题”“海峡两岸联手遏制刑事犯罪问题”等重大的问题，进行了广泛深入地讨论。双方一致认为：随着科技的发展和世界形势的缓和，经济全球化、信息化是不可阻挡的，两岸同胞应当携手共进，也必须携手共进。”台方李玉文在会上感慨地说：“这次会议架起了川、台民间交流的宏伟桥梁，是促进川、台民间交流的一次空前盛会。”

二、开展与在川台胞的交流

研究会经常通过举办年终迎春茶话会、时事报告会、重大节日纪念座谈会等形式，在组织国内同仁的同时，邀请了在川台胞代表与会达15次。1996年春季台湾大选，中国军队举行军事演习，两岸关系一时复杂紧张。为了消除大陆群众和在川台胞的疑虑，学会于4月5日在成都召开时事报告会。到会的两岸同胞共300多人。请省台办主任张新定作时事报告，对中共和平统一祖国的方针政策进行阐述。台湾同胞说：“这个报告是及时雨，消除了我们的顾虑，更加坚定了我们在川投资经营的信心。”

1996年9月25日，研究会在成都召开在成都的台资企业家座谈会。出席会议的有在成都的台资企业家石朋永、陈瑞吉等台胞和四川部分法学家共28人，中共四川省委原副书记冯元蔚、四川省检察院原检察长高振中、四川省司法厅厅长曾宪章以及省台办主任、省民政厅厅长出席了会议。会上，伍柳村会长致辞说：“对台资企业家不远万里来川投资，为祖国的经济建设作出的积极贡献表示崇高的敬意，研究会同仁愿为台资企业提供优质服务。”冯元蔚、高振中也对台资企业对四川建设作出的努力表示肯定。省台办主任张新定还就中共四川省委、省人民政府对台资企业的政策作了详细说明。台资企业家纷纷表示：“这次会议进一步消除了我们在川投资的顾虑，更加坚定了我们在川投资的信心，衷心感谢中共四川省委、省人民政府对我们的关怀。”

为迎接香港回归，研究会先后于1997年5月24日、6月10日、12月29日三次举行报告会，两岸同胞参会人员共达800余人。在香港即将回归之际，研究会又组织了两岸同胞参加的的报告会，请省政协副主席辛文作《台湾经济发展状况》、省委统战部副部长朱明亮作《当前对台的方针政策》、川大教授李世平作《台湾的政治状况》、廖伯康作《海峡两岸的政治形势及经贸发展的情况》等报告。香港回归后，学会又再次组织报告会，请中共四川省委统战部部长陈官权以《香港回归后海峡两岸形势》的报告，就香港问题的历史由来和百年沧桑，邓小平“一国两制”构想的形成，以及对台湾的影响和中央对台的方针政策等作了详尽的阐述。省政协原主席廖伯康又以《漫谈海峡两岸风云》为题，省台办主任张兴定以《贯彻十五大精神推进祖国和平统一》为题等进行演讲。2000年12月21日，国务院《一个中国的原则与台湾问题》白皮书发表，学会组织在成都的法律专家和在成都的台胞学习和座谈。台湾新领导人陈水扁上台后，研究会又于7月4日召集在成都的理事、部分法学人士和在成都的台胞140余人开会，请省台办主任张兴定以《当前台湾形势与两岸关系问题》为题，就陈水扁何以上台的原因、上台后的政治走向、两岸关系的发展趋势作了具体的阐释。

三、组织赴台交流活动

1998年9月，研究会张和光、赵炳寿、龚炳森三位副会长应台湾“两岸经贸交流权益促进会”

邀请访台，受到台湾海基会主任秘书周继祥、台湾商务仲裁协会秘书长刘锦华、台北“议会”秘书长林家琪、台湾淡江大学外联部主任陈敏男等知名人士的热情接待，进一步促进了双方的友谊。

2001 年 8 月 22 日，经省台办批准，研究会组织常务副会长吴中仁和副会长代光跃，学会顾问陈开华、陈康杨、魏彬及常务理事王璋，理事谭昌华等 12 人，赴台参观访问，受到中国台湾有关方面盛情接待。3 月 31 日，由台湾“国策顾问”许文彬抽两天时间专门陪同参观了阳明山和台湾故宫，临时还赋诗赠四川友人：“四年离别后，今朝喜相逢。国联惊初见，统一情意浓。阳明半日游，碧草留芳踪。明天归蜀道，秋山又几重。”研究访问团成员谭昌华亦即赋诗回赠。9 月 1 日参观国文纪念馆，9 月2 日回到成都。通过这次访问，进一步促进了双方的友谊，加强了了解，增进了共识。

为了克服出国容易赴台难的问题，研究会利用已与台湾朋友建立的关系进行沟通，促成了 2000—2002 年省社科联以姜泽亭为首的科技代表访问团、以省司法厅厅长曾宪章为首的四川律师访问团、以四川大学法学院教授里赞为首的法学教育考察团、以邬红旗为首的经贸考察团等成功赴台访问，受到台湾各界朋友的热情接待和相互坦率交流。

四、接待到川访问台胞

1999 年 7 月至 2002 年 9 月，部分台湾朋友到成都参观访问时首先与研究会联系。研究会先后热情接待了到川访问的台湾四川同乡会会长左有麟和总干事李桂彬、台湾道教协会会长杨汝丹和秘书长奉贤璋，台湾原“考试院”考试委员聂文，台湾原“外交官”现任华盛顿对华战略研究会会长周谷，台湾“国大代表”吴熙祖，台湾原“检察总长”石明江，台湾淡江大学教授（国民革命军退役将军）、台湾富商张培方等共计达 60 多人。双方亲切交谈，以乡情、亲情沟通思想。在举办两岸大型法律研讨会中，还专门组织到川与会的台湾朋友游览参观都江堰、成都武侯祠、新都宝光寺和成都市容，以及访问成都市中级人民法院、新都县人民法院和在成都的台胞工厂等，使台湾朋友对大陆的建设有实体、形象的深刻感受。台湾刘清波教授说：“我在海外五十多年，这次来川耳闻目睹的大陆情况比我从台湾听到的要好得多，城市的建设、农村的变化比过去翻了几番，这都是贯彻邓小平先生改革开放的结果。台湾不过是弹丸之地，大陆再改革开放下去，我相信在不久的将来我们中国定会跻身于世界强国之林。”

1999 年下半年，台湾发生地震后，研究会还及时向与学会有联系的台湾团体和数十名知名人士一一致函慰问，对方复函复电中感言：“我们与四川同仁交往十多年，手足之情，相濡之沫，情缘深深，更要相互携手，与日共进……”

研究会于 1990 年 5 月成立之日起到 2003 年 13 年的工作，多次受到国台办、省台办和省社科联的好评。研究会在 1998—2000 年连续 3 年被省社科联评为“先进单位”，副会长吴中仁、张和光还被授予“先进工作者”称号。

第六章 四川省监狱学会

四川省监狱学会成立初期称“四川省法学会劳改法学研究会”（以下简称学会）是全省性、群众性学术团体，在“中国监狱工作协会”和四川省监狱管理局领导下，从事监狱理论研究与宣传活动。

第一节 学会发展沿革

根据中国法学会劳改法学研究会和四川省法学会要求，以及监狱理论研究和宣传工作需要，经中共四川省劳改局分党组研究决定，四川省法学会劳改法学研究会筹备组于1985年初成立。通过考察和酝酿讨论，筹备组起草了学会《章程》草案，为学会成立做好了充分准备。经报四川省司法厅、四川省法学会批准，“四川省法学会劳改法学研究会”于1985年12月成立。

1992年4月，启用“四川省劳改法学研究会”新会名，升格为省一级的学术性群众团体，并成为中国劳改学会的团体会员。研究会下设监狱管理学、政治工作学、监狱管理医学、经济管理学四个分支专业委员会，全省监狱系统下属单位原设立的分会改为团体会员。

1995年4月，四川省劳改法学研究会更名为四川省监狱学会。学会会员分为团体和个人，四川监狱系统所属单位均为团体会员，个人会员主要分布在全省监狱系统内的基层单位。第一届与第二届会员代表大会之间，分期分批发展个人会员646人；第二届与第三届会员代表大会之间，个人会员队伍扩大到761人。

根据学会章程规定，学会除实行会员代表大会制度外，学会设有理事会、常务理事会、办公室、分支专业委员会等，其中办公室为学会的日常工作机构。四川省监狱管理局将学会办公室作为局机关的科级单位进行管理。1986—1996年由局办公室管理，1997—2004年5月由局政策法规处管理，2004年5月后重新交由局办公室管理。

第二节 主要活动

一、第一届会员代表大会及常务理事会

1985年12月3—6日，四川省法学会劳改法学研究会在重庆召开成立暨第一届代表大会。参会单位有四川省公、检、法、司机关，四川省劳改、劳教单位，四川省社科院、西南政法学院等，参

会代表112人。

四川省法学会劳改法学研究会第一届代表大会通过了《四川省法学会劳改法学研究会章程》，一致同意筹备组提出的研究会的性质、任务、研究对象、机构设置、基金筹集等建议；第一届理事会议选举出40名理事组成第一届理事会，选出四川省法学会劳改法学研究会会长、副会长、秘书长、副秘书长；其中曾树根担任会长，孙全喜为副会长兼秘书长，邵廷昭、杨仁孝、李家周、李志昂为副秘书长。同时，大会还选举曾树根等15位理事为常务理事，组成常务理事会。并推举赵震寰为学会名誉会长。

1985年12月4日，四川省法学会劳改法学研究会召开第一届一次常务理事会。会议决定：聘请王敏等6位离休的（四川省劳改局）局长、副局长为研究会顾问；设立研究会基金委员会，夏玉钦为主任，杨望农等3人为副主任；创办《四川劳改法学研究通讯》，李家周为编辑委员会主任，杨仁孝等3人为副主任，边虎卿等5人为成员；设立四川省法学会劳改法学研究会办公室，定编3人；筹集“研究会基金”8万元，用于开展相关活动。

二、第二届会员代表大会和常务理事会

1989年3月9—15日，四川省法学会劳改法学研究会在成都召开第二届代表大会，第一届理事会理事和会员代表共70人出席会议。大会通过了修改后的《四川省法学会劳改法学研究会章程》，第二届理事会议选举出64名理事组成第二届理事会，理事会选举陈登凯为会长，沈前贵、王谦、孙全喜为副会长，边虎卿任秘书长，李家周、唐能本、杨望农、邵廷昭为副秘书长；选举陈登凯、沈前贵、王谦、孙全喜等28位理事组成第二届常务理事会。并推举郑文举、张元中为名誉会长，第一届名誉会长赵震寰为首席顾问，王三五、吴显忠、范志坚、唐云、葛向明为顾问。

1989年3月13日，四川省法学会劳改法学研究会召开第二届一次常务理事会。会议决定由12人组成研究会基金委员会，主任杨望农，副主任向才贤、夏钰钦，叶国典、张再全等9人为委员。

三、第三届会员代表大会和常务理事会

1993年3月10—13日，四川省劳改法学研究会在成都召开第三届代表大会，第二届理事会理事和会员代表共78人出席会议。大会审议通过第二届会长陈登凯所作的工作报告，讨论通过了修改后的《四川省劳改法学研究会章程》；第三届理事会议选举出91名理事组成第三届理事会，理事会选举沈前贵为会长，徐家伦、李承安、李子善为副会长，边虎卿任秘书长，赵雨雨、黄德永任副秘书长；选举沈前贵、方劭、方其烈等32位理事组成第三届常务理事会；选举10人组成第三届研究会基金委员会，主任杨望农，副主任向才贤，刘泽斌、陈启达等8人为委员。并推举陈登凯为名誉会长。

四、第四届会员代表大会和常务理事会

1997年4月10日，四川省监狱学会在成都召开第四届代表大会，第三届理事会理事和会员代表共130人出席会议。大会审议通过沈前贵会长代表第三届理事会所作的工作报告和修改后的《四川省监狱学会章程》。第四届理事会议选举出130名理事组成第四届理事会。

理事会选举沈前贵连任四川省监狱学会会长，李光才、徐家伦、方其烈、杨清镐、李盛清为副会长，杨清镐兼任秘书长，罗晓妤（常务）、夏良田为副秘书长；沈前贵、李光才、徐家伦、方其

烈、杨清镐、李盛清、赵雨雨等35位理事组成第四届常务理事会。

五、学术研讨

四川省监狱学会自成立以来，紧紧围绕监狱中心工作和中国监狱学会的理论调研安排，深入开展监狱学术理论研讨和交流活动，并把理论调研作为学会工作重点，把着力培养高素质的理论研究工作者为已任，使越来越多的青年民警积极投身于理论学习和研究，不断写出各类高质量的文章在《四川监狱》发表，较好地发挥了群众性学术团体在本系统理论研究中的组织推动和桥梁纽带作用。所取得的理论研究成果，在指导全省监狱面上工作和资政方面发挥了较好作用，有力地提升了四川监狱系统理论水平不断迈上新台阶。

（一）学术活动项目

四川省监狱学会根据监狱工作需要开展各类学术活动。

1989年7月10日，在成都召开全省劳改、劳教单位参加的经济研讨会。

1991年10月7日，在乐山市举办西南片区劳改法学研讨会。参会人员有云、贵、川、藏三省一区和西南政法学院的代表，特邀中国劳改法学研究会以及辽宁、河北、河南、广西、江苏、上海劳改法学研究会派人参会。

1994年10月19日，在中国监狱学会的指导下，学会邀请各省监狱学会代表，在重庆市召开了全国劳改经济研讨会。并分别对四川省川北监狱“九五”发展规划、绵阳监狱经济改革和发展思路召开专题论证咨询会。

1995年8月，在四川省简阳养马服装厂召开四川省监狱系统“双轨运行”座谈会。通过对试点工作的总结，提出了加快组建纯工人企业步伐的意见。

1995年1月，先后在四川省第二监狱、成都少管所召开了学习监狱法座谈会。同年7月，在雅安市举办了全省监狱主要负责人参加的“解放思想读书班”。

1996年4月，配合司法部调研组，对四川监狱贯彻实施监狱法情况开展了调研活动。

2001年，分别在成都、川南、川东、凉山4个片区召开了监狱工作理论研讨会。

2004年11月10日，在成都召开了“2004年西南片区监狱学会理论研讨会”，中国监狱学会会长金鉴和四川省副省长陈文光参加会议，并作讲话。

（二）重点课题研究

1986—1988年，组织西南政法学院、四川省劳改工作学校等单位的理论骨干对劳改立法进行专题讨论，起草了劳改法建议稿第一稿。事后，组织上百名四川监狱干警，配合司法部劳改立法小组到川座谈讨论，产生了劳改立法建议稿第2稿和第3稿。

2002年成立了3个调研小组，分别到四川省川北监狱、大路监狱、五通监狱、川中监狱，对财务收支两条线、提高改造质量、监狱法律体系完善等3个重点课题进行了调研攻关，其中监狱财务收支两条线的研究成果，在当年的全国监狱系统经济研讨会上获三等奖。

2003年，分别组织3个课题组，对“政治文明建设与监狱工作”“监狱三化建设”“关于服刑人员罪犯矫治及刑释人员安置帮教工作存在问题的对策研究”课题进行调研，并撰写论文上报中国监狱学会。

第三节　文集出版

为使理论研究成果服务于基层，学会将其中的优秀论文汇编成文集，以《四川监狱》杂志增刊等形式出版。文集主要下发省内各监狱单位，参与全国监狱系统资料交流，并报送上级领导机关等。

1985 年 12 月，四川省法学会劳改法学研究会第一次理论研讨会召开，共收到论文 34 篇，选用 20 篇，于 1986 年 1 月出版了《劳改法学研究会通讯》（第一集）。

1986 年收集论文 180 篇，选用 30 篇，出版了《1986 年劳改劳教工作调研文集》。同时还从四川省劳改工作学校学员中收集论文 125 篇，选用 17 篇，出版了《警校学员论文选》。

1987 年收集论文 80 篇，选用 20 篇，出版了《年会暨调研工作交流会交流文集》。同时还从 80 篇论文中选用 13 篇，出版了《1987 年年会调研工作交流会专刊》。

1988 年征集论文和调查报告 115 篇，选用 13 篇，出版了《四川省劳改劳教工作调研文集》。

1989 年收集论文 89 篇，选用 26 篇，出版了《四川省劳改劳教经济工作研讨会论文专集》。

1990 年收集论文 65 篇，选用 18 篇，出版了《1989 年调研论文专集》。

1991 年 10 月，西南片区劳改法学研讨会召开，收到论文 185 篇，选用 45 篇，出版了《西南地区劳改法学学术研讨会文集》。

1991 年组织四川省重庆少年犯管教所出版了《少管工作理论研讨会论文选编》。此次共收集论文 72 篇，选用 50 篇。

1994 年 8 月，四川省’94 劳改劳教经济理论研讨会召开，收到论文 115 篇，选用 15 篇，出版了《四川省’94 劳改劳教经济理论研讨会论文专集》。

1994 年 10 月，全国劳改经济研讨会召开，收到论文 102 篇，评选出 50 篇优秀论文，以“中国劳改学会劳改经济管理学专业委员会”名义，由四川省劳改法学研究会编辑，出版了《中国监狱经济问题新探》。

2004 年 11 月，西南片区监狱学会学术理论研讨会召开，收到论文 122 篇，选用 66 篇获奖论文，于 2005 年初出版了《2004 年西南片区监狱学会理论研讨会专刊》。在 2004 年中，还从历年评选出的 250 余篇优秀论文中精选出 30 篇，出版《四川省监狱理论调研优秀论文集》。

第四节　学会刊物

根据四川省法学会劳改法学研究第一届第一次常务理事会安排和要求，1986 年 1 月，《四川省劳改法学研究通讯》创刊，内设主要栏目有：干警队伍建设、教育改造研究、劳动生产研究、劳动生产管理、罪犯心理研究、预防重新犯罪、干警文苑等。1988 年更名为《四川劳改劳教工作》后，确定为双月刊。1995 年又更名为《四川监狱》，从 2004 年 6 月开始，《四川监狱》由双月刊改为月刊。

在办好主刊的同时，学会会刊还不定期地出版副刊、增刊和专刊。截至 2005 年底，会刊编辑部共收集文章、图片 1.74 万余篇（张），选用刊登 2900 余篇（张），出版发行 116 期、46.4 万册。

四川省志·司法行政志

附　　录

一、四川省司法行政系统名录

1980—2005年四川省司法厅厅长（党组、党委书记）名录

表附一1

姓 名	职 务	任职时间
赵震寰	副厅长（主持工作）、党副书记	1980年4月—1983年4月
费 中	厅长、党组书记	1983年4月—1988年3月
郑文举	厅长、党组书记	1988年3月—1992年3月
曾宪章	厅长、党组书记、党委书记	1992年3月—2003年1月
方光兴	厅长、党委书记	2003年1月—2005年

1983—2005年四川省监狱管理局局长（分党组、党委书记）名录

表附一2

姓 名	职 务	任职时间
张元中	局长、分党组书记	1983年5月—1987年9月
陈登凯	局长、分党组书记	1987年8月—1995年5月
沈前贵	局长、分党组书记	1992年9月—2000年5月
杨 跃	局长	2000年4月—2003年10月
方其烈	党委书记	2000年5月—2003年11月
李文华	局长	2003年10月—2005年12月
李新民	党委书记	2003年11月—2005年12月

1985—2005年四川省政法管理干部学院院领导名录

表附－3

姓　名	职　　务	任职时间
费　中	省司法厅厅长兼任党委书记	1985年3月—1989年
罗兴波	党委书记	1989年3月—1992年4月
陈耀祖	院长、党委书记	1992年6月—1997年12月
李　犁	院长、党委书记	1998年1月—2002年12月
周守伦	省政法管理干部学院副院长、党委副书记	1985年3月—1998年3月
屈雄言	省政法管理干部学院副院长	1985年3月—1990年7月
赵学良	省政法管理干部学院党委副书记	1985年3月—1990年7月
吕竟成	省政法管理干部学院副院长	1985年3月—1989年2月
边保生	省政法管理干部学院副院长	1985年3月—1989年2月
林　万	省政法管理干部学院纪委书记	1985年3月—1991年10月
宣林泉	省政法管理干部学院副院长	1991年3月—1995年3月
张忠才	省政法管理干部学院副院长	1992年11月—1998年3月
贺富炳	省政法管理干部学院纪委书记	1994年1月—1996年2月
竺世方	省政法管理干部学院党委副书记兼纪委书记	1997年12月—2004年7月
杨再明	省政法管理干部学院副院长	1998年3月—2004年7月
吴国堃	省政法管理干部学院副院长	1998年3月—2004年7月
赵小维	省政法管理干部学院副院长	2001年5月—2003年4月

1980—2005年四川省司法任副厅级领导名录

表附－4

姓　名	职　　务	任职时间	备　　注
李广德	省司法厅副厅长、党组成员	1980年4月—1984年8月	
张应忠	省司法厅副厅长、党组成员	1980年4月—1984年8月	
	兼任省司法厅直属机关党委书记	1983年3月—1986年12月	
陈宗普	省司法厅副厅长、党组成员	1980年10月—1983年1月	
欧阳绍铭	省司法厅党组成员	1981年11月—1987年11月	
	省司法厅副厅长	1983年11月—1987年11月	
蒋　标	省司法厅副厅长、党组成员	1983年1月—1984年6月	
杨立中	省司法厅副厅长、党组成员	1983年1月—1988年12月	

续表附一4

姓　名	职　　务	任职时间	备　　注
杜国定	省司法厅政治部主任	1984 年 11 月—1988 年 12 月	此后明确为副厅级
	兼任省司法厅直属机关党委书记	1986 年 12 月—1990 年 10 月	
	省司法厅党组成员	1988 年 3 月—1992 年 6 月	
	省司法厅副厅长	1988 年 12 月—1992 年 6 月	
李　犁	省司法厅副厅长、党组成员	1987 年 11 月—1996 年 6 月	
	省司法厅党委委员	1997 年 10 月—2002 年 9 月	
陈耀祖	省司法厅副厅长	1990 年 2 月—1992 年 6 月	
	省司法厅党组成员	1990 年 2 月—1992 年 12 月	
	兼任省司法厅直属机关党委书记	1990 年 10 月—1992 年 12 月	
季文杰	省司法厅纪检组长、党组成员	1990 年 9 月—1992 年 8 月	
陈登凯	省司法厅副厅长、党组成员	1992 年 4 月—1995 年 5 月	
陈道富	省司法厅政治部主任	1992 年 12 月—1998 年 11 月	
	省司法厅党组成员、党委委员	1995 年 5 月—1998 年 11 月	
熊道乾	省司法厅直属机关党委书记	1992 年 12 月—1994 年 12 月	
文熙德	省法学会专职副会长	1994 年 4 月—2002 年 8 月	副厅级
刘明忠	省司法厅纪检组长、党组成员	1994 年 8 月—1996 年 3 月	
李新民	省司法厅副厅长、党组成员、党委委员	1992 年 12 月—2003 年 11 月	
	兼任省司法厅直属机关党委书记	1994 年 12 月—1997 年 2 月	
彭　矛	省司法厅副厅长、党组成员、党委委员	1996 年 3 月—2002 年 7 月	
贺　勋	省司法厅机关党委书记	1997 年 2 月—1999 年 4 月	
蔡安恒	省司法厅纪检组组长	1997 年 2 月—1998 年 3 月	回族
	省司法厅党组成员、党委委员	1997 年 2 月—2005 年 8 月	
	省司法厅纪委书记	1998 年 3 月—2005 年 8 月	
	省监察厅驻省司法厅监察专员	2000 年 11 月—2005 年 8 月	
李如林	省司法厅副厅长、厅党委副书记	1998 年 6 月—2001 年 10 月	
李光才	省司法厅政治部主任、党委委员	1998 年 11 月—2005 年 12 月	
	兼任省司法厅直属机关党委书记	1999 年 4 月—2000 年 11 月	
方其烈	省司法厅党委委员	2000 年 6 月—2003 年 11 月	
吴贤佑	省司法厅党委委员、直属机关党委书记	2000 年 11 月—2011 年 1 月	
三郎益西	省司法厅党委委员、副厅长	2001 年 6 月—2005 年 9 月	藏族
张永敏	省司法厅党委委员、副厅长	2001 年 12 月—2004 年 3 月	
张晓勇	省司法厅党委委员、副厅长	2001 年 12 月—2005 年 12 月	
殷　长	省司法厅党委委员、副厅长	2003 年 10 月—2005 年 12 月	
扎　柯	省司法厅党委委员、副厅长	2005 年 9 月—	（女）藏族
刘朝宽	省司法厅党委委员、副厅长	2005 年 9 月—	

1988—2005 年四川省司法行政系统副厅级以上非领导职务干部名录

表附－5

姓　名	职　务	任 职 时 间	备　注
罗德华	司法厅助理巡视员	1988 年 10 月—1990 年 12 月	彝族
曾树根	劳改局助理巡视员	1988 年 10 月—1988 年 11 月	
李兆壁	劳改局助理巡视员	1990 年 1 月—1996 年 2 月	
苏良虎	司法厅助理巡视员	1991 年 3 月—1993 年 5 月	
曾　光	劳改局助理巡视员	1994 年 5 月—1995 年 4 月	
李承安	劳改局助理巡视员	1995 年 4 月—1996 年 7 月	
李子善	劳改局助理巡视员	1995 年 4 月—1996 年 8 月	
陈以群	司法厅助理巡视员	1997 年 2 月—2000 年 8 月	
徐家伦	监狱管理局助理巡视员	1997 年 12 月—2002 年 2 月	
陈道富	司法厅巡视员	1998 年 11 月—2000 年 11 月	
李宏江	省司法厅助理巡视员	2000 年 11 月—2005 年	
方其烈	监狱管理局助理巡视员	2003 年 11 月—2009 年 2 月	
杨　跃	司法厅助理巡视员	2003 年 11 月—	
三郎益西	司法厅巡视员	2005 年 9 月—2006 年 5 月	
黎永祥	司法厅助理巡视员	2005 年 9 月—2010 年 8 月	
税澄孝	监狱管理局助理巡视员	2005 年 8 月—2011 年 7 月	
李盛清	监狱管理局助理巡视员	2005 年 8 月—2005 年 12 月	

1986—2005 年四川省司法行政系统革命烈士名录

表附－6

姓　名	性别	民族	生前单位职务	牺 牲 时 间	何时何部门授予革命烈士
张友仁	男	汉	四川省内江市东兴区凌家镇牌坊坝村调解委员会委员，四社社长，镇人民代表	1990 年 7 月 19 日	1990 年 12 月 17 日被四川省人民政府批准为革命烈士
王素华	女	汉	四川省大为化工厂劳动服务公司营业员	1991 年 8 月 16 日	1992 年 10 月被民政部批准为革命烈士
郭王春	男	汉	四川省宜宾监狱一大队管教干警	1993 年 4 月 2 日	1994 年 12 月被四川省人民政府批准为革命烈士、1995 年 3 月被民政部批准为革命烈士

续表附－6

姓　名	性别	民族	生前单位职务	牺 牲 时 间	何时何部门授予革命烈士
吴　波	男	汉	四川省雅安监狱直属分监区分监区长	1999年4月5日	1999年8月被民政部批准为革命烈士
莫世维	男	汉	四川省泸县福集镇水竹林村居委会主任兼人民调解员	2000年2月17日	省人民政府、民政部批准为革命烈士
陈德勋	男	羌	四川省阿坝监狱狱政科副科长	2001年2月28日	2001年12月被四川省人民政府和民政部批准为革命烈士
王开贵	男	汉	四川省峨眉监狱二监区主任科员	2004年9月4日	2005年4月被四川省人民政府和民政部批准为革命烈士

1986—2005年四川省司法行政系统受国家级和省部级表彰的先进集体名录

表附－7

授奖时间	获 奖 单 位	获 奖 名 称	颁 奖 单 位
1988年7月	四川省蒲江县鹤山镇城南村调解委员会、蓬溪县罗戈乡一村调解委员会、开县四合乡小山村调解委员会、重庆油漆厂调解委员会	全国预防民间纠纷激化先进集体	司法部
1988年11月4日	四川省法制宣传教育办	四川省普法先进集体	中共四川省委、省政府
1988年11月22日	四川省沙坪劳教所、四川省蓬安监狱、四川省自贡劳改支队	普及法律常识工作先进集体	中共四川省委、省政府
1989年4月27日	四川省万家劳动改造管教支队	四川省先进集体	四川省人民政府
1989年4月27日	四川省芙蓉劳动改造管教总队二大队三十二中队	四川省先进班组	四川省人民政府
1989年10月	四川省第一监狱	全国司法行政系统制止动乱平息暴乱先进集体	司法部
1990年2月	四川省荣山劳改总队、芙蓉劳改总队审计室	全国司法行政内审工作先进集体	司法部
1990年5月11日	成都市法制建设领导小组办公室、重庆市法制建设领导小组办公室、自贡市法制建设领导小组办公室、攀枝花市法制建设领导小组办公室、内江市法制建设领导小组办公室、涪陵地区法制建设领导小组办公室、巴中县法制建设领导小组办公室、省法制建设领导小组办公室	全国普法先进集体	司法部

续表附－7

授奖时间	获 奖 单 位	获 奖 名 称	颁 奖 单 位
1990 年 4 月	四川省万家劳改支队	四川省社会治安综合治理先进单位	省委政法委
1990 年 9 月 7 日	四川省盐源劳改支队	四川省民族团结先进集体	四川省人民政府
1990 年 9 月 20 日	四川省芙蓉劳改总队、万家劳改支队	四川省煤矿安全工作先进单位	四川省人民政府
1990 年 11 月 10 日	四川省万家劳改支队	全国司法行政系统集体一等功	司法部
1990 年 12 月	四川省大路劳改支队一大队四中队、巴中县司法局、简阳县司法局石板区司法所	全国司法行政系统先进集体	司法部
1990 年	重庆市司法局、四川省第三监狱、仪陇县司法局	廉洁奉公先进集体	司法部
1990 年 11 月 10 日	四川省巴中县司法局、四川省简阳县司法局石板区司法所、四川省大路劳改支队一大队四中队	先进集体	司法部
1991 年 4 月	四川省苗溪劳改总队、四川省第三监狱、大堰劳教所	社会治安综合治理先进单位	中共四川省委、省政府
1991 年 12 月 14 日	宜宾市司法局、会东劳改总队	全国司法行政系统抗洪救灾先进集体	司法部
1991 年 12 月	达县罗江法律服务所、巴中县岩良法律服务所	优秀法律服务所	司法部
1991 年	四川省万家劳改支队	集体一等功	司法部
1992 年 2 月	南充司法局	全国税法宣传教育红旗单位	国家税务总局
1992 年 4 月	四川省劳改局	扶贫工作先进单位金杯奖	中共四川省委、省政府
1992 年 3 月	喜德县向荣区、犍为县罗城区、荣昌县广顺镇、安岳县岳阳镇、南川县南平区、开县汉丰镇、彭水苗族土家族自治县郁山区、德阳市市中区罗江镇、长宁县相岭区、富顺县城郊区、武胜县乐善镇、剑阁县元山区、成都市青羊区苏坡乡、绵阳市永兴区、泸县喻寺区、射洪县金华区、巴中县宕梁区、达县罗江区法律服务所	全国优秀法律服务所	司法部
1992 年 8 月	四川省司法厅法学教育处	法律函授教育先进集体	司法部
1992 年 10 月	四川省函授站	函授教育十周年先进集体	司法部
1993 年 11 月 7 日	南充石油机械厂调委会	全国调解工作先进集体	司法部

续表附－7

授奖时间	获 奖 单 位	获 奖 名 称	颁 奖 单 位
1993 年 12 月 28 日	万县市建筑总公司人民调解委员会、江北县西河村人民调解委员会、达县岩尔村人民调解委员会、大渡河钢铁有限公司人民调解委员会、江油发电厂人民调解委员会、宜宾县土堰村人民调解委员会、四川石油管理局川南矿区人民调解委员会、四川石油管理局南充机械厂人民调解委员会、蒲江县飞虎村人民调解委员会	全国模范人民调解委员会	司法部
1993 年 12 月 31 日	四川省劳改局政治部、四川省宜宾地区司法局政治处、四川省涪陵地区司法局政治处	司法行政系统先进政治工作机关	司法部
1993 年 12 月 31 日	四川省汉王山劳改支队、四川省华蓥劳改支队、四川省南充地区司法局、四川省大足县司法局、四川省双流县司法局、四川省盐源劳改支队七中队	司法行政系统政治工作先进集体	司法部
1996 年 4 月 12 日	四川省第二监狱、四川省会东劳改总队、四川省成都市司法局、四川省通江县司法局、四川省江油市司法局	全国司法行政系统先进集体	司法部
1996 年 8 月 13 日	四川省监狱管理局狱政管理处、四川省川西监狱狱政科、四川省川北监狱、四川省重庆监狱狱侦科、四川省川中监狱九大队、四川省新康监狱五大队一中队、四川省崇州监狱	1996 年全省“严打”先进集体	中共四川省委、省政府
1996 年 10 月 3 日	成都市司法局	全国司法行政系统先进集体	司法部、人事部
1997 年 7 月 15 日	省司法厅行财处	全国司法行政系统计财工作先进集体	司法部
1998 年 5 月 19 日	成都市司法局纪检组、监察室，川北监狱纪委、监察科	全国司法行政系统纪检监察先进集体	司法部
1998 年 10 月 6 日	四川省邻水县司法局丰禾司法所	全国司法行政系统抗洪救灾先进集体	司法部
1999 年 3 月 30 日	江油县法律服务所	司法部部级文明法律服务所	司法部
1999 年 5 月 24 日	四川省成都少年管教所	全国司法行政系统优秀“青少年维权岗”	司法部、共青团中央
1999 年 9 月 1 日	四川省司法厅政治部、四川省川南监狱党委、四川省新华劳教所政治处	全国司法行政系统政治工作先进集体	司法部
1999 年 10 月 12 日	四川省少年管教所	部级现代化文明监狱	司法部
1999 年 12 月	蓬溪县高坪镇高河村	人民调解先进单位	司法部
1999 年 12 月 14 日	四川省成都少年管教所	集体一等功	司法部

续表附－7

授奖时间	获 奖 单 位	获 奖 名 称	颁 奖 单 位
2000 年 1 月 28 日	四川鼎立律师事务所	全国司法行政系统优秀“青少年维权岗”	司法部、共青团中央
2000 年 1 月 28 日	四川芙蓉煤矿	部级科技进步一等奖	司法部
	四川省荞窝农场、四川芙蓉煤矿	部级科技进步二等奖	
	四川省攀西监狱	部级科技进步三等奖	
2000 年 4 月 21 日	川中监狱	四川省先进单位	中共四川省委、省政府
2001 年 3 月 26 日	四川省德阳监狱、四川省劳教局、四川省新华劳教所	全省同“法轮功”邪教组织斗争先进集体	中共四川省委、省政府
2001 年 4 月 16 日	四川省新都县新都镇司法所、四川省泸县司法局牛滩司法所、四川省绵阳市游仙区游仙镇司法所、四川省射洪县仁和镇司法所、四川省隆昌县金鹅镇司法所、四川省宜宾市翠屏区南岸街道司法所、四川省武胜县司法局沿口司法所、四川省达县司法局南外司法所	人民满意的司法所	司法部
2001 年 12 月 3 日	泸县司法局，沙坪劳教所二中队、川中监狱、南宝山监狱	全国司法行政系统先进集体	人事部、司法部
2002 年 4 月 8 日	四川省德阳监狱、四川省川北监狱政治处、四川省劳教局、四川省新华劳教所	全国司法行政系统同邪教组织斗争先进集体	国务院防范和处理邪教问题办公室、司法部
2002 年 4 月 9 日	四川省女子监狱、四川省女子劳教所	集体一等功	司法部
2002 年 6 月 17 日	四川省凉山剑维律师事务所，四川省绵市法律援助中心，四川省双流县太平法律服务所	残疾人维权先进集体	司法部、中国残疾人联合会
	四川博绅律师事务所，四川省公证处，四川省德阳市法律援助中心，四川省泸州市纳溪区方圆法律服务所。	残疾人维权示范岗	
2002 年 7 月 31 日	四川省新都县司法局	集体一等功	司法部
2002 年 8 月 12 日	省司法厅司法考试办公室 成都市司法局	首次国家司法考试先进集体	司法部
2002 年 11 月 22 日	四川省泸州市司法局、四川省攀枝花市司法局、四川省监狱局职教科、四川省阿坝监狱政治处、四川省广元监狱、四川省川南监狱、四川省新康监狱、四川省劳教局基本素质考试考核领导小组	全国司法行政系统公务基本素质考试考核先进集体	司法部
2003 年 6 月	四川省监狱管理局、四川省德阳监狱	集体一等功	四川省人民政府
2004 年 3 月 2 日	四川省劳教局办公室，四川省泸州市司法局办公室	2003 年度全国司法行政系统信息工作先进单位	司法部
2004 年 9 月 5 日	四川省总工会职工法律援助中心、四川德阳市法律援助中心、四川省鼎立律师事务所	全国法律援助先进集体	司法部

续表附－7

授奖时间	获奖单位	获奖名称	颁奖单位
2004年11月10日	泸州市法律援助中心、成都守民律师事务所	全国优秀“青少年维权岗”	共青团中央等部门
2004年12月26日	省司法厅	维护社会稳定工作受表扬集体	中共四川省委
2005年1月16日	四川省资阳市安岳县天马乡人民调解委员会、宜宾市翠屏区五粮液酒厂人民调解委员会、眉山市丹棱镇青龙村人民调解委员会、巴中市通江县诺江镇人民调解委员会、德阳市中江县黄鹿镇人民调解委员会、遂宁市船山区南津路街道人民调解委员会、内江市资中县水南镇人民调解委员会、雅安市名山县茅河乡临溪村人民调解委员会、甘孜州甘孜县斯俄乡人民调解委员会、阿坝州理县木卡乡人民调解委员会、泸州市泸州北方化工有限公司人民调解委员会、凉山州西昌市西郊乡人民调解委员会	模范人民调解委员会	司法部
	攀钢集团成都钢铁有限责任公司人民调解委员会、达州市大竹县庙坝镇人民调解委员会、四川石油管理局南充炼油厂人民调解委员会、成都市双流县九江人民调解委员会	标兵人民调解委员会	
2005年6月20日	四川省广元监狱、四川省女子监狱	全国监狱系统减刑假释保外就医工作先进单位	司法部
2005年9月1日	名山县司法局、阆中市司法局、泸县司法局、什邡市司法局、双流县司法局、大竹县司法局	全国司法行政基层建设工作先进单位	司法部
	大邑县司法局王泗司法所、高坪区司法局长乐司法所、苍溪县司法局陵江司法所、邻水县司法局鼎屏司法所、米易县司法局攀莲司法所、安县司法局桑枣司法所、宣汉县司法局东乡司法所、纳溪区司法局大渡口司法所	全国模范司法所	
	船山区司法局北固司法所等24个司法所	全国先进司法所	

1986—2005年四川省司法行政系统受国家级和省部级表彰的先进个人名录

表附－8

授奖时间	获奖人姓名	获奖名称	颁奖单位
1988年11月22日	张德轩	普及法律常识先进工作者	中共四川省委、省政府
	李文兴	普及法律常识学习先进个人	

续表附－8

授奖时间	获奖人姓名	获奖名称	颁奖单位
1988 年 7 月	谭长海、高万寿、李保安、熊德荣、陈光明、赵明才、陈才贵、张志明、陈绍明、李德堂、模仿广和、赵致祥、昝述银、钱永清、王顺华、周文清、汤吉轩、黄启玉、泽仁降错、罗华山、李宝成、费德明、魏福珍、李国庆、龚正常、吴文友、罗文长	全国防止民间纠纷激化先进个人	司法部
1989 年 4 月 25 日	刘大颂	四川省劳动模范	四川省人民政府
1989 年 4 月 27 日	杨清镐、吴尤福、李太美、赵尧景	四川省劳动模范	四川省人民政府
1989 年 8 月	王新吾、黄诗元	全国优秀教师	国家教委、人事部
1989 年 12 月	李德堂	调解民间纠纷二等奖	司法部
	李国庆	调解民间纠纷三等奖	
1989 年	李太美	全国劳动模范	国务院
1989 年	谢文墨	全国劳动模范	国务院
1990 年 11 月 10 日	叶汉祥、杨清镐、赵尧景、任同秋、李太美	全国司法行政系统劳动模范	司法部、人事部
1990 年 4 月 18 日	唐玉珍、尹腾云、王明治、戴积义、杨立中	全国普法先进个人	司法部
1990 年 11 月 10 日	韩于仁、欧支林、黄诗元、张心彩、何发成、范武雁、杨原林、李新民、周廷辉、黄洪荣、龚文周、程玉兰、罗哲明、李太美	全国司法行政系统先进工作者（李太美为特邀全国先进工作者）	司法部、人事部
1990 年	邓朝华、童建峰、陈永和、吴　凯	廉洁奉公先进工作者	司法部
1991 年 2 月	谭孝元	首批定点帮县先进工作者	中共四川省委
1991 年 3 月	何发成	廉政建设先进个人	司法部
1991 年 9 月	刘才珍	全国优秀教师	国家教委、人事部
1991 年	童建峰	廉洁奉公先进工作者	司法部
1991 年 10 月	蒋中成	抗洪救灾先进个人	司法部
1991 年 12 月 14 日	蒋宗明	全国司法行政系统抗洪救灾先进个人	司法部
1992 年 8 月 22 日	文熙德、王惊宇	法律函授教育先进个人	司法部
1992 年	张远林	青少年教育先进工作者	中共四川省委、省政府
1993 年	袁孝隆	全国优秀统计工作者	国务院

续表附－8

授奖时间	获 奖 人 姓 名	获 奖 名 称	颁 奖 单 位
1993 年 12 月 28 日	武正学、简林碧、李德厚、梁崇友、谭克荣、杨华林、李崇陆、汤中文、杨成香、王运隆、张兆蓉、郑少清、谢志战、姜永珍、曹全蔚、杨圣乾、黄仔芬、何盛武、杨国华、胡同登、王少帮	全国模范人民调解员	司法部
1993 年 12 月 31 日	杨帮凯、刘维治、胡治万、孙振芳、蔡研耘、王庆友、梁明高、李秀兰、会荣国、杨绍贵、姚永让、范容裳、张先领、杨春林、王喜远、王武学、谭道宇、谢福文、徐朝富、冯世宗、周光大、杨清镐、胡沛荣、张思钦、晏天华、龚德明、罗正华、岳国佐、地子说也	全国司法行政系统优秀政治工作者	司法部
1993 年 5 月 21 日	杨介辉	先进工作者	四川省人民政府
1994 年 2 月	罗昌贵	全国司法行政系统 1993 年理论调研成果一等奖	司法部
1994 年	樊智华	全国司法行政系统科技进步二等奖	司法部
1994 年 2 月	陈朝栋、宋正芳	全国司法行政系统 1993 年理论调研成果二等奖	司法部
	杨宗汉	全国司法行政系统 1993 年理论调研成果三等奖	
1994 年 9 月	蔡为六	全国优秀技工教育工作者	劳动部
1994 年 12 月	况荣立	全国煤炭工业劳动模范	煤炭工业部
1995 年 5 月 1 日	吴兴富、杨清镐	全国先进工作者	国务院
1995 年 2 月	杨清镐、黎先齐	全国优秀监狱长	司法部
1995 年	李夲惠	全国先进女职工	中华全国总工会
1995 年 11 月 29 日	吴兴富	全国十佳公证员	司法部
	刘兴全	全国十佳律师提名奖	
	胡兴智	全国十佳基层法律工作者提名奖	
1995 年 5 月 1 日	黎先齐、何尊炳、杨　林、江　峰	四川省先进工作者、省劳动模范	中共四川省委、省政府
1996 年 5 月 2 日	地子说也（彝族）	全国司法行政系统英雄模范	人事部、司法部
1996 年 3 月	罗光泽	“二五”普法先进个人	司法部、中宣部

续表附-8

授奖时间	获奖人姓名	获奖名称	颁奖单位
1996 年 5 月	黄绍国	全国五一劳动奖章	中华全国总工会
1996 年 5 月	何敬忠、地子说也、郑烈儒	全国司法行政系统英雄模范	人事部、司法部
1996 年 5 月	武开明、杨长安	全国司法行政系统劳动模范	人事部、司法部
1996 年 8 月 13 日	周笑婴、姚晋新、陈茂林、冯学弟、余介平、满成勇、卢　野、梁绍华、李文彬、宋　涛、宋定金、袁　洪、郑远祥、张月洪、赖强华、韩俊明、张小平、何全勇、袁建军、杨荣洲、胥锡建、邓国学、陈玉华、邬敬阳、郑建华、钱保林、赵新建、李文刚、蒋效国、王一刚	1996 年全省“严打”先进个人	中共四川省委、省政府
1996 年	陈才友	全国司法行政系统“严打”斗争先进个人	司法部
1997 年 4 月	郑寿洪	“十岗千优”优秀司法所所长	司法部
1997 年 4 月	贾仕贵、李念昌、刘芝华、陈黎曼	全国司法行政系统计财工作先进个人	司法部
1997 年 4 月 4 日	陈自强	全国优秀法制宣传者	司法部
1997 年 4 月 4 日	杨康壮	全国优秀公证员	司法部
1997 年 6 月 12 日	李显钊、罗荣华、杨帝荣、罗建亭、吴继生、喻培忠、陈顺龙、王光华、聂庆明、李仕元、肖乾华、周名生、王永彬、李志伟、王崇明、肖开杰、包中玉、黄绍国、王仕伦、易世明、边福忠、李洪斌、王明生、李克明	1995—1996 年度全省政法战线先进干警	中共四川省委、省政府
1997 年 12 月	陶家福	“十岗千优”优秀司法所所长	司法部
1998 年 2 月 12 日	廖子良	全国优秀县（市、区）司法局局长	司法部
1998 年 2 月 12 日	蔡子如	全国优秀法制宣传工作者	司法部
1998 年 2 月	兰明友	全国模范人民调解员	司法部
1998 年 5 月 8 日	蒋继文	全国知识产权工作先进个人	司法部、国家科委
1998 年 5 月	范友林	全国五一劳动奖章	中华全国总工会
1999 年 5 月	韩治国	全国五一劳动奖章	中华全国总工会
1998 年 11 月 23 日	邹本前、罗通双、董朝万、黄先红、陶家福、严登山、苏本兵、聂庆明、宋良顺、龚德明、李昌发、谢克凯、韩治国、龚树康、周名生、赵　华、黄建华、龚万明、唐武荣、何　华、郭绍书、陈远忠、隋京泸、王银书	1997—1998 年度四川省政治战线先进干警	中共四川省委、省政府

续表附－8

授奖时间	获 奖 人 姓 名	获 奖 名 称	颁 奖 单 位
1999 年 5 月 14 日	顾培东	全国优秀律师	司法部
	喻培忠	全国优秀公证员	
	陶家福	全国优秀基层法律工作者	
1999 年 8 月	刘树安	全国司法行政系统二级英模	司法部
1999 年 9 月 1 日	蒋继文、肖武平（女）、刘成云、张明清、郭兰平、袁　洪、吴启成、青大华、张大立、徐中万	政治工作先进个人	司法部
1999 年 9 月 1 日	曾宪章	第三届“金剑文化工程”文章奖二等奖	司法部
	李新民	第三届“金剑文化工程”文章奖特别奖	
1999 年 9 月 1 日	曾宪章	第三届“金剑文化工程”图书奖二等奖	
	胡胜银	第三届“金剑文化工程”新闻奖	
	张晓勇、邱柏心、陶嘉舟	第三届“金剑文化工程”艺术奖	
1999 年 9 月 13 日	陈玉芳（女）	个人一等功	四川省人民政府
1999 年 11 月 17 日	蒋继文	全国司法行政系统工作先进个人	司法部
1999 年 12 月 25 日	李毅、袁传兵	全国监狱劳教系统“个别教育能手”	司法部
2000 年 4 月	龚德明	全国先进工作者	国务院
2000 年 4 月 21 日	边福忠	全省先进工作者	中共四川省委、省政府
2001 年 1 月 4 日	吴光援、杨生明、袁志安、代伦文、陈　平、蒙绍树、黄才顺、李虹霖、董品军、吴明高、帅小阳、赵　超、江华德、宫达生、郑虎康、余成文、兰华彬、刘芝华、李智慧、赵碧英、代　奎、党定华	1999—2000 年度四川省政法战线先进干警	中共四川省委、省政府
2001 年 3 月 26 日	郑奇才、戎　锋、吴　昊、张晓芳	全省同邪教组织斗争先进个人	中共四川省委、省政府
2001 年 4 月 3 日	陈德勋	全国司法行政系统一级英模、个人一等功	司法部
2001 年 4 月 16 日	李易军、兰吉斌、段远宾（女）、谢邦勇、龙碧清（女）、丁继龙、吴成连、姜国友、谌汉光、马　驰、马扬荣、方晓东、岳　辉、刘三永、朱洪万、陈德平	人民满意的司法助理员	司法部

续表附－8

授奖时间	获奖人姓名	获奖名称	颁奖单位
2001 年 12 月 3 日	陈玉芳（女）、代　奎、王武学、赵　超、江华德、廖　良	全国司法行政系统先进工作者	人事部、司法部
2001 年 12 月 3 日	赵小荣	全国司法行政系统劳动模范	人事部、司法部
2001 年 12 月 21 日	王武学	一等功	四川省人民政府
2001 年 12 月 29 日	何世亮、段　勇、杨　蓉（女）、王文浩、蒋继文、曾递田、李华亮、曾泽波、刘多华、郭生康、雷体伦、李金生、郑继承、阿比哈布、邓素宽、凌　勇、赵　超、张玉华、孙　智、杨胜龙、王武学、杨小明、戴勇刚、邓去成、赵　瑜、杨生明	人民满意的政法干警	省委政法委
2001 年 12 月 3 日	丁　川	全国司法行政系统劳动模范	人事部、司法部
2002 年 4 月 8 日	张仁华、吴光援、李　药、李　麒、杨海一、赵　瑜、刘　琴	全国司法行政系统同邪教组织斗争先进个人	国务院防范和处理邪教问题办公室、司法部
2002 年 6 月 17 日	李文学、阳运逵	残疾人维权先进个人	司法部中国残疾人联合会
2002 年 8 月 12 日	马建莉、王正龙	首次国家司法考试先进个人	司法部
2002 年 10 月	万云贵	全国司法行政系统档案工作先进工作者	司法部
2002 年 11 月 22 日	张　明、杨光华、何　佳、王武学、陈　荣、袁　洪、王银康、李　涛	全国司法行政系统公务员基本素质考试考核组织工作先进个人	司法部
	余映梅、谢　杨、汪有然、余智明、李跃辉、翁培生、袁建宾、陈眉剑、毛　新、段宗彬	全国司法行政系统公务员基本素质考试考核优秀个人	
2003 年 2 月	蒋吉川	全国司法行政系统纪检监察先进工作者	司法部
2003 年	陈　月	全国先进女职工	中华全国总工会
		全国严打先进个人	中央政法委、中央社会治安综合治理委员会
		中国杰出青年卫士	共青团中央等 12 部委
2003 年 3 月 10 日	陈　月	全国司法行政系统二级英模	司法部
2003 年 7 月	王丽蓉	全国司法行政系统抗“非典”先进个人	司法部

续表附－8

授奖时间	获奖人姓名	获奖名称	颁奖单位
2003 年 1 月	王武学、杨顺弟、袁建军、方文福、罗永才、谭　云、戎　锋、程　勇、孙国强、张玉华、龚达生、孙文俊、古胜贤、樊书成、张月洪	2001—2002 年度四川省政法战线先进干警	中共四川省委、省政府
2004 年 3 月 2 日	冯　娟、周　鲲	2003 年度全国司法行政系统信息工作先进个人	司法部
2004 年 4 月 12 日	张晓方（女）	第二届“四川杰出青年卫士”	共青团四川省委等 12 家部门
2004 年 8 月 20 日	刘　斌	全国优秀“青少年维权岗”创建活动先进个人	共青团中央、中央综治办、司法部、劳动和社会保障部等 11 单位
2004 年 9 月 5 日	杨　蓉（女）、罗和辉、杨　军	全国法律援助先进个人	司法部
2004 年 10 月	张晓方（女）	个人一等功	中共四川省委、省政府
2004 年 12 月 27 日	詹涛云、吴海清、何　洪、姜兴甫、邱　彪、郭兰平、王一剑、吴怀军、宋建军、艾燕玲、王绍强、张宝成、李大平、刘　澜、邢正荣、谈云阳、唐　勇、屈直俊、刘从军、余治芳、赵泽勇、张定菊	2003—2004 年度四川省政法战线先进干警	中共四川省委、省政府
2004 年 12 月	王开贵	全国司法行政系统二级英模	司法部
2005 年 1 月 16 日	胡翼红、徐德权、姚晓初、李学戬、任　冰、徐前明、宗景星、刘　俊、江小军、陈太林	模范人民调解员	司法部
2005 年 4 月 26 日	宋建军	全国先进工作者	国务院
2005 年 9 月 1 日	王青先、陈仕忠、刘国毅、罗晓彬、范家文、王华春	全国模范司法所长	司法部
2005 年 12 月 7 日	王武学、郭兰平	全国优秀监狱长	司法部
2005 年 12 月 7 日	贾明万	全国优秀劳教所长	司法部
2005 年 4 月 22 日	王绍强	四川省劳动模范	省政府
2005 年	青大华	全国监狱、劳教系统文明执法先进个人	司法部

二、大 事 记

1979 年

12 月 8 日 省委组织部下发《关于省司法厅筹备组组成成员的通知》，为尽快把省司法厅架子搭起来，先成立筹备小组，赵震寰担任筹备小组组长，李广德、张应忠为筹备小组成员。

1980 年

4 月 23 日 省委下发《关于省司法厅领导班子人选的通知》，明确：省司法厅的筹备工作已大体就绪，省司法厅宣布成立，开始办公；任命赵震寰为副厅长、党组副书记（主持工作）；李广德、张应忠为副厅长、党组成员。同年 10 月 22 日和 1983 年 1 月 27 日，省委先后决定陈宗普、蒋标任副厅长、党组成员。

5 月 1 日 省司法厅发出通知："四川省司法厅 1980 年 5 月 1 日正式建立。"

8 月 4 日 省政府办公会议讨论同意：建立四川省政法干部学校，办学规模暂定为 400 人。

10 月 10 日 成都市在全省率先重建公证处。

11 月 30 日至 12 月 6 日 四川省司法行政工作座谈会在成都市召开，这次会议是四川省司法行政机关重建后的第一次全省司法行政工作会议。会议传达全国司法行政工作座谈会和公证、律师两个专业会议精神，检查各地组建司法行政机关的情况。

是年 省委、省政府拨出 500 名人员编制指标，专门解决四川律师编制问题。

1981 年

3 月 31 日 中共四川省委、省革委直属机关委员会批准成立中共四川省司法厅机关临时总支委员会。

5 月 21 日 四川省人民政府下发《关于批准建立四川省政法干部学校回复函》，同意正式建立四川省政法干部学校（先为县处级，后升格为地厅级），由省司法厅副厅长李广德（后为副厅长蒋标）兼任校长，教职员工编制80人。校址在郫县唐昌镇横山子。

7月7日 省委宣传部和省委政法委联合批转印发省司法厅重建后编写的四川省第一个法制宣传提纲《打击刑事犯罪，整顿社会治安》，共印发37万余份。

11月24—29日 第一次四川省人民调解工作会议在成都市召开。

12月2日 四川省劳改、劳教单位宽释安置工作座谈会议在成都市召开，会议部署了对“两劳”单位宽释转业人员的安置工作。

1982年

3月2—5日 省司法厅重建后在成都召开四川省首次法制宣传教育工作会议，各市（地、州）司法局宣教科科长参会。会议由副厅长赵震寰主持。会议传达贯彻司法部在湖北省武汉市召开的八省五市法制宣传教育工作会议精神，总结交流全省法制宣教工作经验。省委宣传部副部长单基夫到会讲话。

9月10—15日 四川省人民调解工作经验交流会在温江地区蒲江县召开。会议重点研究了新形势下的调解工作，交流了各级司法行政机关指导调解工作的经验，强调“群防群治”，抓早、抓小、抓苗头，把好“第一道防线”，更加自觉地为经济体制改革和经济建设服务。

10月 四川省第一次律师工作经验交流会在成都市召开。

12月7—19日 司法部副部长邹瑜到四川考察司法行政工作，并与省委书记许梦侠，省委常委、副省长何郝炬交换意见。邹瑜还先后赴乐山地区、达县地区和重庆市司法局及部分县司法局检查工作。

1983年

4月1日 四川省司法厅机关第一次党代会召开，成立省司法厅机关党委。

4月30日 四川省第六届人民代表大会常务委员会第一次会议决定：任命费中为省司法厅厅长。

4月 四川省第六届人民代表大会第一次会议，作出《关于在全省范围内深入开展学习宣传贯彻宪法活动的决定》。各级司法行政机关与党委宣传部门一起，在全省城乡集中开展以宪法为主要内容的法制宣传活动。7月，省司法厅印发了《宪法宣传提纲》60万份发往成渝两地，为群众学习宪法提供了条件。

5月 经省委政法委批准，设立西南政法学院法律函授专科四川省函授站，省司法厅副厅长杨立中兼任站长，省人民检察院政治处、省高级人民法院政治处和省司法厅教育处负责人兼任副站长。

7月15日 南充地区法律顾问处为南充市新建公社养鸡专业户担任常年法律顾问，成为全国最早开展为个体户、专业户提供法律服务的单位之一。

8月16日 省政法工作会议上，根据中共中央批转公安部《关于加强和改革公安工作的若干问题》（中发〔1983〕23号）中把监狱、劳改、劳教的管理工作移交给司法部的决定，宣布将四川全省的监狱和劳改、劳教单位从公安机关移交给司法行政机关管理。

9月6日 省司法厅按中央严厉打击严重刑事犯罪分子的决定和省政法工作会议部署，组织广大劳改、劳教单位干警积极投入第一战役的紧张战斗：一是根据8月下旬省司法厅会同省公、检、法联合发出的《关于严厉打击劳改、劳教就业人员重新犯罪活动，彻底整顿改造场所秩序的紧急通知》等文件精神，集中力量整顿监管秩序；二是采取挤、建、收、接的办法，解决收押收容，积极消化“严打”战果，做到“收得下，管得住，跑不了，改造好。”

10月21—25日 四川省法学会成立大会在成都市召开，出席会议的代表有230人。会议选举赵震寰为会长，钟锡畴为秘书长，聘请秦传厚为名誉会长。

11月21—25日 四川省第一次律师代表大会在成都市召开，成立四川省律师协会，共有129名代表出席会议。会议通过《四川省律师协会章程》，选举张应忠为会长，赵学良为秘书长，聘请张子英为名誉会长。

1984年

1月3日 《四川省法学研究情况》创刊。

1月4日 中共四川省委常委会议决定：筹建四川省政法管理干部学院，省委常委、省委政法委书记白尚武任筹备组组长，省司法厅副厅长杨立中、省政法干校副校长吕竟成任副组长，负责日常工作。

3月8日 省委宣传部同意《新生报》复刊，更名为《四川新生报》。《四川新生报》于同年8月1日正式复刊。

3月25日 四川省法学会《法学研究参考》创刊。1987年12月15日，省新闻出版局注册登记其为内部刊物。

4月16日 省司法厅劳改工作局在全省“两劳”单位的犯人、劳教人员中开展第一次选举工作结束。平均参选率为99.3%。

4月 《四川律师》创刊。

6月16日 省委同意：四川省司法厅劳改工作局改为省属二级局，由省司法厅领导，建制比省级厅低半格；名称定为四川省劳改局；局长张元中，副局长王谦、曾树根、孙全喜、沈前贵。

6月 经省司法厅批准：甘孜藏族自治州日戈圣光为律师。日戈圣光为甘孜藏族自治州第一位藏族律师。

9月3—5日 省司法厅在喜德县召开全省农村经济合同公证现场经验交流会。

10月1日 《四川法制报》开始试刊。1985年1月1日正式创刊。

10月16—25日 四川省司法行政工作会议在成都市召开。会议学习中共十二届三中全会通过的《中共中央关于经济体制改革的决定》，传达全国司法行政工作会议精神，总结和肯定了四川司法行政机关重建以来的成绩；讨论进一步开创新局面的意见，制定了1985—1990年的奋斗目标与措施。省委副书记聂荣贵，省委常委、副省长何郝炬及省人大、省政协有关领导出席大会并讲话。

1985 年

1 月 20 日　四川省经济律师事务所成立，由省司法厅直接领导。

2 月 12 日　四川省第六届人民代表大会常务委员会第十一次会议作出《关于在全省公民中普及法律常识的决定》。

3 月 16 日　劳动人事部、国家计划委员会、司法部下发《关于下达公证处、法律顾问处（律师事务所）1985 年劳动指标的通知》，下达四川省 1985 年两处劳动指标 1180 人，其中公证处 630 人，法律顾问处（律师事务所）550 人。

3 月 25 日　四川省人民政府省长杨析综考察省劳改单位会东铅锌矿，并为该矿题词："把劳动改造和生产结合起来，取得更大的成绩。"

5 月 6 日　省劳改局召开全省"两劳"单位落实起义投诚人员政策工作座谈会，研究部署落实起义投诚人员的政策工作。会后，全省"两劳"单位组织了 300 多名干警，查阅档案 12 万余卷，分赴 20 余个省（市、区）查证核实，确认四川"两劳"单位的起义投诚人员为 1864 人（其中在劳改单位安置的有 1632 人），并给他们颁发了"起义投诚人员证书"。

5 月 17 日　省委政法委、省委组织部、省编委、省财政厅下发《关于全省检察、法院、公安、司法行政系统 1985 年编制控制数和经费等问题的联合通知》，下达 1985 年司法行政系统编制控制数 5796 人。其中行政 4648 人，事业 1148 人。

6 月 5 日　省司法厅印发《关于抓紧建立健全法律服务所（站）的通知》，要求有条件的地方建立法律服务所（站），缓解群众打官司难、请律师难、办公证难的"三难"问题，更好地为经济建设提供法律服务。

6 月　省委决定：委托省人大常务委员会主任何郝炬、副主任王敖负责领导全省法制宣传教育工作，成立省法制宣传教育领导小组，由何郝炬任组长，王敖任副组长。领导小组下设省法制宣传教育办公室，由省司法厅副厅长杨立中任主任，省委宣传部宣传处和省司法厅法制宣传处负责人任副主任。领导小组办公室设在省司法厅。

7 月 7 日　省委、省政府印发《四川省普及法律常识的规划》（以下简称《规划》）。该《规划》由省司法厅负责代为起草，并负责督促检查具体实施。

7 月 25—28 日　四川省法制宣传教育工作会议和普法动员大会在成都市召开，省委书记杨汝岱到会并作普法动员讲话，省委、省人大、省政府、省政协和成都军区主要领导傅全有、万海峰、白尚武、许川、冀春光. 刘海泉、王敖、乔志敏、潘大逵等出席大会。省和成都市党政机关处（局）级，驻军团以上干部共 3000 人参会。

7 月 27 日　根据省司法厅党组《关于进一步改革和完善我省劳改、劳教工作管理体制的请示报告》，省委办公厅、省政府办公厅以川委办〔1985〕50 号文批准：实行对全省劳改、劳教单位人、财、物、产、供、销和犯人、劳教人员的收押、收容，教育改造工作由省劳改局集中统一领导的体制，把原市（地、州）管的"两劳"单位收归省劳改局统一领导；干警、工人的人事管理权全部收归省劳改局统一集中管理；对"严打"以来市（地）新办的"两劳"单位，仍按人、财、物、产、供、销由市、地统一管理的规定执行。

8 月 30 日　《公证动态》试刊。1986 年 2 月该刊更名为《公证通讯》。1987 年 12 月经省新闻出版局注册登记，作为内部刊物出版发行。

10 月　经省委批准，市（地、州）党政机关领导干部和省直部门厅级干部为主的领导干部法律知识培训班，分别在省委党校和省级机关党校同时开班。培训班由省司法厅、省法制宣传教育办公室与省委党校和省级机关党校主办。

11 月 25—29 日　第一次四川省劳改系统科技奖励大会在成都市召开，出席会议的代表 92 人。会议集中表彰了五年来“两劳”单位的科技成果和科技进步成果奖共 90 项，受奖人员 306 名，给受奖单位和个人颁发了奖状、奖金和证书。

12 月 3 日　四川省法学会劳改学研究会成立大会在重庆市召开。会议选举曾树根为会长，孙全喜为副会长，聘请赵震寰为名誉会长。

12 月 16—17 日　四川省法学会刑法学研究会和民法学、经济法学研究会成立大会在成都市召开，会议选举李犁为刑法学研究会干事长；秦大雕为民法学、经济法学研究会干事长。

1986 年

1 月 21 日　省法制宣传教育办公室、省委宣传部、省司法厅联合下发《四川省普法准备工作和 1986 年的实施意见》，对 1986 年的普法工作进行具体安排部署，提出落实普法任务的主要措施。

1 月　《四川法制报》、四川电视台、四川人民广播电台联合举办全省法律知识竞赛，当年 5 月底结束。全省参赛 144.2 万人，竞赛设奖 4113 个，其中特等奖 3 个。

2 月 24 日　经四川省高等教育局批准：四川省劳改工作职工中等专业学校和四川省劳改工作学校合并为四川省司法厅劳改警察学校。

2 月 27 日　省劳改局颁发《四川省劳改局科学技术进步奖励条例》。

4 月 17—24 日　司法部副部长鲁坚到四川调研四川司法行政机关重建以来的经费和办公用房等问题。鲁坚在川期间，与省委常委白尚武、省政府顾问乔志敏等交换意见，对省司法厅原办公大楼（危房）的重新修建向省政府提出建议。

5 月 9 日　四川省劳改、劳教管理机构及其派出机构工作人员改为行政编制。

6 月 11—14 日　四川省城市经济合同公证工作会议在重庆市召开。

6 月 20 日　普格县司法局将《四川农民法律常识读本》翻译成彝文本发行。

6 月 28 日　省委常委、省委政法委书记白尚武一行到四川省芙蓉劳改总队考察工作。

7 月 24 日　省长蒋民宽、副省长谢世杰在省委研究室、省计经委、省农业厅、省财政厅、省农科院等单位领导陪同下，考察省劳改单位盐源果场。蒋民宽指示省财政厅要帮助解决果场新果园的发展和果品加工经费问题，并为该场题词：“盐源果场工作有成绩，在改造世界的过程中改造了人。自力更生，艰苦奋斗，不仅值得全省劳改单位学习，也值得全省学习。祝再接再厉，取得更大的胜利。”

8 月 1 日　四川省西罗农场撤销，四川省菩提山园艺场并入四川省新生劳动工厂，四川省五通农场并入四川省自贡机床厂。

10月19—30日 司法部副部长顾启良一行到四川考察监狱、劳改工作。

10月 四川省司法厅在成都召开具有全国首创的非诉讼事件代理经验交流会，邀请云南、贵州、西藏、广西、河南、重庆6省（区、市）的律师界代表参加会议，交流非诉讼事件代理的成果和经验。司法部曾向全国推广。

11月11—15日 四川省建立区、乡（镇）法律服务所（站）经验交流会在巴中县召开。

11月13日 省委书记杨汝岱一行到四川省会东铅锌矿调研。

11月18—23日 川西民族地区普法工作座谈会在凉山彝族自治州西昌市召开。会议讨论了民族地区普法工作的现状和存在的问题及其解决办法，研究修改了阿坝藏族自治州编写的适用于民族地区的普法教材《简明法律知识问答》。

是年冬 省政协主席杨超考察四川省劳改单位会东铅锌矿，并为该矿题词："办成特殊学校，培育'四有'新人，为社会主义现代化建设多作贡献。"

是年 司法部批准四川省劳改局在全国率先制定《关于劳改企业若干社会性、政策性开支改为预算拨款管理试行办法》（以下简称《办法》）。由于该《办法》在财务管理体制改革上取得突破性进展，司法部号召在全国"两劳"系统中推行。

是年 四川劳改单位会东铅锌矿生产的"京山牌"一号电解锌，荣获国家银质奖。

1987年

1月15日 省委政法委批准省司法厅党组《关于进一步办好法律函授教育的请示报告》，印发各市（地、州）司法局贯彻执行。

3月7日 全国人大代表曲啸到四川省西山坪劳教所考察工作，并为劳教人员作题为"努力学习，做一个有道德的守法公民"的报告。

4月8—10日 四川省司法行政系统先进集体先进工作者表彰大会在成都市召开，出席会议的代表232人。会议由厅长费中主持。会议表彰全省司法行政系统的先进集体152个，先进工作者989人。

4月23日 省司法厅印发《办理企业资产经营责任合同公证试行办法》《办理企业租赁经营合同公证程序（试行）》《办理拍卖合同公证试行办法》。

5月12日 省劳改局在"两劳"工业单位和有场办工业的农业单位开展的第二次全国工业普查工作全部结束。据检查，全省"两劳"普查单位的数据差错率为2%，各项质量均好于国家统一制定的控制指标，获司法部颁发的"工业普查工作先进单位"三等奖。

5月25—28日 四川省民族地区、边远山区公证工作会议在涪陵地区召开。涪陵县、武隆县、黔江县、秀山县公证处作了发言。会议总结了全省民族地区、边远山区公证工作开展情况和经验，明确了继续发展民族地区和边远山区公证工作的方向和措施。

7月8—12日 四川省农村普法工作座谈会在遂宁市召开，会议由省人大常委会副主任王敖主持，推广射洪县农村"三集中"（集中领导精力，集中骨干力量，集中时间）的普法经验。省人大常委会主任何郝炬出席会议并讲话。

8 月 24 日 省委同意：陈登凯任省劳改局分党组书记（副厅级），张元中任省劳改局政治委员（副厅级）。同年 9 月 2 日，省人民政府决定；任命陈登凯为省劳改局局长。10 月 12 日，省司法厅党组任命张元中为省劳改局分党组副书记，任命曾树根（分党组副书记）、沈前贵、徐家伦、李承安为副局长，李兆壁为政治部主任（副局级），均为分党组成员。

8 月 27 日 省司法厅组织讨论修改《中华人民共和国劳动改造法》（草案第一稿）。在广泛征求意见基础上，提出了 9 条修改意见，均被司法部采纳。

9 月 1 日 省司法厅批复省劳改局，同意筹建女子劳教所。

9 月 24 日 省司法厅党组批复，同意印发《四川省劳改劳教单位政治处工作条例》《四川省劳改劳教单位中队指导员工作条例（试行）》。

10 月 12—15 日 四川省深化企业改革公证工作座谈会在灌县（1988 年 5 月，经国务院批准，更名为都江堰市）召开，省人大法制委员会、省政府办公厅、省体制改革委员会等有关部门负责人参加会议。

10 月 30 日 省劳改局下发《管教、生产工作“双百分”综合考核试行办法》，对“两劳”单位的管教、生产规定了具体考核内容、计分标准和奖罚条件。

11 月 3 日 中共中央办公厅、国务院办公厅转发中央政法委员会、中央组织部、劳动人事部《关于政法部门增加编制及分配意见》，下达四川省司法行政系统增加编制 2600 人，其中 1987 年 1300 人，1988 年 1300 人。

11 月 四川省司法厅根据中央职称改革工作领导小组批转司法部《律师职务试行条例》等文件的要求，结合四川实际，制定《关于贯彻执行〈律师职务试行条例〉的试行意见》，在全省执行。全省参评 981 名专职律师，评出一级律师 14 人，二级 168 人，三级 364 人，四级 822 人，律师助理 93 人。

1988 年

1 月 27 日至 2 月 7 日 司法部副部长金鉴等一行 4 人，到四川考察司法行政工作。金鉴在川期间，与省人大常委会副主任王敖、白尚武和副省长马麟就四川普法工作交换了意见；省司法厅副厅长郑文举汇报了全省司法行政工作情况，副厅长杨立中汇报了普法情况；金鉴还赴灌县、射洪县、三台县检查农村普法工作开展情况，对四川省农村普法实行“三集中”的方法给予了积极的评价，并初步决定全国农村普法工作经验交流会在四川召开。

1 月 根据司法部关于争取当地财政对司法行政机关业务费实行计划单列的要求，四川省人民政府决定对省司法厅经费实行计划单列。

同月 由四川省司法厅和西南政法学院提出，经司法部、国家教育委员会批准，西南政法学院与省司法厅联合举办法律函授本科班，分别在成都、重庆设面授站。

3 月 1 日 由省司法厅提议，报省编委批准同意，成立四川省科技律师事务所。同年 10 月 7 日，司法部印发（88）司发公函字第 253 号文：同意建立四川省科技律师事务所，由四川省司法厅单独组建，并直接领导和管理，不得与其他单位合办。

3月16日 四川省第七届人民代表大会第二次常务委员会决定：任命郑文举为四川省司法厅厅长。中共四川省委决定郑文举任省司法厅党组书记，李犁、杜国定为党组成员。

3月18日 副省长谢世杰主持会议，听取省劳改局局长陈登凯等关于“两劳”工作情况的汇报。会议议定：省级各有关部门对“两劳”工作有责任关心、支持和照顾；“两劳”所在地政府应大力支持并帮助解决其困难；财务包干指标继续实行1985年1月实行的一定三年不变的原则；原则同意“两劳”企业享受当地的减免税照顾等。同年5月16日，省长张皓若、副省长马麟在研究煤炭发展及有关政策问题的会上，进一步议定：对有关劳改煤矿，同意免征省、地、县国营煤矿能源和交通建设基金，免交的能源基金由劳改局收起来，作为煤矿扩建和技术改造费；劳改煤矿补贴，省财政要单独列出。

3月30日 由省司法厅提议，报省编委批准同意，成立四川省对外经济律师事务所。同年10月7日，司法部同意建立四川省对外经济律师事务所，由四川省司法厅单独组建，并直接领导和管理，不得与其他单位合办。

3月 《四川基层司法》创刊。

同月 四川省政法管理干部学院举办首期民族班。

4月19日 省司法厅提议，报省编委批准同意，成立四川省公证处，由省司法厅直接领导。

6月11—15日 四川省公证职称改革工作会议在成都市召开。会后，省职改领导小组批转省司法厅《关于贯彻执行〈公证员职务试行条例〉的试行意见》。

6月23日 省司法厅批准省劳改局《关于二监狱、西山坪劳教所实行监狱长、所长负责制（试行意见）的报告》。

7月15日 省司法厅根据司法部《关于组建中华全国律师函授中心大专部辅导总站有关问题的通知》精神，成立中华全国律师函授中心四川辅导总站，并先后在全省17个市（地、州）设立辅导站。

8月11日 省司法厅报经省教育委员会批准，由四川省政法管理干部学院举办法律大专全脱产的“专业证书”班，学制为1年。

9月2日 四川省楠木寺劳动改造管教支队撤销，成立四川省楠木寺女子劳动教养管理所。机构级别不变。

9月21日 重庆市平正律师事务所正式成立。这是四川律师体制改革试点的第一个合作制律师事务所。

9月30日 四川省行政律师事务所成立，由省司法厅直接领导。

10月31日 副省长蒲海清一行11人到四川省芙蓉煤矿考察。

同日 省政府同意成立四川省法医学技术鉴定委员会，受省司法厅领导，不配专门编制。同年12月16日召开成立大会。

11月29日 四川省普及法律常识先进集体、先进个人表彰大会在成都市召开。省委、省政府联合表彰316个普法工作先进集体，194个普法学习先进集体，352名普法工作先进个人，132名普法学习先进个人。会议由省人大常委会主任何郝炬主持。省委副书记顾金池，省人大常委会副主任王敖在会上讲话。省委常委曹庆泽，副省长谢世杰，省政府顾问乔志敏，省政协主席廖伯康、副主席辛文等出席大会，并向受表彰的先进集体和个人颁奖。

12 月 4 日 省委决定组建四川省法制建设领导小组，省人大常委会主任何郝炬任组长，省人大常委会副主任王敖任副组长，成员有省委副书记顾金池，省委常委、副省长谢世杰，省委常委、宣传部部长许川，省人大常委会副主任、省委政法领导小组组长白尚武，省政府顾问乔志敏，省司法厅厅长郑文举。领导小组下设办公室，省司法厅正厅级干部杨立中任主任，省委宣传部宣传处和省司法厅法制宣传处负责人任副主任，同时撤销原省法制宣传教育领导小组及其办公室。

12 月 13—15 日 四川省司法行政系统首届法学教育经验交流会在成都市召开。

12 月 20—22 日 省司法厅在成都召开为企业租赁制、承包制和股份制提供法律服务讨论会。

12 月 30 日 省编委复函，经省政府同意，省劳改局内设处室规格由副处定为正处级。

截至 12 月底 省劳改局按照省司法厅的部署，在全省“两劳”单位开展的职改工作全部结束。经评审确定，获得任职资格的人员共 6091 人，其中副高职务 283 人，中级职务 1943 人，初级职务 3865 人。实际受聘的为 5953 人。

1989 年

1 月 11—15 日 四川省市（地、州）法制建设领导小组办公室主任会议在成都市召开，同时举行全省法制电视新闻（专题）、法制电视短剧、法制电视剧调演评比活动。

1 月 23 日 省司法厅提议，经省教委批准，由省司法厅委托华西医科大学举办法医学大专“专业证书”班。

2 月 21 日 四川省法制建设领导小组办公室与省工商行政管理局、省社科院等单位联合行文，成立四川省法人代表培训中心，由省法建办直接领导。

3 月 省司法厅提议，经省教委批准，四川省司法厅劳改警察学校面向社会定向招生。

4 月 11 日 省司法厅在成都召开部分大中型企事业单位法律服务座谈会。

4 月 19 日 省司法厅在成都召开征求律师立法意见座谈会。会议对起草《律师法》等 10 个方面的问题进行了讨论。

5 月 6 日 经省编委批准，四川省国际经济与司法交流中心成立，由省司法厅直接领导。

5 月 16 日 省司法厅召开《中华人民共和国劳动教养法》（第七稿）征求意见座谈会。省司法厅还于 7 月 25—28 日，派员出席司法部在贵州省贵阳市召开的有 14 个省（市）司法厅（局）研究室负责人参加的劳教法审议修改座谈会。

7 月 18 日 省劳改局向全省从事两劳工作 30 年的 5560 名干警颁发荣誉证书、证章。

7 月 23—28 日 四川省依法治县试点工作会议在都江堰市召开。

8 月 19 日 副省长谢世杰召集会议，听取省司法厅关于全国监管改造工作会议精神情况汇报，讨论加强全省监管改造工作若干措施，省直有关部门及省劳改局负责人参加会议。会议认为，在当前社会治安严峻，狱内敌情、犯情严重的情况下，必须加强监管改造工作，要做到“收得下，管得住，跑不了”，并在改造好上下功夫。会议议定由省财政拨款 10 万元，省司法厅表彰“两劳”工作中贡献突出的干警等事项。

8月21日 省政府批准实施《四川省区乡（镇）法律服务所暂行规定》。

8月21—26日 省劳改局在成都召开全省两劳系统政治工作暨监管改造工作会议。会议根据中共十三届四中全会提出的各项任务和监管改造工作会议精神，具体研究进一步加强政治思想工作，提高干警素质和强化监管，深化改造，提高改造质量问题。

9月12—17日 省劳改局在成都召开全省劳改、劳教经济工作会议。副局长沈前贵代表省劳改局分党组作了题为《奋发努力，为振兴我省劳改劳教经济而艰苦奋斗》的报告。会议总结交流了两劳经济工作经验，部署了1990年和"八五"期间的奋斗目标和进一步贯彻治理整顿、深化改革的方针，振兴两劳经济的主要措施。

9月13—15日 全省市（地、州）司法局长会议在成都市召开。会议传达了8月23—27日在北京召开的全国司法厅（局）长会议精神，分别就法制宣传教育、干部培训、两劳、廉政及思想政治工作、队伍建设等问题作出安排部署。

9月28日 省司法厅在纪念省司法行政机关重建10周年之际，作出关于表彰全省司法行政系统先进集体、先进工作者的决定。有10个单位集体立功，个人立功13名，先进集体157个，先进工作者804名。

10月4—11日 省劳改局在成都市召开全省两劳单位警衔工作调查会议。

10月18—20日 全省司法行政系统信息工作会议在成都市温江县召开。省司法厅厅长郑文举作题为《提高信息工作水平，促进司法行政事业发展》的讲话。会议表彰了26条优秀信息和19名优秀信息员，并向17名信息员颁发聘书。

10月20—24日 省劳改局在成都召开全省劳改矿山单位财务工作调研会议。

10月25—28日 省司法厅在成都市崇庆县召开企业兼并法律问题与公证服务研讨会。

10月 省政府转发四川省司法厅《关于贯彻〈人民调解委员会组织条例〉的意见》。

同月 四川省劳改劳教医学会在重庆市召开成立大会。会议选出会长、副会长，聘请了顾问、名誉会长。

12月12—25日 省劳改局在绵阳新华劳教所召开全省两劳系统科技进步奖励大会。会议表彰奖励了41项科技成果，其中获科技进步一等奖2项、二等奖7项、三等奖15项，四等奖17项。

12月14日 南充地区司法局参加研究的中共中央组织部干部工作新方法系列课题《县市政法部门工作人员晋升资格考试研究课题》，经一年多的工作圆满结束。

12月 达县地区渠县三汇区调解员李德堂获司法部调解民间纠纷二等奖，宣汉县清溪乡调解员李国庆获司法部调解民间纠纷三等奖。

1990年

2月7日 省司法厅印发《刑事辩护工作细则》《法律顾问工作细则》《政府法律顾问工作细则》。

4月2日 司法部下发《关于追授王文清全国司法行政系统一级英雄模范的决定》。

4月6日 省委副书记顾金池在南充地委副书记李正培、李洪仁，华蓥市委副书记胡伯琴等党政领导陪同下，到华蓥劳改支队考察。

4月19—22日　四川省公证工作会议暨四川省公证员第一次代表大会在成都市召开。会议通过了《四川省公证员协会章程》，选举产生四川省公证员协会理事32名，常务理事9名。

4月　四川省万家劳动改造管教支队获省政府、省委政法委授予“四川省社会治安综合治理先进单位”称号。

5月8—11日　四川省乡镇法律服务工作经验交流会在南充地区武胜县召开。会议总结乡镇法律服务工作，对乡镇法律服务组织建设、队伍建设、业务建设以及注意积累加强物质条件建设的经验进行了交流。

6月16日　省司法厅在成都组织四川省第一次公证员资格考试。160个公证处共220多人参加考试，合格率为91%。

6月29日　省委常委、副省长谢世杰主持会议，研究“严打”斗争中两劳系统急需解决的几个问题和省司法厅关于贯彻国务院国发〔1990〕20号文件的意见。省计经委、省编委、省司法厅、省劳改局等省直有关部门负责人出席会议。会议认为，劳改部门是专政机关的重要组成部分，两劳干警为全省稳定作出了贡献；为保证“严打”斗争顺利进行，对两劳系统当前的实际困难，应帮助解决；议定有关经费、监舍及加强艰苦地区干警力量等问题的解决方案。

9月7日　四川省盐源劳动改造管教支队获省政府授予“四川省民族团结进步先进集体”称号。

9月20日　四川省芙蓉劳动改造管教总队、四川省万家劳动改造管教支队获省政府授予“四川省煤矿安全工作先进单位”称号。

10月4日　省司法厅颁布《〈司法行政机关行政复议和应诉工作规定（试行）〉实施细则》，对全省各级司法行政机关、两劳单位依法进行行政复议和应诉工作作出具体规定。

10月17—20日　省劳改局在成都召开全省劳改劳教工作会议，传达学习中共十三届五中全会精神、中共四川省委五届六次会议和全国司法厅（局）长会议精神；研究讨论四川省劳改劳教工作如何适应当前治理整顿和深化改革形势需要，如何为稳定全国政治形势这个大局服务等问题。

10月22日　省编委批复，同意撤销四川省西河劳动改造管教支队和四川省布拖监狱，建立四川省凉山监狱，人员编制数不变。

10月25日　司法部在中国革命博物馆举办“全国首届服刑人员书法、绘画、工艺美术作品展览”，四川省有34件作品入选参展。其中，获一等奖1名，二等奖1名，三等奖4名，鼓励奖1名，劳改局获优秀组织奖。

10月　四川省首次乡镇法律工作者资格统考，报考人数6592人，实考人数4860人，考试合格人数2282人。

11月7日　四川省西河劳改支队女干警谭辉，因阻止一罪犯行凶，壮烈牺牲。

11月10日　司法部为四川省万家劳改支队记集体一等功。

11月　四川省大路劳动改造管教支队一大队四中队荣获“全国司法行政系统先进集体”称号。

12月3日　省委宣传部、省司法厅、省法制建设领导小组办公室在成都召开纪念新宪法颁布8周年座谈会。

12月18日　司法部、人事部对1985年以来全国司法行政系统成绩突出的单位和个人，作出《关于表彰全国司法行政系统先进集体、先进工作者的决定》。四川省记集体一等功的单位1个，授予先进集体称号3个，授予劳动模范称号4名，授予先进工作者称号13名全国先进工作者李太美特邀出席表彰大会。

12月20日 四川省会东铅锌矿发生当地村民冲击劳改场所，哄抢、毁坏国家财产，殴打干工、武警严重事件，共造成轻重伤35人。

12月 四川省大中型企业人民调解工作经验交流会在乐山市五通桥盐厂召开。会议交流大中型企业建立司法科（处）综合法律服务机构、解决企业专职调解干部职称待遇、做好企业调解工作为发展生产服务等方面的经验。

是年 重庆市司法局、四川省第三监狱、仪陇县司法局被司法部授予“廉洁奉公先进集体”称号。邓朝华、童建峰、陈永和、吴凯等7人被授予“廉洁奉公先进工作者”称号。

是年 四川苗溪茶场“灵山银芽”茶叶获司法部质量管理协会授予“部优质产品”称号。

是年 四川苗溪茶场“灵山玉茗”名茶在全国劳改系统茶叶评比中，获优胜奖。

是年 新胜、苗溪、雷马屏、五马坪、沙坪、汉王山、南宝山、东印8个茶场，协作攻关完成《茶树良种引种区域试验》科技项目，获1990年度四川省科技进步三等奖。

1991年

1月19日 司法部、四川省人民政府在内江剧场召开授予张友仁荣誉称号大会。司法部授予张友仁“优秀人民调解员”，省政府追认其为“革命烈士”。

2月4日 省政府办公厅转发省司法厅、省公安厅《关于严禁冲击监狱和劳改劳教场所的意见》。

2月22日 省司法厅下发《关于制定印发〈民事诉讼代理工作细则〉的通知》。

2月25日 省司法厅下发《关于制定印发〈四川省司法厅直属律师事务所专职律师目标管理试行办法〉的通知》。

3月 平武县司法局局长何发成被评为司法部廉政建设先进个人。

4月18—21日 全省涉台公证工作会议在万县市召开。会议总结交流几年来办理涉台公证工作的情况、经验，讨论了办理涉台公证中的有关法律、政策、程序及管理方面的问题。

4月20—23日 由省委、省政府召开的四川省“二五”普法工作会议在成都市举行。会议充分肯定了全省“一五”普法的成绩，部署了“二五”普法工作，制定了《关于在全省公民中实施法制宣传教育的第二个五年（1991—1995）规划》，拉开了四川省“二五”普法工作的序幕。

4月 四川省苗溪劳动改造管教总队、四川省第三监狱、四川省大堰劳动教养管理所被省委、省政府授予1991年“社会治安综合治理先进单位”称号。

5月19—20日 司法部劳改局局长姚云辉一行4人，到华蓥劳改支队考察，查看危崖现状和泥石流灾害隐患。

5—8月 省劳改局组织全省两劳系统的7名功模代表和两名先进集体代表组成的功模代表团，先后到全省43个两劳单位向干警作巡回报告。

7月7日 省政府劳动教养管理委员会、省司法厅颁布《关于延长劳动教养期限审批复议应诉工作的通知》，对延长劳动教养期限工作作了程序上的规定。

7 月 25 日 省劳改局《四川新生报》干工版正式出版。

7 月 经省教委批准，四川省劳改警校由成人中专校改建为普通中专校。

9 月 14 日 省司法厅下发《关于制定印发〈四川省司法厅关于律师工作管理办法〉的通知》。

9 月 16 日 省司法厅下发《关于制定印发〈省司法厅关于律师违反职业纪律处理办法〉的通知》。

同日 省司法厅下发《关于印发〈兼特律师管理办法〉的通知》。

9 月 19—25 日 四川省法制建设领导小组在成都金牛宾馆举办市（地、州）领导干部“二五”普法学习研讨班。

9 月 26 日 省司法厅下发《关于律师在清理三角债中充分发挥积极作用的通知》。

9 月至 1992 年 8 月 省劳改局对全省两劳单位从事政治工作和管教工作的 7768 名干部进行了政工专业职务评聘工作，共评出高级政工师 175 人，政工师 1179 人，助理政工师和政工员 4392 人。

10 月 12 日 司法部副部长张秀夫到重庆市考察工作。

10 月 15 日 副省长蒲海清在四川荣山煤矿召开现场办公会议。会议议定：解决煤炭运销 200 万元流动资金贷款，300 吨工字钢支援材料，170 万元矿井深部勘探经费，200 万元安全技措费，增拨用电指标等 10 大问题。

10 月 15—24 日 省人大常委会组成重庆、凉山、绵阳 3 个视察组，对四川 9 个监狱、劳改劳教单位和警官学校进行视察。

10 月 18 日 省司法厅在重庆干警接待站召开全省司法行政系统政治工作先进集体、先进个人表彰大会。会议共表彰先进集体 54 个，优秀政工干部 147 名。省司法厅厅长郑文举主持会议，重庆市副市长张文斌到会祝贺。

10 月 24 日 四川省劳改劳教系统干警职工思想政治工作研究会在成都成立。

10 月 25—27 日 四川省法制建设领导小组办公室在自贡市召开全省依法治市工作座谈会。

10 月 省劳改局在成都召开全省两劳系统干警队伍建设经验交流会议。

11 月 4 日 省司法厅下发《关于举行全省法律顾问资格考试的通知》。1993 年 1 月 13—14 日举行考试。全省共有 800 余人报考，录取 247 人。

11 月 16 日 省司法厅下发《关于制定印发〈律师工作执照和律师特邀工作证管理办法细则〉的通知》。

12 月 5—8 日 省司法厅在成都召开四川省司法行政复议、应诉工作经验交流会。司法部法规司司长蓝全普一行 2 人到会指导。司法部还邀请湖北省、青海省等 11 个省、市司法厅（局）研究室（法制处）负责人参加会议。

12 月 5—10 日 经省委同意，四川省法制建设领导小组在遂宁市射洪县召开全省依法治县研讨会。

12 月 13 日 省委组织部任命曾宪章为四川省司法厅党组成员、书记，免去郑文举四川省司法厅党组书记、成员职务。1992 年 3 月 13 日，四川省人大常委会任命曾宪章为四川省司法厅厅长，免去郑文举四川省司法厅厅长职务。

12 月 14 日 司法部授予宜宾市司法局、会东劳改总队全国司法行政系统抗洪救灾先进集体，授予万源县旧院区司法助理员蒋宗明全国司法行政系统抗洪救灾先进个人。

12月15日至1992年1月10日 全国人大、四川省人大的部分代表和全国人大法律委员会委员、中国法学会副会长、中国宪法学研究会总干事王叔文，分别视察成都市“二五”普法的准备、启动工作情况。

12月17日 四川省人民调解工作经验交流会在成都市郫县召开。会议交流人民调解组织、制度、经费、工作四落实等方面经验。

12月26日 四川省法学会成立诉讼法学研究会暨学术研讨会在成都市召开。会议选举刘家琛为会长，黄毅为常务副会长，左为民为秘书长。

12月 达县地区达县罗江法律服务所、巴中县岩良法律服务所获司法部“优秀法律服务所”称号。

同月 四川省会东劳动改造管教总队获司法部授予的“抗洪救灾先进集体”称号。

是年 司法部、中央电视台、法制日报社联合举行人民调解有奖知识大奖赛。此次知识大奖赛中，四川省杨建茂等5人获二等奖，郑尚之等18人获三等奖，垫江县司法局获组织奖，8个市（地）司法局获鼓励奖，五通桥盐厂获纪念奖。

是年 在司法部评选出的全国优秀法律服务所中，四川省有18个法律服务所被评为优秀法律服务所，并被授予奖牌。

是年 司法部授予万家劳改支队集体一等功，四川省司法厅授予万家劳改支队“廉政建设先进单位”称号。

1991—1992年 四川省劳改工业单位经司法部、四川省经委评定为国家和省级设备管理单位的有：四川新生劳动工厂为国家级设备管理单位，四川蓬安九五厂为省二级设备管理单位，四川大竹劳动工厂、四川华蓥煤矿为省三级设备管理单位。

1992年

1月9—11日 省劳改局在成都召开全省劳改劳教工作会议，省劳改局分党组书记、局长陈登凯作题为《坚定信心，振奋精神，努力使各项工作再上新台阶》的工作报告。

1月30日 省司法厅授予泸州市司法局、宣汉县司法局“四川省司法行政系统抗洪救灾先进集体”；授予西充县司法局马宗骏、井研县司法局陈玉忠、纳溪县司法局罗炳然、开县司法局杨天顺、凉山监狱刘刚“四川省司法行政系统抗洪救灾先进个人”。

1月 南充地区司法局被省法制建设领导小组办公室评为“二五”普法启动工作先进集体。

2月3日 省委常委、副省长谢世杰到省劳改局，代表省委、省政府对全省劳改劳教干警进行春节慰问。谢世杰充分肯定了全省劳改劳教干警在极其困难的条件下，做了大量艰苦细致的工作，取得了明显成绩，为社会治安综合治理系统工程作出了贡献。

2月 南充地区司法局被国家税务局、全国总工会、共青团中央、全国妇联授予1991年度全国税法宣传教育红旗单位。

3月4日 绵阳市市中区永兴法律服务所被司法部授予“全国优秀法律服务所”称号。

4 月 12 日　省委、省政府决定，授予省劳改局“扶贫工作先进单位金杯奖”。

4 月 21 日　四川省法学会刑法学研究会在成都市召开学术会议。会议就公务员犯罪的现状、特点、原因、防治措施以及完善有关立法问题，从理论和实践方面进行了广泛、深入的分析探讨。

4 月 25—29 日　省委宣传部、省体改委、省司法厅、省法制建设领导小组办公室召开的全省百家企业依法治厂经验交流会在攀钢举行。省委副书记、省法制建设领导小组组长聂荣贵，省人大常委会副主任、省法制建设领导小组副组长王敖在会上讲话。会议围绕“深化改革，加快企业经营机制的转换”的根本目标，交流了深入学习贯彻企业法、依法治厂的工作经验。

4 月中旬　省劳改局研究确定成都监狱、四川省第二监狱、德阳监狱、新源劳改支队、至诚劳改支队和新华劳教所为综合改革试点单位。

4 月 25 日　副省长蒲海清考察四川省第一监狱铸造、金工、维修和制革分厂及部分监舍，听取了监狱党委的工作汇报。

5 月 20 日　全国举行公证员资格考试，四川考区的考场设在成都。四川省共有 175 人参加考试，117 人考试合格。

5 月 21—23 日　四川省司法行政工作改革座谈会在德阳市召开。会议深入学习贯彻邓小平同志南方谈话精神，交流司法行政工作改革的思路和做法，讨论修改了省司法厅起草的《关于加快司法行政工作改革步伐，更好地为经济建设服务的意见》。

5 月 27 日　四川省法学会诉讼法学研究会在重庆市召开学术会议。会议就民事诉讼法实施中的人权保障问题、刑事诉讼法修改与完善、行政诉讼法的理论与实践等问题进行了研究和探讨。

同日　《四川省律师履行职务的若干规定》经四川省第七届人民代表大会常务委员会第二十九次会议通过，于 1992 年 9 月 1 日起施行。

6 月 13 日　省司法厅下发《关于加快司法行政工作改革步伐，充分发挥职能作用的意见》。该意见对律师工作改革提出了十条措施，对公证、基层基础工作的改革也提出了原则意见。

6 月 25 日　省司法厅下发《关于进一步完善、发展我省乡镇法律服务工作的意见》。

7 月 1 日　根据《中华人民共和国人民警察警衔条例》和首次评授警衔的标准，全省劳改劳教管理部门的人民警察按行政和专业技术分别授予了警衔。首次授衔仪式于 1993 年 3 月 10 日在省劳改局成都干警接待站举行。

7 月 2 日　司法部授予喜德县向荣区法律服务所“全国优秀法律服务所”称号。

7 月 23 日　省司法厅印发《四川省〈民间纠纷处理办法〉实施细则》。

8 月 4 日　涪陵地区海事律师事务所成立。这是四川省成立的第一家海事律师事务所，主要从事海事、涉外和行政律师事务。

8 月 7 日　省司法厅印发《四川省区乡镇街道法律服务所人员管理办法》。

8 月 22 日　司法部授予四川省司法厅法学教育处法律函授教育先进集体，授予四川省司法厅文熙德、王惊宇法律函授教育先进个人。

8 月 27—30 日　司法部副部长金鉴和司法部政治部、计财司、公证司、劳改局有关负责人到四川检查指导司法行政工作。金鉴一行在川期间，在省司法厅厅长曾宪章陪同下，先后到省司法厅、省劳改局、成都市司法局、省政法管理干部学院、德阳监狱和德阳市司法局进行考察；先后与省委副书记聂荣贵、省人大常委会副主任白尚武、副省长罗通达和成都、德阳市领导交换意见。

9 月 21—24 日 全省经济公证工作会议暨公证员协会第一届第三次理事会在成都市召开。省司法厅副厅长李犁作题为《总结经验，深化改革，发奋努力，促进我省公证工作更快更好地上新台阶》的讲话，提出了全省公证工作改革的新思路和具体措施。

9 月 司法部授予四川省司法厅政策研究室法制综合成果一等奖。

10 月 11 日 四川省法学会民法、经济法研究会在成都市召开学术会议。会议以建立社会主义市场经济体系有关法律问题为内容，深入研究了市场经济与经济立法，扩大改革开放与涉外经济法律问题。

10 月 12 日 四川省法学会海峡两岸法律研究会在成都市召开学术会议。台湾著名律师李永然等法学界人士参加会议，并就四川、台湾经贸法律实务问题进行了探讨。

10 月 17 日 四川省法学会牵头，四川省、云南省、贵州省三省法学研讨会在绵阳市平武县召开。

10 月 23 日 省司法厅印发《厅直属五个国办律师事务所改革方案》。

10 月 四川省法律函授站被司法部评为函授教育 10 周年先进集体。

10 月至 1993 年 2 月 省委宣传部、省委政法委、省综合治理办公室、省司法厅、省法制建设办公室、四川法制报社联合举办四川省纪念宪法颁布 10 周年法律知识大赛。

11 月 18 日 全省贯彻实施《民间纠纷处理办法》经验交流会在达县召开，会议主要对处理民间纠纷运用司法部“八号令”的经验进行了交流。

11 月 23 日 省编委批准成立四川省海峡律师事务所。

11 月 27 日 省司法厅下发《关于制定印发〈关于加快律师工作改革步伐的意见〉的通知》。

11 月 万县地区梁平县建起四川省第一个县级法律函授教学班。

12 月 7—9 日 司法部在北京召开全国公证质量评比总结表彰会。成都市公证处、重庆市公证处、自贡市公证处、丰都县公证处被授予“全国公证质量评比先进集体”荣誉称号；威远县公证处张荣祥、绵阳市市中区公证处杜汝栋、达县市公证处杨建明、万县市公证处冉启华、荥经县公证处郑跃辉、双流县公证处李祖杭等 6 名公证员被授予“全国公证质量评比先进个人”荣誉称号。

12 月 20 日 全国第二次涉外公证员资格考试四川考区在成都市进行。全省共有 116 人参加考试，87 人取得合格证，合格率为 75%。

12 月 四川省法学会荣获中国法学会“全国法学会系统先进集体”。

同月 绵阳市司法局杜汝林被司法部授予“公证质量优秀公证员”，并获得奖牌。

是年 成都市青羊区苏坡乡法律服务所被司法部授予“优秀法律服务所”称号。

是年 绵阳市司法局廖辉祥被评为司法部“教育工作先进个人”。

是年 在司法部开展的全国劳改系统茶叶高产优质高效竞赛活动中，四川苗溪茶场获“场级优胜单位”；四川汉王山茶场八中队、雷马屏茶场高梁坪中队获“中队级优胜单位”称号。

是年 按照国家划分企业标准，并经司法部（代表国家经委）及四川省经委批准，确定四川省劳改工业单位有：四川会东铅锌矿、四川新康石棉矿两个大型企业，四川旺苍煤铁厂、四川荣山煤矿、四川德阳汽车厂、四川磨床厂、四川芙蓉煤矿、四川南充劳动工厂、四川华蓥煤矿、四川新生劳动工厂、四川坪河石墨矿、四川青龙化工厂、四川雅安汽车配件总厂 11 个中型企业。

是年 四川省劳改单位 14 名干警被司法部授予“全国个别教育能手”称号，其中 1 名干警被授予“个别教育标兵”称号。

1993 年

5 月 全国部分省区司法行政计财装备工作会议在绵阳市召开，司法部、国家计委、四川省司法厅、绵阳市委市政府有关领导参会并讲话。会议讨论制定了改善全国司法行政业务用房和办公设备的意见。参会领导还深入平武县，了解基层司法行政部门装备情况。

8 月 19 日 司法部副部长张耕一行到德阳监狱检查指导工作。

10 月 27—30 日 省司法厅在万县市奉节县召开全省乡镇法律服务工作会议。

10 月 31 日 全省依法治乡经验交流会在遂宁市射洪县召开。

11 月 10 日 根据省司法厅《关于在县级司法局建立法律事务中心和依托乡镇法律服务所建立律师事务所、公证办事处有关问题的通知》规定，经南充市司法局批准，四川省第一个依托乡镇法律服务所建立的律师事务所——南部县南隆律师事务所成立。

12 月 18 日 汉源县尚礼村人民调解委员会主任李崇陆被司法部授予“模范人民调解员”称号。

1994 年

1 月 7—8 日 省人大政法委副主任孙致孚、巫学德等一行到四川省万家劳改支队考察工作。

3 月 2 日 绵阳市司法局受省司法厅委托在绵阳市首次颁发司法行政荣誉章，席耕九、郝敬德被授予司法行政一级金星荣誉章，乔维荣等 3 人被授予二级金星荣誉章，罗娟莉等 27 人被授予银星章。

5 月 27 日 司法部副部长王巨禄在四川省司法厅厅长曾宪章陪同下到成都市司法局考察工作。

8 月 2—5 日 全省市（地、州）司法局长会议在都江堰市召开。会议的主要任务是：研究司法行政在改革发展中的新情况、新问题及其解决办法。

8 月 15 日 省劳改局印发《关于在我省劳改场所开展“创建现代化文明监狱先进单位”活动的通知》《四川省劳改场所开展“创建现代化文明监狱先进单位”活动实施细则》。

8 月 29 日 副省长李蒙一行到四川省旺苍劳改总队考察工作。

1995 年

1 月 4 日 省委常委、成都市委书记黄寅逵，考察成都市外商投资法律服务中心，对成都市律师工作在外商投资方面发挥的作用给予充分肯定。

3 月 全省市（地、州）司法局长会议在成都市召开，省委副书记、省委政法委书记宋宝瑞和省委常委、省委政法委副书记牛平到会并讲话。

4月5日 四川省劳改局更名为四川省监狱管理局。

6月16日 省委常委、副省长蒲海清向四川省人大常委会汇报四川省劳改系统贯彻实施监狱法情况。

6月16—20日 成都市司法局局长董笑菊参加司法部在山东省烟台市召开的全国司法厅（局）长会议，并作题为《抓管理，练内功，促进县级司法局工作上水平上质量上台阶》的发言，得到司法部肯定。

6月18—23日 西南五省十一城市司法行政联席会议在成都市召开。

6月20日 省委组织部批复同意建立中共四川省监狱管理局党组。

8月16—22日 南充市人大常委会组织20余名省、市人大代表对南充市监狱、四川省第一监狱、蓬安监狱的工作和贯彻实施监狱法的情况进行考察。

10月7日 全国人大常委会常委员王晓光、全国人大内务委员会副主任于恩光、四川省人大常委会副主任任凌云到成都检查《普法决议》执行情况。成都市委副书记、市委政法委书记陶武先等领导参加汇报会。汇报会结束后，检查组考察132厂“二五”普法工作。

10月10日 省监狱管理局印发《关于加强科学技术进步的决定的实施意见（试行）》。

11月21日至12月6日 司法部副部长张秀夫、司法部监狱局副局长杜中兴一行到四川成都、德阳、绵阳、乐山、凉山、重庆、万县等地监所检查指导工作。

12月18日 四川省第二监狱成为四川省监狱系统首家“省级现代化文明监狱”。

1996年

1月23—24日 全省司法行政工作暨表彰大会在成都市召开。会议的主要任务是：总结“八五”期间四川省司法行政工作成绩和经验，研究制定《四川省司法行政工作“九五”规划和2010年远景目标》，交流四川省司法行政恢复重建15年来县（市、区）司法局建设经验，表彰先进。省委副书记宋宝瑞，省委常委、省委政法委书记王景荣等到会讲话。省司法厅厅长曾宪章作题为《充分发挥司法行政职能切实维护四川社会稳定和促进经济发展》的主题报告。

2月29日 省编委同意省劳改单位名称统一更改为监狱。

2月 四川省第一家律师法律援助中心——荣县律师法律援助中心经批准挂牌成立。

3月 雅安地区名山县委副书记罗光泽作为“二五”普法先进个人受到中共中央宣传部、司法部表彰。

4月4—6日 全省司法行政纪检监察工作会议在遂宁市召开。参加会议的有各市（地、州）司法局分管纪检、监察的领导及专职纪检监察干部60余人。

5月31日 省司法厅在成都成立四川省法律援助中心。

5月 省委中心学习组举办第三次法制讲座。省委、省人大、省政府、省政协及有关部门主要领导近60多人到会听取了《关于依法治国、建设社会主义法制国家的理论和实践问题》讲座。省委书记谢世杰主持讲座并讲话。

6月18日 攀枝花市人大常委会副主任周绍良、市法制建设领导小组办公室副主任何修伦被中共中央宣传部和司法部授予“全国普法工作先进个人”。

7 月 16—18 日 省委、省政府在成都市召开“三五”普法工作会议。

10 月 3—4 日 成都市司法局获人事部、司法部授予的“全国司法行政系统先进集体”称号后，成都市委组织部到成都市司法局拍摄专题片，并在成都电视台《党的建设》栏目播出。

11 月 4—8 日 四川省“三五”普法启动工作汇报会在攀钢召开。省司法厅副厅长李新民出席会议。

11 月 24 日 省人大执法检查组一行在省人大常委会副主任牟绪珩带领下，到攀枝花市检查《四川省公证条例》的贯彻执行情况。

12 月 25—27 日 司法部部长肖扬，副部长张秀夫、张福森一行到四川省监狱管理局机关、监狱、警校和成都市司法局考察工作。

是年 黄崇炎、伍景平撰写的《建立我国法律援助制度的构想》一文，被司法部评为优秀论文一等奖，被省司法厅评为优秀论文特等奖。

1997 年

3 月 26 日 全省司法行政系统法学教育工作会在攀枝花市召开。

4 月 4 日 司法部召开表彰“十岗千优”电视电话会议。南充市司法局副县级司法检查员、市法制建设领导小组办公室副主任陈自强，蓬安县公证处主任杨康壮分别获“全国优秀法制宣传工作者”“全国优秀公证员”荣誉称号。

4 月 司法部在北京召开司法行政系统第五次计财工作会议，表彰全国司法行政系统计财先进单位、个人。四川德阳市司法局贾仕贵、南充市司法局李念昌、达川地区司法局刘芝华、成都市司法局陈黎曼被司法部评为全国司法行政系统计财工作先进个人。

5 月 1 日 根据省委、省政府关于重庆市为中央直辖市后工作移交的指示精神，从 5 月 1 日起省监狱管理局原则上将重庆市所辖重庆监狱、新胜监狱、三峡监狱、金华监狱、涪陵监狱、三合监狱、凤城监狱、重庆少管所、重庆新犯转运站、重庆市监狱管理处、万县监狱管理科 11 个单位的所有事权，包括监管教育、人财物、产供销等管理职能及职责全部移交重庆市监狱主管部门。

6 月 《司法与经济》创刊号出刊（双月刊）。当年出版 3 期。

8 月 10 日 江油市司法局局长吴萍被评为全国县（市、区）优秀司法局长。

9 月 25 日 司法部法律援助基金会会长邹瑜一行 3 人到成都市公证处调查了解法律援助工作情况。省司法厅厅长曾宪章、副厅长李新民，成都市司法局局长董笑菊、副局长白明磊陪同调研。

12 月 16—17 日 省委副书记秦玉琴，省委常委、省委政法委书记王景荣一行到攀西监狱、凉山监狱考察工作。

12 月 24—26 日 全省司法行政基层工作会议在遂宁市射洪县召开。

12 月 在司法部“十岗千优”活动中，苍溪县陵江镇司法所所长陶家福被司法部授予“全国优秀司法所所长”称号。

1998 年

1 月 8 日 省司法厅授予第五批“省级优秀法律服务所”荣誉称号。巴中地区平昌县云台、元山法律服务所，巴中市玉山法律服务所获得“省级优秀法律服务所”称号。

2 月 6 日 省司法厅授予简阳市公证处为四川省首批“省级文明公证处”，资中县公证处被评为全省先进单位。

2 月 司法部授予洪雅县三宝镇熊园村调委会主任兰明友“全国模范人民调解员”荣誉称号。

4 月 四川省八届人大常委会第三十次会议听取和审议省政府《关于四川省“三五”普法工作的情况汇报》。

5 月 8 日 根据国家科委和司法部《关于表彰全国知识产权工作先进个人及先进单位的决定》，内江市司法局局长蒋继文被授予“全国知识产权工作先进个人”称号。

12 月 23—24 日 四川省依法治县工作座谈会在遂宁市射洪县召开。会议的主要任务是，学习贯彻中共十五大、十五届三中全会和省委七届二次全会精神，实施依法治国方略，推进依法治省进程，推广射洪经验，深化对依法治县工作的认识，研究部署今后一段时间依法治县的工作任务。

1999 年

1 月 6 日 省司法厅、省律师协会举行聘请首批律师特邀监督员仪式，建立律师特邀监督员和督导员检查律师工作制度。省人大内司委副主任委员杨秀明，省政协常委、法制群团委主任李德辉，省人大常委、省总工会副主席鲁满保，省人大常委会委员、团省委副书记尧斯丹，省人大常委会委员、省妇联副主席曾清华，省政协委员、法制群团委常务副主任陶德昌 6 人被聘请为首批律师特邀监督员，任期 2 年。

1 月 6—8 日 全省监狱工作会议在成都市召开。

1 月 7 日至 2 月 3 日 德阳监狱、成都监狱、广元监狱、眉山监狱、宜宾监狱 5 个单位通过省质量协会 TQM 八项基础工作合格评查和复查，被正式命名为“全面质量管理八项基础工作”合格企业。

1 月 21 日 省人大内务司法委员会妇女和未成年人工作组，前往楠木寺女子劳教所，考察该所贯彻执行《中华人民共和国妇女权益保障法》及有关法律、法规的情况。

1 月 27 日 省司法厅在内江市威远县举行四川省首部“148”法律服务专线开通新闻发布会。

3 月 1 日 司法部律师公证司司长贾午光一行到四川，就公证为西部服务、公证宣传、公证体制改革、队伍素质与人才培养等公证发展中的问题组织有关人员座谈。

3 月 6 日 省委副书记、省法制建设领导小组组长秦玉琴主持召开省法制建设领导小组会议，听取省法制建设领导小组办公室关于 1998 年下半年来普法依法治理工作和全国依法治县经验交流会的情况汇报。省委副书记、副省长、省法制建设领导小组副组长张中伟，省委常委、省委政法委书记、省法制建设领导小组副组长王景荣，省人大常委会副主任、省法制建设领导小组副组长牟绪珩，省法制建设领导小组办公室主任、省司法厅厅长曾宪章出席会议。

3 月 8 日 省监狱管理局制发《进一步开展清理历年监外执行罪犯工作通知》，加大对历年监外执行罪犯监管力度。

3 月 16 日 省劳教委主任、省政府副秘书长李洪仁主持召开省劳教委第 33 次全体成员会议。会议听取全省劳教工作情况汇报，研究全省 1999 年劳教工作，并就劳教场所管理教育和场所建设进行了研究。

3 月 29—30 日 全省律师管理工作会议在成都市召开。

3 月 30 日 司法部授予江油县法律服务所“司法部部级文明法律服务所”称号。

4 月 9 日 省司法厅追授在雅安“四五”案件中因公殉职的吴波“优秀共产党员”称号，并追记一等功。

4 月 12 日 省高级人民法院、省司法厅联合向全省各级人民法院、司法局印发《关于贯彻实施〈最高人民法院、司法部关于民事法律援助工作若干问题的联合通知〉的通知》。

4 月 25—28 日 司法部副部长范方平、司法部监狱局局长杜中兴一行突击检查四川省成都少管所、雷马屏监狱和成都监狱。

4 月 省司法厅与省邮电管理局联合下发《关于尽快在全省各地开设 148 法律服务专用电话的通知》。

5 月 5 日 省物价局、省司法厅联合印发《关于〈四川省公证服务收费管理办法〉、〈四川省公证服务收费标准〉的通知》。

5 月 23 日 省司法厅重新修订《四川省〈民间纠纷处理办法〉实施细则》。

5 月 27—28 日 司法部召开第四次全国人民调解工作会议暨表彰会。四川省“坚持开展春耕纠纷专项治理，维护社会稳定促进农业发展”的典型材料，在会上进行了交流。四川省有 16 个调解委员会和 17 名调解员受到表彰，分别被授予“模范调解委员会”和“模范调解员”称号。

6 月 10 日 省司法厅为配合共青团中央、司法部在成都举行“青少年维权岗”授牌仪式，组织省司法厅及成都市司法局直属律师事务所开展“维护青少年合法权益义务法律咨询活动”。

6 月 11 日 省司法厅举办的全国证券律师资格考试培训班开班典礼在成都市举行。

6 月 23 日 省委副书记、代省长张中伟，省委副书记秦玉琴，省委常委、省委政法委书记王景荣听取省劳教局局长沈纪中、副局长林蒙昌关于戒毒劳教所扩容、危房改造和在凉山、成都建立劳教所等情况汇报。省政府秘书长柳斌杰及省计委、省财政厅负责人参会。会议对四川省劳教工作当前困难提出了具体解决意见。

6 月 共青团中央、司法部在成都金牛宾馆举行全国司法行政系统首批优秀“青少年维权岗”命名仪式，授予成都少年管教所等 6 家单位为全国司法行政系统优秀“青少年维权岗”称号，并为成都少年管教所举行挂牌仪式。

同月 省监狱管理局在全省部署聘请监狱工作“执法督导员”活动。

7 月 7—8 日 首次全省刑释解教人员安置帮教工作经验交流会议暨表彰会在成都市召开，会议表彰 50 个先进集体和 54 名先进个人。省委、省政府领导到会讲话，中央电视台报道了这次会议，中央综合治理委员会给予充分肯定。

7 月 17—18 日 司法部、中国证监会第一次面向全国举行证券律师资格考试。受司法部委托，省司法厅承担贵州、甘肃、青海、云南、西藏、重庆等 7 省（市、区）共计 2150 名考生的考试考务工作。

8 月 18—19 日 省司法厅、省法制建设领导小组办公室、省民委和省宗教局在康定召开全省藏区普法依法治理工作座谈会。

8 月 20 日 司法部劳教局副局长张丽带领的部局工作组在完成对西南两省一市的考察后，在重庆听取四川省劳教局领导关于全省劳教工作的汇报，并对四川省的劳教工作提出要求。

8 月 23—25 日 全省深化国资律师事务所改革工作座谈会在泸州市举行。

8 月 26 日 全省农村公证工作座谈会在成都市金堂县召开。

9 月 2 日 省司法厅向市（地、州）司法局印发《关于律师承办法律援助案件有关事宜的通知》。

9 月 13 日 省司法厅、省检察院印发《关于律师、基层法律服务工作者对民事（经济）行政案件代理申诉的暂行规定》。

10 月 10 日 司法部授予四川省成都少管所为“部级现代化文明监狱”，并记集体一等功。

11 月 11—13 日 省司法厅在泸州市召开全省司法所法律服务所建设现场会。

11 月 17 日 内江市司法局局长蒋继文被司法部授予“全国司法行政系统政治工作先进个人”称号。

11 月 省人大对全省执行“三五”普法决议的情况进行大检查。

11 月至 2000 年 3 月 省司法厅组织开展厅机关处以上干部讲学习、讲政治、讲正气的“三讲”教育活动。

12 月 8 日 四川省成都市公证处被司法部授予全国首批（21 家）部级文明公证处。

12 月 25 日 全国监狱劳教系统“个别教育能手”表彰会在上海市举行，四川省沙坪劳教所干警李毅和大堰劳教所干警袁传兵获全国监狱劳教系统“个别教育能手”称号。

12 月底 全省 180 个县（市、区）全部开通“148”法律服务专用电话，有 6 个市地和 12 个县建立“148”平台。

同月 全省评选出（第二批）52 个“省级文明法律服务所”。

同月 四川省监狱管理局被评为“全国预防与控制艾滋病、性病先进集体”。

同月 攀西监狱被省政府授予“四川省实施名牌战略成绩显著先进企业”。

同月 蓬溪县高坪镇高河村被司法部评为“人民调解先进单位”。

2000 年

2 月 13 日 省司法厅向全省市（地、州）司法局发出通知，部署第四次全国公证员统一考试工作。全省有 500 多人报名，其中有 300 多名参加了考试，28 名考试合格。

2 月 17 日 泸县福集镇水竹林村调解主任莫世维在制止一起行凶杀人事件中，为保护在场群众的生命安全，面对歹徒，挺身而出，用身体挡住凶手刺来的尖刀，壮烈牺牲。

2 月 18 日 省司法厅与省委组织部、省委统战部、省经贸委联合召开企业家、律师西部大开发法律事务座谈会。

3 月 10 日 由省司法厅、省法学会、省律师协会共同组织召开的西部大开发法律问题研讨会在成都市举行。

3 月 25 日 省编委批准成立四川省成都戒毒劳动教养管理所。

3 月 28 日 省法学会组织宪法学研究会在四川师范大学举行“一个中国原则与台湾问题白皮书”座谈会。

3 月 省政法管理干部学院申报《四川省政法管理干部学院学报》国际连续刊号 ISSN1009-4040 成功。

4 月 7 日 省司法厅与省工商联联合召开民营企业家、律师西部大开发法律事务座谈会。

4 月 13 日 司法部副部长段正坤在成都参加西部大开发法律服务研讨会期间，举行公证工作座谈会，针对公证体制改革作了讲话。

4 月 20 日 四川大学外事处与省司法厅联系，组织在川大的美国内华达大学来华学习交流的 18 位美国学生参观成都少管所。

4 月 21 日 省司法厅、省法学会召开培育劳务市场、加强国际劳务输出法律问题座谈会。

4 月 25 日 省委副书记、省法制建设领导小组组长秦玉琴主持召开省法制建设领导小组会议。会议听取了省司法厅副厅长、省法制建设领导小组办公室副主任李新民关于 1999 年度“三五”普法和依法治理工作进展情况的汇报。

4 月 省司法厅开展全省律师、公证员中、初级职称评审工作，评审通过律师中、初级职称 205 人，公证员中、初级职称 8 人。

同月 川中监狱获“四川省先进单位”称号，雷马屏监狱监狱长龚德明、攀西监狱狱政科科长边福忠分别获“全国先进工作者”“全省先进工作者”称号。

5 月 29 日 省司法厅发出《关于贯彻司法部〈关于保全证据等三类公证书试行要素式格式的通知〉的通知》。

6 月 1 日 省人大常委会主任谢世杰、副省长邹广严一行考察会东铅锌矿尾库治理工作，落实会东二期工程尾矿库工程的建设资金。

6 月 23 日 省司法厅根据《四川省基层法律服务条例》，结合全省实际制定《关于贯彻执行司法部〈基层法律服务所管理办法〉、〈基层法律服务工作者管理办法〉若干问题的意见》。

同日 省检察院、省司法厅联合向各市（州）人民检察院、司法局、法律援助中心转发《最高人民检察院、司法部〈关于在刑事诉讼活动中开展法律援助工作的联合通知〉的通知》。

6 月 27—28 日 省司法厅在成都召开全省基层司法行政工作会议。省政府《政府工作通报》印发了《省司法厅关于四川省基层司法行政工作主要成效和进一步加强基层司法行政工作的意见》。

6 月 28 日 司法部作出决定，追授在制止一起行凶杀人事件中壮烈牺牲的泸县福集镇水竹林村调解主任莫世维“模范人民调解员”称号。

6 月 按司法部要求，省司法厅在内江市威远县、乐山市五通桥区等地进行开展乡镇司法调解中心的试点。

7 月 1—2 日 司法部副部长范方平、司法部监狱局局长杜中兴一行到四川省川东监狱检查指导工作。

7月14日 省高级人民法院、省司法厅在成都市召开刑事法律援助工作联席会。

7月15日 省司法厅首次组织对全省执业律师进行统一命题、统一时间的律师职业道德、执业纪律及相关律师管理法规、规章及规范性文件知识的考试。全省设22个考区，4370人参加考试。

7月29日 省政府办公厅印发《四川省监狱管理局职能配置、内设机构和人员编制规定》，省监狱管理局设13个职能处（室、部）和机关党委。

8月10日 根据司法部印发国务院批准的《关于深化公证工作改革方案》，四川省成立公证工作改革领导小组，领导和推动公证改革工作。截至当年10月中旬，全省有92个公证处转为事业单位，占全省公证机构45%，有的公证处按合作制公证处进行了试点。

8月8—15日 受台湾高雄市两岸世纪发展协会邀请，省司法厅厅长曾宪章以四川省律师协会会长名义率四川省律师协会法学专家学者赴台法律实务交流团一行13人到台湾进行法律实务交流和参观访问。在台期间，交流团一行走访了高雄市、台北市律师公会，高雄市法院、高雄市四川同乡会以及台北市的一个企业“学者机构”（上市公司）。

8月18日 四川省成都未成年犯管教所举行“部级现代化文明监狱”授牌仪式。

8月25日 根据人事部、司法部《关于监狱劳教系统人民警察实行公务员制度有关问题的通知》，省人事厅、省司法厅联合下发《四川省监狱劳教人民警察实行公务员制度工作实施方案》，启动全省监狱劳教人民警察实行公务员制度工作。

9月20日 全省自收自支律师事务所脱钩改制工作全面启动。

9月27日 省司法厅、省高级人民法院联合转发《最高人民法院、司法部关于公证机关赋予强制执行效力的债权文书执行有关问题的通知》。

10月9日 省司法厅向各市（州）司法局下发《贯彻实施司法部〈关于深化公证工作改革方案〉的意见》，对全省公证改革的基本原则、实施方法、步骤、要求作出规定。

10月11日 司法部党组成员、纪检组长岳宣义在四川省成都市召开的全国司法行政系统党风廉政工作座谈会上，对四川省司法行政系统的纪检监察工作给予充分肯定。

10月16日 省司法厅作出批准授予杨若霞等3657人全国基层法律服务工作者执业资格的决定。

同日 省监狱管理局制定印发《四川省监狱管理局外役劳动安全生产管理规定》。

10月25日 省高级人民法院、省司法厅联合向全省各市（州）人民法院、司法局印发《〈刑事法律援助工作联席会议纪要〉》。

10月27日 省司法厅批准省公证处作为全省公证工作改革首批试点单位之一。

11月12—15日 司法部劳教局局长王运生等在省劳教局局长沈纪中、副局长林蒙昌陪同下，对四川省教育转化“邪教”劳教人员情况进行调研。

11月22日 省监狱管理局召开四川省监狱系统“十五”规划研讨会暨2000年理论调研表彰会。

11月23日 省司法厅、省公安厅、省检察院、省高级人民法院联合举办首次执法理论研讨会。省司法厅律师工作处、成都市司法局律师管理处和乐山市司法局律师管理处获研讨会组织奖；共有36篇文章、48名律师分获一、二、三等奖和优秀奖。

11月 省监狱管理局召开监狱系统建立现代企业制度改制工作座谈会，探讨监企改制思路。

同月 省法建办按省法制建设领导小组要求，对全省开展“三五”普法依法治理的工作进行检查验收。

12月12—14日 四川省女子监狱创“省级现代化文明监狱”通过验收。

12月15日 四川省司法鉴定工作管理委员会成立。省委副书记、副省长杨崇汇任主任，省司法厅厅长曾宪章和省政府副秘书长王东洲任副主任。委员分别由省高级人民法院、省检察院、省司法厅、省公安厅、省国家安全厅、省建设厅、省卫生厅、省财政厅、省劳动和社会保障厅、省物价局、省质量技术监督局、中国保监会成都监管办、四川大学华西法医学院的领导担任。委员会的职责是：负责制定全省司法鉴定工作的改革方案、发展规划、行业规范，组织、指导、协调、监督全省司法鉴定工作。

12月24日 全国首次基层法律服务工作者执业资格考试开考。四川省报名参考人员7110人，实际参考6241人，达到司法部确定的合格分数线5754人，合格率92.2%。

12月25日 省物价局印发《四川省基层法律服务业务收费管理办法》和《四川省基层法律服务业务收费标准》。

12月 全省评选出（第三批）26个“省级文明法律服务所”。

同月 省法建领导小组给普法依法治理工作成绩显著的攀枝花市司法局记集体二等功。

同月 全省2个县司法局因司法所建设成效突出，荣获省司法厅授予的集体二等功；69个县级司法局因乡乡建立司法所，记集体三等功，并分别奖励5000元。

同月 54个县（市、区）建立乡镇司法调解中心，全省建立乡镇司法调解中心1206个。

同月 省司法厅被省政府评为接收安置军队转业军官先进单位。

同月 省司法厅印发《四川省司法鉴定机构名称管理办法（试行）》。

2001年

1月3日 省司法厅转发省物价局《关于基层法律服务业务收费管理办法及标准的通知》。

1月10日 省司法厅在成都召开省司法鉴定管理委员会成立新闻发布会。

1月12日 全省监狱系统执法执纪专项教育整顿工作会在成都市召开。

1月16日 省委副书记、副省长杨崇汇，省人大常委会副主任刘子寿，省政协副主席吴正德，省军区副司令员王炳文等领导到阿坝监狱检查指导工作。

2月9日 省司法厅下发全省公证机构和公证员年检注册通知，在全国率先推行公证处年检注册制度。

2月13日 司法部在成都召开西部7省（区）执法执纪专项教育整顿工作办公室主任座谈会。四川、新疆、陕西、甘肃、宁夏、云南、贵州省（区）司法厅按要求派员参加会议。

2月14日 省编委首次明确四川省监狱系统54个监狱和直属单位机构名称、人员编制、领导职数和级别待遇。

2月28日 省司法厅转发司法部律公司《关于做好公证赔偿基金缴付工作的通知》，全省公证责任保险工作全面启动。

2月 省司法厅法规教育处被省政府评为全省行政执法责任制执法工作先进集体。

3 月 1—2 日 全省律师管理工作会议在成都市召开。

3 月 6—7 日 四川省法学会承办中英文化交流基金会组织的“送法下乡”活动，将万余册法律书籍送到成都市双流县公兴镇和眉山市东坡区太和镇，受到当地群众欢迎。

3 月 26 日 省司法厅首批核准登记 10 家面向社会服务的司法鉴定机构，并颁发司法鉴定许可证。全省面向社会服务的司法鉴定机构纳入省司法厅统一管理。

4 月 11—12 日 省法制建设领导小组办公室、省司法厅联合省民政厅召开四川省街道社区依法治理经验交流会。省人大常委会副主任张宗源在会上作题为《提高认识、加强领导、不断提高街道社区依法治理水平》的讲话。

4 月 23 日 省司法厅修订印发《四川省省级文明法律服务所评选办法》。

5 月 11 日 省委副书记、副省长杨崇汇主持召开会议，研究新康监狱大洪沟“4·15”灾害事故善后工作，决定由省财政拨给基本坝治理经费 580 万元。

5 月 12 日 达州监狱正式恢复组建。

5 月 16—18 日 司法部监狱局在四川召开监狱科技工作座谈会，司法部监狱局副局长王茂生到会并讲话。

5 月 22 日 司法部监狱管理局局长杜中兴在省司法厅厅长曾宪章陪同下考察汉王山监狱。

6 月 15 日 省司法厅、省公安厅联合向各市（州）司法局、公安局、法律援助中心转发《司法部、公安部关于在刑事诉讼活动中开展法律援助工作的联合通知》。

7 月 6 日 省委、省政府召开全省“四五”普法工作会议，对“三五”普法依法治理成绩突出的 29 个县（市、区）、22 个先进法建办、146 个先进单位和 153 名先进个人进行表彰。会上，对“四五”普法进行了动员部署。省委副书记秦玉琴，省委副书记、副省长杨崇汇，省委常委、省委政法委书记王景荣，省人大常委会副主任张宗源等领导出席会议。

7 月 16—19 日 省第五次律师代表大会在成都市召开。全省 331 名律师代表（其中正式代表 269 名，特邀代表 62 名）代表全省 400 多个律师事务所 4100 余名执业律师参会。省委常委、省委政法委书记王景荣，司法部律公司副司长、全国律协秘书长吴明德应邀出席会议并讲话。

7 月 18 日 全省监狱系统科技奖励暨工作大会在成都市召开。

7 月 20 日 省司法厅印发《四川省司法鉴定人职业道德和执业纪律规范（试行）》。

8 月 6 日 司法部追授四川省阿坝监狱陈德勋为全国司法行政系统一级英雄模范。

8 月 22 日 省政府确定解决专项补助资金 1500 万元用于整治监狱重大安全隐患。

9 月 4 日 全国首次司法鉴定人资格考试试点在四川省举行。2000 余人参加 15 个门类的考试考核，1800 人通过考试考核。省司法厅向通过考试考核的 1276 人颁发了司法鉴定人执业证书。

9 月 18 日 经司法部报国务院同意，四川省监狱布局调整规划被正式列入全国三个重点省份之一。

9 月 22 日 省第九届人大常委会第二十五次会议通过并公布实施《四川省法律援助条例》。

10 月 12 日 应香港律师会邀请，省律师赴港考察学习团一行 13 人，在省司法厅副厅长、省律协副会长李新民带领下前往香港考察学习。

10 月 15 日 省安置帮教工作领导小组就农村籍服刑在教人员原责任地的问题下发实行“代管代耕制”的文件，较好地解决了这部分人员刑释解教后的用地问题。

10 月 18 日　省委常委、省委政法委书记王景荣等考察甘孜监狱。

同日　全省监狱劳教系统执法执纪专项教育整顿总结表彰会议在成都市召开。

10 月 30 日　省长张中伟主持召开省政府第 67 次省政府常务会，研究明确四川省监狱布局调整有关问题。

11 月 17—18 日　全省司法行政系统公务员基本素质教育培训考试举行，共 8667 人参加了司法部组织的全国统一考试。

11 月 27 日　副省长邹广严主持召开省监狱布局调整领导小组第一次会议，专题研究监狱布局调整问题，确定了 6 项优惠政策。

11 月 28 日　省委常委、省委政法委书记王景荣等考察川北监狱。

11 月 30 日　省司法厅、省法制建设领导小组办公室、省法学会联合召开“增强宪法意识，推进依法治省，服务跨越式发展专家座谈会”。在川法学专家、基层代表近 20 人参加座谈会。

9—11 月　省司法厅组织开展对全省律师队伍职业道德和执业纪律专项教育整顿活动。全省共撤销律师事务所擅自设立的分支机构 38 个，涉及的 25 家律师事务所受到主管司法行政机关批评。

是年　全省司法行政系统广泛开展“争先创优、立功创模”活动。全年获省级部门以上表彰记功的个人 177 名，集体 56 个。省委省政府表彰同邪教组织斗争先进集体 2 个，先进个人 5 名；省司法厅授予省级文明律师事务所 10 个。

是年　四川省监狱劳教系统人民警察全面实行国家公务员制度，20763 名干警被正式确认为国家公务员。同时经省编委批复，59 个监狱劳教单位按编制划分为大中小三类，确定了机构规格、领导职数，县级干部职数在原有基础上增加 50%，科级以下干警结构比例为 5∶3∶2。

是年　继省司法厅机构改革后，全省市（州）县司法行政机构改革进展顺利。全省 21 个市（州）、181 个县（市、区）均设立司法局，5270 个乡镇均设立司法所（含挂牌）。司法鉴定、安置帮教、法律援助等新增加职能基本落到了实处。

是年　解决 2000 年 10 月以来牺牲病故的 242 名监狱劳教人民警察特别抚恤金 262 万元。

2002 年

1 月 8 日　省编委批复：同意成立四川省成都少年教养管理所，由省劳动教养工作管理局管理；暂核定劳教专项编制 50 名，其中所长 1 名（正处级），副所长 3 名（副处级），其人员依照国家公务员管理。

1 月 9 日　首次国家司法考试工作正式启动。

1 月 10 日　泸县司法局被司法部评为全国司法行政系统先进单位。

1 月 14 日　司法部决定，从 2002 年 1 月起至 2006 年 12 月 31 日止，对少数民族自治州所辖县、国家扶贫开发重点县放宽国家司法考试报名条件。四川省 86 个县（区）享受高等院校法律专科报名学历条件的放宽政策。

1 月 15—30 日　首次国家司法考试实施现场报名，全省 21 个市（州）及省司法厅各设一个报名点。全省共计 16837 人报名参加国家司法考试。

1月16日 司法部、四川省人民政府追授四川省阿坝监狱干警陈德勋为一级英模，追认革命烈士大会在成都市举行。

1月22—24日 司法部副部长刘飏等一行6人组成的慰问团到四川，先后考察、慰问了峨眉山市司法局、乐山市司法局和四川省女子劳教所。省司法厅厅长曾宪章、省劳教局局长沈纪中分别陪同考察慰问。

3月5日 四川省首册《司法鉴定人名册》印发全省各级法院、检察院和公安部门等办案机关，以供诉讼和仲裁活动中选用司法鉴定机构。编制《司法鉴定人名册》在全国属首例。

3月13日 省长张中伟率省司法厅、省监狱局到司法部汇报四川监狱布局调整工作。通过向中央有关部门积极争取，四川被列入2002—2004年全国监狱布局调整第一批重点省份。2002—2004年，中央每年计划安排四川监狱布局调整专项补助资金8000万元，推进四川监狱布局调整。

3月21日 省司法厅转发司法部《公证员职业道德基本准则》。

3月30—31日 首次国家司法考试在全省21个市（州）22个考区571个考场进行，共13721名考生参考。考试分为4份试卷，每份试卷考试时间为3小时。

4月6日 司法部授予成都市龙泉驿区公证处“部级文明公证处”称号。

4月9日 四川省女子监狱被司法部记集体一等功。

同日 省司法厅转发司法部《公证机构办理抵押登记办法》。

4月23—25日 省人大内务司法委员会副主任杨秀明、谭洪信率省人大《四川省司法鉴定条例》起草小组成员，在省司法厅副厅长彭矛陪同下，到乐山市开展《四川省司法鉴定条例（草案）》的立法调研活动。

4—10月 省安置帮教办公室会同省司法厅、省律师协会以及省监狱管理局、省劳教局，首次开展了为期5个月的“律师深入监所开展法律服务”专项活动。

5月10日 德阳市法律援助中心被司法部、中国残联命名为“残疾人维权示范岗”。

5月18日 在《中华人民共和国残疾人保障法》颁布实施10周年之际，省人大内司委、省司法厅、省律师协会、省残疾人联合会共同作出决定，对博绅、四方达、绵州、鸿儒、理明、剑维6家律师事务所授予“爱心助残先进单位”。同时，对金彭、追求等12家律师事务所予以通报表彰。

7月9日 副省长王怀臣在省司法厅厅长曾宪章，省劳教局局长沈纪中、政委林蒙昌等陪同下，考察成都戒毒劳教所。

7月13—14日 司法部部长张福森、副部长段正坤等在省委常委、省委政法委书记欧泽高陪同下，到宜宾就基层司法行政工作开展调研。

7月15—16日 全国司法厅（局）长座谈会在成都金牛宾馆举行。全国各省（市、区）司法厅（局）长、副省级城市司法局长和办公室主任及司法部党组成员、各司局负责人参会。

7月16日 省委常委、成都市委书记王荣轩在成都市会见司法部部长张福森，副部长范方平、刘飏、段正坤、胡泽君，政治部主任张苏军，双方就全国司法行政工作以及成都市司法行政事业的发展进行交谈。

7月17日 司法部副部长胡泽君、法制宣传司司长肖义舜在成都市新都区就基层司法所建设情况、基层普法教育和依法治理工作情况进行调研。

同日 司法部劳教局局长刘卫明在省劳教局局长沈纪中、政委林蒙昌等陪同下考察成都戒毒劳教所。

同日　司法部副部长胡泽君到绵阳市调研司法行政工作。

7月20日　四川省第九届人民代表大会常务委员会第三十次会议通过《四川省司法鉴定管理条例》，于9月1日起施行。这是四川省第一部司法鉴定地方性法规。

8月6日　全国公证赔偿基金会议在成都市召开。会议由中国公证员协会主办，四川省公证员协会承办，同时召开了中国公证协会常务理事会。

8月13日　省政府办公厅通知，副省长王怀臣任省司法鉴定工作管理委员会主任。

8月26日　《人民日报》、中央电视台《法律援助西部行》记者采访团到德阳市采访报道德阳法律援助工作。

9月27日　司法部在北京召开全国人民调解工作会议，宜宾市司法局、双流县司法局、江油市司法局、泸州市纳溪区司法局被司法部评为全国司法行政系统人民调解工作先进单位；乐山市峨边彝族自治县杨河乡牟家村、成都市成华区新鸿路街道新鸿社区、攀枝花钢铁集团公司等7个调解委员会被授予“模范人民调解委员会”称号；简阳市禾丰镇元吉村朱端清、广安市岳池县顾县镇第一居委会黄安江等12名调解员被授予“模范人民调解员”称号。

同日　省司法厅转发《司法部2002年—2006年全国公证员教育培训规划》。

9月　经司法部批准，2002年国家司法考试四川省共975人取得法律职业资格证书（A类476人，B类457人，C类42人）。

10月9日　省刑释解教人员安置帮教工作小组、省司法厅、省律师协会联合对在深入监所开展法律服务帮教活动中作出突出贡献的泸州理光律师事务所等47个律师事务所以及王远超等23名律师进行表彰。

10月23—24日　省综合治理委员会、省司法厅联合召开全省刑释解教人员安置帮教工作现场会，省委政法委副书记、省刑释解教人员安置帮教工作小组长刘作明，省司法厅副厅长三郎益西参会并讲话。

10月24日　省司法厅、省检察院、省公安厅、省监察厅、省审计厅、省纠风办、省物价局、中国人民银行成都分行八部门共同出台《关于规范公证法律服务市场有关问题的通知》。

10月31日至11月1日　全省基层司法行政工作现场会在宜宾市召开。

10月　省委办公厅、省政府办公厅联合转发省高级人民法院、省司法厅《关于贯彻〈最高人民法院、司法部关于进一步加强新时期人民调解工作的意见〉的意见》。

11月18日　省司法厅下发《关于清理、整顿、规范公证办证室的通知》。

11月20日　省司法厅授予眉山市东坡区象耳镇司法所、彭山县观音镇司法所“规范化建设司法所”称号。

11月21—23日　香港特别行政区律政司司长梁爱诗率领由香港律政司官员及香港法律界人士组成的代表团到四川访问。

12月6日　省女子监狱干警陈月及其弟陈亮在成都市金牛区五块石见义勇为，勇斗歹徒，英勇负伤。

12月12日　省司法厅、省高级人民法院在成都联合召开全省人民调解工作会议。

是年　全省监狱系统第一个使用国债投资5000万元的锦江监狱迁（扩）建工程基本建成，投入使用。

是年 省司法厅被省政府评为全省行政执法责任制执法工作先进集体。

是年 四川首次组织全省监狱劳教系统面向社会公开考试录用人民警察工作。

2003 年

1 月 4 日 绵阳市司法局局长田茂华荣获“全省政法战线先进干警”称号，受到省委、省政府表彰。

1 月 5 日 达州市司法局杨本孝被省委、省政府表彰为“四川省政法战线先进干警”。

1 月 9 日 省司法厅与香港明爱成人高等教育服务中心在成都举行川港司法鉴定学术交流活动。

1 月 15 日 省司法厅同意四川求实司法鉴定所的脱钩改制请示。

1 月 19 日 省政府办公厅以《关于对我省监狱系统财政性投资建设项目免交有关行政事业性费用的复函》，同意四川省监狱系统财政性投资建设在项目所在地办报建、施工许可证有关手续时，免交相关行政事业性费用。

1 月 21 日 省委同意，方光兴任省司法厅党委委员、书记，免去曾宪章省司法厅党委书记、委员职务。

1 月 在省人大、省政协换届选举中，全省 12 名律师分别当选省十届人大代表和省九届政协委员。其中，常新建、崔太平、魏建平、闫小川、张静、蒲春天 6 人担任人大代表，施杰、李文学、杨志男、樊斌、冯家辉、刘先赋 6 人担任政协委员。

2 月 15 日 绵阳市司法局李清才被司法部评为党风廉政建设先进个人。

2 月 27 日 省司法厅、省总工会、团省委、省妇联印发《关于进一步加强社区矫正安置帮教工作的工作意见》。

3 月 5 日 司法部授予陈月“全国司法行政系统二级英模”荣誉称号。

3 月 省刑释解教人员安置帮教工作小组下发《关于加强刑释解教人员过渡性安置基地（企业）建设意见》。

4 月 5 日 中国侨联法律顾问委员会主任邹瑜（司法部原部长）到省司法厅调研考察。

4 月 16—22 日 中央电视台对获得全国“残疾人维权先进个人”称号的运逵律师事务所主任、律师阳运逵进行了为期 1 周的跟踪采访，并在《今日说法》和《公益行动》栏目进行了宣传报道。

4 月 在国家开发银行 2001 年 6 月实际核销四川省 6 个监狱贷款本息 2.5 亿元的基础上，财政部以《关于国家开发银行 2002 年专案核销债权转增借款单位国有资本金的通知》，对四川省 5 个监狱单位国家开发银行贷款本息 51924 万元进行专项核销，并转增国家资本金，减轻了监狱单位的债务和经济负担。

5 月 12 日 司法部、中国残疾人联合会授予四川省 58 个司法所、12 个法律服务所为第二批全国“残疾人维权示范岗”。

5 月 18 日 第 13 个“全国助残日”。省司法厅、省律师协会、省公证员协会与省残疾人联合会、四川人民广播电台配合，在广播电台直播间举办了以“助残日——法律援助与你同行”为主题的法律咨询服务热线直播活动。

5 月 28 日　四川省“亲情帮教可视电话”成都探视点开通仪式在成都市青羊区举行。

6 月 12 日　宜宾市公职律师事务所成立。这是按司法部《关于开展公职律师试点工作的意见》，经充分论证和准备设立的四川省第一家公职律师事务所。

7 月 4 日　省司法厅聘请省人大内司委副主任谢商华，省政协及省高级人民法院、省检察院、省公安厅、省纠风办、省物价局、省审计厅、中国人民银行成都支行等部门 10 位同志为省司法厅特邀公证监督员。

7 月 24 日　省司法厅在自贡市久大盐业（集团）公司召开公司律师授牌暨颁证大会，为久大公司律师执业机构授牌，并向 6 名律师颁发公司律师执业证书。这是四川省按照司法部《关于开展公司律师试点工作意见》设立的第一家公司律师执业机构。

7 月　2003 年度国家司法考试报名工作在全省 137 个报名点进行，全省 7719 人报名参加司法考试。

8 月至 9 月上旬　省人大常委会副主任张宗源、省人大内司委主任向阳等分别带队赴成都、宜宾、自贡、乐山、遂宁、眉山等地检查《四川省司法鉴定管理条例》贯彻实施情况。

9 月 3 日　全国人大法工委刑法室主任朗胜在省劳教局局长沈纪中、政委林蒙昌陪同下，考察成都戒毒劳教所。

9 月 15 日　省司法厅与省高级人民法院、省检察院、省公安厅、省国家安全厅联合出台《关于律师会见在押犯罪嫌疑人被告人有关问题的规定（试行）》。

9 月 16 日　全国人大常委会副委员长、全国妇联主席顾秀莲在省司法厅厅长方光兴、副厅长李新民，省劳教局局长沈纪中、政委林蒙昌等陪同下，考察成都戒毒劳教所。

9 月 23 日　司法部副部长段正坤等考察四川省英济律师事务所、鼎立律师事务所、四方达律师事务所，段正坤充分肯定了四川律师工作取得的成绩，并勉励四川律师事务所向规模化、品牌化、专业化方向发展，做出西部律师事务所的特色。

9 月 24 日　司法部副部长段正坤一行到雅安市考察司法行政和监狱工作。

9 月 25 日至 12 月 30 日　省政协副主席王恒丰、冯崇泰、孙同川、何志尧、荀建丽先后 4 次考察四川省鼎立律师事务所、英济律师事务所，对律师队伍建设和律师工作提出希望和要求。

9 月 29 日　省政协主席秦玉琴、副主席王恒丰、秘书长彭柏林一行考察成都未成年犯管教所。

10 月 11—12 日　2003 年度国家司法考试四川考区考试在 18 个市（州）考点举行。

10 月 17—18 日　中法公证法律制度讲座在成都市举行。四川省司法厅厅长方光兴致辞。法国公证人公会主席德高尔等一行 10 余名公证专家讲授了法国公证制度及公证业务。四川省和重庆市、云南省、贵州省 150 多名公证员参加讲座。

11 月 21 日　司法部、国家发展和改革委员会、财政部下达《关于四川监狱布局调整总体方案的批复》，对四川省人民政府上报的四川监狱布局调整规划总体方案进行批复。

12 月 6—7 日　四川省司法鉴定人职业资格考试在四川大学举行，共有 2304 人参加考试。

12 月 29 日　团中央、中央社会治安综合治理委员会办公室等 11 家中央部委联合授予陈月“中国杰出青年卫士”荣誉称号。

12 月 31 日　省司法厅国家司法考试处被司法部评为全国司法行政系统 2003 年国家司法考试工

作先进集体。

12 月 达州市达县司法局和达县司法局党组书记、局长蒲正泽，分别被四川省法制建设领导小组评为全省普法依法治理先进单位和先进个人。

是年 自贡市被中央社会治安综合治理委员会评为全国安置帮教工作先进集体。自贡市司法局被省司法厅评为普法依法治理工作先进集体。

是年 省司法厅贯彻落实司法部《2003—2005 年监狱劳教人民警察队伍建设规划纲要》，制定下发《关于贯彻司法部监狱劳教人民警察队伍建设规划纲要的意见》。

是年 全省监狱劳教系统公招人民警察，计划数 533 名，监狱系统 420 名，劳教系统 113 名。经公开报名、资格审查、笔试、面试、体检、考核，实际录用 483 人。其中，监狱系统 391 人，劳教系统 92 人。

是年 省司法厅被省政府评为全省行政执法责任制执法工作先进集体。

2004 年

2 月 12 日 根据最高人民法院、最高人民检察院、公安部、司法部《关于开展社区矫正试点工作的通知》精神和司法部“有条件的省市可组织部分地方开展社区矫正试点工作”的指示，省司法厅党委研究确定，在经济条件较好的成都市、绵阳市、德阳市、泸州市开展社区矫正试点工作。

2 月 18 日 省司法厅印发《四川省律师法律服务便民利民措施》和《四川省公证法律服务便民措施》。

2 月 26 日 省司法厅转发中国公证协会《公证员惩戒规则（试行）》。

2 月 27 日 省司法厅在省女子监狱召开陈月荣获第四届中国杰出青年卫士暨全国司法行政系统二级英雄模范称号表彰大会。省委常委、省委政法委书记欧泽高，司法部政治部副主任李刚和省司法厅、团省委、省妇联、省高级人民法院、省检察院、省公安厅、省国家安全厅等单位领导参加会议。

2 月 29 日至 3 月 2 日 全国“民主法治示范村”创建活动专项检查组对宜宾市开展“民主法治示范村”创建工作进行了检查。翠屏区高丰村和宜宾县大明村被授予“全国民主法治示范村”称号。

3 月 10 日 省政协副主席冯崇泰一行到四川鼎立律师事务所考察。

3 月 29 日 省司法厅出台《关于办理城郊村民拆迁安置房公证的指导意见》。

3 月 30 日至 12 月 29 日 针对全省律师队伍建设和律师队伍集中教育整顿，省委书记张学忠，省委常委、省委政法委书记欧泽高，副省长陈文光先后多次作出批示，要求切实加强律师队伍建设，搞好全省律师队伍集中教育整顿，保证队伍建设和教育整顿收到实实在在的成效。

4 月 9 日 省司法厅、省高级人民法院联合召开全省人民调解工作电视电话会议。省委常委、省委政法委书记欧泽高，省高级人民法院院长李少平，省司法厅厅长方光兴在会上讲话。省人大内司委、省政协社法委、省妇联、团省委、省总工会、省财政厅、省劳动和社会保障厅有关负责人应邀出席会议。

4 月 14 日 省司法厅与团省委、省社会治安综合治理办公室等 12 家省直部门在成都共同组织召开“第二届四川省杰出（优秀）青年卫士表彰大会”。

4 月 28 日 省委常委、省委政法委书记欧泽高，省人大常委会副主任张宗源对全省律师队伍集中教育整顿工作进行检查，并对深入开展教育整顿、推动律师队伍建设工作作出指示。

4 月 29 日 川府函〔2004〕92 号批准设立四川司法警官职业学院。

4—12 月 根据司法部统一部署，省司法厅在全省律师队伍中深入开展为期 9 个月的集中教育整顿，全省 572 家律师事务所、7500 多名律师从业人员参加整顿活动。

5 月 4—5 日 司法部劳教局原局长、中国劳动教养学会常务副会长王运生先后参观、考察省少教所和沙坪劳教所眉山基地。

5 月 9 日 为实现司法部提出的教育改造社会化的要求，省社会治安综合治理委员会刑释解教人员安置帮教工作领导小组、省法制建设领导小组、省司法厅、省律师协会联合下发《关于组织刑释解教人员报告团到监所开展现身说法专项活动的通知》。

5 月 17 日 泸州市司法局公务员王亚强以公职律师身份在该市江阳区人民法院法庭上，代理市司法局诉吴某、王某某房屋侵权纠纷案。这是 2003 年四川省公职律师试点工作以来，公职律师首次参与诉讼出庭亮相。

5 月 27 日 省司法厅派出由 14 名女律师组成的律师团，赴达州市为惨遭“校园色魔”杨某某不法侵害的 14 名女学生提供“一对一”法律援助，维护她们的合法权益，受到司法部法律援助中心和社会各界充分肯定。央视及省内外多家新闻媒体作了全程跟踪报道，在全国产生了重要影响。

5—9 月 省司法厅、省刑释解教人员安置帮教办公室、省律师协会、省法制建设办公室在全省范围内开展了组织刑释解教人员先进报告团到监所现身说法专项活动。各地律师事务所积极参与，派出律师随团开展律师点评和法律咨询活动。活动结束时，26 家律师事务所、29 名律师分别被评为先进单位先进个人，受到主办单位通报表彰。

6 月 28 日 省人大常委会副主任张宗源在省司法厅厅长方光兴陪同下，考察省新华劳教所。

同日 省人大常委会副主任张宗源，省人大常委会委员、内司委副主任委员鲁满保一行 8 人在省司法厅厅长方光兴陪同下，对绵阳市贯彻落实《国务院法律援助条例》和《四川省法律援助条例》情况进行检查指导，并对绵阳市司法局的工作成效给予充分肯定。

6 月 29 日 省人大常委会副主任张宗源，在省司法厅厅长方光兴陪同下赴巴中检查《四川省法律援助条例》实施情况。

7 月 1—31 日 2004 年度国家司法考试四川考区在 21 个市（州）设报名点，共计报名 8204 人。

7 月 6 日 省司法厅、省监狱局在德阳市举行四川司法警官职业学院授牌仪式。至此，省监狱警官培训基地由中专学校序列提升到高等院校。

7 月 8 日 川府函〔2004〕155 号文批复：同意将四川省政法管理干部学院并入西南石油学院，同时撤销四川省政法管理干部学院的建制。

7 月 23 日 大竹县庙坝镇五桂村被司法部、民政部命名为“全国民主法治示范村”。

7—9 月 省司法厅、省公安厅组织有关人员对 1—6 月服刑在教人员刑满释放解除劳教衔接工作进行全面检查。

8 月 3 日 省委常委、省委政法委书记欧泽高一行 10 人，在省司法厅厅长方光兴、省劳教局局长沈纪中陪同下，到省女子劳教所考察。

8月9日 四川省公证处主任李安科荣获“全国优秀公证员”称号，四川省公证处、乐山市公证处被中国公证协会授予“全国文明公证处”称号。

8月12日 司法部、中国残疾人联合会下发《关于命名第二批“残疾人维权示范岗”的决定》，授予四川省眉山市旭光法律服务所、仁寿县钟祥法律服务所、东坡区东坡镇司法所、丹棱县双桥镇司法所为“残疾人维权示范岗”称号。

8月14日 省委常委、省委政法委书记欧泽高在泸州市委副书记文耀友等陪同下，考察泸县司法局和福集镇司法所，检查督导集中教育整顿工作。

8月25日 省编委批准四川省成都少年教养管理所更名为四川省少年教养管理所。

8月27日 省司法厅、省律师协会举行律师法律服务特邀监督员聘书颁发仪式，为22名特邀监督员颁发聘书。特邀监督员分别来自社会各界，其职责是对律师执业活动和律师管理活动实施日常监督。

9月3—4日 全国人大法制工作委员会刑法室主任朗胜、司法部劳教局局长李如林率劳教立法调研组到泸州市调研。

9月5日 德阳市法律援助中心被司法部评为全国法律援助先进集体。

9月10日 绵阳市司法局副局长杨蓉被司法部授予全国法律援助先进个人。

9月15日 司法部副部长段正坤到四川参加四川省法律援助大型公益晚会，并考察四川鼎立律师事务所、泰和泰律师事务所。

9月16日 西部12省（市、区）公证工作联席会在成都市召开，中国公证协会会长王福家应邀参会。

9月18日 省司法鉴定人协会成立，实现了司法鉴定行政管理和行业管理相结合的管理制度。

9月18—19日 2004年度国家司法考试四川考区共设19个考点参加全国统一考试，设287个考室。省人大常委会副主任张宗源率巡视组对西南民族大学考点进行巡视。

9月22—27日 全国19个副省级城市司法局长第19次联席会议分别在西安市和成都市举行。

10月21日 省司法厅追授泸州市江阳区黄舣镇蟠龙湾村调解委员会主任范华彬“优秀人民调解员”荣誉称号。

10月25—28日 省司法厅和成都市司法局在成都市区采取联合行动，依法撤销12家律师事务所违规设立的分支机构17处，规范机构管理，促进公平竞争。

10月29日 中国法学会副会长宋树涛一行就法学会体制改革问题到绵阳市进行专题调研。

11月10日 省政协副主席王恒丰到绵阳调研律师、法律援助工作，省司法厅厅长方光兴、副厅长张晓勇等陪同。

同日 省人事厅批复同意四川省法律援助中心依照国家公务员法管理。

11月15日 省人大常委、省人大内司委副主任委员李锋，省司法厅副厅长三郎益西，带领省“四五”普法法律知识考试巡视组到德阳市巡考。

11月22日 广安市安居镇塘河村被民政部、司法部命名为国家级“民主法治示范村”。

11月 为进一步发挥已在各市、州、县司法局和各监狱、劳教所逐步建成的四川省亲情帮教可视电话的作用，省司法厅决定将亲情帮教可视电话系统并入中国电信“新视通”可视电话系统，以提高可视电话的话音、图象质量并实现全国联网。

12 月 1 日　德阳市法律援助中心被评为第二届全国法律援助先进集体。

12 月 16 日　省委政法委副书记刘作明、团省委副书记邵革军、省教育厅巡视员严培坚、团省委学校部副部长杨志远等一行，在省司法厅副厅长殷长、省劳教局局长沈纪中陪同下，在省少教所劳教学员中开展赠书活动。

12 月 22 日　国家发展改革委员会下达补助中西部地区基层司法所建设中央预算内投资计划，四川省共有 30 个司法所纳入 2004 年建设计划，经费 2213. 5 万元。这是国家首次投资四川司法所建设。

12 月 23 日　省政协举行“定期法律咨询点授牌仪式”，聘请四川泰和泰律师事务所、鼎立律师事务所、康维律师事务所、博绅律师事务所、君盛律师事务所、世纪协和律师事务所 6 家律师事务所为法律咨询接待点，省政协副主席冯崇泰、王恒丰，秘书长彭柏林，社法委主任曹世维等出席仪式。

是年　“争先创优、立功创模”活动成效明显。司法部、中央社会治安综合治理委员会办公室、团中央等 11 家单位共同命名四川省“全国优秀青少年维权岗”2 个，全国优秀青少年维权岗创建活动先进个人 1 名。全年共表彰全省司法行政系统先进集体 130 个，先进个人 114 名；表彰全省司法行政系统政治工作先进集体 18 个、先进个人 42 名；省政府记个人一等功 1 名；省司法厅记集体二等功 7 个，集体三等功 2 个；个人二等功 17 名，个人三等功 1 名，追记个人一等功 1 名。

是年　按要求实行省级统一招考监狱劳教人民警察，将市（州）属单位招考计划纳入全省统一进行，计划数为 572 名，监狱系统 495 名，劳教系统 77 名（市属劳教所 10 名）；经过公开报名、资格审查、笔试、面试、体检、公示、考核，实际录用 520 人，其中，监狱系统 443 人，劳教系统 77 人（市属劳教所 10 名）。

是年　省司法厅被省政府评为 2004 年全省行政执法责任制执法工作先进集体。

是年　省司法厅共办理行政复议案件 4 件，其中涉及公证 2 件，律师行政处罚 2 件。行政应诉案件 2 起，其中公证方面 1 件，基层方面 1 件。

是年　省司法厅下发《关于进一步推进依法行政加强司法行政机关法制工作的实施意见》《关于建立全省司法行政系统法制工作联系点的通知》，确定 15 个县区司法局为省司法厅法制工作联系点。

2005 年

1 月 9 日　省司法厅、省律师协会在成都市举行全省律师队伍集中教育整顿总结暨表彰大会。省委常委、省委政法委书记欧泽高，省人大常委会副主任王荣轩，省政协副主席王恒丰等出席。

1 月 12 日　司法部劳教局副局长梁刚在省劳教局局长沈纪中、政委林蒙昌陪同下，考察成都市戒毒劳教所和省少教所。

1 月 26 日　四川省攀钢集团成都钢铁有限责任公司调解委员会等 4 个调解委员会被司法部授予“标兵人民调解委员会”称号；成都市新都区新民镇人民调解员杨清华等 5 名调解员被授予“标兵人民调解员”称号；安岳县天马乡人民调解委员会等 12 个调委会被授予“模范人民调解委员会”称号；渠县土溪镇人民调解员胡翼红等 10 名调解员被授予“模范人民调解员”称号。

1 月 27 日至 7 月 6 日　按中共中央、中共四川省委部署和四川省直属机关工作委员会安排，省司法厅组织厅直机关单位的5个基层党委、84个党支部、719名共产党员，开展保持共产党员先进性教育活动。

1—3月 按司法部要求，省监狱管理局对全省押犯进行了艾滋病病毒抗体普查，HIV阳性率为5.28%。

2月18日 最高人民法院、最高人民检察院、公安部、司法部下发《关于扩大社区矫正试点工作范围的通知》，正式将四川列入全国第二批社区矫正工作试点省。

2月24日 司法部批准对四川考区949名国家司法考试合格者授予法律职业资格证书。

3月8日 省司法厅、省公安厅联合下发《在安置帮教工作部门与监狱、劳教所、看守所开展工作交流活动的通知》，要求对服刑在教人员刑满释放解除劳教时的衔接工作，教育改造法制化、科学化、社会化工作，解除劳教前的技能培训工作，配合监狱、劳教所对刑释解教人员进行一年定期考察工作等进行交流。

4月6日 司法部授予泸州市北方工业有限公司人民调解委员会"模范人民调解委员会"称号，授予泸州市纳溪区天仙镇人民调解委员会主任任冰"模范人民调解员"称号。

4月11日 省人大常委会召集省司法厅、省高级人民法院、省检察院、省公安厅、省国家安全厅、省卫生厅等部门负责人及市、州、县司法鉴定管理干部召开全省贯彻实施《全国人大常委会关于司法鉴定管理问题的决定》座谈会，省人大常委会副主任张宗源、内司委主任向阳参加会议并讲话。

4月 省司法厅在乐山市召开川南片区司法行政系统法制工作座谈会。

5月1日 汉王山监狱监狱长宋建军荣获"全国先进工作者"称号，川南监狱民警王绍强获"四川省先进工作者"称号。

5月5日 中国劳动教养学会常务副会长王运生在省劳教局局长沈纪中、政委林蒙昌陪同下，到成都戒毒劳教所调研。

5月17日 司法部授予汉王山监狱、四川省女子监狱"全国监狱劳教系统文明执法先进单位"称号，授予成都市锦江监狱监狱长青大华"全国监狱劳教系统文明执法先进个人"称号。

6月1日 省司法厅出台《关于律师承办未成年人刑事案件的若干意见》。

同日 全省司法所建设工作会议在成都市召开，全省市（州）及县区司法局长参加会议，副省长陈文光到会并讲话。

6月10日 省编委批复同意成立四川省成都戒毒劳动教养矫治所，为省劳动教养管理局管理的单位；暂核定劳教专项编制50名，其中所长1名（正处级），副所长2名（副处级）。

6月20日 中共中央政治局常委、中央政法委书记罗干，在四川省委书记张学忠等陪同下，视察四川省成都未成年犯管教所和四川省锦江监狱。

同日 司法部表彰全国监狱系统减刑、假释、保外就医工作先进单位，四川省广元监狱、四川省女子监狱受到表彰。

6月24日 英国驻重庆总领事馆文化教育官员傅德伟到四川省司法厅访问。

同日 司法部通知，西部地区省定扶贫开发工作重点县国家司法考试放宽报名条件后，四川省盐边等18个县放宽报名条件范围，时间从2005年7月1至2006年12月31日。

7月1—20日 四川考区国家司法考试现场报名在全省21个市（州）司法局和省司法厅机关进

行，共计报名10657人。

7月27日 司法部副部长段正坤一行到泸州市司法局对法律服务市场整顿规范和法律援助工作进行调研。

8月5日 省司法厅、省检察院、省发展和改革委员会、省银监局转发《司法部最高检察院国家发改委中国银监会关于规范公证法律服务秩序有关问题的通知》。

8月16—18日 全国政协社会和法制委员会副主任张福森率调研组到四川调研《中华人民共和国律师法》贯彻执行情况，并赴成都、雅安、甘孜等地考察。省司法厅及部分地区律师就律师法修改、改善律师执业环境等问题作了汇报。

8月31日 司法部监狱局局长邵雷、司法部劳教局局长李如林在省司法厅厅长方光兴，省劳教局局长沈纪中、政委林蒙昌等陪同下，到成都戒毒所和省少教所考察。

9月1日 四川省名山县司法局等6个司法局被评为全国司法行政基层建设工作先进单位；大邑县司法局王泗司法所等8个司法所获“全国模范司法所”称号；遂宁市船山区司法局北固司法所获“全国先进司法所”称号；青川县司法局凉水司法所所长王青先获“全国模范司法所长”称号。

9月2日 司法部副部长范方平、司法部监狱局局长邵雷一行到四川省汉王山监狱考察指导工作。

9月14—15日 以省人大常委会委员、省人大内司委副主任委员李锋为组长的省委、省政府“四五”普法依法治理工作检查组一行8人，对泸州市“四五”普法依法治理工作进行检查验收。

9月17—18日 2005年国家司法考试在全省16个考区、365个考场进行，共9703名考生参加考试，参考率91.1%。司法部派出办公厅处长魏立和、张韶滨到雅安、乐山、宜宾和自贡司法考试考区进行巡考。

9月30日 为贯彻落实《全国人大常委会关于司法鉴定管理问题的决定》，除少数民族地区3家司法鉴定机构外，全省35家市（州）、县（市、区）司法局发起设立的司法鉴定机构完成体制调整工作。

10月31日 省司法厅召开全省律师人大代表政协委员参政议政维护稳定工作座谈会。省人大常委会副主任张宗源、省政协副主席王恒丰及省人大、省政协相关部门负责人，省高级人民法院、省检察院负责人出席会议。

同日 司法部政治部主任郝赤勇一行在省公安厅副厅长吴健，省司法厅副厅长殷长、政治部主任李光才，省劳教局局长沈纪中等陪同下检查成都戒毒所工作。

11月17日 省司法厅、乐山市司法局在乐山市召开监狱布局调整会议。会议确定，五马坪监狱与乐山监狱实施捆绑，雷马坪监狱与峨眉监狱实施捆绑，分别在乐山市中区苏稽镇和峨眉山市符溪镇新建两所现代化的新型监狱。

11月18日 省司法厅、省国资委、省中小企业局印发《关于进一步加强企业人民调解工作的意见》，以强化各级司法行政机关对企业人民调解工作的管理、指导、监督职责，并对全省企业人民调解组织建设、制度建设、队伍建设和规范化建设提出新的要求，要求企业应当建立长效保障机制和“定期表彰机制”。

11月23日 全省监狱系统启动“政治合格大教育、大讨论”活动。

12月4日 司法部副部长段正坤到四川参加六届全国律协第三次常务理事会期间，召开成都地区部分律师、公证员和律师公证管理干部座谈会，听取律师法律服务收费和公证法贯彻的意见和建议。

12月7日 司法部授予阿坝监狱监狱长王武学、成都监狱监狱长郭兰平“全国优秀监狱长”称号。

12月10日 平昌县江口司法所被司法部评为全国先进司法所，南江县沙河司法所所长陈仕忠被司法部授予“全国模范司法所长”称号，通江县诺江镇人民调解委员会被司法部授予“全国模范调解委员会”称号，巴州区巴州镇草坝社区调委会主任汪梅被司法部授予“全国人民标兵调解员”称号。

12月25日 司法部表彰全国公证队伍教育规范树形象活动先进集体和先进个人，省司法厅等5个单位、绵阳市司法局长田茂华等4人被司法部评为全国公证队伍教育规范树形象活动先进单位和先进个人。

12月29日 省政府确定的“十五”期间重点实施监狱布局调整项目之一，投资5950万元的巴中监狱迁建工程投入使用，并在巴中市举行监狱迁建落成典礼。

12月 省政府确定的“十五”期间重点实施监狱布局调整项目之一，投资5800万元的阿坝监狱改（扩）建工程基本建成投入使用。

同月 司法部司发函〔2005〕146号文通知，授予四川考区2005年国家司法考试合格人员1530人法律执业资格（A类资格1155人、B类资格37人、C类资格338人）。

同月 万源市司法局被四川省社会治安综合治理委员会授予“全省刑释解教人员安置帮教先进集体”称号，大竹县庙坝镇人民调解委员会被司法部表彰为全国标兵人民调解委员会。

是年 全省监狱系统公招人民警察，计划数517名；经公开报名、资格审查、笔试、面试、体检、考核，实际录用472人。

三、法规辑录、重要文献及案例

（一）司法行政工作法规选编

四川省基层法律服务条例

（1995年12月20日四川省第八届人民代表大会常务委员会第十八次会议通过，2004年9月24日四川省第十届人民代表大会常务委员会第十一次会议修正）

第一章 总 则

第一条 为了规范基层法律服务工作，保障基层法律服务所依法开展法律服务活动，根据国家宪法和法律的基本原则，结合四川实际，制定本条例。

第二条 四川省行政区域内的基层法律服务工作，适用本条例。

第三条 本条例所称基层法律服务所，是指在乡镇、城市街道设立的为公民、法人或者其他组织提供有偿法律服务的中介组织。

基层法律服务工作者，是指依据本条例取得基层法律服务执业证从事法律服务的人员。

第四条 基层法律服务所通过开展法律服务工作，宣传国家宪法、法律和法规，维护国家、集体和公民的合法权益，维护法律、法规的正确实施，促进基层社会主义法制建设。

第五条 基层法律服务工作者开展法律服务工作，必须以事实为根据、以法律为准绳，严格依法办事，恪守职业道德和执业纪律。

第六条 县级以上人民政府司法行政部门依照职责管理、监督、指导本行政区域的基层法律服务工作。

乡镇人民政府、城市街道办事处应当支持基层法律服务工作。

第二章　基层法律服务组织

第七条　基层法律服务所实行自收自支，独立核算，独立承担民事责任。

第八条　基层法律服务所的业务范围是：

（一）应聘担任法律顾问；

（二）接受当事人委托，代理民事、经济、行政诉讼；

（三）接受当事人委托，参与仲裁活动和非诉讼法律事务；

（四）接受被告人委托，或经人民法院指定，担任不需要侦查的、告诉才处理的轻微刑事案件被告人的辩护人；

（五）根据双方的意愿，主持调解诉外纠纷；

（六）解答法律询问，代写法律文书。

第九条　基层法律服务所可以受公证机关委托，协助办理公证事项；也可以接受当事人申请，为内容单一、权责明确、标的额小、履行期短的协议或合同办理见证。

第十条　基层法律服务所开展法律服务的收费标准由省物价、财政、司法行政部门共同制定。

第三章　基层法律服务工作者

第十一条　基层法律服务工作者，应当具备下列条件：

（一）遵守宪法、法律和法规；

（二）品行道德良好，办事公道，作风正派；

（三）年满 20 周岁以上，身体健康；

（四）有法律专业中专以上学历或者有高中以上文化程度，并经市、州以上司法行政部门三个月以上法律知识培训，省司法行政部门统一考试，取得合格证。

受过刑事处罚的，被开除公职未满五年的，无民事行为能力的或者属限制民事行为能力的人员不得从事基层法律服务工作。

第十二条　符合本条例第十一条第（一）、（二）、（三）项条件的下列离退休人员，可申请从事基层法律服务工作：

（一）离任 2 年以上的法官、检察官；

（二）曾专门从事法律研究、法学教育二年以上；

（三）曾专门从事立法业务工作二年以上。

第十三条　符合本条例第十一条、第十二条规定条件，申请从事基层法律服务工作的人员，应当向县（市、区）司法行政部门提出书面申请。县（市、区）司法行政部门受理申请后，应当在 30 日内作出核准或不予核准的决定。予以核准的，发给由司法部统一制作的基层法律服务执业证；不予核准的，应当书面通知申请人。

第十四条　基层法律服务工作者，只能在一个基层法律服务所执业。开展服务时，须持当年有效执业证和所在法律服务所的介绍信，实行亮证服务。

第十五条 基层法律服务工作者符合律师条件的，可依法取得律师资格，履行律师职责。

第十六条 基层法律服务工作者依据本条例开展法律服务工作，享有下列权利：

（一）受法律保护，不受非法干涉；

（二）查阅、复制与承办案件有关的材料，人民法院应提供方便；

（三）担任不需要侦查的、告诉才处理的轻微刑事案件被告人的辩护人时，可以同在押的被告人通信、经人民法院同意并派员在场的情况下，也可以会见在押的被告人；

（四）就案件有关的问题向有关单位和个人进行调查，收集证据；

（五）因不可抗力、意外事件或其他合法理由，在人民法院或仲裁机关公告发布前，可以申请人民法院或仲裁机关推迟开庭时间；

（六）对坚持无理要求、故意隐瞒重大情节、提供虚假证据的当事人，可以拒绝接受委托或者解除委托合同。

第十七条 基层法律服务工作者开展法律服务工作应当遵守下列规定：

（一）不得私自收案、收费和接受当事人的财物；

（二）不得压制、侮辱、刁难当事人和损害当事人或者顾问单位的合法权益；

（三）不得指使当事人或者有关人员作虚假陈述，不得参与或指使他人提供虚假证据；

（四）不得以任何方式和手段干扰司法机关、行政执法机关或仲裁机关依法行使职权；

（五）不得以不正当手段争揽业务，不得接受同一案件双方当事人的委托；

（六）对国家秘密，当事人的商业秘密、工作秘密和个人隐私应当保守秘密。

第四章 管理和监督

第十八条 基层法律服务执业许可证、基层法律服务执业证实行年检制度，年检合格的，方可继续开业或执业。年检的具体办法，由省司法行政部门另行规定。

第十九条 基层法律服务所开展法律服务工作，应当公开业务范围、收费标准和工作守则，主动接受当事人和群众的监督。

第二十条 基层法律服务所应建立、健全财务管理等制度，自觉接受政府有关行政执法部门的监督和检查。

第五章 法律责任

第二十一条 基层法律服务所违反规定收费的，由物价检查机关依法查处。有其他违法行为的，由县（市、区）司法行政部门责令改正，没收违法所得，也可并处违法所得五倍以下的罚款；情节严重的，并可责令停业整顿，经整顿不改的，吊销执业许可证。

第二十二条 基层法律服务工作者违反本条例第十四条或第十七条规定之一的，由县（市、区）司法行政部门视其情节，给予批评教育，没收违法所得或责令其暂停执业三个月至一年；情节严重的，并可吊销执业证。违反其他法律法规的，按有关法律法规规定处理。构成犯罪的，由司法机关依法追究刑事责任。

第二十三条 基层法律服务工作者因违法执业或自身过错，损害当事人合法权益或给当事人造成损失的，基层法律服务所应承担相应的民事赔偿责任。

第二十四条 依据本条例所处的罚款和没收的财物。按照《四川省罚款和没收财物行政处罚管理办法》的规定执行。

第二十五条 对司法行政部门依据本条例第十三条、第二十一条、第二十二条作出的具体行政行为不服的，可以依法申请行政复议或者向人民法院提起行政诉讼。

不申请行政复议或者不提起行政诉讼，又不履行决定的，作出决定的司法行政部门可申请人民法院强制执行。

第六章　附　则

第二十六条 本条例自公布之日起施行。

四川省公证条例

（1994年12月3日四川省第八届人民代表大会常务委员会第十二次会议通过）

第一章　总　则

第一条 为了适应建立社会主义市场经济体制的需要，引导当事人建立符合法律要求的权利义务关系，预防和减少民事、经济纠纷，保护国家利益和公民、法人及其他组织的合法权益，根据有关法律、法规的规定，结合四川实际，制定本条例。

第二条 本条例所称公证机构，是指国家专门设立的依法办理公证的证明机构。

第三条 本条例所称公证员，是指按照国家有关规定取得公证员资格、持有公证员执照并在公证机构办理公证事务的人员。

第四条 公证机构依照事实和法律、法规的规定，证明法律行为和有法律意义的事实、文书的真实性、合法性，并办理与公证有关的其他法律事务。

第五条 公证机构依法独立办理公证，不受其他行政机关、社会团体、企业事业单位和个人的干涉。

第六条 各级司法行政部门为本辖区的公证管理机关。

第二章　公证范围

第七条　当事人可以申请公证机构证明下列法律行为：

（一）合同（契约）、协议的订立、变更和终止；

（二）委托、遗嘱的设立、变更和撤销；

（三）资产的继承、赠与、分割和转让；

（四）收养关系的设立和解除，认领亲子女；

（五）接受、放弃民事权利的声明；

（六）拍卖、招标、投标等竞争行为；

（七）有价证券的发行、上市，票据的背书，拒绝承兑，拒绝付款；

（八）其他法律行为的设立、变更和终止。

第八条　当事人可以申请公证机构证明下列有法律意义的事实和文书：

（一）公民、法人享有的民事权利；

（二）民事行为能力；

（三）亲属关系；

（四）身份、学历、经历；

（五）出生、生存、死亡、健康和居住情况；

（六）婚姻状况；

（七）是否受过刑事处分；

（八）法人及其他组织的资格、章程，法定代表人资格，法人及其他组织的资信或经营情况、债权债务情况、履行债务的能力、财产的清点等；

（九）保险财产的估价和保险责任范围内损失价值的确定；

（十）不可抗力事件；

（十一）文书、证件的制作日期及签名、印鉴属实；

（十二）文书的副本、节本、译本、复制本与原件相符；

（十三）其他有法律意义的事实和文书。

第九条　下列法律行为和文书，应当办理公证：

（一）国有土地使用权的转让、抵押合同；

（二）城镇房屋、涉外房屋的买卖、抵押、赠与、继承、分割合同（协议）；

（三）国有企业的兼并、联营、租赁和产权的转让合同；

（四）股份有限公司章程；

（五）大中型建筑工程项目的承包合同；

（六）法律、法规规定的应当公证的其他事项。

第十条　债务人因下列情形之一，无法履行其给付义务的，可以申请公证机构办理提存公证：

（一）债权人无正当理由拒绝或者延迟接受债务人履行义务；

（二）因债权人名称、地址不详或者债权人丧失行为能力而法定代理人名称、地址不详，致使债务人无法履行义务；

（三）债权人下落不明；

（四）债权人与债务人约定以提存方式履行给付义务。

债务人依照债权文书将应给付的价款、物品或有价证券在公证机构办理提存公证后，视为债务人履行了义务。

公证机构办理提存公证后，应通知债权人在确定的期限内领取提存的价款、物品或有价证券，对不易保存或者债权人逾期不领取的提存物品，公证机构可按照有关规定变卖后保存价款。

因提存支出的费用，由债权人承担，但债权人与债务人另有约定的除外。

第十一条 对于可能灭失或者以后难以取得的证据，当事人可以申请公证机构办理证据保全公证。

第十二条 公证机构可以办理下列与公证有关的法律事务：

（一）清点遗产、保管遗嘱或者其他文书；

（二）封存样品；

（三）代写申请公证事项的有关文书；

（四）解答有关公证的法律咨询。

第十三条 对于符合下列条件的债权文书，根据当事人的申请，公证机构可以依法赋予债权文书以强制执行效力：

（一）债权文书内容真实、合法；

（二）债权债务关系明确，当事人无争议；

（三）债权文书以追偿物品、价款或者有价证券为内容；

（四）给付的标的物及给付的时间、地点、数额、方式具体、明确。

债务履行期届满，债务人有能力履行而不履行债务的，债权人可以根据公证债权文书向有管辖权的人民法院申请强制执行。

第三章 公证程序

第十四条 公民、法人或者其他组织需要办理公证，向有管辖权的公证机构提出申请或者由其代理人提出申请。

办理下列公证，公民应亲自到公证机构提出申请：

（一）委托；

（二）声明；

（三）赠与；

（四）遗赠扶养协议；

（五）遗嘱的设立、变更与撤销；

（六）收养关系的设立与解除；

（七）认领亲子女；

（八）与公民人身有密切关系的其他公证事项。

公民确因特殊困难不能亲自到公证机构申请的，公证机构可以派公证人员二人以上到其所在地办理。

第十五条 公证机构办理本辖区内的公证事项。当事人住所地与法律行为地不一致的，由法律行为地的公证机构管辖；涉及不动产的，由不动产所在地的公证机构管辖。

同一公证事项，只能由同一公证机构办理。两个以上公证机构都可办理的公证事项，当事人可以选择其中一个公证机构办理。

公证机构之间因管辖发生争议的，由它们共同的上级司法行政部门指定管辖。

涉外公证事项，由省司法厅指定管辖。

第十六条 公证机构收到公证申请后，应查明申请人的身份和民事行为能力，审查申请公证的事项是否符合本条例第十七条的规定及所提供的证件、材料是否真实完备。

申请人应向公证机构如实陈述与公证事项有关的事实，并按照公证机构的要求提供有关的证明材料。

第十七条 申请人及申请公证的事项符合下列条件的，公证机构应当受理：

（一）申请人与该事项有利害关系；

（二）当事人对该事项无争议；

（三）该事项属于公证业务范围；

（四）公证机构对该事项有管辖权。

对于不符合上述条件的申请或者事实不清、内容不当、造成的后果无法掌握的事项，公证机构应作出不受理的决定，并通知申请人或者其代理人。

第十八条 公证员有下列情形之一的，应当回避；当事人也有权在公证受理后出具公证书以前用书面或者口头方式申请公证员回避：

（一）公证员及其配偶或者公证员及其配偶的近亲属是本公证事项的当事人；

（二）公证员及其配偶与本公证事项有利害关系；

（三）公证员与本公证事项当事人有其他关系，可能影响正确办证的。

公证员的回避，由公证机构负责人决定；公证机构负责人的回避，由主管的司法行政部门决定。

公证员不得作为当事人的代理人向本公证机构申请公证。

本条规定，适用于公证辅助人员。

第十九条 公证员在办理公证事务中，凭公证机构出具的专用介绍信和公证员执照就公证事项进行调查，查询有关档案、资料和资产，勘验物证或者察看现场。有关单位和个人应予协助和支持。

公证人员外出调查，由二人以上进行。

第二十条 公证机构对专业性、技术性较强的公证事项，可以委托专业技术机构进行鉴定，有关部门应予协助。

鉴定机构和鉴定人应制作书面鉴定结论，并在鉴定书上盖章、签名。

第二十一条 公证机构应及时办结各类公证事项。

本条例第九条规定应当公证的事项，在十日内办结；重大、疑难的，经主管的司法行政部门批准，可以适当延长，但不得超过一个月。

其他公证事项，在十五日内办结；重大、疑难的，经主管的司法行政部门批准，可以适当延长，但不得超过三个月。

因不可抗力事件或当事人故意提供伪证等阻碍办证行为致使公证机构无法办证的期间，不计入上述期限。

第二十二条 公证机构对不真实、不合法的行为、事实和文书，应作出拒绝公证的决定，并向申请人或其代理人说明拒绝公证的理由。

第二十三条 公证机构在出具公证书之前，遇有下列情形之一的，应终止办理：

（一）不属于本条例第九条规定应当公证的事项，当事人撤回公证申请；

（二）因公民死亡、法人终止不能继续办理或者继续办理已无意义。

第二十四条 当事人或利害关系人申请变更、撤销公证书的，向出具公证书的公证机构提出，公证机构应在十五日内作出决定，对申请合理的，应当变更、撤销；对申请无理的，应作出不予变更、撤销的决定。

第二十五条 公证机构发现出具的公证书确有错误的，应予撤销，并依法重新出具公证书。

司法行政部门有权撤销本辖区内公证机构出具的不真实、不合法的公证书。

撤销或不撤销公证书的决定和重新出具的公证书应分别送达当事人和有关执法机关。

第二十六条 当事人或利害关系人对公证机构作出的不受理、拒绝、撤销或者不撤销公证的决定有异议的，可在接到决定书之日起十日内向主管的司法行政部门申诉；由司法行政部门作出决定，并通知公证机构和申诉人。

第四章 公证效力

第二十七条 公证书自发出之日起即具有法律效力，非经法定程序不得撤销。

第二十八条 行政机关、人民法院、人民检察院以及仲裁机构应以公证书作为认定事实的根据。其他证明与公证书不一致的，以公证书为准，但人民法院有相反证据足以推翻公证书的除外。

行政机关、人民检察院以及仲裁机构认为公证书错误的，可以向主管的司法行政部门提出，由司法行政部门办理。

第二十九条 本条例第九条规定应当公证的法律行为和文书，经过公证具有法律效力。

第三十条 人民法院对债权人在法定期限内提交的具有依法赋予强制执行效力的公证债权文书并申请强制执行的，应当执行；经审查发现该公证债权文书确有错误的，裁定不予执行，并将裁定书分别送达当事人和公证机构，将公证债权文书退回公证机构。

第五章 管理和监督

第三十一条 司法行政部门应加强对公证机构、公证人员的管理和监督。

第三十二条 公证人员依法办理公证事务，必须保证公证书的质量，不得违反公证真实、合法的原则，不得兼任与公证员职责相违背的其他职务，不得利用办证之便非法索取、收受金钱、实物或者谋取其他不正当利益。

第三十三条 公证机构办理公证，应按照司法部、财政部、国家物价局的统一规定收费。对确有困难的公民、法人及其他组织，可适当减免收费。

各级司法行政部门、公证机构不得擅自规定收费项目、提高收费标准。

第三十四条 公证机构应健全财务制度，加强经费管理、建立事业发展基金、赔偿基金和福利基金，应接受财政、审计、物价行政部门的监督，独自承担相应的法律责任。

第三十五条 公证人员办理公证事务，应保守国家秘密、商业秘密和当事人的秘密。

第六章 法律责任

第三十六条 因公证机构的过错致使公证书错误的，撤销公证书，所收公证费全部退还当事人，给当事人造成直接经济损失的，并应按有关规定进行赔偿。因公证机构和当事人共同的过错致使公证书错误的，按照公证机构过错程度退还部分公证费和赔偿部分经济损失。

公证机构赔偿损失后，应责令有直接责任的公证人员承担部分或全部赔偿费用。

赔偿的具体办法由省司法厅制定。

第三十七条 当事人对公证机构退还公证费、赔偿经济损失的决定有异议的，可在接到决定书之日起十日内向主管的司法行政部门申诉，由司法行政部门在一个月内作出决定。当事人对司法行政部门作出的决定不服的，可以就赔偿事项向人民法院提起民事诉讼。

第三十八条 因公证员故意或者过失作出错误公证的，由主管的司法行政部门给予批评教育、行政处分，停止办证三个月至一年；情节严重的，由省司法厅决定吊销公证员执照；构成犯罪的，由司法机关依法追究刑事责任。

第三十九条 违反本条例第三十二条的，由主管的司法行政部门决定停止办证三个月至一年，退还非法索取、收受的金钱、实物；情节严重的，由省司法厅决定吊销公证员执照；构成犯罪的，由司法机关依法追究刑事责任。

第四十条 违反本条例第三十三条的，由主管的物价行政部门、司法行政部门依法查处，并由物价行政部门没收其非法所得，处以所收费用一至五倍的罚款。物价行政部门应将全部罚没收入上缴同级财政。

第四十一条 公证机构发现当事人、公民或者法人提供伪证的，可建议有关单位给予直接责任者行政处分。对拒绝、阻碍公证机构依法办理公证的，由公安机关依法给予治安处罚；构成犯罪的，由司法机关依法追究刑事责任。伪造、变更公证书或者伪造公证机构印章，构成犯罪的，由司法机关依法追究刑事责任。

第四十二条 当事人或利害关系人对司法行政部门作出的撤销或者不撤销公证的决定不服的，可在收到决定之日起 15 日内依法向上一级司法行政部门申请行政复议或者在三个月内直接向人民法院提起行政诉讼。

第七章 附 则

第四十三条 本条例具体应用中的问题，由省司法厅负责解释。

第四十四条 本条例在四川省行政区域内适用。

第四十五条 本条例自 1995 年 1 月 1 日起施行。

四川省法律援助条例

（2001年9月22日四川省第九届人民代表大会常务委员会第二十五次会议通过）

第一章　总　则

第一条　为了加强和规范四川省的法律援助工作，贯彻法律面前人人平等的原则，维护公民的合法权益，完善社会保障制度，根据《中华人民共和国刑事诉讼法》《中华人民共和国律师法》等法律的有关规定，结合四川实际，制定本条例。

第二条　本条例所称法律援助，是指县级以上人民政府设立的法律援助机构，按一定的程序组织法律援助人员，为经济困难或特殊案件的当事人提供法律服务，并实行免、减收费的一项法律保障制度。

本条例所称法律援助人员，是指接受法律援助机构指派，依法承担法律援助事项的律师、公证员和基层法律服务工作者。

第三条　四川省行政区域内的法律援助工作适用本条例。法律法规另有规定的，从其规定。

第四条　县级以上人民政府司法行政部门主管本行政区域内的法律援助工作。

法律援助工作的具体组织和实施，由法律援助机构负责。上级法律援助机构，指导和监督下级法律援助机构的工作；上级法律援助机构，可以指定下级法律援助机构组织办理有关法律援助事项。

第五条　县级以上人民政府法律援助工作的经费，由同级财政列入预算。法律援助机构依法接受的法律援助捐款和筹集的法律援助资金，应用于法律援助，并接受财政、审计、监察、民政等部门和社会组织的监督。

法律援助机构对法律援助人员办理法律援助案件给予适当补贴。

第六条　律师、公证、基层法律服务工作机构及其人员，应当按照国家法律和本条例的规定，接受并认真办理法律援助机构指派的法律援助事项，不得拒绝、延迟或中止办理。

法律援助机构工作人员及法律援助人员履行法律援助职责，不得泄露国家秘密、商业秘密和当事人隐私。

第七条　行政、司法机关和仲裁机构及工会、共青团、妇联、残联等群团组织，应在各自的职责范围内，支持并配合法律援助机构做好法律援助工作。

各级人民政府应当对法律援助工作成绩显著的有关单位、组织和个人给予表彰和奖励。

第二章　对象、范围和形式

第八条　有下列情形之一的户籍或居住地在本省行政区域内的当事人，确因经济困难无力支付法律服务费用的，可以申请法律援助：

（一）请求刑事辩护和刑事法律帮助的；

（二）请求给付赡养费、扶养费、抚育费的；

（三）请求给付抚恤金、救济金、社会保险金、劳动报酬的；

（四）请求国家赔偿的；

（五）请求公证与公民人身、财产密切相关的事项的；

（六）其他符合法律、法规规定确需法律援助的。

经济困难的标准，按照法律援助实施地县级以上人民政府规定的最低生活标准执行。

第九条　有下列情形之一的刑事案件被告人，法律援助机构应当提供法律援助：

（一）盲、聋、哑人和未成年人为刑事被告人而没有委托辩护人的；

（二）可能被判处死刑的被告人没有委托辩护人的，或者人民法院一审判处死刑的被告人提出上诉而没有委托辩护人的；

（三）其他符合法律、法规规定应当获得法律援助的。

第十条　外国人、无国籍的犯罪嫌疑人或者被告人在侦查起诉阶段没有委托法律帮助人或没有委托辩护人，法律援助机构可以根据犯罪嫌疑人、被告人的申请或者根据人民法院的指定提供法律援助。

第十一条　法律援助主要采取以下形式：

（一）解答法律咨询、代拟法律文书；

（二）刑事辩护和刑事法律帮助；

（三）民事、行政诉讼代理和仲裁代理；

（四）非诉讼法律事务的代理；

（五）公证证明；

（六）其他形式的法律服务。

第十二条　对接受法律援助的当事人，有关行政机关、司法机关和仲裁机构及社会组织，应当依照有关规定相应免、减收诉讼、仲裁及其他相关费用。

第十三条　接受法律援助的当事人，因经济状况改善不再具备法律援助条件的，法律援助机构可以终止其法律援助。

第十四条　接受法律援助的当事人，应当向法律援助机构如实陈述有关事实和情况，积极配合法律援助机构及人员开展工作。

第十五条　接受法律援助的当事人，有事实证明法律援助人员不依法履行职责，可以向法律援助机构提出更换申请，法律援助机构应当在五日内作出审查决定。

第三章　管辖与申办

第十六条　人民法院指定辩护的刑事案件的法律援助，由人民法院所在地的同级法律援助机构统一受理。

其他诉讼案件的法律援助，由当事人向有管辖权的公安、检察、审判机关所在地或者当事人居住地的法律援助机构提出申请。

非诉讼法律事务的法律援助，由当事人向户籍所在地或居住地的法律援助机构提出申请。

第十七条 两个以上法律援助机构都可以受理的法律援助事项，由先收到法律援助申请的法律援助机构受理；出现争议的，由其共同的上一级人民政府法律援助机构指定。

第十八条 法律援助机构在必要时可以联合受理跨行政区域的、社会影响较大的法律援助事项。

第十九条 当事人申请法律援助，应当向法律援助机构提交以下材料：

（一）申请书；

（二）居民身份证、户籍证明或其他有效的身份证明；

（三）有关部门出具的当事人及其家庭经济状况证明；

（四）与所申请的法律援助事项相关的证明及证据材料；

（五）法律援助机构认为必要的其他材料。

第二十条 无民事行为能力人、限制民事行为能力人申请法律援助的，其监护人或法定代理人可以代为提出申请，并向法律援助机构提交代理权资格证明材料和有关必需的材料。

第二十一条 对当事人提出的法律援助申请，法律援助机构自收到申请之日起十日内作出是否提供法律援助的决定。

第二十二条 当事人申请公证事项的法律援助，由法律援助机构先进行法律援助的条件审查，符合条件的，移送公证机构进行公证条件审查，符合公证条件的，应当提供法律援助。

第二十三条 公安机关对已经提供法律援助的刑事案件，在侦查终结后，应当在五日内通知法律援助机构。

第二十四条 人民检察院对已经提供法律援助的刑事案件，在作出侦查终结、提起公诉、不起诉决定后，应当在五日内通知法律援助机构。

第二十五条 人民法院对指定辩护的刑事案件，应在开庭十日以前，将指定辩护通知书、起诉书或一审判决书副本、抗诉状副本、被告人的上诉状，送交有管辖权的法律援助机构，并附送被告人符合法律援助条件的情况说明或经济困难的证明材料，法律援助机构应自收到之日起三日内审查完毕和指派法律援助人员，并函复人民法院。

第二十六条 法律援助人员办理法律援助事项，应当向有关司法机关、行政机关或仲裁机构提交由法律援助机构出具的公函或文书。

第四章　法律责任

第二十七条 法律援助人员不履行法定职责，无正当理由拒绝承办法律援助事项的，由司法行政部门给予警告；情节严重的，给予停止执业三个月以上一年以下的处罚。

第二十八条 法律援助人员在办理法律援助事项的过程中，泄露国家秘密、商业秘密和当事人隐私的，由司法行政部门给予相应处罚；构成犯罪的，由司法机关依法追究刑事责任。

第二十九条 法律援助机构工作人员贪污、挪用、侵占法律援助经费或徇私舞弊的，由司法行政部门追缴非法所得，并视情节轻重给予行政处分；构成犯罪的，由司法机关依法追究刑事责任。

第三十条 当事人与法律援助机构工作人员恶意串通或当事人以欺骗方式获得法律援助的，由法律援助机构决定终止法律援助，并由当事人补交相关费用，司法行政部门应给予法律援助机构有关责任人行政处分。

第五章　附　则

第三十一条　本条例自公布之日起施行。

四川省司法鉴定管理条例

（2002 年 7 月 20 日四川省第九届人民代表大会常务委员会第三十次会议通过）

第一章　总　则

第一条　为了规范和加强四川省的司法鉴定管理工作，为公正司法提供客观准确的鉴定依据，维护公民、法人和其他组织的合法权益，根据国家有关法律、法规的规定，结合实际，制定本条例。

第二条　本条例所称司法鉴定，是指司法鉴定机构接受司法机关和公民、法人或其他组织的委托，指派司法鉴定人对与诉讼活动有关的专门性问题进行科学检验、判定并作出结论的活动。

第三条　司法鉴定的范围包括：法医病理鉴定、法医临床鉴定、法医精神病鉴定、法医物证鉴定、法医毒物鉴定，司法会计鉴定和文书、痕迹、计算机、建筑工程、声像资料、知识产权、保险赔偿、产品质量、责任事故等的司法鉴定以及因诉讼活动需要进行的其他鉴定。

法律、法规另有规定的，从其规定。

第四条　司法鉴定遵循客观公正、科学准确、合法规范、独立高效的原则，依照规定的条件、程序和方法进行，不受任何单位和个人的干涉。

司法鉴定实行执业许可、年检注册、名册公布和回避、保密、时限及错鉴责任追究制度。

司法鉴定机构和司法鉴定人的合法权益受法律保护。

第五条　县级以上司法行政部门主管本行政区域内的司法鉴定工作。

第六条　司法鉴定有偿服务的收费标准，由省物价部门另行制定。

第二章　司法鉴定机构及司法鉴定人

第七条　本条例所称司法鉴定机构是指省司法鉴定专家委员会和经省司法行政部门核准的面向社会提供司法鉴定有偿服务的鉴定机构。

第八条　省司法鉴定专家委员会由省司法行政部门组织设立，由具有高级专业技术职称或同等专业水平的司法鉴定人组成，负责对全省司法鉴定的复核鉴定。

第九条 面向社会提供司法鉴定有偿服务的鉴定机构应具备下列条件：

（一）有自己的名称、住所和章程；

（二）有符合计量认证标准、经法定部门检测合格的技术设施与设备；

（三）有不低于50万元的资金，能独立承担民事责任；

（四）有10名以上取得司法鉴定人资格的人员，其中，高级专业技术人员不少于二分之一，专职鉴定人员不少于三分之二。

第十条 司法鉴定机构开展司法鉴定活动，应当在核定的业务范围内进行，统一接受委托和收费，不得转委托鉴定。

第十一条 司法鉴定人从事司法鉴定活动，应当具备职业资格和执业证书。司法鉴定人职业资格和执业证书的取得，依照国家有关规定执行。

司法鉴定人除受聘在司法鉴定专家委员会工作的外，只能在一个司法鉴定机构内执业。

第十二条 司法鉴定人在执业活动中享有下列权利：

（一）要求委托人提供全面、真实的鉴定材料，查阅与鉴定有关的案卷资料，询问与鉴定有关的当事人、证人，勘验人；

（二）应邀参与和协助有关司法机关的勘验、检查和模拟实验；

（三）保留鉴定活动中与其他鉴定人不一致的意见；

（四）拒绝解释、回答与鉴定无关的问题；

（五）依法获得服务报酬；

（六）法律、法规规定的其他权利。

第十三条 司法鉴定人在执业活动中履行下列义务：

（一）在规定时限内按程序规范和相关标准与要求完成鉴定；

（二）保守在执业活动中知悉的国家秘密、商业秘密和个人隐私；

（三）作出客观、公正、合法的鉴定结论；

（四）接受司法鉴定机构指派参加鉴定活动；

（五）依法出庭，参加庭审质证；

（六）遵守职业道德、执业规则和执业纪律；

（七）法律、法规规定的其他义务。

第三章 司法鉴定程序

第十四条 司法机关、公民、法人和其他组织委托司法鉴定，应当采取书面形式，并提供全面、真实的鉴定材料。委托书应同时载明委托人、委托日期、委托事项、鉴定要求和简要案情及所送鉴定材料情况等。

公诉案件的鉴定和由司法鉴定专家委员会进行的复核鉴定，应由有关司法机关直接委托。

第十五条 司法鉴定机构不得受理有下列情形之一的司法鉴定业务：

（一）与本鉴定机构有利害关系的；

（二）超出自身鉴定能力或核定业务范围的；

（三）委托人不能及时、全面提供鉴定材料或鉴定材料不具备鉴定条件的；

（四）法律、法规或国家有关规定明确禁止或限制鉴定的；

（五）有其他可能影响鉴定公正的情形的。

第十六条 经省司法鉴定专家委员会复核鉴定的案件，省内其他司法鉴定机构不得再受理。

第十七条 有下列情形之一的，司法鉴定人应当回避：

（一）本人是鉴定业务的当事人或当事人的近亲属；

（二）本人或其近亲属与鉴定业务有其他利害关系；

（三）本人担任过或正在担任与鉴定业务有关的侦查、检察、审判人员或者证人、辩护人、诉讼代理人；

（四）有其他可能影响鉴定公正的情形。

第十八条 开展司法鉴定，应当严格操作规程，执行统一的技术标准与技术规范。

第十九条 开展司法鉴定应当有两名以上的司法鉴定人参加，实行第一鉴定人主要负责制。

第二十条 司法鉴定自受理之日起 15 日内完成。情况复杂、疑难的鉴定，不得超过 30 日，同时鉴定机构应当向委托人书面说明理由。

司法会计鉴定和对建筑工程的司法鉴定，自受理之日起60 日内完成。

司法精神病的鉴定不适用前两款的规定。

第二十一条 司法鉴定中的妇科检查，应当由女性司法鉴定人进行或有女性工作人员在场；对未成年人的检查，应当有其近亲属或监护人在场。

第二十二条 司法鉴定中的现场勘验、尸体解剖，应当通知委托人到场，并在勘验、解剖记录上签名。

第二十三条 司法鉴定的过程、方法、复杂疑难问题或鉴定人之间的重大分歧意见和专家意见，应当如实记录在案。

第二十四条 开展司法鉴定中有下列情形之一的，应当终止鉴定：

（一）委托人要求终止鉴定的；

（二）因不可抗力致使鉴定无法继续进行的；

（三）确需补充鉴定材料而无法补充的；

（四）发现自身难以解决的技术难题的。

终止司法鉴定，应当及时退回有关鉴定材料和相关费用，并向委托人书面说明理由。

第二十五条 开展司法鉴定中有下列情形之一的，应当补充鉴定：

（一）委托人补充了新的相关鉴定材料；

（二）委托人提出并增加了新的鉴定项目；

（三）原鉴定结论的依据发生了变化或不够充分。

补充鉴定由原鉴定人进行，也可由其他鉴定人进行。

补充鉴定只能在原委托的鉴定已作出结论，但尚未进入庭审质证的情况下进行。

第二十六条 开展司法鉴定中有下列情形之一的，应当重新鉴定：

（一）鉴定机构和鉴定人不具备法定资格的；

（二）委托人提供的鉴定材料失实的；

（三）鉴定机构违规受理或鉴定人应当回避而未回避的；

（四）鉴定人故意或因过错造成鉴定结论错误的；

（五）其他因素可能造成鉴定结论不正确的。

重新鉴定不得由原司法鉴定机构和鉴定人进行。

第二十七条 对初次鉴定、重新鉴定有异议的，可以委托省司法鉴定专家委员会进行复核鉴定。

复核鉴定应当对原鉴定结论、鉴定过程、鉴定文书进行综合审核、评定。

初次鉴定、重新鉴定人不得担任复核鉴定人。复核鉴定人的专业技术职务任职资格应不低于原鉴定人。

第二十八条 司法鉴定机构和司法鉴定人完成鉴定后，应当出具司法鉴定书。司法鉴定书应当作出明确结论，并由司法鉴定人签名和司法鉴定机构监章。

司法鉴定书的语言文字、计量单位和图表应当符合国家标准，不得涉及国家秘密和不宜公开的侦查手段，不得载有案件性质和确定当事人法律责任的内容。

第四章 法律责任

第二十九条 未经核准或年检注册面向社会开展有偿司法鉴定服务的，由司法行政部门予以取缔；有违法所得的，没收违法所得，并处违法所得 2 倍以上 3 倍以下的罚款。

第三十条 司法鉴定机构超越核定业务范围开展鉴定业务的，或进行转委托鉴定的，以及违反本条例第十五条规定受理鉴定业务的，由司法行政部门给予警告、责令改正或者处以停止执业 3 个月以上 6 个月以下的处罚；有违法所得的，没收违法所得，并处违法所得 2 倍以上 3 倍以下的罚款。

第三十一条 司法鉴定人泄露国家秘密、商业秘密和个人隐私的，或出具虚假鉴定结论的，以及因过错导致鉴定结论错误并造成严重后果的，由省司法行政部门对鉴定人执业的司法鉴定机构处以停业整顿或吊销司法鉴定许可证，对鉴定人处以停止执业 3 个月以上 12 个月以下的处罚或者吊销其执业证书；有违法所得的，没收违法所得，并处违法所得 2 倍以上 3 倍以下的罚款。

第三十二条 未取得执业证书从事司法鉴定活动的，或在两个以上司法鉴定机构执业的司法鉴定人，由司法行政部门责令其停止非法执业；有违法所得的，没收违法所得，并处违法所得 1 倍以上 3 倍以下的罚款。

第三十三条 司法鉴定人私自接受委托和收费的，或应当回避而未回避的，以及丢失、损毁鉴定材料致使鉴定无法进行的，由司法行政部门予以警告、责令改正或者处以停止执业 3 个月以上 9 个月以下的处罚；有违法所得的，并处没收违法所得和违法所得 1 倍以上 3 倍以下的罚款。

第三十四条 司法鉴定机构和鉴定人在执业活动中违反有关规定，给委托人和相对人造成经济损失的，依法承担民事责任；构成犯罪的，依法追究刑事责任。

第三十五条 司法鉴定管理工作人员玩忽职守、徇私舞弊、贪污受贿、滥用职权的，由有关机关给予行政处分；构成犯罪的，依法追究刑事责任。

第五章 附 则

第三十六条 仲裁活动中的鉴定，参照本条例执行。

第三十七条 本条例自 2002 年 9 月 1 日起施行。

监狱教育改造工作规定

（2003年6月13日司法部令第79号发布）

第一章　总　则

第一条　为了规范监狱教育改造工作，提高教育改造质量，根据《中华人民共和国监狱法》和有关法律、法规的规定，结合监狱教育改造工作实际，制定本规定。

第二条　监狱教育改造工作是刑罚执行活动的重要组成部分，是改造罪犯的基本手段之一，是监狱工作法制化、科学化、社会化的重要体现，贯穿于监狱工作的全过程。

第三条　监狱教育改造工作的任务，是通过各种有效的途径和方法，教育罪犯认罪悔罪，自觉接受改造，增强法律意识和道德素养，掌握一定的文化知识和劳动技能，将其改造成为守法公民。

第四条　监狱教育改造工作，应当根据罪犯的犯罪类型、犯罪原因、恶性程度及其思想、行为、心理特征，坚持因人施教、以理服人、循序渐进、注重实效的原则。

第五条　监狱教育改造工作主要包括：入监教育；个别教育；思想、文化、技术教育；监区文化建设；社会帮教；心理矫治；评选罪犯改造积极分子；出监教育等。

第六条　监狱教育改造工作，应当坚持集体教育与个别教育相结合，课堂教育与辅助教育相结合，常规教育与专题教育相结合，狱内教育与社会教育相结合。

第七条　监狱应当设立教育改造场所，包括教室、谈话室、文体活动室、图书室、阅览室、电化教育室、心理咨询室等，并配备相应的设施。

第八条　监狱用于罪犯教育改造的经费，按照国家规定的有关标准执行。少数民族罪犯、未成年犯的教育改造经费应予提高。

第二章　入监教育

第九条　对新入监的罪犯，应当将其安排在负责新收分流罪犯的监狱或者监区，集中进行为期两个月的入监教育。

第十条　新收罪犯入监后，监狱（监区）应当向其宣布罪犯在服刑期间享有的权利和应当履行的义务：

（一）罪犯在服刑期间享有下列权利：人格不受侮辱，人身安全和合法财产不受侵犯，享有辩护、申诉、控告、检举以及其他未被依法剥夺或者限制的权利。

（二）罪犯在服刑期间应当履行下列义务：遵守国家法律、法规和监规纪律，服从管理，接受教育改造，按照规定参加劳动。

第十一条　监狱（监区）对新收罪犯，应当进行法制教育和监规纪律教育，引导其认罪悔罪，明确改造目标，适应服刑生活。

第十二条 监狱（监区）应当了解和掌握新收罪犯的基本情况、认罪态度和思想动态，进行个体分析和心理测验，对其危险程度、恶性程度、改造难度进行评估，提出关押和改造的建议。

第十三条 入监教育结束后，监狱（监区）应当对新收罪犯进行考核验收。对考核合格的，移送相应类别的监狱（监区）服刑改造；对考核不合格的，应当延长入监教育，时限为一个月。

第三章 个别教育

第十四条 监狱应当根据每一名罪犯的具体情况，安排监狱人民警察对其进行有针对性的个别教育。

第十五条 个别教育应当坚持法制教育与道德教育相结合，以理服人与以情感人相结合，戒之以规与导之以行相结合，内容的针对性与形式的灵活性相结合，解决思想问题与解决实际问题相结合。

第十六条 监狱各监区的人民警察对所管理的罪犯，应当每月至少安排一次个别谈话教育。

第十七条 罪犯有下列情形之一的，监狱人民警察应当及时对其进行个别谈话教育：

（一）新入监或者服刑监狱、监区变更时；

（二）处遇变更或者劳动岗位调换时；

（三）受到奖励或者惩处时；

（四）罪犯之间产生矛盾或者发生冲突时；

（五）离监探亲前后或者家庭出现变故时；

（六）无人会见或者家人长时间不与其联络时；

（七）行为反常、情绪异常时；

（八）主动要求谈话时；

（九）暂予监外执行、假释或者刑满释放出监前；

（十）其他需要进行个别谈话教育的。

第十八条 监狱人民警察对罪犯进行个别谈话教育，应当认真做好记录，并根据罪犯的思想状况和动态，采取有针对性的教育改造措施。

第十九条 监狱应当建立罪犯思想动态分析制度，并根据分析情况，组织开展有针对性的专题教育。

分监区每周分析一次，监区每半月分析一次，监狱每月分析一次；遇有重大事件，应当随时收集、分析罪犯的思想动态。分析的情况应当逐级上报。

第二十条 监狱应当根据罪犯的犯罪类型，结合罪犯的危险程度、恶性程度、接受能力，对罪犯进行分类，开展分类教育。

第二十一条 监狱应当建立对顽固型罪犯（简称顽固犯）和危险型罪犯（简称危险犯）的认定和教育转化制度。

有下列情形之一的，认定为顽固犯：

（一）拒不认罪、无理缠诉的；

（二）打击先进、拉拢落后、经常散布反改造言论的；
（三）屡犯监规、经常打架斗殴、抗拒管教的；
（四）无正当理由经常逃避学习和劳动的；
（五）其他需要认定为顽固犯的。
有下列情形之一的，认定为危险犯：
（一）有自伤、自残、自杀危险的；
（二）有逃跑、行凶、破坏等犯罪倾向的；
（三）有重大犯罪嫌疑的；
（四）隐瞒真实姓名、身份的；
（五）其他需要认定为危险犯的。

第二十二条　监狱应当对顽固犯、危险犯制定有针对性的教育改造方案，建立教育转化档案，指定专人负责教育转化工作。必要时，可以采取集体攻坚等方式。

第二十三条　顽固犯和危险犯的认定与撤销，由监区或者直属分监区集体研究，提出意见，分别报监狱教育改造、狱政管理部门审核，由主管副监狱长审定。

第四章　思想、文化、技术教育

第二十四条　监狱应当办好文化技术学校，对罪犯进行思想、文化、技术教育。

成年罪犯的教学时间，每年不少于500课时；未成年犯的教学时间，每年不少于1000课时。

第二十五条　罪犯必须接受监狱组织的思想教育。思想教育包括以下内容：
（一）认罪悔罪教育；
（二）法律常识教育；
（三）公民道德教育；
（四）劳动常识教育；
（五）时事政治教育。

第二十六条　监狱组织的文化教育，应当根据罪犯不同的文化程度，分别开展扫盲、小学、初中文化教育，有条件的可以开展高中（中专）教育。鼓励罪犯自学，参加电大、函大、高等教育自学考试，并为他们参加学习和考试提供必要的条件。

尚未完成国家规定的九年制义务教育，年龄不满45周岁，能够坚持正常学习的罪犯，应当接受义务教育；已完成义务教育或者年龄在45周岁以上的罪犯，鼓励其参加其他文化学习。

第二十七条　监狱应当根据罪犯在狱内劳动的岗位技能要求和刑满释放后就业的需要，组织罪犯开展岗位技术培训和职业技能教育。

年龄不满50周岁，没有一技之长，能够坚持正常学习的罪犯，应当参加技术教育；有一技之长的，可以按照监狱的安排，选择学习其他技能。

第二十八条　监狱组织开展思想、文化、技术教育，其教员可以从本监狱的人民警察中选任，也可以从社会上符合条件的人员中聘任。

对罪犯的文化、技术教育，可以在本监狱选择服刑表现较好、有文化技术专长的罪犯协助。

第二十九条 监狱应当积极与当地教育、劳动和社会保障行政部门以及就业培训机构联系，在狱内文化、技术教育的专业设置、教学安排、师资培训、外聘教师、教研活动、考试（考核）和颁发学历、学位（资格）证书等方面取得支持和帮助。

第三十条 监狱应当积极利用社会资源，开展罪犯文化、技术教育，根据罪犯刑满释放后的就业需要，开设不同内容、种类的培训班。

第三十一条 监狱对罪犯开展的思想教育和扫盲、小学、初中文化教育，使用司法部监狱管理局统一编写的教材。

第五章 监区文化建设

第三十二条 监狱应当组织罪犯开展丰富多彩的文化、体育等活动，加强监区文化建设，创造有益于罪犯身心健康和发展的改造环境。

第三十三条 监狱应当办好图书室、阅览室、墙报、黑板报，组织开展经常性的读书、评报活动。

监狱图书室藏书人均不少于10本。

第三十四条 监狱应当根据自身情况，成立多种形式的文艺表演队、体育运动队等，组织罪犯开展文艺、体育活动。

第三十五条 监狱应当根据条件，组织罪犯学习音乐、美术、书法等，开展艺术和美育教育。

第三十六条 监狱应当建立电化教育系统、广播室，各分监区要配备电视，组织罪犯收听、收看新闻及其他有益于罪犯改造的广播、影视节目。

第三十七条 监狱应当根据教育改造罪犯的需要，美化监区环境，规范监区环境布置。

第三十八条 监狱应当在国庆节、国际劳动节、元旦、春节和重大庆祝、纪念活动，以及每月的第一天，组织罪犯参加升挂国旗仪式。

第六章 社会帮教

第三十九条 监狱应当积极争取社会各个方面和社会各界人士的支持，配合监狱开展有益于罪犯改造的各种社会帮教活动。

第四十条 监狱应当与罪犯原所在地的政府、原单位（学校）、亲属联系，签订帮教协议，适时邀请有关单位和人士来监狱开展帮教工作；监狱也可以组织罪犯到社会上参观学习，接受教育。

第四十一条 监狱应当鼓励和支持社会志愿者参与对罪犯进行思想、文化、技术教育等方面的帮教活动，并为其帮教活动提供便利。

第四十二条 监狱应当为罪犯获得法律援助提供帮助，联系、协调当地法律援助机构为罪犯提供法律援助服务。

第七章 心理矫治

第四十三条 监狱应当开展对罪犯的心理矫治工作。心理矫治工作包括：心理健康教育，心理测验，心理咨询和心理疾病治疗。

第四十四条 监狱应当建立心理矫治室，配置必要的设备，由专业人员对罪犯进行心理矫治。

第四十五条 监狱应当对罪犯进行心理健康教育，宣传心理健康知识，使罪犯对心理问题学会自我调节、自我矫治。

第四十六条 监狱应当在罪犯入监教育、服刑改造中期、出监教育期间对罪犯进行心理测验，建立心理档案，为开展有针对性的思想教育和心理矫治提供参考，对重新犯罪的倾向进行预测。

第四十七条 监狱应当配备专门人员，对罪犯提供心理咨询服务，解答罪犯提出的心理问题。

第四十八条 监狱对有心理疾病的罪犯，应当实施治疗；对病情严重的，应当组织有关专业人员会诊，进行专门治疗。

第四十九条 监狱从事心理测验、心理咨询工作的人员应当具备以下条件：

（一）取得心理咨询员、心理咨询师、高级心理咨询师等国家职业资格证书；

（二）具有强烈的事业心和高度的责任感；

（三）具有良好的品行和职业道德。

监狱可以聘请社会专业人员参与对罪犯的心理矫治工作。

第八章 激励措施

第五十条 监狱应当采取措施，激励罪犯接受改造，在教育改造工作中注重发挥改造积极分子的典型示范作用。

第五十一条 监狱和省、自治区、直辖市监狱管理局应当每年分别组织评选本监狱和本地区的改造积极分子。

改造积极分子的条件：认罪悔罪，积极改造；自觉遵守法律、法规、规章和监规纪律；讲究文明礼貌，乐于助人；认真学习文化知识和劳动技能，成绩突出；积极参加劳动，完成劳动任务；达到计分考核奖励条件。

第五十二条 监狱评选改造积极分子，应当在完成年终评审的基础上，由分监区召集罪犯集体评议推荐，全体警察集体研究，报监区长办公会审议，确定人选。直属分监区或者未设分监区的监区，其人选由分监区或者监区召集罪犯集体评议推荐，全体警察集体研究确定。

监区或者直属分监区确定人选后，填写《改造积极分子审批表》，报监狱教育改造部门审核，在本监狱内履行公示程序后，提交监狱长办公会审定。

第五十三条 监狱对改造积极分子人选实行公示的期限为七个工作日。公示期内，如有监狱人民警察或者罪犯对人选提出异议，由监狱教育改造部门进行复核，并告知复核结果。

第五十四条 省、自治区、直辖市监狱管理局评选本地区改造积极分子，由监狱根据下达的名额，从连续两年被评为监狱改造积极分子的罪犯中提出人选，报监狱管理局教育改造部门审核，由局长办公会审定。

第九章 出监教育

第五十五条 监狱对即将服刑期满的罪犯，应当集中进行出监教育，时限为3个月。

第五十六条 监狱组织出监教育，应当对罪犯进行形势、政策、前途教育，遵纪守法教育和必要的就业指导，开展多种类型、比较实用的职业技能培训，增强罪犯回归社会后适应社会、就业谋生的能力。

第五十七条 监狱应当邀请当地公安、劳动和社会保障、民政、工商、税务等部门，向罪犯介绍有关治安、就业、安置、社会保障等方面的政策和情况，教育罪犯做好出监后应对各方面问题的思想准备，使其顺利回归社会。

第五十八条 监狱应当根据罪犯在服刑期间的考核情况、奖惩情况、心理测验情况，对其改造效果进行综合评估，具体评价指标、评估方法，另行规定。

第五十九条 监狱应当在罪犯刑满前一个月，将其在监狱服刑改造的评估意见、刑满释放的时间，本人职业技能特长和回归社会后的择业意向，以及对地方做好安置帮教工作的建议，填入《刑满释放人员通知书》，寄送服刑人员原户籍所在地的县级公安机关和司法行政机关。

第六十条 监狱应当对刑满释放人员回归社会后的情况进行了解，评估教育改造工作的质量和效果，总结推广教育改造工作的成功经验，不断提高监狱教育改造工作的质量。

第十章　附　则

第六十一条 对未成年犯的教育改造工作，依照《未成年犯管教所管理规定》（司法部令第56号）的有关规定执行；未作规定的，依照本规定执行。

第六十二条 本规定由司法部解释。

第六十三条 本规定自2003年8月1日起施行。

劳动教养戒毒工作规定

（2003年6月2日司法部令第78号发布）

第一章　总　则

第一条 为依法规范劳动教养戒毒工作，提高工作水平，根据全国人民代表大会常务委员会《关于禁毒的决定》、国务院《劳动教养试行办法》以及《强制戒毒办法》等有关规定，结合劳动教养戒毒工作实际，制定本规定。

第二条 本规定适用于戒毒劳动教养管理所、劳动教养管理所戒毒大（中）队（以下简称戒毒大（中）队）对因吸食、注射毒品被决定劳动教养的人员，以及因其他罪错被决定劳动教养但兼有吸毒行为尚未戒除毒瘾的劳动教养人员（以下简称戒毒劳动教养人员）的管理、治疗和教育工作。

第三条 戒毒劳动教养管理所的设置、撤销、迁移，经省级人民政府批准后，报司法部备案。戒毒大（中）队的设置、撤销、迁移，由省级司法行政机关批准。

戒毒劳动教养管理所、戒毒大（中）队应当集中收容戒毒劳动教养人员。

第四条 劳动教养戒毒工作所需经费，依照财政部、司法部有关劳动教养机关财务管理规定执行。

第二章 管 理

第五条 戒毒劳动教养人员的入所登记，除按照《劳动教养试行办法》第十五条的规定执行外，还应当按照国家药监局、公安部、卫生部、司法部的规定，填写戒毒劳动教养人员《药物滥用监测调查表》。

第六条 对新入所的戒毒劳动教养人员，戒毒劳动教养管理所、戒毒大（中）队应当严格检查其所带物品，防止毒品、注射器、针头等违禁物品的流入，并进行体检，有条件的进行艾滋病检测，逐人建立医疗档案。

第七条 戒毒劳动教养管理所、戒毒大（中）队应当向戒毒劳动教养人员宣布劳动教养戒毒的有关规定和纪律。

戒毒劳动教养人员应当遵规守纪，服从管理，配合治疗，接受教育。

第八条 戒毒劳动教养管理所、戒毒大（中）队根据戒毒劳动教养人员入所时的戒断症状和尿检结果，对其进行分阶段管理和治疗：

（一）急性脱毒期：对生理尚未脱毒，尿检呈阳性的戒毒劳动教养人员，进行脱毒治疗，时间14—21日。

（二）康复期：对急性戒断症状已基本消失、尿检呈阴性的戒毒劳动教养人员，开展康复治疗，进行入所教育，参加适度劳动，同时治疗并发症，时间2—6个月。

（三）巩固期：对身体已经康复的戒毒劳动教养人员进行心理矫治，进行道德、法制、文化教育和职业技能培训，组织开展文体活动和参加习艺性劳动，控制其因精神依赖产生的复吸欲望，时间至期满解教。

有条件的戒毒劳动教养管理所、戒毒大（中）队可以根据不同的管理和治疗阶段设置医疗戒护、康复教育、矫治管理等功能区域。

第九条 戒毒劳动教养管理所、戒毒大（中）队应当采取周密的安全防范措施，防止发生戒毒劳动教养人员伤亡、逃跑事故。对因毒瘾发作可能出现自伤、自残或者实施其他危险行为的戒毒劳动教养人员，可以采取保护性措施。

第十条 对处于急性脱毒期和康复期的戒毒劳动教养人员不予放假，不得办理所外执行和试工、试农、试学，一般不予准假。

第十一条 对巩固期的戒毒劳动教养人员，应当从严掌握准假、放假、所外执行、试工、试农、试学。对准假、放假归所的戒毒劳动教养人员，除严格检查随身物品外，应当作尿检。对违反规定的戒毒劳动教养人员，取消准假、放假资格；情节严重的，按照《劳动教养试行办法》第五十八条的规定予以延长劳动教养期限。

第十二条 戒毒劳动教养人员可以与其配偶或者直系亲属会见；戒毒劳动教养管理所、戒毒大（中）队的会见室应当加设必要的隔离设施，严防毒品和其他违禁品流入。

第十三条 禁止戒毒劳动教养管理所、戒毒大（中）队以外的人员给戒毒劳动教养人员送食品和生活用品（衣服除外）。戒毒劳动教养人员所需日用品应当在戒毒劳动教养管理所、戒毒大（中）队内专设的商店购买。

第十四条 戒毒劳动教养管理所、戒毒大（中）队人民警察应当对戒毒劳动教养人员的宿舍、物品进行检查，防止传递、藏匿毒品、现金、注射器、针头及其他违禁物品。

第十五条 戒毒劳动教养管理所、戒毒大（中）队不得安排戒毒劳动教养人员从事所外劳务、零杂工及其他难以实施有效监控的劳动。

第十六条 戒毒劳动教养管理所、戒毒大（中）队对检举所内吸毒、贩毒等违法犯罪行为的戒毒劳动教养人员，应当给予奖励。

对在所内吸毒、贩毒的戒毒劳动教养人员，以及纵容、包庇或者为其提供毒品者，应当依照有关法律、法规、规章查处。

第十七条 戒毒劳动教养管理所、戒毒大（中）队对处于康复期的戒毒劳动教养人员的生活给予适当照顾，伙食费标准应当高于普通劳动教养人员平均水平，保证治疗康复需要。

第三章　治　疗

第十八条 戒毒劳动教养管理所根据收容规模设置戒毒医院或者卫生所。戒毒大（中）队的脱毒、康复治疗工作可以由所在劳动教养管理所的医院或者卫生所承担。医院或者卫生所应当配备有相应专业知识和水平的医务人员，设置专门的戒毒病床和设备。配置标准参照卫生部有关规定执行。

第十九条 戒毒劳动教养管理所、戒毒大（中）队对戒毒药品的购买、管理和使用，按照卫生部《戒毒药品管理办法》的有关规定执行。

第二十条 戒毒劳动教养管理所、戒毒大（中）队不得使用未经国家药政部门批准的戒毒药品，不得以劳动教养人员为对象进行戒毒药物实验。

第二十一条 戒毒劳动教养管理所、戒毒大（中）队对处于急性脱毒期、康复期的戒毒劳动教养人员，应当根据其日吸毒量、健康状况、临床反应等情况，制定脱毒和身心康复治疗方案。轻症者一般留戒毒大（中）队治疗，每日定时巡诊；重症者住院治疗。

第二十二条 戒毒医护人员应当全面了解和熟练处置急性脱毒期和康复期出现的各种临床反应，根据戒毒劳动教养人员的病情确定护理等级，实施有效治疗。

第二十三条 戒毒劳动教养管理所、戒毒大（中）队因医疗条件限制，对不能处置的危重病戒毒劳动教养人员，应当及时转送有条件的医院进行救治；符合条件的，可以办理所外就医。

第二十四条 戒毒劳动教养管理所、戒毒大（中）队应当加强对戒毒劳动教养人员预防控制艾滋病的知识教育，采取有效措施，提高对艾滋病的防控水平。

第四章　教　育

第二十五条　戒毒劳动教养管理所、戒毒大（中）队应当根据戒毒劳动教养人员处于不同管理、治疗阶段的特点，制定有针对性的教育计划、教学内容，保证教学时数。

第二十六条　戒毒劳动教养管理所、戒毒大（中）队应当对戒毒劳动教养人员采取共同教育与分类教育，所内教育与家庭、社会帮教，课堂教育与多种形式教育相结合的教育形式。

第二十七条　戒毒劳动教养管理所、戒毒大（中）队应当开展道德、法制教育和分类教育，使戒毒劳动教养人员认清吸毒的危害，树立正确的人生观，坚定戒除毒瘾的决心。

第二十八条　戒毒劳动教养管理所、戒毒大（中）队可以邀请解除劳动教养后不再复吸的典型人员介绍戒除毒瘾的经验、做法，增强戒毒劳动教养人员戒除毒瘾的信心。

第二十九条　戒毒劳动教养管理所、戒毒大（中）队应当针对戒毒劳动教养人员的不同情况，加强个别教育，开展心理矫治工作，促使其改变吸毒恶习，矫正其对毒品的依赖心理。

第三十条　戒毒劳动教养管理所、戒毒大（中）队应当调查了解戒毒劳动教养人员期满解教后的情况，以掌握、评估戒毒工作的效果。

第五章　附　则

第三十一条　本规定由司法部解释。

第三十二条　本规定自2003年8月1日起施行。

（二）重要文献（文件）辑录

全国人大常委会关于深入开展法制宣传教育的决议

（1991年3月2日第七届全国人民代表大会常务委员会第十八次会议通过）

从1986年开始实施的第一个普及法律常识五年规划，已经取得了明显效果。但是，距离我国法制建设的需要还有相当大的差距。为了加强社会主义民主法制建设，全国人大常委会认为有必要在认真总结第一个五年普法经验的基础上，从1991年起，实施普及法律常识，加强法制宣传教育的第二个五年规划，进一步提高广大干部群众的法制观念，保障宪法和法律的实施，坚持依法办事，促进依法治国和依法管理各项事业，为国民经济和社会发展十年规划和“八五”计划的顺利实施，为改革、开放创造良好的法制环境，促进国家的政治稳定、经济振兴和社会发展，特作决定如下：

一、实施法制宣传教育的第二个五年规划，要以宣传、学习《中华人民共和宪法》为核心，普及《中华人民共和国行政诉讼法》《中华人民共和国义务教育法》《中华人民共和国集会游行示威法》《中华人民共和国国旗法》《中华人民共和国婚姻法》《关于禁毒的决定》《关于惩治走私、制作、贩卖、传播淫秽物品的犯罪分子的决定》等法律的基本知识；同时要有针对性地选学民事的、刑事的和国家机构的基本法律的有关内容。各部门、各单位要有计划、有步骤、分层次地学习和熟悉同本部门、本单位的工作密切相关的经济等方面的专业法律知识。各地区要结合本地的实际情况，选学有关的法律、法规。

二、第二个五年法制宣传教育的重点对象是各级领导干部、执法干部、宣传教育工作者和青少年。高级干部更要带头学法、守法，依法办事，为全国人民作出表率。

三、要从培养新一代社会主义事业接班人的高度，在大、中、小学以及其他各级各类学校，设置法制教育必修课程，编好大、中、小学不同水平要求的课本，充实法制教育内容并列入教学计划，切实加强对在校学生的法制教育。要在第一个五年普法的基础上，进一步改进和完善学校的法制教育，努力实现法制教育的制度化，切实提高青少年学生的法律素质，增强他们的法制观念。

四、在学习中要坚持理论联系实际、学法用法相结合的原则。在实施法制宣传教育第二个五年规划中，要把依法行政和依法管理各项事业，切实列入各级领导的议事日程；要订好规划，抓好落实，有针对性地、严肃认真地开展执法情况的调查，坚决纠正有法不依、执法不严，违法不究等现象。学法的成果要切实落实在依法办事上，并将这一点作为考核学法成绩的一项主要标准。

五、深入持久地开展法制宣传教育，促进各项事业的依法管理，必须在中国共产党的领导下，动员和依靠全社会的力量。一切国家机关和武装力量、各政党和各社会团体，各企业、事业组织都应当认真向本系统、本部门、本单位的公民进行法制教育，积极开展依法管理工作。各级人民代表大会常务委员会和人民政府要加强对本决议实施的领导和检查，制定切实可行的规划，采取强有力的措施，认真贯彻执行。

（摘自《四川法制建设》1991 年第 3 期）

四川省人大常委会关于在全省公民中实施法制宣传教育的第二个五年规划的决议

（1991 年 5 月 28 日四川省第七届人民代表大会常务委员会第二十三次会议通过）

四川省第七届人大常委会第二十三次会议听取并审议了省人民政府关于在我省公民中开展法制宣传教育的第一个五年规划执行情况和第二个五年规划安排的报告，会议同意这个报告。会议认为，省六届人大常委会第十一次会议于 1985 年 2 月 12 日通过的《关于在全省公民中普及法律常识的决议》所规定的第一个五年普法的各项任务已基本完成，广大干部和人民群众增长了法律知识，增强了法制观念，取得了比较明显的社会效果，但是，在普法工作中还存在一些问题，与社会主义民主与法制建设的要求有相当大的差距。普法是社会主义现代化建设和社会主义民主与法制建设的要求，是一项长期任务，也是保持国家长期稳定发展的战略措施，应当继续深入地进行。因此，必须切实贯彻实施《全国人大常委会关于深入开展法制宣传教育的决议》，在总结第一个五年普法经验的基础上，在全省公民中开展第二个五年普法教育。为此，特作决定如下：

一、开展法制宣传教育是一项宏大的社会教育工程，是社会主义民主法制建设的基础工作，对于保证我省政治、经济和社会的长期稳定发展具有十分重要的意义。从1991年起，要有领导、有计划、有步骤、分层次地在全省公民中实施法制宣传教育的第二个五年规划，进一步增强广大干部群众的法制观念，保障宪法和法律的实施，坚持依法办事，促进我省各项事业依法管理，为我省国民经济和社会发展的十年规划和“八五”计划纲要的顺利实施创造良好的法制环境。

二、实施法制宣传教育第二个五年规划，必须坚持以宪法为核心，结合四川省实际，认真搞好法制宣传教育。一是在全省一切有接受教育能力的公民中深入宣传学习宪法，普及《中华人民共和国行政诉讼法》，《中华人民共和国义务教育法），《中华人民共和国集会游行示威法》，《中华人民共和国国旗法》《中华人民共和国国徽法》《中华人民共和国婚姻法》《中华人民共和国民族区域自治法》《中华人民共和国残疾人保障法》，全国人大常委会《关于禁毒的决定》，《关于惩治走私、制作、贩卖、传播淫秽物品的犯罪分子的决定》等法律的基本知识；同时，要有针对性地选学民事的，刑事的，经济的，行政的和国家机构的基本法律的有关内容。二是各部门、各单位必须根据中央和国家主管部门的规划要求，学习和熟悉同本部门、本单位的工作、生产密切相关的专业法律知识，全省国家机关还要学习《中华人民共和国地方各级人民代表大会和地方各级人民政府组织法》等有关国家机构的法律，法规。三是各地要结合实际，区分不同对象，有针对性地选学《中华人民共和国村民委员会组织法（试行)》《中华人民共和国居民委员会组织法（试行)》《中华人民共和国全民所有制工业企业法》，《四川省计划生育条例》《四川省禁止赌博条例》以及保密、廉政建设、税收、交通等方面的法律、法规。

三、第二个五年法制宣传教育的重点对象是各级领导干部、执法人员，宣传教育工作者和青少年。特别是县以上主要领导干部更要带头学法、守法、依法办事，为全省人民作出表率。要十分注意抓好大、中学生和各类专业技术学校学生的法制教育。各大、中学校及各类专业技术学校应把法制教育作为学生的必修内容，列入教学计划，做到法制教育制度化。在小学中，也要把法制教育同政治思想，道德品质教育相结合，加强对小学生的法制启蒙教育，从小培养他们的法律意识。

四、在实施法制宣传教育第二个五年规划中，要坚持理论联系实际，学法用法相结合，注重实效。要把是否依法办事作为考核学法成绩的一项主要标准，促进依法治市（县)，依法行政和依法管理各项事业。各地要有针对性地、严肃认真地开展执法情况的检查和调查研究，坚决纠正有法不依，执法不严，违法不究的行为和行业不正之风，把依法治理工作不断引向深入。

五、法制宣传教育必须在各级地方党委的领导下，动员和依靠全社会的力量进行。全省各级国家机关、社会团体、企业事业组织都必须认真向本系统，本部门，本单位的公民进行法制宣传教育，并负责将与本部门有关的法律，法规向社会宣传。全省宣传新闻单位要充分运用宣传工具，造成普法的良好舆论环境，促进依法治理工作。全省各级人民政府要组织对本决议的实施，认真贯彻落实。全省各级人民代表大会常务委员会要加强对本决议实施的督促和监督工作。

（摘自《四川法制建设》1991年第6期）

中共四川省委　四川省人民政府 关于在全省公民中实施法制宣传教育的第二个五年（1991—1995）规划的通知

（川委发〔1991〕32号　1991年8月2日）

现将《关于在全省公民中实施法制宣传教育的第二个五年（1991—1995）规划》印发你们，请结合实际，制定切实可行的规划，认真组织实施。

我省的“一五”普法工作，由于广大干部、群众共同努力，各项任务已基本完成，对全省的社会稳定、经济发展和精神文明建设，特别是社会主义民主与法制建设，起了积极作用。深入开展法制宣传教育，推进各项事业的依法治理，是一项长期的战略任务。坚持不懈地抓好这项工作，对于贯彻党的基本路线，维护国家和社会的稳定，加强各民族的大团结，坚定不移地推进改革和开放，实现国民经济和社会发展十年规划和“八五”计划，促进社会主义精神文明建设和社会主义民主与法制建设，具有十分重要的意义。实施法制宣传教育的第二个五年规划，是一项宏大的社会教育工程。各级党委、人大、政府要加强领导和监督，及时解决工作中的困难和问题；各行业要通力合作，齐抓共管；要充分发挥政协和各民主党派、人民团体的政治监督和组织作用，动员全社会的力量，以保证这项工作顺利进行。各级干部、特别是领导干部，既是深入进行法制宣传教育的重点对象，又是推进法制宣传教育工作和依法治理的骨干力量，必须带头学法用法、守法护法，依法办事。受教育能力的公民，都要积极参加法制学习，不断增强以宪法观念为核心的法律意识，自觉依法行使权利和依法履行应尽的义务。对法制宣传教育和依法治理中涌现的先进集体、先进个人，要予以表彰和奖励，以推动此项工作不断向前发展。各地各部门贯彻实施本规划的情况、经验和问题，请及时报告省法制建设领导小组办公室。

四川省人民检察院　四川省司法厅 关于律师、基层法律服务工作者对民事（经济）行政案件代理申诉的暂行规定

（川检会〔1999〕7号　1999年9月13日）

为维护司法公正，加强对民事（经济）审判和行政诉讼的法律监督，保障律师、基层法律服务工作者为当事人行使申诉权提供有效的法律服务，根据《中华人民共和国民事诉讼法》《中华人民共和国行政诉讼法》《中华人民共和国律师法》以及《四川省基层法律服务条例》的有关规定，结合我省司法实践，制定本暂行规定：

一、律师、基层法律服务工作者在代理公民、法人和其他组织进行民事（经济）、行政诉讼活动中，应告知当事人对人民法院生效的判决、裁定不服的，既可以向人民法院申诉，也可以向人民检察院申诉。当事人愿意向人民检察院申诉的，经当事人委托，可代理其申诉。

二、人民检察院受理民事（经济）、行政申诉案件的条件：

1. 判决、裁定已经发生法律效力；

2. 有明确的申诉请求和事实根据。

三、有下列情形之一的申诉案件，人民检察院不予受理：

1. 判决解除婚姻关系和收养关系的；

2. 人民法院已裁定再审、提审或已决定立案审查的；

3. 申诉人不能提供证据证明自己的申诉主张的。

四、律师、基层法律服务工作者代理申诉时，应向人民检察院提交申诉书、已生效的判决书或裁定书、有关证据及当事人出具的授权委托书、律师事务所或基层法律服务所函，同时出示年检注册有效的律师执业证或基层法律服务工作者执业证。

五、律师、基层法律服务工作者代理申诉时，可向作出生效判决、裁定的人民法院的同级或上级人民检察院提出。

六、凡律师、基层法律服务工作者代理申诉的，人民检察院应在受理之日起 30 日内决定是否立案审查，并在决定之日起五日内告知代理申诉的律师、基层法律服务工作者。

七、律师、基层法律服务工作者代理申诉民事（经济）、行政案件，可依法收集有关证据，同时督促当事人履行举证责任。

八、律师、基层法律服务工作者在代理民事（经济）、行政申诉案件时，如发现审判人员在审理该案件时有贪污受贿、徇私舞弊、枉法裁判行为的，应及时向人民检察院举报。

九、人民检察院对律师、基层法律服务工作者代理申诉的民事（经济）、行政案件，经审查符合抗诉条件，决定依法抗诉或提请抗诉的，应告知代理申诉的律师、基层法律服务工作者；经审查不符合抗诉条件，作出终止审查决定的，应向代理申诉的律师、基层法律服务工作者说明不抗诉的理由，共同做好当事人的服判息诉工作。

十、人民检察院受理的民事（经济）、行政申诉案件，当事人未委托律师或基层法律服务工作者代理的，可告知其有权委托律师、基层法律服务工作者代理申诉。

十一、人民检察院受理民事（经济）、行政申诉案件，不收费。

十二、人民检察院与司法行政机关要加强工作联系，共同维护法律的统一正确实施。检察人员与律师、基层法律服务工作者应遵守法律、法规，恪守职业纪律和职业道德，严禁非正常交往。

十三、本规定由四川省人民检察院、四川省司法厅负责解释。

四川省司法厅关于加强司法所规范化建设的意见

（川司发〔2000〕9号　2000年1月18日）

为推进全省司法所建设上规模，上档次，保证司法所依法、全面、正确履行各项工作职能，不断提高司法所工作人员的业务水平，充分发挥司法所在基层维护社会稳定，保障经济发展，促进社会主义民主法制建设中的重要作用，根据司法部《关于加强司法所建设的意见》（司发通〔1999〕081号）和《关于加强司法所业务规范化建设的意见》（司发〔1998〕017号）文件，结合本省实际，提出四川省加强司法所规范化建设的意见：

一、加强司法所规范化建设的重要意义

1. 加强司法所规范化建设是实践依法治国基本方略的需要。司法所是我国司法行政系统的基层组织，是基层政法组织的重要组成部分，与其他基层政法组织共同担负着推进基层依法治理、加强基层社会主义法制建设的重要使命。

2. 司法所组织开展的人民调解、基层法律服务、法制宣传和依法治理，以及刑释解教人员安置帮教等各项工作，是我国法制建设的基础性工作。

3. 加强司法所规范化建设是充分履行职责，积极发挥基层司法行政工作在维护基层社会稳定，促进基层经济发展和基层社会主义法制建设重要作用的需要。加强司法所规范化建设是司法所自身巩固、提高、发展、上规模、上档次和树立良好社会形象的需要。

二、司法所组织的规范化

4. 司法所是县（市、区）司法局在乡镇人民政府（街道办事处）的派出机构，其称谓为：××县（市、区）司法局××（乡镇街道名）司法所。司法所承担的是《中华人民共和国地方各级人民政府组织法》规定的乡镇人民政府（街道办事处）的司法行政管理职能，司法所在县（市、区）司法局和乡镇人民政府（城市街道办事处）领导下开展工作。

5. 司法所一般由三名以上人员组成，设所长一人；根据需要可设副所长。在不具备条件单独建立司法所的乡镇（街道），可以实行司法所与基层法律服务所一套人马、两块牌子，但内部“两所”职能要分开。司法所所长一般由司法助理员担任，享受副主任科员待遇，有条件的也可以享受主任科员待遇，司法所实行所长负责制。

6. 司法所应是坚持四项基本原则，自觉遵守和严格执行国家法律、法规、规章和党的方针、政策，热爱并胜任基层司法工作，身体健康，具有中等以上法律专业学历或相当高中以上学历和实际工作经验的人员组成。司法所所长的任免，由县（市、区）司法局商乡镇人民政府（街道办事处）提名后，按干部管理权限任免；其他人员的录用、调动、调整须经县（市、区）司法局同意。司法所有三名正式党员的应成立党支部或党小组。

7. 司法所工作人员着统一的制式服装，并佩戴统一标志。

8. 司法所应当建立健全政治业务学习制度，岗位目标责任制度，会议制度，请示汇报制度，廉政、勤政制度，案件收结制度，工作业务统计制度，档案管理制度，人事、财务、公物管理制度。

做到有章可循，制度管人。

三、司法所办公设施的规范化

9. 司法所应有两间（或 $30m^2$）以上的办公室，每个工作人员有一套办公桌椅，办公桌上放置有工作人员姓名及职务的标牌。

10. 司法所应配有文件柜、书柜、档案柜、接待用沙发或坐椅、电话、车辆等必要的办公设备，订有法律书籍和业务工具书及法制刊物，有条件的司法所还应购置微机、机动车辆和完备的法律法规光盘。

11. 司法所应在其办公室醒目固位置设司法所业务简介、工作宗旨、便民措施以及工作人员彩照、姓名、职务等内容的小型宣传橱窗；司法所八项工作职能，工作人员守则及工作纪律主要事项，应统一用铝合金制作，规格不小于60×45cm 的镜框，整齐悬挂上墙；办公室整洁明亮，各种登记簿册挂墙整齐，档案资料管理规范。

四、司法所业务的规范化

12. 协助基层政府开展依法治理工作和行政执法检查、督促工作。司法所要协助本乡镇政府（街道办事处）制定依法治乡镇（街道）、依法治村（居）、依法治企、依法治校等依法治理工作规划，主动为乡镇政府（街道办事处）的政务决策，建章立制和行政执法提供法律咨询和建议，当好法律参谋；协助乡镇政府（街道办事处）依法处理好本地区涉及法律的热点、难点问题；协助基层政府起草、审查、修订规范性文件及重要的法律文书；协助乡镇政府（街道办事处）建立行政执法责任制和行政执法检查、监督机制。

13. 指导管理人民调解工作，参与重大疑难民间纠纷调解。司法所要指导辖区内村（居）委会和企事业单位建立健全人民调解组织，抓好“组织、工作、制度、报酬”四落实，积极推进标准化调委会建设。坚持每月定时收集统计上报基层调解委会调解工作情况，每季度召开一次调委会主任例会，学习法规、文化、政策，分析、研究调解工作，并以以会代训、以案释法、公开调解等多种形式培训调解人员，不断地提高调解人员的业务素质。结合当地民间纠纷发展的规律及新情况，有针对性地组织开展民间纠纷排查和“春耕大忙期间”专项治理活动，组织开展创建“五无村”（即以村为单位，达到无民间纠纷激化为刑事案件，无民间纠纷积存，无民间纠纷引起非正常死亡，无民间纠纷引起群众性械斗，无民间纠纷未经调解上交）活动，抓好纠纷预防。积极参与重大疑难和易激化民间纠纷的调解，做好防止民间纠纷激化工作。

14. 指导管理基层法律服务工作。司法所要根据主管司法局的部署，指导基层法律服务所建立健全各项工作强化内部管理，推行改革措施，建立激励、竞争等科学合理的运行机制；围绕发展农业和农村经济等基层工作重点，规划、指导、监督本乡镇（街道）基层法律服务所不断地拓展业务领域，及时地提供优质法律服务，不断提高社会效益和经济效益；抓好法律服务所对主管司法局、法律服务工作者对所的年度工作目标责任制的落实；组织法律服务所和工作人员积极参加创先争优活动，促进法律服务所上规模、上档次；抓好对基层法律服务工作者的思想、业务建设和执业监督，促使其依法执业，恪守道德和执业纪律。

15. 代表乡镇人民政府（街道办事处）处理民间纠纷。司法所在处理民间纠纷活动中，要坚持多调少处和依法调处的原则，及时地调解处理疑难民间纠纷。对拒不执行生效处理决定书的，应支持权益受损方向法院提起民事诉讼，维护其合法权益。

16．组织开展普法宣传和经常性的法制教育工作。司法所要根据本地普法工作部署，拟定本乡镇（街道）普法工作规划，并抓好组织实施，培训法制宣传人员，开展多种形式的法制宣传教育活动，并有固定法制宣传专栏。要针对当地实际，把普法同依法治理工作，同发展基层法律服务机构、队伍、业务相结合。

17．组织开展对刑释解教人员的过渡性安置和帮教工作。司法所要在当地党委、政府或综治委的领导下，按照上级有关文件的要求和工作部署，建立健全乡镇（街道）及村（居）、企业刑释解教人员安置帮教组织体系，完善和落实各种帮教措施，做到乡镇（街道）有帮教领导小组，村（居）有帮教组织，每个刑释解教人员有帮教对子；掌握本辖区刑释解教人员和服刑在教人员的基本情况；通过卓有成效的工作把辖区三年内刑释解教的重新犯罪率控制在县级党委、政府要求的比例以内。

18．参加社会治安综合治理工作。司法所要在当地党委、政府或综合治理部门领导下，充分利用自身职能优势，积极参与社会治安综合治理工作。

19．完成上级交办的工作。司法所要不断增强全局意识和组织观念，自觉地服从服务于基层党委、政府的中心工作，认真按时完成上级司法行政机关和乡镇人民政府（街道办事处）交办的其他有关工作。

五、加强对司法所规范化建设的指导管理

20．县（市、区）司法局是司法所的直接领导和主管机关，加强对司法所规范化建设是自己的重要职责，务必按此规范意见，结合当地实际，切实抓好司法所规范化建设的规划、方案和实施。凡新建司法所，均应按此《意见》要求高起点、高规格、一次到位；对已建司法所，均应有计划地逐步加以改造，争取尽快达到规范化司法所要求；要深入基层调查研究指导和督促，总结推广典型经验，帮助或商请基层党政领导支持，解决司法所规范化建设中的有关具体问题；抓好司法所所长的定期例会、培训、考核、奖惩制度，形成规范化管理。

21．市地级司法局要有规划地抓好重点县（市、区）司法所规范化建设工作，加强协调、指导、总结典型、推广经验。省司法厅亦将加强这项工作的宏观指导，关注、支持司法所规范化建设先进县，适时总结经验，以召开现场会等多种形式予以推广，推动全省司法所规范化建设健康、有序发展。

22．加强司法所规范化建设，有利于司法所更好地发挥保一方平安、促一方经济发展服务的重要作用，各地应主动争取基层党委和政府的重视和支持，为司法所规范建设创造宽松的条件，使这项工作更加富有成效。

四川省司法厅关于贯彻执行司法部《基层法律服务所管理办法》《基层法律服务工作者管理办法》若干问题的意见

（川司法〔2000〕59号　2000年6月23日）

一、基层法律服务所

1. 基层法律服务所，是指在乡镇、城市街道设立的为公民、法人或者其他组织提供有偿法律服务的中介性质的法律服务组织。

基层法律服务所按照事业法人体制进行管理和运作，独立承担民事责任。

2. 依据《四川省基层法律服务条例》（以下简称《条例》）和司法部规章规定，基层法律服务所的业务范围是：

（1）应聘担任法律顾问；

（2）接受当事人委托，代理民事、经济、行政诉讼；

（3）接受当事人委托，参与仲裁活动和非诉讼法律事务；

（4）接受被告人委托，或经人民法院指定，担任不需要侦查的、告诉才处理的轻微刑事案件被告人的辩护人；

（5）根据双方的意愿，主持调解诉外纠纷；

（6）解答法律询问，代写法律文书；

（7）受公证机构委托，协助办理公证事项；

（8）接受当事人申请，为内容单一、权责明确、标的额小、履行期短的协议或合同办理见证。

基层法律服务所接受县级司法行政机关或者乡镇、街道司法所的委托，协助开展基层司法行政工作。

3. 按照《条例》规定，基层法律服务所的设立、变更、注销，实行司法行政机关核准登记制度。

基层法律服务所的设立、变更、注销由县级司法局批准，报省司法厅核准登记。未经省司法厅核准登记，任何机构不得以基层法律服务所的名义开展业务。

4. 基层法律服务所的设置地，按司法部《基层法律服务所管理办法》第七条的规定办理。

5. 设立基层法律服务所，应当具备司法部《基层法律服务所管理办法》第八条规定的条件。

6. 基层法律服务所的名称组成，按司法部《基层法律服务所管理办法》第九条的规定办理。全省所有的基层法律服务机构名称，至迟于2001年3月年检注册时统一规范为“法律服务所”。同一乡镇建立二个以上的法律服务所的，其名称按成立时间的先后为第一、第二、……法律服务所。

7. 基层法律服务所章程应当载明司法部《基层法律服务所管理办法》第十条规定的事项。《章程》式样可参照四川省司法厅制定的《基层法律服务所章程》（样式）。

8. 设立基层法律服务所，由住所地的县级司法行政机关组建。

行业主管部门、社团组织、企业事业单位不得发起组建基层法律服务所；不允许个人以自愿组合方式发起组建基层法律服务所；司法行政机关不得再新建直属的基层法律服务机构，已经建立的要进行清理、整顿，加强管理。

9. 设立基层法律服务所，应当提交司法部《基层法律服务所管理办法》第十二条规定的文件。

10. 省司法厅在收到县级司法局批准设立的文件后，应在三十日内完成审核工作，对准予设立的办理注册登记并颁发司法部统一制作的基层法律服务所执业证书。

11. 基层法律服务所根据业务需要，报经批准的县级司法行政机关审查同意，可以在本乡镇行政区域（或未建基层法律服务所的乡镇）的大中型集贸市场、经济开发区、旅游区或者经济发达的行政村设立业务接待站（点）。原则上不得跨地、县设立基层法律服务所或接待站（点），确需设立的，应当征得拟设点的县级司法局同意。

12. 基层法律服务所修改章程的，应当报请批准的县级司法局审查同意。

13. 基层法律服务所应当按照司法部《基层法律服务所管理办法》第三章的规定建立健全各项工作制度。

14. 基层法律服务所应当依照国家和地方有关社会保障的政策和规定，为聘用的基层法律服务工作者办理医疗和养老等保险。

15. 按照《条例》规定，省司法厅每年组织对全省基层法律服务所的年度检查和注册工作。年检注册工作由省司法厅在当年年检注册通知中具体确定。

16. 基层法律服务所的年检注册，由各基层法律服务所提出申请，由批准的县级司法行政机关进行初审，并在出具审查意见后报送地级司法行政机关。地级司法行政机关审查同意后，报省司法厅。省司法厅审核后，对具备继续执业条件的，确定为通过年度检查，在其基层法律服务所执业证书副本上加盖年度检查合格印章。

二、基层法律服务工作者

17. 基层法律服务工作者，是指符合司法部《基层法律服务工作者管理办法》规定的执业资格，经核准执业登记，领取法律服务工作者执业证，从事法律服务的人员。

18. 经考试（考核）取得全国基层法律服务工作者执业资格的条件、程序等，按司法部《基层法律服务工作者管理办法》第二章规定办理。

19. 根据司法部规定，已经取得四川省基层法律服务工作者执业资格者，不能直接认可为取得全国资格。从 2001 年 3 月开始，将逐步过渡到以取得全国资格为基层法律服务工作者执业的必备条件。按照司法部的规定，对已经取得四川省基层法律工作者资格证书的人员，参加今年首次全国基层法律服务工作者执业资格考试的，予以加分。

20. 申请基层法律服务工作者执业登记，领取法律服务工作者执业证，应当符合司法部《基层法律服务工作者管理办法》第十三条规定的条件。

21. 按照《条例》和司法部《基层法律工作者管理办法》的规定，省级司法行政机关，负责全省基层法律服务工作者执业登记，颁发司法部统一制作的法律服务工作者执业证。

22. 基层法律服务工作者应当在本人住所地或居所地的基层法律服务所执业。申请基层法律服务工作者执业登记的程序、审查期限、应当提交的文件等，按司法部《基层法律服务工作者管理办法》第十六、十七、十八条规定办理。

23. 基层法律服务所聘用兼职基层法律服务工作者的人数，不得超过专职基层法律服务工作者人数的两倍。兼职法律服务工作者，按司法部有关规定办理。

24. 基层法律服务工作者变更执业机构的，持原执业的基层法律服务所终止聘用关系的证明和拟应聘的基层法律服务所同意聘用的证明，按规定程序申请更换法律服务工作者执业证。

25. 基层法律服务所对基层法律服务工作者的聘用管理，依照司法部《基层法律服务工作者管理办法》。第四章的规定办理。

26. 基层法律服务工作者依法执业，享有司法部《基层法律服务工作者管理办法》第五章规定的权利，履行相应的义务。

27. 按照《条例》和四川省司法厅分别与四川省高级人民法院、四川省人民检察院联合下发的文件规定，基层法律服务工作者依法执业，有权查阅、复制与承办案件有关的材料，人民法院提供方便；担任不需要侦查的、告诉才处理的轻微刑事案件被告人的辩护人时，可以同在押的被告人通信；经人民法院同意，也可以会见在押被告人；向人民检察院代理申诉的，基层法律服务工作者有权在30日内知晓人民检察院是否立案的决定，可以依法收集证据。

28. 曾担任法官的基层法律服务工作者，在退（离）休、退（离）职后二年内，不得担任原任职法院审理的诉讼案件的代理人。

29. 基层法律服务工作者应当每年向司法行政机关中请办理法律服务工作者执业证年检注册。按照《条例》和四川省司法厅分别与四川省高级人民法院、四川省人民检察院联合下发的关于规范基层法律服务工作者参加诉讼活动的文件规定，基层法律服务作者，须执四川省司法厅颁发并经当年年检注册的《法律服务工作者执业证》、所属基层法律服务所介绍信、当事人授权委托书参加诉讼代理活动。未经年度注册的，不得继续执业。

30. 按照《条例》和司法部《基层法律服务工作者管理办法》的规定，法律服务工作者执业证的年度注册工作，由省级司法行政机关于每年三月三十一日前组织进行。有关年检注册的具体工作，在每年年检注册通知中确定。

三、对基层法律服务所、基层法律服务工作者的处分

31. 基层法律服务所对有违反职业道德和执业纪律、司法行政机关管理规定和本所章程、制度的行业或者其他违法行为的基层法律服务工作者，应当根据其情节轻重给予处分。处分的种类、程序按司法部《基层法律服务工作者管理办法》第二十八条的规定办理。

32. 基层法律服务工作者有司法部《基层法律服务工作者管理办法》第五十一条规定情形之一的，经省司法厅审核对其暂缓法律服务执业证年度注册，并暂不发还其法律服务工作者执业证。暂缓注册的期限为一个月以上三个月以下。

33. 基层法律服务工作者有司法部《基层法律服务工作者管理办法》第五十八条规定情形之一的，基层法律服务所应当给予开除处分。

34. 在年检注册中，对有司法部《基层法律服务所管理办法》第四十二条所列行为、尚未处理的基层法律服务所，确定的暂缓年度注册。暂缓注册的期限为一个月以上三个月以下。

对不符合司法部《基层法律服务工作者管理办法》第八条规定条件的基层法律服务所，应当责令限期整改。整改期限为十五天以上一个月以下。期满仍不能改正的，批准机关应当予以停办，报请省司法厅办理注销手续。

四、对基层法律服务所、基层法律服务工作者的处罚

35. 对基层法律服务所、基层法律服务工作者的行政处罚，按照《条例》和《四川省基层法律服务所、基层法律服务工作者行政处罚办法》（川司发〔1997〕6号）的规定办理。

五、其他

36. 本《意见》未明确规定的事宜，按《条例》和司法部两个《办法》的规定办理。四川省司法厅以前的有关规定，与本《意见》抵触的不再适用。

37. 本《意见》自2000年7月1日起实施。

我国民事诉讼制度的完善和发展

《中华人民共和国民事诉讼法》宣传提纲

四川省法制建设领导小组办公室

1991年4月9日，第七届全国人民代表大会第四次会议通过了《中华人民共和国民事诉讼法》，并从公布之日起开始施行。《民事诉讼法》作为程序法，是国家的基本法律之一，是国家民事实体法律得以全面、正确实施的保证。

一、《民事诉讼法》制定和施行的重要意义

1. 是对《民事诉讼法（试行）》试行9年来经验和成绩的肯定。

1982年3月，第五届全国人大常务委员会第二十二次会议通过了我国《民事诉讼法（试行）》。通过9年来施行的实践证明，《民事诉讼法（试行）》所确立的基本原则和民事诉讼制度是正确的，在具体诉讼程序上也是切实可行的，这些原则、制度，为维护正常的社会秩序、经济秩序，促进社会主义商品经济的发展，保障改革开放和其他各项事业的发展起了重要作用。9年来的实践，还进一步提高了群众的法制观念，增强了依法办事的自觉性，提高了运用法律武器维护自身合法权益的意识和能力；人民法院在审判实践中积累了大量的经验，对我国民事诉讼制度、原则、具体程序等方面的建设和构想进行了大量有益的探索，丰富和完善了民事诉讼制度。民事诉讼法的正式制定和施行正是在这些成绩和经验的基础上建立起来的，既是这些成绩和经验的延续和发展，也是对这些成绩和经验的肯定。

2. 制定施行《民事诉讼法》是商品经济发展和改革开放的必然要求。

十年改革开放，我国各项建设事业取得了举世瞩目的成就，社会主义有计划商品经济逐步发展，社会交往和经济关系越来越多，出现了许多的新情况、新问题。与此相联系，民事纠纷、经济纠纷也相应增多，且越来越繁杂。现实生活中存在的许多问题，如农村实行联产承包责任制后出现的承包合同纠纷，土地权属纠纷、林权纠纷，以及经济往来中的合同纠纷、债权债务纠纷，企业承包合

同纠纷. 横向经济联合中的法律问题，涉外民事经济问题等，已经成了影响我们继续深化改革，扩大开放，发展社会主义商品经济的重要因素。而《民事诉讼法（试行)》，其基本原则和制度，从总体上讲虽然是基本可行的，但它毕竟制定于我们的改革开放初期，已经有许多地方不能适应变化了的情况，许多新的事物，新的内容又没有包含进去。还有许多不完善的地方。而商品经济的发展，改革开放的深入，国家民事实体法律的不断完善和实施，又必须借助于程序法律作保障。《民事诉讼法》的正式制定和施行，正是这种需要的体现，是国家现代化建设的必然要求。

3. 是我国民事诉讼制度的完善和发展，是加强社会主义法制建设的重要成果。

民事诉讼法的正式制定和施行，标志着我国民事诉讼制度已经走向成熟。它所确立的基本原则和制度，不仅经过《民诉法（试行)》九年的实践检验，而且是审理案件的根据和原则。特别是协议管辖，是民诉法新增加的内容，它是指合同的双方当事人可以在书面合同中协议选择被告住所地、合同履行地、合同签订地、原告住所地、标的物所在地人民法院管辖。这一规定是我国民事诉讼法律制度的一个重大发展，给予了合同双方当事人更大的选择余地。但是协议管辖不是毫无限制的选择，它有三个限制；一是只限于合同纠纷的诉讼，二是当事人只能协议选择法定的有关人民法院，即：被告住所地、合同履行地、合同签订地、原告住所地、标的物所在地人民法院中的任一个，而不能超越这个范围选择；三是不能违反民事诉讼法关于级别管辖和专属管辖的规定。

4. 确立了代表人诉讼制度。所谓代表人诉讼制度，依据民诉法第五十四条和五十五条的规定，有两种形式。第一种即民诉法第五十四条规定的，是指当事人一方人数众多的共同诉讼，可以由当事人推选代表人进行诉讼。其特点在于虽然当事人一方人数众多，但人数特定。第二种即民诉法第五十五条的规定，是指诉讼标的是同一种类，当事人一方人数众多，在起诉时人数尚未确定的，人民法院可以发出公告，说明案件情况和诉讼请求，通知权利人在一定期间向人民法院登记。向人民法院登记的权利人可以推选代表人进行诉讼；推选不出代表人的，人民法院可以与参加登记的权利人商定代表人。其特点在于当事人一方人数众多，但在起诉时人数尚未确定，也就是说在起诉时人数是不特定的。而且人民法院作出的判决，裁定不仅适用于全体参加登记的权利人，而且适用于未参加登记但在诉讼时效期间提起诉讼的权利人。以上两种形式的代表人诉讼，尽管各有其特点，但也有共同性，这就是：代表人的诉讼行为对其代表的当事人或权利人发生效力，但代表人变更，放弃诉讼请求，或承认对方当事人的诉讼请求，进行和解，必须征得被代表人的同意。代表人诉讼在民诉法试行中是没有规定的，是在民诉实践中，多数人诉讼已经出现，并有逐渐增加的趋势，为了适应这种形势，民诉法在修改制定过程中，从我国实际出发，借鉴外国有益的经验，新确立的一种民事诉讼制度，是我国民事诉讼中当事人制度进一步完善的体现。

5. 加强了审判监督程序对当事人申请再审和人民检察院抗诉作了重大的修改补充。其一，关于申诉。民诉法（试行）虽然规定当事人，法定代理人可以申诉，但未规定申诉案件的范围申诉的期限以及申诉是否是当事人的一项诉权。经过修改的民诉法规定：当事人对已经发生法律效力的判决，裁定，认为有错误的，可以向原审人民法院或者上一级人民法院申请再审。对于当事人的申请，只要符合下列五种情形之一的，人民法院就应当再审。一是有新的证据，足以推翻原判决、裁定的；二是原判决裁定认定事实的主要证据不足的；三是原判决、裁定适用法律确有错误的；四是人民法院违反法定程序，可能影响案件正确判决、裁定的；五是审判人员在审理该案件时有贪污受贿徇私舞弊、枉法裁判行为的。但是，当事人对已经发生法律效力的解除婚姻关系的判决，不得申诉再审。

当事人申请再审，应当在判决、裁定发生法律效力后二年内提出。这样，民诉法对再审案件的范围、条件，和申诉期限等作了明确的规定，并肯定了申请再审为当事人的一项诉讼权利，这对于解决申诉难，以及无理缠讼问题，都具有重要作用。其二，关于人民检察院抗诉。民诉法（试行）中虽然规定了人民检察院对民事案件的审判活动有权实施监督，但如何实施，监督内容和程序等都没有明确的规定。经过修改补充后，对上述问题都给予了适当的解决，从而把人民检察院对人民法院审判活动实施监督的原则落到了实处，有利于监督人民法院正确行使审判权。

6. 新增加了督促程序、公示催告程序和企业法人破产还债程序。这三个程序是根据民事审判的实践和近年来我国改革开放和经济发展的状况而设立的，对于方便人民法院及时审理案件，简化审判程序，维护正常的社会经济秩序，具有十分重要的意义。

关于督促程序。适用于债权人请求债务人给付金钱、有价证券的案件。其条件有三：一是债权人与债务人没有其他债务纠纷；二是支付令能够送达债务人；三是债权债务关系明确、合法。人民法院对申请人的申请经审查符合以上条件，应予受理申请并签发支付令，如果债务人对债权人的申请不提出异议就必须在支付令规定的期间履行支付令，否则，债权人有权申请人民法院强制执行。如果提出异议，人民法院即裁定终结督促程序，支付令自行失效，债权人有权提起诉讼。

关于公示催告程序。该程序适用于按照规定可以背书转让的票据持有人，因票据被夺、遗失或灭失，而提出的请求。所谓背书是指票据持有人在转让票据时，在其背面批注并签章的行为。依背书而转让票据者称为背书人，依背书而受让票据者为被背书人。背书的效力表现为被背书人依背书而取得票据上的权利，背书人因背书而对票据金额负担保责任。在付款人不能付款时，背书人应负付款责任。依照民诉法的规定，当事人要申请公示催告，必须向人民法院递交申请书，申请书须写明票面金额、发票人、持票人、背书人等票据主要内容和申请的理由、事实。人民法院接到申请后经审查符合公示催告程序即发出公告，并通知支付人停止支付，催促利害关系人申报权利。利害关系人应在公示催告期间向人民法院申报。没有人申报的，人民法院根据申请人的申请，作出判决，宣告票据无效，自判决之日，申请人即有权请求支付人按票面载明金额支付。

以上的督促程序和公示催告程序两个程序，都简化了人民法院审理案件的程序，既方便了当事人，又便于人民法院及时审结案件，维护当事人合法权益。

关于企业法人破产还债程序。实行企业法人破产制度是我国深化企业改革的一项重要措施，是商品经济发展到一定程度后的必然产物。市场竞争，优胜劣汰的结果，必然会使一些经营管理不善的企业面临破产的境地。在过去的情况下，企业无论如何亏损，国家往往给予补贴，既浪费了大量的建设资金，还滋长了不求进取，懒于革新的思想。1986 年《破产法》颁布以后，正式确立了企业破产制度，可以说这是我国经济管理制度的一大变革，是我们由计划经济向有计划商品经济过渡的一个重要标志。但是，《破产法》只适用于全民所有制企业，这就使得我国破产制度还存在缺陷。为此，民事诉讼法专门制定了企业法人破产还债程序一章，对此缺陷作了弥补，从而使得我国企业法人破产制度更加完善。也标志着我国民事诉讼制度的重大发展。所谓企业法人破产，是指企业法人因严重亏损，资不抵债，经企业或企业债权人申请，人民法院依法宣告企业破产，并对其财产予以清理，依法律规定的顺序和比例，分配给各债权人抵偿债务的一种法律制度。由于全民所有制企业的破产有了《破产法》的规定，因此民诉法规定的企业法人破产还债程序，只适用于具有法人资格的集体企业、私营企业和外商投资企业。不是法人的企业，个体工商户、农村承包经营户和个人合伙不适用这个规定。

7. 强化了执行措施。针对民事审判实践中存在的执行难问题，民诉法进一步强化了执行措施。例如，民诉法进一步明确规定了人民法院有权通过银行、信用合作社和其他有储蓄业务的单位查询被执行人的存款情况，有权冻结、划拨被执行人的存款；对于人民法院决定冻结，划拨存款的协助执行通知书，有关单位必须执行；被执行人未按执行通知履行法律文书确定的义务，人民法院有权查封、扣押、冻结、拍卖、变卖被执行人应当履行义务部分的财产。并且，新增加了几条规定：被执行人不履行法律文书确定的义务，并隐匿财产的，人民法院有权发出搜查令，对被执行人及其住所或财产隐匿地进行搜查；被执行人未按判决、裁定和其他法律文书指定的期间履行给付金钱义务的，应当加倍支付迟延履行期间的债务利息。被执行人未按判决、裁定和其他法律文书指定的期间履行其他义务的，应当支付迟延履行金；人民法院依法采取必要的执行措施后，被执行人仍不能偿还债务的，应当继续履行义务。债权人发现被执行人有其他财产的，可以随时请求人民法院执行。另外，民诉法在妨害民事诉讼的强制措施等章节中对与执行有关的问题作了强化规定。这些规定对于维护法律尊严和人民法院的威信，保证人民法院判决、裁定的全面执行，及时维护当事人的合法权益和正常的民事经济秩序，克服民事诉讼实践中存在的执行难问题，都具有十分重要的意义。

二、认真学习宣传、贯彻执行民诉法，促进改革开放和社会主义商品经济的健康发展

民诉法是适应社会主义初级阶段的需要，从实际出发，根据十一届三中全会以来党的方针、政策和现行宪法的规定，经过广泛、细致的调查、研究和多次审议修改后制定的。同民诉法（试行）相比，从原则上、内容上、具体程序和措施上都进一步丰富和完善了我国社会主义民事诉讼制度。它充分体现了社会主义原则，体现了我国改革开放的基本国策，是一部具有中国特色的社会主义民事诉讼法。它的制定和颁布对于保护公民的合法权益，促进社会主义商品经济的健全发展，进一步适应改革开放的要求具有十分重要的意义。

为此：

1. 每个公民都应积极学习民诉法。民诉法是每个公民民事权益的重要保障。当公民的民事权利受到不法侵害对，都可以通过民事诉讼程序来求得保护。公民享有平等的诉讼权利是我国社会主义制度优越性的体现。要正确行使这一权利，就必须学习民事诉讼法，了解自己所享有的诉讼权利和义务，以及民事诉讼的基本程序等内容。在这次学习活动中，特别要注意掌握民诉法区别于《民事诉讼法（试行）》的内容和特点，从而帮助自己更全面、更有效的行使诉讼权利。

2. 各国家机关和企业事业单位要认真组织干部群众学习民诉法。既要注意让他们掌握民诉法的基本知识，又要注意培养他们的法制观念，树立正确的民事诉讼意识，切不可蛮缠乱诉讼，干扰影响人民法院正确及时审理民事案件。特别是各级法制宣传、法制建设部门，要把民诉法的宣传贯彻工作纳入“二五”普法的重要内容，广泛宣传其内容、地位、意义和作用，使民诉法确立的基本原则、具体程序等内容真正为群众所掌握，并熟练地、积极地、正确地运用这一法律武器维护自己的合法权益。

3. 各级人民法院要积极开展民诉法的社会宣传工作。在民事审判过程中。教育广大公民、企事业单位和其他组织正确行使民事诉讼权利，履行自己的诉讼义务，积极协助人民法院审理案件，执行各项诉讼措施，促进民事诉讼法正确、顺利、有效地实施。

（摘自 1991 年《四川法制建设》合订本）

（三）案　例

【人民调解】

司法所长悉心调解　结怨父子和好如初

德阳市绵竹市孝德镇司法所所长兼人民调解委员会主任李维富十余年如一日，熟练运用政策法律知识，化解了大量的赡养、婚姻、用水、占地等家庭和邻里矛盾纠纷。2003年6月，苦葛村9组李某妻子死后想找一个老伴度过晚年，但儿子和儿媳认为父亲年纪大了还要再婚，既影响自己继承财产，面子上又觉得过不去，于是便以不给赡养费等为由阻止老父亲续弦。双方互不相让，逐渐从口角升级为打架。李维富了解到这一情况后，立即赶到李某家中，首先对其儿子、儿媳的言行进行了严厉的批评，然后又运用《婚姻法》《老年人权益保障法》以及公民道德规范对其进行了教育，指出了其错误所在，要求年轻人要尊重老人、理解老人、关爱老人，使老人老有所享，老有所乐，老有所依；同时劝导老人也要理解爱护子女，对待子女不能简单粗暴，要求不能过份。经过多次调解后，李某的儿子儿媳终于认识到了自己的错误，不再干涉父亲的婚姻，老人也原谅了儿子儿媳的错误，自此，一家人和好如初。

调委会析法明理　有情人终成眷属

2002年4月16日上午，乐山市夹江县麻柳乡调委会主任徐前明接到该乡大明村五社纠纷信息员报告：刑满释放人员沈某拿着木棒到该社其女友周某（已丧偶）家闹事，扬言要将周的原小叔子及婆婆打死。徐前明知道：沈某曾三次因伤害罪被判刑入狱，加之父母过世、家产被其卖光，成天到处游荡，是个说得出、做得到、无人敢管的刺头。徐前明立即放下手中活路，赶往现场。只见沈某拿着木棒，周的婆家人及亲戚们拿着锄头、扁担，双方横眉怒目，剑拔弩张，形势一触即发。沈某嘴里还不停的吼道："谁不同意老子和周某结婚，老子就打死谁；谁敢阻拦，老子就先打谁。"气焰十分嚣张。徐前明见状，迅速冲到双方中间，正气凛然地高声说道：住手！都把东西放下！你们要打就先打我，我不怕死。双方看到他拚死阻拦，纷纷把木棒、锄头等丢在地上。随后，在村、社干部的帮助下，把双方分离开来。徐前明随即对事情的起因进行了调查。原来，周的丈夫去世后，周与儿子仍住在夫家，因与沈某确立恋爱关系，遭到了周的婆婆的强烈反对。在多次交涉无果后，沈某就产生了鱼死网破的想法。了解情况后，徐前明将双方召集起来，向他们宣讲了《婚姻法》和《刑法》的有关规定，并给周的婆家人及亲戚们反复解释了刑满释放人员在政治上、婚姻上与大家是平等的，任何人不能干涉，否则就违反了《婚姻法》的规定，若造成严重后果，是要追究法律责任的。他还指出了周某婆家干涉周某与沈某恋爱及赶走周某的做法是十分错误的，同时对沈某的错误言行进行了严厉的批评和教育。经过两天的说服教育，双方都认识到了错误，周某婆家保证不再干涉周与沈的恋爱，但徐前明深知事情还远没有结束，还有很多工作要做。之后，他又三次与帮教小组成员一起对沈某进行帮教，说服大家不要歧视刑满释放人员，并动员村、社帮助沈某解决一些实际困难，使沈某安下心来生产生活。在他们的努力下，半年后，沈与周终于结为夫妻，并住进了周的婆家，承担起全家的生活重担。从此，沈某再也不惹事生非了，在田里辛勤劳作，家庭经济也有了较大改观。村里人都说："沈某彻彻底底的变了个人。"

【律师法律服务】

石海律师事务所为受伤民工争得合理赔偿

2002年6月4日，浙江温岭新河镇玻璃家具厂发生火灾，致四川兴文县籍民工何某某重度烧伤，烧伤面积达88%。事故因果关系清楚，责任明确。由于厂方在医疗费用的支付上态度暧昧，错失首次手术最佳时间，何某某生命危在旦夕。

6月9日，宜宾石海律师事务所接受何某某家属的委托后，当天即指派颜德华、古健两位律师前往浙江温岭，为伤者提供法律帮助。两律师抵达温岭后，首先到医院看望了伤员，了解了伤情，随即走访了新河镇工业办、镇政府等单位，请求政府出面协调。镇政府采纳了律师的意见，商市安办、市消防大队对火灾现场和何某某的伤情进行了勘查、检查并形成了责令厂方救治伤员的意见。在厂方仍敷衍推诿、伤员面临停药的情况下，两律师又向温岭市劳动局提出了对何某某进行工伤确认的要求，同时以特快专递形式向温岭市市长发出了何启恒伤情的紧急报告，呼吁保护外地民工合法权益。律师的努力终于引起了有关方面的关注和重视，温岭市政府一名副市长亲自出面协调，厂方最终答应赔偿，并一次性支付何某某前期治疗费6万元，后期医疗及伤残补助费16万元，共22万元。此案由于律师娴熟的业务技巧和执着的敬业精神得到圆满解决，受伤民工的合法权益得以有效维护。

律师成功辩护　“死囚”无罪获释

2002年初，宜宾酒都律师事务所主任张静律师作为龚某某贩卖毒品案的辩护人，通过阅卷、会见被告人、调查取证等多项认真细致的工作，弄清了案件基本情况，在一审庭审中提出了证据不充分，被告人无罪的四点辩护意见。在一审法院没有采纳律师辩护意见，认定龚某某构成贩卖毒品罪，判处死刑，缓期二年执行，剥夺政治权利终身，并处没收个人全部财产的情况下，张静律师依法帮助龚提起上诉。在二审中，张静律师通过进一步调查，将该案证据不充分的理由作了3个方面的归纳，认为不能形成证据锁链，请求二审法院查明事实作出公正判决。四川省高级人民法院于2002年7月9日作出刑事裁定书，裁定撤销原判，发回重审。在重审过程中，张静律师关于证据不充分的辩护观点逐渐被审判机关和公诉机关接受。2002年8月，宜宾市检察院主动申请撤回公诉，宜宾市中级人民法院裁定准予撤诉。2003年8月13日，筠连县人民检察院以侦查机关认定的犯罪事实不清，证据不足，决定对龚某某不起诉。2003年8月22日，筠连县公安局决定将龚某某释放。龚案的成功辩护引起了强烈的社会反响，使党政机关、司法机关和社会各界进一步认识到律师在保护公民合法权益、维护法律正确实施、促进司法公正中的重要作用。

英济律师事务所优质服务感动外籍教师

2004年2月，美国公民詹妮弗在成都教学期间与某公司发生劳动争议纠纷。由于所获劳动报酬不足以支付律师费，遂向英济律师事务所请求给予法律援助。该所接受委托后，即派谙熟涉外法律服务业务的国际部律师刁红承办此案。刁律师通过与詹妮弗详细交谈和深入调查，掌握了充分的证据，认为詹主张劳动报酬的要求于法有据，应予支持。遂代詹向成都市劳动监察大队举报和向省外办反映，随后又向成都市劳动仲裁委员会提起仲裁。在仲裁结果对詹妮弗不利的情况下，事务所和刁律师没有气馁，又代詹在法定时间内向成都市武侯区人民法院提起诉讼。庭审中，刁律师依据事实和法律据理力争，促成该案以调解结案，帮助詹妮弗索回了应得的劳动报酬，维护了詹妮弗的合法权益。詹妮弗对英济律师事务所律师为他提供的法律援助和优质服务表示由衷地感谢。他说，打这场官司不仅仅是为了获取应得的劳动报酬，同时也是想更深地了解中国、了解成都。他表示要写一本书，书名就叫《一个美国人在成都》，以便让更多的美国人知道：中国是一个法治国家，在中国很安全。成都的新闻媒体对詹妮弗案件十分关注，多家媒体作了采访报道。东方卫视《律师视点》栏目记者专程从上海赶到成都，对当事人詹妮弗和英济所及办案律师进行了专访，对本案涉及的法律问题作了深度探讨，并作了专题报道。

川籍民工省外遇难资阳律师千里驰援

2004年3月27日，资阳市雁江区农民刘某某在山西太原一煤矿不幸因工身亡。噩耗传来，刘某某年近八旬的老母和体弱多病的妻子悲痛欲绝，精神崩溃。资阳市法律援助中心获悉这一农民家庭的不幸遭遇后，主动伸出援助之手，当即指派政治素质好、业务能力精的壮思律师事务所老律师、共产党员付训承办此案。付律师欣然接受指派并立即着手了解情况，查阅相关法律资料。3月31日晚抵达山西死者务工的煤矿后，付律师不顾年老体弱、旅途劳顿，连夜投入工作，直到凌晨两点多钟。第二天，他又走访了当地劳动局、社保局、统计局、工商局等部门，为最大限度的维护受援人的合法权益做了大量艰苦细致的工作。在与矿方数个回合的艰辛谈判、协商中，付律师针对对方提出的造成事故有死者原因，企业困难、无力支付补偿费等“焦点”问题，以大量事实、证据和法律法规为依据，动之以情、晓之以理、明之以法。矿方被老律师渊博的法学知识和强烈的敬业精神所动，尤其在得知该案是法律援助案件，付律师没收分文服务费时，更被老律师无私奉献精神所折服。4月2日下午，双方达成一致意见：一次性赔偿死者家属12万元并承担死者丧葬费。索赔成功后，付律师又对赔偿金的分配提出了合理的法律意见，被死者家属采纳。4月9日，刘某某八旬老母在其亲属的陪同下，将一面绣有“法律援助维我利益，工伤获赔结案快速”字样的锦旗送到市法律援助中心领导和办案律师手中，并再三感谢市法律援助中心和壮思律师事务所律师的无私的援助。

四方达律师事务所为国有企业挽回巨额经济损失

2002年3月，中国农业银行达州市分行营业部、中国长城资产管理公司重庆办事处诉四川盛世集团有限公司和三电公司借款担保纠纷案在四川省高级人民法院第一次开庭审理。法院根据双方阐述的观点，认为农行达州市分行营业部、中国长城资产管理公司重庆办事处提出的理由在理，而三电公司提出的抗辩理由则不够充分。三电公司面临高达十亿元的赔偿责任。紧要关头，成都市国资管理部门和三电公司委托四方达律师事务所代理此案，要求从事实和法律上寻找突破口，确保国有资产不流失。四方达律师事务所临危受命后立即组成了由主任李世亮领衔和 4 名骨干律师参加的办案组，根据有关法律，对案情进行了反复深入的分析和研究，从中梳理出明晰的代理思路，抓住了案件的关键环节，并及时向省高院领导和法官反映律师的代理观点和对该案涉及的法学理论问题的研究分析意见。为使三电公司能有更充足的理由和法律依据免除巨额经济赔偿责任，代理律师从两方面入手：一是对案件事实进行全面调查，掌握了充分的证据。二是从刑法、民法、合同法、银行法、担保法、公司法以及法学理论等多方面对此案展开研究论证。其间，代理律师形成的案卷材料多达八卷 1000 多页，调查涉及成都、北京、广州、重庆、达州等地，事务所召开法律论证会 12 次，出具报告和法律意见书 7 份，参加各种范围的协调会 21 次，向省高院和最高人民法院反映案情 11 次。大量的调查取证和深入的理论分析研究为法院的最终处理提供了充分有力的证据，引起了法院领导和办案法官的高度重视。省法院经再次审理，认为此案不属于民事诉讼而属刑事诉讼，裁定终止审理，并移送公安机关处理。四方达律师事务所律师高度的敬业奉献精神和精湛的业务技艺，维护了法制统一和司法公正，使三电公司免除了巨额赔偿责任，免遭破产厄运，受到成都市党政领导的高度赞扬。市委副书记、市长葛红林批示：感谢市司法局和四方达所所作的卓有成效的工作和突出贡献。市委企工委书记张继海批示：一流的水平，一流的服务。

【公证法律服务】

当事人重金寻母　公证处依法出证

2002 年 1 月 9 日上午，当事人李某某来到四川省公证处，拿出 10 扎现钞对公证员说：“这是 10 万元钱，我想正式办理公证，希望通过公证向社会庄重承诺：谁能找到我们失散 8 年的母亲，这 10 万元就是报答的酬金！”公证处办理的声明书公证不计其数，但重金寻母的声明公证在四川省乃至全国都是第一次遇到，听了当事人的这番话，公证员立刻意识到该公证的特殊性，请当事人细叙申办该公证的原委。

原来当事人李某某的母亲杨某某是一位非常勤劳的农村妇女，她含辛茹苦地把三个儿子抚养成人，并在儿子生意惨遭失败的情况下给予儿子莫大的支持。后来，儿子生活状况好转后，希望母亲可以安度晚年，便把母亲接到成都，一家人终于团聚了。但他们没有想到的是，母亲在农村生活惯了，并不适应大城市的生活，常常独自到农村的亲戚家去串门。1994 年夏天的一个清早，杨某某没有和任何人打招呼便离开了家，让李某某兄弟三人措手不及，在随后的 8 年时间，兄弟三人到处寻找母亲的下落，但仍然杳无音讯，眼看年关将至，他们希望母亲回家过年的心情日益迫切。经过三兄弟商议，一致认为单凭一家人寻找母亲，力量太单薄，不如求助于社会，发动大家一起努力，找到母亲的几率会更大。他们决定纵使倾家荡产也要把母亲找回来，为了表达决心，他们决定由李某某到公证处办理公证，郑重承诺“谁能找到我们失散8年的母亲，这10万元就是报答的酬金！”

公证员在审核了李某某的身份证、户口簿以及相关材料后认为当事人具有完全民事行为能力、意思表示真实、提供材料齐全，符合声明公证的受理条件，于是根据公证程序规则，受理了当事人李某某的申请并为其出具了公证书。

该公证体现了如下特点和意义：

一、当事人以声明书的形式，向社会、公众承诺，用十万元酬谢为其寻找到母亲的个人或团体。李某某的声明实质上属于悬赏广告性质，所谓悬赏广告是指以广告的方式公开表示对于完成一定行为之人，给予报酬的意思表示。声明公证生效后，表示发表声明的人或单位向社会作出了承诺，一旦有人找到了李某某的母亲，李某某应当依照自己的声明兑现承诺，给予其10万元酬金。

二、公证机构可以根据自然人、法人或者其他组织的申请，保管遗嘱、遗产或者其他与公证事项有关的财产、物品、文书。为了保证酬金能够专款专用，当事人将10万元酬金存入公证处指定的银行账户，在公证有效期内，除了能够帮助其找到母亲的人，无人有权取得这笔资金。此举更能体现当事人寻母的诚意和决心，也为李某某兑现自己的承诺提供保障。

三、办理该声明公证的意义重大。第一，李某某通过在公证员面前发表声明的方式，赋予该声明更高的证明效力，使该声明具有更高的公信力，体现了公证的社会职能作用。第二，李某某三兄弟尽心尽力、倾其所有寻母的行为体现了中华民族孝老爱亲的优良传统，公证办理后，四川电视台、成都电视台、浙江卫视、福建卫视先后就此事报道，省内外报刊也纷纷转载，引起社会各界的广泛关注。承办公证员前后收到来电、来信、来人百余次，都非常热情提供线索、信息，积极为当事人提供有用线索。此案为公证处在全国范围内树立了良好的社会形象，受到了社会群众的广泛赞誉。

编 后 记

修志，“功在当代，利在千秋”。2006年12月5日，四川省司法厅根据四川省人民政府《关于〈四川省志·政府志（1986—2005)〉编纂工作的通知》要求，成立了由省司法厅和各部、处、室、局以及直属单位领导人参加的《四川省志·司法行政志(1986—2005)》编纂委员会。编委会下设编纂组，夏晓风任组长，聘请退休干部、省司法厅原纪委书记蔡安恒，原正处级司法检查员、第一轮《四川省志·公安司法志》“司法行政”部分主编杨介辉，借调成都女子监狱副科长刘红念为编纂组成员，负责具体组织、督促和指导承编部门及各部门、各单位的编纂工作，杨介辉负责总纂。各部门和直属单位分别指派专人起草初稿。同年12月14日，省司法厅召开承编部门和单位领导人及执笔人的编纂工作会议，副厅长扎柯对修志工作进行动员，全面启动《四川省志·司法行政志（1986—2005)》编纂工作。全体参编人员刻苦工作，历时7年零6个月完成初稿编纂。编纂组在修志过程中，按照以下原则和方法开展工作：

一、坚持把马克思主义、毛泽东思想、邓小平理论、“三个代表”重要思想、科学发展观、习近平新时代中国特色社会主义思想作为修志的指导思想，使志书在政治思想上、事业发展上有高屋建瓴之势。同时深刻理解改革是社会发展动力这个永恒的主题，从而明确邓小平关于中国贫穷落后，“不改革开放，只有死路一条”指示的重大意义。大家以“千秋大业，不朽盛事”为荣，以高度的政治责任感积极挖掘、探索、记录司法行政20年中不断改革开放的鲜活事件。省司法厅计财处正处级干部喻开华，把自己保存20多年的工作笔记贡献出来；外商台商投诉处干部吴涓、信访处正处级干部丁丽和执笔人雷德华，主动多次到相关的外单位搜集案例资料，最先完成了初稿；编纂组蔡安恒生病住院，把资料带到病床上编纂，帮助指导和协助有关处室编写出机构、人员、职责和外事、信息化建设三个篇章达3万字的材料；责任编辑杨介辉为提高志书质量，经常在下班后、回家的路上、休息时、甚至就寝了，一旦想起一条好思路、一个好观点、一句好措词等，都要马上记下来，于翌日上班时及时入志，共计约260余条；省监狱管理局、省劳教局分别抽调了6名和5名干警脱离原部门，集中时间、精力修志；省律师协会执笔人宋清江对律协章八易其稿，不厌其烦；厅办公室主任李贵洪在坚持日常工作的情况下，通读五六十万字的书稿，一篇一篇认真审查修改。大家就是这样，一个心眼扑在这本书上，冥思苦索，殚精竭虑，为求本书成为佳志良志而努力。

二、围绕资治（资政）的主旨，钩玄纂言。工作之初，执笔人普遍存在“写什么”“怎么写”等问题。在广泛搜集资料后，编纂组经反复探讨，引导执笔人对资料进行“破题”：如监狱工作方面要重点抓住“是如何成功改造罪犯的?”劳教工作方面重点“是如何对轻微违法犯罪的劳教人员特别是对青少年进行教育和挽救的?”人民调解工作的重点“是如何化解矛盾，相逢一笑泯恩仇的?”等等。这种思路得到四川省地方志工作办公室业务指导人员充分肯定。编纂组逐篇与执笔人提炼文章的中心思想，以提高志书为“功在当代”的施政者和“利在千秋”的后来人“以史为鉴”的作用。

三、探索总结开展四川司法行政工作的经验教训，增强志书的可读性。编纂组和执笔人根据时任厅长刘作明“法海钩沉”的指示，共同探索四川司法行政系统贯彻落实中共中央改革开放方针和建设中国特色社会主义主旨，认真总结司法行政各项业务历史发展的大势、成就和经验，钩玄纂言，彪炳史册，传承历史。

对符合事物发展规律、富有生命力的新事物予以入志，使之发扬光大。编纂组通过审稿发现的各个薄弱环节，特别是对少数民族地区情况反映较少的问题，集中起来，深入到阿坝、甘孜、凉山三州和市县司法局、监狱、劳教所调研，收集资料，不仅弥补了一些篇章内容之不足，而且从一些方面反映了四川少数民族地区司法行政工作的特色。

四、阐述不断深化改革，展示司法行政事业发展的新情况新经验。1993 年，中共十四届三中全会通过《中共中央关于建立社会主义市场经济体制若干问题的决定》，全面推进中国经济体制改革。这轮改革开放范围之广、力度之强、难度之大是前所少有的。中共四川省司法厅第四届委员会（1992 年 3 月至 2003 年 1 月）正值此艰巨关头，党委书记、厅长曾宪章带领一班人迎难而上，采取了如下措施。一是狠抓政治理论学习和宣传，解放思想转变观念。特别是四川省司法厅党委率先在全国提出“破重计划、轻市场；破重限制，轻放开；破重管理、轻服务；破重吃大锅饭，轻拉开档次”四重四轻的观念和思想，彻底打开了全省司法行政工作改革发展的崭新局面，为四川司法行政事业大发展起到了极为关键的作用。二是机制改革与体制改革并举。坚决废除不符合社会主义市场经济和改革发展进程的一些旧的规章制度，不断建立和完善符合改革发展的新规章新举措。三是着力于司法行政的基层组织和作风建设，排除内外干扰。同时下大力整顿法律服务市场，整顿法律服务队伍，切实加强法律服务队伍的思想、作风、纪律建设，大大提高了司法行政法律服务的公信力。四是破陈规陋习，立社会新规新风。大力加强少数民族地区的法制宣传和人民调解工作，对引领少数民族地区特别是藏族群众遵纪守法、爱国、爱社会主义、抵御国外和达赖喇嘛反动集团的颠覆活动以及维护藏区稳定起到了司法行政不可或缺的作用。五是统一领导，齐抓共管。根据司法行政的法制宣传、人民调解、基层法律服务、刑满释放人员的安置帮教等工作，与司法行政工作有相互依存关系的厅、局、委部门积极协同，在工作的开展上，实行省党政领导统一指挥，省司法厅主办，相关部门协同配合；各市（地、州）、县、乡形成了工作部署有权威，各方配合很得力，上下齐动手，人力物力有保障的工作机制，保证了工作全面落实，效果很好。

自2006年12月《四川省志·司法行政志（1986—2005）》编纂工作启动以来，省司法厅历届中共党委以及刘道平、刘作明、李仲彬、陈明国厅长对这项工作高度重视，并给予了极大的关心和支持，形成了全省司法行政系统各部门、各单位共同努力、众手成志的良好局面，确保了编纂工作的顺利开展和最后完成。在本志的编纂过程中，省监狱管理局、省劳教局历届中共党委对本部门本系统的修志工作也十分重视和支持，选派了水平较高的人员组成专门编纂班子，做到了要人有人，要经费有经费，为编纂班子配备专车，两个部门编纂人员尽职尽责，工作认真扎实，确保了修志工作的高质量高水平。在后期编纂工作中，在组织各承编部门相关人员对本志进行最后补充修改时，分管副厅长王强给予了最大支持。本志书的编纂还基于省司法厅各部门、中心、协会、学会和所属单位的初稿执笔人的辛劳，广泛搜集资料，与编纂组精心研究，反复修改，其功不可没，他们是：陈道富、蔡安恒、夏焕良、岳忠文、陈永康、张嘉奎、许昌贵、范亚兰、袁璐、朋静、赵敏、司维东、向军、杨芳、吴涓、周开琼、刘沛奎、曾红彬、李文莉、王刚、杨雷、文熙德、宋清江、张和光、吴中仁、龚炳森、彭莉、林钢、王连军、丁丽、雷德华、车孟春、陈德、彭朝阳、潘建军、罗巍、辜树炎、牟奇富、贺安民、伊名昌、陈滗、孙辉、杨柳、陈传龙、邓斌、毛颖、祝承业、刘国华、王飚、付仲、陈星文、许华中、陶成、高纯、蒲莉等。特别是四川省地方志工作办公室历任领导和业务指导人员多次来厅给予指导。初稿完成后，省司法厅还专门召集组织已退休的原厅、处级老领导和现任处长以上领导干部征求意见。2015年11月12日，省司法厅党委书记、厅长陈明国组织省司法厅初评审核领导小组完成志稿初审，2016年2月通过省地方志办复审，同年5月30日通过省政府《四川省志》审核委员会第28次会议终审。

本书在编写过程中由于涉及的部门多，收录的内容广，加之历史资料欠缺和编纂水平有限，疏漏之处在所难免，敬祈广大读者批评指正。

《四川省志·司法行政志（1986—2005）》编纂委员会办公室

2019年12月10日